डॉ. जगमोहन सिंह

D1832764

शहीद भगत सिंह की छोटी बहन अमर कौर (अब दिवंगत) के बेटे। सम्प्रति पंजाब कृषि विश्वविद्यालय, लुधियाना में कृषि इंजीनियरिंग विषय में अध्यापक और *पंजाब जनतांत्रिक अधिकार सभा* के महासचिव।

प्रो. चमन लाल

जवाहरलाल नेहरू विश्वविद्यालय, नई दिल्ली में भारतीय भाषा केन्द्र तथा पंजाबी विश्वविद्यालय, पटियाला में हिन्दी विभाग के पूर्व अध्यक्ष डॉ. चमन लाल का जन्म 1947 में पंजाब के बठिंडा ज़िले में हुआ। पंजाब विश्वविद्यालय, चंडीगढ़ से हिन्दी व पंजाबी में एम.ए. करने के पश्चात् उन्होंने जवाहरलाल नेहरू विश्वविद्यालय, नई दिल्ली से भाषाविज्ञान में एम.ए., हिन्दी में एम.फिल तथा पीएच.डी. की उपाधियाँ प्राप्त कीं।

1985 में पंजाबी विश्वविद्यालय में लेक्चरर पद पर आने से पहले डॉ. चमन लाल कार्पोरेशन बैंक, बम्बई में हिन्दी अधिकारी (1982-83) व दैनिक *जनसत्ता* दिल्ली में उप-सम्पादक (1984-85) रहे। वे गुरु नानक देव विश्वविद्यालय, अमृतसर में हिन्दी विभाग में 1994-95 के दौरान रीडर रहे। 1996 में वे पंजाबी विश्वविद्यालय पटियाला में रीडर बने। 2005 में वे भारतीय भाषा केन्द्र जवाहरलाल नेहरू विश्वविद्यालय, नई दिल्ली में हिन्दी अनुवाद के प्रोफ़ेसर नियुक्त हुए।

भगत सिंह पर उनका विशेष काम है। पाँच पुस्तकों के अलावा देश-विदेश में उन्होंने भगत सिंह पर चालीस विशेष व्याख्यान दिए हैं।

साहित्य अकादेमी, नई दिल्ली ने 2001 के लिए उनकी अनूदित पुस्तक 'समय ओ भाई समय' को *राष्ट्रीय अनुवाद पुरस्कार* के लिए चुना और केन्द्रीय हिन्दी निदेशालय, नई दिल्ली, ने उनकी एक और पुस्तक 'कभी नहीं सोचा था' पर 2001 के लिए *राष्ट्रीय पुरस्कार* दिया। 2003 के लिए उन्होंने भाषा विभाग, पंजाब का हिन्दी लेखन के लिए सर्वोच्च पुरस्कार *शिरोमणि हिन्दी साहित्यकार* विश्व पंजाबी कांफ्रेंस के अवसर पर प्राप्त किया।

प्रोफ़ेसर चमन लाल हिन्दी, पंजाबी व अंग्रेज़ी तीनों भाषाओं के लेखक व तीनों भाषाओं में उनकी 40 पुस्तकें प्रकाशित हैं। इसके अलावा तीनों भाषाओं में उनके पाँच सौ से अधिक शोध-पत्र, लेख, समीक्षाएँ तथा अनुवाद प्रकाशित हैं।

राजकमल से प्रकाशित अनूदित-सम्पादित पुस्तकें : *भगत सिंह और उनके साथियों के दस्तावेज़* (क्रान्तिकारी साहित्य); *बीच का रास्ता नहीं होता, समय ओ भाई समय* (कविता)।

भगत सिंह

और उनके साथियों के दस्तावेज़

सम्पादक
जगमोहन सिंह
चमन लाल

राजकमल पेपरबैक्स

पहला पुस्तकालय संस्करण
राजकमल प्रकाशन प्राइवेट लिमिटेड द्वारा
1986 में प्रकाशित

राजकमल पेपरबैक्स में
पहला संस्करण : 1987
ग्यारहवाँ संस्करण : 2024

© शहीद भगत सिंह शोध समिति, लुधियाना

राजकमल पेपरबैक्स : उत्कृष्ट साहित्य के जनसुलभ संस्करण

राजकमल प्रकाशन प्रा.लि.
1-बी, नेताजी सुभाष मार्ग, दरियागंज
नई दिल्ली-110 002
द्वारा प्रकाशित

शाखाएँ : अशोक राजपथ, साइंस कॉलेज के सामने, पटना-800 006
पहली मंजिल, दरबारी बिल्डिंग, महात्मा गांधी मार्ग, प्रयागराज-211 001
1, अनमोल सोराबजी संतुक लेन, धोबी तलाव, मरीन लाइंस, मुम्बई-400 002
वेबसाइट : www.rajkamalprakashan.com
ई-मेल : info@rajkamalprakashan.com

बी.के. ऑफसेट
नवीन शाहदरा, दिल्ली-110 032
द्वारा मुद्रित

मूल्य : ₹450

BHAGAT SINGH AUR UNKE SATHIYON KE DASTAVEZ
Edited by Jagmohan Singh & Chaman Lal

ISBN : 978-81-267-0275-5

'दस्तावेज़' के तीसरे संस्करण की भूमिका

1986 में जब 'भगत सिंह और उनके साथियों के दस्तावेज़' का प्रथम संस्करण राजकमल प्रकाशन से छपकर सामने आया तो पाठकों द्वारा इसके स्वागत की आशा और अपेक्षा तो थी, लेकिन इस पुस्तक के प्रति पाठकों का उत्साह निरन्तर बना रहेगा और दो वर्ष बाद 2011 में भगत सिंह, सुखदेव और राजगुरु की शहादत के अवसर पर इसका नया परिवर्द्धित रजत जयन्ती संस्करण सम्भव हो सकेगा, इसकी कल्पना नहीं की थी। 1986 में इस पुस्तक के प्रकाशन के बाद भगत सिंह पर अनेक पुस्तकें, अनेक भाषाओं में सामने आई हैं। विशेषतः भगत सिंह जन्मशताब्दी व उनकी शहादत के पिचहत्तर वर्ष पूरे होने पर 2006-2008 के बीच अनेक महत्त्वपूर्ण किताबें छपी हैं। 1986 में प्रथम संस्करण के प्रकाशन के समय भगत सिंह की जेल नोटबुक के अप्रकाशित रहने का गिला किया गया था, वह भी श्री भूपेन्द्र हूजा ने 1994 में जयपुर से नोटबुक का प्रथम प्रकाशन कर दूर कर दिया। अब तो यह नोटबुक अनेक भाषाओं व अनेक संस्करणों में उपलब्ध है, बिना श्री हूजा को श्रेय दिए। पंजाब और हरियाणा सरकारों के सूचना विभागों ने नोटबुक का पंजाबी व हिन्दी अनुवाद सहित बिना मूल्य प्रकाशन भी कर दिया है। भगत सिंह पर चले दोनों मुकदमों—'लाहौर षड्यन्त्र केस (सांडर्स हत्या केस)' व 'दिल्ली असेम्बली बम केस' के अदालती निर्णय भी छप चुके हैं तथा पाकिस्तान की सुप्रीम कोर्ट के कुछ समय मुख्य न्यायाधीश रहे, श्री भगवान दास के सौजन्य से पंजाब व हरियाणा उच्च न्यायालय को लाहौर षड्यन्त्र केस की पूरी प्रोसीडिंग की प्रति भी मिल चुकी है तथा स. मालविंदरजीत सिंह वड़ैच के सम्पादन में उसका कई खंडों में क्रमशः प्रकाशन भी हो रहा है। इस बीच इन पंक्तियों के लेखक ने 'भविष्य' और 'अभ्युदय' के 1931 में जब्तशुदा भगत सिंह अंकों की प्रतियाँ भी हासिल कर ली हैं, जिनमें भगत सिंह के चित्रों सहित दुर्लभ सामग्री संकलित है। इनका प्रकाशन भी शीघ्र होगा।

इस बीच भगत सिंह के प्रशंसकों के अभियान से देश में प्रथम ऐतिहासिक भगत सिंह अध्ययन पीठ की स्थापना भी जवाहर लाल नेहरू विश्वविद्यालय में हो चुकी है। हालाँकि इस पर अभी भगत सिंह या क्रान्तिकारियों पर अध्ययन की शुरुआत नहीं हुई है न ही अभी तक देश के किसी विश्वविद्यालय का नाम ही भगत सिंह पर रखा गया है। पंजाब में हाल ही में स्थापित केन्द्रीय विश्वविद्यालय का नाम शहीद भगत सिंह राष्ट्रीय विश्वविद्यालय रखने की माँग उठी है, देखना है कब इसमें

सफलता मिलती है। 2004-2009 की केन्द्रीय सरकार ने वामदलों के प्रभाव में देश में सरकारी स्तर पर भगत सिंह जन्म शताब्दी व भगत सिंह की शहादत की पिचहत्तरवीं वर्षगांठ मनाई व पहली बार भारत सरकार के प्रकाशन विभाग व नेशनल बुक ट्रस्ट, नई दिल्ली से भी भगत सिंह पर महत्त्वपूर्ण पुस्तकें छापी गईं। लेकिन इन सब गतिविधियों को कार्यरूप देने में दो पुस्तकों का योगदान सर्वाधिक है, प्रथम, आधुनिक भारत के प्रतिष्ठित इतिहासकार प्रो. बिपिन चन्द्र की भूमिका के साथ सातवें दशक में 'मैं नास्तिक क्यों हूँ' का पुनः प्रकाशन और दूसरे राजकमल प्रकाशन द्वारा 1986 में 'दस्तावेज़' का यद्यपि भारत के विश्वविद्यालयों के इतिहास विभागों के प्रतिष्ठित प्रोफेसरों को भगत सिंह को एक महत्त्वपूर्ण चिन्तक क्रान्तिकारी का दर्ज़ा देने के लिए उसके दस्तावेज़ों के अंग्रेज़ी भाषा में प्रकाशन का इन्तज़ार है। हमारे विश्वविद्यालयों के विज्ञान व समाज विज्ञान विभागों में जहाँ तक कि प्रगतिशील या मार्क्सवादी कहलाने वाले विद्वानों में भी अब तक 'अंग्रेज़ी' पाठ को ही 'आधार' तथा 'प्रमाणिक' सामग्री मानने की गुलाम मानसिकता अभी तक बरक़रार है, वरना कोई कारण नहीं था कि 1986 में भगत सिंह और उनके साथियों के दस्तावेज़ के प्रकाशन के बाद विश्वविद्यालयों में भगत सिंह चिन्तन पर व्यापक शोध न करवाई जाती। विडम्बना यह कि लखनऊ या मेरठ-आगरा आदि विश्वविद्यालयों में भगत सिंह पर पी-एच.डी. के लिए शोध हिन्दी भाषा में सम्पन्न हुई, लेकिन हिन्दी में प्रकाशित दस्तावेज़ों में विश्वविद्यालयों को मुख्य धारा की भाषा अंग्रेज़ी में शोध के काबिल नहीं समझा गया।

अब चूँकि अंग्रेज़ी भाषा में भी भगत सिंह के अनेक दस्तावेज़ों का प्रकाशन उपलब्ध है, अतः विदेशी विश्वविद्यालयों में भी भगत सिंह पर अनेक स्तरों पर शोध होने लगा है। हाल के वर्षों में क्रिस्टोफर पिन्नी, मैकलीन कामा (आस्ट्रेलिया) नीती नायर (अमेरिका) आदि ने इस क्षेत्र में उल्लेखनीय प्रयास किए हैं। विडम्बना यहाँ भी यह होगी कि जैसे रविन्द्रनाथ टैगोर को 'नोबेल पुरस्कार' मिलने के बाद ही भारत में अपेक्षित सम्मान मिला। भगत सिंह के चिन्तक रूप का भारतीय विश्वविद्यालयों के इलीट विद्वानों द्वारा सम्मान भी विदेशी विश्वविद्यालयों द्वारा प्रदत्त सम्मान के बाद ही दिया जाएगा। लेकिन यहाँ यह रेखांकित करना भी ज़रूरी है कि मुम्बई विश्वविद्यालय के राजनीति शास्त्र विभाग ने मार्च, 2007 में तीन दिन की राष्ट्रीय संगोष्ठी भगत सिंह विन्तन पर केन्द्रित की, शायद इस स्तर की यह पहली संगोष्ठी थी। बाद में आई.सी.एच.आर. ने भी चंडीगढ़ में तीन दिन की ऐसी ही संगोष्ठी आयोजित की। अनेक विश्वविद्यालयों में भी एक एक या दो दो दिन की संगोष्ठियाँ हुईं। प्रोफेसर बिपिन चन्द्र के बाद पहली बार प्रोफेसर सव्यासाची भट्टाचार्य, प्रोफेसर जे.एस. ग्रेवाल, प्रोफेसर वी.एन. दत्ता, प्रोफेसर हिमाद्री बनर्जी आदि प्रतिष्ठित इतिहासकारों ने भगत सिंह चिंतन को समझने का प्रयास इस दौर में किया। हालांकि इनमें से कुछ को यह संदेह ही बना रहा की भगत सिंह जैसे एफ.ए. पास व्यक्ति को इतनी अच्छी अंग्रेज़ी कैसे आती थी। कुछ ने तो इन्हें जवाहरलाल नेहरू रचित

या आसफ अली द्वारा रचित कहने तक का कुलाबा भिड़ाया। अब जबकि भगत सिंह की अपनी प्रतिलिपि में 'जेल नोटबुक तथा पत्रादि' सबके सामने हैं तो कइयों को उनकी अंग्रेज़ी भाषा पर क्षमता को लेकर मुँह में उँगली गड़ानी पड़ती है।

भगत सिंह और उनके साथियों के दस्तावेज़ के इस नए संस्करण में शहीद महावीर सिंह का एक हाल में मिला पत्र भी शामिल किया जा रहा है, जो उन्होंने बेल्लारी जेल से अपने घर लिखा था। दस्तावेज़ के पिछले संस्करण में महावीर सिंह का अंडमान जेल से भेजा पत्र शामिल है। भगत सिंह के 'हिन्दुस्तान समाजवादी प्रजातान्त्रिक संघ' के कार्यकर्ताओं में शहीद महावीर सिंह की चर्चा अपेक्षा से कम हुई है। इस संगठन के तीन सर्वाधिक प्रसिद्ध शहीद–भगत सिंह, सुखदेव व राजगुरु हुए, जो 23 मार्च, 1931 को फाँसी पर चढ़कर अमर हो गए। लगभग इतनी ही या इससे थोड़ी कम चर्चा संघ के सेना विभाग के सेनापति चन्द्रशेखर आजाद की 27 फरवरी, 1931 को इलाहाबाद में पुलिस मुठभेड़ में मिली शहादत से हुई। 13 सितम्बर, 1929 लाहौर जेल में 63 दिन की भूख हड़ताल के बाद जतिन दास की शहादत ने भी देश की जनता को हिला दिया था, लेकिन 30 मई, 1928 को लाहौर में रावी तट पर बम परीक्षण के समय विस्फोट से हुई भगवती चरण वोहरा (दुर्गा भाभी के पति) की शहादत की अपेक्षित चर्चा नहीं हुई, न ही महावीर सिंह को 17 मई, 1933 को अंडनान जेल में भूख हड़ताल से हुई शहादत की ही। 9 मई, 1933 को महावीर सिंह ने घर के लिए अपना अन्तिम पत्र लिखा, 12 मई, 1933 को भूख हड़ताल शुरू की। जेल अधिकारियों की जबरदस्ती की यातनाओं से वे 17 मई, 1933 को जब शहीद हुए तो उनकी लाश जेल के पीछे से समुद्र में फेंक दी गई। शहादत के कई दिन बाद उनकी शहादत के बारे में एक छोटी सी खबर यू.पी. के किसी अखबार में छपी तो एटा जिले के महावीर सिंह के परिवार को शहादत की खबर मिली। महावीर सिंह की शहादत भारत के क्रान्तिकारी स्वतन्त्रता संग्राम का एक दुखन्त अध्याय है। महावीर सिंह के जयपुर स्थित भतीजे यतीन्द्र सिंह राठौर ने अब उनके दस्तावेज़ों को एक सी.डी. में संकलित कर लिया है। उम्मीद है इनका प्रकाशन भी शीघ्र होगा या दस्तावेज़ के सम्भावित 2011 के रजत जयन्ती संस्करण में इन्हें शामिल किया जा सकेगा।

महावीर सिंह के इस नए पत्र से एक दिलचस्प बात सामने आती है, वह है भगत सिंह के प्रभाव से सभी क्रान्तिकारियों में अध्ययन की विकसित रुचि की। महावीर सिंह के पत्र में 'क्राई फार जस्टिस' पुस्तक भिजवाने के लिए लिखा है। अप्टन सिंक्लेयर की यह गद्य पुस्तक लगभग हर क्रान्तिकारी को प्रिय थी, जिसका जिक्र भगत सिंह की अध्ययन वृत्ति के सिलसिले में प्रिंसिपल छबील दास, राजा राम शास्त्री, शिव वर्मा व मथुरा दास थापर (सुखदेव के भाई) आदि सभी ने किया।

यदि 2011 में दस्तावेज़ की रजत जयन्ती के संस्करण की योजना फलीभूत हुई तो उसमें अब तक प्राप्त भगत सिंह व उनके साथियों तथा उन सब जगहों के दुर्लभ चित्र भी शामिल होंगे जो इन पंक्तियों के लेखक ने लाहौर व अन्य अनेक जगहों

से अपने व्यक्तिगत प्रयासों व कुछ दोस्तों की मदद से संकलित किए हैं। इस संस्करण में भगत सिंह व उनके साथियों के कुछ नए दस्तावेज़ भी शामिल किए जा सकेंगे।

फिलहाल 'दस्तावेज़' के इस तीसरे संस्करण के प्रकाशन के अवसर पर खुशी और सन्तोष के इज़हार के साथ यह कहना जरूरी है कि हिन्दुस्तान की मौजूदा सूरतेहाल के मद्देनज़र भगत सिंह के दस्तावेज़ों का गम्भीरता से अध्ययन, मनन व उन पर चिन्तन बेहद ज़रूरी और इस सूरतेहाल को बदलने के लिए रोशनी वहीं से हासिल होगी। खासतौर पर फ़िरकापरस्ती के विकराल रूप का सामना करने के लिए 'मैं नास्तिक क्यों हूँ', 'साम्प्रदायिक दंगे और उनका इलाज़' और 'धर्म और हमारा स्वतन्त्रता संग्राम' का अध्ययन ज़रूरी है। दलित उत्पीड़न की समस्या को समझने के लिए 'अछूत समस्या' का अध्ययन उपयोगी है। हिन्दुस्तानी समाज में आमूल परिवर्तन के लिए–'युवा कार्यकर्ताओं के नाम पत्र' का अध्ययन बेहद ज़रूरी व उपयोगी है। फाँसी से डेढ़ महीने पहले लिखे हुए पत्र में भगत सिंह में मार्क्स की सैद्धान्तिक स्पष्टता और लेनिन और माओ की व्यावहारिक कुशलता का अक्स नज़र आता है। हिन्दुस्तान में समाजवादी इंक़लाब का सफर भगत सिंह के बहुत थोड़े अर्से के सैद्धान्तिक व व्यावहारिक चिन्तन को, हिन्दुस्तानी जनता के प्रति उनकी निर्भीक, निस्वार्थ प्रतिबद्धता व लगन को, आत्मसात किए बगैर आगे नहीं बढ़ सकता। देश के तमाम देशभक्तों तथा संसदीय व गैर-संसदीय दोनों रास्तों पर चलने वाले वामपंथियों के पास आगे बढ़ने के लिए भगत सिंह चिन्तन को आत्मसात करने के सिवा और कोई विकल्प नहीं है।

–चमन लाल

9 अगस्त, भारत छोड़ो व 'नागासाकी' दिवस

जवाहरलाल नेहरू विश्वविद्यालय, नई दिल्ली-110067

दूसरे संस्करण की भूमिका

इस बात की आशा भी थी और इससे हमें सन्तोष भी हुआ है कि *भगत सिंह और उनके साथियों के दस्तावेज़* का प्रथम संस्करण (सजिल्द व अजिल्द) प्रकाशन के एक वर्ष के भीतर समाप्त हो गया है। देश की जनता क्रान्तिकारियों के विचारों को जानना, उन पर मनन करना व उन पर व्यवहार करना चाहती है, यह इस संस्करण की बिक्री से जाहिर है और यही हमारे श्रम का सबसे अच्छा फल है।

दस्तावेज़ों के प्रथम संस्करण का प्रायः सभी क्षेत्रों में स्वागत हुआ व शहीदों के जीवित साथियों ने इनका विशेष स्वागत किया, फिर भी एकाध समीक्षक ने दस्तावेज़ों के संकलन-सम्पादन में कुछ आपत्तियाँ उठाई हैं। यह आपत्तियाँ प्रायः तकनीकी किस्म की हैं। हम यह स्पष्ट करना चाहते हैं कि इन दस्तावेज़ों की सबसे बड़ी विशेषता भगत सिंह द्वारा पंजाबी में लिखे व 'किरती' में छपे अनेक लेखों का प्रथम हिन्दी प्रकाशन है। जहाँ तक हिन्दी में पूर्व प्रकाशित दस्तावेज़ों का सवाल है, वे प्रायः शहीदों के साथियों द्वारा ही पूर्व संकलित रूप में हमारे सामने थे, और हमने उन्हीं को यहाँ प्रस्तुत किया है। इनके अनुवाद आदि को भी हमने दोबारा नहीं जाँचा, क्योंकि हमें शहीदों के उन साथियों द्वारा प्रस्तुत दस्तावेज़ों के प्रमाणीकृत रूप में कोई सन्देह नहीं है। हाँ, सावधानियों के बावजूद कुछ तारीखों के छपने में अशुद्धियाँ जरूर रह गई थीं, कोशिश की गई है कि वे अशुद्धियाँ अब न रहें।

पुस्तक के इस दूसरे संस्करण में दस्तावेज़ों के क्रम में—कालक्रम व विषयगत दृष्टि से समायोजन के लिए—किंचित् परिवर्तन किया गया है। बटुकेश्वर दत्त के 1960 में लिखित लेख को लोभवश हमने पहले संस्करण में शामिल कर लिया था। लेकिन ऐतिहासिक दृष्टि से यह दस्तावेज़ क्योंकि 1925-31 के बीच के भारतीय क्रान्तिकारी आन्दोलन के वैचारिक विकास को दर्शाते हैं, इसलिए इनके उसी रूप को बनाए रखने की दृष्टि से श्री दत्त के 'क्रान्तिकारी जीवन दर्शन' शीर्षक लेख को हम इस संस्करण में शामिल नहीं कर रहे हैं।

भगत सिंह की जेल में लिखित 404 पृष्ठों की डायरी, जिसमें महत्त्वपूर्ण राजनीतिक व दार्शनिक नोट्स हैं, अब भी सामान्य पाठकों की पहुँच से बाहर है,

हालाँकि इसकी फोटोप्रति तीनमूर्ति स्थित जवाहरलाल नेहरू मेमोरियल म्यूज़ियम व लाइब्रेरी में सुरक्षित है। इस पर क्या कहा जा सकता है, पाठकगण स्वयं ही सोचें।

सम्पादक

23.3.1989

अब यह डायरी भूपेन्द्र हूजा द्वारा सम्पादित होकर 1994 में अंग्रेजी में छपने के बाद हिन्दी समेत अनेक भारतीय भाषाओं में छप चुकी है।

—चमन लाल

4 अगस्त 2009

भूमिका

शहीद भगत सिंह ने फाँसी पर चढ़ने से कुछ समय पहले कहा था–"जब गतिरोध की स्थिति लोगों को अपने शिकंजे में जकड़ लेती है तो किसी भी प्रकार की तब्दीली से वे हिचकिचाते हैं। इस जड़ता और निष्क्रियता को तोड़ने के लिए एक क्रान्तिकारी स्पिरिट पैदा करने की जरूरत होती है, अन्यथा पतन और बर्बादी का वातावरण छा जाता है। लोगों को गुमराह करनेवाली प्रतिक्रियावादी शक्तियाँ जनता को गलत रास्ते पर ले जाने में सफल हो जाती हैं। इससे इनसान की प्रगति रुक जाती है और उसमें गतिरोध आ जाता है। इस परिस्थिति को बदलने के लिए यह जरूरी है कि क्रान्ति की स्पिरिट ताज़ा की जाए, ताकि इनसानियत की रूह में एक हरकत पैदा हो।"

भगत सिंह जब यह कह रहे थे तो वे इतिहास के सिद्धान्तों की गहरी भावना को समझते हुए, अपने समय के बहुत आगे के भविष्य के लिए एक अहम सन्देश दे रहे थे। शायद इसी समझ को उन्होंने अन्तिम भेंट के समय भी प्रकट किया था जब उन्होंने कहा था कि अंग्रेज की जड़ें हिल गई हैं और 15 साल में वे यहाँ से चले जाएँगे। बाद में काफी अफरा-तफरी होगी और तब लोगों को मेरी याद आएगी।

देश की और विशेषतः पंजाब की वर्तमान स्थिति को देखते हुए, जब एक ओर प्रतिक्रियावादी शक्तियों की ताकत बढ़ रही है और दूसरी ओर लोगों की समस्याएँ बढ़ रही हैं जिनका हल कोई हो नहीं रहा और चारों ओर फासिस्ट रुझान पनप रहे हैं तो शहीद भगत सिंह के उपरोक्त कथन की सार्थकता स्वतः सिद्ध हो जाती है।

इसे दुर्भाग्य ही कहा जाएगा कि भगत सिंह की शहादत के 54 वर्ष बाद तक भी उनका और उनके साथियों का लेखन और दस्तावेज़ पूरी तरह संकलित नहीं हो पाए, जबकि प्रत्येक वर्ष सरकारी से लेकर विभिन्न पार्टियों के स्तर तक इन देशभक्त शहीदों को औपचारिक श्रद्धांजलियाँ दी जाती रही हैं। अब हिन्दी में पहली बार इस पुस्तक में संकलित दस्तावेज़ों के जरिए यह यत्न किया जा रहा है कि शहीद भगत सिंह के वैज्ञानिक विचारधारात्मक सिद्धान्तों को पहचाना व समझा जाए।

फाँसी से एक दिन पहले भगत सिंह ने कहा था–"मैं क्रान्ति का मूल मन्त्र बन गया हूँ।" इससे उनका क्या आशय था, क्या सन्देश वे हमारे लिए छोड़ रहे थे, इसे

आज अधिक शिद्दत व गहराई से समझने की जरूरत है और यह दस्तावेज़ उन्हें समझने की कोशिश का एक जरूरी हिस्सा है। इससे मन में कहीं यह आशा भी निहित है कि पूरा देश और विशेष रूप से पंजाब आज जिस अन्धी गुफा में पहुँच गया प्रतीत होता है, पंजाब के कुछ नवयुवक जिस भटकाव का शिकार हो रहे हैं, शहीद भगत सिंह की विचारधारा और यह दस्तावेज़ सम्भवतः उन्हें कोई दिशा दिखा सकें।

आज सबसे बड़ी जरूरत इस बात की है कि शहीद भगत सिंह के मूल वैचारिक तत्त्व को जाना व समझा जाए। यह पहचानने की जरूरत है कि वे कौन-से सिद्धान्त थे, कौन-से तरीके थे और कौन-से गुण थे, जिनसे भगत सिंह आत्म-बलिदान करनेवालों में सबसे ऊँचे स्थान के अधिकारी बने? वे कौन-सी परिस्थितियाँ थीं, जिन्होंने भगत सिंह को भारतीय चेतना का ऐसा अंश बनाया कि एक ओर तमिलनाडु में उन पर कविताएँ लिखी जाती हैं तो दूसरी ओर भोजपुर में होली के गीत में 'भगत सिंह की याद से अँचरिया भीग जाती है।' लेकिन ऐतिहासिक दुखान्त यह भी घटता है कि जब वर्तमान की समस्याओं का सामना करने के लिए हम अपने अतीत से उदाहरण खोजते हैं तो अतीत के सारतत्त्व को नहीं, उसके रूप को अपनाने की कोशिश करते हैं, जैसा कि भगत सिंह व उनके साथियों के साथ सरकारी और कुछ अन्य प्रचार-माध्यमों ने किया है।

भगत सिंह के जीवन और विचारों का यदि गहराई से विश्लेषण किया जाए तो हम पाते हैं कि उन्होंने 'देश के इतिहास, परिस्थितियों और आदर्शों के गम्भीर, परिश्रमी व ईमानदार विद्यार्थी' के रूप में इतिहास के वैज्ञानिक सिद्धान्तों की समझ हमारे साथ साझी की है। एक गहरी ऐतिहासिक- भौतिकवादी दृष्टि उनमें हर जगह काम करती नज़र आती है। सामाजिक विकास के अटल सिद्धान्तों को उन्होंने न सिर्फ पहचाना, वरन् लागू भी किया।

भगत सिंह के साथी व अन्य विद्वान लोग जब इस बात पर आश्चर्य प्रकट करते हैं कि भगत सिंह भविष्यवाणी कर सकते थे—बता सकते थे कि निकट भविष्य में "कांग्रेस और ब्रिटिश साम्राज्य में समझौता होगा," जब वह पूरे विश्वास से यह कह सकते थे कि मेहनतकश जनता को आनेवाली आज़ादी से कोई राहत नहीं मिलेगी तो इस सबके पीछे वह कौन-सी समझ थी, जिससे वे ऐसा कह सके। भगत सिंह की विचार-प्रक्रिया को जानने के लिए यह बहुत अहम सवाल है। इन दस्तावेज़ों के अध्ययन-मनन से इस सवाल का उत्तर भी स्पष्ट हो जाता है।

शहीद भगत सिंह न सिर्फ वीरता, साहस, देशभक्ति, दृढ़ता और आत्म-बलिदान के गुणों के सर्वोत्तम उदाहरण हैं, जैसाकि आज तक इस देश के लोगों को बताया-समझाया गया है, वरन् वे अपने लक्ष्य के प्रति स्पष्टता, वैज्ञानिक-ऐतिहासिक दृष्टिकोण से सामाजिक समस्याओं के विश्लेषण की क्षमतावाले अद्भुत बौद्धिक क्रान्तिकारी व्यक्तित्व के प्रतिरूप भी थे, जिसे जाने या अनजाने आज तक लोगों से छिपाया गया है। इन दस्तावेज़ों के संकलन का एक उद्देश्य भगत सिंह के

व्यक्तित्व के अब तक अल्प परिचित इस पक्ष को सामने लाना भी है, ताकि हमारे देश के नवयुवक भगत सिंह के विचारों की रोशनी में अपने आन्दोलन को दिशा दे सकें।

1925 के काकोरी एक्शन के बाद हिन्दुस्तान रिपब्लिकन पार्टी के अधिकांश नेता पकड़े गए थे। उस समय क्रान्तिकारी दल की जिम्मेदारी भगत सिंह और उनके साथियों के कन्धों पर आई। उस समय कई अहम सवाल उनके सामने थे, जैसे अपने नेताओं के महान बलिदानों और जनता के प्रति अटूट लगन के बावजूद वे जनता के निकट क्यों न जा सके, भारत के भविष्य की स्पष्ट रूपरेखा क्या हो, भारतीय जनता का अन्तिम लक्ष्य क्या है, इत्यादि।

भगत सिंह के अनुसार, उन्होंने इन सवालों का उत्तर पाने के लिए 'अध्ययन' को सिद्धान्त बनाया। भारत के क्रान्तिकारी आन्दोलनों के अनुभवों का गहराई से विश्लेषण किया और विश्व-भर के क्रान्तिकारी आन्दोलनों के अनुभवों और विचारों को भी विश्लेषित कर समझा। लोगों और समय की जरूरतों को समझने के प्रयत्न किए। इसी रास्ते पर चलते हुए भगत सिंह 'रोमांटिक विचारवादी क्रान्तिकारी' से 'वैज्ञानिक क्रान्तिकारी' में परिवर्तित हुए।

भगत सिंह के क्रान्तिकारी चिन्तन में यह बात शामिल थी कि 'सेवा करना, कष्ट सहना और कुर्बानी देना' के सिद्धान्त पर चलते हुए अपने उद्देश्य की पूर्ति की ओर बढ़ना चाहिए। किसी भी गतिविधि की कसौटी यह है कि वह लक्ष्य की ओर आगे ले जाती है या नहीं, लोगों में साहसिक भावना पैदा करती है या नहीं और पार्टी को मजबूत बनाती है या नहीं।

भगत सिंह ने ठोस विचारों, यानी वैज्ञानिक आधार पर ऐतिहासिक- भौतिकवादी साँचे में ढले चिन्तन और क्रान्तिकारी चरित्र की दृढ़ता पर बल दिया। अपने साथियों के साथ उन्होंने इसकी मिसाल भी कायम की।

भारतीय समाज की ऐतिहासिक जरूरत को समझते हुए, उसके भविष्यत आदर्श के बारे में उन्होंने बार-बार स्पष्ट कहा, "क्रान्ति, जो जनता के लिए हो और जिसे जनता ही पूरी करे।" तथा "क्रान्ति का इस सदी में एक ही मतलब हो सकता है—जनता के लिए जनता द्वारा राजनीतिक सत्ता पर कब्जा।" अपने क्रान्तिकारी कार्यक्रम के मसौदे में उन्होंने लिखा, "साम्राज्यवादियों को गद्दी से उतारने का भारत के पास एकमात्र हथियार श्रमिक क्रान्ति है। कोई और चीज़ इस उद्देश्य की पूर्ति नहीं कर सकती।"

अपने दाँव-पेचों सम्बन्धी उनकी बहस द्वन्द्वात्मक पद्धति की थी। हिंसा-अहिंसा के प्रश्न पर उन्होंने कहा, "किसी विशेष हालत में हिंसा जायज हो सकती है, लेकिन जन-आन्दोलनों का मुख्य हथियार अहिंसा होगी।" अपने आन्दोलन के दाँव-पेचों पर उन्होंने भावुकतापूर्ण उलझन से ऊपर उठकर वस्तुस्थिति के अनुसार विचार किया। लेकिन यदि हम पिछले पचास सालों को देखें तो पाएँगे कि भगत सिंह को लोगों की भावनाओं का हिस्सा तो बनाया गया, पर उनके विचार लोगों की सोच का हिस्सा

नहीं बने। यही कारण है कि भगत सिंह के विचारों सम्बन्धी कुछ गलतफहमियाँ भी फैलीं।

ऐसी स्थिति का अनुमान करते हुए ही उन्होंने यह कहा था, "मैं अपनी पूरी ताकत से यह कहना चाहूँगा कि क्रान्तिकारी जीवन के पहले कुछ दिनों के सिवाय, न तो मैं आतंकवादी हूँ और न ही था। मुझे पूरा विश्वास है कि इन तरीकों से हम कुछ भी हासिल नहीं कर सकते।" एक और जगह उन्होंने कहा था, "आतंकवाद हमारे भीतर क्रान्तिकारी चिन्तन की पकड़ के अभाव की अभिव्यक्ति है।" 'मैं नास्तिक क्यों हूँ' लेख के जरिए उन्होंने अपने सम्बन्ध में धार्मिक व कुछ साम्प्रदायिक लोगों द्वारा पैदा की गई गलतफहमियों को फैलने से रोका, जिसकी चर्चा इस पुस्तक के अन्त में की गई है।

भारतीय संस्कृति और परिस्थितियों की विशिष्टता को पहचानने में भी भगत सिंह ने क्रान्तिकारी पहल-कदमी का परिचय दिया है। साम्प्रदायिकता और धार्मिक जुनून के सवाल को उन्होंने और उनके साथियों ने 1926 में इस तरह पहचाना, "साम्प्रदायिक वहम और पूर्वाग्रह हमारी प्रगति के रास्ते में बड़ी रुकावट हैं। हमें इन्हें दूर फेंक देना चाहिए।" और यह पहचानते हुए कि "हमारा वास्तविक संघर्ष हमारी अपनी कमजोरियों के खिलाफ है, जिनका लाभ दुश्मन भी उठाता है और हम में से कुछ स्वार्थी लोग भी"; उन्होंने जन-जागृति और मजबूत संगठन पर बल दिया।

उन्होंने बड़ी स्पष्टता से सामाजिक प्रगति के रास्ते में अन्दरूनी व बाहरी, दोनों तरह की समस्याओं को आँका और दोनों को चुनौती देते हुए कहा, "दुतरफा युद्ध हमें चुनौती दे रहा है।"

जिन नवयुवकों को देश और जनता के भविष्य के लिए काम करना है, उन्हें तैयार करने के लिए, अनेक गुणों व सिद्धान्तों से परिचित करवाने के लिए, भगत सिंह ने बहुत काम किया। उनके सभी लेखों में यह जानकारी अंकित है।

भगत सिंह ने जीवन के कुल 23 वर्ष ही पूरे किए। इनमें दो वर्ष जेल के भीतर के और उससे पहले दो वर्ष बाहर के—उनके जीवन में कर्मशीलता के दिन थे। लेकिन इन चार सालों में भगत सिंह ने भारतीय जनता की क्रान्ति की सम्भावना को अभिव्यक्त करते हुए, बिजली की चाल से न सिर्फ दशकों का, वरन् एक शती का काम किया। जेल को उन्होंने लायब्रेरी व प्रयोगशाला में बदल दिया। अपने जीवन की आखिरी साँस तक वे भारतीय क्रान्ति की समस्याओं को सुलझाने व उसके लिए क्रान्तिकारी पद-चिह्न बनाने में लगे रहे। क्योंकि वे जानते थे कि सम्भावना व वास्तविकता के द्वन्द्व में वास्तविकता मुख्य होती है और सम्भावना अगले पड़ाव तक टल जाती है, इसलिए जो भी समस्या विचाराधीन आई उस पर उन्होंने विचार प्रकट कर दिए और यही वजह है कि 'हजार कोशिश उन्होंने की, मिटता नहीं निशान उनका।' अंग्रेजों के बाद अनेक प्रतिक्रियावादी शक्तियों ने भगत सिंह को मिटाने की कोशिश की, लेकिन हर बार वे अधिक निखरकर सामने आए। जब भी उनके सम्बन्ध में कुछ भ्रम पैदा करने की कोशिशें हुईं, उनके विचारों के सामने, उनके

तर्कों के सामने दम्भ व भ्रम टिक नहीं पाए। न सिर्फ साम्राज्य के ही विरुद्ध; वरन् सामाजिक पिछड़ेपन और विचारों के क्षेत्र में अन्धविश्वास के विरुद्ध भी भगत सिंह उतनी ही निर्भीकता से लड़े।

भगत सिंह गांधीवादी विचारों को शक्तिहीन मान उसका विरोध करते थे, लेकिन गांधीवाद की ऐतिहासिक भूमिका को उन्होंने एक वैज्ञानिक यथार्थवादी की तरह आँका। वे कहते हैं, "गांधी एक दयालु मान्वतावादी व्यक्ति हैं। लेकिन ऐसी दयालुता से सामाजिक तब्दीली नहीं आती, उसके लिए वैज्ञानिक और गतिशील सामाजिक शक्ति की जरूरत है।" अपने 2 फरवरी, 1931 के लम्बे लेख में उन्होंने फिर कहा, "हमें कांग्रेस-आन्दोलन की सम्भावनाओं, पराजयों व उपलब्धियों सम्बन्धी किसी किस्म का भ्रम नहीं होना चाहिए। आज के इस आन्दोलन को गांधीवाद कहना ठीक है...इसका तरीका अनूठा है, लेकिन इसके विचार बेचारे लोगों के किसी काम के नहीं हैं। गांधीवाद साबरमती के सन्त को कोई स्थायी शिष्य नहीं दे पाएगा।" लेकिन गांधी और गांधीवाद को पूरी तरह रद्द न करते हुए वे जन-आन्दोलन के परिप्रेक्ष्य में इसका यथार्थवादी मूल्यांकन करते हैं, "इस तरह गांधीवाद अपने भाग्यवादी मत के बावजूद क्रान्तिकारी विचारों के करीब पहुँचने की कोशिश करता है, क्योंकि यह जन-कार्यवाही पर निर्भर करता है, चाहे यह कार्यवाही जनता के लिए नहीं है।"

इस प्रकार भगत सिंह जहाँ हमें निःस्वार्थ दृढ़ इरादे और बहादुरी के साथ सच्चाई के लिए खड़े होने की प्रेरणा देते हैं, वहीं वे हमें विचारधारात्मक परिपक्वता व तर्कशील वैज्ञानिक दृष्टि से अपने इतिहास की, आसपास की और भविष्य की समस्याओं के विश्लेषण का तरीका भी सिखाते हैं। अध्ययन के सम्बन्ध में उनकी शिक्षा है, "इसे आँख मूँदकर न पढ़ें। यह न समझें कि जो इसमें लिखा है, वह सही है। इसे पढ़ो, इसकी आलोचना करो और इसकी मदद से अपने विचार बनाने की कोशिश करो।"

भगत सिंह महज एक व्यक्ति नहीं थे, वे एक आन्दोलन से पैदा हुए और फिर आन्दोलन का सर्वोच्च व सर्वोत्तम प्रतीक बन गए। भगत सिंह की विचारधारा सिर्फ एक व्यक्ति की ही नहीं, एक आन्दोलन की, बहुत-से साथियों की साझी सोच की विचारधारा बनी। इसलिए यहाँ सिर्फ भगत सिंह ही नहीं, उनके साथियों की रचनाओं को भी संकलित किया गया है, क्योंकि इन सबसे मिलकर ही भगत सिंह-विचारधारा बनती है।

भगत सिंह और उनके साथियों की यह रचनाएँ किसी भी तरह सम्पूर्ण नहीं हैं। अभी भी भगत सिंह और उनके साथियों की अनेक रचनाएँ अप्रकाशित हैं या प्रकाशन के बाद गुम हैं। यहाँ संकलित रचनाओं के क्रम, संयोजन या अनुवाद में भी कुछ खामियाँ हो सकती हैं, लेकिन हमें सन्तोष इस बात का है कि कम-से-कम यह सब रचनाएँ एक जगह संकलित हो सकीं। इससे पहले केवल पंजाबी में ही इतनी रचनाओं का प्रकाशन हो पाया है। इनमें ब्रैकिटों [ ] का प्रयोग सम्पादकों की

ओर से हुआ है। इन रचनाओं के संकलन में हमें अनेक व्यक्तियों का सहयोग प्राप्त हुआ है। हम इन सबके आभारी हैं और भविष्य में भी यह आशा रखते हैं कि जहाँ कहीं भी शहीद भगत सिंह या उनके किसी साथी की कोई प्रकाशित या अप्रकाशित रचना ध्यान में आएगी तो वह 'शहीद भगत सिंह शोध समिति' की जानकारी में लाई जाएगी।

शहीद भगत सिंह के साथी व क्रान्तिकारी लेखक शिव वर्मा के हम आभारी हैं कि उन्होंने 'क्रान्तिकारी आन्दोलन का वैचारिक विकास' लेख को पुस्तक में प्रस्तावना स्वरूप देने की सहर्ष अनुमति दी, जिसे यहाँ अविकल प्रकाशित किया गया है।

श्री कर्मेन्दु शिशिर के हम आभारी हैं कि उन्होंने 'मतवाला' में भगत सिंह के छपे दो लेख हमें भेजे। श्री गुरुचरन ने इस पुस्तक के सम्पादन में दिल से सहयोग दिया है, उनके भी हम आभारी हैं। राजकमल से श्री मोहन गुप्त ने जिस श्रद्धा, तत्परता, धैर्य और दिलचस्पी से शहीद साथियों की रचनाओं के प्रकाशन का बीड़ा उठाया, उसके लिए भी उनके हार्दिक आभारी हैं। पांडुलिपि के संशोधन में श्री रामकुमार कृषक और उमा गुरबख्श सिंह ने जिस हार्दिक लगन से काम किया, उसके लिए भी हम दिल से आभारी हैं।

जगमोहन सिंह
शहीद भगत सिंह शोध समिति
838, कृष्ण नगर, लुधियाना (पंजाब)

चमन लाल
भारतीय भाषा केन्द्र
जवाहरलाल नेहरू विश्वविद्यालय
नई दिल्ली-110067

अनुक्रम

क्रान्तिकारी आन्दोलन का वैचारिक विकास

(चापेकर बन्धुओं से भगत सिंह तक)

स्वाधीनता संग्राम में क्रान्तिकारियों के प्रवेश की घोषणा करनेवाला पहला धमाका 1897 में पूना में चापेकर बन्धुओं ने किया था। पूना शहर में उन दिनों प्लेग जोरों पर था। रैंड नाम के एक अंग्रेज को वहाँ प्लेग कमिश्नर बनाकर भेजा गया। वह बड़ा ही ज़ालिम और तानाशाह किस्म का आदमी था। उसने प्लेग से प्रभावित मकानों को बिना कोई अपवाद ख़ाली कराए जाने का हुक्म जारी कर दिया। जहाँ तक उस हुक्म का सवाल है उसमें कोई गलत बात नहीं थी। लेकिन जिस तरह रैंड ने इस हुक्म पर अमल करवाया, उससे वह अलोकप्रिय हो गया। लोगों को उनके घरों से निकाला गया और उन्हें कपड़े, बर्तन आदि तक ले जाने का समय नहीं दिया गया।

4 मई, 1897 को लोकमान्य तिलक ने अपने पत्र 'केसरी' में एक लेख लिखकर न सिर्फ नीचे के अफसरों पर बल्कि खुद सरकार पर इल्जाम लगाया कि वह जानबूझकर जनता का उत्पीड़न कर रही है। उन्होंने रैंड को निरंकुश बतलाया और सरकार पर 'दमन का सहारा लेने' का आरोप लगाया।

फिर आया शिवाजी समारोह। इस अवसर पर, 12 जून, 1897 को एक सार्वजनिक सभा में अध्यक्ष पद से बोलते हुए तिलक ने कहा : "क्या शिवाजी ने अफ़जल खान को मारकर कोई पाप किया था? इस प्रश्न का उत्तर महाभारत में मिल सकता है। गीता में श्रीमन कृष्ण ने अपने गुरुओं और बान्धवों तक को मारने का उपदेश दिया है। उनके अनुसार अगर कोई व्यक्ति निष्काम भाव से कर्म करता है तो वह किसी भी तरह पाप का भागी नहीं बनता है। श्री शिवाजी ने अपने उदर-पूर्ति के लिए कुछ नहीं किया था। बहुत ही नेक इरादे के साथ, दूसरों की भलाई के लिए उन्होंने अफजल खान का वध किया। अगर चोर हमारे घर में घुस आएँ और हमारे अन्दर उनको बाहर निकालने की ताकत न हो तो हमें बेहिचक दरवाजा बन्द करके उनको ज़िन्दा जला देना चाहिए। ईश्वर ने हिन्दुस्तान के राज्य का पट्टा ताम्र-पत्र पर लिखकर विदेशियों को तो नहीं दिया है। शिवाजी महाराज ने उनको अपनी जन्मभूमि से बाहर खदेड़ने की कोशिश की। ऐसा करके उन्होंने दूसरों की वस्तु हड़पने का पाप नहीं किया। कुएँ के मेंढक की तरह अपनी दृष्टि को संकुचित मत करो, ताजीराते-हिन्द की कैद से बाहर निकलो, श्रीमद्‌भगवद्‌गीता के अत्यन्त उच्च वातावरण में पहुँचो और महान व्यक्तियों के कार्यों पर विचार करो।"[1]

और 22 जून को चापेकर भाइयों ने रैंड व ऐवर्स्ट को मार दिया। इस तरह, ऊपरी तौर पर देखने से यही लगता है कि चापेकर भाइयों के कार्य के तात्कालिक प्रेरक तत्त्व रैंड की निरंकुशता और तिलक का भाषण थे। लेकिन यह सिर्फ अर्धसत्य है। दरअसल, चापेकर बन्धुओं के विचार महामारी फैलने या रैंड के पूना आने से बहुत पहले से ही एक शक्ल अख़्तियार करने लगे थे।

1894 में ही चापेकर भाइयों ने पूना में शारीरिक और सैनिक प्रशिक्षण के लिए 'हिन्दू धर्म अवरोध निवारण समिति' कायम कर रखी थी जिसे हिन्दू संरक्षिणी समिति भी कहा जाता था। यह समिति हर साल नियमपूर्वक शिवाजी व गणपति समारोह आयोजित करती थी। इन समारोहों में चापेकर भाइयों द्वारा पढ़े जानेवाले श्लोकों से उनकी भावना का पता चलता है। जनता से तलवार उठाने का आग्रह करते हुए 'शिवाजी श्लोक' कहता है :

"भांड की तरह शिवाजी की कहानी दुहराने मात्र में स्वाधीनता प्राप्त नहीं की जा सकती। आवश्यकता इसकी है कि शिवाजी और बाजी की तरह तेजी के साथ काम किए जाएँ। आज हर भले आदमी को तलवार और ढाल पकड़नी चाहिए—यह जानते हुए कि हमें राष्ट्रीय संग्राम के युद्धक्षेत्र में जीवन का जोखिम उठाना होगा। हम धरती पर उन दुश्मनों का खून बहा देंगे जो हमारे धर्म का विनाश कर रहे हैं। हम तो मारकर मर जाएँगे, लेकिन तुम औरतों की तरह सिर्फ कहानियाँ सुनाते रहोगे।"[2]

'गणपति श्लोक' तो 'शिवाजी श्लोक' से भी ज्यादा उग्र था। गौ और धर्म की रक्षा के लिए उठ खड़े होने का आवाहन करते हुए इसमें हिन्दुओं से कहा गया है : "अफसोस, तुम गुलामी की जिन्दगी पर शर्मिन्दा नहीं हो; जाओ, आत्महत्या कर लो। उफ़! यह कमीने कसाइयों की तरह गाय और बछड़ों को मार रहे हैं; उसे (गौ को) इस संकट से मुक्त कराओ; मरो लेकिन अंग्रेजों को मारकर; नपुंसक होकर धरती पर बोझ न बनो। इस देश को हिन्दुस्तान कहा जाता है; अंग्रेज भला किस तरह यहाँ राज कर रहे हैं?"[3]

इस तरह हम देखते हैं कि चापेकर बन्धु और उनके सहयोगी मुख्यतः तीव्र धार्मिक भावनाओं से उत्प्रेरित थे और उनका दृष्टिकोण घोर कट्टरपंथी था। सम्भवतः इसी कारण से वे ब्रिटिश विरोधी ही नहीं, मुस्लिम विरोधी भी थे।

चापेकर बन्धुओं की देशभक्ति हिन्दुत्व पर आधारित थी। वे हिन्दू धर्म और गौ की रक्षा के लिए अंग्रेजों को बाहर भगाना चाहते थे। रैंड की हत्या भी एक ऐसे व्यक्ति के प्रति उनकी गहरी नफरत का नतीजा थी जो अपनी दमन और निरंकुशता की कार्रवाइयों के कारण पूरी जनता की घृणा का पात्र बन गया था।

जहाँ तक उनको प्रेरित करनेवाले दूसरे कारणों का सवाल है, इसका कोई सुबूत नहीं मिलता कि वे 1857 के भारतीय स्वाधीनता संग्राम से या फ्रांसीसी व इतालवी क्रान्तियों से प्रभावित रहे हों।

इन तमाम सीमाओं के बावजूद मुकदमे के दौरान या बाद में, चापेकर भाइयों ने जिस वीरता, साहस और आत्म-बलिदान की भावना का परिचय दिया उसके महत्त्व को किसी भी तरह कम करके आँका नहीं जा सकता। सर ऊँचा किए हुए तीनों भाइयों ने फाँसी के फन्दे को चूमा।

गुलामी और आज़ादी की समस्याओं के प्रति यह धार्मिक दृष्टिकोण चापेकर भाइयों तक ही सीमित नहीं था। सावरकर बन्धु भी धार्मिक रहे...बंगाल के क्रान्तिकारियों ने भी धर्म के सहारे लोगों को उभाड़ा था। इस वाक्य से शायद यह ग़लतफहमी हो कि वे धर्म को न मानते थे केवल उभाड़ने का काम उससे लेते थे, इसलिए यह कह देना जरूरी है कि वे स्वयं धर्म के कट्टर माननेवाले थे।[4]

1902 में कलकत्ता में कायम अनुशीलन समिति की कार्य-प्रणाली का वर्णन करते हुए तारिणीशंकर चक्रवर्ती लिखते हैं : "क्रान्तिकारी कार्य के लिए जो इस समिति में आते थे, उनको दो वर्गों में बाँटा जाता था। धर्म में जिनकी आस्था थी उनको एक वर्ग और धर्म विशेष में, जिन्हें आस्था नहीं थी परन्तु क्रान्तिकारी कार्यों में विशेष निष्ठा थी, ऐसे लड़कों को दूसरे वर्ग में रखा जाता था।" "धर्म के प्रति जो श्रद्धावान थे वे इस बगीचे (मानिक तल्ला बागान–सं.) में रहते थे...ये ही लड़के प्रथम कोटि के क्रान्तिकारी समझे जाते थे।"[5]

उस समय बंगाल के क्रान्तिकारियों का बहुमत बंकिमचन्द्र चटर्जी और स्वामी विवेकानन्द से बेहद प्रभावित था। "अनुशीलन समिति के सदस्यों को हिन्दू ग्रन्थों, खासकर गीता को बहुत ध्यान से पढ़ना पड़ता था।"[6]

"बंकिमचन्द्र चटर्जी और स्वामी विवेकानन्द की बौद्धिक परम्परा में पले-बढ़े बंगाल के बीसवीं सदी के पहले दशक के ये क्रान्तिकारी धार्मिक उपादानों और कर्मकांडों से तथा प्राचीन व तात्कालिक हिन्दुत्व के पौराणिक उपाख्यानों, प्रतीकों, गीतों और नारों से प्रेरणा ग्रहण करते थे।"[7]

इस तरह, क्रान्तिकारी आन्दोलन के पहले चरण (1897-1913) के क्रान्तिकारी आमतौर पर हिन्दू धर्म के प्रति आस्थावान थे और उससे प्रेरणा ग्रहण करते थे। यह कोई आकस्मिक बात नहीं थी। इसके ऐतिहासिक कारण थे। पिछली सदी के आठवें दशक में तरुण भारत के दिलों को एक नई भावना मथ रही थी। शिक्षित युवक राजनीतिक दृष्टिकोण से सोचने लगे थे। एक नई किस्म का राष्ट्रवाद जन्म ले रहा था। यह नया राष्ट्रवाद पुराने राजनीतिवाद के मुकाबले ज्यादा संजीदा, ज्यादा खुले दिमागवाला था। यह इस विचार से लैस और प्रेरित था कि पूरे राष्ट्रीय जीवन का पुनरुत्थान आवश्यक है। भारतीय मानस किस सीमा तक आन्दोलित हो उठा था, इसका अनुमान इसी तथ्य से लगाया जा सकता है कि सभी बेहतरीन सोच के लोगों की नई भावनाएँ और विचार धर्म से अनुप्राणित थे। पुराने देवताओं की जगह घृणा और रक्त के नए देवताओं की पूजा होने लगी थी।[8]

इस सीमा तक, धर्म की एक सकारात्मक भूमिका अवश्य थी। लेकिन इसका एक नकारात्मक पहलू भी था। इस दौर में बाल गंगाधर तिलक, विपिन चन्द्र पाल, ब्रह्म बान्धव उपाध्याय और अरविन्द घोष जैसे सभी जुझारू राष्ट्रीय नेता राजनीति को धर्म के रंग में रँग रहे थे। इस तरह अचेतन रूप में ही सही, उन्होंने साम्प्रदायिक राजनीति के विषवृक्ष लगाए। गांधी और उनके अनुयायियों ने इस परम्परा को आगे बढ़ाया और अन्त तक उससे चिपके रहे, जबकि क्रान्तिकारियों ने 1914 में ही, जब उनका आन्दोलन दूसरे चरण में प्रवेश कर रहा था, इसे छोड़कर धर्मनिरपेक्षता को अपना लिया था। धर्म और राजनीति का यह तालमेल तब से आज तक लगातार हमारे सार्वजनिक जीवन को तबाह करता रहा है, और अब तो इसके कारण हमारी राष्ट्रीय एकता का ढाँचा ही चरमराता नज़र आ रहा है।

हालाँकि महाराष्ट्र के चापेकर बन्धु और बंगाल के पहले दशक के क्रान्तिकारी, दोनों प्राचीन भारतीय संस्कृति से प्रेरणा ग्रहण करते थे लेकिन दोनों के बीच एक मार्के का अन्तर भी है।

30 अप्रैल, 1908 को किंग्सफोर्ड की बग्घी पर एक बम आकर गिरा जिससे दो महिलाओं की मृत्यु हो गई। इस घटना पर टिप्पणी करते हुए 22 जून के *केसरी* में लोकमान्य तिलक ने लिखा : "1897 की हत्या और बंगाल के बम कांड के बीच काफी अन्तर है। जहाँ तक दिलेरी और कार्य को कुशलतापूर्वक सम्पन्न करने का सवाल है चापेकर भाइयों का दर्जा बंगाल की बम पार्टी के सदस्यों से ऊँचा है। लेकिन अगर साध्य और साधन के नजरिये से देखें तो बंगालियों की ज़्यादा तारीफ करनी होगी...वर्ष 1897 में पूना निवासी प्लेग के समय के दमन के शिकार थे, और उस दमन से उत्पन्न उत्तेजना का कोई शुद्ध राजनीतिक चरित्र नहीं था। यह शासन प्रणाली ही खराब है और जब तक अधिकारियों को छाँट-छाँटकर व्यक्तिगत रूप से आतंकित नहीं किया जाता, तब तक वे व्यवस्था को बदलने पर तैयार नहीं होंगे–ऐसा कोई महत्त्वपूर्ण प्रश्न चापेकर भाइयों के सामने नहीं था। उनका कर्म प्लेग के बाद जारी दमन के, यानी एक विशेष कार्य के खिलाफ था। निश्चय ही बंगाल की बम पार्टी की दृष्टि एक ज्यादा व्यापक पटल पर थी जिसे बंगाल के विभाजन ने उभारा था।"[9]

इतना ही नहीं। बंगाल के क्रान्तिकारी धर्म को बहुत ज्यादा महत्त्व देते थे, इस तथ्य के बावजूद आन्दोलन के अन्तिम लक्ष्य की दृष्टि से कहें तो, 1902 में ही उन्होंने एक बहुत महत्त्वपूर्ण घोषणा की थी। इसी वर्ष बंगाल के क्रान्तिकारियों ने अपने को 'अनुशीलन समिति' नाम की एक पार्टी के रूप में संगठित किया था। समिति की स्थापना के समय जारी घोषणापत्र में कहा गया था : "...अनुशीलन की कल्पना के समाज में अनपढ़ गरीब लोग नहीं होंगे, कायर, दुष्ट लोग नहीं होंगे और अस्वस्थ लोग भी नहीं होंगे। ऐसे समाज के निर्माण के लिए सभी प्रकार की विषमताओं को समाप्त करना होगा। विषमता के बीच मानव की मानवता विकसित नहीं हो सकती। मानव समाज से धन की विषमता, सामाजिक विषमता, साम्प्रदायिक विषमता और प्रादेशिक विषमता दूर कर सभी मनुष्यों में समानता लानी होगी। केवल राष्ट्रीय सरकार द्वारा ही ऐसा किया जाना सम्भव है। पराधीनता की दशा में अनुशीलन के स्वप्न के समाज की स्थापना सम्भव नहीं है, इसीलिए अनुशीलन पराधीनता के विरुद्ध विद्रोह की घोषणा करती है। अनुशीलन भारत की पूर्ण स्वतन्त्रता चाहती है।"[10]

अनुशीलन समिति की यह घोषणा निश्चय ही आगे की तरफ एक बहुत बड़ा कदम था। यहीं पर बंगाल के क्रान्तिकारी 1897 के पूना केन्द्र से आगे हैं। चापेकर बन्धु विदेशियों से नफरत तो करते थे मगर वे खुद क्या चाहते हैं इसके बारे में स्पष्ट नहीं थे। यह बात बंगाल के क्रान्तिकारियों के साथ नहीं थी। ये लोग मुस्लिम विरोधी भी नहीं थे, हालाँकि वे धार्मिक लोग थे और हिन्दू ग्रन्थों से प्रेरणा प्राप्त करते थे।

इसके विपरीत इस दौर के पंजाब के क्रान्तिकारी आरम्भ से ही साम्प्रदायिकता के दोष से मुक्त थे। सरदार अजीत सिंह, लालचन्द 'फ़लक', सूफी अम्बा प्रसाद, लाला हरदयाल और उनके सभी सहयोगी धर्मनिरपेक्ष थे। धर्म उनके लिए एक निजी मामला था।

शताब्दी के पहले दशक के क्रान्तिकारी जिन स्रोतों से प्रेरणा ग्रहण कर रहे थे उनमें धर्म के अलावा एक था 1857 का भारत का पहला स्वाधीनता संग्राम। "इस विषय पर

1907 या 1908 में लन्दन में लिखी गई वीर सावरकर की पुस्तक ने अपनी तमाम अपर्याप्तताओं के बावजूद, जो उस दौर में और उस समय की हालतों में स्वाभाविक थी, बड़ी महत्त्वपूर्ण भूमिका अदा की। इस विषय पर ब्रिटिश साम्राज्यवादी लेखकों द्वारा फैलाए गए लांछनों तथा उनके झूठे ऐतिहासिक लेखन की धज्जी उड़ाकर इस पुस्तक ने बहुत बड़ा काम किया। इसने बातों को सही तौर पर सामने रखा। इस किताब पर ब्रिटिश शासकों ने फौरन प्रतिबन्ध लगा दिया, लेकिन फिर भी यह मेहनत से और गुप्त रूप से तैयारी की गई पांडुलिपि के रूप में भारत के उस समय के क्रान्तिकारियों के बीच घूमती रही।"[11]

वास्तविकता यह है कि 1857 का जन विद्रोह पूरे स्वाधीनता संग्राम के दौरान सभी स्वाधीनता सेनानियों के लिए प्रेरणा का स्रोत बना रहा।

शताब्दी के पहले दशक में क्रान्तिकारियों के लिए प्रेरणा का दूसरा स्रोत था फ्रांसीसी, इतालवी और रूसी क्रान्तिकारियों की कहानियाँ।

आन्दोलन के पहले चरण की कमजोरियाँ और सीमाएँ

आन्दोलन के पहले चरण के दौरान पूना और बंगाल के क्रान्तिकारियों की पहली कमजोरी थी उनका हिन्दू पूर्वाग्रह। इस पूर्वाग्रह ने मुस्लिम जनता को आन्दोलन से दूर रखा। हालाँकि बंगाल के क्रान्तिकारी मुस्लिम विरोधी नहीं थे, लेकिन मुस्लिम जनता से कार्यकर्ता भर्ती करने का कोई गम्भीर प्रयास उन्होंने कभी नहीं किया। इस कथन के कुछ अपवाद यहाँ-वहाँ मिल सकते हैं। लेकिन अपवाद कभी नियम नहीं बनते।

आन्दोलन के दायरे को सीमित करनेवाली दूसरी कमजोरी थी जनता के साथ जीवन्त सम्बन्धों का न होना। स्वदेशी आन्दोलन के तीन या चार सालों को छोड़कर, जब बंगाल के क्रान्तिकारी जनता के बीच गए और लोगों को सक्रिय होने के लिए प्रोत्साहित किया, आमतौर पर क्रान्तिकारी व्यक्तिगत क्रियाशीलता में विश्वास रखते थे, जिसे सरकार आतंकवाद के गलत नाम से पुकारती थी। जनता इन क्रान्तिकारियों के आत्म-बलिदान, निर्भीकता और साहस की प्रशंसा तो करती थी लेकिन अपनी रोजमर्रा की समस्याओं के साथ उनकी कार्यवाहियों को जोड़ सकने में असमर्थ रहती थी। ऐसी स्थिति में साम्राज्यवादियों के लिए क्रान्तिकारियों का दमन कर सकना और भी आसान हो जाता था।

आन्दोलन की तीसरी सीमा थी उसके कार्यकर्ताओं का वर्ग-चरित्र। क्रान्तिकारी आन्दोलन के कार्यकर्ताओं का एक बड़ा बहुमत निम्न-मध्यम वर्ग से सम्बन्धित था। इस चरण में यह एकदम स्वाभाविक था। यह वही दौर था जबकि नई पीढ़ी विदेशी शासन से पूर्ण मुक्ति का दावा करने लगी थी। यह पीढ़ी खुद को 'वयस्क' समझने लगी थी। नौजवान तबके में बेचैनी थी मगर पुराना नेतृत्व होम रूल के लिए प्रस्तावों और प्रार्थनापत्रों से आगे बढ़ने को तैयार न था। लेकिन शिक्षित नौजवान एक नई दुनिया पाने के लिए अपना सबकुछ लुटा देने पर आमादा था। नौजवानों का विश्वास था कि वे जुझारू सशस्त्र संघर्ष के जरिये देश को आज़ाद करा सकते हैं। इसके लिए वे अपना जीवन तक होम कर देने को तैयार थे।

मध्यम वर्ग स्वभाव से ही व्यक्तिवादी होता है। यह एक शक्तिशाली सहयोगी हो सकता है। अगर यह पूँजीपति वर्ग की तरफ जाता है तो प्रतिक्रियावाद का वाहक हो जाता है। अगर

यह मजदूर वर्ग के साथ खड़ा होता है तो, स्वयं नेतृत्व प्रदान कर सकने की क्षमता न होते हुए भी, एक क्रान्तिकारी शक्ति बन जाता है। इसकी स्वतन्त्र कार्यवाहियाँ प्रायः व्यक्तिगत कार्यवाहियों का रूप ले लेती हैं। जिस दौर की बात हम कर रहे हैं उस समय स्वाधीनता के लिए जन आन्दोलन खड़ा कर सकने में न तो पूँजीपति वर्ग समर्थ था और न मजदूर वर्ग ही। इस चुनौती का सामना अपने सपनों को साकार करने के लिए सबकुछ कुर्बान कर देने को तैयार इन मध्यमवर्गीय नौजवानों ने स्वभावतः अपने ढंग से किया जो आरम्भ में व्यक्तिगत कार्रवाइयों का ही रूप ले सकती थी। यह सीमा एक ऐतिहासिक प्रक्रिया की उपज थी।

गुलामी की अपमानजनक स्थिति के सामने समर्पण करने से बेहतर होता है चोट करना और नष्ट हो जाना। किसी-न-किसी को पहली चोट करनी ही होती है। और, आमतौर पर, पहली चोट का कोई नतीजा नहीं निकलता और पहली चोट करनेवाले ज्यादातर नष्ट हो जाते हैं। लेकिन उनकी कुर्बानियाँ कभी बेकार नहीं जातीं। झरना बढ़कर गरजता हुआ दरिया बन जाता है, चिंगारी ज्वालामुखी बनती है, व्यक्ति समष्टि से एकाकार हो जाता है। पुरानी व्यवस्था की जगह एक नई व्यवस्था आती है, और सपना एक हकीकत का रूप ले लेता है। क्रान्तियाँ इसी तर्ज पर आगे बढ़ती हैं। भारत का क्रान्तिकारी आन्दोलन भी ठीक इसी तर्ज पर आगे बढ़ा।

"भारतीय क्रान्तिकारियों ने, अकल्पनीय कठिनाइयों के बीच भी, आधुनिक युग की सबसे बड़ी साम्राज्यवादी-उपनिवेशवादी ताकत को चुनौती देने की जुर्रत की। इतना ही नहीं, उस युग के क्रान्तिकारी शूरवीरों—चापेकर भाइयों, खुदीराम, कनाईलाल और मदनलाल धींगरा ने अपने आत्म-बलिदान और शहादत के माध्यम से अपने ऊँघते हुए देशवासियों को जगाया और उन्हें राष्ट्रीय स्वाधीनता तथा अपने जन्मसिद्ध जनवादी राजनीतिक अधिकारों के उच्च विचारों से भी परिचित कराया। क्रान्तिकारी आन्दोलन, ऐतिहासिक रूप से, अपने ढंग का वह पहला आन्दोलन था जिसने राष्ट्रीय स्वाधीनता और सम्प्रभुता के लिए भारत के संघर्ष के राजनीतिक उद्देश्य के रूप में पूर्ण स्वाधीनता तथा ब्रिटिश साम्राज्य से हर तरह के राजनीतिक सम्बन्ध-विच्छेद के लक्ष्य को जनता के सामने रखा। ठीक इसी उद्देश्य को ध्यान में रखकर उन्होंने विदेशी साम्राजी शासन के विरुद्ध संगठित हथियारबन्द संघर्ष के लिए जनता का आवाहन किया...

"वे शुरू से ही भारतीय जनता के लिए पूर्ण राष्ट्रीय प्रभुसत्ता और लोकतान्त्रिक स्वतन्त्रता के लिए अनवरत संघर्ष करते रहे और उस लक्ष्य से कभी डिगे नहीं..."

"उनकी शहादतों ने उनके प्रति जनता की प्रशंसा को उभारकर विदेशी साम्राज्यवादी शासन के प्रति उसकी नफरत को और भी तीखा बनाया और उसके संघर्षशील साहस को और भी ऊँचा उठाया।"[12]

गदर पार्टी की स्थापना

क्रान्तिकारी आन्दोलन के पहले दौर में बहुत-से क्रान्तिकारी देश छोड़कर यूरोप और अमेरिका चले गए थे। उनका उद्देश्य था भारत में क्रान्तिकारी गतिविधियों के संचालन के लिए धन संग्रह करना, प्रचार करना और साहसी, आत्मत्यागी तथा समर्पित युवकों की एक

टीम खड़ी करना। इस कान में उनको कुछ कम सफलता नहीं मिली। लेकिन जहाँ तक अन्तिम लक्ष्य का प्रश्न है, उनके विचार अभी तक भारत की आज़ादी की एक भावनात्मक धारणा तक ही सीमित थे। क्रान्ति के बाद स्थापित होनेवाली सरकार की रूप-रेखा क्या होगी, दूसरे देशों की क्रान्तिकारी शक्तियों के साथ उसके सम्बन्ध क्या होंगे, नई व्यवस्था में धर्म का क्या स्थान होगा, आदि प्रश्नों पर उस समय के अधिकांश क्रान्तिकारी स्पष्ट नहीं थे। यह सूरत कमोबेश 1913 तक जारी रही। इन सभी मुद्दों पर स्पष्ट रवैया अपनाने का श्रेय गदर पार्टी के नेताओं को जाता है।

इस शताब्दी के पहले दशक में भारत छोड़कर जानेवाले क्रान्तिकारियों को अंग्रेज सरकार के हाथों में पड़ने से बचने के लिए एक देश से दूसरे देश तक भटकना पड़ता था। अन्त में, उनमें से कइयों ने अमेरिका में बसने और उस देश को अपने कार्य का आधारक्षेत्र बनाने का फैसला किया। इनमें प्रमुख थे—तारकनाथ दास, शैलेन्द्र घोष, चन्द्र चक्रवर्ती, नन्दलाल कार, बसन्त कुमार राय, सारंगधर दास, सुधीन्द्रनाथ बोस तथा जी. डी. कुमार। पहले दशक के अन्त तक लाला हरदयाल भी उनसे आ मिले। इन लोगों ने अमेरिका और कनाडा में बसे भारतीय प्रवासियों से सम्पर्क किया, धन संग्रह किया, अख़बार निकाले, और कई जगहों पर गुप्त संस्थाएँ कायम कीं।

तारकनाथ दास ने *फ्री हिन्दुस्तान* नाम से अख़बार निकाला और अमेरिका में रह रहे भारतीय छात्रों तथा भारतीय प्रवासियों के लिए व्याख्यान देते रहे। वे *समिति* नाम की एक गुप्त संस्था के प्रधान भी थे। इस संस्था के अन्य सदस्य थे—शैलेन्द्रनाथ बोस, सारंगधर दास, जी. डी. कुमार, लस्कर, और ग्रीन नामक एक अमरीकी।

रामनाथ पुरी ने 1908 में ओकलैंड में हिन्दुस्तान एसोसिएशन नाम की एक संस्था कायम की, और *सर्कुलर ऑफ फ्रीडम* नाम से एक अख़बार निकाला। ये इस अख़बार के माध्यम से अंग्रेजों को भारत से खदेड़े जाने की वकालत करते रहे। जी.डी. कुमार ने वैंकोवर से *स्वदेशी सेवक* नामक अख़बार निकाला। वे वहाँ की एक गुप्त संस्था के सदस्य भी थे। इस संस्था के सदस्य रहीम और सुन्दर सिंह भी थे। सुन्दर सिंह *आर्यन* नाम के एक अख़बार का सम्पादन भी करते थे और उनके जरिये लगातार ब्रिटिश-विरोधी प्रचार चलाते थे। रहीम और आत्माराम ने वैंकोवर में यूनाइटेड इंडिया लीग का गठन किया।

लाला हरदयाल 1911 में अमेरिका पहुँचे और वहाँ स्टैनफोर्ड विश्वविद्यालय में प्राध्यापक हो गए। सान फ्रान्सिस्को में 'हिन्दुस्तानी स्टूडेंट्स एसोसिएशन' नाम की एक संस्था उन्होंने गठित की। 1913 में एस्टोरिया की 'हिन्दुस्तानी एसोसिएशन' का गठन हुआ। करीम बख़्श, नवाबखान, बलवन्त सिंह, मुंशीराम, केसर सिंह और कर्तार सिंह सराभा इसके सदस्य थे। ठाकुर दास और उनके मित्रों ने सेन्टजान में रहनेवाले भारतीयों की एक संस्था गठित की। 1913 में शिकागो में 'हिन्दुस्तानी एसोसिएशन ऑफ द यूनाइटेड स्टेट्स ऑफ अमेरिका' का गठन हुआ।[13]

लाला हरदयाल ने महसूस किया कि संयुक्त राज्य अमेरिका के विभिन्न हिस्सों में कार्यरत इन संगठनों की गतिविधियों का समन्वय आवश्यक है। अतः उन्होंने कनाडा और अमेरिका में रहनेवाले भारतीय क्रान्तिकारियों की एक मीटिंग बुलाई। इस मीटिंग में 'हिन्दुस्तानी

एसोसिएशन ऑफ द पैसिफिक कोस्ट' नाम की एक संस्था के गठन का फैसला लिया गया। बाबा सोहन सिंह भकना और लाला हरदयाल इसके क्रमशः अध्यक्ष और सचिव चुने गए। लाला हरदयाल नौकरी से इस्तीफा देकर अपना पूरा समय एसोसिएशन के काम में लगाने लगे।

मार्च 1913 में एसोसिएशन ने सैन फ्रान्सिस्को से *गदर* नाम से एक अख़बार निकालने का फैसला किया। उसके बाद एसोसिएशन का नाम भी बदलकर 'गदर' पार्टी कर दिया गया।

आगे की तरफ एक बड़ा कदम

1913 में गदर पार्टी का गठन क्रान्तिकारी आन्दोलन के विकास की दिशा में एक बहुत बड़ा एवं महत्त्वपूर्ण कदम था। इसने राजनीति को धर्म से मुक्त किया और धर्मनिरपेक्षता को अपनाया। धर्म को निजी मामला घोषित कर दिया गया।

अख़बार *गदर* ने हिन्दू-मुसलमान दोनों का आवाहन किया कि वे आर्थिक मसलों पर ज्यादा ध्यान दें क्योंकि उनका दोनों के जीवन पर एक-जैसा प्रभाव पड़ता है। प्लेग से हिन्दू और मुसलमान दोनों ही मर रहे हैं। अकाल पड़ने पर अन्न से दोनों ही वंचित रहते हैं। पगार के लिए जोर-जबरदस्ती दोनों पर की जाती है और दोनों को ही अत्यधिक ऊँची दरों पर भू-राजस्व तथा जल-कर देना पड़ता है। समस्या हिन्दू बनाम मुसलमान की नहीं बल्कि भारतीय बनाम अंग्रेज शोषकों की है। हिन्दू-मुस्लिम एकता को इतना मजबूत बनाया जाना चाहिए कि कोई उसे तोड़ न सके।[14]

गदर पार्टी "धर्मनिरपेक्षता में विश्वास करती थी और ठोस हिन्दू-मुस्लिम एकता की तरफदार थी। वह छूत और अछूत के भेदभाव को भी नहीं मानती थी। भारत की एकता और भारत के स्वाधीनता संग्राम के लिए एकता; यही उसे प्रेरित करनेवाले प्रमुख सिद्धान्त थे।"[15] इस मामले में गदर पार्टी उस समय के भारतीय नेताओं से मीलों आगे थी। सोहन सिंह जोश के अनुसार, "गदर के क्रान्तिकारी राजनीतिक-सामाजिक सुधार के सवालों पर अपने समसामयिकों से आधी सदी आगे थे।"[16]

14 मई, 1914 को *गदर* में प्रकाशित एक लेख में लाला हरदयाल ने लिखा : "प्रार्थनाओं का समय गया; अब तलवार उठाने का समय आ गया है। हमें पंडितों और काजियों की कोई जरूरत नहीं है।..."[17] 1913 में पोर्टलैंड में भाषण देते हुए उन्होंने कहा था कि गदर के क्रान्तिकारियों को आगामी क्रान्ति के लिए तैयार रहना चाहिए। उन्हें भारत जाकर और वहाँ से अंग्रेजों को भगाकर अमेरिका जैसी एक जनतान्त्रिक सरकार कायम करनी चाहिए जिसमें धर्म, जाति और रंग के अन्तर से परे सभी भारतीय समान और स्वतन्त्र हों।

लाला हरदयाल ने जो अपने आपको अराजकतावादी कहा करते थे, एक बार कहा था कि स्वामी और सेवक के बीच कभी कोई समानता नहीं हो सकती, भले ही वे दोनों मुसलमान हों, सिख हों, अथवा वैष्णव हों।...अमीर हमेशा गरीब पर शासन करेगा...आर्थिक समानता के अभाव में भाईचारे की बात सिर्फ एक सपना है।[18]

हिन्दुस्तानियों के बीच साम्प्रदायिक सद्भाव बढ़ाने को गदर पार्टी ने अपना एक उद्देश्य बनाया। युगान्तर आश्रम नाम के गदर पार्टी के दफ्तर में सवर्ण हिन्दू, अछूत, मुसलमान और सिख, सभी जमा होते और साथ-साथ भोजन करते थे।

धर्म जब राजनीति के साथ घुलमिल जाता है तो वह एक घातक विष बन जाता है जो राष्ट्र के जीवन्त अंगों को धीरे-धीरे नष्ट करता रहता है, भाई को भाई से लड़ाता है, जनता के हौसले पस्त करता है, उसकी दृष्टि को धुँधला बनाता है, असली दुश्मन की पहचान कर पाना मुश्किल कर देता है, जनता की जुझारू मनःस्थिति को कमजोर करता है, और इस तरह राष्ट्र को साम्राज्यवादी साजिशों की आक्रमणकारी योजनाओं का लाचार शिकार बना देता है। भारत में इस बात को सबसे पहले गदर के क्रान्तिकारियों ने महसूस किया। उन्होंने दिलेरी के साथ ऐलान किया कि वे इस जहर को अपनी राजनीति से दूर ही रखेंगे। और उन्होंने जो कहा वैसा ही किया भी। भारतीय राजनीति में यह उनकी पहली महान उपलब्धि थी।

गदर के क्रान्तिकारियों की दूसरी महान उपलब्धि थी, उनका अन्तर्राष्ट्रीय दृष्टिकोण। "गदर का आन्दोलन एक अन्तर्राष्ट्रीय आन्दोलन था। उसकी शाखाएँ मलाया, शंघाई, इंडोनेशिया, ईस्ट इंडीज, फिलीपीन, जापान, मनीला, न्यूजीलैंड, हांगकांग, सिंगापुर, फिजी, बर्मा और दूसरे देशों में कार्यरत थीं। गदर पार्टी के उद्देश्यों के प्रति इंडस्ट्रियल वर्कर्स ऑफ द वर्ल्ड (आई. डब्ल्यू. डब्ल्यू.) की बहुत हमदर्दी थी...वे (गदर के क्रान्तिकारी) सभी देशों की आज़ादी के तरफदार थे।"[19]

कई कवियों की लिखी हुई कविताओं के संग्रह *गदर की गूँज* में एक कवि कहता है : "भाइयो, चीन के खिलाफ जंग में न लड़ो।...भारत, चीन और तुर्की के अवाम आपस में भाई हैं। दुश्मन को इसकी इजाजत नहीं दी जानी चाहिए कि वह इस भाईचारे को तहस-नहस कर सके।"[20]

वैंकोवर में 1911 में एक संस्था कायम हुई थी जिसका उद्देश्य था बाकी दुनिया के साथ भारतीय राष्ट्र के स्वतन्त्रता, समानता और भाईचारे के सम्बन्ध कायम करना। लाला हरदयाल ने भी कई बार अपने भाषणों में यह घोषणा की थी कि वे केवल भारत में ही नहीं बल्कि हर उस देश में क्रान्ति चाहते हैं जहाँ गुलामी और शोषण मौजूद है।[21]

गदर के क्रान्तिकारियों के प्रचार का एक प्रमुख अंग था दुनिया की श्रमिक यूनियनों के नाम अपील जारी करना। उन्होंने पूरी दुनिया के जनसाधारण से अपील की कि वे साम्राजी निजाम को उखाड़ फेंकने के लिए एकजुट हों।[22]

विचारधारा और कार्यक्रम

गदर पार्टी ब्रिटिश शासन की विरोधी थी और उसका उद्देश्य था सशस्त्र संघर्ष के जरिये भारत को ब्रिटिश शासन से मुक्त करके यहाँ अमरीकी ढंग का प्रजातन्त्र स्थापित करना। उसका विश्वास था कि प्रस्तावों, प्रतिनिधिमंडलों और प्रार्थनापत्रों से हमें कुछ मिलनेवाला नहीं है। अंग्रेज शासकों के सामने नर्मदलीय नेताओं का नाचना भी वे पसन्द नहीं करते थे। जिस गणतन्त्र की बात वे करते थे उसमें किसी तरह के राजा की नहीं, बल्कि एक चुने हुए राष्ट्रपति की गुंजाइश थी।

भारत की आज़ादी हासिल करने के लिए गदर पार्टी व्यक्तिगत कार्रवाइयों पर उतना निर्भर नहीं करती थी जितना इस बात पर कि सेना में प्रचार करके सैनिकों को विद्रोह के लिए प्रोत्साहित किया जाए। उन्होंने सैनिकों से अपील की कि वे विद्रोह के लिए उठ खड़े हों।

गदर के क्रान्तिकारियों का वर्गचरित्र भी पहले के क्रान्तिकारियों से भिन्न था। पुराने क्रान्तिकारी मुख्यतः निम्न-मध्यम वर्ग के कुछ शिक्षित लोग थे जबकि गदर पार्टी के अधिकांश सदस्य किसान से मजदूर बने लोग थे, और इसलिए उन्होंने विद्रोह के लिए किसानों से भी उठ खड़े होने की अपील की।

दो कमजोरियाँ

गदर पार्टी की स्थापना अमेरिका में हुई थी जहाँ लोगों को कुछ नागरिक स्वाधीनताएँ और अभिव्यक्ति की आज़ादी हासिल थी जबकि उस समय भारत में ये चीज़ें नहीं थीं। वहाँ गदर के नेता खुलकर अपनी योजनाओं, इरादों और कार्यक्रम पर बहस करते और उन पर लेख लिखते थे। इस तरह ब्रिटिश साम्राज्यवादियों को उनकी योजनाओं की पूरी-पूरी जानकारी रहती थी और वे गदर के क्रान्तिकारियों की गतिविधियों से पैदा हो सकनेवाली हर स्थिति से निपटने को तैयार थे। गदर के नेताओं और कार्यकर्ताओं की इस अगोपनीयता की बहुत बड़ी कीमत पार्टी को चुकानी पड़ी।

दूसरी प्रमुख कमजोरी उनका यह भ्रामक विश्वास था कि एक साम्राज्यवादी शक्ति उनको दूसरी साम्राज्यवादी शक्ति के चंगुल से आज़ाद कराने में ईमानदारी के साथ सहायता करेगी। उनके दिमाग में यह बात साफ नहीं थी कि जर्मन हो या ब्रिटिश या कोई और— सभी साम्राज्यवादी शक्तियों की प्रवृत्ति एक जैसी होती है। जब पहला विश्वयुद्ध आरम्भ हुआ तब गदर पार्टी और दूसरे क्रान्तिकारियों ने नारा दिया कि "ब्रिटेन की मुसीबत हमारे लिए सुनहरा अवसर है," और कि "दुश्मन का दुश्मन दोस्त होता है।" इस विश्वास के साथ उन्होंने जर्मनी के कैसर से सहायता के लिए सम्पर्क किया। कैसर के प्रतिनिधियों से बातचीत के दौरान स्वाधीन भारत की भावी व्यवस्था से सम्बन्धित कुछ शर्तें भी उन्होंने रखने की कोशिश की। मगर इस नुक्ते पर कैसर का जवाब हमेशा अस्पष्ट रहा। उसकी दिलचस्पी जंग के दौरान ब्रिटेन के खिलाफ गदर पार्टी के क्रान्तिकारियों का अधिक-से-अधिक इस्तेमाल कर सकने तक ही सीमित थी। उसके अपने जंगी उद्देश्य थे—ब्रिटेन और फ्रांस से अधिक-से-अधिक उपनिवेश छीनना। इस तरह गदर के क्रान्तिकारी साम्राज्यवाद की वास्तविक प्रकृति से एकदम अनजान थे। वास्तविक और स्थायी मुक्ति के लिए गुलाम देशों को पूरी साम्राज्यवादी व्यवस्था से लड़ाई लड़नी होगी—यह बात रूस में अक्टूबर (नई प्रणाली में नवम्बर) 1917 की क्रान्ति के बाद ही पूरी तरह स्पष्ट हुई।

महान अक्टूबर क्रान्ति और उसका प्रभाव

1917 की अक्टूबर समाजवादी क्रान्ति मानवता के इतिहास में एक युगान्तकारी घटना है। उसने केवल रूस में ही साम्राज्यवाद को पराजित नहीं किया बल्कि पूरी साम्राज्यवादी व्यवस्था को भी एक जबरदस्त झटका दिया। इस क्रान्ति ने रूस में मनुष्य द्वारा मनुष्य के और राष्ट्र द्वारा राष्ट्र के शोषण पर आधारित व्यवस्था को समाप्त कर दिया। सोवियत जनता अपने भाग्य का स्वामी बन गई। खेतों, कारखानों और वर्कशॉपों पर उसका सामूहिक स्वामित्व कायम हो गया। अक्टूबर क्रान्ति ने न सिर्फ रूस के अवाम को पूँजीपतियों और जमींदारों की गुलामी से मुक्त किया बल्कि एक बिलकुल नए समाज और नए इनसान को

भी जन्म दिया। उसने गुलाम देशों के स्वाधीनता सेनानियों को प्रेरित किया और उनके अन्दर विश्वास जगाया कि उनकी लड़ाई कामयाब होकर रहेगी। उसने दुनिया के विभिन्न हिस्सों में चल रहे मुक्ति-संघर्षों को नए आयाम भी दिए।

विश्वव्यापी साम्राज्यवादी-विरोधी संग्राम का अंग होने के नाते भारत का स्वाधीनता संग्राम भी इससे अछूता नहीं रहा। उसके दृष्टिकोण में भी एक फैलाव आया और महसूस किया गया कि आर्थिक और सामाजिक समानताओं के बिना आज़ादी का कोई अर्थ नहीं होगा।

अक्टूबर क्रान्ति और यूरोप तथा एशिया में साम्राज्यवाद-विरोधी क्रान्ति की लहर ने, और साथ ही प्रथम विश्वयुद्ध के उपरान्त भारतीय जनता के क्रान्ति की तरफ बढ़ते कदमों ने ब्रिटिश साम्राज्यवादियों को चौकन्ना कर दिया था। उन्होंने अप्रिय स्थिति से निपटने के लिए दोतरफा नीति अपनाई। एक तरफ तो उन्होंने मांटेग्यु-चेम्सफोर्ड सुधारों का ढकोसला खड़ा करके नरमपंथी राष्ट्रीय नेताओं का समर्थन प्राप्त करने की कोशिश की और दूसरी तरफ राजद्रोह के मामलों की छानबीन करने और क्रान्तिकारियों के दमन के उपाय सुझाने के लिए न्यायमूर्ति रौलट की अध्यक्षता में एक कमेटी नियुक्त की। इस कमेटी की सिफारिशें बड़ी ही पाशविक थीं। उसने साधारण राजनीतिक गतिविधियों तक को राजद्रोह करार दे दिया था। रौलट कमेटी की दमनकारी सिफारिशों के विरोध में गांधी जी ने एक दिन आम हड़ताल का आवाहन किया। इस आवाहन के अप्रत्याशित प्रभाव हुए और जनता अपना क्रोध व्यक्त करने के लिए एकजुट होकर सामने आ गई। यह सरकार के लिए ही नहीं, हमारे नेताओं के लिए भी एक नई बात थी। अंग्रेजों ने भारतीयों को सबक सिखाने का निश्चय किया और 13 अप्रैल, 1919 को जलियाँवाला बाग में इस निश्चय को अमली रूप भी दे दिया गया। इसके बाद तो जनता में गुस्से की लहर दौड़ गई और पंजाब के लगभग सभी शहरों में लोग सड़कों पर निकल आए। सरकार ने उसे संगठित विद्रोह की संज्ञा दी। लेकिन वास्तव में गांधी जी भी इस सबके लिए तैयार नहीं थे। उन्होंने ऐलान किया कि एक दिन की आम हड़ताल का नारा देकर उन्होंने भयंकर भूल की थी। उन्होंने लोगों से आन्दोलन बन्द करने और सुधारों पर अमल करने का अनुरोध किया।

सितम्बर, 1920 में लाला लाजपत राय ने कांग्रेस को आगाह करते हुए कहा था कि जनता क्षुब्ध एवं परेशान है और कुछ कर गुजरने के मूड में है। उन्होंने कांग्रेस से यह भी कहा कि अगर जनता के इस गुस्से को सही रास्ते पर न डाला गया तो वह अपना रास्ता अपनाएगी जो देश के लिए अहितकर होगा। "इस तथ्य की ओर से आँखें बन्द करने से कोई लाभ नहीं होगा कि हम क्रान्तिकारी युग से होकर गुजर रहे हैं।" उन्होंने ऐलान किया और कहा, "प्रवृत्ति से और परम्परा से हम क्रान्तियों को पसन्द नहीं करते हैं।"[23] कांग्रेस ने नागपुर अधिवेशन में लाला जी की उस चेतावनी पर भी विचार किया और गांधी जी को निर्देश दिया गया कि वे स्वराज्य के लिए असहयोग आन्दोलन आरम्भ करें। आन्दोलन शुरू करने से पहले महात्मा जी बंगाल गए और कुछ क्रान्तिकारी नेताओं से मिलकर उनसे एक साल का समय माँगा और कहा कि अगर वे एक साल के अन्दर स्वराज्य न प्राप्त कर लें तो क्रान्तिकारियों को अपने रास्ते पर चलने की पूरी छूट होगी। क्रान्तिकारी नेताओं ने गांधी जी की बात मान ली। सत्याग्रह आन्दोलन शुरू हुआ। देखते-देखते वह सारे देश में

फैल गया और गाँवों की छोटी-छोटी झोंपड़ियों तक में 'स्वराज्य' शब्द गूँजने लगा। आन्दोलन में भाग लेने के लिए गांधी जी ने जो भी रोकथाम की शर्तें लगाई थीं उन सबको भी तोड़कर किसान पूरे जोश के साथ आन्दोलन में कूद पड़े। "सरकार परेशान और घबड़ाई हुई थी, उसके हाथ-पैर फूलने लगे थे। यदि सरकार की चौमुखी अवज्ञा की छूत शहरों से चलकर करोड़ों किसानों तक पहुँच जाती है तो अंग्रेजी हुकूमत के पास बचत के लिए कोई चारा नहीं रह जाएगा; तीस करोड़ जनता के विद्रोह की खौलती हुई हाँडी से उनकी सारी तोपें और हवाई जहाज भी उन्हें बचा नहीं सकेंगे।"[24] गांधी जी भी खुश नहीं थे और उतने ही घबड़ाए हुए थे। वे आन्दोलन वापस लेने के लिए किसी अवसर की प्रतीक्षा में थे और फरवरी, 1922 में चौरी-चौरा की घटना से उन्हें यह अवसर मिल गया। बजाय इसके कि वे उस घटना का स्वागत करते और जनता से उसी प्रकार की हजारों और घटनाओं की माँग करते, उन्होंने किसी से सलाह लिए बगैर चुपचाप आन्दोलन वापस ले लिया और राजनीति से अलग हो गए। इस पृष्ठभूमि में क्रान्तिकारियों ने, जिन्होंने गांधी जी के कहने पर हथियार रख दिए थे, अपने को संगठित करके फिर से हथियार उठाने का फैसला किया।

हिन्दुस्तान रिपब्लिकन एसोसिएशन

सभी क्रान्तिकारियों को एक अखिल भारतीय पार्टी में संगठित करने में पहल की शचीन्द्रनाथ सान्याल ने। इसी उद्देश्य से उन्होंने 1923 के अन्त में हिन्दुस्तान प्रजातन्त्र संघ (हिन्दुस्तान रिपब्लिकन एसोसिएशन) की बुनियाद डाली। उन्होंने पार्टी का संविधान भी तैयार किया जो पीले कागज पर छपा था और इसीलिए वह 'पीला पर्चा' के नाम से मशहूर है। एक और महत्त्वपूर्ण दस्तावेज़ जो उन्होंने तैयार किया वह था हिन्दुस्तान प्रजातन्त्र संघ का घोषणापत्र जिसका शीर्षक था (द रिवोल्यूशनरी)। यह दस्तावेज़ पहली जनवरी, 1925 की रात में पूरे उत्तर भारत में बाँटा गया था। 1917 की अक्टूबर क्रान्ति से प्रभावित होकर घोषणापत्र में भारतीय क्रान्तिकारियों के उद्देश्य का ऐलान नीचे लिखे शब्दों में किया गया था :

"राजनीति के क्षेत्र में क्रान्तिकारी पार्टी का तात्कालिक उद्देश्य संगठित सशस्त्र क्रान्ति द्वारा भारत के संयुक्त राज्यों का एक संघीय गणराज्य (फेडरेल रिपब्लिक ऑफ यूनाइटेड स्टेट्स ऑफ इंडिया) स्थापित करना है। इस गणराज्य के अन्तिम संविधान का निर्माण एवं घोषणा तब होगी जब सम्पूर्ण भारत के प्रतिनिधि अपने निर्णयों को लागू करने में सक्षम होंगे। लेकिन इस गणराज्य का मूलभूत सिद्धान्त सार्वजनिक मताधिकार पर और शोषण पर आधारित ऐसी समस्त व्यवस्थाओं की समाप्ति पर आधारित होगा जो मनुष्य द्वारा मनुष्य के शोषण के सम्भव बनाती हैं।...इस गणराज्य में मतदाताओं को, यदि वे चाहें तो, प्रतिनिधियों को वापस बुलाने का अधिकार होगा, अन्यथा प्रजातन्त्र एक मखौल बनकर रह जाएगा।"

घोषणापत्र में कहा गया था कि "यह क्रान्तिकारी पार्टी इन अर्थों में राष्ट्रीय न होकर अन्तर्राष्ट्रीय है कि इसका अन्तिम उद्देश्य विश्व में मेल एवं सामंजस्य स्थापित करना है।...यह विभिन्न राष्ट्रों और राज्यों के बीच प्रतिद्वन्द्विता के बजाय सहयोग चाहती है; और इन अर्थों में वह भारत के उज्ज्वल अतीत के महान ऋषियों एवं आज के बोल्शेविक रूस का अनुसरण करेगी।..."[25]

घोषणापत्र में साम्प्रदायिक समस्या के बारे में, जनता के आर्थिक एवं सामाजिक हितों के सवाल पर और कांग्रेस तथा अन्य राजनीतिक पार्टियों के बारे में क्रान्तिकारियों के दृष्टिकोण को स्पष्ट किया गया था।

इन सभी सवालों पर घोषणापत्र का दृष्टिकोग निश्चित रूप से अतीत का दामन छोड़कर समाजवाद का और सोवियत को 'विजयी समाजवाद का पहला देश' कहकर उसका स्वागत करता है। उसमें हमें राष्ट्रीय आज़ादी के लिए चलनेवाले आन्दोलनों के अन्तर्राष्ट्रीय चरित्र की समझ भी देखने को मिलती है। हालाँकि यह समझ अभी बहुत साफ नहीं है। स्वतन्त्र भारत की सामाजिक-आर्थिक व्यवस्था कैसी होगी, घोषणापत्र में उस पर भी प्रकाश डालने का प्रयास किया गया है और इस उद्देश्य की पूर्ति के लिए मजदूरों और किसानों को संगठित करने की आवश्यकता को भी स्वीकार किया गया है। इन सभी मुद्दों पर घोषणापत्र अपने से पहले के क्रान्तिकारियों से अलग हटकर चलता है या चलने का प्रयास करता है।

लेकिन इसका यह मतलब नहीं कि घोषणापत्र का लेखक मार्क्सवादी था या उसने वैज्ञानिक समाजवाद के सारतत्त्व को आत्मसात् कर लिया था। उसका झुकाव खासतौर पर ईश्वर और रहस्यवाद की ओर है। घोषणापत्र के अनुसार, "पार्टी का उद्देश्य सत्य को प्रस्थापित करना और उसका प्रचार करना है। विश्व न माया है न भ्रम कि उसकी तरफ से आँख बन्द कर ली जाए और उसकी उपेक्षा की जाए। वह एक अविभाज्य आत्मा का प्रकट स्वरूप है, आत्मा जो शक्ति, ज्ञान और सौन्दर्य का सर्वोच्च उद्गम है।" लेखक मार्क्सवाद के आर्थिक पक्ष को स्वीकार करता है, जो काकोरी से पहले के क्रान्तिकारियों के मुकाबिले निश्चय ही एक आगे बढ़ा हुआ कदम है। लेकिन जहाँ तक मार्क्सवाद के दार्शनिक पक्ष का सवाल है, लेखक भौतिकवाद को न मानकर भगवान और धैर्य पर अडिग रहता है। आगे चलकर सान्याल जी स्वयं लिखते है : "कम्युनिस्ट दर्शन में इतिहास के भौतिकवादी विश्लेषण का एक महत्त्वपूर्ण स्थान है। और इतिहास की भौतिकवादी व्याख्या में वर्ग-संघर्ष की अवधारणा शुरू से आखीर तक लगातार मौजूद है...मैं आज भी इन सिद्धान्तों को स्वीकार नहीं कर पाया हूँ... ।"[26]

एक और महत्त्वपूर्ण मुद्दा जिस पर उनका कम्युनिज्म से मतभेद था, वह था सर्वहारा वर्ग के नेतृत्व की अवधारणा। उनका यह मत था कि "सिर्फ मध्यम वर्ग के नौजवान ही नेतृत्व प्रदान करने की क्षमता रखते हैं, जबकि मजदूर और किसान क्रान्तिकारी सेना के सिपाही का काम करेंगे।"[27]

शचीन्द्रनाथ सान्याल और उनके समय के अन्य क्रान्तिकारियों की सैद्धान्तिक मान्यताओं का सत्येन्द्र नारायण मजूमदार ने अपनी पुस्तक *इन सर्च ऑफ ए रिवोल्यूशनरी आइडियालोजी एंड रिवोल्यूशनरी प्रोग्राम* में संक्षेप में बड़ा अच्छा खुलासा प्रस्तुत किया है। दोनों दस्तावेज़ों (क्रान्तिकारी और संविधान) पर टिप्पणी करते हुए उन्होंने लिखा है : "ये दोनों दस्तावेज़ उन क्रान्तिकारियों की सोच का प्रतिनिधित्व करते हैं जो उन दिनों साम्यवाद की तरफ आकर्षित हो रहे थे, लेकिन रोमानी क्रान्तिकारिता के प्रभाव से पूरी तरह मुक्त नहीं हो पाए थे।"[28] इसके बाद दोनों दस्तावेज़ों की विशिष्टताओं का उल्लेख करते हुए वे लिखते हैं : "इन दोनों

दस्तावेज़ों की विशिष्टताएँ हैं–(क) समाजवाद की विजय-पताका फहरानेवाले पहले देश के रूप में बोल्शेविक रूस के प्रति और साम्यवाद के प्रति स्पष्ट झुकाव; (ख) राष्ट्रीय मुक्ति के लिए क्रान्ति के अन्तर्राष्ट्रीय चरित्र को समझने की शुरुआत, हालाँकि यह समझ अभी बहुत साफ नहीं थी; (ग) स्वतन्त्र भारत की सामाजिक तथा आर्थिक व्यवस्था की रूपरेखा तैयार करने की कोशिश; (घ) मजदूरों और किसानों को संगठित करने के लिए कृत-संकल्प होना; (ङ) पार्टी में जनवादी-केन्द्रीयकरण के सिद्धान्त का प्रवेश।"[29]

दोनों दस्तावेज़ों की कमजोरियों को मजूमदार ने इस प्रकार गिनाया है : "(क) साम्यवाद के प्रति झुकाव अवश्य था; लेकिन अभी तक साम्यवाद के अध्ययन का ठोस आधार उसे नहीं मिला था; (ख) राष्ट्रीय मुक्ति संघर्ष में मजदूरों और किसानों की भूमिका के वास्तविक महत्त्व को स्पष्ट रूप से नहीं समझा गया था; (ग) घोषणापत्र का लेखक अभी तक धार्मिक रहस्यवाद के प्रभाव से ग्रस्त है; (घ) घोषणापत्र यह समझने में असफल रहा कि आतंकवाद का मुक़ाबला करने के लिए जवाबी आतंकवादी अभियान का मजदूरों और किसानों को संगठित करने के कार्य से सामंजस्य बैठाना अव्यावहारिक है; (ङ) राष्ट्रीय स्थिति का गलत विश्लेषण देते हुए घोषणापत्र में कहा गया था कि 'हमारे जीवन के हर क्षेत्र में चरम असहायत्व की भावना विद्यमान है और आतंकवाद उसमें यथोचित उत्साह पैदा करने का प्रभावकारी साधन' आदि। जबकि उस समय तक भारत की मेहनतकश जनता संघर्ष की राह पर कूच कर चुकी थी। उसका अगुवा दस्ता मजदूर वर्ग निर्मम पुलिस-दमन के बावजूद लगातार और बहादुरी के साथ शानदार लड़ाइयाँ लड़ रहा था।"[30]

बंगाल में भी उसी दिशा में विकास हो रहा था। वहाँ 'अनुशीलन' और 'युगान्तर' के कई नेताओं ने सोवियत रूस तथा कम्युनिज्म में दिलचस्पी लेनी शुरू कर दी थी। लेकिन यह दिलचस्पी साम्यवाद के अध्ययन पर या अक्टूबर क्रान्ति और उसकी विशिष्टता की ठीक समझ पर आधारित नहीं थी। वे सोवियत यूनियन और कोमिन्टर्न को "हथियार तथा अन्य प्रकार की सहायता, मसलन बम बनाने की शिक्षा आदि, प्राप्त करने के एक सम्भावित स्रोत के रूप में देखते थे। लेकिन जब उन्हें पता चला कि सोवियत यूनियन और कम्युनिस्ट इंटरनेशनल दोनों ही जनता से अलग किसी प्रकार की सशस्त्र गतिविधियों को प्रोत्साहन नहीं देते हैं तो उनकी दिलचस्पी ठंडी पड़ गई।"[31]

उस समय, अर्थात् तीसरे दशक के उत्तरार्द्ध में भारतवर्ष में कम्युनिस्ट विचारधारा जनप्रिय हो रही थी। अक्टूबर क्रान्ति और रूस के खिलाफ साम्राज्यवादी हस्तक्षेप की पराजय के अलावा इस बदलाव के कुछ अन्दरूनी कारण भी थे। यथा : (क) पेशावर और कानपुर के बोल्शेविक षड्यन्त्र केस; (ख) देश के कई भागों में किसानों के जुझारू संघर्ष; (ग) मजदूरों की देशव्यापी बड़ी-बड़ी हड़तालें; (घ) मजदूर-किसान पार्टी का गठन; (ङ) देश के विभिन्न कम्युनिस्ट ग्रुपों को मिलाकर एक अखिल भारतीय पार्टी के गठन का प्रयास। राष्ट्रीय तथा अन्तर्राष्ट्रीय पैमाने पर घटित इन घटनाओं से प्रभावित होकर अनुशीलन के कुछ कार्यकर्ता पार्टी से अलग होकर कम्युनिस्ट आन्दोलन में चले गए। अनुशीलन में उनका अच्छा सम्मान था और क्रान्तिकारी युवकों में साम्यवाद को जनप्रिय बनाने में उन लोगों की काफी हद तक महत्त्वपूर्ण भूमिका थी।

हिन्दुस्तान समाजवादी प्रजातन्त्र संघ का गठन

संयुक्त प्रान्त (अब उत्तर प्रदेश) में 1925 में क्रान्तिकारी पार्टी के प्रायः सभी प्रमुख नेता काकोरी षड्यन्त्र केस के सिलसिले में पकड़कर जेल में बन्द कर दिए गए थे। इससे हिन्दुस्तान प्रजातन्त्र संघ के संगठन को बहुत बड़ा धक्का लगा। केवल चन्द्रशेखर आज़ाद और कुन्दन लाल गुप्त ही पुलिस के चंगुल से बचकर निकल पाए थे। इनके अतिरिक्त बाहर जो साथी रह गए थे वे सब दूसरी पंक्ति के सिपाही थे। पार्टी को फिर से संगठित करने का दायित्व इन्हीं दूसरी पंक्ति के साथियों पर पड़ा। उस समय अर्थात् 1925 में कुछ क्रान्तिकारी लाहौर में सक्रिय थे और कुछ कानपुर में फिर से काम आरम्भ करने का प्रयास कर रहे थे। सैद्धान्तिक दृष्टिकोण से उस समय तक इन दोनों केन्द्रों के साथियों के दिमाग साफ नहीं थे। हाँ, एक सही सिद्धान्त की तलाश अवश्य आरम्भ हो गई थी। इस दिशा में दोनों केन्द्रों के साथियों को योग्य मार्गदर्शक भी मिल गए थे।

उस समय (1925-26) लाहौर के साथी, खासकर भगत सिंह और सुखदेव, रूसी अराजकतावादी बकुनिन से प्रभावित थे। भगत सिंह को अराजकतावाद से समाजवाद की ओर लाने का श्रेय दो व्यक्तियों को है—कामरेड सोहन सिंह जोश जो अब हमारे बीच में नहीं हैं और लाला छबील दास। जोश एक मशहूर कम्युनिस्ट नेता और *किरती* नाम की पंजाबी मासिक पत्रिका के सम्पादक थे। वे भगत सिंह से विभिन्न विषयों पर बातचीत करते और उन्हें *किरती* में लिखने के लिए प्रोत्साहित करते थे। लाला छबील दास 'तिलक स्कूल ऑफ पोलिटिक्स', जो नेशनल कॉलेज के नाम से भी प्रसिद्ध था, के प्रधानाचार्य थे। वे नौजवान क्रान्तिकारियों को बतलाते रहते थे कि क्या पढ़ें और कैसे पढ़ें। भगवतीचरण वोहरा का समाजवाद की तरफ आरम्भ से ही रुझान था। सोहन सिंह जोश का सारा मार्गदर्शन और लाला छबील दास के किताबों के बारे में सारे सुझाव पुस्तकों के अभाव में व्यर्थ ही रह जाते। इस आवश्यकता को कुछ हद तक पूरा किया लाला लाजपत राय की 'द्वारका दास लाइब्रेरी' ने। इस पुस्तकालय में राजनीति सम्बन्धी पुस्तकों का अच्छा संग्रह था जिनमें मार्क्सवादी और सोवियत रूस पर ऐसी पुस्तकें भी शामिल थीं जिन्हें सरकार ने जब्त नहीं किया था।

लाहौर के क्रान्तिकारियों ने उस पुस्तकालय से पूरा लाभ उठाया। उस काम में उन्हें पुस्तकालय के अध्यक्ष और क्रान्तिकारियों के हमदर्द श्री राजाराम शास्त्री (अब स्वर्गीय) से काफी सहायता मिलती थी। पुस्तकें प्राप्त करने का एक और भी सोर्स था रामकृष्ण एंड सन्स नाम की किताबों की एक दुकान। यह दुकान अनारकली बाजार में थी और उसके पास इग्लैंड से जब्तशुदा पुस्तकें मँगवाने की अच्छी व्यवस्था थी। पंजाब के क्रान्तिकारियों ने, खासकर भगत सिंह और भगवतीचरण वोहरा ने, इन सुविधाओं से पूरा लाभ उठाया। श्री राजाराम शास्त्री ने एक बार इन पंक्तियों के लेखक से कहा था कि भगत सिंह वस्तुतः पुस्तकों को पढ़ता नहीं निगलता था, लेकिन फिर भी उसकी ज्ञान की पिपासा सदा अनबुझी ही रहती थी। भगत सिंह पुस्तकों का अध्ययन करता, नोट्स बनाता, अपने साथियों से उन पर विचार-विमर्श करता, अपनी समझ को नए ज्ञान की कसौटी पर आत्मालोचनात्मक ढंग से परखने का प्रयास करता और इस प्रक्रिया में अपनी समझ में जो-जो गलतियाँ दिखलाई पड़तीं उन्हें सुधारने की कोशिश करता। इन सब बातों ने पंजाब ग्रुप को तेजी के

साथ आगे बढ़ने में मदद की। परिणामस्वरूप 1928 के आरम्भ में उन्होंने अराजकतावाद को छोड़कर समाजवाद को ध्येय के रूप में स्वीकार कर लिया। इसका यह मतलब नहीं कि उन्होंने मार्क्सवाद को पूरी तरह से समझ लिया था। अतीत के प्रभाव से अभी पूरी तरह छुटकारा नहीं मिल पाया था।

कानपुर के साथी भी ठीक उसी दिशा में आगे बढ़ रहे थे, हालाँकि उनकी आगे बढ़ने की गति में वह तेजी नहीं थी जो लाहौर के साथियों में थी। कानपुर में राधामोहन गोकुलजी, सत्य भक्त और मौलाना हसरत मोहानी अपने को कम्युनिस्ट कहते थे। इनमें से राधामोहन जी का नाम विशेष रूप से उल्लेखनीय है। उनके पास पुस्तकों का अच्छा संग्रह था। अध्ययनशील व्यक्ति होने के साथ ही वे एक सशक्त लेखक भी थे। 1927 में उन्होंने एक पुस्तक लिखी थी–*कम्युनिज्म क्या है?* सरल और सीधी-सादी भाषा में इस पुस्तक के माध्यम से उन्होंने हिन्दी के पाठकों के सामने कम्युनिस्ट सिद्धान्त के प्रमुख मुद्दों को प्रस्तुत किया था। इन पंक्तियों के लेखक को भी कम्युनिज्म का पहला सबक राधामोहन जी से ही मिला था। राधामोहन जी कट्टर नास्तिक थे। ईश्वर, धर्म, अन्धविश्वास आदि पर उन्होंने पत्र-पत्रिकाओं में काफी कुछ लिखा था। उनका यह रूप देखकर हिन्दी के उपन्यास-सम्राट प्रेमचन्द ने उन्हें 'आधुनिक चार्वाक' कहकर पुकारा था।

सत्य भक्त का कम्युनिज्म अध्यात्मवादी रंग का था और मौलाना हसरत मोहानी के विचार कम्युनिज्म और इस्लाम की खिचड़ी कहे जा सकते हैं। इन कमजोरियों के बावजूद सोवियत रूस और साम्यवाद को हिन्दी भाषा-भाषी जनता के बीच जनप्रिय बनाने में इन तीनों की भूमिका से इनकार नहीं किया जा सकता। कानपुर के युवा क्रान्तिकारियों ने समाजवाद की प्रथम दीक्षा इन्हीं महानुभावों से प्राप्त की थी। शौकत उस्मानी भी विजय कुमार सिन्हा के माध्यम से कानपुर ग्रुप के सम्पर्क में थे, लेकिन हम लोगों को उनसे किसी प्रकार का सैद्धान्तिक मार्गदर्शन नहीं मिल सका था। श्री गणेशशंकर विद्यार्थी से भी, जो कानपुर की बहुत बड़ी मशहूर हस्ती थे, क्रान्तिकारियों को हर तरह की सहायता मिलती रहती थी। वे राजनीतिक अध्ययन और जनता के बीच काम पर विशेष रूप से बल देते थे।

इस सबके परिणामस्वरूप कानपुर के साथियों का झुकाव भी समाजवाद की तरफ हो गया था। लेकिन यह झुकाव बुद्धिसंगत होने के बजाय भावात्मक अधिक था। उस समय तक कानपुर ग्रुप चन्द्रशेखर आज़ाद और कुन्दन लाल गुप्त से सम्पर्क स्थापित कर चुका था। यह दोनों साथी काकोरी षड्यन्त्र केस में फरार घोषित किए जा चुके थे।

यह थी पृष्ठभूमि जब 1928 के आरम्भ में भगत सिंह ने विभिन्न दलों को मिलाकर क्रान्तिकारियों का एक अखिल भारतीय संगठन बनाने का विचार अपने साथियों के सामने रखा। उनके प्रस्ताव इस प्रकार थे : (क) समय आ गया है कि हम समाजवाद को साहस के साथ अपना अन्तिम लक्ष्य घोषित करें; (ख) पार्टी का नाम तदनुसार बदला जाना चाहिए ताकि लोग जान सकें कि हमारा अन्तिम लक्ष्य क्या है; (ग) हमें सिर्फ उन्हीं कामों को हाथ में लेना चाहिए जिनका सीधा सम्बन्ध जनता की जरूरतों और भावनाओं से हो सकता है, और हमें मामूली पुलिस अधिकारियों अथवा भेदियों को मारने में अपनी शक्ति और समय का अपव्यय नहीं करना चाहिए; (घ) धन के लिए हमें सरकारी खजाने पर ही हाथ डालना

चाहिए और यथासम्भव निजी घरों पर कार्रवाई नहीं करनी चाहिए; और (ङ) सामूहिक नेतृत्व के सिद्धान्त का कड़ाई से पालन करना चाहिए।

भगत सिंह ने इन सब मुद्दों पर लाहौर और कानपुर के अपने साथियों के साथ विचार-विमर्श किया और चन्द्रशेखर आज़ाद तथा कुन्दन लाल की सहमति भी ले ली। इसके बाद यह तय किया गया कि विभिन्न प्रान्तों के प्रतिनिधियों की एक बैठक 8 और 9 सितम्बर, 1928 को दिल्ली में आयोजित की जाए। पाँच प्रान्तों के प्रतिनिधियों को इसके लिए आमन्त्रित किया गया, लेकिन इनमें से चार प्रान्तों ने ही अपनी स्वीकृति दी। बंगाल को मीटिंग में भाग लेने के लिए हम राजी नहीं कर पाए।

इस सम्बन्ध में एस. एन. मजूमदार ने लिखा है कि "हिन्दुस्तान रिपब्लिकन एसोसिएशन के बंगाल के प्रतिनिधियों ने मीटिंग में भाग नहीं लिया क्योंकि ऐसा कहा जाता है कि वे आतंकवाद तथा हिंसा के खिलाफ थे।" यह सही नहीं है। पार्टी की ओर से स्वयं मुझे ही अगस्त 1928 के अन्तिम सप्ताह में कलकत्ता भेजा गया था ताकि बंगाल के साथियों के साथ प्रस्तावों पर बातचीत करके उन्हें दिल्ली मीटिंग में आने के लिए आमन्त्रित किया जा सके। सम्पर्क मिला था वाराणसी के एक तारापद भट्टाचार्य से। कलकत्ते में मेरा परिचय जिन सज्जन से कराया गया उनके बारे में कहा गया कि वे अभी-अभी जेल से छूटकर आए हैं। देखने से वे बुजुर्ग लगते थे, उनका शरीर मोटा और थुलथुला था और उनका व्यवहार बड़ा ही अरुचिकर था। उनकी बातचीत और हाव-भाव से मुझे यह समझने में देरी नहीं लगी कि मैं जिस व्यक्ति से मिल रहा हूँ, वह तानाशाही प्रवृत्तिवाला एक दम्भी एवं बड़ा अहंकारी व्यक्ति है। चार-पाँच नौजवान लड़के जो बराबर वहाँ मौजूद रहे, उन्हें सुशील दा कहकर सम्बोधित करते थे। मैंने जैसे ही उनके कमरे में प्रवेश किया वैसे ही उन्होंने यू.पी. के ग्रुप को काकोरी कांड के लिए डाटना-फटकारना शुरू कर दिया, "तुम लोगों ने यह काम हम लोगों से पूछे बगैर क्यों किया? और अब सारा संगठन चौपट कर देने के बाद हमसे सहायता माँगने यहाँ आने से क्या फायदा?" मैंने उनसे कहा कि मैं आपसे कोई सहायता माँगने नहीं आया हूँ बल्कि कुछ मुद्दों पर बातचीत करने और आपको दिल्ली मीटिंग के लिए आमन्त्रित करने आया हूँ। इसके बाद मैंने एक-एक करके सभी प्रस्तावों के बारे में उन्हें बतलाया और उनसे दिल्ली मीटिंग में भाग लेने का अनुरोध किया। उन्होंने कहा कि वे अपनी शर्तों पर ही मीटिंग में भाग ले सकेंगे और मुझसे यह आश्वासन माँगा कि उनकी शर्तें मान ली जाएँगी। उनकी शर्तें इस प्रकार थीं; (क) कि हम लोग समाजवाद या कम्युनिज्म से कोई सरोकार नहीं रखेंगे; (ख) कि पार्टी का नाम नहीं बदला जाएगा; (ग) कि हमें सरकार से सीधे भिड़ा देने वाले काकोरी जैसे काम भविष्य में हमसे पूछे बगैर नहीं किए जाएँगे; (घ) कि केन्द्रीय कमेटी जैसी कोई चीज़ नहीं होगी और हम लोगों को केवल उन्हीं के माध्यम से बंगाल के मातहत रहकर काम करना होगा; (ङ) कि हम लोगों को अपनी गतिविधियाँ सिर्फ संगठन बनाने, हथियार और पैसा जमा करने तक ही सीमित रखनी होंगी; (च) कि पैसे के लिए सिर्फ अराजनीतिक कामों की ही इजाजत होगी। मैंने उन्हें इस बात पर राजी करने की कोशिश की कि वे बगैर किसी प्रकार की शर्तें लगाए खुले दिल से मीटिंग में आएँ और सभी बातों पर बहस में हिस्सा लें। उन्होंने मेरी बात मानने

से साफ इनकार कर दिया। चूँकि उनकी सभी शर्तें हमारे प्रस्तावों से बिलकुल भिन्न थीं इसलिए मैंने विनम्रतापूर्वक उनकी शर्तें मानने से इनकार कर दिया। इन कारणों से दिल्ली मीटिंग बंगाल के साथियों की अनुपस्थिति में ही करनी पड़ी।

दिल्ली मीटिंग और उसके बाद

8 सितम्बर, 1928 को मीटिंग में भाग लेने के लिए चार प्रान्तों का प्रतिनिधित्व करनेवाले कुल मिलाकर दस साथी कोटला फिरोजशाह में जमा हुए थे। इनमें दो बिहार से, दो पंजाब से; एक राजस्थान से और पाँच संयुक्त प्रान्त (अब उत्तर प्रदेश) से थे। यू. पी. के पाँच साथियों में से भी दो ने मीटिंग में बैठने से इनकार कर दिया क्योंकि बाकी साथियों ने उनकी कुछ शर्तें नहीं मानीं। इस प्रकार केवल आठ साथियों ने ही बातचीत में भाग लिया। आज़ाद को सुरक्षा की दृष्टि से दिल्ली नहीं लाया गया था। लेकिन उनसे सभी मुद्दों पर पूर्व स्वीकृति प्राप्त कर ली गई थी। मीटिंग में दो दिन की बहस के बाद भगत सिंह द्वारा रखे गए सभी प्रस्तावों को दो के खिलाफ छह के बहुमत से स्वीकार कर लिया गया। फणीन्द्रनाथ घोष और मनमोहन बनर्जी (दोनों बिहार से) ने समाजवाद को पार्टी के अन्तिम लक्ष्य के रूप में अपनाए जाने और पार्टी का नाम बदलने के प्रस्ताव का विरोध किया। आगे चलकर जब दिसम्बर 1928 में भगत सिंह कलकत्ता गए और त्रैलोक्य चक्रवर्ती तथा प्रतुल गांगुली, जो उस समय तक जेल से छूटकर बाहर आ चुके थे, से मिले तो उन्होंने बतलाया कि दिल्ली मीटिंग के लिए बंगाल को आमन्त्रित करने जो साथी पहले आए थे, उनको दुर्भाग्यवश एक गलत आदमी से मिला दिया गया था। भगत सिंह ने दोनों नेताओं को दिल्ली के फैसलों से अवगत कराया और सभी मुद्दों पर उनकी सहमति भी प्राप्त कर ली। वे हममें से कुछ साथियों को बम बनाने का प्रशिक्षण देने के लिए यतीन्द्रनाथ दास को आगरा भेजने के लिए सहमत हो गए।

1928 के आते-आते हम लोगों ने समाजवाद को सिद्धान्त के रूप में स्वीकार कर लिया था, लेकिन अमल में हम पर अतीत का साया अब भी हावी था। फिर भी यह कहना गलत होगा कि सांडर्स वध और केन्द्रीय असेम्बली में बम फेंकने के पीछे भगत सिंह की किसी प्रकार की मानसिक कुंठा या निराशा काम कर रही थी, जैसा कि एस. एन. मजूमदार ने साबित करने की कोशिश की है। वे लिखते हैं : "त्रैलोक्य चक्रवर्ती ने उन्हें (भगत सिंह को) पाँच हजार की एक युवा वालंटियर वाहिनी संगठित करने की सलाह दी, जैसी कि कांग्रेस के कलकत्ता अधिवेशन के समय (दिसम्बर 1928) संगठित की गई थी। चक्रवर्ती ने आगे लिखा है कि भगत सिंह ने उनकी सलाह पर अमल करने की कोशिश की लेकिन असफल रहा। इसने उसके दिमाग में कुंठा और निराशा को जन्म दिया और कुछ सनसनीखेज काम की अनिवार्य आवश्यकता के बारे में उसके विश्वास को और पक्का कर दिया। शीघ्र ही उसके बाद असेम्बली में बम फेंकने की घटना हुई।"[32]

यह सारी कहानी तथ्यों से मेल नहीं खाती है। पहली बात तो यह कि भगत सिंह ने कभी कोई बड़ा राजनीतिक कदम पार्टी की केन्द्रीय कमेटी को विश्वास में लिए बगैर नहीं उठाया। पाँच हजार नौजवानों की एक वालंटियर सेना गठित करने का प्रश्न कभी भी केन्द्रीय समिति के सामने बहस के लिए नहीं आया। दूसरी बात यह कि इस प्रकार की किसी वालंटियर सेना का विचार एक हवा में पुल बाँधने जैसा विचार था। चार-पाँच दिनों

के लिए थैलियों के सहारे खुले तौर पर पाँच हजार की वालंटियर सेना खड़ी कर लेना एक बात थी, लेकिन गुप्त क्रान्तिकारी काम के लिए राजनीतिक तौर पर सजग, प्रशिक्षित और अनुशासित नौजवानों की इतनी बड़ी सेना कुछ महीनों में खड़ी कर लेना सम्भव भी नहीं था। यहाँ यह बात भी ध्यान में रखनी चाहिए कि भगत सिंह कलकत्ते से जनवरी 1929 के पहले सप्ताह में वापस आए। फरवरी में जब यतीन्द्रनाथ दास आगरा आए तो हममें से हर कोई किसी-न-किसी रूप में बम फैक्ट्री स्थापित करने के काम में व्यस्त हो गया था। फिर मेरठ की गिरफ्तारियों से पहले फरवरी के अन्त में आगरा में ही असेम्बली में बम फेंकने का फैसला लिया गया ऐसी स्थिति में भगत सिंह का त्रैलोक्य बाबू की सलाह पर अमल करने का प्रयास करना, विफल होना, निराशा और पस्ती का शिकार होना आदि का प्रश्न नहीं उठता था। इस प्रकार की असफलता, निराशा, कुंठा आदि की मनगढ़ंत बातों से असेम्बली में बम फेंकने के काम का राजनीतिक महत्त्व ही समाप्त हो जाता है और वह एक व्यक्ति की कुंठा और निराशा का परिणाम मात्र रह जाता है।

ऐसी ही हानिकारक और असेम्बली में बम फेंकने के महत्त्व को कम करनेवाली कहानी मन्मथनाथ गुप्त ने दी है। सुखदेव राज, जो 1928 और 29 के पूर्वार्ध में कहीं भी तसवीर में नहीं था, द्वारा प्रसारित एक सौ फीसदी मनगढ़ंत कहानी को आधार बनाकर गुप्त जी ने कहा है कि पार्टी असेम्बली में बम फेंकने के लिए सुखदेव तथा बटुकेश्वर दत्त को भेजने के पक्ष में थी। लेकिन भगत सिंह के प्रति व्यक्तिगत ईर्ष्या के कारण उसने भगत सिंह को बी. के. दत्त के साथ जाने के लिए मजबूर कर दिया। चन्द्रशेखर आज़ाद और दूसरे लोग निकल आने के पक्ष में थे। लेकिन भगत सिंह इसके लिए राजी नहीं हुए। उनका तर्क था कि जनता को जगाने के लिए उच्चतम बलिदान की आवश्यकता है।[33]

यहाँ पर यह कहना ही गलत है कि असेम्बली में बम फेंकने के लिए सुखदेव को चुना गया था। आगरे में केन्द्रीय कमेटी की पहले दिन की मीटिंग में जो दो नाम तय हुए थे, वे थे बटुकेश्वर दत्त और विजयकुमार सिन्हा। इस काम के लिए किसी भी स्तर पर सुखदेव का नाम कमेटी में विचारार्थ नहीं आया। हमारे सामने विचार-विमर्श का मुख्य विषय राजनीति था न कि व्यक्तिगत ईर्ष्या या वैरभाव, जो सौभाग्यवश उस समय हमारे बीच में नहीं था। इसमें सन्देह नहीं कि असेम्बली में बम फेंकने के लिए विजयकुमार सिन्हा के स्थान पर भगत सिंह को भेजने के लिए सुखदेव पूरी तरह उत्तरदायी था। उसने यह इसलिए किया क्योंकि वह ईमानदारी के साथ विश्वास करता था कि भगत सिंह के अलावा और किसी के जाने से काम का राजनीतिक उद्देश्य पूरा नहीं होगा। जहाँ तक उच्चतम बलिदान का सवाल है, क्रान्तिकारी आन्दोलन में बलिदान की कमी नहीं रही (और हर बलिदान उच्चतम होता है)। ऐसा नहीं था कि भगत सिंह एक निराश एवं विफल मनोरथ नौजवान था, जिसने असेम्बली में बम फेंककर आत्महत्या करने का एक आसान रास्ता निकाल लिया था।

असेम्बली में बम फेंकने का फैसला कैसे और कब लिया गया?

राष्ट्रीय मुक्ति संघर्ष के इतिहास में तीसरे दशक के अन्तिम वर्ष, खासकर 1928-30 के वर्ष, बड़े ही महत्त्वपूर्ण थे। यही समय था जब वामपन्थी शक्तियों ने संगठित रूप से एवं दृढ़तापूर्वक बोलना आरम्भ कर दिया था। सर्वहारा वर्ग की बड़ी-बड़ी जुझारू हड़तालों ने देशव्यापी रूप

धारण कर लिया था। मजदूरों की संगठित ट्रेड यूनियन गतिविधियाँ बढ़ती जा रही थीं, जिसके फलस्वरूप मजदूर काम की हालतों में सुधार और मजदूरी में बढ़ोत्तरी के लिए और अधिक मुस्तैदी के साथ संघर्ष करने की स्थिति में आ गए थे। मजदूरों, नौजवानों और विद्यार्थियों में कम्युनिस्टों का प्रभाव तेजी के साथ बढ़ रहा था : देश में पहली बार बाएँ बाजू का राजनीतिक आन्दोलन सर उठा रहा था। उस समय की युवा पीढ़ी की सोच की दिशा का वर्णन करते हुए जवाहरलाल नेहरू ने लिखा है, "बुद्धिजीवियों, यहाँ तक कि सरकारी अफसरों में भी साम्यवाद और समाजवाद के अस्पष्ट विचार फैल चुके थे। कांग्रेस के नौजवान पुरुष और महिलाएँ, जो पहले 'ब्राइस आन डिमोक्रेसी', मार्ले और कीथ और मैजिनी पढ़ा करते थे, अब जब भी उन्हें उपलब्ध होतीं तो समाजवाद, कम्युनिज्म और रूस पर किताबें पढ़ते थे : इन नए विचारों की तरफ लोगों का रुझान पैदा करने में मेरठ षड्यन्त्र केस ने काफी सहायता पहुँचाई थी। विश्व-आर्थिक संकट ने भी लोगों को इस तरफ ध्यान देने के लिए मजबूर कर दिया था। चारों तरफ जिज्ञासा की एक नई भावना स्पष्ट दिखलाई पड़ रही थी–मौजूदा संस्थाओं के प्रति एक प्रश्नवाचक और चुनौती भरी जिज्ञासा। उस मानसिक तूफान का आम रुख स्पष्ट था। लेकिन वह अभी एक हल्की बयार थी–स्वयं अपने से अनभिज्ञ।"[34]

अंग्रेज साम्राज्यवादियों को इस सबसे चिन्ता हुई और उन्होंने आन्दोलन को प्रारम्भ में ही कुचल देने का फैसला किया। अधिकारी कितने घबड़ाए हुए थे और सरकार का दिमाग किस तरह काम कर रहा था, यह देखने के लिए एक मिसाल ही पर्याप्त होगी। गुप्तचर ब्यूरो के निदेशक सर डेविड पेट्रिक ने 'भारत में कम्युनिज्म' पर अपनी रिपोर्ट में, जिसे उन्होंने 1926 में तैयार किया था, 'बोल्शेविक अभिशाप' के स्वरूप का नीचे लिखे शब्दों में वर्णन किया है : "सन् 1920 में तीसरी इन्टरनेशनल ने अपनी दूसरी कांग्रेस में जो थीसिस पास की थी उसमें सर सेसिल केए ने भारत के खिलाफ एक सुनिश्चित षड्यन्त्र के कीटाणुओं को ठीक ही पहचाना था। उस थीसिस में कहा गया था, "उपनिवेशिक और अर्ध-उपनिवेशिक देशों का राष्ट्रीय आन्दोलन वस्तुगत दृष्टिकोण से और बुनियादी तौर पर क्रान्तिकारी संघर्ष है, और इसलिए वह विश्व-क्रान्तिकारी संघर्ष का हिस्सा है।" इसमें कोई सन्देह नहीं हो सकता...कि ग्रेट ब्रिटेन ने बोल्शेविक हमले का मुख्य प्रहार अपने ऊपर लिया है...क्योंकि वह विश्व-क्रान्ति, जिसे बोल्शेविक लोग अपनी अन्तिम सफलता के लिए जरूरी शर्त मानते हैं, के खिलाफ मुख्य किलों में से एक है। बोल्शेविकों का यह विश्वास है कि ब्रिटिश साम्राज्य में भारत सबसे कमजोर बिन्दु है।...और वे इसे धार्मिक विश्वास के रूप में दिल में सँजोये हुए हैं कि जब तक भारत आज़ाद नहीं हो जाता तब तक रूस इंग्लैंड के अभिशाप से मुक्त नहीं हो सकेगा।"[35]

जे. क्रेरर ने, जो उस समय भारत सरकार के होम मेम्बर थे, कहा था कि एक व्यवस्थित समाज के लिए कम्युनिज्म के सिद्धान्त और अमल से अधिक विध्वंसक और कोई चीज़ नहीं हो सकती।[36]

कम्युनिज्म, बाएँ बाजू की शक्तियों और श्रमिक वर्ग के आन्दोलन को कुचलने के लिए सरकार ने केन्द्रीय असेम्बली में दो बिल पेश करने का फैसला किया–पब्लिक सेफ्टी बिल और ट्रेड डिस्प्यूट्स बिल। पहला बिल उन लोगों के खिलाफ था जो ब्रिटिश-भारत या किसी भारतीय रजवाड़े के निवासी नहीं थे। पहले बिल में गवर्नर जनरल को यह अधिकार

दिया गया था कि वह अंग्रेज या अन्य विदेशी कम्युनिस्ट को भारत से निकाल दें। दूसरे बिल का उद्देश्य मजदूरों के ट्रेड यूनियन अधिकारों की कटौती करना था।

असेम्बली में पूरे विरोध पक्ष ने, जनता ने और प्रेस ने दोनों बिलों का जमकर विरोध किया। इस चौमुखी विरोध को नजरअन्दाज करते हुए सरकार ने 6 सितम्बर, 1928 को पब्लिक सेफ्टी बिल असेम्बली में पेश किया। 24 सितम्बर को सदन ने उसे नामंजूर कर दिया। जनवरी 1929 में कुछ फेरबदल के साथ सरकार ने उसे फिर असेम्बली के सामने रखा।[37]

जिस समय समाचार पत्रों में यह खबर छपी कि सरकार ने बिल को असेम्बली में फिर से पेश करने का फैसला कर लिया है उस समय भगत सिंह आगरे में था। समाचार पर उसकी जो प्रतिक्रिया हुई वह बड़ी तीखी थी। उसने कहा कि सरकार के इस मनमानेपन के खिलाफ प्रतिवाद के रूप में कुछ-न-कुछ जरूर करना चाहिए। वह लाहौर गया, सुखदेव के साथ अपने प्रस्तावों पर बात की, वापस आया, केन्द्रीय कमेटी की बैठक बुलाई और उसके सामने अपने प्रस्ताव रखे। संक्षेप में उसके प्रस्ताव इस प्रकार थे : (1) पार्टी को असेम्बली में बम फेंककर सरकार के इस सख्त एवं हठी रवैये का विरोध करना चाहिए; (2) इस काम को करने के लिए जो साथी तैनात किए जाएँ वे काम के बाद भागने की कोशिश करने के बजाय वहीं आत्मसमर्पण कर दें और केस के दौरान अदालत को पार्टी के उद्देश्यों के प्रचार के लिए मंच के तौर पर इस्तेमाल करें; और (3) इस फैसले को कार्यान्वित करने के लिए एक और साथी के साथ उसे स्वयं जाने की अनुमति दी जाए। भगत सिंह के पहले दो सुझावों का केन्द्रीय कमेटी के सभी सदस्यों ने स्वागत किया। लेकिन उसका तीसरा सुझाव किसी ने भी नहीं माना। यह मीटिंग आगरे में हुई थी और पहले दिन सुखदेव उसमें उपस्थित नहीं था। वह दूसरे दिन आया। सुखदेव के आ जाने पर भगत सिंह को बल मिला और काफी बहस के बाद अन्त में कमेटी ने भगत सिंह का तीसरा प्रस्ताव भी मान लिया।

दूसरा बिल (ट्रेड डिस्प्यूट बिल) असेम्बली में 4 सितम्बर, 1928 को पेश किया गया था। सदन ने उसे सेलेक्ट कमेटी के पास भेज दिया। वहाँ से कुछ फेरबदल के साथ उसे 2 अप्रैल, 1929 को बहस के लिए असेम्बली के सामने फिर लाया गया। सदन ने 8 अप्रैल को 38 के खिलाफ कुछ वोटों से उसे पास कर दिया। जैसे ही अध्यक्ष महोदय वोटिंग का परिणाम घोषित करने के लिए उठे वैसे ही भगत सिंह और बटुकेश्वर दत्त ने दर्शक दीर्घा से असेम्बली भवन में बम फेंके और नारे लगाने के साथ-साथ पर्चे भी गिराए, जिनमें बम फेंकने के राजनीतिक उद्देश्य को स्पष्ट किया गया था। यह पर्चा उसी दिन *हिन्दुस्तान टाइम्स* के सन्ध्याकालीन परिशिष्ट में प्रकाशित हो गया था। यह हमें क्रान्तिकारी आन्दोलन के एक छोटे दौर में पहुँचा देता है, जिसका जिक्र लोग कभी-कभी आतंकवादी-साम्यवाद या टेरो-कम्युनिज्म के नाम से करते हैं।

टेरो-कम्युनिज्म या आतंकवादी-साम्यवाद

लाहौर तथा कानपुर के क्रान्तिकारियों ने 1926-27 से ही समाजवाद की ओर बढ़ना शुरू कर दिया था। 8-9 सितम्बर, 1928 की दिल्ली मीटिंग में हालाँकि समाजवाद को सिद्धान्त के रूप में और समाजवादी समाज की स्थापना को अन्तिम उद्देश्य के रूप में स्वीकार कर

लिया गया था, अमल में हम लोग उसी पुराने व्यक्तिवादी ढंग के कामों में ही लगे रहे। हम मजदूरों, किसानों, युवकों और मध्यमवर्ग के बुद्धिजीवियों को संगठित करने की बात तो करते थे लेकिन पंजाब में नौजवान भारत सभा के गठन को छोड़कर और कहीं भी संजीदगी के साथ उस दिशा में कदम उठाने की कोशिश नहीं की गई। उस मानी में हमारी वैज्ञानिक समाजवाद अर्थात् मार्क्सवाद की समझ अधकचरी थी। मार्क्सवाद अमल को सिद्धान्त से अलग करने की इजाजत नहीं देता, यह बात हम समझ नहीं पाए थे और यह कि उसमें व्यक्तिगत कामों के लिए कोई स्थान नहीं है। हम हिंसात्मक गतिविधियों को, जिसमें ज़ालिम सरकारी अधिकारियों की हत्या और छुट-पुट विद्रोह शामिल थे, मजदूरों, किसानों, युवकों और विद्यार्थियों के जन-संगठन बनाने के काम से मिलाना चाहते थे। लेकिन अमल में हमारा जोर हिंसात्मक गतिविधियों और सशस्त्र कामों की तैयारी तक ही सीमित रहा। हमारा विश्वास था कि लोगों को नींद से जगाने के लिए और सरकारी दमन का जवाब देने के लिए यह सब आवश्यक है। कांग्रेस के कलकत्ता अधिवेशन के अवसर पर दिसम्बर, 1928 में भगत सिंह ने का. सोहन सिंह जोश से कहा था : "हम आपकी पार्टी के कामों से और उसके कार्यक्रम से सौ फीसदी सहमत हैं, लेकिन कभी-कभी ऐसे भी क्षण आते हैं जब जनता में विश्वास की भावना जाग्रत करने के लिए दुश्मन के प्रहार का सशस्त्र कामों द्वारा तत्काल जवाब देना आवश्यक हो जाता है।"[38] उस समय हमारे दिमाग इसी तरह काम कर रहे थे। हमारी समझ में निहित अन्तर्विरोध का अपना तर्क था। मज़दूरों-किसानों को संगठित करने का हमारा फैसला केवल एक पवित्र इरादा बनकर ही रह गया। हमारी शक्ति का अधिकांश हिस्सा प्रतिशोधात्मक कामों को संगठित करने में ही ज़ाया हुआ।

हमारी गलत समझ को ठीक करने का एक प्रयास तीसरी इन्टरनेशनल ने किया था। यह प्रयास विदेश में गठित भारत की कम्युनिस्ट पार्टी द्वारा 'राष्ट्रवादियों से अपील' के जरिये किया गया था। यह अपील 15 दिसम्बर, 1924 के *वानगार्ड* के परिशिष्ट में प्रकाशित हुई थी। अपील में क्रान्तिकारियों के बारे में कहा गया था :

"गुप्त संस्थाओं द्वारा किए जानेवाले छुट-पुट आतंकवादी काम भी कुछ कम प्रभावहीन नहीं हैं। इस प्रकार के व्यर्थ के उग्रवाद को अपनानेवालों की क्रान्ति की समझ भी उतनी ही गलत है। समाज की मौजूदा स्थिति में ऐसी उम्मीद नहीं की जा सकती है कि राजनीतिक और सामाजिक क्रान्तियाँ अहिंसात्मक होंगी या उनमें रक्तपात नहीं होगा। लेकिन हर रक्तपात या हिंसात्मक काम को क्रान्ति नहीं कहा जा सकता। एक खास सामाजिक व्यवस्था को या राजनीतिक संस्था को उसके चन्द समर्थकों को मारकर कभी भी समाप्त नहीं किया जा सकता है। और यह तो और भी नामुमकिन है कि थोड़े-से सरकारी अफसरों को मारकर या ब्रिटिश पार्लियामेन्ट से बहुत से सुधार पास करवाकर देश की आज़ादी हासिल की जा सके। यह दोनों उपाय समान रूप से प्राणहीन हैं, क्योंकि इनमें से कोई भी बुराई की जड़ पर चोट नहीं करते। दोनों ही राजनीतिक भूल हैं। लेकिन आतंकवादियों को 'क्रान्तिकारी अपराधी' कहना निपट मूर्खता है, क्योंकि 'सवैधानिकतावादी' निश्चित रूप से गैर-क्रान्तिकारी हैं और निर्णायक घड़ी आते ही वे प्रतिक्रियावादी हो जाएँगे।[39]

उसी लेख में दूसरी जगह पर क्रान्ति की सही-सही परिभाषा दे दी गई थी :

"क्रान्ति क्या है? भारत के राष्ट्रीय हलकों में इसके बारे में एक बड़ी गलत धारणा बनी हुई है। आमतौर पर क्रान्ति को बम, रिवाल्वर और गुप्त संस्थाओं से जोड़ दिया जाता है। भारतीय राजनीतिक शब्दकोश में बहु-प्रचलित वाक्य 'क्रान्तिकारी अपराध' क्रान्ति की इसी गलत अवधारणा की उपज है। बहरहाल, क्रान्ति इस सबसे कहीं अधिक गम्भीर समस्या है। क्रान्ति एक महत्त्वपूर्ण ऐतिहासिक घटना है, जो प्रस्तुत ऐतिहासिक युग का अन्त और उसके स्थान पर एक नए युग का शुभारम्भ करती है। चूँकि जानेवाले समाज के प्रतिनिधि या दलाल, आर्थिक वर्ग और राजनीतिक संस्थाएँ, जो उस समाज में प्रचलित हालातों से लाभान्वित होते रहे हैं, एक भयानक प्रतिरोध के बगैर ऐसा कोई परिवर्तन नहीं होने देंगे जिससे उनके प्रभुत्व का अन्त हो जाए और, जैसा कि आमतौर पर होता है, जिसका अन्त उनके चौमुखी विनाश में हो जाए। इसीलिए आमतौर पर राजनीतिक हिंसा और सामाजिक उथल-पुथल 'क्रान्ति' कहलानेवाली ऐतिहासिक घटना के अंग बन जाते हैं।"[40]

सन् 1925 में यंग कम्युनिस्ट इन्टरनेशनल ने बंगाल के युवा क्रान्तिकारी संगठन के नाम एक अपील शाया की थी। यह यंग कम्युनिस्ट इन्टरनेशनल के घोषणापत्र के रूप में थी जो *मासेज* के जिल्द 1, नम्बर 7 में प्रकाशित हुआ था। घोषणापत्र में इस बात को स्वीकार किया गया था कि पूर्व के क्रान्तिकारी नौज्वान राष्ट्रीय आज़ादी की लड़ाई में बड़ी महत्त्वपूर्ण भूमिका अदा कर रहे हैं। जनता के लिए अपना जीवन बलिदान करनेवाले 'हीरो-आतंकवादी' के साहस और बहादुरी के प्रति गहरा आदर व्यक्त करते हुए घोषणापत्र ने कहा था कि "एक क्रान्तिकारी जो जनता के लिए लड़ रहा है उसे नैतिक अधिकार है कि वह जनता का गला घोंटनेवालों और जल्लादों को रास्ते से हटा दें।"[41]

दुर्भाग्यवश इनमें से कोई भी दस्तावेज़ उस समय हमें नहीं मिला और हमें अपने अनुभवों के सहारे ही आगे बढ़ना पड़ा। व्यक्तिगत कामों का दायरा बहुत सीमित है यह समझने में हमें तीन साल लग गए। हम कदम-ब-कदम समाजवाद की तरफ बढ़ रहे थे। गिरफ्तारी के बाद जेल में काफी समय मिला, पढ़ने के लिए काफी सामग्री मिली, आपस में बहस करने और अपने अतीत पर संजीदगी से सोचने का काफी मौका मिला और तब कहीं जाकर हम सही नतीजे पर पहुँच पाए।

इसका यह मतलब नहीं कि जिस दौर की समीक्षा की जा रही है उसमें सकारात्मक कुछ था ही नहीं। उसकी कमजोरियों के साथ ही उसके कुछ सकारात्मक और मजबूत पहलू भी थे। मैं अपनी और अपने साथियों की समझ की खास-खास कमियों पर रोशनी डाल चुका हूँ। संक्षेप में फिर से दोहरा दूँ, पहली बात तो यह कि हमारा कम्युनिज्म को स्वीकार करना मार्क्सवाद के सही अध्ययन पर आधारित नहीं था। उस समय देश में जिस प्रकार की स्थिति थी उसमें मार्क्सवाद का अध्ययन आसान भी नहीं था। दूसरी कमजोरी थी मजदूरों और किसानों को संगठित करने और जवाबी आतंकवाद के बीच तालमेल बिठलाने की अव्यावहारिकता को न समझ पाना।

इन सारी कमियों और सीमाओं के बावजूद इन थोड़े समय चलनेवाले चर्चित दौर के खाते में कुछ बहुत महत्त्वपूर्ण उपलब्धियाँ भी हैं। लाहौर की नौजवान भारत सभा का

घोषणापत्र (1928), असेम्बली बम केस के दौरान भगत सिंह और बटुकेश्वर दत्त द्वारा अदालत के सामने दिया गया बयान (1929), कांग्रेस के लाहौर अधिवेशन के समय बाँटा गया, हिन्दुस्तान समाजवादी प्रजातन्त्र संघ का घोषणापत्र (दिसम्बर 1929) और बम का दर्शन (जनवरी 1930) उस युग के सर्वश्रेष्ठ प्रतिनिधि दस्तावेज़ हैं। इन दस्तावेज़ों के आधार पर हम कह सकते हैं कि 'हिन्दुस्तान समाजवादी प्रजातन्त्र संघ' (हिसप्रस) का पहला आगे बढ़ा हुआ कदम था मार्क्सवाद को सिद्धान्त के रूप में और समाजवाद को अन्तिम उद्‌देश्य के रूप में स्वीकार करना। बंगाल में भी आन्दोलन का रुख यही था, हालाँकि गति अपेक्षाकृत धीमी थी। जिस समय हिसप्रस ने समाजवाद को डंके की चोट पर अपना अन्तिम उद्‌देश्य घोषित कर दिया था उस समय बंगाल के लगभग सभी क्रान्तिकारी दल और प्रमुख पार्टियाँ इस सवाल पर अनिश्चितता की स्थिति में थे।

समाजवाद को ध्येय के रूप में स्वीकार करने के अलावा इस दौर के क्रान्तिकारी मनुष्य द्वारा मनुष्य के और एक राष्ट्र द्वारा दूसरे राष्ट्र के शोषण से मुक्त वर्गहीन समाज के पक्ष में थे। उन्होंने ऐलान किया कि उनकी लड़ाई सिर्फ ब्रिटिश साम्राज्यवाद के खिलाफ ही नहीं है, बल्कि विश्व साम्राज्यवादी व्यवस्था के खिलाफ है। उनके दिलों में सोवियत यूनियन के प्रति प्रगाढ़ आदर और अपनापन था। उनका विश्वास था कि क्रान्ति के बाद जो सरकार बनेगी उसका रूप एक प्रकार की सर्वहारा वर्ग की तानाशाही का होगा। उन्होंने ईश्वर, धर्म और रहस्यवाद से पूरी तरह छुटकारा पा लिया था। वे धर्मनिरपेक्षता में विश्वास करते थे और उनका दृष्टिकोण घोर साम्प्रदायिकतावाद-विरोधी था।

असेम्बली बम कांड के बाद हिन्दुस्तान समाजवादी प्रजातन्त्र संघ के अधिकांश साथी गिरफ्तार कर लिए गए। उन्होंने अपने मुकदमे की सुनवाई के दौरान अपने दृष्टिकोण को प्रचारित करने, समाजवाद के विचारों को लोकप्रिय बनाने और क्रान्तिकारी पार्टी के उद्‌देश्यों तथा प्रयोजनों को जनता के सामने रखने के लिए अदालत का मंच के रूप में जमकर इस्तेमाल किया।

उनकी यह रणनीति कामयाब हुई। इसके बारे में एस. एन. मजूमदार ने लिखा है : "हिन्दुस्तान सोशलिस्ट रिपब्लिकन एसोसिएशन की तमाम गलतियों और कमजोरियों के बावजूद समूचे राष्ट्रीय आन्दोलन में और तरुण क्रान्तिकारियों को साम्यवाद की ओर आकर्षित करने में इस पार्टी के योगदान की उपेक्षा नहीं की जा सकती है।"[42]

जी.एस. देओल के अनुसार "क्रान्तिकारी आन्दोलन का कार्यक्षेत्र चाहे जितना सीमित रहा हो...उसने भारतीय राष्ट्रीय आन्दोलन की गति को एक दूसरी धारा के माध्यम से और तेज किया।...बेशक यह कहा जा सकता है कि उनके (भगत सिंह और उनके साथियों के–शि.व.) कार्यकलापों ने भारतीय राष्ट्रीय कांग्रेस के लिए दिसम्बर 1929 के लाहौर अधिवेशन में पूर्ण स्वतन्त्रता की माँग करने और पूर्ण स्वराज्य का प्रस्ताव पास करने का पथ प्रशस्त किया।"[43]

देओल के अनुसार क्रान्तिकारियों के कार्यकलापों और संघर्षों ने देश में अत्यन्त विस्फोटक स्थिति पैदा कर दी थी, जिसके कारण कांग्रेस 1930 का असहयोग आन्दोलन शुरू करने के लिए मजबूर हो गई थी। "यह आन्दोलन भगत सिंह और उनके साथियों के उग्र आन्दोलन के विकल्प के रूप में शुरू किया गया था। इस मत की पुष्टि महात्मा गांधी द्वारा 2 मार्च, 1930 को वायसराय को लिखे गए एक पत्र के इस अंश से होती है; 'हिंसावादी

पार्टी अपनी जगह बनाती जा रही है और उसने अपने अस्तित्व का एहसास कराना शुरू कर दिया है।' उन्होंने आगे स्पष्ट किया था कि वे जिस तरह का अहिंसक आन्दोलन शुरू करना चाहते हैं उससे न सिर्फ ब्रिटिश हुकूमत की हिंसक शक्ति का बल्कि उभरते हुए हिंसावादी दल की संगठित हिंसक शक्तियों का भी प्रतिरोध किया जा सकेगा।"[44]

वैज्ञानिक समाजवाद की ओर

'हिन्दुस्तान समाजवादी प्रजातन्त्र संघ' के अधिकांश प्रमुख नेता 1929 के मध्य तक गिरफ्तार करके जेलों में बन्द कर दिए गए थे, जहाँ उन्हें पढ़ने और विचार-विमर्श करने का भरपूर मौका मिला। इससे उनके अन्दर जो नई समझ पैदा हुई थी, उसके आधार पर उन्होंने अपने पूरे अतीत को, खासकर वैयक्तिक कार्यकलापों और शौर्य प्रदर्शन के आदर्श को नए सिरे से जाँचा-परखा और अपनी अब तक की कार्य-प्रणाली को छोड़कर समाजवादी क्रान्ति का रास्ता अपनाने का निश्चय किया। गहन अध्ययन और वोर्स्टल जेल में दूसरे साथियों से लम्बे विचार-विमर्श के बाद भगत सिंह इस निर्णय पर पहुँचे कि यहाँ-वहाँ कुछ भेदियों और सरकारी अफसरों की वैयक्तिक हत्याओं से लक्ष्य की प्राप्ति नहीं हो सकती है।

भगत सिंह ने 19 अक्टूबर, 1929 को पंजाब स्टूडेंट्स की कांग्रेस के नाम एक सन्देश भेजा था जिसमें उन्होंने कहा था—"आज हम नौजवानों को बम और पिस्तौल अपनाने के लिए नहीं कह सकते।...इन्हें औद्योगिक क्षेत्रों की गन्दी बस्तियों में और गाँवों के टूटे-फूटे झोंपड़ों में रहनेवाले करोड़ों लोगों को जगाना है।"

2 फरवरी, 1931 को उन्होंने 'युवा राजनीतिक कार्यकर्ताओं के नाम' एक अपील लिखी थी जिसमें उन्होंने जनसाधारण के बीच काम करने के महत्त्व को बारम्बार रेखांकित किया था। उन्होंने कहा था, "गाँवों और कारखानों में किसान और मजदूर ही असली क्रान्तिकारी सैनिक हैं।"

इसी अपील में भगत सिंह ने बलपूर्वक इस बात से इनकार किया था कि वे आतंकवादी हैं। उनका कहना था, "मैंने एक आतंकवादी की तरह काम किया है। लेकिन मैं आतंकवादी नहीं हूँ। मैं तो ऐसा क्रान्तिकारी हूँ जिसके पास एक लम्बा कार्यक्रम और उसके बारे में सुनिश्चित विचार होते हैं। मैं पूरी ताकत के साथ बताना चाहता हूँ कि मैं आतंकवादी नहीं हूँ और कभी था भी नहीं, कदाचित् उन कुछ दिनों को छोड़कर जब मैं अपने क्रान्तिकारी जीवन की शुरुआत कर रहा था। मुझे विश्वास है कि हम ऐसे तरीकों से कुछ भी प्राप्त नहीं कर सकते हैं।" उन्होंने नौजवान राजनीतिक कार्यकर्ताओं को सलाह दी कि वे मार्क्स और लेनिन का अध्ययन करें, उनकी शिक्षा को अपना मार्गदर्शक बनाएँ, जनता के बीच जाएँ, मजदूरों, किसानों और शिक्षित मध्यवर्गीय नौजवानों के बीच काम करें, उन्हें राजनीतिक दृष्टि से शिक्षित करें, उनमें वर्ग-चेतना उत्पन्न करें, उन्हें यूनियनों में संगठित करें, आदि। उन्होंने नवयुवकों से यह भी कहा कि यह सारा काम तब तक सम्भव नहीं है जब तक जनता की एक अपनी पार्टी न हो। वे किस तरह की पार्टी चाहते थे इसका खुलासा करते हुए उन्होंने लिखा था, "हमें पेशेवर क्रान्तिकारियों की जरूरत है—यह शब्द लेनिन को बहुत प्रिय था—पूर्णकालिक कार्यकर्ताओं की, जिनकी क्रान्ति के सिवा और कोई आकांक्षा न हो,

और न जीवन का कोई दूसरा लक्ष्य हो। ऐसे कार्यकर्ता जितनी बड़ी संख्या में एक पार्टी के रूप में संगठित होंगे, उतनी ही तुम्हारी सफलता की सम्भावनाएँ बढ़ जाएँगी।"

उन्होंने आगे कहा :

"व्यवस्थित ढंग से आगे बढ़ने के लिए आपको जिसकी सबसे अधिक आवश्यकता है वह है एक पार्टी जिसके पास जिस टाइप के कार्यकर्ताओं का ऊपर जिक्र किया जा चुका है वैसे कार्यकर्ता हों–ऐसे कार्यकर्ता जिनके दिमाग साफ हों और समस्याओं की तीखी पकड़ हो और पहल करने और तुरन्त फैसला लेने की क्षमता हो। इस पार्टी का अनुशासन बहुत कठोर होगा और यह जरूरी नहीं है कि वह भूमिगत पार्टी हो, बल्कि भूमिगत नहीं होनी चाहिए...पार्टी को अपने काम की शुरुआत अवाम के बीच प्रचार से करनी चाहिए... किसानों और मजदूरों को संगठित करने और उनकी सक्रिय सहानुभूति प्राप्त करने के लिए यह बहुत जरूरी है। इस पार्टी को कम्युनिस्ट पार्टी का नाम दिया जा सकता है।"

यहाँ भगत सिंह खुल्लम-खुल्ला मार्क्सवाद, साम्यवाद और एक साम्यवादी पार्टी की वकालत करते दिखाई देते हैं।

क्रान्ति की परिभाषा

क्रान्ति के सम्बन्ध में भगत सिंह के विचार बहुत स्पष्ट थे। निचली अदालत में जब उनसे पूछा गया कि क्रान्ति शब्द से उनका क्या मतलब है, तो उत्तर में उन्होंने कहा था, "क्रान्ति के लिए खूनी संघर्ष अनिवार्य नहीं है, और न ही उसमें व्यक्तिगत प्रतिहिंसा का कोई स्थान है। वह बम और पिस्तौल की संस्कृति नहीं है। क्रान्ति से हमारा अभिप्राय यह है कि वर्तमान व्यवस्था, जो खुले तौर पर अन्याय पर टिकी हुई है, बदलनी चाहिए।" अपनी बात को और भी स्पष्ट करते हुए उन्होंने कहा था, "क्रान्ति से हमारा अभिप्राय अन्ततः एक ऐसी सामाजिक व्यवस्था की स्थापना से है जिसको इस प्रकार के घातक खतरों का सामना न करना पड़े और जिसमें सर्वहारा वर्ग की प्रभुसत्ता को मान्यता हो तथा एक विश्वसंघ मानव जाति को पूँजीवाद के बन्धन से और साम्राज्यवादी युद्धों से उत्पन्न होनेवाली बरबादी और मुसीबतों से बचा सके।"[45]

समाजवाद की दिशा में भगत सिंह की वैचारिक प्रगति की रफ्तार बहुत तेज थी। उन्होंने 1924 से 1928 के बीच विभिन्न विषयों का विस्तृत अध्ययन किया था। लाला लाजपत राय की द्वारका दास लाइब्रेरी के पुस्तकाध्यक्ष राजाराम शास्त्री के अनुसार उन दिनों भगत सिंह वस्तुतः "किताबों को निगला करता था।" उनके प्रिय विषय थे रूसी क्रान्ति, सोवियत संघ, आयरलैंड, फ्रांस और भारत का क्रान्तिकारी आन्दोलन, अराजकतावाद और मार्क्सवाद। उन्होंने और उनके साथियों ने 1928 के अन्त तक समाजवाद को अपने आन्दोलन का अन्तिम लक्ष्य घोषित कर दिया था और अपनी पार्टी का नाम भी तदनुसार बदल दिया था। उनकी यह वैचारिक प्रगति उनके फाँसी पर चढ़ने के दिन तक जारी रही।

ईश्वर और धर्म के बारे में

ईश्वर, धर्म तथा रहस्यवाद पर भगत सिंह के विचारों के बारे में कुछ शब्द कहे बगैर यह भूमिका अधूरी रह जाएगी। यह इसलिए भी जरूरी है कि आज हर तरह के प्रतिक्रियावादी,

रूढ़िवादी और साम्प्रदायिकतावादी लोग भगत सिंह तथा चन्द्रशेखर आज़ाद के नाम और यश को अपनी निज की राजनीति और विचारधारा के पक्ष में इस्तेमाल करने की कोशिश कर रहे हैं।

अपने आपको नास्तिक बताते हुए "भगत सिंह ने शुरू के क्रान्तिकारियों के तरीके और दृष्टिकोण के लिए पूरा सम्मान प्रदर्शित किया है और उनकी धार्मिकता के स्रोतों की पड़ताल की है। वे संकेत करते हैं कि अपने स्वयं के राजनीतिक कार्यों की वैज्ञानिक समझ के अभाव में उन क्रान्तिकारियों को अपनी आध्यात्मिकता की रक्षा करने, वैयक्तिक प्रलोभनों के विरुद्ध संघर्ष करने, अवसाद से उबरने, भौतिक सुखों और अपने परिवारों तथा जीवन तक को त्यागने की सामर्थ्य जुटाने के लिए विवेकहीन विश्वासों एवं रहस्यवादिता की आवश्यकता थी। एक व्यक्ति जब निरन्तर अपने जीवन को जोखिम में डालने और दूसरे सारे बलिदान करने के लिए तत्पर होता है तो उसे प्रेरणा के गहरे स्रोत की आवश्यकता होती है। शुरू के क्रान्तिकारी, आतंकवादियों की यह अनिवार्य आवश्यकता रहस्यवाद और धर्म से पूरी होती थी। लेकिन उन लोगों को ऐसे स्रोतों से प्रेरणा लेने की जरूरत नहीं रह गई थी जो अपने कामों की प्रकृति को समझते थे, जो क्रान्तिकारी विचारधारा की दिशा में आगे बढ़ चुके थे, जो कृत्रिम आध्यात्मिकता की बैसाखी लगाए बिना अन्याय के विरुद्ध संघर्ष कर सकते थे, जो स्वर्ग और मोक्ष के प्रलोभन और आश्वासन के बिना ही विश्वास के साथ और निर्भीक भाव से फाँसी के तख्ते पर चढ़ सकते थे, जो दलितों की मुक्ति और स्वतन्त्रता के पक्ष में इसलिए लड़े क्योंकि लड़ने के अलावा और कोई रास्ता ही न था।"[46]

असेम्बली बम कांड के केस की अपील के दौरान लाहौर हाई कोर्ट में बयान देते हुए भगत सिंह ने विचारों की महत्ता पर बल देते हुए कहा था : "इन्कलाब की तलवार विचारों की सान पर तेज की जाती है," और उसके आधार पर उन्होंने यह सूत्र प्रस्तुत किया कि "आलोचना और स्वतन्त्र विचार किसी क्रान्तिकारी के दो अपरिहार्य गुण हैं," और यह कि "जो आदमी प्रगति के लिए संघर्ष करता है उसे पुराने विश्वासों की एक-एक बात की आलोचना करनी होगी, उस पर अविश्वास करना होगा और उसे चुनौती देनी होगी। इस प्रचलित विश्वास के एक-एक कोने में झाँककर उसे विवेकपूर्वक समझना होगा।" उन्होंने दृढ़ता के साथ कहा था कि "निरा विश्वास और अन्धविश्वास खतरनाक है, इससे मस्तिष्क कुंठित होता है और आदमी प्रतिक्रियावादी हो जाता है।"

भगत सिंह स्वीकार करते थे कि "ईश्वर में कमजोर आदमी को जबरदस्त आश्वासन और सहारा मिलता है और विश्वास उसकी कठिनाइयों को आसान ही नहीं बल्कि सुखकर भी बना देता है।" वे यह भी जानते थे कि "आँधी और तूफान में अपने पाँवों पर खड़े रहना कोई बच्चों का खेल नहीं है।" लेकिन वे सहारे के लिए किसी भी बनावटी अंग के विचार को दृढ़तापूर्वक अस्वीकार करते थे। वे कहते थे, "अपनी नियति का सामना करने के लिए मुझे किसी नशे की जरूरत नहीं है।" उन्होंने ऐलान किया था कि "जो आदमी अपने पाँवों पर खड़े होने की कोशिश करता है और यथार्थवादी हो जाता है, उसे धार्मिक विश्वास को एक तरफ रखकर, जिन-जिन मुसीबतों और दुखों में परिस्थितियों ने उसे डाल दिया है, उनका एक मर्द की तरह बहादुरी के साथ सामना करना होगा।"

ईश्वर, धार्मिक विश्वास और धर्म को यह तिलांजलि भगत सिंह के लिए न तो आकस्मिक थी और न ही उनके अभिमान या अहम का परिणाम थी। उन्होंने बहुत पहले 1926 में ही ईश्वर की सत्ता को अस्वीकार कर दिया था। उन्हीं के शब्दों में, "1926 के अन्त तक मुझे इस बात पर यकीन हो गया था कि सृष्टि का निर्माण, व्यवस्थापन और नियन्त्रण करनेवाली किसी सर्वशक्तिमान परम सत्ता के अस्तित्व का सिद्धान्त एकदम निराधार है।"

भावना कभी नहीं मरती

वह जुलाई, 1930 का अन्तिम रविवार था। भगत सिंह लाहौर सेन्ट्रल जेल से हमें मिलने के लिए बोर्स्टल जेल आए थे। वे इस तर्क पर सरकार से यह सुविधा हासिल करने में कामयाब हो गए थे कि उन्हें दूसरे अभियुक्तों के साथ बचाव के तरीकों पर बातचीत करनी है। तो उस दिन हम किसी राजनीतिक विषय पर बहस कर रहे थे कि बातों का रुख फैसले की तरफ मुड़ गया, जिसका हम सबको बेसब्री से इन्तजार था। मजाक-मजाक में हम एक-दूसरे के खिलाफ फैसले सुनाने लगे, सिर्फ राजगुरु और भगत सिंह को इन फैसलों से बरी रखा गया। हम जानते थे कि उन्हें फाँसी पर लटकाया जाएगा।

"और राजगुरु और मेरा फैसला? क्या आप लोग हमें बरी कर रहे हैं?" मुस्कराते हुए भगत सिंह ने पूछा।

किसी ने कोई जवाब नहीं दिया।

"असलियत को स्वीकार करते डर लगता है?" धीमे स्वर में उन्होंने पूछा। चुप्पी छाई रही।

हमारी चुप्पी पर उन्होंने ठहाका लगाया और बोले, "हमें गर्दन से फाँसी के फन्दे से तब तक लटकाया जाए जब तक कि हम मर न जाएँ। यह है असलियत। मैं इसे जानता हूँ। तुम भी जानते हो। फिर इसकी तरफ से आँखें क्यों बन्द करते हो?"

अब तक भगत सिंह अपने रंग में आ चुके थे। वे बहुत धीमे स्वर में बोल रहे थे। यही उनका तरीका था। सुननेवालों को लगता था कि वे उन्हें फुसलाने की कोशिश कर रहे हैं। चिल्लाकर बोलना उनकी आदत नहीं थी। यही शायद उनकी शक्ति भी थी।

वे अपने स्वाभाविक अन्दाज में बोलते रहे, "देशभक्ति के लिए यह सर्वोच्च पुरस्कार है, और मुझे गर्व है कि मैं यह पुरस्कार पाने जा रहा हूँ। वे सोचते हैं कि मेरे पार्थिव शरीर को नष्ट करके वे इस देश में सुरक्षित रह जाएँगे। यह उनकी भूल है। वे मुझे मार सकते हैं, लेकिन मेरे विचारों को नहीं मार सकते। वे मेरे शरीर को कुचल सकते हैं, लेकिन मेरी भावनाओं को नहीं कुचल सकेंगे। ब्रिटिश हुकूमत के सिर पर मेरे विचार उस समय तक एक अभिशाप की तरह मँडराते रहेंगे जब तक वे यहाँ से भागने के लिए मजबूर न हो जाएँ।"

भगत सिंह पूरे आवेश में बोल रहे थे। कुछ समय के लिए हम लोग भूल गए कि जो आदमी हमारे सामने बैठा है वह हमारा सहयोगी है। वे बोलते जा रहे थे : "लेकिन यह तसवीर का सिर्फ एक पहलू है। दूसरा पहलू भी उतना ही उज्ज्वल है। ब्रिटिश हुकूमत के लिए मरा हुआ भगत सिंह जीवित भगत सिंह से ज्यादा खतरनाक होगा। मुझे फाँसी हो जाने के बाद मेरे क्रान्तिकारी विचारों की सुगन्ध हमारे इस मनोहर देश के वातावरण में व्याप्त हो जाएगी। वह नौजवानों को मदहोश करेगी और वे आज़ादी और क्रान्ति के लिए पागल हो उठेंगे। नौजवानों

का यह पागलपन ही ब्रिटिश साम्राज्यवादियों को विनाश के कगार पर पहुँचा देगा। यह मेरा दृढ़ विश्वास है। मैं बेसब्री के साथ उस दिन का इन्तजार कर रहा हूँ जब मुझे देश के लिए मेरी सेवाओं और जनता के लिए मेरे प्रेम का सर्वोच्च पुरस्कार मिलेगा।"

भगत सिंह की भविष्यवाणी एक साल के अन्दर ही सच साबित हुई। उनका नाम मौत को चुनौती देनेवाले साहस, बलिदान, देशभक्ति और संकल्पशीलता का प्रतीक बन गया। समाजवादी समाज की स्थापना का उनका सपना शिक्षित युवकों का सपना बन गया और 'इन्कलाब ज़िन्दाबाद' का उनका नारा समूचे राष्ट्र का युद्धनाद हो गया। 1930-32 में जनता एक होकर उठ खड़ी हुई। कारागार, कोड़े और लाठियों के प्रहार उसके मनोबल को तोड़ नहीं सके। यही भावना, इससे भी ऊँचे स्तर पर, 'भारत छोड़ो' आन्दोलन के दौरान दिखाई दी थी। भगत सिंह का नाम होंठों पर और उनका नारा अपने झंडों पर लिए हुए किशोरों और बच्चों ने गोलियों का सामना इस तरह किया मानो वे मक्खन की बनी हुई हों। पूरा राष्ट्र पागल हो उठा था। और फिर आया 1945-46 का दौर जब विश्व ने सर्वथा एक नए भारत को करवटें बदलते देखा। मजदूर, किसान, छात्र, नवयुवक, नौसेना, थलसेना, वायुसेना और पुलिस तक—सब कड़ा प्रहार करने के लिए आतुर थे। निष्क्रिय प्रतिरोध की जगह सक्रिय जवाबी हमले ने ले ली। बलिदान और यातनाओं को सहन करने की जो भावना 1930-31 तक थोड़े-से नौजवानों तक सीमित थी, अब समूची जनता में दिखाई दे रही थी। विद्रोह की भावना ने पूरे राष्ट्र को अपनी गिरफ्त में जकड़ लिया था। भगत सिंह ने ठीक ही तो कहा था, "भावना कभी नहीं मरती।" और उस समय भी वह मरी नहीं थी।

—शिव वर्मा

सन्दर्भ

1. Quoted in the Sedition Committee (Rowlatt) Report 1919, P. 3
2. वही, पृ. 2
3. वही, पृ. 2
4. मन्मथनाथ गुप्त : भारतीय क्रान्तिकारी आन्दोलन का इतिहास, दूसरा संस्करण, 1960, पृ. 44
5. तारिणीशंकर चक्रवर्ती भारत में सशस्त्र क्रान्ति की भूमिका, क्रान्तिकारी प्रकाशन, मिर्जापुर, पृ. 142
6. Budhadeva Bhattacharya (ed.) Freedom Struggle & Anushilan Samiti, P. 48
7. वही, पृ. 68
8. J.C. Car : Political Troubles in India 1907-1917 Preface, 1973, P. XIII
9. Quoted in Sedition Committee Report P. 7
10. तारिणीशंकर चक्रवर्ती : पृ. 93
11. G Adhikari : Challenge, PPH, New Delhi, Jan. 1984, P. 3
12. Tridib Chaudhary : Freedom Struggle and Anushilan Samiti, Introduction P. XVI-XVII
13. अमेरिका के भारतीय क्रान्तिकारियों की गतिविधियों के बारे में अधिकतर सामग्री एल.पी. माथुर की पुस्तक Indian Revolutionary Movement in United States of America से ली है। यह पुस्तक एस. चाँद एंड कं., नई दिल्ली से 1970 में प्रकाशित हुई थी।
14. Paraphrased from Ghadar Weekly Vol. 1, No.3 (Dec. 30, 1913) by Sohan Singh Josh, Hindustan Ghadar Party. A Short History P. 160
15. वही, पृ. 189
16. वही, पृ. 175

17. वही, पृ. 192
18. वही, पृ. 177
19. वही, पृ. 193
20. वही, पृ. 193
21. L. P. Mathur, op.cit. P. 23
22. वही, पृ. 29
23. Presidential Address to Special (Calcutta) Session of the Indian National Congress Sep. 1920. Quoted by R. P. Dutt; India Today. P. 280
24. वही, पृ. 284
25. देखिए परिशिष्ट नं. 1
26. शचीन्द्रनाथ सान्याल की पुस्तक *बन्दी जीवन* से विश्वमित्र उपाध्याय द्वारा *शचीन्द्रनाथ सान्याल और उनका युग में* उद्धृत पृ. 195
27. वही, पृ. 156
28. S.N. Mazumdar : In Search of a Revolutionary Theory and a Revolutionary Programme. P. 178
29. वही, पृ. 177
30. वही, पृ. 178
31. वही, पृ. 154
32. वही, पृ. 181-2
33. वही, पृ. 183
35. Jawaharlal Nehru, An Autobiography, John Lane the Bodley Head, London, 1936, P. 164-5
35. Quoted by Pratima Ghosh, Meerut Conspiracy Case & the Left-wing in India P. 47
36. वही, पृ. 53
37. यह बिल सदन में बहस के लिए 21 मार्च को पेश किया गया। लेकिन अध्यक्ष ने उसे 2 अप्रैल, 1929 तक के लिए स्थगित कर दिया। 2 अप्रैल को उन्होंने निर्णय दिया कि चूँकि बिल का आधार और मेरठ षड्यन्त्र केस में अभियुक्तों के खिलाफ लगाए गए अभियोग एक-जैसे हैं, इस स्थिति में बिल पर जो बहस होगी उससे अभियुक्तों के बचाव पर असर पड़ेगा। इन कारणों से उन्होंने बिल पर बहस की अनुमति नहीं दी। 4 अप्रैल को भारत सरकार ने उसे फिर सदन के सामने पेश किया और बहस की अनुमति माँगी। 11 अप्रैल को अध्यक्ष ने सरकार की अपील ठुकरा दी और अपना निर्णय बरकरार रखा। 13 अप्रैल को वायसराय ने उसे अध्यादेश के रूप में लागू कर दिया।
38. Quoted by G. Adhikari in an Article in Mainstream April 29, 1981.
39. G. Adhikari (ed.), Documents of the History of the Communist Party of India, Vol. II. P. 443
40. वही, पृ. 442
41. वही, पृ. 473
42. S. N. Mazumdar, op. Cit. 176.
43. G. S. Deol, Sardar Bhagat Singh P. 112
44. वही, पृ. 113
45. Bipan Chandra, Introduction to why I am an Atheist? Sardar Bhagat Singh Research Committee New Delhi, 1979
46. वही।

उगते शूलों के मुँह तीखे

दादा जी के नाम एक पत्र

[शहीद भगत सिंह का जन्म 28 सितम्बर, 1907 को हुआ। उस समय उनके चाचा स. अजीत सिंह को लाता लाजपत राय के साथ किसान-आन्दोलन का प्रतिनिधित्व करने पर अंग्रेज सरकार ने मांडले (बर्मा) में निर्वासित कर रखा था। जनता के रोष के आगे झुकते हुए नवम्बर, 1907 को उन्हें रिहा किया गया। पिता स. किशन सिंह को अंग्रेज सरकार ने नेपाल से पकड़ा था और छोड़ दिया था। सबसे छोटे चाचा स. स्वर्ण सिंह पर कई मुकदमे बनाए गए थे, और वे जमानत पर रिहा हुए थे। इस सारी खुशी से दादी ने, भगत सिंह को 'भागाँवाला' मान लिया था।

बाबा अर्जुन सिंह ने अपने पोते का पालन-पोषण अपनी देखरेख में किया। वे शुरू से ही उसके भीतर सामाजिक चेतना और तर्क-शक्ति के विकास के लिए प्रयत्नशील थे, और उसे सामाजिक बराबरी और प्रगति के विचारों से परिचित करा रहे थे।

भगत सिंह की पहले चार साल की पढ़ाई अपने गाँव बंगा चक्क नं. 105 गुगैरा ब्रांच (अब लायलपुर, पाकिस्तान) में हुई और आगे पढ़ने के लिए वे पिताजी के पास लाहौर आ गए। 1916-17 में जब भगत सिंह लाहौर पहुँचे तो चारों ओर गदर पार्टी के शहीदों के कीर्तिगान गूँज रहे थे।

यह भगत सिंह का पहला खत है, जब वे छठी कक्षा में पढ़ रहे थे। उनका यह पत्र दादा अर्जुन सिंह को सम्बोधित है, जो उन दिनों गाँव खटकड़ कलाँ आए हुए थे। पत्र उर्दू में है।–सं.]

लाहौर, 22 जुलाई, 1918

पूज्य बाबाजी,

नमस्ते।

अर्ज़ यह है कि आपका खत मिला, पढ़कर दिल खुश हुआ। इम्तिहान की बात ये हैं कि मैंने पहले इसलिए नहीं लिखा था क्योंकि हमें बताया नहीं गया था। अब हमें अंग्रेजी और संस्कृत का नतीजा बताया गया है। उनमें मैं पास हूँ। संस्कृत में मेरे 150 नम्बरों में 110 नम्बर हैं। अंग्रेजी में 150 में से 68 नम्बर हैं। जो 150 में से 50 नम्बर ले जाए वह

पास होता है। 68 नम्बरों को लेकर मैं अच्छी तरह पास हो गया हूँ। किसी किस्म की चिन्ता न करना। बाकी नहीं बताया गया। छुट्टियाँ, 8 अगस्त को पहली छुट्टी होगी। आप कब आएँगे, लिखना।

आपका आज्ञाकारी
भगत सिंह

दादा जी के नाम एक और पत्र

लाहौर, 14 नवम्बर, 1921

मेरे पूज्य दादा साहब जी,

नमस्ते।

अर्ज़ यह है कि इस जगह खैरियत है और आपकी खैरियत श्री परमात्माजी से नेक मतलूब हूँ। अहवाल ये है कि मुद्दत से आपका कृपा-पत्र नहीं मिला। क्या सबब है? कुलबीर सिंह, कुलतार सिंह की खैरियत से जल्दी मुत्तला फरमाएँ। बेबे साहबा– अभी मोरांवाली से वापस नहीं आईं। बाकी सब खैरियत है।

(कार्ड की दूसरी तरफ)

माता जी को नमस्ते। चाची साहबा को नमस्ते। मंगू चमार अभी तक तो नहीं आया। मैंने एक पुरानी किताब मोल ली थी, जो कि बहुत सस्ती मिल गई थी।

(कार्ड की लाइनों के बीच उल्टे रुख)

आजकल रेलवे वाले हड़ताल की तैयारी कर रहे हैं। उम्मीद है कि अगले हफ्ते के बाद जल्द शुरू हो जाएगी।

आपका ताबेदार
भगत सिंह

(दादा को लिखे इस पत्र से पता चलता है कि उस समय चल रहे चर्चित असहयोग आन्दोलन का प्रभाव किस तरह जनता में जोर मार रहा था, जिसका असर भगत सिंह पर भी हुआ। वे उससे अनजाने न रह सके। साथ ही दादा को भी यह बताए बिना न रह सके कि जल्दी आरम्भ होनेवाली रेल-हड़ताल की भी उन्हें सूचना है। –सं.)

गुरुमुखी में लिखा पहला पत्र

[13 अप्रैल, 1919 के दिन जलियाँवाला बाग में अंग्रेजों ने बेरहम कत्लेआम किया। 12 वर्षीय भगत सिंह जब दूसरे दिन वहाँ पहुँचे और रक्त-सनी मिट्टी लेकर घर लौटे, तो कई सवाल उनके मन में थे। अपनी छोटी बहिन बीबी अमरकौर से उन्होंने अपने मन की बातें कीं।

21 फरवरी, 1921 को महन्त नारायण दास ने ननकाना साहिब में 140 सिखों को बड़ी बेरहमी से मार डाला। बहुतों को ज़िन्दा ही जला दिया। लाहौर से अपने गाँव बंगा जाते समय भगत सिंह यह सारा मौका देख गए और 5 मार्च को हुई बड़ी कान्फ्रेन्स भी देखी। वे ननकाना साहिब से इस घटना सम्बन्धी एक कैलेंडर भी लेते गए थे। इस घटना से पूरे पंजाब के गाँवों में अंग्रेज सरकार के खिलाफ, जिसने महन्त की मदद की थी, एक जोरदार आन्दोलन उठा। हर गाँव में काली पगड़ियाँ बाँधने और पंजाबी पढ़ने का रिवाज चल पड़ा। भगत सिंह भी इसके प्रभाव में आए। भाई-बहिन—बीबी अमर कौर और भगत सिंह—ने पंजाबी पढ़नी व लिखनी सीखी। यह पत्र उसी समय का है, जो 1910 में जेल-यातनाओं से शहीद हुए चाचा स्वर्ण सिंह की धर्मपत्नी चाची हुक्म कौर को लिखा गया था। शब्द-जोड़ जैसे-के-तैसे दिए जा रहे हैं। गुरुमुखी लिपि में लिखा भगत सिंह का यह पहला पत्र है। बाद में पंजाबी में भगत सिंह ने बहुत-से लेख भी लिखे। –सं.]

15 नवम्बर, 1921

मेरी परम प्यारी चाचीजी,

नमस्ते।

मुझे खत लिघ लिघने (लिखने) में देरी हो गई है। सो उम्मीद है कि आप माफ करोगे। भाइया जी (पिता किशन सिंह) दिल्ली गए हुए हैं। भेभे (बेबे—माँ) मोरांवाली को गई हुई है। बाकी सब राजी-खुशी हैं। बड़ी चाचीजी को मत्था टेकना। माता जी को मत्था टेकना, कुलबीर, कुलतार सिंह को सति श्री अकाल या नमस्ते।

आपका आज्ञाकारी
भगत सिंह

घर को अलविदा : पिताजी के नाम पत्र

(सन् 1923 में भगत सिंह, नेशनल कॉलेज, लाहौर के विद्यार्थी थे। जन-जागरण के लिए ड्रामा-क्लब में भी भाग लेते थे। क्रान्तिकारी अध्यापकों और साथियों से नाता जुड़ गया था। भारत को आज़ादी कैसे मिले, इस बारे में लम्बा-चौड़ा अध्ययन और बहसें जारी थीं।

घर में दादीजी ने अपने पोते की शादी की बात चलाई। उनके सामने अपना तर्क न चलते देख पिता जी के नाम यह पत्र लिख छोड़ा और कानपुर में गणेशशंकर विद्यार्थी के पास पहुँचकर 'प्रताप' में काम शुरू कर दिया। वहीं बी. के. दत्त, शिव वर्मा, विजयकुमार सिन्हा-जैसे क्रान्तिकारी साथियों से मुलाकात हुई। उनका कानपुर पहुँचना क्रान्ति के रास्ते पर एक बड़ा कदम बना। पिताजी के नाम लिखा गया भगत सिंह का यह पत्र घर छोड़ने सम्बन्धी उनके विचारों को सामने लाता है। –सं.)

पूज्य पिताजी,

नमस्ते।

मेरी जिन्दगी मकसदे आला[1] यानी आज़ादी-ए-हिन्द के असूल[2] के लिए वक्फ[3] हो चुकी है। इसलिए मेरी जिन्दगी में आराम और दुनियावी खाहशात[4] बायसे कशिश[5] नहीं हैं।

आपको याद होगा कि जब मैं छोटा था, तो बापूजी ने मेरे यज्ञोपवीत के वक्त ऐलान किया था कि मुझे खिदमते वतन[6] के लिए वक्फ कर दिया गया है। लिहाजा मैं उस वक्त की प्रतिज्ञा पूरी कर रहा हूँ।

उम्मीद है आप मुझे माफ फरमाएँगे।

आपका ताबेदार
भगत सिंह

---

1. उच्च उद्देश्य, 2. सिद्धान्त, 3. दान, 4. सांसारिक इच्छाएँ, 5. आकर्षक, 6. देश-सेवा।

विचारों का प्रस्फुटन

पंजाब की भाषा तथा लिपि की समस्या

[1924 की बात है। पंजाब में भाषा-विवाद चल रहा था। पंजाबी भाषा की लिपि क्या हो, यह प्रश्न उठा हुआ था। उर्दू और हिन्दी के पक्षधर खूब बहस कर रहे थे। तरह-तरह के तर्क रखे जा रहे थे। भगत सिंह भी इस बहस पर अपने विचार बनाने लगे थे। पंजाब की भाषा और लिपि की समस्या पर यह लेख उन्होंने पंजाब हिन्दी साहित्य सम्मेलन की निबन्ध प्रतियोगिता में लिखा था और अव्वल मानकर सम्मेलन ने इस पर 50/- का इनाम भी दिया था।

यह लेख सम्मेलन के प्रधानमन्त्री श्री भीमसेन विद्यालंकार ने सुरक्षित रखा और भगत सिंह के बलिदान के बाद 28 फरवरी, 1933 के 'हिन्दी सन्देश' में प्रकाशित किया।–सं.]

"किसी समाज अथवा देश को पहचानने के लिए उस समाज अथवा देश के साहित्य से परिचित होने की परमावश्यकता होती है, क्योंकि समाज के प्राणों की चेतना उस समाज के साहित्य में भी प्रतिच्छवित हुआ करती है।"

उपरोक्त कथन की सत्यता का इतिहास साक्षी है। जिस देश के साहित्य का प्रवाह जिस ओर बहा, ठीक उसी ओर वह देश भी अग्रसर होता रहा। किसी भी जाति के उत्थान के लिए ऊँचे साहित्य की आवश्यकता हुआ करती है। ज्यों-ज्यों देश का साहित्य ऊँचा होता जाता है, त्यों-त्यों देश भी उन्नति करता जाता है। देशभक्त, चाहे वे निरे समाज-सुधारक हों अथवा राजनैतिक नेता, सबसे अधिक ध्यान देश के साहित्य की ओर दिया करते हैं। यदि वे सामाजिक समस्याओं तथा परिस्थितियों के अनुसार नवीन साहित्य की सृष्टि न करें तो उनके सब प्रयत्न निष्फल हो जाएँ और उनके कार्य स्थायी न हो पाएँ।

शायद गैरीबाल्डी को इतनी जल्दी सेनाएँ न मिल पातीं, यदि मेजिनी ने 30 वर्ष देश में साहित्य तथा साहित्यिक जागृति पैदा करने में ही न लगा दिए होते। आयरलैंड के पुनरुत्थान के साथ गैलिक भाषा के पुनरुत्थान का प्रयत्न भी उसी वेग से किया गया। शासक लोग आयरिश लोगों को दबाए रखने के लिए उनकी भाषा का दमन करना इतना आवश्यक समझते थे कि गैलिक भाषा की एक-आध कविता रखने के कारण छोटे-छोटे बच्चों तक को दंडित किया जाता था। रूसो, वाल्टेयर के साहित्य के बिना फ्रांस की

राज्यक्रान्ति घटित न हो पाती। यदि टॉल्स्टाय, कार्ल मार्क्स तथा मैक्सिम गोर्की इत्यादि ने नवीन साहित्य पैदा करने में वर्षों व्यतीत न कर दिए होते, तो रूस की क्रान्ति न हो पाती, साम्यवाद का प्रचार तथा व्यवहार तो दूर रहा।

यही दशा हम सामाजिक तथा धार्मिक सुधारकों में देख पाते हैं। कबीर के साहित्य के कारण उनके भावों का स्थायी प्रभाव दीख पड़ता है। आज तक उनकी मधुर तथा सरस कविताओं को सुनकर लोग मुग्ध हो जाते हैं।

ठीक यही बात गुरु नानकदेव जी के विषय में भी कही जा सकती है। सिक्ख गुरुओं ने अपने मत के प्रचार के साथ जब नवीन सम्प्रदाय स्थापित करना शुरू किया, उस समय उन्होंने नवीन साहित्य की आवश्यकता भी अनुभव की और इसी विचार से गुरु अंगद देव जी ने गुरुमुखी लिपि बनाई। शताब्दियों तक निरन्तर युद्ध और मुसलमानों के आक्रमणों के कारण पंजाब में साहित्य की कमी हो गई थी। हिन्दी भाषा का भी लोप-सा हो गया था। इस समय किसी भारतीय लिपि को ही अपनाने के लिए उन्होंने काश्मीरी लिपि को अपना लिया। तत्पश्चात् गुरु अर्जुन देव जी तथा भाई गुरु दास जी के प्रयत्न से आदि ग्रन्थ का संकलन हुआ। अपनी लिपि तथा अपना साहित्य बनाकर अपने मत को स्थायी रूप देने में उन्होंने यह बहुत प्रभावशाली तथा उपयोगी कदम उठाया था।

उसके बाद ज्यों-ज्यों परिस्थिति बदलती गई, त्यों-त्यों साहित्य का प्रवाह भी बदलता गया। गुरुओं के निरन्तर बलिदानों तथा कष्ट-सहन से परिस्थिति बदलती गई। जहाँ हम प्रथम गुरु के उपदेश में भक्ति तथा आत्म-विस्मृति के भाव सुनते हैं और निम्नलिखित पद में कमाल आजिज़ी का भाव पाते हैं :

नानक नन्हे हो रहे, जैसी नन्हीं दूब।
और घास जरि जात है, दूब खूब की खूब॥

वहीं पर हम नवें गुरु श्री तेगबहादुरजी के उपदेश में पददलित लोगों की हमदर्दी तथा उनकी सहायता के भाव पाते हैं :

बाँहि जिन्हाँ दी पकड़िए, सिर दीजिए बाँहि न छोड़िए।
गुरु तेगबहादुर बोलया, धरती पै धर्म न छोड़िए॥

उनके बलिदान के बाद हम एकाएक गुरु गोविन्द सिंह जी के उपदेश में क्षात्र धर्म का भाव पाते हैं। जब उन्होंने देखा कि अब केवल भक्ति-भाव से ही काम न चलेगा, तो उन्होंने चंडी की पूजा भी प्रारम्भ की और भक्ति तथा क्षात्र धर्म का समावेश कर सिक्ख समुदाय को भक्तों तथा योद्धाओं का समूह बना दिया। उनकी कविता (साहित्य) में हम नवीन भाव देखते हैं।

वे लिखते हैं :

जे तोहि प्रेम खेलण का चाव, सिर धर तली गली मोरी आव।
जे इत मारग पैर धरीजै, सिर दीजै कांण न कीजै॥

और फिर–

सूरा सो पहिचानिए, जो लड़ै दीन के हेत।
पुर्जा-पुर्जा कट मरै, कभूँ न छाँड़ै खेत॥

और फिर एकाएक खड्ग की पूजा प्रारम्भ हो जाती है :

खग खंड दिहंड, खल दल खंड अति रन मंड प्रखंड।
भुज दंड अखंड, तेज प्रचंड जोति अभंड भानुप्रभं॥

उन्हीं भावों को लेकर बाबा बन्दा आदि मुसलमानों के विरुद्ध निरन्तर युद्ध करते रहे, परन्तु उसके बाद हम देखते हैं कि जब सिक्ख सम्प्रदाय केवल अराजको का एक समूह रह जाता है और जब वे गैर-कानूनी (Out-law) घोषित कर दिए जाते हैं, तब उन्हें निरन्तर जंगलों में ही रहना पड़ता है। अब इस समय नवीन साहित्य की सृष्टि नहीं हो सकी। उनमें नवीन भाव नहीं भरे जा सके। उनमें क्षात्र-वृत्ति थी, वीरत्व तथा बलिदान का भाव था और मुसलमान शासकों के विरुद्ध युद्ध करते रहने का भाव था, परन्तु उसके बाद क्या करना होगा, यह वे भली-भाँति नहीं समझे। तभी तो उन वीर योद्धाओं के समूह (मिसलें) आपस में भिड़ गए। यहीं पर सामयिक भावों की त्रुटि बुरी तरह अखरती है। यदि बाद में रणजीत सिंह जैसा वीर योद्धा और चालाक शासक न निकल आता, तो सिक्खों को एकत्रित करने के लिए कोई उच्च आदर्श अथवा भाव शेष न रह गया था।

इन सबके साथ एक बात और भी खास ध्यान देने योग्य है। संस्कृत का सारा साहित्य हिन्दू समाज को पुनर्जीवित न कर सका, इसीलिए सामयिक भाषा में नवीन साहित्य की सृष्टि की गई। उस सामयिक भाव के साहित्य ने अपना जो प्रभाव दिखाया वही हम आज तक अनुभव करते हैं। एक अच्छे समझदार व्यक्ति के लिए क्लिष्ट संस्कृत के मन्त्र तथा पुरानी अरबी की आयतें इतनी प्रभावकारी नहीं हो सकतीं जितनी कि उसकी अपनी साधरण भाषा की साधारण बातें।

ऊपर पंजाबी भाषा तथा साहित्य के विकास का संक्षिप्त इतिहास लिखा गया है। अब हम वर्तमान अवस्था पर आते हैं। लगभग एक ही समय पर बंगाल में स्वामी विवेकानन्द तथा पंजाब में स्वामी रामतीर्थ पैदा हुए। दोनों एक ही ढर्रे के महापुरुष थे। दोनों विदेशों में भारतीय तत्त्वज्ञान की धाक जमाकर स्वयं भी जगत्-प्रसिद्ध हो गए, परन्तु स्वामी विवेकानन्द का मिशन बंगाल में एक स्थायी संस्था बन गया, पर पंजाब में स्वामी रामतीर्थ का स्मारक तक नहीं दीख पड़ता। उन दोनों के विचारों में भारी अन्तर रहने पर भी तह में हम एक गहरी समता देखते हैं। जहाँ स्वामी विवेकानन्द कर्मयोग का प्रचार कर रहे थे, वहाँ स्वामी रामतीर्थ भी मस्तानावार गाया करते थे :

हम रूखे टुकड़े खाएँगे, भारत पर वारे जाएँगे।
हम सूखे चने चबाएँगे, भारत की बात बनाएँगे।
हम नंगे उमर बिताएँगे, भारत पर जान मिटाएँगे।

वे कई बार अमेरिका में अस्त होते सूर्य को देखकर आँसू बहाते हुए कहा करते थे– "तुम अब मेरे प्यारे भारत में उदय होने जा रहे हो। मेरे इन आँसुओं को भारत के सलिल सुन्दर खेतों में ओस की बूँदों के रूप में रख देना।" इतना महान देश तथा ईश्वर-भक्त हमारे प्रान्त में पैदा हुआ हो, परन्तु उसका स्मारक तक न दीख पड़े, इसका कारण साहित्यिक फिसड्डीपन के अतिरिक्त क्या हो सकता है?

यह बात हम पद-पद पर अनुभव करते हैं। बंगाल के महापुरुष श्री देवेन्द्र ठाकुर तथा श्री केशवचन्द्र सेन की टक्कर के पंजाब में भी कई महापुरुष हुए हैं, परन्तु उनकी वह कद्र नहीं और मरने के बाद वे जल्द ही भुला दिए गए, जैसे गुरु ज्ञान सिंह जी इत्यादि। इन सबकी तह में हम देखते हैं कि एक ही मुख्य कारण है, और वह है साहित्यिक रुचि-जागृति का सर्वथा अभाव।

यह तो निश्चय ही है कि साहित्य के बिना कोई देश अथवा जाति उन्नति नहीं कर सकती, परन्तु साहित्य के लिए सबसे पहले भाषा की आवश्यकता होती है और पंजाब में वह नहीं है। इतने दिनों से यह त्रुटि अनुभव करते रहने पर भी अभी तक भाषा का कोई निर्णय न हो पाया। उसका मुख्य कारण है हमारे प्रान्त के दुर्भाग्य से भाषा को मज़हबी समस्या बना देना। अन्य प्रान्तों में हम देखते हैं कि मुसलमानों के प्रान्तीय भाषा को खूब अपना लिया है। बंगाल के साहित्य-क्षेत्र में कवि नज़र-उल-इस्लाम एक चमकते सितारे हैं। हिन्दी कवियों में लतीफ हुसैन 'नटवर' उल्लेखनीय हैं। इसी तरह गुजरात में भी हैं, परन्तु दुर्भाग्य है पंजाब का। यहाँ पर मुसलमानों का प्रश्न तो अलग रहा, हिन्दू-सिक्ख भी इस बात पर न मिल सके।

पंजाब की भाषा अन्य प्रान्तों की तरह पंजाबी ही होनी चाहिए थी, फिर क्यों नहीं हुई, यह प्रश्न अनायास ही उठता है, परन्तु यहाँ के मुसलमानों ने उर्दू को अपनाया। मुसलमानों में भारतीयता का सर्वथा अभाव है, इसीलिए वे समस्त भारत में भारतीयता का महत्त्व न समझकर अरबी लिपि तथा फारसी भाषा का प्रचार करना चाहते हैं। समस्त भारत की एक भाषा और वह भी हिन्दी होने का महत्त्व उनकी समझ में नहीं आता। इसलिए वे तो अपनी उर्दू की रट लगाते रहे और एक ओर बैठ गए।

फिर सिक्खों की बारी आई। उनका सारा साहित्य गुरुमुखी लिपि में है। भाषा में अच्छी-खासी हिन्दी है, परन्तु मुख्य पंजाबी भाषा है। इसलिए सिक्खों ने गुरुमुखी लिपि में लिखी जानेवाली पंजाबी भाषा को ही अपना लिया। वे उसे किसी तरह छोड़ न सकते थे। वे उसे मज़हबी भाषा बनाकर उससे चिपट गए।

इधर आर्य समाज का आविर्भाव हुआ। स्वामी दयानन्द सरस्वती ने समस्त भारतवर्ष में हिन्दी प्रचार करने का भाव रखा। हिन्दी भाषा आर्य समाज का एक धार्मिक अंग बन गई। धार्मिक अंग बन जाने से एक लाभ तो हुआ कि सिक्खों की कट्टरता से पंजाबी की रक्षा हो गई और आर्य समाजियों की कट्टरता से हिन्दी भाषा ने अपना स्थान बना लिया।

आर्य समाज के प्रारम्भ के दिनों में सिक्खों तथा आर्य समाजियों की धार्मिक सभाएँ एक ही स्थान पर होती थीं। तब उनमें कोई भिन्न भेदभाव न था, परन्तु पीछे 'सत्यार्थ प्रकाश' के किन्हीं दो-एक वाक्यों के कारण आपस में मनोमालिन्य बहुत बढ़ गया और एक-दूसरे से घृणा होने लगी। इसी प्रवाह में बहकर सिक्ख लोग हिन्दी भाषा को भी घृणा की दृष्टि से देखने लगे। औरों ने इसकी ओर किंचित् भी ध्यान न दिया।

बाद में, कहते हैं कि आर्य समाजी नेता महात्मा हंसराज जी ने लोगों से कुछ परामर्श किया था कि यदि वह हिन्दी लिपि को अपना लें, तो हिन्दी लिपि में लिखी जानेवाली पंजाबी

भाषा यूनिवर्सिटी में मंजूर करवा लेंगे, परन्तु दुर्भाग्यवश वे लोग संकीर्णता के कारण और साहित्यिक जागृति के न रहने के कारण इस बात के महत्त्व को समझ ही न सके और वैसा न हो सका। खैर! तो इस समय पंजाब में तीन मत हैं। पहला मुसलमानों का उर्दू सम्बन्धी कट्टर पक्षपात, दूसरा आर्य समाजियों तथा कुछ हिन्दुओं का हिन्दी सम्बन्धी, तीसरा पंजाबी का।

इस समय हम एक-एक भाषा के सम्बन्ध में कुछ विचार करें, तो अनुचित न होगा। सबसे पहले हम मुसलमानों का विचार रखेंगे। वे उर्दू के कट्टर पक्षपाती हैं। इस समय पंजाब में इसी भाषा का जोर भी है। कोर्ट की भाषा भी यही है, और फिर मुसलमान सज्जनों का कहना यह है कि उर्दू लिपि में ज्यादा बात थोड़े स्थान में लिखी जा सकती है। यह सब ठीक है, परन्तु हमारे सामने इस समय सबसे मुख्य प्रश्न भारत को यह राष्ट्र बनाना है। एक राष्ट्र बनाने के लिए एक भाषा होना आवश्यक है, परन्तु यह एकदम हो नहीं सकता। उसके लिए कदम-कदम चलना पड़ता है। यदि हम अभी भारत की एक भाषा नहीं बना सकते तो कम-से-कम लिपि तो एक बना देनी चाहिए। उर्दू लिपि तो सर्वांगसम्पूर्ण नहीं कहला सकती, और फिर सबसे बड़ी बात तो यह है कि उसका आधार फारसी भाषा पर है। उर्दू कवियों की उड़ान, चाहे वे हिन्दी (भारतीय) ही क्यों न हों, ईरान से साकी और अरब की खजूरों को जा पहुँचती है। काज़ी नज़र-उल-इस्लाम की कविता में तो धूरजटी, विश्वामित्र और दुर्वासा की चर्चा बार-बार है, परन्तु हमारे पंजाबी हिन्दी-उर्दू कवि उस ओर ध्यान तक भी न दे सके। क्या यह दुख की बात नहीं? इसका मुख्य कारण भारतीयता और भारतीय साहित्य से उनकी अनभिज्ञता है। उनमें भारतीयता आ ही नहीं पाती, तो फिर उनके रचित साहित्य से हम कहाँ तक भारतीय बन सकते हैं? केवल उर्दू पढ़नेवाले विद्यार्थी भारत के पुरातन साहित्य का ज्ञान नहीं हासिल कर सकते। यह नहीं कि उर्दू जैसी साहित्यिक भाषा में उन ग्रन्थों का अनुवाद नहीं हो सकता, परन्तु उसमें ठीक वैसा ही अनुवाद हो सकता है, जैसा कि एक ईरानी को भारतीय साहित्य सम्बन्धी ज्ञानोपार्जन के लिए आवश्यक हो।

हम अपने उपरोक्त कथन के समर्थन में केवल इतना ही कहेंगे कि जब साधारण आर्य और स्वराज्य आदि शब्दों को आर्या और स्वराजिया लिखा और पढ़ा जाता है तो गूढ़ तत्त्वज्ञान सम्बन्धी विषयों की चर्चा ही क्या? अभी उस दिन श्री लाला हरदयाल जी एम. ए. की उर्दू पुस्तक 'कौमें किस तरह ज़िन्दा रह सकती हैं?' का अनुवाद करते हुए सरकारी अनुवादक ने ऋषि नचिकेता को उर्दू में लिखा होने से नीची कुतिया समझकर 'ए बिच ऑफ लो ओरिजिन' अनुवाद किया था। इसमें न तो लाला हरदयाल जी का अपराध था, न अनुवादक महोदय का। इसमें कसूर था उर्दू लिपि का और उर्दू भाषा की हिन्दी भाषा तथा साहित्य से विभिन्नता का।

शेष भारत में भारतीय भाषाएँ और लिपियाँ प्रचलित हैं। ऐसी अवस्था में पंजाब में उर्दू का प्रचार कर क्या हम भारत से एकदम अलग-थलग हो जावें? नहीं। और फिर सबसे बड़ी बात तो यह है कि उर्दू के कट्टर पक्षपाती मुसलमान लेखकों की उर्दू में फारसी का ही आधिक्य रहता है। 'ज़मींदार' और 'सियासत' आदि मुसलमान-समाचार पत्रों में तो अरबी

का ज़ोर रहता है, जिसे एक साधारण व्यक्ति समझ भी नहीं सकता। ऐसी दशा में उसका प्रचार कैसे किया जा सकता है? हम तो चाहते हैं कि मुसलमान भाई भी अपने मज़हब पर पक्के रहते हुए ठीक वैसे ही भारतीय बन जाएँ जैसे कि कमाल टर्क हैं। भारतोद्धार तभी हो सकेगा। हमें भाषा आदि के प्रश्नों को मार्मिक समस्या न बनाकर खूब विशाल दृष्टिकोण से देखना चाहिए।

इसके बाद हम हिन्दी-पंजाबी भाषाओं की समस्या पर विचार करेंगे। बहुत-से आदर्शवादी सज्जन समस्त जगत को एक राष्ट्र, विश्व राष्ट्र बना हुआ देखना चाहते हैं। यह आदर्श बहुत सुन्दर है। हमको भी इसी आदर्श को सामने रखना चाहिए। उस पर पूर्णतया आज व्यवहार नहीं किया जा सकता, परन्तु हमारा हर एक कदम, हमारा हर एक कार्य इस संसार की समस्त जातियों, देशों तथा राष्ट्रों को एक सुदृढ़ सूत्र में बाँधकर सुख-वृद्धि करने के विचार से उठना चाहिए। उससे पहले हमको अपने देश में यही आदर्श कायम करना होगा। समस्त देश में एक भाषा, एक लिपि, एक साहित्य, एक आदर्श और एक राष्ट्र बनाना पड़ेगा, परन्तु समस्त एकताओं से पहले एक भाषा का होना जरूरी है, ताकि हम एक-दूसरे को भली-भाँति समझ सकें। एक पंजाबी और एक मद्रासी इकट्ठे बैठकर केवल एक-दूसरे का मुँह ही न ताका करें, बल्कि एक-दूसरे के विचार तथा भाव जानने का प्रयत्न करें, परन्तु यह पराई भाषा अंग्रेजी में नहीं, बल्कि हिन्दुस्तान की अपनी भाषा हिन्दी में। यह आदर्श भी, पूरा होते-होते अभी कई वर्ष लगेंगे। उसके प्रयत्न में हमें सबसे पहले साहित्यिक जागृति पैदा करनी चाहिए। केवल गिनती के कुछ-एक व्यक्तियों में नहीं, बल्कि सर्वसाधारण मे। सर्वसाधारण में साहित्यिक जागृति पैदा करने के लिए उनकी अपनी ही भाषा आवश्यक है। इसी तर्क के आधार पर हम कहते हैं कि पंजाब में पंजाबी भाषा ही आपको सफल बना सकती है।

अभी तक पंजाबी साहित्यिक भाषा नहीं बन सकी है और समस्त पंजाब की एक भाषा भी वह नहीं है। गुरुमुखी लिपि में लिखी जानेवाली मध्य पंजाब की बोलचाल की भाषा को ही इस समय तक पंजाबी कहा जाता है। वह न तो अभी तक विशेष रूप से प्रचलित ही हो पाई है और न ही साहित्यिक तथा वैज्ञानिक ही बन पाई है। उसकी ओर पहले तो किसी ने ध्यान ही नहीं दिया, परन्तु अब जो सज्जन उस ओर ध्यान भी दे रहे हैं उन्हें लिपि की अपूर्णता बेतरह अखरती है। संयुक्त अक्षरों का अभाव और हलन्त न लिख सकने आदि के कारण उसमें भी ठीक-ठीक सब शब्द नहीं लिखे जा सकते, और तो और, पूर्ण शब्द भी नहीं लिखा जा सकता। यह लिपि तो उर्दू से भी अधिक अपूर्ण है और जब हमारे सामने वैज्ञानिक सिद्धान्तों पर निर्भर सर्वांगसम्पूर्ण हिन्दी लिपि विद्यमान है, फिर उसे अपनाने में हिचक क्या? गुरुमुखी लिपि तो हिन्दी अक्षरों का ही बिगड़ा हुआ रूप है। आरम्भ में ही उसका उ काउ, अ काउ बना हुआ है और म ट ठ आदि तो वे ही अक्षर हैं। सब नियम मिलते हैं फिर एकदम उसे ही अपना लेने से कितना लाभ हो जाएगा? सर्वांगसम्पूर्ण लिपि को अपनाते ही पंजाबी भाषा उन्नति करना शुरू कर देगी। और उसके प्रचार में कठिनाई ही क्या है? पंजाब की हिन्दू स्त्रियाँ इसी लिपि से परिचित हैं। डी. ए. वी. स्कूलों और सनातन धर्म स्कूलों में हिन्दी ही पढ़ाई जाती है। ऐसी दशा में कठिनाई ही क्या है? हिन्दी

के पक्षपाती सज्जनों से हम कहेंगे कि निश्चय ही हिन्दी भाषा ही अन्त में समस्त भारत की एक भाषा बनेगी, परन्तु पहले से ही उसका प्रचार करने से बहुत सुविधा होगी। हिन्दी लिपि के अपनाने से ही पंजाबी हिन्दी की-सी बन जाती है। फिर तो कोई भेद ही नहीं रहेगा और इसकी जरूरत है, इसलिए कि सर्वसाधारण को शिक्षित किया जा सके और यह अपनी भाषा के अपने साहित्य से ही हो सकता है। पंजाबी की यह कविता देखिए–

ओ राहिया राहे जान्दया, सुन जा गल मेरी,
सिर तं पग तेरे वलैत दी, इहनूँ फूक मआतड़ा ला ॥

और इसके मुकाबले में हिन्दी की बड़ी-बड़ी सुन्दर कविताएँ कुछ प्रभाव न कर सकेंगी, क्योंकि वह अभी सर्वसाधारण के हृदय के ठीक भीतर अपना स्थान नहीं बना सकी हैं। वह अभी कुछ बहुत पराई-सी दीख पड़ती हैं। कारण कि हिन्दी का आधार संस्कृत है। पंजाब उससे कोसों दूर हो चुका है। पंजाबी में फारसी ने अपना प्रभाव बहुत कुछ रखा है। यथा, चीज़ का जमा 'चीज़ें' न होकर फारसी की तरह 'चीज़ाँ' बन गया है। यह असूल अन्त तक कार्य करता दिखाई देता है। कहने का तात्पर्य यह है कि पंजाबी के निकट होने पर भी हिन्दी अभी पंजाबी-हृदय से काफी दूर है। हाँ, पंजाबी भाषा के हिन्दी लिपि में लिखे जाने पर और उसके साहित्य बनाने के प्रयत्न में निश्चय ही वह हिन्दी के निकटतर आ जाएगी।

प्रायः सभी मुख्य तर्कों पर तर्क किया जा चुका है। अब केवल एक बात कहेंगे। बहुत-से सज्जनों का कथन है कि पंजाबी भाषा में माधुर्य, सौन्दर्य और भावुकता नहीं है। यह सरासर निराधार है। अभी उस दिन–

लच्छीए जिन्थे तू पानी डोलिया ओत्थे उग पए सन्दल दे बूटे

वाले गाने के माधुर्य ने कवीन्द्र रवीन्द्र तक को मोहित कर लिया और वे झट अंग्रेजी में अनुवाद करने लगे–O Lachi, where there spilt water, where there spilt water...etc...etc...

और बहुत-से और उदाहरण भी दिए जा सकते हैं। निम्न वाक्य क्या किसी अन्य भाषा की कविताओं से कम है?–

पिपले दे पत्तया वे केही खड़खड़ लाई ऐ।
पत्ते झड़े पुराने हूण रुत्त नवदां दी आई आ ॥

और फिर जब पंजाबी अकेला अथवा समूह बैठा हो तो 'गौहर' के यह पद जितना प्रभाव करेंगे, उतना कोई और भाषा क्या करेगी?

लाम लक्खां ते करोड़ां दे शाह वेखे
न मुसाफिरां कोई उधार देंदा,
दिने रातीं जिन्हां दे कूच डेरे
न उन्हां दे थाईं कोई एतबार देंदा।
भौरे बहंदे गुलां दी वाशना ते
ना सप्पा दे मुहां ते कोई प्यार देंदा
गौहर समय सलूक हन ज्यूँदया दे
मोयां गियां नूं हर कोई विसार देंदा।

और फिर–

जीम ज्यूदियाँ नूं क्यों मारना ऐं, जेकर नहीं तूं मोयां नूं जिऔण जोगा
घर आए सवाली नूं क्यों घूरना ऐं, जेकर नहीं तू हत्थीं खैर पौण जोगा
मिले दिलां नूं क्यों बिछोड़ना ऐं, जेकर नहीं तू बिछड़यां नू मिलौण जोगा
गौहरा बदीयां रख बन्द खाने, जेकर नहीं तू नेकीआं कमौण जोगा।

और फिर अब तो दर्द, मस्ताना, दीवाना बड़े अच्छे-अच्छे कवि पंजाबी की कविता का भंडार बढ़ा रहे हैं।

ऐसी मधुर, ऐसी विमुग्धकारी भाषा तो पंजाबियों ने ही न अपनाई, यही दुख है। अब भी नहीं अपनाते, समस्या यही है। हरेक अपनी बात के पीछे मज़हबी डंडा लिए खड़ा है। इसी अड़ंगे को किस तरह दूर किया जाए, यही पंजाब की भाषा तथा लिपि विषयक समस्या है, परन्तु आशा केवल इतनी है कि सिक्खों में इस समय साहित्यिक जागृति पैदा हो रही है। हिन्दुओं में भी है। सभी समझदार लोग मिलकर-बैठकर निश्चय ही क्यों नहीं कर लेते! यही एक उपाय है इस समस्या के हल करने का। मज़हबी विचार से ऊपर उठकर इस प्रश्न पर गौर किया जा सकता है, वैसे ही किया जाए, और फिर अमृतसर के 'प्रेम' जैसे पत्र की भाषा को ज़रा साहित्यिक बनाते हुए पंजाब यूनिवर्सिटी में पंजाबी भाषा को मंजूर करा देना चाहिए। इस तरह सब बखेड़ा तय हो जाता है। इस बखेड़े के तय होते ही पंजाब में इतना सुन्दर और ऊँचा साहित्य पैदा होगा कि यह भी भारत की उत्तम भाषाओं में गिनी जाने लगेगी।

विश्व-प्रेम

[बलवन्त सिंह के छद्म नाम से लिखा गया भगत सिंह का यह लेख कलकत्ता से प्रकाशित सा. 'मतवाला' (वर्ष : 2, अंक सं. 13-14) के दो अंकों में छपा था। इन अंकों की तारीखें क्रमशः 15 नवम्बर, 1924 एवं 22 नवम्बर, 1924 थीं।–सं.]

"वसुधैव कुटुम्बकम्!" जिस कवि सम्राट की यह अमूल्य कल्पना है, जिस विश्व-प्रेम के अनुभवी का यह हृदयोद्गार है, उसकी महत्ता का वर्णन करना मनुष्य-शक्ति से सर्वथा बाहर है।

'विश्वबन्धुता!' इसका अर्थ मैं तो समस्त संसार में समानता (साम्यवाद, World wide Equality in the true sence) के अतिरिक्त और कुछ नहीं समझता।

कैसा उच्च है यह विचार! सभी अपने हों। कोई भी पराया न हो। कैसा सुखमय होगा वह समय, जब संसार से परायापन सर्वथा नष्ट हो जाएगा; जिस दिन यह सिद्धान्त समस्त संसार में व्यावहारिक रूप में परिणत होगा, उस दिन संसार को उन्नति के शिखर पर कह सकेंगे। जिस दिन प्रत्येक मनुष्य इस भाव को हृदयंगम कर लेगा, उस दिन–उस दिन संसार कैसा होगा? जरा कल्पना करो तो!

उस दिन इतनी शक्ति होगी कि 'शान्ति शान्ति' की पुकार भी शान्ति भंग न कर सकेगी। उस दिन भूख लगने पर रोटी के लिए किसी को भी चिल्ल-पों मचाने की

आवश्यकता नहीं हुआ करेगी। व्यापार उस दिन उन्नति के शिखर पर होगा, परन्तु फ्रांस और जर्मनी में व्यापार के नाम पर घोर युद्ध न हुआ करेंगे। उस दिन अमेरिका और जापान दोनों होंगे, परन्तु उनमें पूर्वीय और पश्चिमीयपन न होगा। काले-गोरे उस दिन भी होंगे परन्तु अमेरिकावासी वहाँ के काले निवासी (Red Indians) को जीते-जी जला न सकेंगे। शान्ति होगी परन्तु पीनलकोड की आवश्यकता न होगी। अंग्रेज भी होंगे और भारतवासी भी, परन्तु उस समय उनमें गुलाम और शासक का भाव न होगा। उस दिन महात्मा टॉल्स्टाय के Resist not the evil (बुराइयों का प्रतिकार मत करो) वाले सिद्धान्त की उच्च ध्वनि न लगाने पर भी संसार में बुराइयाँ नज़र न आएँगी। उस समय होगी पूर्ण स्वतन्त्रता। कैसा होगा वह समय? जरा कल्पना करो!

वर्तमान दशा को देखकर कौन कह सकता है कि ऐसा समय भी आ सकता है, जिस समय किसी के भय से नहीं, परन्तु अपने हृदय की प्रेरणा से ही मनुष्य पाप कर्म नहीं करेंगे। यदि उस दिन भी हमें किसी कल्पित स्वर्ग की लिप्सा होगी तो हम कह देंगे कि स्वर्ग कोई वस्तु है ही नहीं! क्या वह समय आ सकता है? यह है एक समस्या–एक बड़ी समस्या है। इसका उत्तर देना कोई सुगम कार्य नहीं है। परन्तु मैं पूछता हूँ कि क्या लोग उस समय को लाना चाहते हैं? वह लोग जो 'विश्वबन्धुता' (Universal brotherhood या Cosmopolitanism) का घोर नाद किया करते हैं; क्या वास्तव में उसे लाने के इच्छुक हैं? 'हाँ' कह देने से ही काम नहीं चलेगा। कांग्रेस का प्रस्ताव नहीं है। प्रश्न गम्भीरतापूर्वक विचार करने योग्य है। क्या लोग उसके लिए बलिदान देने को तैयार हैं? उस कल्पित भविष्य के लिए हमें घोर वर्तमान देना होगा। उस कल्पित शान्ति के लिए हमें अशान्ति फैलानी होगी। उस हवाई किले के लिए हमें सर्वस्व देना होगा। उस शान्तिपूर्ण राज्य की स्थापना के लिए हमें घोर अराजकता फैलानी होगी। उस अत्याचार रहित संसार को अपनी ओर खींचने के लिए अत्याचार करने होंगे। उस सुखमय जीवन के लिए–नहीं, नहीं, उसकी आशा मात्र के लिए मर मिटना होगा। क्या लोग उसके लिए तैयार हैं?

हमें प्रचार करना होगा समता-समानता का। अत्याचार करना होगा उन पर जो उससे इनकारी हों। अराजकता फैलानी होगी उन राज्य-साम्राज्यों के स्थान पर जो शक्तिमद से अन्धे होकर करोड़ों की पीड़ा का कारण हो रहे हैं। क्या लोग उसके लिए तैयार हैं?

हमें समस्त संसार को उस सिद्धान्त के स्वागत के लिए तैयार करना होगा। उस आशामयी खेती के लिए हमें खेतों में से सबकुछ उखाड़ फेंकना होगा। काँटेदार झाड़ियों को उखाड़कर ज्वाला की शान्ति के लिए मटियामेट कर देना होगा। रोड़ा, कंकड़ पीस डालना होगा? हमें घोर परिश्रम करना होगा। गिरे हुओं का उत्थान करना होगा। 'पस्ती' वालों को उन्नति का मार्ग दिखाना होगा। मिथ्या शक्तिवादियों को घसीटकर अपने साथ खड़े होने को विवश करना होगा। अहंकारियों का अहंकार तोड़ उन्हें नम्रता प्रदान करनी होगी। निर्बलों को बल, पराधीनों को स्वाधीनता, अशिक्षितों को शिक्षा, निराशावादियों को आशा की आभा, भूखों को रोटी, बेघरों को घर, नास्तिकों को विश्वास, अन्धविश्वासियों को विचार-स्वतन्त्रता देनी होगी। क्या लोग इतना काम करेंगे। ऐ विश्वबन्धुता-विश्वबन्धुता

चिल्लानेवाले! क्या तुम उसके लिए तैयार हो? यदि नहीं तो आज से इस ढोंग को छोड़ दो। हमें उस विश्वप्रेम की देवी के चरणों पर तुम्हारा भी बलिदान देना होगा, क्योंकि तुम मिथ्यावादी हो। अगर तैयार हो तो आ जाओ कर्मक्षेत्र में अभी परीक्षा हो जाएगी। घर में बैठे हुए, कोनों में दुबके हुए कर्मक्षेत्र के भयंकर दृश्य की कल्पना मात्र से काँपते हुए, सत्यप्रकाश से 'बाज' रहने के लिए इस महान सिद्धान्त की आड़ मत लो। यदि सचमुच उस कल्पित समय को लाने की चेष्टा है तो आओ। पहला काम पतित भारत का उत्थान करना होगा। गुलामियों की जंजीरों को काटना होगा। अत्याचार का सर्वनाश करना होगा। पराधीनता को मिट्टी में मिला देना होगा क्योंकि यह अपनी कमजोरी के कारण उस मनुष्य-जाति को, जिसकी सृष्टि परमपिता ने अपने ही अनुरूप की थी, न्यायपथ से भ्रष्ट करने का प्रलोभन हो रहा है।

यदि उपरोक्त कथन की सत्यता को मानते हुए भी तुम जेल के डर से या फाँसी के डर से इस मार्ग में आने से झिझकते हो तो आज से इस ढोंग को छोड़ दो।

अगर इस भय से कि क्रान्ति के पीछे घोर अराजकता फैल जाएगी या घोर रक्तपात होगा, एकदम अशान्ति होगी–तुम इस मार्ग में नहीं आते तो भी तुम भीरु हो, कायर हो, बुज़दिल हो, इस आडम्बर को छोड़ दो।

अशान्ति फैलती है तो फैलने दो, परतन्त्रता भी तो न होगी। अराजकता फैलती है तो फैलने दो, पराधीनता का भी तो सर्वनाश हो जाएगा। आहा! उस कशमकश में कमजोर पिस जाएँगे। रोज-रोज का रोना बन्द हो जाएगा। निर्बल न रहेंगे, बलवानों में मैत्री होगी। बलिष्ट लोगों में घनिष्टता होगी। उनमें प्रेम होगा, संसार में विश्वप्रेम का प्रचार हो सकेगा।

हाँ! हाँ! निर्बलों को एकबारगी पिस जाना होगा। वे समस्त संसार के अपराधी हैं। उन्होंने ही घोर अशान्ति फैला रखी है। सब बलवान बनें, नहीं तो उस चक्की में पिसकर मलीदा हो जाएँगे।

आए! कौन माता का लाल सच्चे हृदय से विश्वबन्धुता का इच्छुक है। कौन है समस्त संसार के लिए अपना सुख बलिदान करनेवाला?

कोई गुलाम जाति इस उच्चतम सिद्धान्त का नाम तक लेने की अधिकारिणी नहीं है। एक गुलाम मनुष्य के मुख से निकलकर इसका महत्त्व ही जाता रहता है। एक अपमानित मनुष्य, पद-दलित मनुष्य, पैरों तले रौंदे जानेवाला मनुष्य यदि कहे–'मैं विश्वबन्धुता का अनुगामी हूँ, Universal brotherhood का पक्षपाती हूँ, इसलिए इन अत्याचारों का प्रतिकार नहीं करता–तो उसका कथन क्या मूल्य रख सकता है? कौन सुनेगा उसके इस कायरतापूर्ण वाक्य को? हाँ–तुममें शक्ति हो, तुममें बल हो, चाहो तो बड़े-बड़ों को पैरों तले रौंद सको, एक इशारे से बड़े-बड़े अभिमानियों को मिट्टी में मिला सको, तख्तो-ताज वालों को खाक में सुला सको, उनको धूलि में मिला सको, और फिर तुम यह वाक्य कहते हुए कि 'हम विश्वप्रेमी हैं' ऐसा न करो, तो तुम्हारी बात वजनदार होगी–फिर तुम्हारा एक-एक वाक्य प्रभावशाली होगा। फिर 'वसुधैव-कुटुम्बकम्' भी महत्त्वपूर्ण हो जाएगा।

आज तुम गुलाम हो, पराधीन हो, परतन्त्र हो, बन्दी हो, तुम्हारी यही बात आज ढोंग प्रतीत होती है, एक आडम्बर दीख पड़ता है, बकवास मालूम देती है। क्या तुम उसका प्रचार करना चाहते हो? अगर हाँ, तो उसका अनुसरण करना होगा, जो कहता था, "He who loveth Humanity loveth God–" "God is love and love is God"– जो राजद्रोह के अपराध में फाँसी चढ़ा, उसकी तरह वीरतापूर्वक विश्वप्रेम का प्रचार करने को तैयार हो? जिस दिन तुम सच्चे प्रचारक बनोगे इस अद्वितीय सिद्धान्त के उस दिन तुम्हें माँ के सच्चे सुपुत्र गुरु गोविन्द सिंह की तरह कर्मक्षेत्र में उतरना पड़ेगा। उस विश्वप्रेम के सच्चे अनुगामी–सच्चे पक्षपाती की तरह–सब सपूत हैं एक पिता के, कहनेवाले उस महापुरुष की तरह, अपने चारों–आँखों के तारों, लख्ते जिगरों को जाति के भेंटकर माता के पूछने पर सरलता से उत्तर देनेवाले की तरह तुम्हें धैर्य दिखाना होगा। क्या तुम अपने प्रिय से प्रिय को–जिसकी स्मृति मात्र से हृदय धड़कने लगता हो, जिसे तुम हर समय अपने हृदय में छिपाए रखने के इच्छुक हो–को अपनी आँखों के सामने बलिवेदी पर चढ़ता देख, अकथनीय कष्ट सहता देख धैर्य रख सकोगे? क्या उसके सामने ही तुम जीते-जी अग्नि-चिता पर प्रसन्नतापूर्वक चढ़ सकोगे; और हँसते हुए संसार की ओर करुणा-भरी दृष्टि से देखते हुए विदा हो सकोगे? यदि हाँ, तो आओ परीक्षा हो जाएगी, समय आ गया है। यदि हृदय में कुछ भी झिझक है तो खुदा के वास्ते इस आडम्बर को छोड़ दो।

जब तक 'काला-गोरा', 'सभ्य-असभ्य', 'शासक-शासित', 'धनी-निर्धन', 'छूत-अछूत' आदि शब्दों का प्रयोग होता है तब तक कहाँ विश्वबन्धुता और विश्वप्रेम? यह उपदेश स्वतन्त्र जातियाँ कर सकती हैं। भारत-जैसी गुलाम जाति इसका नाम नहीं ले सकती।

फिर उसका प्रचार कैसे होगा? तुम्हें शक्ति एकत्र करनी होगी। शक्ति एकत्र करने के लिए अपनी एकत्रित शक्ति खर्च कर देनी पड़ेगी। राणाप्रताप की तरह आयुपर्यन्त ठोकरें खानी होंगी, तब कहीं उस परीक्षा में उत्तीर्ण हो सकोगे। देखते नहीं विश्वबन्धुता का सच्चा प्रचारक था मेज़िनी जो बीस वर्ष स्वयं ही एक जगह बन्द रहता है। लेनिन था उसका पक्षपाती–अकथनीय कष्ट सहन किए थे उसने। विश्वबन्धुता का अनुगामी जार्ज वाशिंगटन था–अमेरिका का मुक्ति प्रदाता–फ्रांस के क्रान्तिकारी नेता थे कट्टर पक्षपाती–कितना रुधिर उन्होंने बहा दिया था। आदर्शवादी ब्रूट्स था विश्वप्रेमी–जिसने अपनी जन्मभूमि के लिए अपने परमप्रिय 'सीज़र' को अपने हाथों कत्ल कर डाला था और पीछे स्वयं भी आत्महत्या कर ली थी। सानन्द युद्धों में प्रवीण रहनेवाला गैरीबाल्डी था, जिसे विश्वप्रेमी होने का श्रेय प्राप्त हो सकता है।

विश्वप्रेमी वह वीर है जिसे भीषण विप्लववादी, कट्टर अराजकतावादी कहने में हम लोग तनिक भी लज्जा नहीं समझते–वही वीर सावरकर। विश्वप्रेम की तरंग में आकर घास पर चलते-चलते रुक जाते कि कोमल घास पैरों तले मसली जाएगी।

75 दिन अनशन करके स्वर्गधाम को सिधारनेवाला वीर मैकस्वेनी इस मार्ग का पथिक होने का श्रेय प्राप्त कर सकता है जो कहता था–"It is the love of the country that inspires us and not the hate of the enemy and the desire for full satisfaction for the past."

विश्वप्रेम की देवी का उपासक था 'गीता रहस्य' का लेखक पूज्य लोकमान्य तिलक। और देखोगे? वह सूखा सुकड़ा-सा 'लँगोटबन्द' जो सज़ा का हुक्म सुनाए जाने पर स्वर्गीय हँसी के साथ कह सकता था कि--मुझे जो दंड दिया गया वह अत्यन्त हलका है और मेरे साथ जैसा विनम्र व्यवहार किया गया है उससे अधिक की आशा मैं नहीं कर सकता था, जिसके मर्मस्पर्शी कथन का तुम्हारे पत्थर के हृदयों पर कुछ प्रभाव नहीं होना--महात्मा है इस सिद्धान्त का पक्षपाती।

अरे! रावण और बाली को मार गिरानेवाले रामचन्द्र ने अपने विश्वप्रेम का परिचय दिया था भीलिनी के जूठे-कूठे बेरों को खाकर। चचेरे भाइयों में घोर युद्ध करवा देनेवाले, संसार से अन्याय को सर्वथा उठा देनेवाले कृष्ण ने परिचय दिया अपने विश्वप्रेम का--सुदामा के कच्चे चावलों को फाँक जाने में।

तुम भी विश्वप्रेम का दम भरते हो! पहिले पैरों पर खड़ा होना सीखो। स्वतन्त्र जातियों में अभिमान के साथ सिर ऊँचा करके खड़े होने के योग्य बनो। जब तक तुम्हारे साथ कामागाटामारू जहाज-जैसे दुर्व्यवहार होते रहेंगे, जब तक डैम काला मैन कहलाओगे, जब तक तुम्हारे देश में जलियाँवाले बाग-जैसे भीषण हत्याकांड होते रहेंगे, जब तक वीरांगनाओं का अपमान होगा और तुम्हारी ओर से कोई प्रतिकार न होगा; तब तक तुम्हारा यह ढोंग कुछ मानी नहीं रखता। कैसी शान्ति, कैसा सुख और कैसा विश्वप्रेम?

यदि वास्तव में चाहते हो कि संसारव्यापी सुख-शान्ति और विश्वप्रेम का प्रचार करो तो पहिले अपमानों का प्रतिकार करना सीखो। माँ के बन्धन काटने के लिए कट मरो। बन्दी माँ को स्वतन्त्र करने के लिए आजन्म कालेपानी में ठोकरें खाने को तैयार हो जाओ। सिसकती माँ को जीवित रखने के लिए मरने को तत्पर हो जाओ। तब हमारा देश स्वतन्त्र होगा। हम बलवान होंगे। हम छाती ठोंककर विश्वप्रेम का प्रचार कर सकेंगे। संसार को शान्ति-पथ पर चलने को बाध्य कर सकेंगे।

युवक!

['युवक!' शीर्षक से नीचे दिया गया भगत सिंह का यह लेख 'सा. मतवाला' (वर्ष : 2, अंक सं. 38, 16 मई, 1925) में बलवन्त सिंह के नाम से छपा था। इस लेख की चर्चा 'मतवाला' के सम्पादकीय कर्म से जुड़े आचार्य शिवपूजन सहाय की डायरी में भी मिलती है। लेख से पूर्व यहाँ 'आलोचना' में प्रकाशित डायरी के उस अंश को भी उद्धृत किया जा रहा है।--सं.]

आचार्य शिवपूजन सहाय की डायरी के अंश (पृ. 28)

23 मार्च

सन्ध्या समय सम्मेलन भवन के रंगमंच पर देशभक्त भगत सिंह की स्मृति में सभा हुई।...भगत सिंह ने 'मतवाला' (कलकत्ता) में एक लेख लिखा था; जिसको सँवार-सुधारकर मैंने छापा था और उसे पुस्तक भंडार द्वारा प्रकाशित 'युवक-साहित्य' में संगृहीत भी मैंने ही किया था। वह लेख बलवन्त सिंह के नाम से लिखा था। क्रान्तिकारी लेख

प्रायः गुमनाम लिखते थे। यह रहस्य किसी को ज्ञात नहीं। वह लेख युवक-विषयक था। वह लाहौर से उन्होंने भेजा था। असली नाम की जगह 'बलवन्त सिंह' ही छापने को लिखा था।

आलोचना-67 / वर्ष 32 / अक्टूबर-दिसम्बर, 1983

युवावस्था मानव-जीवन का बसन्तकाल है। उसे पाकर मनुष्य मतवाला हो जाता है। हज़ारों बोतल का नशा छा जाता है। विधाता की दी हुई सारी शक्तियाँ सहस्र-धारा होकर फूट पड़ती हैं। मदान्ध मातंग की तरह निरंकुश, वर्षाकालीन शोणभद्र की तरह दुर्द्धर्ष, प्रलयकालीन प्रबल प्रभंजन की तरह प्रचंड, नवागत वसन्त की प्रथम मल्लिका कलिका की तरह कोमल, ज्वालामुखी की तरह उच्छृंखल और भैरवी-संगीत को तरह मधुर युवावस्था है। उज्ज्वल प्रभात की शोभा, स्निग्ध सन्ध्या की छटा, शरच्चन्द्रिका की माधुरी ग्रीष्म-मध्याह्न का उत्ताप और भाद्रपदी अमावस्या के अर्द्धरात्र की भीषणता युवावस्था में सन्निहित है। जैसे क्रान्तिकारी के जेब में बमगोला, षड्यन्त्री की असटी में भरा-भराया तमंचा, रण-रस-रसिक वीर के हाथ में खड्ग, वैसे ही मनुष्य की देह में युवावस्था। 16 से 25 वर्ष तक हाड़-चाम के सन्दूक में संसार-भर के हाहाकारों को समेटकर विधाता बन्द कर देता है। दस बरस तक यह झाँझरी नैया मँझधार तूफ़ान में डगमगाती रहती है। युवावस्था देखने में तो शस्यश्यामला वसुन्धरा से भी सुन्दर है, पर इसके अन्दर भूकम्प की-सी भयंकरता भरी हुई है। इसीलिए युवावस्था में मनुष्य के लिए केवल दो ही मार्ग हैं–वह चढ़ सकता है उन्नति के सर्वोच्च शिखर पर, वह गिर सकता है, अध : पात के अँधेरे ख़न्दक में। चाहे तो त्यागी हो सकता है युवक, चाहे तो विलासी बन सकता है युवक। वह देवता बन सकता है, तो पिशाच भी बन सकता है। वही संसार को त्रस्त कर सकता है, वही संसार को अभयदान दे सकता है। संसार में युवक का ही साम्राज्य है। युवक के कीर्तिमान से संसार का इतिहास भरा पड़ा है। युवक ही रणचंडी के ललाट की रेखा है। युवक स्वदेश की यश-दुन्दुभि का तुमुल निनाद है। युवक ही स्वदेश की विजय-वैजयन्ती का सुदृढ़ दंड है। वह महासागर की उत्ताल तरंगों के समान उद्दंड है। वह महाभारत के भीष्मपर्व की पहली ललकार के समान विकराल है, प्रथम मिलन के स्फीत चुम्बन की तरह सरस है, रावण के अहंकार की तरह निर्भीक है, प्रह्लाद के सत्याग्रह की तरह दृढ और अटल है। अगर किसी विशाल हृदय की आवश्यकता हो, तो युवकों के हृदय टटोलो। अगर किसी आत्मत्यागी वीर की चाह हो, तो युवकों से माँगो। रसिकता उसी के बाँटे पड़ी है। भावुकता पर उसी का सिक्का है। वह छन्दः शास्त्र से अनभिज्ञ होने पर भी प्रतिभाशाली कवि है। कवि भी उसी के हृदयारविन्द का मधुप है। वह रसों की परिभाषा नहीं जानता, पर वह कविता का सच्चा मर्मज्ञ है। सृष्टि की एक विषम समस्या है युवक। ईश्वरीय रचना-कौशल का एक उत्कृष्ट नमूना है युवक। सन्ध्या समय वह नदी के तट पर घंटों बैठा रहता है। क्षितिज की ओर बढ़ते जानेवाले रक्त-रश्मि सूर्यदेव को आकृष्ट नेत्रों से देखता रह जाता है। उस पार से आती हुई संगीत-लहरी के मन्द प्रवाह में तल्लीन हो जाता है। विचित्र है उसका जीवन। अद्भुत है उसका साहस। अमोघ है उसका उत्साह।

वह निश्चिन्त है, असावधान है। लगन लग गई, तो रात-भर जागना उसके बाएँ हाथ का खेल है, जेठ की दुपहरी चैत की चाँदनी है, सावन-भादों की झड़ी मंगलोत्सव की पुष्पवृष्टि है, श्मशान की निस्तब्धता, उद्यान का विहंग-कल-कूजन है। वह इच्छा करे तो समाज और जाति का उद्‌बुद्ध कर दे, देश की लाली रख ले, राष्ट्र का मुखोज्ज्वल कर दे, बड़े-बड़े साम्राज्य उलट डाले। पतितों के उत्थान और संसार के उद्धारक सूत्र उसी के हाथ में हैं। वह इस विशाल विश्वरंगस्थल का सिद्धहस्त खिलाड़ी है।

अगर रक्त की भेंट चाहिए, तो सिवा युवक के कौन देगा? अगर तुम बलिदान चाहते हो, तो तुम्हें युवक की ओर देखना पड़ेगा। प्रत्येक जाति के भाग्यविधाता युवक ही तो होते हैं। एक पाश्चात्य पंडित ने ठीक कहा है–It is an established truism that youngmen of today are the Countrymen of tomorrow holding in their hands the high destinies of the Land. They are the seeds that Spring and bear fruit. भावार्थ यह कि आज के युवक ही कल के देश के भाग्य-निर्माता हैं। वे ही भविष्य के सफलता के बीज हैं।

संसार के इतिहासों के पन्ने खोलकर देख लो, युवक के रक्त से लिखे हुए अमर सन्देश भरे पड़े हैं। संसार की क्रान्तियों और परिवर्तनों के वर्णन छाँट डालो, उनमें केवल ऐसे युवक ही मिलेंगे, जिन्हें बुद्धिमानों ने 'पागल छोकड़े' अथवा 'पथ-भ्रष्ट' कहा है। पर जो सिड़ी हैं, वे क्या ख़ाक समझेंगे कि स्वदेशाभिमान से उन्मत्त होकर अपनी लोथों से किले की खाइयों को पाट देनेवाले जापानी युवक किस फ़ौलाद के टुकड़े थे। सच्चा युवक तो बिना झिझक के मृत्यु का आलिंगन करता है, चोखी संगीनों के सामने छाती खोलकर डट जाता है, तोप के मुँह पर बैठकर भी मुस्कुराता ही रहता है, बेड़ियों की झनकार पर राष्ट्रीय गान गाता है और फाँसी के तख्ते पर अट्टहासपूर्वक आरूढ़ हो जाता है। फाँसी के दिन युवक का ही वज़न बढ़ता है, जेल की चक्की पर युवक ही उद्‌बोधन-मन्त्र गाता है, कालकोठरी के अन्धकार में धँसकर ही वह स्वदेश को अन्धकार के बीच से उबारता है। अमेरिका के युवक-दल के नेता 'पैट्रिक हेनरी' ने अपनी ओजस्विनी वक्तृता में एक बार कहा था–Life a dearer outside the prisonwals, but it is immeasurably dearer within the prison–cells, where it is the price paid for the freedom's fight. अर्थात् जेल की दीवारों से बाहर की ज़िन्दगी बड़ी महँगी है, पर जेल की काल-कोठरियों की ज़िन्दगी और भी महँगी है; क्योंकि वहाँ यह स्वतन्त्रता-संग्राम के मूल्य-रूप में चुकाई जाती है।

जब ऐसा सजीव नेता है, तभी तो अमेरिका के युवकों में यह ज्वलन्त घोषणा करने का साहस भी है कि, "We believe that when a Government becomes a destructive of the natural right of man, it is the man's duty to destroy that Government. अर्थात् अमेरिका के युवक विश्वास करते हैं कि जन्मसिद्ध अधिकारों को पद-दलित करनेवाली सत्ता का विनाश करना मनुष्य का कर्तव्य है।

ऐ भारतीय युवक! तू क्यों गफलत की नींद में पड़ा बेखबर सो रहा है! उठ, आँखें खोल, देख, प्राची-दिशा का ललाट सिन्दूर-रंजित हो उठा। अब अधिक मत सो। सोना हो

तो अनन्त निद्रा की गोद में जाकर सो रह। कापुरुषता के क्रोड़ में क्यों सोता है? माया-मोह-ममता त्यागकर गरज उठ–

"Farewell Farewell My true Love
The army is on move;
And if I stayed with you Love,
A coward I shall prove."

तेरी माता, तेरी प्रातः स्मरणीया, तेरी परम वन्दनोया, तेरी जगदम्बा, तेरी अन्नपूर्णा, तेरी त्रिशूलधारिणी, तेरी सिंहवाहिनी, तेरी शस्यश्यामलांचला आज फूट-फूटकर रो रही है। क्या उसकी विकलता तुझे तनिक भी चंचल नहीं करती? धिक्कार है तेरी निर्जीवता पर! तेरे पितर भी नतमस्तक हैं इस नपुंसत्व पर! यदि अब भी तेरे किसी अंग में टुक हया बाकी हो, तो उठकर माता के दूध की लाज रख, उसके उद्धार का बीड़ा उठा, उसके आँसुओं की एक-एक बूँद की सौगन्ध ले, उसका बेड़ा पार कर और बोल मुक्त कंठ से बन्देमातरम्।

भारतीय क्रान्तिकारी आन्दोलन का इतिहास

होली के दिन रक्त के छींटे

[घर से फरार होकर भगत सिंह कानपुर आ गए थे। वहाँ देशभक्त गणेशशंकर विद्यार्थी के साप्ताहिक 'प्रताप' के सम्पादकीय विभाग में काम करते रहे। कानुपर में ही क्रान्तिकारी पार्टी से उनके गहरे सम्बन्ध बने। शिव वर्मा, जयदेव कपूर, बटुकेश्वर दत्त, विजयकुमार सिन्हा व क्रान्तिकारी पार्टी के अन्य साथियों से भारत के भविष्य पर लम्बा विचार-विमर्श हुआ। काज़ी नजरुल इस्लाम की बंगाली कविताएँ भी उन्होंने इसी दौरान पढ़ीं।

पंजाब में बब्बर अकाली आन्दोलन चल रहा था। उस आन्दोलन के छह कार्यकर्ताओं की फाँसी पर 'एक पंजाबी युवक' के नाम से 15 मार्च, 1926 के 'प्रताप' में यह लेख हिन्दी में छपा था। उस आन्दोलन की जानकारी तो लेख से मिलती ही है, साढ़े अठारह वर्षीय भगत सिंह की मानसिक परिपक्वता का बिम्ब भी इस लेख से झलकता है। –सं.]

होली के दिन–27 फरवरी, 1926 के दिन, जब हम लोग खेल-कूद में व्यस्त हो रहे थे, उसी समय इस विशाल प्रदेश के एक कोने में एक भीषण कांड किया जा रहा था। सुनोगे तो सिहर उठोगे! काँप उठोगे!! लाहौर सेन्ट्रल जेल में ठीक उसी दिन छह बब्बर अकाली वीर फाँसी पर लटका दिए गए। श्री किशन सिंह जी गड़गज्ज, श्री सन्ता सिंह जी, श्री दिलीप सिंह जी, श्री नन्द सिंह जी, श्री करम सिंह जी व श्री धरम सिंह जी लगभग दो वर्ष से अपने इसी अभियोग में जो उपेक्षा, जो लापरवाही दिखा रहे थे, उसी से जाना जा सकता था कि वे इस दिन की प्रतीक्षा कितने चाव से करते थे। महीनों बाद जज महोदय ने फैसला सुनाया। पाँच को फाँसी, बहुतों को काला पानी अथवा देश-निकाला और लम्बी-लम्बी कैदें। अभियुक्त वीर गरज उठे। उन्होंने आकाश को अपने जयघोषों से गुंजायमान कर दिया। अपील हुई। पाँच की जगह छह मृत्युदंड के भागी बने। उस दिन समाचार पढ़ा कि दया के लिए अपील भेजी गई है, पंजाब सचिव ने घोषणा की कि अभी फाँसी नहीं दी जाएगी।

प्रतीक्षा थी, परन्तु एकाएक क्या देखते हैं कि होली के दिन शोकग्रस्त लोगों का एक छोटा समूह उन वीरों के मृत शवों को श्मशान में लिए जा रहा है। चुपचाप उनकी अन्त्येष्टि-क्रिया समाप्त हो गई।

नगर में वही धूम थी। आने-जानेवालों पर उसी प्रकार रंग डाला जा रहा था। कैसी भीषण उपेक्षा थी! यदि वे पथभ्रष्ट थे तो होने दो, उन्मत्त थे तो होने दो। वे निर्भीक देशभक्त तो थे। उन्होंने जो कुछ किया था, इस अभागे देश के ही लिए तो किया था। वे अन्याय न सहन कर सके, देश की पतित अवस्था को न देख सके, निर्बलों पर ढाए जानेवाले अत्याचार उनके लिए असह्य हो उठे, आम जनता का शोषण वह बर्दाश्त न कर सके, उन्होंने ललकारा और वे कूद पड़े कर्मक्षेत्र में। वे सजीव थे, वे सदृश थे। कर्मक्षेत्र की भीषणते! धन्य है तू!! मृत्यु के पश्चात् मित्र-शत्रु सब समान हो जाते हैं, यह आदर्श है पुरुषों का। अगर उन्होंने कोई घृणित कार्य किया भी हो, तो स्वदेश के चरणों में जिस साहस और तत्परता से उन्होंने अपने प्राण चढ़ा दिए, उसे देखते हुए तो उनकी पूजा की जानी चाहिए। श्री टेगार्ड महोदय विपक्षी दल के होने पर भी जतीन मुकर्जी, बंगाल के वीर क्रान्तिकारी, की मृत्यु पर शोक प्रकट करते हुए उनकी वीरता, देशप्रेम और कर्मशीलता की मुक्त कंठ से प्रशंसा कर सकते हैं, परन्तु हम, कायर नरपशु, एक क्षण के लिए भी आनन्द-विलास छोड़ वीरों की मृत्यु पर आह तक भरने का साहस नहीं करते। कितनी निराशाजनक बात है! उन गरीबों का जो अपराध, नौकरशाही की दृष्टि में था, उसका उन्होंने पर्याप्त दंड, क्रूर नौकरशाही की भी दृष्टि में पा लिया। इस भीषण दुखान्त नाटक का एक और पर्व समाप्त हो गया। अभी यवनिका-पतन नहीं हुआ है। नाटक अभी कुछ दिन और भीषण दृश्य दिखाएगा। कथा लम्बी है, सुनने के लिए ज़रा दूर तक पीछे मुड़ना होगा।

असहयोग आन्दोलन पूरे यौवन पर था। पंजाब किसी से पीछे नहीं रहा। पंजाब में सिक्ख भी उठे, बड़ी गहरी नींद से उठे और उठे खूब जोरों के साथ। अकाली आन्दोलन शुरू हुआ। बलिदानों की लड़ी लग गई। मास्टर मोता सिंह, खालसा मिडिल स्कूल, माहलपुर, जिला होशियारपुर, के भूतपूर्व मास्टर महोदय, ने एक व्याख्यान दिया। उनका वारंट निकला। परन्तु सम्राट का आतिथ्य उन्हें स्वीकार न था। यों ही जेलों में चले जाने के वे विरोधी थे। उनके व्याख्यान फिर भी होते रहे। कोट फतूही नामक ग्राम में भारी दीवान हुआ, पुलिस ने चारों ओर से घेरा डाला, फिर भी मास्टर मोता सिंह ने व्याख्यान दिया। अन्त में प्रधान की आज्ञा से सभी दर्शक उठ गए। मास्टरजी न जाने किधर पहुँचे। बहुत दिनों तक इसी तरह यह आँख मिचौनी का खेल होता रहा। सरकार बौखला उठी। अन्त में एक हमजोली ने धोखा दिया और डेढ़ वर्ष बाद एक दिन मास्टर साहब पकड़ लिए गए। यह पहला दृश्य था उस भयानक नाटक का।

गुरु का बाग आन्दोलन शुरू हुआ। निहत्थे वीरों पर जिस समय भाड़े के टट्टू टूट पड़ते, उन्हें मार-मारकर अधमरा-सा कर देते, देखने-सुननेवालों में से कौन होगा जो द्रवित न हो उठा हो! चारों ओर गिरफ्तारियों की धूम थी। सरदार किशन सिंह गड़गज्ज के नाम भी वारंट निकला। मगर वे भी तो उसी दल के थे। उन्होंने भी गिरफ्तार होना स्वीकार नहीं किया। पुलिस हाथ धोकर पीछे पड़ गई, पर फिर भी वे बचते ही रहे। उनका संगठित किया हुआ अपना एक क्रान्तिकारी दल था। निहत्थों पर किए जानेवाले अत्याचार को वे सहन न कर सके। इस शान्तिपूर्ण आन्दोलन के साथ-साथ उन्होंने शस्त्रों का प्रयोग भी जरूरी समझा।

एक ओर कुत्ते, शिकारी कुत्ते, उनको खोज निकालने के लिए सूँघते फिरते थे, दूसरी ओर निश्चय हुआ कि खुशामदियों (झोलीचुक्कों) का सुधार किया जाए। सरदार किशन सिंह जी कहते थे, अपनी रक्षा के लिए हमें सशस्त्र जरूर रहना चाहिए, पर अभी कोई और कदम न उठाना चाहिए। परन्तु बहुमत दूसरी ओर था। अन्त में फैसला हुआ कि तीन व्यक्ति अपने नाम घोषित कर दें और सारी जिम्मेदारी अपने ऊपर ले लें तथा झोलीचुक्कों का सुधार शुरू कर दें। श्री कर्म सिंह, श्री धन्ना सिंह तथा श्री उदय सिंह जी आगे बढ़े। यह उचित था अथवा अनुचित, इसे एक ओर हटाकर ज़रा उस समय की कल्पना तो कीजिए, जब इन नवीन वीरों ने शपथ ली थी–

'हम देश-सेवा में अपना सर्वस्व न्यौछावर कर देंगे, हम प्रतिज्ञा करते हैं कि लड़ते-लड़ते मर जाएँगे, मगर जेल जाना मंजूर न करेंगे।'

जिन्होंने अपने परिवार का मोह त्याग दिया था वे लोग जब ऐसी शपथ ले रहे थे, उस समय कैसा सुन्दर, मनोरम, पवित्रता से परिपूरित दृश्य रहा होगा! आत्म-त्याग की पराकाष्ठा कहाँ है? साहस और निर्भीकता की सीमा किस ओर है? आदर्शपरायणता की चरमता का निवास किधर है?

श्याम चुरासी, होशियारपुर ब्रांच रेलवे लाइन के एक स्टेशन के निकट सबसे पहले एक सूबेदार पर हाथ साफ किया गया। उसके बाद इन तीनों व्यक्तियों ने अपने नाम भी घोषित कर दिए। सरकार ने पूरी ताकत लगाकर इन्हें पकड़ने की कोशिश की, मगर सफलता न मिली। रुड़की कलाँ में सरदार किशन सिंह गड़गज्ज घिर गए। उनके साथ एक और युवक भी था जो वहीं घायल होकर पकड़ा गया। परन्तु किशन सिंह वहाँ से भी अपने शस्त्रों की सहायता से बच निकले। रास्ते में उन्हें एक साधु मिला। उसने उन्हें बताया कि उसके पास एक ऐसी बूटी है कि जिसकी सहायता से मनचाहा काम आसानी से किया जा सकता है। भ्रम में फँसकर एक दिन वे अपने शस्त्र रखकर इसी साधु के पास गए। कुछ दवाई रगड़ने को देकर साधु बूटी लेने गया और पुलिस को ले आया। सरदार साहब पकड़ लिए गए। वह साधु सी.आई.डी. विभाग का सब-इंसपेक्टर था। बब्बर अकाली वीरों ने अपना काम खूब जोरों के साथ शुरू कर दिया। कितने ही सरकार के सहायक मार डाले गए। दोआब-व्यास और सतलज के बीच में, जालन्धर और होशियारपुर का जिला पहले ही भारत के राजनैतिक मानचित्र में प्रसिद्ध है। 1915 के शहीदों में भी अधिकतर इन्हीं जिलों के लोग थे। अब फिर वहीं पर धूम मची। पुलिस विभाग ने सारी शक्ति खर्च कर दी, परन्तु कुछ न बन पड़ा। जालन्धर से कुछ दूर तक बिलकुल छोटी-सी नदी है। उसके किनारे एक गाँव में 'चौंता साहब' नामक गुरुद्वारा है। उसमें श्री कर्म सिंह जी, श्री धन्ना सिंह जी, श्री उदय सिंह जी तथा श्री अनूप सिंह जी दो-एक और व्यक्तियों के साथ बैठे थे, चाय बनाने की तैयारियाँ हो रही थीं। बैठे-बैठे श्री धन्ना सिंह ने कहा, 'बाबा कर्म सिंह जी! हमें यहाँ से अभी इसी वक्त चल देना चाहिए। मुझे किसी बुरी घटना होने का-सा आभास हो रहा है।' 75 वर्ष के बूढ़े कर्म सिंह ने इस बात पर तनिक भी ध्यान नहीं दिया। पर श्री धन्ना सिंह अपने साथ 18 वर्षीय दिलीप सिंह को साथ लेकर चले ही गए। बैठे-बैठे बाबा कर्म सिंह ने श्री अनूप सिंह की ओर बड़े गौर से देखकर कहा–'अनूप सिंह, तुम अच्छे आदमी नहीं हो,' मगर इसके बाद

उन्होंने खुद भी इस बात पर ध्यान नहीं दिया। बातें अभी हो रही थीं कि सचमुच ही पुलिस आ धमकी। सारे बम श्री अनूप सिंह के कब्जे में थे। ये सब लोग उठकर गाँवों में छिप गए। पुलिस ने लाख सिर मारा, पर विफल रही। अन्त में पुलिस की ओर से एक घोषणा की गई। बागियों को निकालो, वरना गाँव में आग लगा दी जाएगी। पर गाँववाले विचलित नहीं हुए।

अवस्था को देखकर वे सब खुद ही बाहर निकल पड़े। सारे बम अनूप सिंह ले भागा और जाकर आत्मसमर्पण कर दिया। शेष चार व्यक्ति वहीं पर घिरे हुए खड़े थे। पुलिस के अंग्रेज कप्तान ने कहा, 'कर्म सिंह! हथियार छोड़ दो, तुम्हें माफ कर दिया जाएगा।' वीर ने ललकारकर जवाब दिया–'हम अपने देश के लिए सच्चे क्रान्तिकारी की तरह लड़ते-लड़ते शहीद हो जाएँगे, पर हथियार नहीं डाल सकते।' उन्होंने अपने तीनों साथियों को ललकारा। वे सिंह की तरह गरज उठे। लड़ाई छिड़ गई। खूब दनादन गोलियाँ चलीं। गोली-बारूद समाप्त होने पर वे वीर पानी में कूद पड़े और घंटों गोलियों की वर्षा होते रहने पर ये चारों वीर स्वर्गधाम सिधार गए।

श्री कर्म सिंह की आयु 75 वर्ष की थी। वह कनाडा में रह चुके थे। उनका आचरण पवित्र और चरित्र आदर्श था सरकार ने समझा, बब्बर अकाली खत्म हो गए, परन्तु वे उन्नति कर रहे थे। 18 वर्षीय दिलीप सिंह एक अत्यन्त सुन्दर, सुदृढ़, हृष्ट-पुष्ट, पर अशिक्षित नवयुवक थे, और उनका डाकुओं का साथ हो गया था। धन्ना सिंह जी की शिक्षा ने उन्हें डाकुओं से एक सच्चा क्रान्तिकारी बना दिया। उधर सरदार बन्ता सिंह और बरियाम सिंह आदि कई प्रसिद्ध डाकू डाकेजनी छोड़कर इनमें आ मिले।

इन सबमें मृत्यु का डर नहीं था। ये अपने पिछले कुकर्मों को धो डालना चाहते थे। इनकी संख्या उत्तरोत्तर बढ़ती जा रही थी। एक दिन मानहाना नामक गाँव में धन्ना सिंह बैठे थे, पुलिस बुला ली गई। नशे में चूर धन्ना सिंह बैठे ही पकड़ लिए गए। उनका भरा हुआ पिस्तौल छीनकर हाथों में हथकड़ी लगा दी गई और उन्हें बाहर लाया गया। बारह साधारण सिपाही और दो अंग्रेज आफिसर उनको घेरकर खड़े हो गए। ठीक उसी समय धमाके की आवाज़ हुई। धन्ना सिंह जी ने बम चला दिया था। इससे वे स्वयं भी मरे और साथ ही एक अंग्रेज आफिसर और दस सिपाही। बाकी के लोग बुरी तरह घायल हुए।

इसी तरह मुंडेर नामक गाँव में बैठे हुए बन्ता सिंह, ज्वाला सिंह आदि कई लोग घिर गए। ये सब छत पर बैठे हुए थे। गोली चली, कुछ देर तक अच्छी झड़प होती रही, पर पुलिस ने पम्प से मिट्टी का तेल छिड़ककर घर में आग लगा दी। फिर भी वरियाम सिंह बच निकले, परन्तु बन्ता सिंह वहीं मारे गए।

अगर इससे पहले की एक-दो अन्य घटनाओं का वर्णन कर दिया जाए तो अनुचित न होगा। बन्ता सिंह बड़े साहसी पुरुष थे। एक बार, शायद जालन्धर छावनी में जाकर रिसाले में पहरे पर खड़े हुए सिपाही की घोड़ी तथा राइफल वे छीन लाए थे। इन दिनों, जबकि पुलिस के दस्ते-के-दस्ते इनकी तलाश में मारे-मारे फिरते थे, कहीं जंगल में किसी दस्ते से इनकी भेंट हो गई। सरदार बन्ता सिंह ने फौरन चुनौती दी–'अगर हिम्मत हो तो दो-दो हाथ कर लो,' परन्तु उस ओर तो थे पैसे के गुलाम और इस ओर आत्मोत्सर्ग के इच्छुक। तुलना कैसे हो सकती है। सिपाहियों का दस्ता चुपचाप चला गया।

इन लोगों को पकड़ने के लिए खासतौर से पुलिस नियुक्त की गई थी। और उसकी थी यह दशा! खैर, गिरफ्तारियों की भरमार थी। गाँव-गाँव में पुलिस की ताजीरी चौकियाँ बिठाई जाने लगीं। धीरे-धीरे बब्बर अकालियों का जोर कम होने लगा। अब तक तो मानो इन्हीं का राज्य था। जहाँ जाते, कुछ लोग हर्ष और चाव से, कुछ भय और त्रास से इनकी खूब आवभगत करते। सरकार के सहायक एकदम पस्त हुए बैठे थे। सूर्योदय के पहले सूर्योदय के बाद घर से निकलने का साहस ही उन्हें न होता था। ये उन दिनों के 'हीरो' समझे जाते थे। वे वीर थे और उनकी पूजा वीर-पूजा समझी जाती थी। परन्तु धीरे-धीरे उनका जोर खत्म हो गया। सैकड़ों पकड़े गए, मुकदमे शुरू हुए।

वरियाम सिंह अकेले बचे थे। जालन्धर, होशियारपुर में पुलिस का अधिक जोर देखकर वे दूर लायलपुर में जा रहे थे। वहाँ पर एक दिन बिलकुल घिर गए, मगर खूब शान के साथ लड़ते हुए बच निकले, लेकिन बहुत थक गए थे। कोई साथी भी न था। दशा बड़ी विचित्र थी। एक दिन ढेसिंया नामक गाँव में अपने मामा के पास गए। शस्त्र बाहर रखे थे। शाम को भोजन करने के बाद अपने शस्त्रों के पास जा रहे थे कि पुलिस आ पहुँची। फिर घिर गए। अंग्रेज नायक ने उन्हें पीछे से जा पकड़ा। उन्होंने कृपाण से ही उसे बुरी तरह घायल कर दिया। फिर वे नीचे गिर गए। हथकड़ी पहनाने की सारी चेष्टाएँ विफल हुईं। दो वर्ष के पूर्ण दमन के पश्चात् अकाली जत्थे का अन्त हुआ। उधर मुकदमा चलने लगा, जिसका परिणाम ऊपर लिखा जा चुका है। अभी उस दिन इन लोगों ने शीघ्र फाँसी पर चढ़ाए जाने की इच्छा प्रकट की थी। उनकी वह इच्छा पूरी हो गई। वे शान्त हो गए।

अपने मित्र अमर चन्द (जो उस समय अमेरिका में पढ़ रहे थे) को लिखा भगत सिंह का सन् 1927 का पत्र

प्यारे भाई अमर चन्द जी,

नमस्ते।

अर्ज़ है कि इस दफा अचानक माँ के बीमार होने पर इधर आया और आपकी मोहतरिमा वाल्दा (आदरणीया माँ) के दर्शन हुए। आपका खत पढ़ा। इनके लिए यह (साथवाला) खत लिखा। साथ ही दो-चार अल्फाज़ (शब्द) लिखने का मौका मिल गया। क्या लिखूँ, करम सिंह विलायत गया है, उसका पता भेजा जा रहा है। अभी तो उसने लिखा है कि लॉ पढ़ेगा, मगर कैसे चल रहा है, सो खुदा जाने, खर्च बहुत ज्यादा हो रहा है।

भाई, हमारी मुमालिक गैर (विदेश) में जाकर तालीम (शिक्षा) हासिल करने की ख्वाहिश खूब पायमाल (बर्बाद) हुई। अच्छा, तुम्हीं लोगों को सब मुबारक, कभी मौका मिले तो कोई अच्छी-अच्छी कुतब (पुस्तकें) भेजने की तकलीफ उठाना। आखिर अमेरिका में लिटरेचर तो बहुत है। खैर, अभी तो अपनी तालीम में बुरी तरह फँसे हुए हो।

सान्फ्रान्सिस्को वगैरह की तरफ से सरदार जी (अजीत सिंह जी) का शायद कुछ पता मिल सके। कोशिश करना। कम-अज़-कम ज़िन्दगी का यकीन तो हो जाए। मैं अभी लाहौर जा रहा हूँ। कभी मौका मिले तो ख़त तहरीर फरमाइएगा। पता सूत्र मंडी लाहौर होगा। और क्या लिखूँ? कुछ लिखने को नहीं है। मेरा हाल भी खूब है। बारहा (कई बार) मुसायब

(मुसीबतों) का शिकार होना पड़ा। आखिर केस वापस ले लिया गया। बादवाँ (बाद में) फिर गिरफ्तार हुआ। साठ हज़ार की ज़मानत पर रिहा हूँ। अभी तक कोई मुकदमा मेरे खिलाफ तैयार नहीं हो सका और ईश्वर ने चाहा तो हो भी नहीं सकेगा। आज एक बरस होने को आया, मगर ज़मानत वापस नहीं ली गई। जिस तरह ईश्वर को मंजूर होगा। **ख्वाहमख्वाह तंग करते हैं***। भाई, खूब दिल लगाकर तालीम हासिल करते चले जाओ।

आपका ताबेदार
भगत सिंह

अपने मुताल्लिक और क्या लिखूँ, ख्वाहमख्वाह शक का शिकार बना हुआ हूँ। मेरी डाक रुकती है। खतूत (पत्र) खोल लिए जाते हैं। न जाने मैं कैसे इस कदर शक की निगाह से देखा जाने लगा। खैर भाई, आखिर सच्चाई सतह पर आएगी और इसी की फतह होगी।

काकोरी के वीरों से परिचय

[9 अगस्त, 1925 को शहीद रामप्रसाद बिस्मिल, अशफाकउल्ला और उनके अन्य क्रान्तिकारी साथियों ने क्रान्तिकारी पार्टी के लिए चन्दा इकट्ठा करने के लिए लखनऊ के करीब काकोरी के पास रेलगाड़ी रोक सरकारी खजाना लूटा, इसके बाद सिवाय शहीद चन्द्रशेखर आज़ाद के बाकी सभी क्रान्तिकारी पकड़े गए। भगत सिंह भी तब कानपुर निवास के समय हिन्दुस्तान रिपब्लिकन पार्टी में भर्ती हो चुके थे। उनके अपने शब्दों में, "फिर सारी जिम्मेदारी अपने कन्धों पर उठाने का समय आया।" भगत सिंह ने रोमांटिक क्रान्तिकारी से एक बड़ा मोड़ काटा और उनके ही शब्दों में, "मैंने अध्ययन शुरू कर दिया।"

'विद्रोही' नाम से मई, 1927 में भगत सिंह ने एक लेख 'काकोरी के वीरों से परिचय' शीर्षक से पंजाबी में छपवाया। उस लेख के छपते ही भगत सिंह को गिरफ्तार कर लिया गया और चारपाई पर हथकड़ी लगे बैठे भगत सिंह का प्रसिद्ध चित्र इसी गिरफ्तारी के समय लिया गया। इससे पहले भगत सिंह पंजाब लौटकर शचीन्द्रनाथ सान्याल की पुस्तक 'बन्दी जीवन' का पंजाबी अनुवाद छपवा चुके थे। –सं.]

पहले 'किरती' (पंजाबी पत्रिका) में काकोरी से सम्बन्धित कुछ लिखा जा चुका है। आज हम काकोरी षड्यन्त्र और उन वीरों के सम्बन्ध में कुछ लिखेंगे जिन्हें उस सम्बन्ध में क़ड़ी सजाएँ मिली हैं।

9 अगस्त, 1925 को एक छोटे-से स्टेशन काकोरी से एक पैसेंजर ट्रेन चली। यह स्टेशन लखनऊ से आठ मील की दूरी पर है। ट्रेन मील-डेढ़ मील चली होगी कि सेकंड क्लास में बैठे हुए तीन नौजवानों ने गाड़ी रोक ली और दूसरों ने मिलकर गाड़ी में जा रहा सरकारी खजाना लूट लिया। उन्होंने पहले ही जोर से आवाज देकर सभी यात्रियों को समझा दिया था कि वे डरें नहीं, क्योंकि उनका उद्देश्य यात्रियों को तंग करने का नहीं, सिर्फ

* काले टाइप में दिए गए शब्द लिखकर काट दिए गए हैं।

सरकारी खजाना लूटने का है। खैर, वे गोलियाँ चलाते रहे। वह (कोई यात्री) आदमी गाड़ी से उतर पड़ा और गोली लग जाने से मर गया।

सरकारी अधिकारी हार्टन, सी. आई. डी. इसकी जाँच में लगा। उसे पहले से ही यकीन हो गया था कि यह डाका क्रान्तिकारी जत्थे का काम है। उसने सभी संदिग्ध व्यक्तियों की छानबीन शुरू कर दी। इतने में क्रान्तिकारी जत्थे की राज्य परिषद् की एक बैठक मेरठ में होनी तय हुई। सरकार को इसका पता चल गया। वहाँ खूब छानबीन की गई।

फिर सितम्बर के अन्त में हार्टन ने गिरफ्तारियों के वारंट जारी किए और 26 सितम्बर को बहुत-सी तलाशियाँ ली गईं और बहुत-से व्यक्ति पकड़ लिए गए। कुछ नहीं पकड़े गए। उनमें से एक श्री राजेन्द्र लाहिड़ी दक्षिणेश्वर बम केस में पकड़े गए और वहीं उन्हें दस बरस कैद हो गई। और श्री अशफाकउल्ला और शचीन्द्र बख्शी बाद में पकड़े गए, जिन पर अलग मुकदमा चला।

जज के फैसले से यह पता चलता है कि असहयोग आन्दोलन दब जाने से देशभक्त युवकों का शान्ति से विश्वास उठ गया और उन्होंने युगान्तर दल स्थापित किया। श्री जोगेशचन्द्र चट्टोपाध्याय बंगाल से इस दल का संगठन बनाने यू. पी. आए और पक्का काम कर सितम्बर, 1924 में लौट गए। उस समय बंगाल में आर्डिनेंस पास हो चुका था और आप लौटते ही हावड़ा पुल पर पकड़े गए। तलाशी लेने पर आपकी जेब से एक कागज मिला, जिस पर यू. पी. की राज्य परिषद् की किसी बैठक का और यू. पी. में अपने दल के संगठन का हाल लिखा हुआ था। खैर, फिर काम चल पड़ा और काम चलाने की खातिर कई डकैतियाँ भी की गईं। जज के विचार में इस दल के नेता हैं—श्री शचीन्द्रनाथ सान्याल।

श्री शचीन्द्रनाथ सान्याल का नाम किससे छिपा है। आप ही 'बन्दी जीवन' जैसी प्रसिद्ध व शानदार पुस्तक के लेखक हैं। बनारस के निवासी हैं और 1915 के गदर आन्दोलन में आपने खूब काम किया था। आप बनारस षड्यन्त्र के नेता व श्री रासबिहारीजी का दायाँ हाथ थे। तब उम्र कैद हुई थी लेकिन 1920 में छूट गए थे। फिर आप अपने पिछले काम पर ही जुट गए और सन् 1925 के शुरू में 'दी रेवल्यूशनरी' पर्चा एक ही दिन में सारे हिन्दुस्तान में बँटा। उसकी भाषा व अच्छे विचारों की अंग्रेजी अख़बारों ने भी खूब तारीफ की थी। आप फरवरी में पकड़े गए। आप पर उस सम्बन्ध में मुकदमा चलाया गया और आपको दो साल कैद की सज़ा मिली। वहीं से आपको काकोरी के मुकदमे में घसीट लिया गया। आप बड़े ज़िन्दादिल हैं। कोर्ट में स्वयं खुश रहना और दूसरों को खुश रखना ही आपका काम था। आप ने अपना मामला स्वयं लड़ा। जज आपको ही सबका गुरु कहता है। 'बन्दी जीवन' का गुजराती व पंजाबी में अनुवाद हो चुका है।

आप अंग्रेजी और बंगाली के उच्च कोटि के लेखक हैं। अब आपको दो उम्र कैद हो गई हैं।

आपके साथ आपका छोटा भाई भूपेन्द्रनाथ सान्याल भी घसीट लिया गया। वह करीब बी.ए. में पढ़ता था। पकड़ा गया और उसे पाँच साल की कैद हो गई।

श्री शचीन्द्र के बाद अत्यन्त प्रसिद्ध वीर श्री रामप्रसाद हैं। आप जैसा सुन्दर, मजबूत जवान खोजने से मिलना भी मुश्किल है। बहुत योग्य आदमी है। हिन्दी का बड़ा लेखक है। आपने 'कैथराइन', 'बोल्शेविकों के काम', 'मन की लहर' आदि अनेक पुस्तकें लिखीं। आप

उर्दू के माने हुए शायर हैं। आपकी उम्र 28 बरस की है। पहले 1919 में मैनपुरी षड्यन्त्र में आपके वारंट निकले और आपके गुरु श्री गेंदालाल जी आदि पकड़े गए, लेकिन आप नेपाल की ओर चले गए और वहाँ बड़ी मुश्किलें सहन कर गुजारा करते रहे। पूरा दिन हल चलाना, कुदाल चलाना, मेहनत-मशक्कत करना और रात में सिर्फ डेढ़ आना पाना, जिससे पेट-भर रोटी भी नहीं खा सकते थे। कई बार तो घास तक खाना पड़ा। लेकिन मजा यह, फिर भी बैठकर कविता लिखना, और भारत माता की याद और प्रेम में आँसू बहाने और गीत गाने। ऐसे नौजवान कहाँ से मिल सकते हैं? आप युद्ध-विद्या में बड़े कुशल हैं और आज उन्हें फाँसी का दंड मिलने का कारण भी बहुत हद तक यही है। इस वीर को फाँसी का दंड मिला और आप हँस दिए। ऐसा निर्भीक वीर, ऐसा सुन्दर जवान, ऐसा योग्य और उच्चकोटि का लेखक और निर्भय योद्धा मिलना मुश्किल है।

तीसरे वीर श्री राजिन्द्रनाथ लाहिड़ी हैं। 24 वर्ष का अत्यन्त सुन्दर जवान एम.ए., बनारस हिन्दू विश्वविद्यालय का विद्यार्थी था। जज कहता है कि यह युगान्तर दल का एक मजबूत स्तम्भ है। आप गाड़ी रोकनेवालों में थे। बाहर से था कमजोर सूखा-सा। कलकत्ते के पास दक्षिणेश्वर बम फैक्ट्री में पकड़ा गया, वहीं दस साल कैद हुई। खुशी में मोटा होने लगा। काकोरी के मुकदमे में तो शरीर खूब भर गया था और अब फाँसी की सज़ा हो गई है।

वीर रोशन सिंह को भी फाँसी की सज़ा हुई है। आप पहले पुलिस की मदद करते थे और बहुत-से डकैत आपने पकड़वाए थे। आप भी फँस गए। लेकिन कोई डकैत तो नहीं है। जज भी कहता है, यह नौजवान सच्चे देशसेवक थे! अच्छा! इस वीर को भी बार-बार नमस्कार।

इसके बाद श्री मन्मथनाथ गुप्त की बारी है। आप काशी विद्यापीठ के बी. ए. के विद्यार्थी थे। 18 बरस की उम्र है। बंगाली, गुजराती, मराठी, उड़िया, हिन्दी, अंग्रेजी और फ्रेंच आदि अनेक भाषाएँ अपने सीख ली थीं। जज ने आपको भी डकैतियों में शामिल कर 14 साल की सख्त सज़ा दी है। आप बड़े निर्भय हैं और यह सज़ा सुनकर हँस दिए। आजकल जेल में भूख हड़ताल किए बैठे हैं। आपसे गैर-सरकारी सदस्य ने जेल में आकर पूछा कि खाना क्यों नहीं खाते, तो आपने उत्तर दिया कि हम मनुष्य हैं। हमारे साथ मनुष्यों-जैसा व्यवहार होना चाहिए। मैं नहीं समझता कि इस पशुओं-जैसे व्यवहार को सहन कर मैं 14 साल तक जी सकूँगा। तिल-तिलकर मरने से एक बार मर जाना अच्छा है। आप पहले असहयोग में भी जेल जा चुके हैं।

अब जिस नौजवान का जिक्र होगा उसे यदि हम महापुरुष कह दें तो कुछ झूठ न होगा। वह वीर श्री जोगेशचन्द्र चटर्जी हैं। आप कोमिल्ला (ढाका) के रहनेवाले हैं। वह बी. ए. में फिलासफी के विद्यार्थी थे। प्रोफेसर आप पर बहुत खुश थे और कहते थे कि लड़का बड़ा होनहार है। लेकिन आपने कालेज तो क्या, पूरी दुनिया की फिलासफी पर लात मार दी और सब कुछ छोड़कर युगान्तर दल में जा मिले। आपको डिफेन्स आफ इंडिया एक्ट के अनुसार गिरफ्तार किया गया और अकथनीय व असहनीय कष्ट दिए गए। एक दिन आपके सिर पर पाखाना डाल दिया गया और चार दिन तक कोठरी में बन्द रखा गया। मुँह धोने तक के लिए पानी नहीं दिया गया और बुरी तरह मार-मारकर पूरा बदन जख्मी कर दिया गया। लेकिन आपके पास चुप से अधिक क्या रखा था।

1920 में छूटे तो एक मामूली कार्यकर्ता की तरह कांग्रेस में काम करते रहे। घर से गरीब हैं, लेकिन अपना घर तबाह करके भी दुनिया की सेवा होती है। आप 1923 में यू.पी. आए और फिर 'युगान्तर' दल की नींव रखी। 1924 में बंगाल लौट गए और पकड़े गए। पहले आपको आर्डिनेंस के तहत पकड़ा था, फिर यहाँ काकोरी लाया गया। आपको दस बरस कैद हुई है। बेहद खूबसूरत नौजवान हैं। जज ने आपकी बड़ी तारीफ की है।

श्री गोविन्द चरणकार उर्फ डी. एन. चौधरी लखनऊ से पकड़े गए थे। आप बहुत पुराने क्रान्तिकारी हैं। 1918 या 1919 में ढाका में पुलिस आपको पकड़ने आई। आपने गोलियों का जवाब गोलियों से दिया और गोलियों में से लड़ते-लड़ाते भाग निकले, लेकिन गोलियाँ खत्म हो चुकी थीं और आप घायल हो गए थे। पकड़े गए, काला पानी मिला। 1922 में बहुत बीमार हो गए थे, तब छोड़े गए। 1925 में फिर पकड़े गए और अब 10 साल कैद हो गई है।

अब श्री सुरेशचन्द्र भट्टाचार्य सम्बन्धी कुछ लिखेंगे। आप भी बनारस के रहनेवाले थे। बनारस षड्यन्त्र के समय आपकी उम्र 16 बरस की थी, पकड़े गए। लेकिन कुछ प्रमाणित न होने से छूट गए और फिर नजरबन्द कर बुन्देलखंड में रखे गए। आप हिन्दी के बड़े प्रसिद्ध लेखक हैं। कानपुर के 'प्रताप' जैसे प्रसिद्ध अख़बार के सहायक सम्पादक थे। आप बनारस से पकड़े गए और अब आपको सात साल कैद हुई है। आप बहुत सुन्दर गाते हैं। जेल में आप योगाभ्यास करते थे।

श्री राजकुमार कानपुर के रहनेवाले हैं। आप बनारस हिन्दू विश्वविद्यालय में बी.ए. में पढ़ते थे। पकड़े गए। आपके कमरे से दो राइफलें निकलीं। बहुत सुन्दर गानेवाले और देखने में भी आप काफी सुन्दर हैं। जोशीले बहुत हैं। श्री दामोदर स्वरूप जब बहुत बीमार होने पर भी कोर्ट में बुलाए गए तो आपको जोश आ गया और आपने जज को खूब सुनाई। जज ने कहा कि फैसले के समय तुम्हें इसका मजा चखाया जाएगा। वीर युवक को दस साल की सज़ा हो गई! जीवन एक तरह से तबाह हो गया, लेकिन आप हँस दिए। धन्य हैं यह वीर और इन्हें जन्म देनेवाली वीर माताएँ।

श्री विष्णु शरण दुबलिस मेरठ के रहनेवाले हैं। वैश्य अनाथालय के अधीक्षक थे। बी.ए. में असहयोग कर दिया गया था और मेरठ को उन्होंने दूसरा बारदोली बना दिया था। सिवल नाफरमानी के लिए तैयार हो गए थे। बड़े सुन्दर वक्ता थे। आपके घर युगान्तरकारियों की बैठक हुई थी। आपको सात साल की सज़ा हो गई है।

श्री रामदुलारे को भी 7 साल की सज़ा हुई है। आप कानपुर निवासी थे। स्काउट मास्टर, कांग्रेस के जोशीले सेवक थे।

6 अप्रैल को फैसला सुनाया गया, उस दिन सभी वीर गाते आए थे–

सरफरोशी की तमन्ना, अब हमारे दिल में है,
देखना है ज़ोर कितना बाजुए-कातिल में है!

सजाएँ लापरवाही से सुनीं और हँस दिए। उसके बाद दुख की घड़ी आ गई। जिन वीरों ने एक साथ समुद्र में किश्तियाँ डाली थीं, उनके ही अलग होने का पल आ गया। "क्रान्तिकारी लोगों में जो अगाध और गम्भीर प्रेम होता है, उसे साधारण दुनियादार आदमी

अनुभव नहीं कर सकते।" श्री रासबिहारी के इस वाक्य का अर्थ भी हम लोग नहीं समझ सकते। जिन लोगों ने 'सिर रख तली प्रेम की गती' में पैर रख दिया हो, उनकी महिमा को हमारे-जैसे निकृष्ट आदमी क्या समझ सकते हैं? उनका परस्पर प्रेम कितना गहन होता है, उसे हम सपने में भी नहीं जान सकते। डेढ़ साल से अपने जीवन के अन्धकारमय भविष्य के इन्तजार में मिलकर बैठे थे। वह पल आया, तीन को फाँसी, एक को उम्र कैद, एक को 14 बरस कैद, 4 को दस बरस कैद व बाकियों को 5 से 10 साल की सख्त कैद सुनाकर जज उन्हें उपदेश देने लगा, "आप सच्चे सेवक और त्यागी हो। लेकिन गलत रास्ते पर चले हो।" गरीब भारत में ही सच्चे देशभक्तों का यह हाल होता है। जज उन्हें अपने कामों पर पुनर्विचार करने की बात कह चलता बना और फिर...फिर क्या हुआ? क्या पूछते हैं? जुदाई के पल बड़े बुरे होते हैं। जिन्हें फाँसी की सज़ा मिल गई, जिन्हें उम्र-भर के लिए जेल में बन्द कर दिया गया, उनके दिलों का हाल हम नहीं समझ सकते। कदम-कदम पर रोनेवाले हिन्दुस्तानी, यों ही थर-थर काँपने लग जानेवाले कायर हिन्दुस्तानी, उन्हें क्या समझ सकते हैं? छोटों ने बड़ों के पैरों पर झुककर नमस्कार किया। उन्होंने छोटों को आशीर्वाद दिया, जोर से गले मिले और आह भरकर रह गए। भेज दिए गए। जाते हुए श्री रामप्रसाद जी ने बड़े दर्दनाक लहजे में कहा–

दरो-दीवार पे हसरत से नज़र करते हैं।
खुश रहो एहले वतन हम तो सफर करते हैं।

यह कहकर वह लम्बी, बड़ी दूर की यात्रा पर चले गए। दरवाजे से निकलते समय उस अदालत के बड़े भारी रैंकन थिएटर हाल की भयावह चुप्पी को एक आह भरकर तोड़ते हुए उन्होंने फिर कहा–

हाय, हम जिस पर भी तैयार थे मर जाने को।
जीते जी हमसे छुड़ाया उसी काशाने को।

हम लोग एक आह भरकर समझ लेते हैं कि हमारा फर्ज पूरा हो गया। हमें आग नहीं लग उठती, हम तड़प नहीं उठते, हम इतना मुर्दे हो गए हैं। आज वे भूख-हड़ताल कर बैठे हैं और तड़प रहे हैं और हम चुपचाप सब तमाशा देख रहे हैं। ईश्वर उन्हें बल व शक्ति दे कि वे वीरता से अपने दिन पूरे करें और उन वीरों के बलिदान रंग लाएँ।

लेखक
'विद्रोही'

शहीद राजिन्द्रनाथ लाहिड़ी का पत्र

[भगत सिंह काकोरी के शहीद राजिन्द्र लाहिड़ी से इतने प्रभावित हुए कि अपने सबसे छोटे भाई, जिसका जन्म 1927 में हुआ, का नाम राजिन्द्र रखा। कारण यह कि वह वैचारिक स्तर पर अपने दूसरे साथियों से आगे थे, समाजवाद, साम्यवाद से काफी परिचित थे। यह पत्र उनकी टिप्पणी सहित अक्तूबर, 1927 में 'किरती' में छपा। –सं.]

मैं फिर जन्म लूँगा

काकोरी षड्यन्त्र केस में जिन चार भाइयों को फाँसी की सज़ा हुई है उनके नाम यह हैं–
1. रामप्रसाद 2. राजिन्द्रनाथ लाहिड़ी 3. रोशन सिंह 4. अशफाकउल्ला खान।

इनमें से राजिन्द्रनाथ लाहिड़ी, एम. ए. कक्षा का छात्र था। वह बनारस हिन्दू विश्वविद्यालय में पढ़ता था। वह 1925 में पकड़ा गया था। इसकी अपील व रहम की दरखास्त की गई थी, लेकिन वे सब नामंजूर हो गईं।

इस बहादुर भाई ने निम्न पत्र अपने बड़े भाई को लिखा है।

मेरे प्रिय भाई!

आज मुझे सुपरिंटेंडेंट ने बताया है कि वायसराय ने मेरी रहम की दरखास्त नामंजूर कर दी है। जेल के नियमों के अनुसार मुझे एक सप्ताह के भीतर फाँसी पर चढ़ाया जाएगा। तुम्हें मेरे लिए अफसोस नहीं करना चाहिए क्योंकि मैं अपना पुराना शरीर छोड़कर नया जन्म धारण कर रहा हूँ। आपको यहाँ आकर मुलाकात करने की जरूरत नहीं, क्योंकि कुछ दिन पहले ही आप मुलाकात कर चुके हो। जब मैं लखनऊ में था तो बहिन ने दो बार मुलाकात की थी। सभी को मेरी ओर से प्रणाम और लड़कों को प्यार।

आपका प्रिय

राजिन्द्रनाथ लाहिड़ी

इस पत्र में हमें फिर करतार सिंह सराभा और भाई पिंगले आदि का समय याद दिला दिया है और हमारे पुराने घावों को हरा कर दिया है।

शहीद रामप्रसाद बिस्मिल का अन्तिम सन्देश

[1927 में काकोरी के चार शहीदों को फाँसी दी गई। जनवरी, 1928 के 'किरती' में भगत सिंह ने 'विद्रोही' नाम से इन पर कुछ लेख छपवाए। यह उन्हीं में से एक है। –सं.]

आपने एक लेख 'निज-जीवन घटा' लिखा था जो गोरखपुर के 'स्वदेश' अख़बार में छपा था। उसी का संक्षेप हम पाठकों की सेवा में रख रहे हैं, ताकि वे जान सकें कि उन क्रान्तिकारी वीरों के शहादत के समय क्या विचार थे।

आप 16 तारीख को लिखते हैं–

19 तारीख सुबह साढ़े छह बजे फाँसी का समय निश्चित हो चुका है। कोई चिन्ता नहीं, ईश्वर की कृपा से मैं बार-बार जन्म लूँगा और मेरा उद्देश्य होगा कि संसार में पूर्ण स्वतन्त्रता हो, कि प्रकृति की देन पर सबका एक-सा अधिकार हो कि कोई किसी पर शासन न करे। सभी जगह लोगों के अपने पंचायती राज्य स्थापित हों। अब मैं उन बातों का उल्लेख कर देना जरूरी समझता हूँ जो सेशन जज के 6 अप्रैल, 1927 के फैसले के बाद काकोरी के कैदियों के साथ हुईं। 18 जुलाई को अवध चीफ कोर्ट में अपील हुई। वह सिर्फ मौत की सज़ा पाए चार कैदियों की ओर से थी। लेकिन पुलिस की ओर से सज़ा

बढ़ाने की अपील हुई। फिर बाकी कैदियों ने भी अपील कर दी, लेकिन श्री शचीन्द्रनाथ सान्याल, श्री भूपेन्द्रनाथ सान्याल और इकबालिया गवाह बनवारीलाल ने अपील नहीं की थी और फिर प्रणव चटर्जी ने इकबाल कर लिया और अपील वापस ले ली। फाँसीवालों की सज़ा बहाल रही और श्री जोगेशचन्द्र चटर्जी, श्री गोविन्दचरण क्यू और श्री मुकन्दीलाल जी को दस साल की उम्र कैद हो गई। श्री सुरेशचन्द भट्टाचार्य और श्री विष्णुशरण दुबलिस की सज़ा 7-7 साल से बढ़ाकर 10-10 साल कर दी गई। रामनाथ पांडे की तीन साल और प्रणवेश की कैद चार साल रह गई। प्रेमकिशन खन्ना पर से डकैती की सज़ा कम कर पाँच वर्ष कैद रह गई। बाकी सबकी अपीलें खारिज कर दी गईं। अशफ़ाक़ की मौत की सज़ा बनी रही, शचीन्द्रनाथ बख़्शी ने अपील ही नहीं की थी।

अपील से पहले ही मैंने गवर्नर के पास प्रार्थनापत्र लिख भेजा था जिसमें मैंने कहा था कि मैं गुप्त षड्यन्त्रों में हिस्सा न लिया करूँगा और कोई सम्बन्ध भी उनसे नहीं रखूँगा। रहम की अपील में भी इस प्रार्थनापत्र का जिक्र कर दिया था। लेकिन जजों ने कोई ध्यान देना जरूरी न समझा। जेल से अपना बचाव मैंने खुद लिखकर चीफ कोर्ट में भेजा, लेकिन जजों ने कहा कि यह बचाव रामप्रसाद का लिखा हुआ नहीं, जरूर किसी बड़े सयाने आदमी की मदद से लिखा गया है। उल्टे उन्होंने यह कह दिया कि रामप्रसाद बड़ा भयानक क्रान्तिकारी है और यदि रिहा हुआ तो फिर वही काम करेगा।

उन्होंने (मेरी) बुद्धिमत्ता-समझदारी आदि की प्रशंसा करने के बाद कहा कि यह एक ऐसा निर्दयी कातिल है, जो उन पर भी गोली चला सकता है जिसके साथ उसकी कोई दुश्मनी नहीं है। खैर! कलम उनके हाथ थी, जो चाहते वह लिखते। लेकिन चीफ कोर्ट के फैसले से स्पष्ट पता चलता है कि बदला लेने के विचार से ही हमें फाँसी की सज़ा दी गई है।

अपील खारिज हो गई; फिर लाट साहिब और वायसराय के पास रहम का प्रार्थनापत्र दिया गया। श्री राजिन्द्रनाथ लाहिड़ी, श्री अशफ़ाक़उल्ला ख़ान, श्री रोशन सिंह और रामप्रसाद की मौत की सज़ा बदलने के लिए यू. पी. कौंसिल के लगभग सभी चुने हुए सदस्यों के हस्ताक्षर से एक प्रार्थनापत्र दिया गया। मेरे पिता के प्रयत्नों से 250 आनरेरी मजिस्ट्रेटों और बड़े-बड़े जमींदारों के हस्ताक्षरों सहित एक अलग प्रार्थनापत्र दिया गया। असेम्बली और कौंसिल आफ स्टेट के 108 सदस्यों ने भी हमारी मौत की सज़ा बदलने के लिए वायसराय के पास प्रार्थनापत्र दिया। उन्होंने यह भी कहा कि जज ने कहा था कि यदि लोग पश्चात्ताप करें तो सजाएँ बहुत कम कर दी जाएँगी। चारों ओर से इतनी घोषणाएँ हो चुकी थीं, लेकिन एक सिरे से दूसरे सिरे तक सभी हमारे रक्त के प्यासे थे और वायसराय ने भी हमारी एक न सुनी।

पंडित मदनमोहन मालवीय जी कई और सज्जनों को लेकर वायसराय से मिले। सबको उम्मीद थी कि अब जरूर मौत की सज़ा हटा ली जाएगी। लेकिन क्या होना था। चुपचाप दशहरे से दो दिन पहले सभी जेलों में तार दे दी गई कि फाँसी की तारीख निश्चित हो गई है। जब जेल के सुपरिंटेंडेंट ने यह तार मुझे सुनाई तो मैंने कहा, अच्छा! आप अपना काम करो। लेकिन उनके जोर देकर कहने से एक रहम की तार बादशाह को भेज दी। उस समय प्रिवी कौंसिल में अपील करने का विचार भी मन में आया। श्री मोहनलाल सक्सेना वकील

को तार दी गई। जब उन्हें बताया गया कि वायसराय ने सभी की दरखास्तें नामंजूर कर दी हैं तो किसी को यकीन ही नहीं हो रहा था। उनसे कह-सुनकर प्रिवी कौंसिल में अपील करवाई गई। परिणाम पहले ही पता था, अपील खारिज हो गई।

अब सवाल उठेगा कि सब कुछ पहले से ही जानते हुए भी मैंने माफीनामा, रहम की दरखास्त, अपीलों पर अपीलें क्यों लिख-लिख भेजीं? मुझे तो इसका एक ही कारण समझ में आता है कि राजनीति एक शतरंज का खेल है। सरकार ने बंगाल आर्डिनेंस के कैदियों सम्बन्धी असेम्बली में जोर देकर कहा था कि उनके खिलाफ बड़े सबूत हैं, जो गवाहों की सुरक्षा के लिए हम खुली अदालत में पेश नहीं करते। हालाँकि दक्षिणेश्वर बम कांड और शोभा बाजार षड्यन्त्र के मुकदमे खुली अदालत में चले। खुफिया पुलिस के सुपरिंटेंडेंट को मारने का मुकदमा भी खुली अदालत में चला। काकोरी केस भी डेढ़ साल चला। सरकार की ओर से 300 गवाह पेश हुए। कभी किसी गवाह पर मुसीबत न आई, हालाँकि यह भी कहा गया था कि काकोरी षड्यन्त्र की शुरुआत बंगाल में हुई। सरकारी घोषणाओं की पोल खोलने की इच्छा से ही मैंने यह सब किया। माफीनामे भी लिखे, अपीलें भी कीं, लेकिन क्या होना था। असलियत तो यह है कि जोरावर मारे भी और रोने भी न दे।

हमारे ज़िन्दा रहने से कहीं विद्रोह नहीं हो चला था। अब तक क्रान्तिकारियों के लिए किसी ने इतनी भारी सिफारिश नहीं की थी, लेकिन सरकार को इससे क्या, उसे अपनी ताकत पर नाज़ है, अपने बल पर अहंकार है। सर विलियम मौरिस ने स्वयं शाहजहाँपुर और इलाहाबाद के दंगों में मौत की सज़ा पानेवालों की मौत की सजाएँ माफ की थीं, जबकि वहाँ रोज दंगे होते थे। यदि हमारी सज़ा कम करने से औरों की हिम्मत बढ़ती है तो यही बात साम्प्रदायिक दंगों सम्बन्धी भी कही जा सकती है। लेकिन यहाँ मामला ही कुछ और था।

आज प्राण उत्सर्ग करते हुए मुझे कोई निराशा नहीं हो रही कि यह व्यर्थ गए। बलिदान कभी व्यर्थ नहीं जाते। क्या पता हमारे-जैसे लोगों को ठंडी आहों से ही यह परिणाम हुआ कि लॉर्ड बर्कन हैड के दिमाग में हिन्दुस्तान की जंजीरें जकड़ने का विचार आया और उसने रॉयल कमीशन भेजा, जिसके बायकाट के लिए हिन्दू- मुसलमानों में फिर कुछ एकता हो रही है। ईश्वर करे कि इनको शीघ्र ही सद्‌बुद्धि आए और यह फिर एक हो जाएँ। हमारी अपील नामंजूर होते ही मैंने श्री मोहनलाल सक्सेना से कहा था कि इस बार हमारी यादगार मनाने के लिए हिन्दू-मुसलमान नेताओं को इकट्ठा बुलाया जाए।

अशफ़ाक़उल्ला को सरकार ने रामप्रसाद का दायाँ हाथ बताया है। अशफ़ाक़ कट्टर मुसलमान होते हुए भी रामप्रसाद-जैसे कट्टर आर्य समाजी का क्रान्ति में दाहिना हाथ हो सकता है तो क्या भारत के अन्य हिन्दू-मुसलमान आज़ादी के लिए अपने छोटे-मोटे लाभ भुला एक नहीं हो सकते? अशफ़ाक़ तो पहले ऐसे मुसलमान हैं जिन्हें कि बंगाली क्रान्तिकारी पार्टी के सम्बन्ध में फाँसी दी जा रही है। ईश्वर ने मेरी पुकार सुन ली। मेरा काम खत्म हो गया। मैंने मुसलमानों में से एक नौजवान निकालकर हिन्दुस्तान को यह दिखा दिया है कि मुस्लिम नौजवान भी हिन्दू नौजवानों से बढ़-चढ़कर देश के लिए बलिदान दे सकता है और वह सभी परीक्षाओं में सफल हुआ। **अब यह कहने की हिम्मत किसी में नहीं होनी चाहिए कि मुसलमानों पर विश्वास नहीं करना चाहिए**। यह पहला तजुर्बा था जो पूरा हुआ।

अशफ़ाक़! ईश्वर तुम्हारी आत्मा को शान्ति दे। तुमने मेरी और देश के सभी मुसलमानों की लाज बचा ली है और यह दिखा दिया है कि भारत में भी तुर्की और मिस्र जैसे मुसलमान युवक मिल सकते हैं।

अब देशवासियों के सामने यही प्रार्थना है कि यदि उन्हें हमारे मरने का ज़रा भी अफसोस है तो वे जैसे भी हो, हिन्दू-मुस्लिम एकता स्थापित करें—यही हमारी आखिरी इच्छा थी, यही हमारी यादगार हो सकती है। सभी धर्मों और सभी पार्टियों को कांग्रेस को ही प्रतिनिधि मानना चाहिए। फिर वह दिन दूर नहीं, जब अंग्रेजों को भारतीयों के आगे शीश झुकाना होगा।

जो कुछ मैं कह रहा हूँ, ठीक वही श्री अशफ़ाक़उल्ला खान वारसी का विचार है। अपील लिखते समय लखनऊ जेल में मैंने उनसे बातचीत की थी। श्री अशफ़ाक़ तो रहम की दरखास्त देने के लिए राजी नहीं थे। उन्होंने तो सिर्फ मेरी ज़िद पर, मेरे कहने पर ही ऐसा किया था।

सरकार से मैंने यहाँ तक कहा था कि जब तक उसे विश्वास न हो, तब तक मुझे जेल में कैद रखे या किसी दूसरे देश में निर्वासित कर दे, और हिन्दुस्तान न लौटने दे। लेकिन सरकार को क्या करना था। सरकार को यही मंजूर था कि हमें फाँसी जरूर दी जाए, हिन्दुस्तानियों के जले दिल पर नमक छिड़का जाए और वे तड़प उठें; कुछ सँभल जाएँ और हमारे पुनर्जन्म लेकर काम के लिए तैयार होने तक देश की हालत सुधर गई हो।

अब तो मेरी यही राय है कि अंग्रेजी अदालत के आगे न तो कोई बयान दे और न ही कोई सफाई पेश करे। अपील करने के पीछे एक कारण यह भी था कि फाँसी की तारीख बदलवाकर मैं एक बार देशवासियों की सहायता और नवयुवकों का दम देखूँ। इसमें मुझे बहुत निराशा हुई। मैंने निश्चय किया था कि सम्भव हो तो जेल से भाग जाऊँ। यदि ऐसा हो सकता तो बाकी तीनों की मौत की सज़ा भी माफ हो जाती। यदि सरकार न करती तो मैं करवा लेता। इसका तरीका मुझे खूब आता था। मैंने बाहर निकलने के लिए बड़े यत्न किए, लेकिन बाहर से कोई सहायता नहीं मिली। अफसोस तो इसी बात का है कि जिस देश में मैंने इतना बड़ा क्रान्तिकारी दल खड़ा कर दिया था, वहीं अपनी रक्षा के लिए मुझे एक पिस्तौल तक न मिला। कोई नौजवान मेरी सहायता के लिए आगे नहीं आया। मेरी नौजवानों से प्रार्थना है कि जब तक सभी लोग पढ़-लिख न जाएँ, तब तक कोई भी गुप्त पार्टियों की ओर ध्यान नहीं दे। यदि देश-सेवा की इच्छा है तो खुला काम करें। व्यर्थ बातें सुन-सुनकर ख़याली पुलाव पकाते हुए अपने जीवन को मुसीबतों में न डालें। अभी गुप्त काम का समय नहीं आया। हमें इस मुकदमे के दौरान बड़े अनुभव हुए, लेकिन उनका लाभ उठाने का अवसर सरकार ने हमें नहीं दिया। लेकिन इस बात के लिए हिन्दुस्तान और ब्रिटिश सरकार बहुत पछताएगी।

मुलाकात के समय आपने यह भी कहा था कि "क्रान्तिकारी लोगों में भी हिम्मत की बहुत कमी है और जनता की हमदर्दी अभी उनके साथ नहीं है। साथ ही इनमें भी प्रान्तीयता की भावना बहुत है। परस्पर पूरा विश्वास भी नहीं है।" इन बातों के कारण हमारी हसरतें दिल में ही रह गईं। मौखिक रूप से इनकार करने से ही मुझे 5000 रुपए नकद और विलायत भेज बैरिस्टर बनने का वायदा मिल रहा था। लेकिन इस बात को घोर

पाप समझकर मैंने इसकी ओर ध्यान भी नहीं दिया। लेकिन अफसोस इस बात का है कि बड़े-बड़े विश्वसनीय कहे जानेवाले साथियों ने अपने सुख के लिए छिप-छिपकर पार्टी को धोखा दिया और हमारे साथ दगा कमाया।

शहीद अशफ़ाक़उल्ला का फाँसीघर से सन्देश

[यह सन्देश 16 दिसम्बर, 1927 को फैज़ाबाद जेल से देशवासियों के लिए भेजा गया। –सं.]

भारतमाता के रंगमंच पर हम अपनी भूमिका अदा कर चुके हैं। गलत किया या सही, जो भी हमने किया, स्वतन्त्रता-प्राप्ति की भावना से प्रेरित होकर किया। हमारे अपने (अर्थात् कांग्रेसी नेता) हमारी निन्दा करें या प्रशंसा, लेकिन हमारे दुश्मनों तक को हमारी हिम्मत और वीरता की प्रशंसा करनी पड़ी है। लोग कहते हैं हमने देश में आतंकवाद (Terrorism) फैलाना चाहा है, यह गलत है। इतनी देर तक मुकदमा चलता रहा। हमारे में से बहुत-से लोग बहुत दिनों तक आज़ाद रहे और अब भी कुछ लोग आज़ाद हैं (संकेत चन्द्रशेखर आज़ाद की ओर है।) फिर भी हमने या हमारे किसी साथी ने हमें नुकसान पहुँचानेवालों तक पर गोली नहीं चलाई। हमारा उद्देश्य यह नहीं था। हम तो आज़ादी हासिल करने के लिए देश-भर में क्रान्ति लाना चाहते थे।

जजों ने हमें निर्दयी, बर्बर, मानव-कलंकी आदि विशेषणों से याद किया है। हमारे शासकों की कौम के जनरल डायर ने निहत्थों पर गोलियाँ चलाई थीं और चलाई थीं बच्चों, बूढ़ों व स्त्री-पुरुषों पर। इंसाफ के इन ठेकेदारों ने अपने इन भाई-बन्धुओं को किस विशेषण से सम्बोधित किया था? फिर हमारे साथ ही यह सलूक क्यों?

हिन्दुस्तानी भाइयो! आप चाहे किसी भी धर्म या सम्प्रदाय को माननेवाले हों, देश के काम में साथ दो। व्यर्थ आपस में न लड़ो। रास्ते चाहे अलग हों, लेकिन उद्देश्य सबका एक है। सभी कार्य एक ही उद्देश्य की पूर्ति के साधन हैं, फिर यह व्यर्थ के लड़ाई-झगड़े क्यों? एक होकर देश की नौकरशाही का मुकाबला करो अपने देश को आज़ाद कराओ। देश के सात करोड़ मुसलमानों में मैं पहला मुसलमान[1] हूँ, जो देश की आज़ादी के लिए फाँसी चढ़ रहा हूँ, यह सोचकर मुझे गर्व महसूस होता है।

अन्त में सभी को मेरा सलाम!

हिन्दुस्तान आज़ाद हो!
मेरे भाई खुश रहें!

आपका भाई
अशफ़ाक़

---

1. ऐतिहासिक शोध के अनुसार एक सौ के करीब मुसलमान गदर पार्टी आन्दोलन में शहीद हुए और सैकड़ों ही 1857 के आन्दोलन में। लेकिन अशफ़ाक़ को अपने रास्ते से हटाने के लिए और धोखा देने के लिए पुलिस ने एक बार उनसे कहा था कि शहीद होनेवाले तुम एकमात्र मुसलमान हो, शायद इसी से उन्होंने लिखा है। –सम्पादक।

काकोरी के शहीदों की फाँसी के हालात

[जनवरी, 1928 के 'क़िरती' में भगत सिंह ने एक और लेख काकोरी के शहीदों के बारे में 'विद्रोही' के नाम से लिखा। –सं.]

'किरती' के पाठकों को पहले किसी अंक में हम काकोरी के मुकदमे के हालात बता चुके हैं। अब इन चार वीरों को फाँसी दिए जाने का हाल बताते हैं।

17 दिसम्बर, 1927 को श्री राजिन्द्रनाथ लाहिड़ी को गोंडा जेल में फाँसी दी गई और 19 दिसम्बर, 1927 को श्री रामप्रसाद 'बिस्मिल' को गोरखपुर जेल में, श्री अशफ़ाक़उल्ला को फैज़ाबाद जेल में और श्री रोशन सिंह जी को इलाहाबाद जेल में फाँसी चढ़ा दिया गया।

इस मुकदमे के सेशन जज मि. हेमिल्टन ने फैसला देते हुए कहा था कि ये नौजवान देशभक्त हैं और इन्होंने अपने किसी लाभ के लिए कुछ भी नहीं किया और यदि यह नौजवान अपने किए पर पश्चात्ताप करें तो उनकी सजाओं में रियायत की जा सकती है। उन चारों वीरों द्वारा इस आशय की घोषणा भी हुई, लेकिन उन्हें फाँसी दिए बगैर डायन नौकरशाही को चैन कैसे पड़ता। अपील में बहुत-सी लोगों की सजाएँ बढ़ा दी गईं। फिर न तो गवर्नर और न ही वायसराय ने उनकी जवानी की ओर ध्यान दिया और प्रिवी कौंसिल ने उनकी अपील सुनने से पहले ही खारिज कर दी। यू. पी. कौंसिल के बहुत-से सदस्यों, असेम्बली और कौंसिल और स्टेट के बहुत-से सदस्यों ने वायसराय को उनकी जवानी पर दया करने की दरखास्त दी, लेकिन होना क्या था? उनके इतने हाथ-पाँव मारने का कोई परिणाम न निकला। यू. पी. कौंसिल के स्वराज पार्टी के नेता श्री गोविन्द वल्लभ पन्त उनके मामले पर बहस के लिए अपना मत वायसराय और लाट साहिब को भेजने के लिए शोर मचा रहे थे। पहले तो प्रेजिडेंट साहिब ही अनुमति नहीं दे रहे थे, लेकिन बहुत-से सदस्यों ने मिलकर कहा तो सोमवार को बहस के लिए इजाजत मिली, लेकिन फिर छोटे अंगेज अध्यक्ष ने, जो उस समय अध्यक्ष का काम कर रहा था, सोमवार को कौंसिल की छुट्टी ही कर दी। होम मेम्बर नवाब छत्तारी के दर पर जा चिल्लाए, लेकिन उनके कानों पर जूँ तक न सरकी। और कौंसिल में उनके सम्बन्ध में एक शब्द भी न कहा जा सका और उन्हें फाँसी पर लटका ही दिया गया। इसी क्रोध में नीचता के साथ रूसी जार और फ्रांसीसी लुइस बादशाह होनहार युवकों को फाँसी पर लटका-लटकाकर दिलों की भड़ास निकालते रहे लेकिन उनके राज्यों की नींवें खोखली हो गई थीं और उनके तख्ते पलट गए। इसी गलत तरीके का आज फिर इस्तेमाल हो रहा है। देखें यदि इस बार इनकी मुरादें पूरी हों। नीचे हम उन चारों वीरों के हालात संक्षेप में लिखते हैं, जिससे यह पता चले कि यह अमूल्य रत्न मौत के सामने खड़े होते भी किस बहादुरी से हँस रहे थे।

श्री राजिन्द्रनाथ लाहिड़ी

आप हिन्दू विश्वविद्यालय बनारस के एम. ए. के छात्र थे। 1925 में कलकत्ते के पास दक्षिणेश्वर बम फैक्ट्री पकड़ी गई थी, उसमें आप भी पकड़े गए थे और आपको सात बरस की कैद हो गई थी। वहीं से आपको लखनऊ लाया गया और काकोरी केस में आपको फाँसी की

सज़ा दे दी गई। आपको बाराबंकी और गोंडा जेलों में रखा गया। आप मौत को सामने देख घबराते नहीं थे, बल्कि हमेशा हँसते रहते थे। आपका स्वभाव बड़ा हँसमुख और निर्भय था। आप मौत का मजाक उड़ाते रहते थे। आपके दो पत्र हमारे सामने हैं। एक 6 अक्तूबर को तब लिखा था जब वायसराय ने रहम की दरखास्त नामंजूर कर दी थी। आप लिखते हैं–

छह महीने बाराबंकी और गोंडा की काल-कोठरियों में रहने के बाद आज मुझे बताया गया है कि एक हफ्ते के भीतर फाँसी दे दी जाएगी, क्योंकि वायसराय ने दरखास्त नामंजूर कर दी है। अब मैं अपना फर्ज़ समझता हूँ कि अपने इन मित्रों का (यहाँ उनके नाम हैं) धन्यवाद कर जाऊँ जिन्होंने मेरे लिए बहुत-सी कोशिशें कीं। आप मेरा अन्तिम नमस्कार स्वीकार करें। हमारे लिए मरना-जीना पुराने कपड़े बदलने से अधिक कुछ भी नहीं (यहाँ जेलवालों ने कुछ काट-छाँट की है, जो बिलकुल पढ़ा नहीं जाता) मौत आ रही है, हँसते-हँसते बड़े चाव और खुशी से उसे जोर से गले लगा लूँगा। जेल के कानून अनुसार और कुछ नहीं लिख सकता। आपको नमस्कार, देश के दर्दमन्दो को नमस्कार, बन्देमातरम्!

आपका,

राजिन्द्रनाथ लाहिड़ी

फिर इस पत्र के बाद फाँसी नहीं हो सकी, क्योंकि प्रिवी कौंसिल में अपील की गई थी। दूसरा पत्र आपने 14 दिसम्बर को एक मित्र के नाम लिखा था–

कल मुझे पता चला है कि प्रिवी कौंसिल ने मेरी अपील खारिज कर दी है। आप लोगों ने हमें बचाने की बहुत कोशिश की, लेकिन लगता है कि देश की बलि-वेदी पर हमारे प्राणों के बलिदान की ही जरूरत है। मौत क्या है? जीवन की दूसरी दिशा के सिवाय कुछ नहीं। जीवन क्या है? मौत की ही दूसरी दिशा का नाम है। फिर डरने की क्या जरूरत है? यह तो प्राकृतिक बात है, उतनी ही प्राकृतिक जितना कि प्रातः में सूर्योदय। यदि हमारी यह बात सच है कि इतिहास पलटा खाता है तो मैं समझता हूँ कि हमारा बलिदान व्यर्थ नहीं जाएगा।

मेरा नमस्कार सबको–अन्तिम नमस्कार!

आपका

राजिन्द्रनाथ लाहिड़ी

कितना भोला, कितना सुन्दर और निर्भीकतापूर्ण पत्र है और इनका लेखन कितना भोला है! फिर इन्हें ही अन्यों से दो दिन पहले ही फाँसी दे दी गई। फाँसी के समय आपको हथकड़ी पहनाने का इन्तज़ाम किया जाने लगा तो आपने कहा कि क्या जरूरत है। आप मुझे रास्ता बताते जाओ, मैं स्वयं ही उधर चल पड़ता हूँ। अर्थी का जुलूस निकाला गया और बड़े जोश से अन्तिम संस्कार किया गया। वहीं यादगार बनाने की सलाह की जा रही है।

श्री रोशन सिंह जी

आपको 19 दिसम्बर को इलाहाबाद में फाँसी दी गई। उनका एक आखिरी पत्र 13 दिसम्बर का लिखा हुआ है। आप लिखते हैं–

इस हफ्ते फाँसी हो जाएगी। ईश्वर के आगे विनती है कि आपके प्रेम का आपको फल दे। आप मेरे लिए कोई ग़म न करना। मेरी मौत तो ख़ुशीवाली है। चाहिए तो यह कि कोई बदफैली करके बदनाम होकर न मरे और अन्त समय ईश्वर याद रहे। सो यही दो बातें हैं। इसलिए कोई ग़म नहीं करना चाहिए। दो साल बाल-बच्चों से अलग रहा हूँ। ईश्वर-भजन का खूब अवसर मिला। इसलिए मोह-माया सब टूट गई। अब कोई चाह बाकी न रही। मुझे विश्वास है कि जीवन की दुख भरी यात्रा खत्म करके सुख के स्थान पर जा रहा हूँ। शास्त्रों में लिखा है, युद्ध में मरनेवालों की ऋषियों जैसी रहत (श्रेणी) होती है। (आगे अस्पष्ट है)।

'जिन्दगी ज़िन्दादिली को जानिए रोशन!' वरना कितने मरे और पैदा होते जाते हैं। आखिरी नमस्कार!

श्री रोशन सिंह रायबरेली के काम करनेवालों में थे। किसान आन्दोलन में जेल जा चुके थे। सबको विश्वास था कि हाईकोर्ट से आपकी मौत की सज़ा टूट जाएगी क्योंकि आपके खिलाफ कुछ भी नहीं था। लेकिन फिर भी वे अंग्रेजशाही का शिकार हो ही गए और फाँसी पर लटका दिए गए। तख़्ते पर खड़े होने के बाद आपके मुँह से जो आवाज निकली, वह यह थी–

'वन्देमातरम्!'

आपकी अर्थी के जुलूस की इजाजत नहीं दी गई। लाश की फोटो लेकर दोपहर में आपका दाह-संस्कार कर दिया गया।

श्री अशफ़ाक़उल्ला

यह मस्ताना शायर भी हैरान करनेवाली खुशी से फाँसी चढ़ा। बड़ा सुन्दर और लम्बा-चौड़ा जवान था, तगड़ा बहुत था। जेल में कुछ कमजोर हो गया था। आपने मुलाकात के समय बताया कि कमजोर होने का कारण ग़म नहीं, बल्कि खुदा की याद में मस्त रहने की खातिर रोटी बहुत कम खाना है। फाँसी से एक दिन पहले आपकी मुलाकात हुई। आप खूब सजे-सँवरे थे। बड़े-बड़े कढ़े हुए केश खूब सजते थे। बड़ा हँस-हँसकर बातें करते रहे। आपने कहा, कल मेरी शादी होनेवाली है। दूसरे दिन सुबह छह बजे आपको फाँसी दी गई। कुरान शरीफ का बस्ता लटकाकर हाज़ियों की तरह वजीफा पढ़ते हुए बड़े हौसले से चल पड़े। आगे जाकर तख़्ते पर रस्सी को चूम लिया। वहीं आपने कहा–

"मैंने कभी किसी आदमी के खून से अपने हाथ नहीं रँगे और मेरा इंसाफ खुदा के सामने होगा। मेरे ऊपर लगाए सभी इल्जाम गलत हैं।" खुदा का नाम लेते ही रस्सी खींची गई और वे कूच कर गए। उनके रिश्तेदारों ने बड़ी मिन्नतें-खुशामदों से उनकी लाश ली और उन्हें शाहजहाँपुर ले आए। लखनऊ स्टेशन पर मालगाड़ी के एक डिब्बे में उनकी लाश देखने का अवसर कुछ लोगों को मिला। फाँसी के दस घंटे बाद भी चेहरे पर वैसी ही रौनक थी। ऐसा लगता था कि अभी ही सोये हों। लेकिन अशफ़ाक़ तो ऐसी नींद सो गए थे कि जहाँ से वे कभी नहीं जागेंगे। अशफ़ाक़ शायर थे और उनका शायर उपनाम हसरत था। मरने से पहले आपने ये दो शेर कहे थे–

'फनाह हैं हम सबके लिए, हम पै कुछ नहीं मौकूफ!
वका है एक फकत जाने की ब्रिया के लिए।'

(नाश तो सभी होंगे, कोई हम अकेले थोड़े होंगे। न मरनेवाला तो सिर्फ एक परमात्मा है।)

और–

'तंग आकर हम उनके जुल्म से बेदाद से,
चल दिए सूए अदम ज़िन्दाने फैज़ाबाद से।'

श्री अशफ़ाक़ की ओर से एक माफीनामा छपा था, उसके सम्बन्ध में श्री रामप्रसाद जी ने अपने आखिरी ऐलान में पोजीशन साफ कर दी है। आपने कहा है कि अशफ़ाक़ माफीनामा तो क्या, अपील के लिए भी राजी नहीं थे। आपने कहा था, मैं खुदा के सिवाय किसी के आगे झुकना नहीं चाहता। परन्तु रामप्रसाद के कहने-सुनने से आपने वही सबकुछ लिखा था। वरना मौत का उन्हें कोई डर या भय नहीं था। उपरोक्त हाल पढ़कर पाठक भी यह बात समझ सकते हैं। आप शाहजहाँपुर के रहनेवाले थे और आप श्री रामप्रसाद के दाएँ हाथ थे, मुसलमान होने के बावजूद आपका कट्टर आर्य समाजी धर्म से हद दर्जे का प्रेम था। दोनों प्रेमी एक बड़े काम के लिए अपने प्राण उत्सर्ग कर अमर हो गए।

श्री रामप्रसाद 'बिस्मिल'

श्री रामप्रसाद 'बिस्मिल' बड़े होनहार नौजवान थे। गजब के शायर थे। देखने में भी बहुत सुन्दर थे। योग्य बहुत थे। जानने वाले कहते हैं कि यदि किसी और जगह या किसी और देश या किसी और समय पैदा हुए होते तो सेनाध्यक्ष बनते। आपको पूरे षड्यन्त्र का नेता माना गया है। चाहे बहुत ज्यादा पढ़े हुए नहीं थे, लेकिन फिर भी पंडित जगतनारायण जैसे सरकारी वकील की सुध-बुध भुला देते थे। चीफ कोर्ट में अपनी अपील खुद ही लिखी थी, जिससे कि जजों को कहना पड़ा कि इसे लिखने में जरूर ही किसी बहुत बुद्धिमान व योग्य व्यक्ति का हाथ है।

19 तारीख की शाम को आपको फाँसी दी गई। 12 की शाम को जब आपको दूध दिया गया तो आपने यह कहकर इनकार कर दिया कि अब मैं माँ का दूध ही पिऊँगा। 18 को आपकी मुलाकात हुई। माँ को मिलते समय आपकी आँखों से अश्रु बह चले। माँ बहुत हिम्मतवाली देवी थी। आपसे कहने लगी–हरीशचन्द्र, दधीचि आदि बुजुर्गों की तरह वीरता, धर्म व देश के लिए जान दे, चिन्ता करने और पछताने की जरूरत नहीं। आप हँस पड़े। कहा, 'माँ! मुझे क्या चिन्ता और क्या पछतावा, मैंने कोई पाप नहीं किया। मैं मौत से नहीं डरता। लेकिन माँ! आग के पास रखा घी पिघल ही जाता है। तेरा-मेरा सम्बन्ध ही कुछ ऐसा है कि पास होते ही आँखों से अश्रु उमड़ पड़े। नहीं तो मैं बहुत खुश हूँ।' फाँसी पर ले जाते समय आपने बड़े जोर से कहा, 'वन्देमातरम्', 'भारत माता की जय' और शान्ति से चलते हुए कहा–

'मालिक तेरी रज़ा रहे और तू ही तू रहे
बाकी न मैं रहूँ, न मेरी आरजू रहे।
जब तक कि तन में जान रगों में लहू रहे,
तेरा ही जिक्रेयार, तेरी जुस्तजू रहे।'

फाँसी के तख्ते पर खड़े होकर आपने कहा–

I wish the downfall of the British Empire.
(मैं ब्रिटिश साम्राज्य का पतन चाहता हूँ।)

फिर यह शेर पढ़ा–

'अब न अहले वलवले हैं
और न अरमानों की भीड़!
एक मिट जाने की हसरत,
अब दिले-बिस्मिल में है!'

फिर ईश्वर के आगे प्रार्थना की और फिर एक नन्त्र पढ़ना शुरू किया। रस्सी खींची गई। रामप्रसाद जी फाँसी पर लटक गए। आज वह वीर इस संसार में नहीं है। उसे अंग्रेजी सरकार ने अपना खौफनाक दुश्मन समझा। आम ख़याल यह है कि उसका कसूर यही था कि वह इस गुलाम देश में जन्म लेकर भी एक बड़ा भारी बोझ बन गया था और लड़ाई की विद्या से खूब परिचित था। आपको मैनपुरी षड्यन्त्र के नेता श्री गेंदालाल दीक्षित-जैसे शूरवीर ने विशेष तौर पर शिक्षा देकर तैयार किया था। मैनपुरी के मुकदमे के समय आप भागकर नेपाल चले गए थे। अब वही शिक्षा आपकी नृत्यु का एक बड़ा कारण हो गया। 7 बजे आपकी लाश मिली और बड़ा भारी जुलूस निकला। स्वदेश-प्रेम में आपकी माता ने कहा–

"मैं अपने पुत्र की इस मृत्यु पर प्रसन्न हूँ, दुखी नहीं। मैं श्री रामचन्द्र-जैसा ही पुत्र चाहती थी। बोलो श्री रामचन्द्र की जय!"

इत्र-फुलेल और फूलों की वर्षा के बीच उनकी लाश का जुलूस जा रहा था। दुकानदारों ने उनके ऊपर से पैसे फेंके। 11 बजे आपकी लाश श्मशान भूमि में पहुँची और अन्तिम क्रिया समाप्त हुई।

आपके पत्र का आखिरी हिस्सा आपकी सेवा में प्रस्तुत है–

"मैं खूब सुखी हूँ। 19 तारीख को प्रातः जो होना है उसके लिए तैयार हूँ। परमात्मा काफी शक्ति देंगे। मेरा विश्वास है कि मैं लोगों की सेवा के लिए फिर जल्द ही जन्म लूँगा। सभी से मेरा नमस्कार कहें। दया कर इतना काम और भी करना कि मेरी ओर से पंडित जगतनारायण (सरकारी वकील जिसने इन्हें फाँसी लगवाने के लिए बहुत जोर लगाया था) को अन्तिम नमस्कार कह देना। उन्हें हमारे खून से लथपथ रुपयों से चैन की नींद आए। बुढ़ापे में ईश्वर उन्हें सद्बुद्धि दे।"

रामप्रसाद जी की सारी हसरतें दिल-ही-दिल में रह गइं। अपने एक लम्बा-चौड़ा ऐलान किया है, जिसे संक्षेप में हम दूसरी जगह दे रहे हैं। फाँसी से दो दिन पहले सी. आई. डी. के मि. हैमिल्टन आप लोगों की निन्नतें करते रहे कि आप मौखिक रूप से सब बातें बता दो, आपको पाँच हजार रुपया नकद दे दिया जाएगा और सरकारी खर्चे पर विलायत भेजकर बैरिस्टर की पढ़ाई करवाई जाएगी। लेकिन आप कब इन बातों की परवाह करते थे। आप हकूमतों को ठुकरानेवाले व कभी-कभार जन्म लेनेवाले वीरों में से थे। मुकदमे के दिनों आपसे जज ने पूछा था, "आपके पास क्या डिग्री है?" तो आपने हँसकर जवाब दिया था, "सम्राट बनानेवालों को डिग्री की कोई जरूरत नहीं होती, क्लाइव के पास भी कोई डिग्री नहीं थी।" आज वह वीर हमारे बीच नहीं है। आह!!

काकोरी के शहीदों के लिए प्रेम के आँसू

[जनवरी, 1928 के 'किरती' ने काकोरी के शहीदों सम्बन्धी एक सम्पादकीय नोट भी प्रकाशित किया। यह भगत सिंह का लिखा हुआ तो नहीं है, लेकिन उनके साथी भगवतीचरण वोहरा का हो सकता है। निश्चय ही, यह भी ऐतिहासिक दस्तावेज़ है, जिसे नीचे दिया जा रहा है।–सं.]

काकोरी केस के चार वीरों को फाँसी पर लटका दिया गया। वे लाड़-प्यार से पले शूरवीर हँसते-हँसते शहादत प्राप्त कर गए। भारत माता के चार सुपुत्र अपने शीश देश और राष्ट्र के नाम अर्पण कर गए। उन्होंने अपनी प्रतिज्ञा, अपना फर्ज पूरा कर दिया। वे इस पंच भौतिक शरीर की कैद से आज़ाद हो गए और हम गुलामों को अपनी गुलामी के दुखड़े रोने के लिए पीछे छोड़ गए!!!

जिस देश में देशभक्ति गुनाह समझा जाता हो, जिस देश में आज़ादी की ख्वाहिश रखनी बगावत समझी जाती हो, जहाँ लोकल्याण की सज़ा मौत हो, जहाँ देशभक्तों की गर्दन में फाँसी का रस्सा डाला जाता हो, उस देश की हालत ख़याल में तो भले ही आ जाए, लेकिन बयान नहीं की जा सकती। किसी देश की अधोगति इससे ज्यादा क्या हो सकती है। लेकिन जिस देश में यह अन्याय नित्य प्रति होते हों, जहाँ ऐसे अत्याचार दिन-प्रतिदिन ही होते रहें यदि वहाँ के निवासी ऐसे-ऐसे अन्यायों, ऐसे अत्याचारों के खिलाफ आवाज उठानी तो दूर, आह तक न भर सकते हों तो उस देश के निवासियों की हालत कैसी होगी?

हिन्दुस्तान गुलाम है। इसकी बागडोर विदेशियों के हाथ है। इससे प्रेम करना मौत को पुकारना है। इसकी आज़ादी के सपने देखना घर-बार, बाल-बच्चे छोड़कर जलावतनी की जिन्दगी गुजारना है। इस महीवाल के प्रेम ने कई सोहनियों को गहरे समुद्रों में डुबोया। इसके प्रेम ने कई प्रेमियों के दल-के-दल खत्म किए। इसका प्रेम अगाध है, अथाह है। इसके प्रेमी बेअन्त हैं, असंख्य हैं। न इस प्रेम का स्वर पता चलता है, न इसके प्रेमियों को ताव आती है। यहाँ तो 'चुप भाई चुप' वाली बात है।

यह जुल्म कब तक रहेगा? इस अन्याय का भाँडा कब फूटेगा? बेगुनाहों को कब तक शहीद किया जाएगा? देश-प्रेमियों को कब तक गोली का निशाना बनाया जाएगा? कब तक इस गुलामी डायन का और मुँह देखना पड़ेगा? आज़ादी देवी के दर्शन कब तक होंगे? अभी कितनी शहीदियाँ प्राप्त करनी होंगी? अभी और कितनों को फाँसी पर चढ़ाया जाएगा?

रब्बा! वह दिन कब आएगा, जब यह शहीदियाँ रंग लाएँगी। ईश्वर, वह दिन कब देखेंगे जब हमारा बगीचा हरा-भरा होगा? यहाँ से पतझड़ का कूच कब होगा? उल्लू कब तक इस बाग में डेरा जमाए बैठे रहेंगे? बुलबुलें किस दिन फिर यहाँ चहचहाएँगी? यह पिंजरे कब टूटेंगे? आज़ादी कब लौटेगी, उजड़े कब फिर बसेंगे?

लोगो! भारत माता के चार सुन्दर जवान फाँसी चढ़ा दिए गए। वे नौकरशाही के डसे, दुश्मनी का शिकार हो गए। कौन बता सकता है कि यदि वे जीवित रहते तो क्या-क्या नेकी के काम करते, कौन-कौन से परोपकार करते? कौन कह सकता है कि उनके रहने से संसार

पहले से सुन्दर और रहने योग्य न दिखाई देता? वे वीर थे, आज़ादी के आशिक थे। उन्होंने देश और कौम की खातिर अपनी जान लुटा दी। वे अपनी माँओं की कोख को सफल बना गए।

यदि भारत माता आज़ाद होती तो इनके बलिदानों का मोल पड़ता। यदि आज हिन्दुस्तान में कुछ जान होती तो यह बलिदान बेकार न होते। हाय! आज़ादी के वीर चले गए। उन्हें किसी ने न पहचाना, उन्हें किसी ने न कहा, आप शूरवीर हो, आप बहादुर हो। वह जगह धन्य है, जहाँ आप जन्मे-पले! जहाँ आप खेले। वे राहें धन्य हैं, जहाँ आप चले, जहाँ आप कूदे-भागे। वीर, मातृभूमि के लाडले वीर चले गए! वे अपना जन्म सफल कर गए!

बातें करनी आसान हैं, बड़कें मारनी आसान हैं। चगल-चगल करना और बात है, कुर्बानी देना और बात है। परीक्षा अलूणी चट्टान है, इसे चाटना आसान नहीं है। परीक्षा से बड़े-बड़े तौबा कर उठे थे। परीक्षा के आगे कोई जिगरवाला ही टिक सकता है। इन वीरों ने किस हिम्मत, किस बहादुरी से परीक्षा दी है। इनकी बहादुरी कभी भूल सकती है? धन्य हैं इनके माँ-बाप, जिन्होंने उन्हें जन्म दिया। धन्य हैं ये स्वयं, जो बलिदान के पुंज, आत्म-त्याग की मिसाल हैं।

जब कभी आज़ादी का इतिहास लिखा जाएगा, जब कभी शहीदों का जिक्र होगा, जब कभी भारत माता के लिए बलिदान करनेवालों की चर्चा होगी तो वही 1. राजिन्द्रनाथ लाहिड़ी, 2. रामप्रसाद बिस्मिल, 3. रोशन सिंह, और 4, अशफ़ाक़उल्ला का नाम जरूर लिया जाएगा। उस समय आनेवाली पीढ़ियाँ इन शहीदों के आगे शीश झुकाएँगी और इन वीरों के बहादुरी भरे किस्से सुन-सुन सिर हिलाएँगी। उस समय ये कौम का आदर्श माने जाएँगे, इन बुजुर्गों की पूजा होगी।

आज हम कमजोर हैं, निःशक्त हैं। आज हम गिरे हुए हैं, झूठे हैं। आज हम अपनी दिली भावनाएँ नहीं बता सकते—क्योंकि हम कायर हैं, डरपोक हैं, आज हमें सच कहने से डर लगता है, क्योंकि कानून की तलवार हमारे सिरों पर लटकती दिखाई देती है। इससे यह नहीं कह सकते, 'काकोरी के शहीदो! आपने जो किया, भारत माता के बन्धन तोड़ने के लिए किया। आपने जो कष्ट उठाए, वह हिन्दुस्तान को आज़ाद करवाने के लिए उठाए।' आज हम यह नहीं कह सकते कि 'आपने अपने मतानुसार अच्छा किया।'

गुलामों की अवस्था कितनी गिर जाती है। गुलामों में कितनी गिरावट आ जाती है। दैवी गुण उनमें से किस तरह भाग जाते हैं। वे कितने ढोंगी और पाखंडी बन जाते हैं। वे कितने बुज़दिल व कायर बन जाते हैं। वे सच्ची-खरी बातें मुँह पर नहीं कह सकते। वे दिल में कुछ और रखते हैं और बाहर कुछ और। उनकी हालत कितनी दयनीय हो जाती है!

इस हालत को सुधारने का एक ही साधन है, इस दुर्दशा को बदलने का एकमात्र इलाज है, इस दुर्दशा की एक ही दवा है, और वह है आज़ादी। आज़ादी कुर्बानियों के बगैर नहीं मिल सकती। शहीदों की इज्जत करने से, शहीदों के कारनामे याद करने से कुर्बानी का चाव उमड़ता है। जो कौम शहीदों को शहीद नहीं कह सकती, उसे क्या खाक आज़ाद होना है?

लोगो! देखे हैं आशिक सूली पर चढ़ते? वे मौत से मजाक करते थे। वे मौत पर हँसते थे, उन्हें मृत्यु का भय नहीं था। वे यार की गली में शीश तली पर रखकर आए थे। उन्हें डर क्या था, वे तो आए ही मरने थे। मृत्यु का तो वे पहले ही वरण कर चुके थे, जीवन की आशा तो वे पहले ही छोड़ चुके थे। वे तो गाते थे–

एक मिट जाने की हसरत अब दिले-बिस्मिल में है।

कहाँ वे और कहाँ हम? वे तो किसी और ही देश के निवासी थे। वे तो गरीबों की आह सुनकर मैदान में उतरे थे। वे तो हिन्दुस्तान से भूख-नंग को दूर करने आए थे। वे तो मजदूरों और किसानों का हाल पूछने आए थे। वे तो किसी ऊँचे आदर्श के पुजारी थे। वे तो किसी ऊँचे स्वप्न की उड़ान में मस्त थे। वे तो वे नजारे देखते थे, जहाँ न भूख है, न नग्नता। जहाँ न गरीबी है, न अमीरी। जहाँ न जुल्म है, न अन्याय। बस जहाँ प्रेम है, एकता है, जहाँ इंसाफ है, आज़ादी है, जहाँ सुन्दरता है। पर हम? हम?...हाय रे!

किसी का आदर्श कमाना, आप खाना और बच्चों को पालना होता है। किसी का आदर्श स्वयं को ऊँचा उठाने का होता है। किसी का आदर्श गरीबों, दुखियों को लूटकर धन-दौलत इकट्ठी करना होता है, किसी का आदर्श अपने सुन्दर शरीर को तकलीफ से दूर रखने का होता है।

किसी का आदर्श कुछ होता है, किसी का कुछ। लेकिन उनका आदर्श देश था। उनका आदर्श हिन्दुस्तान की आज़ादी थी। उनका कोई स्वार्थ नहीं था। उनके खाने के लिए, उन्हें ओढ़ने के लिए किसी बात की कमी न थी। वे तो जो कुछ करते थे, लोक-कल्याण की खातिर, लोक-सेवा के लिए करते थे। वे इतने बलिदान के पुंज निकले, कि स्वयं को हमारे ऊपर वार दिया। आइए, इन वीरों को प्रणाम करें।

मातृभूमि के लाडलो! क्या हुआ यदि डर के मारे आज हम आपका नाम भी लिखने से घबराते हैं? क्या हुआ जो आज हम दिल की बातें कहने में झिझकते हैं? क्या हुआ यदि आज हिन्दुस्तान में मुर्दानोशी छाई है और आपका नाम लेने से ही षड्यन्त्रकारी बन जाते हैं? क्या हुआ यदि कोई हिन्दुस्तानी आपको भला-बुरा भी कहे, लेकिन समय आएगा जब आपकी कद्र होगी, जब आपको शहीद कहा जाएगा, जिस तरह 1857 के गदर को अब 'आज़ादी की जंग' कहा जाता है। समय सिद्ध कर देता है, समय सच्ची-सच्ची कहलवा देता है, समय किसी का लिहाज नहीं करता। उस समय आप अपनी असली शान से चमकेंगे और उस समय हिन्दुस्तान आप पर बलिहारी जाएगा।

शहीद वीरो! हम कृतघ्न हैं, हम तुम्हारे किए को नहीं जानते। हम कायर हैं, हम सच-सच नहीं कह सकते। हमें आप माफ करो, हमें आप क्षमादान दो। हमें मौत से भय लगता है, हमारा दिमाग सूली का नाम सुनते ही चक्कर खा जाता है। आप धन्य थे। आपके बड़े जिगर थे कि आपने फाँसी को टिच्च समझा। आपने मौत के समय मजाक किए! पर हम? हमें चमड़ी प्यारी है, हमें तो ज़रा-सी तकलीफ ही मौत बनकर दिखने लगती है। आज़ादी! आज़ादी का तो नाम सुनते ही हमें कँपकँपी छिड़ जाती है। हाँ! गुलामी के साथ हमें प्यार है, गुलामी की ठोकरों से हमें मजा आता है! आपकी नस-नस से, रग-रग से आज़ादी की पुकार गूँजती थी लेकिन हमारी रग-रग से, हमारी नस-नस से, गुलामी की

आवाज निकलती है। आपका और हमारा क्या मेल? हमें आप क्षमा करो, आप हमारे केवल यह प्रेम के अश्रु ही स्वीकार करो।

कहो, धन्य हैं, काकोरी के शहीद...!

[भगत सिंह ने 1926 में अपने विचारों को परिपक्व बनाने के लिए खूब अध्ययन किया। इस सम्बन्ध में उन्होंने 'मैं नास्तिक क्यों हूँ' नामक लेख में लिखा भी है कि "यह मेरे क्रान्तिकारी जीवन में आया बड़ा मोड़ था। अध्ययन करने की तरंगें मेरे मन में उठती रहीं। अध्ययन करूँ, ताकि अपने विरोधियों के तर्कों का उत्तर दे सकूँ।"

1927 में भगत सिंह ने लिखना भी शुरू कर दिया था। काकोरी के शहीदों को दिसम्बर, 1927 में फाँसी होने के बाद भगत सिंह ने अपने साथियों—भगवतीचरण वोहरा, शिव वर्मा, जयदेव कपूर आदि—से विचार-विमर्श करते हुए अपने देश के शहीदों व क्रान्तिकारी आन्दोलन सम्बन्धी जानकारी देने के निरन्तर यत्न शुरू किए। वे स्वयं भी इन आन्दोलनों का गहराई से अध्ययन कर रहे थे और देशवासियों को जाग्रत भी कर रहे थे।

फरवरी, 1928 में 'चाँद' का 'फाँसी अंक' प्रकाशित हुआ। भारतीय क्रान्तिकारी आन्दोलन और शहीदों के जीवन-चरित्र सम्बन्धी इस अंक में बड़ी अच्छी सामग्री थी। 'विद्रोही' छद्म नाम से भगत सिंह ने इसमें कई जीवन-चरित्र लिखे। इस अध्याय में उनके लिखे तीन जीवन-चरित्र प्रस्तुत हैं। इसी में कुछ और देशभक्तों के जीवन-चरित्र भी दिए गए हैं। —सं.]

सूफी अम्बा प्रसाद

आज भारतवर्ष में कितने लोग उनका नाम जानते हैं? कितने उनकी स्मृति में शोकातुर होकर आँसू बहाते हैं? कृतघ्न भारत ने कितने ही ऐसे रत्न खो दिए और क्षण-भर के लिए भी दुख अनुभव नहीं किया।

वे सच्चे देशभक्त थे। उनके हृदय में देश के लिए दर्द था। वे भारत की प्रतिष्ठा देखना चाहते थे, भारत को उन्नति के शिखर पर पहुँचाना चाहते थे, तो भी आज भारत के बहुत कम लोग उनका नाम जानते हैं। उनकी कदर भी की तो ईरान ने, आज यहाँ आका सूफी का नाम सर्वप्रिय हो रहा है।

सूफी जी का जन्म 1858 में मुरादाबाद में हुआ था। आपका दाहिना हाथ जन्म से ही कटा था। आप हँसी में कहा करते थे—अरे भाई! हमने सत्तावन में अंग्रेजों के विरुद्ध युद्ध किया। हाथ कट गया। मृत्यु हो गई। पुनर्जन्म हुआ, हाथ कटे का कटा आ गया!

आपने मुरादाबाद, बरेली और जालन्धर आदि कई शहरों में शिक्षा पाई। एफ. ए. पास करने के पश्चात् आपने वकालत पढ़ी, परन्तु की नहीं। आप उर्दू के प्रभावशाली लेखक थे। आपने यही काम सँभाला।

सन् 1890 में आपने मुरादाबाद से जाम्युल इलूक नामक उर्दू साप्ताहिक पत्र निकाला। इसका प्रत्येक शब्द उनकी आन्तरिक अवस्था का परिचय देता था। वे हास्यरस के प्रसिद्ध

लेखक थे, परन्तु इनमें गम्भीरता भी कम न थी। वे हिन्दू-मुस्लिम-एकता के कट्टर पक्षपाती थे और शासकों की कड़ी आलोचना किया करते थे।

सन् 1897 में आपको राजद्रोह के अपराध में डेढ़ वर्ष का कारागार मिला। जब 1899 में छूटकर आए तो यू. पी. के कुछ छोटे राज्यों पर अंग्रेज लोग हस्तक्षेप कर रहे थे। सूफीजी ने वहाँ के अंग्रेजों तथा रेजिडेंटों का खूब भंडाफोड़ किया। आप पर मिथ्या दोषारोपण का अभियोग चलाया गया और सारी जायदाद जब्त कर 6 साल का कारागार दिया गया। जेल में उन्हें अकथनीय कष्ट सहन करने पड़े, परन्तु वे कभी विचलित नहीं हुए।

सूफीजी जेल में बीमार पड़े। एक गलीज कोठरी में बन्द थे। उन्हें औषधि नहीं दी जाती थी, यहाँ तक कि पानी आदि का भी ठीक प्रबन्ध न था। जेलर आता और हँसता हुआ प्रश्न करता–सूफी, अभी तक तुम ज़िन्दा हो? खैर! ज्यों-त्यों कर जेल कटी और 1906 के अन्त में आप बाहर आए।

सूफीजी का निज़ाम हैदराबाद से घनिष्ठ सम्बन्ध था। जेल से छूटते ही वहाँ गए। निज़ाम ने उनके लिए एक अच्छा-सा मकान बनवाया। मकान बन जाने पर उन्होंने सूफीजी से कहा–'आपके लिए मकान तैयार हो गया है।' आपने उत्तर दिया–'हम भी तैयार हो गए हैं।' आपने वस्त्रादि उठाए और पंजाब के लिए चल दिए। वहाँ जाकर आप 'हिन्दुस्तान' अख़बार में काम करने लगे। सुनते हैं वहाँ आपकी चतुरता, वाक्पटुता और समझदारी देखकर सरकार की ओर से 1000 रुपया मासिक जासूस विभाग से पेश किए गए थे, परन्तु आपने उनकी अपेक्षा जेल और दरिद्रता को ही श्रेष्ठ समझा। बाद को 'हिन्दुस्तान'-सम्पादक से भी आपकी न बनी। आपने वहाँ से भी त्यागपत्र दे दिया।

उन्हीं दिनों सरदार अजीत सिंह ने भारत माता सोसाइटी की नींव डाली और पंजाब के न्यू कॉलोनी बिल के विरुद्ध आन्दोलन आरम्भ कर दिया। सूफी जी का भी मेल उनसे बनने लगा। उधर वे भी इनकी ओर आकर्षित होने लगे।

सन् 1906 में पंजाब में फिर धर-पकड़ आरम्भ हुई तो सरदार अजीत सिंह के भाई सरदार किशन सिंह और भारत माता सोसाइटी के मन्त्री मेहता आनन्द किशोर के साथ वे नेपाल चल दिए। वहाँ नेपाल राज्य के गवर्नर श्री जंगहादुर जी से आपका परिचय हो गया। वे इनसे बहुत अच्छी तरह पेश आए। बाद को श्री जंगबहादुर जी सूफी को आश्रय देने के कारण ही पदच्युत कर दिए गए। उनकी सम्पत्ति जब्त कर ली गई। खैर, सूफी जी वहाँ पकड़े गए और लाहौर लाए गए। लाला पिंडी दास जी के पत्र 'इंडिया' में प्रकाशित आपके लेखों के सम्बन्ध में ही आप पर अभियोग चलाया गया, परन्तु निर्दोष सिद्ध होने पर बाद में आपको छोड़ दिया गया।

तत्पश्चात् सरदार अजीतसिंह भी छूटकर आ गए। और सन् 1909 में भारत माता बुक सोसाइटी की नींव डाली गई। इसका अधिकतर कार्य सूफीजी ही किया करते थे। आपने 'बागी मसीह' या 'विद्रोही मसीह' नामक एक पुस्तक प्रकाशित करवाई जो बाद को जब्त कर ली गई।

इसी वर्ष लोकमान्य तिलक पर अभियोग चलाया गया और उन्हें भी 6 वर्ष का कारावास मिला। तब देशभक्त-मंडल के सभी सदस्य साधु बनकर पर्वतों की ओर यात्रा

करने निकल पड़े। पर्वतों के ऊपर जा रहे थे। एक भक्त भी साथ आया। साधु बैठे तो उस भक्त ने सूफी जी के चरणों पर सीस नवाकर नमस्कार किया। बड़ा जेंटलमैन था। खूब सूट-बूट पहने था। सूफी जी के चरणों पर शीश रखा और पूछने लगा—बाबाजी, आप कहाँ रहते हैं?

सूफी जी ने कठोर शब्दों में उत्तर दिया—रहते हैं तुम्हारे सर में!

—साधु जी, आप नाराज क्यों हो गए?

—अरे बेवकूफ! तूने मुझे क्यों नमस्कार किया! इतने और साधु भी थे, इनको प्रणाम क्यों न किया?

—मैं आपको साधु समझा था।

—अच्छा खैर जाओ, खाने-पीने की वस्तुएँ लाओ।

वह कुछ देर बाद अच्छे-अच्छे पदार्थ लेकर आया। खा-पीकर सूफी जी ने उसे फिर बुलाया और कहने लगे—क्यों बे, हमारा पीछा छोड़ेगा या नहीं?

—भला मैं आपसे क्या कहता हूँ जी?

—चालाकी को छोड़। आया है जासूसी करने! जा, अपने बाप से कह देना कि सूफी पहाड़ में गदर करने जा रहे हैं।

वह चरणों पर गिर पड़ा—हजूर, पेट की खातिर सबकुछ करना पड़ता है!

आपने सन् 1909 में 'पेशवा' अख़बार निकाला। उन्हीं दिनों बंगाल में क्रान्तिकारी आन्दोलन ने जोर पकड़ा। सरकार को चिन्ता हुई कि कहीं यह पंजाब को भी जला न डाले। अस्तु, दमन-चक्र आरम्भ हुआ। तब सूफी जी, सरदार अजीत सिंह और जिया-उल-हक़ ईरान चले गए। वहाँ पहुँचकर जिया-उल-हक़ की नीयत बदल गई। उसने चाहा, इन्हें पकड़वा दूँ तो इनाम भी मिलेगा और सज़ा भी न होगी। परन्तु सूफी जी ताड़ गए। उन्होंने उसे आगे भेज दिया। (फलस्वरूप वह) स्वयं ही पकड़ा गया और ये दोनों बच निकले।

ईरान में वे कैसे रहे, क्या हुआ, यह बातें तो किसी अवसर पर खुलेंगी परन्तु जो कुछ सुनने में आया, उसी का उल्लेख इस स्थान पर किया जाता है। ईरान में अंग्रेजों ने उनकी बहुत खोज की और उन्हें कई प्रकार के कष्ट सहन करने पड़े। कहा जाता है कि वे एक स्थान पर घेर लिए गए। वहाँ से निकलना असम्भव-सा हो गया। वहाँ व्यापारियों का एक काफिला ठहरा हुआ था। ऊँटों पर बहुत-से सन्दूक लदे थे। आगे वस्त्र आदि भरे थे। एक ऊँट के दोनों सन्दूकों में सूफी जी तथा अजीत सिंह को बन्द कर दिया गया और वहाँ से बचाकर निकाला गया।

फिर किसी अमीर के घर ठहरे। पता चल गया और वह घेर लिए गए। उसी समय उन दोनों को बुरका पहना जनाने में बिठा दिया गया। सबकी तलाशी ली गई और अन्त में स्त्रियों की भी तलाशी ली जाने लगी। एक-दो स्त्रियों के बुरके उठाए भी गए, परन्तु मुसलमान लोग लड़ने-मरने को तैयार हो गए और फिर अन्य किसी स्त्री का बुरका नहीं उठाने दिया गया। इस तरह वे दोनों यहाँ से भी बचे।

पीछे उन्होंने वहाँ से 'आबे हयात' नामक पत्र निकाला और राष्ट्रीय आन्दोलन में भाग लेने लगे। सरदार साहिब के टर्की चले जाने पर वहाँ का सारा कार्य इन्हीं के सर आ पड़ा

और फिर ये वहाँ आकर सूफी के नाम से प्रसिद्ध हुए। सन् 1915 में जिस समय ईरान में अंग्रेजों ने पूर्ण प्रभुत्व जमाना चाहा तो फिर कुछ उथल-पुथल मची थी। शीराज़ पर घेरा डाला गया। उस समय सूफी जी ने बाएँ हाथ से रिवाल्वर चलाकर मुकाबला किया था, परन्तु अन्त में आप अंग्रेजों के हाथ आ गए। उनका कोर्ट मार्शल किया गया। फैसला हुआ कि कल गोली से उड़ा दिए जाएँगे। सूफी कोठरी में बन्द थे। प्रातः समय देखा तो वे समाधि की अवस्था में थे। उनके प्राण- पखेरू उड़ चुके थे! उनके जनाजे के साथ असंख्य ईरानी गए और उन्होंने बहुत शोक मनाया। कई दिन तक नगर में उ दासी छाई रही। सूफी जी की कब्र बनाई गई। अभी तक हर वर्ष उनकी कब्र पर उत्सव मनाया जाता है। लोग उनका नाम सुनते ही श्रद्धा से सर झुका लेते हैं। वे पैर से भी लेखनी पकड़कर अच्छी तरह लिख सकते थे। एक दिन एक महाशय कह रहे थे कि मुझे उन्होंने पैर से ही लिखकर एक नुस्खा दिया था।

एक और कहानी मित्रों ने सुनाई थी। पता नहीं कहाँ तक सच है। परन्तु बहुत सम्भव है वह सच हो। कहते हैं, जब भोपाल या किसी और स्टेट में रेजिडेंट कुछ गड़बड़ कर रहे थे और उसके हड़प करने की चिन्ता में थे, तो वहाँ का भेद प्रकाशित करने के लिए अमृत बाजार पत्रिका की ओर से सूफी जी वहाँ भेजे गए। यह बात 1890 के लगभग की है।

एक पागल-सा मनुष्य रेजिडेंट के बैरे के पास नौकरी की खोज में आया और अन्त में केवल भोजन पर ही रख लिया गया। वह पागल बर्तन साफ करता तो मिट्टी में लथपथ हो जाता। मुँह पर मिट्टी पोत लेता। वह सौदा खरीदने में बड़ा चतुर था, अस्तु चीज़ें खरीदने वही भेजा जाता था।

उधर अमृत बाजार पत्रिका में रेजिडेंट के विरुद्ध धड़ाधड़ लेख निकलने लगे। अन्त में इतना बदनाम हुआ कि पदच्युत कर दिया गया। जिस समय वह स्टेट से बाहर पहुँच गया तो एक जंक्शन पर एक काला-सा आदमी हैट लगाए, पतलून-बूट पहने उसकी ओर आया। उसे देखकर रेजिडेंट चकित-सा रह गया। ये तो वही है जो मेरे बर्तन साफ किया करता था! आज पागल नहीं है। उसने आते ही अंग्रेजी में बातचीत शुरू की। उसे देखकर रेजिडेंट काँपने लगा। आखिर उसने कहा—तुम्हें इनाम तो दिया जा चुका है, अब तुम मेरे पास क्यों आए हो?

—आपने कहा था—जो आदमी उस गुप्तचर को, जिसने कि आपका भेद खोला है, पकड़वाए तो आप कुछ इनाम देंगे।

—हाँ, कहा तो था। क्या तुमने उसे पकड़ा?

—हाँ, हाँ...इनाम दीजिए। वह मैं स्वयं ही हूँ।

वह थर-थर काँपने लगा। बोला—यदि राज्य के अन्दर ही मुझे तेरा पता चल जाता तो बोटी-बोटी उड़वा देता। खैर, उसने उन्हें एक सोने की घड़ी दी और कहा—यदि तुम स्वीकार करो तो जासूस विभाग से 1000 रु. मासिक वेतन दिला सकता हूँ। परन्तु सूफी जी ने कहा—अगर वेतन ही लेना होता तो आपके बर्तन क्यों साफ करता?

आज सूफी जी इस देश में नहीं हैं। पर ऐसे देशभक्त का स्मरण ही स्फूर्तिदायक होता है। भगवान उनकी आत्मा को चिर शान्ति दे।

श्री बलवन्तसिंह

वे बड़े ईश्वर-भक्त थे। धर्मनिष्ठा के कारण उन्हें सिक्खों में पुरोहित बना दिया गया था। शान्ति के परम उपासक बलवन्त का स्वभाव बड़ा मृदुल था। वे सुमधुर भाषी थे। पहले-पहल वे ईश्वरोपासना की ओर लगे। फिर लोगों को उस ओर लाने की चेष्टा प्रारम्भ की। बाद में लोगों के कष्ट दूर करने के प्रयास में धीरे-धीरे गौरांग महाप्रभुओं से मुठभेड़ होती गई और अन्त में फाँसी पर मुस्कराते हुए आपने प्राण-त्याग किया।

श्री बलवन्त सिंह का जन्म गाँव खुर्दपुर, जिला जालन्धर में पहिली आश्विन, सम्वत् 1939 विक्रम शुक्रवार को हुआ था। आपके पिता का नाम सरदार बुद्ध सिंह था।

परिवार बड़ा धनाढ्य था। पिता को धन के अतिरिक्त स्वभाव तथा अन्य गुणों के कारण सभी मान तथा आदर की दृष्टि से देखते थे। आपको होश सँभालते ही आदमपुर के मिडिल स्कूल में शिक्षा के लिए दाखिल करवा दिया। विद्यार्थी-जीवन में ही आपका विवाह हो गया। परन्तु विवाह के बाद शीघ्र ही धर्मपत्नी की मृत्यु हो गई। मिडिल पास किए बिना ही स्कूल छोड़कर वे फौज में जा भरती हुए। पल्टन में आपका सन्त कर्म सिंह जी से संसर्ग हुआ। उनकी संगति से आपका ईश्वर-भजन की ओर झुकाव हो गया। दस साल ज्यों-त्यों नौकरी की, फिर एकाएक नौकरी छोड़ अपने गाँव में रहकर ईश्वरोपासना शुरू कर दी। पल्टन की नौकरी में ही आपका दूसरा विवाह भी हुआ था। गाँव के पास एक गुफा थी। उसी में बन्द रहकर भगवद्भजन में तल्लीन रहने लगे। ग्यारह महीने वहीं रहने के बाद बाहर आते ही सन् 1905 में कैनेडा जाने का निश्चय कर, उधर ही प्रस्थान कर दिया।

कैनेडा में जाकर आपने अपने दूसरे साथी श्री भाग सिंह जी से, जिन्हें एक देशद्रोही ने बाद में गोली मार दी थी, मिलकर गुरुद्वारा बनाने का कार्य आरम्भ किया। वैंकोवर में ही उनके प्रयत्न से अमेरिका का सबसे पहला गुरुद्वारा स्थापित हुआ। उस समय वहाँ गए हुए भारतवासियों में कोई संगठन न था। उन्हें गोरे लोग तंग किया करते थे, परन्तु हमारे नायक वहाँ गए तो उन्होंने इन सब त्रुटियों को दूर करने का भरसक प्रयत्न किया।

उस समय वहाँ के प्रवासी हिन्दुओं तथा सिक्खों को मृतक-संस्कार करने में बड़ी विपत्ति होती। मुर्दे जलाने की उन्हें आज्ञा न थी। ऐसी अवस्था में बेचारे उन लोगों को अनेकानेक कष्ट सहन करने पड़ते। कई बार उन्हें वर्षा में, बर्फ में, शव को जंगल में ले जाकर, कुछ लकड़ियाँ इकट्ठी कर, तेल डाल आग लगाकर भागना पड़ता। ऐसी अवस्था में भी कैनेडियन लोगों की गोली का निशाना बनने का डर रहता। श्री बलवन्त सिंह जी ने यह असुविधा दूर करने का प्रबन्ध किया। कुछ जमीन खरीद ली। दाह-संस्कार करने की आज्ञा भी प्राप्त कर ली। गुरुद्वारे में भारतीय मजदूरों का संगठन भी करने लगे। उनमें सच्चरित्रता तथा ईश्वरोपासना का प्रचार किया करते। गुरुद्वारा बड़े प्रयत्न से बन पाया था, उन सबमें आपका परिश्रम ही सबसे अधिक था, अतः सबने मिलकर आपको ही ग्रन्थी बनाने का निश्चय किया। पहले तो आपने कुछ इनकार किया, परन्तु बाद में स्वीकार कर लिया।

सिक्ख लोग बड़े हृष्ट-पुष्ट तथा परिश्रमी होते हैं। उनके कैनेडा में जाने से गोरे मजदूरों की कद्र कम हो गई। उधर अंग्रेज़ मजदूरों से उनका वेतन भी कहीं कम होता। उनके पहले

दल के पहुँचते ही गोरे मजदूरों ने दंगा-फसाद शुरू कर दिया था। परन्तु योद्धा-वीर सिक्ख इन बातों से डरनेवाले नहीं थे। इससे गोरे और भी चिढ़ उठे। और उधर गुरुद्वारा बनने से इनका संगठन बढ़ने लगा। नवीन आगन्तुकों को हर प्रकार की सुविधा होने लगी। यह सब देखकर वहाँ की गोरी सरकार ने उनको निकालने के लिए यत्किंचित् उपाय ढूँढ़ने शुरू किए। इमिग्रेशन विभागवालों ने भारतीय मजदूरों को बहुत-कुछ फुसलाकर हंडूरॉस नामक द्वीप में चले जाने पर राजी करने का प्रयत्न किया। उस द्वीप की बहुत तारीफ की गई। परन्तु भाई बलवन्त सिंह जी खूब समझते थे कि यह सब धोखे की टट्टी है। आपने अपने किसी विश्वस्त सज्जन को वह स्थान देख आने के लिए भेजा। उस सज्जन का नाम था श्री नागर सिंह। उन्हें वहाँ इमिग्रेशन विभागवालों ने भारत में पाँच मुरब्बे जमीन और पाँच हजार डॉलर देने का लोभ देकर इस बात पर राजी करना चाहा कि वह भारतवासियों को हंडूरॉस में आने पर राजी कर दें। उन्होंने आते ही सब भेद खोल दिया। इमिग्रेशन विभागवाले भी खुल खेले। अब खुल्लमखुल्ला युद्ध छिड़ गया। इमिग्रेशन विभाग ने औचित्यानौचित्य का विचार छोड़ दिया। ज्यों-ज्यों मामला बढ़ा त्यों-त्यों श्री बलवन्त सिंह जी भी आगे बढ़ते गए।

प्रवासी भारतवासियों की इच्छा थी कि वे लोग भारत लौटकर अपने परिवारों को साथ ले जा सकें। बहुत दिनों तक खींचातानी हुई। आखिर एक सलाह सोची गई। श्री बलवन्त सिंह, श्री भाग सिंह तथा भाई सुन्दर सिंह जी को भारत लौटकर अपने परिवार लाने के लिए भेजने का प्रस्ताव हुआ। वह तीनों सज्जन भारत को लौट आए।

1911 में वे फिर सपरिवार रवाना हुए। हांगकांग पहुँचकर टिकट न मिलने के कारण रुक जाना पड़ा। वहीं पड़े रहकर वे वैंकोवर-गुरुद्वारावालों से पत्र-व्यवहार द्वारा सलाह करते रहे। आखिर तीनों सज्जन चल दिए। श्री सुन्दर सिंह जी तो गए वैंकोवर को तथा शेष दोनों सज्जन तीनों परिवार सहित सान्फ्रान्सिस्को रवाना हुए। भाई सुन्दर सिंह तो वैंकोवर पहुँच गए, परन्तु संयुक्त राज्य अमेरिका भी तो आखिर गोरों का देश था और इधर तो वे ही गुलाम भारतवासी थे, परिवारों सहित उन दोनों सज्जनों को वहाँ उतरने की आज्ञा न मिली। वे फिर हांगकांग लौट आए। फिर बहुत दिन बाद बड़े यत्न से परिवारों के लिए वैंकोवर के टिकट मिले। वैंकोवर में उन दोनों सज्जनों को तो उतरने की आज्ञा मिल गई, परिवारों को उतरने की आज्ञा न मिली। बड़ा झंझट बढ़ा। आखिर परिवारों को उतने दिनों तक उतरने की आज्ञा मिली, जितने दिनों में कि आशा की जा सकती थी कि इमिग्रेशन विभाग के केन्द्रीय ओटावा (Ottava) से अन्तिम आज्ञा आ जाएगी। परिवार उतरे तो सही, पर जमानत पर। जमानत की अवधि पूरी हो जाने के दो दिन बाद इमिग्रेशन विभागवाले परिवारों को लेने के लिए आए, परन्तु सिक्खं लोग झगड़े के लिए तैयार हो गए। अफसर लोग जरा गरम हुए, परन्तु वीर योद्धाओं की लाल आँखें देख, अपना-सा मुँह लेकर लौट गए। लाल आँखों के पीछे कौन-सा बल था, कौन-सी दृढ़ता थी और कौन-सा निश्चय था जिससे कैनेडा की राजशक्ति और उनका इमिग्रेशन विभाग थर-थर काँप उठे, और उन परिवारों को वहीं रहने दिया गया—यह बातें तब गुलाम भारतवासी नहीं समझ सकते थे। उनकी कूपमंडूकता, उनका संकीर्ण दृष्टिकोण नहीं समझ सकता था कि राष्ट्रों को बनाने

में कैसे समय, कैसी घड़ियाँ उपस्थित हुआ करती हैं। स्वतन्त्र भारत अपने स्वातन्त्र्य संग्राम की इन अद्वितीय घटनाओं को याद किया करेगा। उसके इतिहास-लेखक ही इन सब बातों को खूब वास्तविक रूप में लिख सकने का सुअवसर पा सकेंगे। दफ़ा 124 अ आदि विकराल दानव गला दबाए, आँखें निकाले उनकी साँस बन्द नहीं किए रहा करेंगे। वे परिवार तो वहीं रह गए, परन्तु शेष भारतीयों के परिवार लाने की समस्या वैसे-की-वैसी खड़ी रही। दो साल तक निरन्तर झगड़ा किया, परन्तु परिणाम कुछ न निकला। आखिर तय पाया कि इंग्लैंड की सरकार तथा जनता और भारत सरकार तथा जनता के सामने अपनी माँगें रखी जावें और उनकी सहायता से इस उलझन को सुलझाया जाए।

एक डेपूटेशन बनाया गया जो इंग्लैंड भी गया और भारतवर्ष भी। उसके तीन सदस्यों में एक हमारे नायक श्री बलवन्त सिंह भी थे। इंग्लैंड गए। सभी उच्च अधिकारियों से मिले। कहा गया–"मामला भारत सरकार द्वारा यहाँ पहुँचना चाहिए।" निराश हो भारत में आए। आन्दोलन शुरू किया। उस समय प्रमुख नेता लाला लाजपत राय जी ने भी सड़ा-सा उत्तर देकर उनसे पीछा छुड़ा लिया था। फिर क्या था? कुछेक सज्जनों की सहायता मिली। सार्वजनिक सभाएँ की गईं। क्रोध था, घायल राष्ट्रीय भाव था, विवशता थी और थी घोर निराशा। जले दिलों से जो कुछ निकला, कहा और फिर? सर माईकेल ओडायर अपने, 'India as I knew it' नामक ग्रन्थ में लिखते हैं–"At this stage I sent a warning to the delegates that if this continued, I would be compelled to take serious action...The delegates on this asked for an interview with me. I had a long talk with them and repeated my warning. Two of them were ... and spacious; the manner of third seemed to be that of a dangerous revolutionary. They wished to see the Viceroy, and in sending them on to him. I particularly warned him about this man."

यह तीसरे सज्जन, जिन पर हमारे लाट ने इतना कुछ कह डाला है, यह वही नायक बलवन्त थे। उस भावुक हृदय ने तो गहरे घाव खाए थे। आत्म-सम्मान का भाव बार-बार ठुकराया जा चुका था। उन्होंने धीरे-धीरे निश्चय कर लिया था कि भारत को हर सम्भव उपाय से स्वतन्त्र करवाना ही प्रत्येक भारतवासी का सर्वप्रथम कर्तव्य है। खैर !

डेपूटेशन हताश-निराश हो 1914 के आरम्भ में वापस लौट गया। इन्हीं दिनों भारतीय विद्रोही श्री भगवान सिंह तथा श्री बरकतुल्ला भी अमेरिका पहुँच गए। संयुक्त राज्य अमेरिका में इन दिनों हिन्दुस्थान एसोसिएशन (Hindusthan Association) का कार्य जोरों पर होने लगा। गदर-दल, गदर-प्रेस, गदर अख़बार जारी हो गए। परन्तु उपरोक्त डेपूटेशनवाले सज्जनों का उस समय तक उनसे कोई सम्बन्ध न था। किन्तु उनको सर माईकेल ओडायर ने गदर-दल के ही प्रतिनिधि लिखा है। अस्तु।

उस समय तक भारतवर्ष के अभियोग अन्य जातियों के सामने नहीं रखे गए थे। परन्तु यह डेपूटेशन जापान और चीन के राजनीतिज्ञों से मिलता हुआ ही गया था और इन्होंने भारत की ओर उन लोगों की सहानुभूति आकृष्ट करने का भरसक प्रयत्न किया था। वैंकोवर लौटकर अपने निष्फल प्रयत्न का इतिहास सुनाते हुए श्री बलवन्त सिंह जी ने एक बड़ी प्रभावशाली वक्तृता दी थी। ऐसी वक्तृताएँ राष्ट्रों के इतिहास में विशेष मान पाती हैं। गहरे मनन के बाद आपको चारों ओर से यही सुनाई देने लगा था, उनके अन्तस्तल से यही एक ध्वनि

उठने लगी थी कि 'सब रोगों की एकमात्र औषधि भारत की स्वतन्त्रता है।' आपने भाषण में अपना अनुभव तथा गहरे मनन से जो परिणाम निकाला था, सब कह सुनाया।

वह उनकी सफाई, शान्ति, वीरता, गम्भीरता और निर्भीकता को देखकर कहा करते थे कि "बलवन्त सिंह सिक्खों के पादरी हैं अथवा सेनापति (General), यह निश्चय करना बड़ा कठिन है।" अस्तु।

शीघ्र भविष्य में क्या किया जाए, यह तो कुछ निश्चय करने का अवसर नहीं मिला, कि एक और समस्या सामने आ खड़ी हुई—कामागाटामारू जहाज आ पहुँचा। किनारे पर लगने की आज्ञा ही नहीं मिली, उलटे उन पर अनेक अत्याचार ढाए जाने लगे। जितने दिनों जहाज वहाँ रहा, उतने दिन सभी भारतीय दत्तचित्त हो उसी की सहायता में लगे रहे। नेतृत्व फिर हमारे नायक के हाथ में था। आपने दिन-रात एक कर दिया। इतना परिश्रम और कोई कर पाता अथवा नहीं, सो नहीं कह सकते। किराए के किश्त की अदायगी में देर लगवाकर जो अड़चन गोरेशाही डालना चाहती थी, उसका भार भी आप पर पड़ा। 11 हजार डॉलर की आवश्यकता थी। सभा में 11 हजार डॉलर के लिए जो अपील आपने की थी, उसमें इतना दर्द और इतना प्रभाव था कि वर्णन नहीं किया जा सकता। 11 हजार डॉलर इकट्ठे हो गए। उनकी आर्थिक आवश्यकताएँ पूरी करने के बाद आप और सलाह-मशविरा करने के लिए दक्षिण की ओर बहुत दूर चले गए। अचानक वे अमेरिका की सीमा पर पहुँच गए। गोरी सरकार ने पकड़ लिया। कहा, "अमेरिका से आए हो और चोरी से कैनेडा में प्रविष्ट हुए हो।" यह निराधार दोष भी एक लम्बे झगड़े का कारण हुआ, आखिर कुछ झगड़े के बाद मामला तय हुआ और वैंकोवर पहुँचे। कुछ दिन बाद निराश होकर कामागाटामारू जहाज भी लौटने पर विवश हो गया।

कामागाटामारू के साथ भारत की जितनी आशाएँ सम्बद्ध थीं, सभी एकाएक मटियामेट कर दी गईं। भारत का व्यवसाय की ओर यही तो पहला प्रयत्न था। उसी में भारत-हितकारी शासकों ने पूरी तरह से ऐसा पीसने की कोशिश की कि फिर कोई ऐसी चेष्टा करने का दुःसाहस न कर सके। कैनेडा में जितने दिन जहाज ठहरा था, उतने दिन उनके साथ जो अमानुषिक व्यवहार हुए थे, उनका रोमांचकारी वर्णन लिखने का यह स्थान नहीं। पर उनकी याद दिल को आग लगा देती है, पागल कर देती है, रुला-रुला जाती है। उन सबका उत्तरदायित्व इमिग्रेशन विभाग के वैंकोवरवाले मुख्य अध्यक्ष मि. हॉपकिन्सन पर ही था। ये लोग उनसे बहुत नाराज थे, परन्तु ज़रा और सुनिए। श्री बलवन्त सिंह, श्री भाग सिंह ये दो ही सज्जन तो थे, जो पहले दिन से इमिग्रेशन विभागवालों से वीरतापूर्वक लड़ते चले आए थे। कामागाटामारू जहाज के मामले में भी सभी कार्य इन्हीं दो सज्जनों ने तो किए थे। वे इमिग्रेशन विभाग की आँखों के काँटे हो रहे थे। एक देशद्रोही भाड़े का टट्टू मिल गया। गुरुद्वारे में दीवान हो रहा था। उस विभीषण ने ईश्वर-भजन में तल्लीन श्री भाग सिंह और श्री बलवन्त सिंह पर पिस्तौल से फायर कर दिए। श्री भाग सिंह जी तो वहीं स्वर्गलोक सिधार गए, परन्तु श्री बलवन्त सिंह बच गए। गोली उनके न लगकर एक और देशभक्त श्री वतन सिंह के जा लगी। वे भी वहीं शहीद हो गए। यह हत्यारा उपस्थित लोगों के पंजे से बच गया। कैनेडा-सरकार का कानून भी उसे कुछ दंड न दे सका। वह आज भी जीता

है। वह पंजाब-सरकार का लाड़ला बना रहा है। उसने यह सब कांड क्यों किया और इसमें उसे क्या भलाई दीख पड़ी, यह सब वही जाने!

इसी प्रकार की सरगर्मी ने कितने ही महीने गुजर गए। सन् 1914 का अन्तिम पक्ष आ गया। महायुद्ध छिड़ चुका था। अमेरिका-स्थित सब भारतीय देश में वापस आने की तैयारी करने लगे। फिर हमारे नायक वहाँ कैसे ठहर सकते थे। सपरिवार प्रस्थान कर दिया। आप शंघाई पहुँचे, वहीं आपके घर एक पुत्र भी उत्पन्न हुआ। वहाँ कार्य के सम्बन्ध में आपको अपना घर लौटने का इरादा बदलना पड़ा। परिवार तो श्री करतार सिंह के साथ भारत को भेज दिया और आप वहीं ठहर गए। वहाँ जो सब कार्य करने को था, करते हुए आप 1915 में बैंकॉक (Bangkok) पहुँचे।

उन दिनों दूर पूर्व में जो विद्रोह के प्रयत्न हो रहे थे; उन्हीं के संगठन तथा नियन्त्रण में आपको कार्य करने के लिए ठहरना पड़ा था। उन सब विफल आयोजनों का रोमांचकारी इतिहास लिखने का यह स्थान नहीं। सप्ताह-भर सिंगापुर में जो रणचंडी का तांडव-नृत्य हुआ था, उसमें साम्राज्यवादी जापान तथा फ्रांस की सर्व शस्त्रसुसज्जित सेनाओं की सहायता से अंग्रेज विजयी हुए। भारत का स्वतन्त्रता-प्रयत्न निष्फल हो गया। Eastern Plot खत्म हो गया। ऐसी ही अवस्था में श्री बलवन्त सिंह जी बैंकॉक पहुँचे थे। दुर्भाग्यवश आप बीमार हो गए। दशा नाजुक हो गई, अस्पताल जाना पड़ा। नासमझ डॉक्टर ने ऑपरेशन कर डाला और वह भी बिना क्लोरोफार्म सुँघाए ही। आपको कष्ट और निर्बलता बढ़ गई। अभी चलने-फिरने योग्य भी न हुए थे कि अस्पतालवालों ने उन्हें चले जाने को कहा। चलने-फिरने की अयोग्यता की बात पर भी ध्यान नहीं दिया गया। अस्पताल से बाहर निकाल दिया गया। इतना उतावलापन क्यों किया गया, सो भी सुन लीजिए। बाहर पुलिस गिरफ्तार करने के लिए खड़ी थी। द्वार से निकलते-न-निकलते आपको गिरफ्तार कर लिया गया। वहाँ रहनेवाले भारतवासियों के जमानत-अमानत के सब प्रयत्न विफल हो गए। स्याम की स्वतन्त्र सरकार ने श्री बलवन्त सिंह जी तथा उनके अन्य साथियों को चुपचाप भारत की अंग्रेज-सरकार के सुपुर्द कर दिया। सो क्यों? इसका भी एकमात्र कारण यही है कि भारत गुलाम था। गुलाम जाति के लिए कौन ख्वाहमखाह की बला सिर पर लेता है। खैर!

श्री बलवन्त सिंह जी को सिंगापुर लाया गया। संसार-भर की धमकियाँ तथा लोभ देकर सब भेद कह देने के लिए राजी करने के प्रयत्न किए गए, परन्तु उनके पास मौन के सिवा क्या धरा था? आखिर 1916 में आपको लाहौर-षड्यन्त्र के दूसरे अभियोग में शामिल किया गया। अपराध वही था, जिसमें निष्फलता होने पर मृत्यु-दंड ही मिला करता है। आप पर विद्रोह का आरोप लगाया गया। 24 दिन नाटक हुआ। बेला सिंह जैंड आदि कई एक गवाह आपके विरुद्ध पेश हुए। नाटक दुखान्त था। अभियुक्त को साम्राज्य की बलि-वेदी पर कुर्बान करने का निश्चय हुआ। मृत्यु-दंड सुनते ही देवता सहम गए। इस देवता को मृत्यु-दंड! राक्षसों-दानवों में भीषण अट्टहास मच गया होगा।

काल कोठरी में बन्द हैं, सिक्ख होने पर टोपी नहीं पहन सकते। कम्बल ही सर पर लपेट लिया है। बदनाम करने के लिए किसी ने शरारत की—कम्बल के किसी एक कोने में अफीम बाँध दी और कहा गया कि आप आत्महत्या करना चाहते हैं। आपने अत्यन्त शान्ति

से उत्तर दिया—"मृत्यु सामने खड़ी है। उसके आलिंगन के लिए तैयार हो चुका हूँ। आत्महत्या कर मैं मृत्यु सुन्दरी को कुरूपा नहीं बनाऊँगा। विद्रोह के अपराध में मृत्युदंड पाने में गर्व अनुभव करता हूँ। फाँसी के तख्ते पर ही वीरतापूर्वक प्राण दूँगा।" पूछताछ करने पर भेद खुत गया। कुछ नम्बरदार कैदियों तथा वार्डर को कुछ सजाएँ हुईं। सभी ने आपकी देशभक्ति तथा निर्भीकता की दाद दी।

सन् 1916 के दिन थे। भारतवर्ष में कालेपानी और फाँसियों का जोर था। समस्त उत्तर भारत में एकाएक खलबली मच गई थी! अन्दर-ही-अन्दर एक विराट गुप्त विप्लव का आयोजन हो गया था, यह भारत की जनता न जानती थी। नेतागण उन लोगों की ओर ताकने तक का साहस न करते थे। बहुत-से लोग समझते थे कि सरकार ने यों ही देश को भयभीत करने के लिए ऐसे-ऐसे भीषण अभियोग चला दिए हैं। जो भी हो, उस विराट आयोजन के निष्फल हो जाने पर भी उसकी सुन्दर स्मृति बाकी है। वह सुन्दर है, इसलिए कि आदर्शवादी युवकों के पवित्र रक्त से लिखी गई है। बाकी है इसलिए कि क़ुर्बानियाँ कभी व्यर्थ नहीं जाया करतीं। इसी वर्ष में (मार्च) चैत्र की 18 तारीख को श्री बलवन्त सिंह जी की धर्मपत्नी भेंट के लिए गईं। पुस्तक तथा वस्त्र देकर बताया गया—"कल 17 चैत्र को उन्हें फाँसी दे दी गई।" उनकी धर्मपत्नी कलेजा थामकर रह गईं।

श्री बलवन्त की फाँसी के दिन के समाचार बाद में मिले। आपने प्रातःकाल स्नान किया तथा अपने छह और साथियों सहित (जिन्हें उसी दिन फाँसी मिली थी) भारत-माता को अन्तिम नमस्कार किया। भारत-स्वतन्त्रता का गान गाया। हँसते-हँसते फाँसी के तख्ते पर जा खड़े हुए। फिर क्या हुआ? क्या पूछते हो? वही जल्लाद, वही रस्सी! ओह! वही फाँसी और वही प्राणत्याग!

आज बलवन्त इस संसार में नहीं, उनका नाम है, उनका देश है, उनका विप्लव है।

डॉक्टर मथुरासिंह

बावजूद सबसे अधिक विपत्तियाँ सहन करने के, सबसे अधिक गणना में अपने नर-रत्नों के स्वतन्त्रता-बलिवेदी पर बलिदान देने के, आज पंजाब राजनैतिक क्षेत्र में फिसड्डी (Politically backward) प्रान्त कहलाता है। बंगाल में श्री खुदीराम बसु फाँसी पर लटके। उन्हें इतना उठाया गया कि आज उनका नाम उस प्रान्त के कोने-कोने में सुनाई देता है। भारतवर्ष के प्रत्येक प्रान्त में उनका नाम सुविख्यात है। परन्तु पंजाब में कितने रत्न देश के लिए जीवन-दान दे गए, कितने ही हँसते-हँसते फाँसी पर चढ़ गए, कितने ही लड़ते-लड़ते छाती में गोली खाकर शहीद हो गए, परन्तु उन्हें कौन जानता है? और कहीं की तो बात ही क्या कहें, पंजाब प्रान्त में ही उन्हें कितने लोग जानते हैं? कोई साधारण विप्लवी यों ही फाँसी पर लटक गया हो और उसे लोग यों ही भूल गए हों, सो भी तो नहीं। जिन लोगों ने अथक परिश्रम से, अदम्य उत्साह से तथा अतुल साहस से भारतोत्थान के लिए ऐसे-ऐसे यत्न कर दिए थे कि आज उन्हें सुन-सुनकर अवाक् रह जाने के अतिरिक्त और कोई चारा नहीं! यदि ऐसे रत्न किसी और देश में जन्म धारण किए होते तो आज उनकी वाशिंगटन, गैरीबाल्डी तथा विलियम वालीस की भाँति पूजा होती। परन्तु उन्होंने एक अक्षम्य अपराध

यह किया था कि वे भारत में पैदा हुए थे। इसी का दंड यह है कि आज उनको विस्मृति के अन्धकार में फेंक दिया गया है। न उनके कार्य की चर्चा है, न उनके त्याग की, न उनके बलिदान की ख्याति है, न उनके साहस की। परन्तु ऐसी कृतघ्नता दिखानेवाले देश की उन्नति कैसे होगी?

कट्टर आदर्शवादी डॉक्टर मथुरा सिंह जी का स्थान वास्तव में बहुत ऊँचा है। आपका जन्म सन् 1883 ई. में ढुढियाल नामक गाँव, जिला झेलम (पंजाब) में हुआ था। आपके पिता का नाम सरदार हरि सिंह था। आपने पहले अपने गाँव में ही शिक्षा पाई, तत्पश्चात् आप चकवाल के हाई स्कूल में पढ़ने लगे। आपकी बुद्धि बड़ी तीक्ष्ण थी। आप सदैव अपने सहपाठियों में सबसे अच्छे रहते थे। वहाँ पर मैट्रिक पास करने के बाद आप प्राइवेट तौर पर डॉक्टरी का कार्य सीखने लगे। मैसर्स जगत सिंह एंड ब्रदर्स की दुकान रावलपिंडी में थी। वहीं पर आपने यह कार्य सीखना शुरू किया। बड़ी चेष्टा से आप सब कार्य करते। तीन-चार वर्ष में ही आप इस कार्य में प्रवीण हो गए। फिर आपने अपनी दुकान अलग खोल दी। वह दुकान नौशेरा छावनी में थी, आप सभी देशों से चिकित्सा सम्बन्धी पत्र-पत्रिकाएँ मँगवाया करते थे। विशेष शिक्षा ग्रहण करने के लिए आपने अमेरिका जाने का विचार किया। दुकान का झंझट अभी तय भी न हो पाया था कि आपकी सुपत्नी तथा सुपुत्री का देहान्त हो गया। परन्तु इससे क्या होता था? आपने उधर प्रस्थान कर दिया। 1913 में आप चले थे। कुछ अधिक धन पास न होने के कारण आपको शंघाई में ही रुक जाना पड़ा। वहीं पर आपने चिकित्सा-कार्य शुरू कर दिया, जिसमें आपको बहुत सफलता हुई। परन्तु आपका इरादा कैनेडा जाने का था; आप कुछ और भारतीयों के साथ उधर गए। परन्तु वहाँ पर बहुत दिक्कतें पेश आईं। पहले केवल आपको तथा एक और सज्जन को वहाँ उतरने की आज्ञा मिली, दूसरे लोगों को नहीं। इस पर आपने वहाँ उतरना उचित न समझा। परन्तु साथियों के आग्रह करने पर आप उतरे तो सही, परन्तु वहाँ पर इमिग्रेशन विभाग से अन्य साथियों के लिए झगड़ा शुरू कर दिया। अभियोग तक चला। परन्तु कानून और कोर्ट शक्तिशाली लोगों के लिए होते हैं न कि पराधीन देशवालों के लिए। वहाँ से आपको तथा अन्य भारतीय यात्रियों को वापस लौटा दिया गया। बहाना वही कि कैनेडा में किसी जहाज द्वारा सीधे नहीं आए। आप शंघाई लौट आए। आकर भारतीय लोगों में अपनी दीन-हीन दशा की मार्मिक कथा सुनाई और श्री बाबा गुरुदत्त सिंह जी को एक अपना जहाज बनाने की सलाह दी, जो सीधा कैनेडा जावे। इसी सलाह पर बाबा जी ने कामागाटामारू जहाज किराए पर ले लिया और उसका नाम गुरु नानक जहाज रखा। आपको इधर पंजाब आना पड़ा। जहाज जल्दी से तैयार हो गया, अतः आप निश्चित दिन पर वहाँ न पहुँच सके। सिंगापुर से, 35 के लगभग अन्य साथियों सहित, दूसरे जहाज से चले, ताकि शंघाई तक कामागाटामारू से मिलकर उस पर सवार हों। हांगकांग पहुँचने पर पता चला कि जहाज वहाँ से भी चल चुका है। इसलिए आप वहीं पर ठहर गए। अब तक आप भारत-स्वतन्त्रता के लिए जीवन अर्पण करने का निश्चय कर चुके थे।

हांगकांग में आपने प्रचार-कार्य शुरू कर दिया। अमेरिका से गदर-पार्टी का 'गदर' अख़बार आता था। आप भी वहीं पर वैसा ही गुप्त अख़बार छपवाकर लोगों में बाँटने लगे।

उधर कामागाटामारू जहाज पर जो-जो अत्याचार होने लगे उन सबके समाचार आपको मिल रहे थे। जब मालूम हुआ कि कामागाटामारू जहाज को वापिस आना ही पड़ेगा तब आपने बड़े जारों से प्रचार शुरू किया। उस समय कैंटन में एक सिक्ख पुलिस इन्स्पेक्टर महाशय इन सभी आन्दोलनों को दबाने की बहुत चेष्टा कर रहे थे। आपने उनसे मिलकर जो बातचीत की तो वे महाशय भी इनकी सहायता करने लगे। आप किसी कार्यवश शंघाई गए। जाते समय सबसे कह गए कि अब कामागाटामारू जहाज में सवार होकर भारत को लौट चलना चाहिए। परन्तु उनका यह निश्चय जान सरकार ने जहाज को शंघाई में न ठहरने दिया। उसके दो-एक रोज बाद वे सभी लोग दूसरे जहाजों द्वारा भारत लौट आए; कामागाटामारू जहाज अभी हुगली में ही खड़ा था कि आप लोग कलकत्ते पहुँच गए। वहाँ पर सरकार ने आपको पंजाब के टिकट देकर गाड़ी पर चढ़ा दिया। अमृतसर पहुँचते-न-पहुँचते बजबज की घटन हो गई। सब समाचार मिला। क्रोध से विह्वल-से हो उठे। प्रतिहिंसा की ज्वाला धधक उठी। परन्तु डॉक्टर जी ने अपने अन्य साथियों को समझा-बुझाकर कुछ शान्त किया, और उन्हें प्रचार-कार्य के लिए उद्यत किया तथा स्वयं संगठन-कार्य शुरू कर दिया। उधर इस विराट चेष्टा में आपको बम बनाने का कार्य सौंपा गया था। आप उसमें थे भी बड़े निपुण। अमेरिका से सैकड़ों मतवाले योद्धा विप्लव-अग्नि भड़काने के लिए आने लगे। झट से सारा प्रबन्ध हो गया। विप्लव-दल का इतना बृहत् संगठन खड़ा हो गया कि समस्त भारत में एक साथ विद्रोह खड़ा कर देने का विचार उठा और तिथि तक निश्चित हो गई। देखते-देखते सब प्रयत्न, सब आयोजन विफल हो गए। कृपाल की नीचता से सब किया-धरा बीच में ही रह गया। इधर-उधर पकड़-धकड़ शुरू हो गई। परन्तु आप पकड़े न गए। एक बार एक सरकारी जासूस द्वारा आपको कहा गया कि यदि वे सरकारी गवाह बन जाएँ तो उन्हें क्षमा के साथ-ही-साथ बहुत भारी पुरस्कार भी दिया जाएगा। तब आपने उस प्रस्ताव को बिलकुल उपेक्षा से ठुकरा दिया। फिर एक बार एक खफिया ऑफिसर आपके पास तक आ पहुँचा। परन्तु वह खूब जानता था कि डॉक्टर साहब बड़े निर्भीक क्रान्तिकारी हैं, अतः उसे अकेले उनको गिरफ्तार करने का साहस न हुआ। उलटा वह उनसे कहने लगा कि सरकार ने आपके लिए क्षमा प्रदान की है तथा पुरस्कार देने का वचन दिया है, यही कहने के लिए आया हूँ। आप भी खूब समझते थे कि वह उस समय उन्हें पकड़ने का साहस न कर सकने के कारण ही ऐसी बातें करता था। इसलिए आपने कुछ रजामन्दी दिखाई और उससे पीछा छुड़ाकर बच निकले। इस तरह आपने समझा कि अब देश में बचकर रहना एकदम असम्भव है, इसलिए आपने काबुल की ओर प्रस्थान कर दिया। वजीराबाद स्टेशन पर पुलिस ने पकड़ लिया, परन्तु वहाँ पर आपने कुछ घूस दे दी और बच निकले। आप कोहाट की ओर रवाना हो गए। पुलिस को भी समाचार मिल गया। कोहाट स्टेशन पर पुलिस का बड़ा भारी दस्ता पहरे पर लगा दिया गया। उसी ट्रेन में बहुत-सी पुलिस भी चढ़ा दी गई। मार्ग में एकाएक सब डिब्बों की तलाशी भी ले डाली गई, परन्तु आप न पकड़े जा सके। कुछ दिन वहीं पर ठहरने के पश्चात् आप काबुल जा पहुँचे। वहाँ शीघ्र ही आप बहुत प्रसिद्ध हो गए। आपकी योग्यता देखकर आपको काबुल का चीफ मेडिकल ऑफिसर नियुक्त कर दिया।

भारत के भीतर राज्य-क्रान्ति की सब चेष्टा विफल हो चुकी थी तो क्या, बाहर तो अभी बड़े जोरों में प्रयत्न हो ही रहा था। काबुल में उस समय भारत की अस्थायी सरकार (Provisional Government of India) बनी हुई थी, जो जर्मनी कमेटी से सहयोग करती हुई भारत-स्वतन्त्रता के प्रयत्न में लगी हुई थी। इस समय अरब, मिस्र, मैसोपोटेमिया और ईरान आदि सभी प्रदेशों में भारतीय विप्लवी–जिनमें हिन्दू, मुसलमान, सिक्ख भी सम्मिलित थे–भारत में क्रान्ति करने की चेष्टा कर रहे थे। उस सब प्रयास में डॉक्टर जी फिर से जुट गए। उसी के सम्बन्ध में आपको जर्मनी जाना पड़ा। कुछ दिनों बाद आप फिर लौट आए। ईरान तक तो आपको बहुत बार जाना पड़ा। फिर निश्चय हुआ कि अस्थायी सरकार की ओर से एक स्वर्ण पत्र जार, रूस के पास इस आशय का भेजा जाए कि वह भारत-क्रान्ति की सहायता करे। अब की बड़ी शान से प्रस्थान किया गया। कई सेवक तथा सामान से लदे हुए कई ऊँट आपके साथ थे। परन्तु उस समय कोई नीच पुरुष आपकी यात्रा की सब खबर अंग्रेज सरकार को दे रहा था। यह वह नहीं जानते थे। ताशकन्द नगर में आपको गिरफ्तार कर लिया गया। ईरान में लाकर शिनाख्त की गई। अभियोग चला। बहुत लोगों ने यत्न किया कि आपको भारत सरकार के सुपुर्द न किया जाए, परन्तु अब तक अन्य सभी प्रयत्नों में जो निष्फलता हुई थी, अब ही क्यों सफलता होती?

लाहौर में लाए गए। इधर उन दिनों ओडायरशाही का जोर था। कुछ दिन न्याय-नाटक हुआ। मृत्यु-दंड सुनाया गया। आपने अत्यन्त आनन्द प्रदर्शित करते हुए सुना। आपके छोटे भाई मुलाकात के लिए गए। आपने पूछा–"क्यों भाई, मेरे मरने की तुम्हें चिन्ता तो नहीं?" बालक ने रो दिया। आपने क्रोध-मिश्रित उत्साहवर्द्धक स्वर से कहा–"वाह जी! यह समय आनन्द मनाने का है। क्या सिक्ख लोग भी देश के लिए मरते समय रोया करते हैं? मुझे तो अत्यन्त आनन्द है कि मैं भारतीय विप्लव को सफल बनाने के लिए जो मुझसे हो सका, कर चुका हूँ, मैं बड़ी शान्ति से फाँसी के तख्ते पर प्राण त्याग करूँगा।" इस तरह आपने उसका उत्साह बढ़ाया।

फिर? फिर 27 मार्च, 1917 का दिन आ पहुँचा। उस दिन फिर वही नाटक प्रारम्भ हुआ। उस दिन के नाटक में एक ही दृश्य हुआ करता है; और वह भी कुछेक मिनट का। ये पगले लोग न जाने कहाँ से आ गए, जिन्हें न मृत्यु का भय था, न जीने की चाह; कार्य-क्षेत्र में हँसे, युद्ध-क्षेत्र में हँसे, फाँसी के तख्ते पर भी मुस्करा दिए। उनकी महिमा अपरम्पार है।

'हों फरिश्ते भी फ़िदा जिन पर ये वो इनसान हैं!'

शहीद कर्तार सिंह सराभा

[शहीद कर्तार सिंह सराभा का चित्र भगत सिंह अपने पास रखते थे और कहा करते थे, "यह मेरा गुरु, साथी व भाई है।" उनका प्रेरणास्रोत समझने के लिए यह लेख बहुत महत्त्वपूर्ण है।–सं.]

रणचंडी के इस परम भक्त विद्रोही कर्तार सिंह की अयु अभी बीस वर्ष की भी नहीं हुई थी कि जब उन्होंने स्वतन्त्रता-देवी की बलिवेदी पर अपना बलिदान दे दिया। आँधी की

तरह वह अचानक कहीं से आए, अग्नि प्रज्वलित की और सपनों में पड़ी रणचंडी को जगाने की कोशिश की। विद्रोह का यज्ञ रचा और आखिर वह स्वयं इसमें भस्म हो गए। वे क्या थे, किस दुनिया से अचानक आए और झट कहाँ चले गए? हम कुछ भी न जान सके। 19 वर्ष की आयु में ही उन्होंने इतने काम कर दिखाए कि सोचकर हैरानी होती है। इतनी जुर्रत, इतना आत्मविश्वास, इतना आत्मत्याग और ऐसी लगन बहुत कम देखने को मिलती है। भारतवर्ष में ऐसे इनसान बहुत कम पैदा हुए हैं, जिनको सही अर्थों में विद्रोही कहा जा सकता है, परन्तु इन गिने-चुने नेताओं में कर्तार सिंह का नाम सूची में सबसे ऊपर है। उनकी रग-रग में क्रान्ति का जज़्बा समाया हुआ था। उनकी जिन्दगी का एक ही लक्ष्य, एक ही इच्छा और एक ही आशा, जो भी था–क्रान्ति थी, इसीलिए उन्होंने ज़िन्दगी में पाँव रखा और आखिर इसीलिए इस दुनिया से कूच कर गए।

आपका जन्म 1896 में गाँव सराभा, जिला लुधियाना में हुआ था। आप माता-पिता के इकलौते बेटे थे। अभी इनकी आयु बहुत कम थी कि पिता जी का देहावसान हो गया। परन्तु आपके दादा ने बहुत प्रयत्न से आपको पाला। नवीं कक्षा पढ़ने के बाद आप अपने चाचा के यहाँ चले गए। वहाँ उन्होंने दसवीं की परीक्षा पास की और कॉलेज में पढ़ने लगे। यह 1910-1911 के दिन थे। इधर आपको स्कूल और कॉलेज के पाठ्यक्रम के तंग दायरे से बाहर की बहुत-सी पुस्तकें पढ़ने का अवसर मिला। यह आन्दोलन का जमाना था। इस वातावरण में रहकर आपकी देश-प्रेम की भावना पल्लवित हुई।

इसके बाद आपकी अमेरिका जाने की इच्छा हुई। घरवालों ने उसका कोई विरोध नहीं किया। आपको अमेरिका भेज दिया गया। सन् 1912 में आप सान्फ्रान्सिस्को की बन्दरगाह पर पहुँचे। आज़ाद देश में पहुँचकर कदम-कदम पर आपके कोमल हृदय पर चोट पड़ने लगी। इन गोरों की जबान से Damn Hindu (तुच्छ हिन्दू) और Black man (काला आदमी) आदि सुनते ही वे पागल हो उठते थे। उनको कदम-कदम पर देश की इज्जत व सम्मान खतरे में नज़र आने लगे। घर की याद आने पर जंजीरों में जकड़ा हुआ विवश भारत सामने आ जाता। उनका कोमल दिल धीरे-धीरे सख्त होने लगा और देश की आज़ादी के लिए जिन्दगी कुर्बान करने का निश्चय दृढ़ होता गया। उनके दिल पर उस समय क्या गुजरती थी, यह हम कैसे समझ सकते हैं।

यह असम्भव था कि वे चैन से रह पाते। हर समय उनके सामने यह प्रश्न उठने लगा कि यदि शान्ति से काम चला तो देश आज़ाद किस तरह होगा? फिर बिना अधिक सोचे उन्होंने भारतीय मजदूरों का संगठन शुरू कर दिया। उनमें आज़ादी की भावना उभरने लगी। हर मजदूर के पास घंटों बैठकर वे समझाने लगे कि अपमान से भरी गुलामी की जिन्दगी से तो मौत हजार दर्जा अच्छी है। काम शुरू होने पर और लोग भी उनसे आ मिले। मई, 1912 में इन लोगों की एक खास बैठक हुई। इसमें कुछ चुनिन्दा हिन्दुस्तानी शामिल हुए। सभी ने देश की आज़ादी के लिए तन, मन, धन न्योछावर करने का प्रण लिया। इन्हीं दिनों पंजाब के जलावतन देशभक्त भगवान सिंह वहाँ पहुँचे। धड़ाधड़ जलसे होने लगे, उपदेश होने लगे। काम से काम चलता गया। मैदान तैयार हो गया। फिर अख़बार की जरूरत महसूस होने लगी। 'गदर' नामक अख़बार निकाला गया। इसका प्रथम अंक नवम्बर, 1913

में निकाला गया। इसके सम्पादकीय विभाग में कर्तार सिंह भी थे। आपकी कलम में अथाह जोश था। सम्पादकीय विभाग के लोग अख़बार को हैंड प्रेस पर छापते थे। कर्तार सिंह क्रान्तिपसन्द मतवाले नौजवान थे। प्रेस चलाते हुए थक जाने पर वे गीत गाया करते थे–

सेवा देश दी जिन्दड़िए बड़ी औखी,
गल्लाँ करनीआँ ढेर सुखल्लीयाँ ने।
जिन्नाँ देशसेवा विच पैर पाया,
उन्नाँ लक्ख मुसीबताँ झल्लियाँ ने।

(देशसेवा करनी बहुत मुश्किल है, जबकि बातें करना खूब आसान है। जिन्होंने देशसेवा के रास्ते पर कदम उठा लिया वे लाख मुसीबतें झेलते हैं।)

करतार सिंह जिस लगन से परिश्रम करते थे उससे सभी की हिम्मत बढ़ जाती थी। भारत को किस तरह आज़ाद कराया जाए, यह क़िसी और को पता चले या नहीं, और किसी ने इस सवाल पर सोचा हो या नहीं, लेकिन कर्तार सिंह ने इस सवाल पर बहुत कुछ सोच रखा था। इसी दौरान आप न्यूयार्क में विमान कम्पनी में भर्ती हो गए और वहीं दिल लगाकर काम सीखने लगे।

सितम्बर, 1914 में कामागाटामारू जहाज को अत्याचारी गोरे साम्राज्यवादियों के हाथ से अवर्णनीय यातनाएँ झेलने पर वैसे ही लौटना पड़ा। तब हमारे कर्तार सिंह, क्रान्तिप्रिय गुप्ता और एक अमेरिकी अराजकतावादी जैक को साथ लेकर जापान आए और कोबे में बाबा गुरदित्त सिंह जी से मिलकर सब बातचीत की। युगान्तर आश्रम, सानफ्रांसिस्को के गदर प्रेस में 'गदर और गदर की गूँज' और अन्य बहुत-सी पुस्तकें छापकर बाँटी जाती रहीं। दिनों-दिन प्रचार बढ़ता गया। जोश बढ़ता गया। फ़रवरी, 1914 में स्टाकरन के पब्लिक जलसे में आज़ादी का झंडा लहराया गया और आज़ादी और बराबरी के नाम पर कसमें खाई गईं। इस जलसे के मुख्य वक्ताओं में कर्तार सिंह भी थे। सभी ने घोषणा की कि वह अपने खून-पसीने की कमाई एक कर देश की आज़ादी के संघर्ष में लगा देंगे। इसी तरह दिन गुजरते रहे। अचानक यूरोप में प्रथम विश्वयुद्ध छिड़ने की खबर आई। वे खुशी से फूले नहीं समाते थे। एकदम सभी गाने लगे–

चलो चलें देश के लिए युद्ध करने,
यही आखिरी वचन व फरमान हो गए।

कर्तार सिंह ने देश लौटने का जोरों से प्रचार किया। फिर स्वयं जहाज पर सवार होकर कोलम्बो (श्रीलंका) पहुँच गए। इन दिनों अमेरिका से पंजाब आनेवाले प्रायः डिफेंस ऑफ इंडिया कानून (डी. आई. आर.) की पकड़ में आ जाते थे। बहुत कम सही-सलामत पहुँच पाते थे। कर्तार सिंह सही-सलामत आ गए। बड़े जोरों से काम शुरू हुआ। संगठन की कमी थी, लेकिन किसी तरह वह पूरी की गई। दिसम्बर, 1914 में मराठा नौजवान विष्णु गणेश पिंगले भी आ गए। इनकी कोशिश से श्री शचीन्द्रनाथ सान्याल और रास बिहारी पंजाब आए। कर्तार सिंह हर समय हर जगह पहुँचते। आज मोगा में गुप्त मीटिंग है। आप वहाँ भी हैं। कल लाहौर के विद्यार्थियों में प्रचार हो रहा है, आप फिर प्रथम पंक्ति में हैं। अगले दिन फिरोजपुर छावनी के सैनिकों से गठजोड़ हो रहा है। फिर हथियारों के लिए कलकत्ता

जा रहे हैं। रुपए की कमी का प्रश्न उठने पर आपने डाका डालने की सलाह दी। डकैती का नाम सुनते ही बहुत-से लोग स्तम्भित रह गए, लेकिन आपने कह दिया कि कोई भय नहीं है। भाई परमानन्द भी डकैती से सहमत हैं। उनसे पुष्टि करवाने की जिम्मेदारी आप पर डाली गई। अगले दिन बगैर उनसे मिले ही कह दिया, "पूछ आया हूँ, वे सहमत हैं।" वे यह सहन नहीं कर सकते थे कि केवल रुपए की कमी से विद्रोह की तैयारी में देरी हो।

एक दिन वे डकैती डालने एक गाँव गए। कर्तार सिंह नेता थे। डकैती चल रही थी। घर में एक बेहद खूबसूरत लड़की भी थी। उसे देखकर एक पापी आत्मा का मन डोल गया। उसने जबरदस्ती लड़की का हाथ पकड़ लिया। लड़की ने घबराकर शोर मचा दिया। कर्तार सिंह एकदम रिवाल्वर तानकर उसके नजदीक पहुँच गए और उस आदमी के माथे पर पिस्तौल रखकर उसे निहत्था कर दिया। फिर कड़ककर बोले, "पापी! तेरा अपराध बहुत गम्भीर है। तुम्हें सज़ाए-मौत मिलनी चाहिए, लेकिन हालात की मजबूरी से तुम्हें माफ किया जाता है। फौरन इस लड़की के पाँवों में गिरकर माफी माँग कि हे बहिन! मुझे माफ कर दो। और फिर इसकी माता जी के पैर छूकर कह कि माता जी, मैं इस पतन के लिए माफी चाहता हूँ। यदि वे तुम्हें माफ कर दें तो तुम्हें ज़िन्दा छोड़ दिया जाएगा वरना गोली से उड़ा दिया जाएगा।" उसने ऐसा ही किया। बात अभी ज्यादा नहीं बढ़ी थी। यह देखकर माँ-बेटी की आँखें भर आईं। माँ ने कर्तार सिंह को प्यार भरे लहजे में कहा, "बेटा! ऐसे धर्मात्मा और सुशील नौजवान होकर आप इस काम में किस तरह शामिल हुए?" कर्तार सिंह का भी दिल भर आया और कहा, "माँ जी! रुपए के लालच में हमने यह काम शुरू नहीं किया। अपना सबकुछ दाँव पर लगाकर डकैती डालने आए हैं। हथियार खरीदने के लिए रुपए की जरूरत है। वह कहाँ से लाएँ? माँ जी, इसी महान काम के लिए आज इस काम पर मजबूर हुए हैं।" इस समय पर यह दृश्य बड़ा दर्दनाक था। माँ ने फिर कहा, "इस लड़की की शादी करनी है। इसके लिए कुछ छोड़ जाओ तो अच्छा है।" इसके बाद उन्होंने अपना सारा धन माँ के सामने रख दिया और कहा, "जितना चाहें ले लें।" कुछ पैसा रखकर माँ ने बाकी सारा रुपया कर्तार सिंह की झोली में डाल दिया और आशीर्वाद दिया, "जाओ बेटा, तुम्हें सफलता मिले।" डकैती-जैसे भयानक काम में शामिल होकर भी कर्तार सिंह का दिल कितना भावनामय, पवित्र व विशाल था, यह एक घटना से जाहिर है।

फरवरी, 1915 में विद्रोह की तैयारी थी। पहले सप्ताह आप पिंगले और दूसरे दो-तीन साथियों के साथ आगरा, कानपुर, इलाहाबाद, लखनऊ, मेरठ व अन्य कई स्थानों पर मत और विद्रोह के लिए उनसे मेल-मिलाप कर आए। आखिर वह दिन करीब आने लगा, जिसका बड़ी देर से इन्तजार हो रहा था। 21 फरवरी, 1915 भारत में विद्रोह का दिन नियत हुआ था। इसी के अनुसार तैयारी हो रही थी। लेकिन इसी समय उनकी आशाओं के वृक्ष की जड़ में बैठा एक चूहा उसे कुतर रहा था। चार-पाँच दिन पहले सन्देह हुआ कि किरपाल सिंह की गद्दारी से सब ध्वस्त हो जाएगा। इसी आशंका से कर्तार सिंह ने रासबिहारी बोस से विद्रोह की तारीख 21 की बजाय 19 फरवरी करने के लिए कहा। ऐसा होने पर भी इसकी भनक किरपाल सिंह को मिल गई। इस क्रान्तिकारी दल में एक गद्दार का होना कितने खतरनाक परिणाम का कारण बना। रासबिहारी और कर्तार सिंह भी कोई उचित

प्रबन्ध न होने से अपना भेद छिपा नहीं पाए। इसका कारण भारत के दुर्भाग्य के सिवाय और क्या हो सकता है?

कर्तार सिंह पिछले फैसले के अनुसार पचास-साठ साथियों के साथ फिरोजपुर जा पहुँचे। अपने साथी सैनिक हवलदार से मिले और विद्रोह की बात की। लेकिन किरपाल सिंह ने तो पहले ही सारा मामला बिगाड़ दिया था। हिन्दुस्तानी सिपाही निहत्थे कर दिए गए। धड़ाधड़ गिरफ्तारियाँ होने लगीं। हवलदार ने सहायता करने से इनकार कर दिया। कर्तार सिंह की कोशिश असफल रही। निराश हो लाहौर आए। पंजाब-भर में गिरफ्तारियों का चक्कर तेज हो गया। अब साथी भी टूटने लगे। ऐसी स्थिति में रासबिहारी बोस मायूस होकर लाहौर के एक मकान में लेटे हुए थे। कर्तार सिंह भी वहीं आकर एक चारपाई पर दूसरी ओर मुँह फेर लेट गए। परस्पर कोई बात नहीं की, लेकिन चुपचाप ही एक-दूसरे के दिल की हालत समझ गए। इनकी हालत का अनुमान हम क्या लगा सकते हैं!

दरे-तदबीर पर सर फोड़ना शेवः रहा अपना,
वसीले हाथ ही ना आए किस्मत आजमाई के।

(हमारा काम भाग्य के दर पर सर फोड़ना ही रहा, लेकिन भाग्य आजमाने के साधन ही हाथ नहीं आए।)

उनकी तो यही ख्वाहिश थी कि कहीं लड़ाई हो और वे अपने देश के लिए लड़ते-लड़ते प्राण दे दें। फिर सरगोधा के नजदीक चक्क नम्बर पाँच में आ गए। फिर विद्रोह का चर्चा छेड़ दिया। वहीं पकड़े गए। जंजीरों में जकड़े गए। निर्भीक विद्रोही कर्तार सिंह को लाहौर स्टेशन पर लाया गया। पुलिस कप्तान से कहा, "मिस्टर टामकिन, कुछ खाना तो लाइए।" वह कितना मस्त-मौला था! इस आकर्षक व्यक्तित्व को देखकर दोस्त व दुश्मन सब खुश हो जाते थे। गिरफ्तारी के समय वे बहुत खुश थे। प्रायः कहा करते थे, "वीरता और हिम्मत से मरने पर मुझे विद्रोही की उपाधि देना। कोई याद करे तो विद्रोही कर्तार सिंह कहकर याद करे।" मुकदमा चला। उस समय कर्तार सिंह की आयु कुल साढ़े अठारह वर्ष थी। सबसे कम आयु के अपराधी आप ही थे, लेकिन जज ने इनके सम्बन्ध में यह लिखा–

"वह इन अपराधियों में, सबसे खतरनाक अपराधियों में एक है। अमेरिका की यात्रा के दौरान और फिर भारत में इस षड्यन्त्र का ऐसा कोई हिस्सा नहीं जिसमें उसने महत्त्वपूर्ण भूमिका न निभाई हो।"

एक दिन आपके बयान देने की बारी आई। आपने सबकुछ मान लिया। आप क्रान्तिकारी बयान देते रहे। जज कलम दाँतों के नीचे दबाए देखता रहा। एक शब्द न लिखा। बाद में इतना कहा, "कर्तार सिंह, अभी आपका बयान लिखा नहीं गया। आप सोच-समझकर बयान दें। आप जानते हैं कि आपके बयान का क्या परिणाम हो सकता है?" देखनेवाले कहते हैं कि जज के इन शब्दों पर कर्तार सिंह ने बड़ी मस्तानी अदा से केवल इतना कहा, "फाँसी ही तो चढ़ा देंगे, और क्या? हम इससे नहीं डरते।" इस दिन अदालत की कार्रवाई समाप्त हो गई। अगले दिन फिर कर्तार सिंह का अदालत में बयान शुरू हुआ। पहले दिन जजों का कुछ ऐसा विचार था कि कर्तार सिंह भाई परमानन्द के इशारे पर ऐसा बयान दे रहे हैं, लेकिन वह विद्रोही कर्तार सिंह के दिल की गहराइयों में नहीं

उतर सकते थे। कर्तार सिंह का बयान अधिक जोरदार, अधिक जोशीला और पहले दिन की तरह ही इकबालिया था। आखिर में आपने कहा, "अपराध के लिए मुझे उम्रकैद की सज़ा मिलेगी या फाँसी। लेकिन मैं फाँसी को प्राथमिकता दूँगा, ताकि फिर जन्म लेकर–जब तक हिन्दुस्तान आज़ाद नहीं हो, तब तक मैं बार-बार जन्म लेकर–फाँसी पर लटकता रहूँगा। यही मेरी अन्तिम इच्छा है..."

आपकी वीरता से जज बहुत प्रभावित हुए, लेकिन उन्होंने विशाल दिलवाले दुश्मन की तरह आपकी वीरता को वीरता न कहकर बेशर्मी के शब्दों में याद किया। कर्तार सिंह को सिर्फ गालियाँ ही नहीं, मौत की सज़ा भी मिली। आपने मुस्कराते हुए जजों को धन्यवाद दिया। कर्तार सिंह फाँसी की कोठरी में कैद थे। आपके दादा ने आकर कहा, "कर्तार सिंह, जिनके लिए मर रहे हो, वे तुम्हें गालियाँ देते हैं। तुम्हारे मरने से देश को कुछ लाभ होगा, ऐसा भी दिखाई नहीं देता।" कर्तार सिंह ने बहुत धीमे से पूछा–

"दादा जी, फलाँ रिश्तेदार कहाँ है?"

"प्लेग में मर गया।"

"फलाँ कहाँ है?"

"हैजे से मर गया।"

"तो क्या आप चाहते हैं कि कर्तार सिंह महीनों बिस्तर पर पड़ा रहे और पीड़ा से दुखी किसी रोग से मरे! क्या उस मौत से यह मौत हजार गुना अच्छी नहीं?" दादा चुप हो गए।

आज फिर सवाल उठता है कि उनके मरने से क्या लाभ हुआ? वह किसलिए मरे? इसका जवाब बिलकुल स्पष्ट है। देश के लिए मरे। उनका आदर्श ही देश-सेवा के लिए लड़ते हुए मरना था। वे इससे ज्यादा कुछ नहीं चाहते थे। मरना भी गुमनाम रहकर चाहते थे।

चमन जारे मुहब्बत में, उसी ने बागबानी की,
जिसने मिहनत को ही मिहनत का समर जाना।
नहीं होता है मुहताजे नुमाइश फ़ैज़ शबनम का,
अँधेरी रात में मोती लुटा जाती है गुलशन में।

डेढ़ साल तक मुकदमा चला। 16 नवम्बर, 1915 का दिन था, जब उन्हें फाँसी पर लटका दिया गया। उस दिन भी हमेशा की तरह खुश थे। इनका वजन दस पौंड बढ़ गया था। 'भारत माता की जय' कहते हुए वे फाँसी के तख्ते पर झूल गए।

पंजाब में विराट विप्लव का प्रथम आयोजन

कूका विद्रोह-1

[फरवरी, 1928 में दिल्ली से प्रकाशित 'महारथी' में कूका-विद्रोह के इतिहास की जानकारी देनेवाला भगत सिंह का यह लेख बी. एस. सिन्धू नाम से छपा था।–सं.]

सिक्खों में एक उप सम्प्रदाय है, जो 'नामधारी' या कूका कहलाता है। इसका इतिहास कुछ बहुत पुराना नहीं है। गत शताब्दी के उत्तरार्द्ध में ही इसका आविर्भाव हुआ था। आज वह एक संकुचित धार्मिक सम्प्रदाय दीख पड़ता है, परन्तु इसके संस्थापक श्री गुरु राम सिंह

एक कट्टर विप्लवी थे। एक प्रसिद्ध ईश्वरभक्त, समाज के दोष देखकर एक विद्रोही समाज-सुधारक बन गया और एक सच्चे समाज-सुधारक की भाँति, जब वह कर्मक्षेत्र में अग्रसर हुआ तो उसने देखा कि देश की उन्नति के लिए पराधीनता की बेड़ियों का काटना परमावश्यक है। विदेशी शासन के विरुद्ध विद्रोह की तैयारी का विराट आयोजन हुआ। उसकी तैयारी में ही जो कुछ झगड़ा-फसाद हो गया था, उसी से शासकों को समस्त आन्दोलन के कुचल डालने का सुअवसर मिल गया और उस सब प्रयास का निष्फलता के अतिरिक्त और कुछ परिणाम न निकल सका।

कूका आन्दोलन का इतिहास, आज तक लोगों के सामने नहीं आया। किसी ने उन्हें महत्त्वपूर्ण नहीं समझा। कूकों को भटके हुए तथा मूर्ख कहकर हम अपने कर्तव्य से छुट्टी पा जाते हैं। स्वार्थ के लिए अथवा लोभ के लिए यदि उन लोगों ने प्राण दिए होते तो हम उपेक्षा दिखा सकते थे, परन्तु उनकी तो 'मूर्खता' में भी 'देश-प्रेम' का भाव कूट-कूटकर भरा था। वे तो तोप के मुँह से बँधते समय हँस देते थे। वे तो आनन्द से 'सत्त श्री अकाल' के तुमुल निनाद से आकाश-पाताल को आच्छादित कर देते थे। उनके मस्तक पर व्यथा, चिन्ता अथवा पश्चात्ताप की रेखा भी नहीं दीख पड़ती थी। क्या वे भूल जाने योग्य हैं? उनका गुरुतर अपराध शायद विफलता के अतिरिक्त कुछ भी नहीं। परन्तु स्कॉट वीर विलियम वालीस भी तो विफल हो मृत्युदंड का भागी बना था। उसकी तो आज समस्त इंग्लैंड पूजा करता है। फिर हमारे असफल देशभक्त ही इस तरह क्यों भुलाकर निविड़ अन्धकार में फेंक दिए जाएँ? अस्तु।

हम समझते हैं कि हमारे लिए, देश के लिए निष्काम भाव से मरनेवाले लोगों को भुला देना बड़ी भारी कृतघ्नता होगी। हम उनकी स्मृति में कोई बड़ा स्तूप नहीं खड़ा कर सकते तो क्या अपने हृदय में भी थोड़ा स्थान देने से झेंपे? इसी विचार से प्रेरित होकर आज उन 'मूर्ख' तथा 'उतावले' आशावादियों का संक्षिप्त इतिहास लिखने की यह चेष्टा है। इससे यदि लोगों को उनके सम्बन्ध में ठीक-ठीक बातों का ज्ञान हो जाए और अधिक जानने की इच्छा उत्पन्न हो जाए तो यह प्रयास सफल समझूँगा।

उनके इस छोटे-से इतिहास को हम तीन भागों में बाँट सकते हैं–

1. गुरु जी का व्यक्तिगत चरित्र;
2. कूका विद्रोह;
3. विद्रोह के बाद।

गुरु राम सिंह जी का जीवन

श्री राम सिंह जी का जन्म सन् 1824 ई. में भैणी नामक गाँव, जिला लुधियाना (पंजाब) में एक बढ़ई के घर हुआ था। कहते हैं, गुरु गोविन्द सिंह जी ने कभी कहा था–"मैं बारहवें वर्ष में राम सिंह नाम से प्रसिद्ध अथवा प्रकट होऊँगा।" इसलिए इनके अनुयायी उन्हें उन्हीं दस गुरुओं का अवतार मानते हैं। परन्तु शेष सिक्ख समाज का विश्वास है कि गुरु गोविन्द सिंह जी ने गुरु के सब अधिकार गुरु ग्रन्थ साहिब पर ही डाल दिए और गुरु-प्रथा बन्द कर दी थी। अतः गुरु राम सिंह गुरु नहीं हो सकते।

हमें इन झगड़ों से कुछ काम नहीं। गुरु राम सिंह युवावस्था में पंजाब केसरी महाराजा रणजीत सिंह की सेना में भरती हो गए। वे पहले से ही ईश्वर-भक्त थे और अधिक समय ईश्वरोपासना में ही बिताते थे। इसी कारण वे शीघ्र ही सेना में सर्वप्रिय हो गए। वे बहुधा ईश्वर-भक्ति में लीन रहने के कारण सैनिक-कर्तव्यों की पूर्ति में असमर्थ रहते, परन्तु उन्हें सब कर्तव्यों से छुट्टी दे देने पर भी सेना में ही रखा गया। एक दिन, कहा जाता है, उन्हें स्वप्न में श्री गुरु गोविन्द सिंह जी के दर्शन हुए, जिन्होंने उनसे हजारा (सीमान्त प्रान्त) निवासी बाबा बालकनाथ से गुरु-गद्दी के अधिकार लेने को कहा। दूसरे ही दिन उन्होंने अन्य बीस-पच्चीस भक्तगण के साथ उधर प्रस्थान कर दिया। बाबा बालकनाथ जी ने उनका खूब स्वागत किया और दीक्षा दी। वहाँ से लौटकर आपने नौकरी छोड़ दी और गाँव में जाकर शान्त जीवन बिताने लगे।

वर्षों बीत गए। अनेक परिवर्तन हो गए। महाराजा रणजीत सिंह की मृत्यु के बाद गद्दी के लिए झगड़ा हुआ। अंग्रेजों ने पंजाब जीत लिया और इसे भी शेष भारत की तरह पराधीनता की बेड़ियों से जकड़ दिया। यह सबकुछ हो गया और साथ ही 1857 का सिपाही विद्रोह भी हो गया और अंग्रेज शान्तिपूर्वक भारत पर शासन करने लगे, परन्तु गुरु राम सिंह वहीं अपना शान्त जीवन बिताते रहे। हाँ, ईश्वर-भक्ति के कारण आप दूर-दूर तक प्रसिद्ध हो गए। प्रान्त-भर से लोग दर्शनों के लिए आते थे।

पहले तो आप केवल ईश्वर-भक्ति का ही उपदेश देते थे, परन्तु बाद में कुछ समाज-सुधार सम्बन्धी उपदेश देने लगे। आपने कन्या-क्रय-विक्रय, मदिरा-मांस-भक्षण आदि बहुत-सी कुरीतियों का बड़े जोर से विरोध किया। आपके भक्तगण भी सादा जीवन बिताते और ईश्वरोपासना में तल्लीन रहते। आपने अपने गाँव में एक सार्वजनिक भंडारा खोल रखा था, जहाँ पर कि सभी लोगों को बिना मूल्य भोजन मिलता था। परन्तु शीघ्र ही एक परिवर्तन हुआ।

कहा जाता है, राम दास नामक किसी अज्ञात संन्यासी ने आकर उनसे कहा–"इस समय देश को विदेशी शासन से छुटकारा दिलाना ही सर्वप्रथम कर्तव्य है।" और उसी समय से आपने अपना कार्यक्रम राजनैतिक बना लिया। संन्यासीवाली बात केवल सुनी-सुनाई है। सम्भव है ऐसी कोई घटना घटित ही न हुई हो, परन्तु इतना तो मानना ही पड़ेगा कि इस समय गुरु राम सिंह जी को देश की पराधीनता एकदम बुरी तरह अखरी। वे समझ गए थे कि बाह्य स्वतन्त्रता के साथ-ही-साथ देशवासियों की आत्मा भी मरती जा रही है। लोग स्वाधीनता का विचार तक खो बैठे हैं। अभी कल उन्होंने सिपाही विद्रोह तथा उसकी विफलता के बाद किए गए अकथनीय अत्याचार देखे-सुने थे। उससे भी अवश्यमेव उन्हें कुछ ठेस लगी होगी। जो भी हो, उन्होंने विदेशी शासन का खोखलापन खूब अच्छी तरह देखकर एक कार्यक्रम बनाकर कार्य आरम्भ कर दिया। अब तक केवल उपदेश ही होता था, अब 'दीक्षा' तथा संगठन भी आरम्भ हुआ।

उन्होंने उस समय ठीक उसी असहयोग का प्रचार प्रारम्भ कर दिया, जो 1920 में महात्मा गांधी जी ने किया। उनका असहयोग महात्मा जी के असहयोग से भी कई बातों में बढ़-चढ़कर था। अदालतों के बहिष्कार, अपनी पंचायतों के संस्थापन, सरकारी शिक्षा के बहिष्कार, विदेशी सरकार के पूर्ण बहिष्कार के साथ-ही-साथ रेल, तार तथा डाक के

बहिष्कार का प्रचार भी हुआ। उस समय देश आज की तरह निर्जीव होकर उन वस्तुओं पर इतना निर्भर नहीं हो गया था कि उनके बहिष्कार की कल्पना भी न कर पाता। प्रत्युत उन्होंने डाक का अपना प्रबन्ध इतना अच्छा कर लिया था कि 'उनकी डाक सरकारी डाक से भी जल्दी पहुँच जाती थी।'[1] इस सबके साथ सादा वेष तथा स्वदेशी वस्त्र पहनने का जोर से उपदेश होता था। प्रचार-कार्य बहुत दिनों तक न होने पाया था कि सरकार की तीव्र दृष्टि इस आन्दोलन पर पड़ी। उन्हें इस प्रचंड आन्दोलन को दबा देने की चिन्ता हुई।

T. D. Forsith, जोकि सन् 1863 ई. में पंजाब सरकार के चीफ सेक्रेटरी थे और बाद में 1872 में कूका विद्रोह के समय अम्बाला डिवीजन के कमिश्नर पद पर काम करते थे, अपनी autobiography में लिखते हैं–

"1863 में ही मैं इस आन्दोलन की तह तक पहुँच गया था और समझ गया था कि यह क्या भीषण परिणाम ला सकता है। अतः मैंने उनके प्रचार पर बहुत-से बन्धन लगा दिए, जिससे उनके प्रचार-कार्य की गति कुछ हद तक रुक गई।"

जब सरकार ने लोगों का बड़ी संख्या में भैणी आना-जाना तथा उनका वहाँ अधिक देर तक ठहरना तक भी बन्द कर दिया तब गुरु राम सिंह जी ने अपना कार्य जारी रखने के लिए एक तदबीर सोची। समस्त देश को 22 हिस्सों में विभक्त कर 22 योग्य मनुष्य उनका संगठन करने के लिए नियुक्त कर दिए। वे सभी 'सूबे' कहलाते थे। कार्य बहुत कुशलता से चलता रहा। सभी नामधारी सिक्ख अपनी आय का दशांश गुरु जी को भेंट किया करते। वह सब भैणी भेज दिया जाता था। यह सब होता ही था और साथ-ही-साथ गुप्त रूप से विद्रोह का प्रचार भी होता रहा। बाहरी जोश बहुत कम कर दिया गया। यहाँ तक कि सरकार का सन्देह बहुत हद तक दूर हो गया और सब बन्धन स्वतः 169 में हटा लिए गए।

बन्धन-मुक्त होते ही लोगों का जोश बढ़ा। इतना बढ़ा कि सँभालना कठिन हो गया। इसी से 1872 में अपरिपक्व विद्रोह उठ खड़ा हुआ, जिसके कारण सारा विराट आन्दोलन पिस गया। परन्तु उस मुख्य घटना पर कुछ लिखने से पहले श्री गुरु जी के व्यक्तिगत चरित्र सम्बन्धी कुछ मनोरंजक बातों का उल्लेख करना अनुचित न होगा।

गुरु राम सिंह बड़े तेजस्वी तथा प्रभावशाली व्यक्ति थे। उनके असाधारण आत्मबल सम्बन्धी बहुत-सी बातें प्रसिद्ध हैं। कहते हैं कि जिसके कान में दीक्षा का मन्त्र फूँक देते थे वही उनका परम भक्त तथा शिष्य हो जाता था। जब यह बात जरा प्रसिद्ध हुई तो दो बदमाश अंग्रेज उनके पास उनकी शक्ति की परीक्षा लेने गए। उन्होंने कहा था, "देखेंगे, गुरु जी का हम पर क्या प्रभाव पड़ता है?" परन्तु दीक्षा के बाद से वे उनके कट्टर भक्त बन गए और तब से उनके व्यक्तिगत दोष भी मिट गए। इसी तरह डॉक्टर गोकलचन्द पी-एच.डी. एक लेख में लिखते हैं कि उनकी दादी का भाई एक बड़ा चरित्रहीन व्यक्ति था, और उसे हुक्के का व्यसन था। केवल एक बार ही गुरु राम सिंह जी के दर्शनों ने उनका जीवन एकदम परिवर्तित कर दिया। उनका हुक्का तो एकदम छूट गया और शेष सारा जीवन ईश्वरोपासना में ही बीता। इसी तरह एक और मनुष्य जिसने कि कभी कोई हत्या कर दी थी, वह भी गुरु जी से दीक्षित हुआ। फिर उसने अपने आपको कोर्ट में पेश कर

---

1. भाई परमानन्द के एक लेख के आधार पर।

दिया और अपना अपराध स्वीकार कर लिया। जब जज ने अत्यन्त आश्चर्य के साथ पूछा, "तुम्हें तो कोई जानता भी न था और हत्या सम्बन्धी बात का तुम पर सन्देह भी न था, फिर तुमने एकाएक अपराध स्वीकार कर मृत्यु का आह्वान क्यों किया?" तो उसने कहा, "मेरे गुरु जी की ऐसी ही आज्ञा है।"

सरकार ने भी परीक्षा करनी चाही। एक सब-इंस्पेक्टर को भेजा। वह भी प्रसन्न था। उसे आशा थी कि सब भेद खोलकर कुछ पुरस्कार पाएगा। गुरु जी के दर्शन किए। लौट आया। लौटते ही त्यागपत्र दे दिया। अफसरों ने पूछा, "राम सिंह क्या कहता है?" कहा, "बताने की आज्ञा नहीं।" पूछा गया, "त्यागपत्र क्यों देते हो?" उत्तर दिया, "गुरु जी की यही आज्ञा है। वे कहते हैं, विदेशी शासकों की नौकरी मत करो।"

ऐसी अनेक घटनाएँ हैं। जो भी हो, इतना तो मानना ही पड़ेगा कि गुरु जी ईश्वर-भक्ति तथा उच्च चरित्र के कारण एक महान शक्तिशाली महापुरुष थे। अतः उपरोक्त घटनाएँ असम्भव नहीं। अस्तु। सरकार यह बात देखकर घबराई और उसे सारे आन्दोलन को दबाने की चिन्ता हुई। यह भी स्वाभाविक ही था।

अपरिपक्व विप्लव का प्रारम्भ

1869 में सब बन्धन हटा दिए गए। लोग सहस्रों की संख्या में भैणी आने लगे। सन् 1871 ई. में कुछ कूके वीर अमृतसर में से गुजर रहे थे। सुना, मुसलमान बूचड़ असंख्य गौओं की नित्य हिन्दुओं को चिढ़ाने के लिए उनके सामने हत्या करते हैं। हिन्दू समाज को बहुत कष्ट होता है। कट्टर गो-भक्त कूके यह सब सहन न कर सके। उन्होंने बूचड़खाने पर आक्रमण कर दिया और सभी बूचड़ों को वहीं ढेर कर दिया और आप भैणी की ओर चल दिए। अमृतसर के सभी प्रतिष्ठित हिन्दू गिरफ्तार कर लिए गए। उधर गुरु जी को वैसे भी सारा समाचार मिल चुका था, इधर इन कूकों ने जाते ही सब कहानी कह सुनाई। गुरु जी ने आज्ञा दी, "जाओ, जाकर अपना अपराध स्वीकार कर लो और उन निर्दोष लोगों को विपत्ति से बचाओ।" आज्ञा का पालन हुआ। निरपराध लोग छूट गए और ये वीर अत्यन्त आनन्द और हर्ष के साथ फाँसी पर लटक गए। ऐसी ही एक घटना रायकोट में भी हो गई। वहाँ पर भी कई कूकों को फाँसी पर लटका दिया गया था। परन्तु वहाँ पर शेष सिक्खों ने अनुभव किया कि उनके निर्दोष साथी फाँसी पर लटकाए गए हैं। प्रतिहिंसा की अग्नि प्रचंड हो उठी, परन्तु कोई विशेष घटना नहीं हुई।

13 जनवरी, सन् 1872 को भैणी में माघी का मेला होनेवाला था। लोग दूर-दूर से हजारों की संख्या में आने लगे। एक कूका नामधारी[1] वीर मलेर कोटला नामक मुसलमान रियासत की इसी नाम की राजधानी में से गुजर रहा था, वहाँ पर उसने एक मुसलमान को देखा जो एक बैल पर अत्यन्त बोझ लादे, स्वयं उस पर बैठा हुआ उसे पीटता जा रहा था।

1. गुरु राम सिंह के अनुयायी नामधारी तथा कूका कहलाते थे। नामधारी इसलिए कि गुरु जी के उपदेश का आधार स्तम्भ 'ईश्वर का नाम' था। उस उपदेश और दीक्षा पाने के बाद प्रत्येक मनुष्य 'नामधारी' अथवा 'ईश्वर-नाम को हृदय में धार किए हुए' कहलाता था। कूका इसलिए कि वे भगवद्भजन में तन्मय होकर खूब शोर मचाते थे, अतः कूकनेवाले 'कूका' कहलाते थे।

बैल बड़े कष्ट से चल रहा थ। यह देखकर उस कूके ने उस मुसलमान से कहा, "भाई! इतना अत्याचार न करो। बोझ पहले ही ज्यादा है, तुम नीचे उतर आओ तो क्या हर्ज़ हो?" परन्तु उस मुसलमान ने तुरन्त उसे दो-चार गालियाँ दे दीं। कूका सिक्ख कोई भीरु या कायर तो था ही नहीं, ईंट का जवाब पत्थर से मिता। नौबत हाथापाई तक आ गई। मुसलमान रियासत के मदमत्त मुसलमान कर्मचारी उसे पकड़कर कोतवाली में ले गए, जहाँ पर उस गरीब को अनेकानेक यातनाएँ तथा अपमान सहन करने पड़े। और बाद में, उस बैल का, उसके पास बैठाकर, उसकी आँखों के सामने, वध कर दिया गया। यह असह्य था। छूटते ही वह वीर भैणी पहुँचा। उसने भरे दिवान में क्रूर आततायियों के उन अत्याचारों का विवरण तथा अपनी करुण कथा कह सुनाई। लोग तो रायकोट की घटना से पहिले ही उत्तेजित हो रहे थे, उस पर यह घटना हो गई। जलती पर तेल पड़ा और भभक उठी। निज बाहुबल के भरोसे बदला चुकाने का निश्चय हो गया। जोश बढ़ता देखकर गुरु जी तनिक घबराए। गले में कपड़ा डालकर प्रार्थना की, "खालसा जी! क्या अनर्थ करने जा रहे हो। ज़रा शान्ति तथा सहनशीलता से काम लीजिए। ज़रा सोचो तो सही, इस सबका क्या परिणाम होगा? सारा बना-बनाया काम बिगड़ जाएगा।" गुरु जी के इस प्रकार समझाने पर बहुत-से लोगों का जोश तो ठंडा हो गया, परन्तु 150 व्यक्ति प्रतिहिंसा की उग्र मूर्तियाँ बन उठे। उनका जोश न थमा। गुरु जी ने लाख समझाने की चेष्टा की, परन्तु एक साथी का अपमान उनके लिए असह्य हो उठा था।

बड़ी विकट परिस्थिति थी। काम अधूरा ही था और कोई तैयारी भी न की गई थी। ऐसी दशा में इन 150 उत्तेजित लोगों का साथ देने से सारा आन्दोलन पिस जाने की सम्भावना थी।—क्या किया जाए? किंकर्तव्यविमूढ़ की भाँति सभी देख रहे थे और देख रहे थे गुरु जी भी। और कोई दूसरा व्यक्ति ऐसे समय क्या करता? अथवा ऐसे समय पर लोग क्या करने की सलाह दे सकते हैं? इस बात का हमें पता नहीं, इसकी चिन्ता भी नहीं। दूरदर्शी गुरु राम सिंह ने उस समय यही सोचा कि यह उत्तेजित लोग तो शान्त हो नहीं रहे हैं, इनकी इच्छानुसार अभी विद्रोह खड़ा करने की तो तैयारी नहीं की गई और अभी तो इच्छानुसार सब संगठन भी नहीं हुआ। इस समय यदि यह जाएँ और हम सरकार पर यह प्रकट कर दें कि हमारा इनसे कोई सम्बन्ध नहीं तो शेष आन्दोलन बच जाएगा। बात तो अच्छी दीख पड़ती है, परन्तु राजनैतिक चालों का महत्त्व उनकी सफलता पर निर्भर हुआ करता है। गुरु जी ने यह चाल चली थी, वह निष्फल हुई। पासा उलट गया। यही उनका गुरुतर अपराध था। उन्होंने उसी समय पुलिस को खबर दे दी कि 'यह लोग उत्तेजित होकर उनकी आज्ञाओं तथा प्रार्थनाओं की उपेक्षा करके झगड़े-फसाद के लिए जा रहे हैं। मैं अभी से पुलिस को सब समाचार देकर सतर्क कर देना चाहता हूँ। वह उनसे निपट ले। मैं अनर्थ का उत्तरदायी नहीं हूँ।'

लुधियाना के तत्कालीन डिप्टी कमिश्नर मि. Cowan अपने 15 जनवरी के पत्र में अम्बाला-कमिश्नर को इसी घटना के बारे में इस प्रकार लिखते हैं–

He (a police reporter) stated to me that Ram Singh, the leader of the kookas, went to those men, with a turban around his neck, and entreated them not to create a disturbance; and they would not listen to him; and that Ram Singh then came to the Deputy Inspector and reported to him that these men were upto mischief, and that he had no control over them.

परन्तु उस समय सरकार या पुलिस जानबूझकर चुप रही। चुपचाप उनको अंग्रेज राज्य में से रियासत में घुसने दिया। उसी समय उन सबको गिरफ्तार क्यों नहीं कर लिया गया? कुछ दिनों के बाद उनका जोश ठंडा हो ही जाता। परन्तु नहीं, सरकार तो स्वयं चाहती थी कि उसे कोई अवसर मिले, जिससे वह आन्दोलन कुचला जा सके। इस समय मनोवांछित सुअवसर मिल गया। लोगों का तो यहाँ तक कहना है कि उन लोगों को उत्तेजित करने में भी सरकारी आदमियों का हाथ था। खैर, उसके सम्बन्ध में कुछ न कह सकने पर भी हम सरकार पर जानबूझकर चुप रहने का अपराध लगा सकते हैं। अस्तु, वे 150 कूके वीर पटियाला के सीमान्त स्थित रब्बू गाँव के बाहर जा ठहरे। रात-भर वहीं विश्राम किया। अगले दिन भी वहीं रहे। शायद और साथियों की प्रतीक्षा कर रहे थे।

14 जनवरी, सन् 1872 ई. को सायंकाल उन्होंने कुछ सिक्ख सरदारों के मलोध (Malodh) नामक किले पर आक्रमण कर दिया। इस किले पर आक्रमण क्यों किया गया? इसके सम्बन्ध में डिस्ट्रिक्ट गजेटियर में लिखा है कि उन्हें आशा थी कि यह सरदार विद्रोह में उनका नेतृत्व लेंगे। सम्भव है, पहिले विराट आयोजन में ऐसी ही तैयारी रही हो और इस समय उन्होंने अपरिपक्व विद्रोह उठता देख सहायता देने अथवा नेतृत्व लेने से इनकार कर दिया हो। खैर, कूकों ने वहाँ आक्रमण कर दिया और कुछ शस्त्र, कुछ घोड़े तथा एक तोप लेकर चलते बने। वहाँ पर दोनों ओर के दो-दो व्यक्ति मरे और कुछ घायल हुए।

अगले दिन प्रातःकाल 7 बजे वे मलेर कोटला पहुँच गए। सरकार ने पटियाला तथा मलेर कोटला दोनों राज्यों को पहले से सतर्क कर दिया था। मलेर कोटला की रक्षा के लिए विशेष तौर से तैयारी की गई थी, परन्तु इन दुःसाहसी वीरों ने इस वेग से आक्रमण किया कि शहर में तो क्या, महल तक में जा घुसे। खजाना लूटने की कोशिश होने लगी। लूट ही तो लिया होता परन्तु दुर्भाग्यवश भूल से एक और दरवाजा तोड़ने में बहुत समय नष्ट हो गया, जहाँ कि कुछ व्यर्थ के कागजों के अतिरिक्त उनके हाथ कुछ न लगा और उधर उन्हें शीघ्र ही वहाँ से भागना पड़ा। 8 को मारकर, 15 को घायल कर और कुछ शस्त्र तथा घोड़े लेकर वे वहाँ से चल निकले। उनके सात साथी मरे और पाँच पकड़े गए अथवा घायल हो गए। उनके पीछे कोटला के सशस्त्र सैनिक भी भागे और–

A sort of running fight was kept along, shots fired, and many more Kookas were wounded, till both parties reached the village of Ruir in the Patiala State; the Kookas carrying most of the wounded with them.

रड़ गाँव के निकटवर्ती जंगल में वे छिप गए। शिवपुर के नायब नाज़िम ने उन पर फिर आक्रमण किया। फिर लड़ाई छिड़ी, परन्तु कूके थके-माँदे थे, भूखे-प्यासे थे, और थे घायल बिना मरहम-पट्टी के। वे पकड़े गए। 68 व्यक्ति पकड़े गए थे जिनमें से 28 घायल हो चुके थे।

यही घटना 'विद्रोह' कहलाती है। मि. कॉवन अपने एक पत्र में लिखता है–

'It looks like the commencement of an insurrection...'

और एक स्थान पर लिखता है–

I propose to execute at once all who were engaged in attacks on Malodh and Malarkotla. I am sensible of great responsibility in exercising an authority which is not vested in me, but the case in an exceptional one. These men are not ordinary criminals. They are rebels, having for their immediate object the acquisition of plunder, and ulteriorly the subversion of order. It is certain that had their first attempts been crowned with success, had they succeeded in arming themselves with horses and treasures, they would have been joined by all the abcndoned charities in the country and their extinction would not be effected without much trouble.

ये 68 व्यक्ति 17 जनवरी को मलेर कोटला लाए गए। उनमें से दो स्त्रियाँ भी थीं। वे पटियाला स्टेट की नागरिक थीं। उन्हें तो स्टेट के सुपुर्द कर दिया गया और शेष 66 में से पचास को वहीं तोप से उड़ा देने का निश्चय हो चुका था। अपनी-अपनी बारी से सानन्द सत्त श्री अकाल आदि जयघोष करते हुए, तोप के मुँह से बँध जाते। एक बार धमाके की आवाज होती और वह कूका वीर इस संसार से न जाने किधर चला जाता। उन fanatics को मृत्यु का भय नहीं हुआ, वे हम 'समझदार' लोगों की तरह मृत्यु की कल्पना मात्र से ही थर-थर काँप नहीं उठे। ऐसे ही 'मूर्ख' और कहाँ कितनी संख्या में मिल सकते हैं? उस समय स्वार्थ के लिए मरनेवाले लोग इसी तरह प्रसन्न रह सकते, इसी तरह हँसते हुए मृत्यु से आलिंगन कर पाते, यह असम्भव जान पड़ता है। आत्म-सम्मान, देशहित तथा स्वतन्त्रता-प्राप्ति आदि न जाने किन-किन उच्च भावों की प्रेरणा से वह मृत्युंजय बन पाए थे। इसी से हम उनकी इस उत्तेजना तथा जल्दबाजी को भूलकर प्रणम्य समझने में बाधित (को बाध्य) होते हैं। खैर! एक-एक करके 49 तो तोप से उड़ा दिए गए, परन्तु पचासवें ने, जो कि तेरह वर्षीय बालक था, वहाँ फसाद खड़ा कर दिया। मि. कॉवन एक पत्र में लिखता है–

It was my intention to have had 50 men blown away, and to have sent to remaining 16 rebels to Malodh to be executed there tomorrow, but one escaped from the guards and made a furious attack on me, seizing me by the beard and endeavouring to strangle me; and as he was a very powerful man, I had considerable difficulty in releasing myself... The officials whom he attached drew their sword and cut him down.

इसी घटना के सम्बन्ध में जो बात सुनी जाती है वह यूँ है कि 50वाँ व्यक्ति एक तेरह वर्षीय बालक था। उसे देखकर मिसेज कॉवन को दया आई। उसने अपने पति से उसे छोड़ देने को कहा। पत्नी की प्रेरणा से मि. कॉवन ने झुककर उस बालक से कहा, "अरे, पाजी राम सिंह का साथ छोड़ दो और कह दो, मैं उसका अनुयायी नहीं हूँ, तुम्हें छोड़ दिया जाएगा।" वीर बालक अपने गुरु के प्रति यह अपमानजनक शब्द सहन न कर सका। क्रुद्ध सिंह की तरह वह झपटा और उसने कॉवन को दाढ़ी से पकड़ लिया और तब तक न छोड़ा, जब तक उसके दोनों हाथ न काट दिए गए और तलवारों से कत्ल न कर दिया गया। अस्तु, इस तरह उस दुखान्त नाटक का एक और पर्व समाप्त हो गया।

बिना अभियोग चलाए 50 को तोप से उड़ा देना, summary execution कर देना एकदम अनुचित दीख पड़ता है। उधर मि. फार्सिथ, अम्बाला-कमिश्नर ने उन्हें एक पत्र में लिख दिया था कि बिना अभियोग चलाए किसी को मृत्युदंड मत देना, परन्तु मि. कॉवन ने मनमानी कर डाली और जब मि. कावन पर बाद में मुकदमा चला तो उन्होंने कमिश्नर साहिब का अगले दिन का पत्र, जिसमें उनके इस कार्य की प्रशंसा की गई थी, पेश किया। परन्तु उसके सम्बन्ध में मि. फार्सिथ का कहना है कि मैंने परिस्थिति नाजुक जान यह उचित समझा कि लोगों को किंचित् मात्र भी सन्देह न होने पाए कि अफसरों में भी आपस में कुछ खींचातानी हो रही है। अतः उसके पिछले कार्य की प्रशंसा कर और summary execution करने से मना कर दिया था। परन्तु शेष 16 व्यक्तियों को भी तो अगले ही दिन फाँसी पर लटका दिया गया।

उन वीरों की मृत्यु के प्रति उपेक्षा ने अफसरों को भी प्रभावित कर दिया था। Mr. E. Perkinson, Deputy Superintendent Police अपनी 17 जनवरी की रिपोर्ट में दो व्यक्तियों के सम्बन्ध में लिखने हैं–

Both Hira Singh and Lehna Singh the leaders taken. They are generally well dressed and well to do men; but have the appearance bold and determined looking fellows.

इधर तो यह सबकुछ हो रहा था, उधर डिप्टी कमिश्नर ने गुरु राम सिंह को बुलाया और घर लौटा दिया, क्योंकि वह समझता था कि वे निर्दोष हैं, क्योंकि उन्होंने उन उन्मत्त तथा उत्तेजित कूकों की खबर देकर पुलिस को चौकन्ना कर दिया था। गुरु राम सिंह की निर्दोषता के सम्बन्ध में पंजाब सरकार ने भारत सरकार को यूँ लिखा–

No direct evidence against Ram Singh in this case is sufficient to put him on this trial.

परन्तु 17 जनवरी को कमिश्नर की आज्ञा से घुड़सवार तथा दूसरी पुलिस ने कर्नल बायली (Baille) की (के नेतृत्व में) अध्यक्षता में भैणी नगर को एकाएक घेर लिया। सब लोगों को यह देखकर बहुत आश्चर्य हुआ, परन्तु जब उन्हें मालूम हुआ कि सरकार उन्हें पकड़ना चाहती है तब उन्होंने अपने आपको शान्तिपूर्वक पुलिस के हवाले कर दिया। उस समय गुरु राम सिंह के साथ चार व्यक्ति, चार विभिन्न स्थानों के सूबे श्री साहिब सिंह, श्री जवाहिर सिंह, श्री गुरुदत्त सिंह तथा श्री तन्नू सिंह भी थे। उन्हें भी गिरफ्तार कर लिया गया। इन्हें पहिले तो इलाहाबाद भेजा गया और बाद में रंगून भेज दिया गया। यह गिरफ्तारी रेगूलेशन 1818 के अनुसार हुई थी। यहीं पर गुरु राम सिंह जी की वह चाल उलटी पड़ी। यदि उस समय वे बचे रहते तो फिर शीघ्र ही सब स्थिति सँभल जाती।

इधर ज्यों-ज्यों प्रान्त-भर में विद्रोह का समाचार फैलने लगा, त्यों-त्यों ये लोग भैणी की ओर जाने लगे। सब लोगों का विचार था कि जिस दिन की प्रतीक्षा थी, वह आ गया। इधर पुलिस भी चौकन्नी हो गई थी। जहाँ कोई कूके मिल जाते वहीं पर उन्हें गिरफ्तार कर लिया जाता। इसी तरह 172 कूकों के एक गुट से कर्नल बायली की भेंट हो गई। उनमें से चार तो विभिन्न स्थानों के सूबे–श्री ब्रह्मा सिंह, श्री काहन सिंह, श्री पहाड़ा सिंह तथा श्री हुकुम सिंह तो तुरन्त पहिले लुधियाना और फिर गुरु जी के पास इलाहाबाद भेज दिए गए और 120 घरों को लौटा दिए गए और शेष पचास–

Having no homes and ostensible means of living, being in fact, a dangerous clan of this sort who having sold all they possessed, hold themselves in readiness to perform any act that their leaders may order.

—को जेल में बन्द कर दिया गया। इस तरह कुछ ही दिनों में सब मामला शान्त हो गया।

उसके बाद—

सबकुछ हो चुका। नाटक की मुख्य घटना हो चुकी। अब तो कथा समाप्त करने को परिशिष्ट मात्र शेष है। मि. कॉवन और मि. फार्सिथ पर summary execution करने का अभियोग चला। उन्होंने पंजाब की भीषण स्थिति का रोमांचकारी चित्रण करने में कोई कसर उठा न रखी और पुरस्कार पाने की आशा प्रकट की। मि. कॉवन को तो पदच्युत कर इंग्लैंड भेज दिया गया और मि. फार्सिथ को पंजाब से अवध उसी पद पर तब्दील कर दिया। पचास को तोप से उड़ाने और 16 को फाँसी दे डालने—और वह भी बिना अभियोग चलाए, बिना उन लोगों को सफाई देने का अवसर दिए—के अपराध की यह सज़ा दी गई। Sir Henry Cotton के शब्दों में तो यह दंड एकदम अपर्याप्त अथवा नाकाफी था परन्तु ऐंग्लो इंडियन समाचार पत्रों ने इतना भी दंड देने के विरुद्ध बहुत बवेला मचाया था।

इधर शेष कूका समाज पर बहुत अत्याचार होने लगे। गुरु राम सिंह के बाद भी हरि सिंह गुरु बने। उन्हें भैणी में नजरबन्द कर दिया गया। गुरुद्वारे के बाहर पुलिस की चौकी बिठा दी गई। छह वर्ष तक तो भैणी की ऐसी दशा रही मानो शत्रु घेरा डाले पड़ा हो। न कोई बाहर से भीतर आ सकता, न कोई भीतर से बाहर जा पाता। फिर धीरे-धीरे कुछ-कुछ लोगों का आना-जाना खुला। उस समय भी हरि सिंह बाहर नहीं आ सकते थे—इसके बावजूद कि आने-जाने की आज्ञा हो गई थी। आनेवाले यात्रियों को बहुत तंग किया जाता था। बुरी तरह अपमानित किया जाता, मुश्कें कसकर धूप में डाल दिया जाता, जहाँ बेचारों को घंटों झुलसना पड़ता। चारपाई के नीचे हाथ दबाकर कई आदमी चारपाई पर बैठ जाते। उन पर हुक्के का गन्दा बदबूदार पानी डाल दिया जाता। यह सब अत्याचार करनेवाले इसी देश के निवासी होते थे और इन यातनाओं को चुपचाप सहन करनेवाले भी इसी देश के अभागे निवासी। और अब तो यह निरा धार्मिक सम्प्रदाय रह गया था। परन्तु पंजाब प्रान्त का इतिहास बड़ा रोमांचकारी है। समाज-का-समाज Outlaw घोषित हुआ तो पंजाब में, किसी सम्प्रदाय के सभी-के-सभी लोग भीषण अत्याचारों का शिकार हुए तो पंजाब में और फिर हजारों का सारे-का-सारा आन्दोलन unlawful करार दिया गया तो पंजाब में। इस बार भी ऐसा ही हुआ। प्रत्येक कूका अपने-अपने घर में नजरबन्द था। बिना पुलिस की आज्ञा के कहीं बाहर न जा सकता। आज्ञा लेने जाने के मानी होते, पुलिस के अकथनीय अत्याचार, तथा अपमान सहन करना और (कई) दिनों तक भूखे-प्यासे तड़पते रहकर बाहर जाने की आज्ञा पाए बिना चुपचाप घर आकर बैठ जाना। यह दशा बहुत दिनों तक चली और बन्दिशें तो अब 1920 में आकर असहयोग के दिनों में हटाई गईं। अस्तु!

गुरु राम सिंह जी बर्मा में ही नजरबन्द रहे। डि. गजेटियर में लिखा है—"Finally he died in Burma in 1885," परन्तु 1920 में डस्का निवासी श्री आलम सिंह इंजीनियर ने एक लेख द्वारा उपरोक्त बात का खंडन किया था। उन्होंने लिखा था कि वे दो और साथियों

सहित Lower Burma की किसी पोर्ट से लासट द्वीप जा रहे थे। उस पोर्ट का नाम भोलमीन था। वहाँ पर एक दिन एक बड़े तेजस्वी व्यक्ति को पुलिस की निगरानी में सैर करते देखकर उनके सम्बन्ध में कुछ पूछताछ करने पर मालूम हुआ कि ये पंजाब के राजा हैं। वह समझे शायद महाराजा दिलीप सिंह हों, परन्तु बाद को मालूम हुआ कि वह कूका गुरु राम सिंह जी हैं। उस समय उनके साथ उनका एक सूबा लक्खा सिंह भी था। उनसे मिलने पर खूब बातचीत हुई और मालूम हुआ कि उन्हें पाँच मील तक बाहर सैर करने की आज्ञा थी। खैर! सरकार ने इस लेख का कभी प्रतिवाद भी नहीं किया। जो भी हो, मालूम ऐसा ही होता है कि गुरु जी अब इस संसार में नहीं हैं, परन्तु कूका लोगों का विश्वास है कि वे अभी जीवित हैं। खैर!

आज भी पंजाब में कूका सम्प्रदाय विद्यमान है। उनमें ईश्वर-भक्ति का अभी तक प्राधान्य है। बहुत सवेरे उठकर केशी स्नान कर घंटों तक भगवत्भजन में लीन रहना, उनका नित्य नियम है। मांस, मदिरा, आदि वस्तुओं के प्रयोग के कट्टर विरोधी हैं। एक सीधी पगड़ी, एक लम्बा कुर्ता और एक कच्छा—यही उनका पहनावा है। एक कम्बल और एक डोलका-सा बना हुआ बड़ा-सा लोटा और एक टकुआ जिसे वे सफाजंग बोलते हैं—यही उनका सामान है। गले में सूत की बनी हुई एक सुन्दर माला रहती है। उनमें भी एक विशेष मस्ताना दल होता है। वे शब्द-कीर्तन करते हुए एकदम सुध-बुध भूल जाते हैं। इन लोगों के संकीर्तन से प्रत्येक व्यक्ति प्रफुल्लित तथा रोमांचित-सा हो जाता है। खून खौलने लगता है, आँखों में प्रेम तथा भक्ति के आँसू भर आते हैं।

ग्यारहवें और बारहवें गुरु में विश्वास रखने के कारण तथा मांस, मदिरा के कट्टर विरोधी होने के कारण वे शेष सिक्ख समाज से जुदा हैं। उनमें समानता का भाव प्रबल होता है। होली आदि के अवसर पर उनके विशेष उत्सव होते हैं, जहाँ पर कि खूब होम यज्ञ होता है। शेष सिक्ख इसके विरोधी हैं। कूके अपने को हिन्दू मानते हैं, शेष सिक्ख नहीं। विगत अकाली आन्दोलन के दिनों में उन्होंने अकालियों का कुछ विरोध किया था जिससे उनकी स्थिति कुछ खराब हो गई। तथापि वे अपने ढंग के निराले लोग हैं। उन्हें देख एक उस अधखिले फूल की याद आती है जो खिलते ही मसल डाला गया हो। गुरु राम सिंह जी की हसरतें दिल-की-दिल ही में रह गई थीं। उनके शेष सभी अनुयायियों का आत्म-बलिदान भी विस्तृत हो गया। उन अज्ञात लोगों के बलिदानों का क्या परिणाम हुआ, सो वही सर्वज्ञ भगवान जाने। परन्तु हम तो उनकी सफलता-विफलता का विचार छोड़ उनके निष्काम बलिदान की याद में एक बार नमस्कार करते हैं।

पंजाब के तख़्तापलट आन्दोलनों का इतिहास

कूका विद्रोह-2

[अक्तूबर, 1928 में 'किरती' मासिक पत्रिका में भगत सिंह ने फिर 'युग पलटने का अग्निकुंड' शीर्षक से पंजाब के तख़्तापलट आन्दोलनों के इतिहास के रूप में लेख लिखे। यह लेख उन्होंने 'विद्रोही' के नाम से लिखा था।—सं.]

आज हम पंजाब के तख्ता पलटने के आन्दोलन और पोलिटिकल जागृति का इतिहास पाठकों के सामने रख रहे हैं। पंजाब में सबसे पहली पोलिटिकल हलचल कूका आन्दोलन से शुरू होती है। वैसे तो वह आन्दोलन साम्प्रदायिक-सा नज़र आता है, लेकिन ज़रा गौर से देखें तो वह बड़ा भारी पोलिटिकल आन्दोलन था, जिसमें धर्म भी मिला हुआ था, जिस तरह कि सिक्ख आन्दोलन में पहले धर्म और राजनीति मिली-जुली थी। खैर, हम देखते हैं कि हमारी आपस की साम्प्रदायिकता और तंगदिली का यही परिणाम निकलता है कि हम अपने बड़े-बड़े महापुरुषों को इस तरह भूल जाते हैं जैसे कि वे हुए ही न हों। यही स्थिति हम अपने बड़े भारी महापुरुष 'गुरु' राम सिंह के सम्बन्ध में देखते हैं। हम 'गुरु' नहीं कह सकते और वे गुरु कहते हैं, इसीलिए हमारा उनसे कोई सम्बन्ध नहीं–आदि बातें कहकर हमने उन्हें दूर फेंक रखा है। यही पंजाब का सबसे बड़ा घाटा है। बंगाल के जितने भी बड़े-बड़े आदमी हुए हैं, उनकी हर साल बरसियाँ मनाई जाती हैं, सभी अख़बारों में उन पर लेख दिए जाते हैं, यह समझा जाता है कि मौका मिला तो इस पर फिर विचार करेंगे और जो मसाला मिला, वह पाठकों के सामने पेश करेंगे।

पंजाब को सोए थोड़े ही दिन हुए थे, लेकिन नींद बड़ी गहरी आई। हालाँकि अब फिर होश आने लगा है। बड़ा भारी आन्दोलन उठा। उसे दबाने की कोशिश की गई। कुछ ईश्वर ने स्थिति भी ऐसी ही पैदा कर दी–वह आन्दोलन भी कुचल दिया गया। उस आन्दोलन का नाम था 'कूका आन्दोलन'। कुछ धार्मिक, कुछ सामाजिक रंग-रूप रखते हुए भी वह आन्दोलन एक तख्ता पलटने का नहीं, युग पलटने का था।

चूँकि अब इन सभी आन्दोलनों का इतिहास यह बताता है कि आज़ादी के लिए लड़नेवाले लोगों का एक अलग ही वर्ग बन जाता है, जिनमें न दुनिया का मोह होता है और न पाखंडी साधुओं-जैसा दुनिया का त्याग ही। जो सिपाही तो होते थे लेकिन भाड़े के लिए लड़नेवाले नहीं, बल्कि सिर्फ अपने फर्ज़ के लिए या किसी काम के लिए कहें; वे निष्काम भाव से लड़ते और मरते थे। सिक्ख इतिहास यही कुछ था, मराठों का आन्दोलन भी यही कुछ बताता है। राणा प्रताप के साथी राजपूत भी इसी तरह के योद्धा थे। बुन्देलखंड के वीर छत्रसाल के साथी भी ऐसे थे।

ऐसे ही लोगों का एक वर्ग पैदा करनेवाले बाबा राम सिंह ने प्रचार और संगठन शुरू किया। बाबा राम सिंह का जन्म 1824 में लुधियाना जिले के भैणी गाँव में हुआ। आपका जन्म बढ़ई घराने में हुआ। जवानी में महाराजा रणजीत सिंह की सेना में नौकरी की। ईश्वर-भक्ति अधिक होने से नौकरी-चाकरी छोड़कर गाँव जा रहे। नाम का प्रचार शुरू कर दिया।

1857 में गदर में जो-जो जुल्म हुए, वे सब देखकर और पंजाब की गद्दारी देखकर कुछ असर जरूर हुआ होगा। किस्सा यह कि बाबा राम सिंह जी ने उपदेश शुरू करवा दिया। साथ-साथ बताते गए कि 'फिरंगियों' से पंजाब की मुक्ति बहुत जरूरी है। उन्होंने तब उस असहयोग का प्रचार किया, जैसे वर्षों बाद 1920 में महात्मा गांधी ने किया। उनके कार्यक्रम में अंग्रेजी राज की शिक्षा, नौकरी, अदालतों आदि का और विदेशी चीज़ों का बहिष्कार तो था ही, साथ में रेल और तार का भी बहिष्कार किया गया था।

पहले-पहले सिर्फ नाम का ही उपदेश होता था। हाँ, यह जरूर कहा जाता था कि शराब-मांस का प्रयोग बिलकुल बन्द कर दिया जाए। लड़कियाँ आदि बेचने-जैसी सामाजिक कुरीतियों के खिलाफ भी प्रचार होता था, लेकिन बाद में उनका प्रचार पोलिटिकल रंग में रँगा गया।

पंजाब सरकार के पुराने कागजों में एक स्वामी राम दास का जिक्र आता है, जिसे कि अंग्रेजी सरकार एक पोलिटिकल आदमी समझती थी और जिस पर निगाह रखी जाती थी। 1857 के बाद जल्द ही उसके रूस की ओर जाने का पता चलता है। बाद में कोई खबर नहीं मिलती। उसी आदमी के सम्बन्ध में कहा जाता है कि उसने एक दिन बाबा राम सिंह से कहा कि अब पंजाब में राजनीतिक कार्यक्रम और प्रचार की जरूरत है। इस समय देश को आज़ाद करवाना बहुत जरूरी है। तब से आपने स्पष्ट रूप से अपने उपदेश में इस असहयोग को शामिल कर लिया।

1863 में पंजाब सरकार के मुख्य सचिव रहे टी. डी. फार्सिथ ने अपनी आत्मकथा में लिखा है कि 1863 में ही मैं समझ गया था कि यह धार्मिक-सा आन्दोलन किसी दिन बड़ा गदर मचा देगा। इसीलिए मैंने भैणी के उस गुरुद्वारे से ज्यादा आदमियों का आना-जाना और इकट्ठे होना बन्द कर दिया। इस पर बाबा जी ने भी अपना काम का ढंग बदल लिया। पंजाब प्रान्त को 22 जिलों में बाँट लिया। प्रत्येक जिले में एक-एक व्यक्ति प्रमुख नियत किया गया, जिसे 'सूबा' कहा जाता था। अब उन्होंने 'सूबों' में प्रचार और संगठन का काम शुरू कर दिया। गुप्त तरीकों से आज़ादी का भी प्रचार जारी रखा। संगठन बढ़ता गया, प्रत्येक नामधारी सिख अपनी आय का दसवाँ हिस्सा अपने धर्म के लिए देने लगा। बाहर का हंगामा बन्द हो जाने से सरकार का शक दूर हो गया और 1869 में सभी बन्दिशें हटा ली गईं। बन्दिशें हटते ही खूब जोश बढ़ा।

एक दिन कुछ कूके अमृतसर में से जा रहे थे। पता चला कि कुछ कसाई हिन्दुओं को तंग करने के लिए उनकी आँखों के सामने गोहत्या करते हैं। गाय के तो वे बड़े भक्त थे। रातों-रात सभी कसाइयों को मार डाला और भैणी का रास्ता पकड़ा। बहुत-से हिन्दू पकड़े गए। गुरु जी ने पूरी कहानी सुनी। सबको लौटा दिया कि निर्दोष व्यक्तियों को छुड़ाए और अपना अपराध मान लें। यही हुआ और वे लोग फाँसी चढ़ गए। ऐसी ही कोई घटना फिरोजपुर जिले में भी हो गई। फाँसियों से जोश और बढ़ गया। उस समय उन लोगों के सामने आदर्श था पंजाब में सिक्ख-राज स्थापित करना और गोरक्षा को वे अपना सबसे बड़ा धर्म मानते थे। इसी आदर्श की पूर्ति के लिए वे प्रयत्न करते रहे।

13 जनवरी, 1872 को भैणी में माघी का मेला लगनेवाला था। दूर-दूर से लोग आ रहे थे। एक कूका मलेर कोटला से गुजर रहा था। एक मुसलमान से झगड़ा हो जाने से (वे) उसे पकड़कर कोतवाली में ले गए और उसे बहुत मारा-पीटा व एक बैल की हत्या उसके सामने की गई। वह बेचारा दुखी हुआ भैणी पहुँचा। वहाँ जाकर उसने अपनी व्यथा सुनाई। लोगों को बहुत जोश आ गया। बदला लेने का विचार जोर पकड़ गया। जिस विद्रोह का भीतर-ही-भीतर प्रचार किया गया था, उसे कर देने का विचार जोर पकड़ने लगा, लेकिन अभी मनचाही तैयारी भी नहीं हुई थी। बाबा राम सिंह ऐसी स्थिति में क्या करते? यदि उन्हें मना करते हैं तो वे मानते नहीं और यदि उनका साथ देते हैं तो सारा किया-धरा तबाह होता

है। क्या करें? आखिर जब 150 आदमी चल ही पड़े तो आपने पुलिस को खबर भेज दी कि यह व्यक्ति हंगामा कर रहे हैं और शायद कुछ खराबी करें, मैं जिम्मेदार नहीं हूँ। ख़याल था कि हजारों आदमियों के संगठन में से सौ-डेढ़ सौ आदमी मारे गए (जाएँ) और बाकी संगठन बचा रहा तो यह कमी तो फिर पूरी हो जाएगी और जल्द ही फिर पूरी तैयारी होने से विद्रोह हो सकेगा। लेकिन हम यह देखते हैं कि दुनिया में 'end Justifies the means' (परिणाम से ही तय होता है कि तरीके जायज थे या नाजायज) का सिद्धान्त राजनीति के मैदान में प्रायः लागू होता है। अर्थात् यदि सफलता मिल जाए तब तो चालें नेकनीयती से भरी और सोच-समझकर चली गई कहलाती हैं और यदि कभी मिले असफलता तो बस फिर कुछ भी नहीं। नेताओं को बेवकूफ, बदनीयत आदि खिताब मिलते हैं। यही बात यहाँ हम देखते हैं। जो चाल बाबा राम सिंह ने अपने आन्दोलन से बचने के लिए चली, वह क्योंकि सफल नहीं हुई, इसीलिए अब कोई उन्हें कायर और बुज़दिल कहता है और कोई बदनीयत व कमजोर बतताता है। खैर।

हम तो समझते हैं कि वह राजनीति की एक चाल थी। उन्होंने पुलिस को खबर कर दी ताकि वे कोई ऐसा इलाज कर लें जिससे कोई बड़ी खराबी पैदा न हो, लेकिन सरकार उनके इस बड़े भारी आन्दोलन से बहुत डरती थी और उसे पीस देने का अवसर खोज रही थी। उसने कोई खास कार्यवाही न की और उन्हें मर्जी अनुसार जाने दिया।

लेकिन 11 जनवरी के पत्र में डिप्टी कमिश्नर लुधियाना मि. कॉवन ने यह बात कमिश्नर को लिख भेजी कि राम सिंह ने उन लोगों को अपने सम्बन्ध न होने की बात जाहिर की है और उनके सम्बन्ध में हमें सावधान भी कर दिया है। खैर! वे 150 नामधारी सिंह बड़े जोश-खरोश में चल पड़े।

जब वे 150 व्यक्ति वहाँ से बदला लेने के विचार से चल पड़े, तो पुलिस को पहले से बताया जा चुका था, लेकिन सरकार ने कोई इन्तजाम नहीं किया। क्यों? क्योंकि वे चाहते थे कि कोई छोटी-मोटी गड़बड़ हो जाए और बहाना मिल जाए, जिससे कि वे उस आन्दोलन को पीस दें। सो वह अब मिल गया।

वे कूके वीर उस दिन तो पटियाला राज्य की सीमा पर एक गाँव रब्बों में पड़े रहे। अगले दिन भी वे वहीं टिके रहे। 14 जनवरी, 1872 की शाम को उन्होंने मलोध के किले पर धावा बोल दिया। यह किला कुछ सिख सरदारों का था, लेकिन इन्होंने इस पर हमला क्यों किया? इस सम्बन्ध में डिस्ट्रिक्ट गजेटियर में लिखा है कि उन्हें उम्मीद थी कि मलोध सरकार उनके विद्रोह की नेता बनेगी, लेकिन उन्होंने मना कर दिया और इन्होंने हमला कर दिया। बहुत सम्भव है कि बाबा राम सिंह की बड़ी भारी तैयारी में मलोध सरकार ने मदद देने का वायदा किया हो, लेकिन जब उन्होंने देखा कि विद्रोह तो पहले ही हो गया है और बाबा राम सिंह भी साथ नहीं हैं और पूरी संगत भी नहीं बुलाई गई है तो उन्होंने मना कर दिया होगा। खैर! जो भी हो, वहाँ लड़ाई हुई। कुछ घोड़े, हथियार और तोपें ले वे वहाँ से चले गए। दोनों ओर के दो-दो आदमी मारे गए और कुछ घायल हुए।

अगले दिन सवेरे 7 बजे वे मलेर कोटला पहुँच गए। अंग्रेजी सरकार ने मलेर कोटला सरकार को पहले ही सूचित कर रखा था। उधर बड़ी तैयारियाँ की गई थीं। सेना हथियार

लिए खड़ी थी, लेकिन इन लोगों ने इतनी बहादुरी से हमला किया कि सेना और पुलिस के कुछ वश में न रहा। हमला कर वे शहर में घुस गए और जाकर महल पर हमला कर दिया। वहाँ भी सेना उन्हें रोक न सकी। वे जाकर खजाना लूटने की कोशिश करने लगे। लूट ही लिया जाता, लेकिन दुर्भाग्य से वे एक और दरवाजा तोड़ते रहे, जिससे कि उनका बहुत-सा समय नष्ट हो गया और भीतर से कुछ भी न मिला।

उधर से सेना ने बड़े जोर से धावा बोला। आखिर लड़ते-लड़ते वहाँ से लौटना पड़ा। उस लड़ाई में उन्होंने 8 सिपाही मारे और 15 को घायल किया। उनके सात आदमी मारे गए। वहाँ से भी कुछ हथियार और घोड़े लेकर भाग निकले। आगे-आगे वे और पीछे-पीछे मलेर कोटला की सेना और–

"A sort of running fight was kept along. Shots fired and many more Kookas were wounded till both the parties reached the village of Rur in the Patiala State, the Kookas carrying most of the wounded with them."

यानी भागते जा रहे थे। और लड़ते जा रहे थे। उनके और कई आदमी घायल हो गए और वे उन्हें भी साथ ही उठा ले जाते थे। आखिर पटियाला राज्य के रुड़ गाँव में ये पहुँचे और जंगल में छिप गए। कुछ घंटों के बाद शिवपुर के नाज़िम ने फिर हमला बोल दिया। लड़ाई छिड़ गई पर बेचारे कूके थके-हारे थे। आखिर 68 व्यक्ति पकड़ लिए गए। उनमें से दो औरतें थीं, वे पटियाला राज को दे दी गईं।

इसी बात को विद्रोह कहा जाता है। डिप्टी कमिश्नर लुधियाना मि. कॉवन ने एक पत्र में कहा था–

"It looks like the commencement of an insurrection..."

यानी यह एक विद्रोह की तरह नज़र आता है।

अगले दिन मलेर कोटला लाकर तोप गाड़ दी गई और एक-एक 50 कूके वीर तोप के आगे बाँध-बाँधकर उड़ा दिए गए। हरेक बहादुरी से अपनी-अपनी बारी पर तोप के आगे झुक जाता और सत्त श्री अकाल कहता हुआ तोप से उड़ जाता। फिर कुछ पता नहीं चलता कि वह किस संसार में चला गया। इस तरह 49 व्यक्ति उड़ा दिए गए। पचासवाँ एक तेरह वर्ष का लड़का था। उसके पास झुककर डिप्टी कमिश्नर ने कहा कि बेवकूफ राम सिंह का साथ छोड़ दे, तुम्हें माफ कर दिया जाएगा। लेकिन वह बालक यह बात सहन नहीं कर सका और उछलकर उसने कॉवन की दाढ़ी पकड़ ली और तब तक न छोड़ी जब तक उसके दोनों हाथ न काट दिए गए। बाकी 16 आदमी अगले दिन मलोध जाकर फाँसी पर लटका दिए गए। उधर बाबा राम सिंह को उनके चार सूबों के साथ गिरफ्तार करके पहले इलाहाबाद और बाद में रंगून भेज दिया गया। यह गिरफ्तारी (रेगूलेशन) 1818 के अनुसार हुई थी।

जब यह खबर देश में फैली तो और लोग बहुत हैरान हुए कि यह क्या बना। विद्रोह शुरू करके बाबाजी ने हमें भी क्यों न बुलाया और सैकड़ों लोग घर-बार छोड़कर भैणी की ओर चल पड़े। एक गिरोह जिसमें कि 172 आदमी थे, कर्नल वायली से मिला। वह अधीक्षक था। उसने झट उन्हें गिरफ्तार करवा लिया। उनमें से 120 को तो घरों को लौटा दिया, लेकिन 50 ऐसे थे कि जिनका कोई घरबार नहीं था। वे सब सम्पत्ति आदि

बेच-बाचकर लड़ने-मरने के लिए तैयार होकर निकले थे। उन्हें जेल में डाल दिया गया। इस तरह वह आन्दोलन दबा दिया गया और बाबा रान सिंह का पूरा यत्न निष्फल हो गया। बाद में देश में जितने कूके थे, वे सभी एक तरह से नजरबन्द कर दिए गए। उनकी हाजिरी ली जाती थी। भैणी साहिब में आम लोगों का आना-जाना बन्द कर दिया गया। ये बन्दिशें 1920 में आकर हटाई गईं।

यही पंजाब की आज़ादी के लिए दी गई सबसे पहली कोशिश का संक्षिप्त इतिहास है।

चित्र-परिचय

[मार्च, 1928 के 'महारथी' में कूका आन्दोलन पर एक लेख छपा था। उसी के साथ दो चित्रों का चित्र-परिचय भगत सिंह ने लिखा था। यह परिचय 'महारथी' से लिया गया है। –सं.]

इस बार बहुरंग चित्र गुरु राम सिंह जी का है। उनका परिचय विस्तारपूर्वक गत अंक और इस अंक में दिया जा चुका है। वही पर्याप्त है। हाँ, विशेष उल्लेखनीय दो रंगीन चित्र हैं। एक तो इटली के नवयुवकों का–प्रत्येक बालक मुसोलिनी बनने का प्रयत्न कर रहा है। भारत में भी चार दिन के लिए स्काउट दल, महावीर दल और स्वयं-सेवक दल बने थे, अखाड़े स्थापित हुए थे परन्तु वह सब दूध का उफान रहा। नेताओं को चाहिए कि कौंसिलों में स्पीचें झाड़ने की अपेक्षा इन भावी नेताओं को कुछ बनाएँ।

दूसरा चित्र हुनर-नगर का है जो एक विशेष (आयोजन के) रूप में बम्बई में हुआ था। हमें विस्मय होता है, जब हम इस विशाल हुनर-नगर की और गरीब, गँवार कारीगरों की दशा की तुलना करते हैं। इन हुनर-प्रदर्शनियों पर जितना रुपया उजाड़ा जाता है उसका शतांश भी तो कारीगरी की वास्तविक उन्नति में नहीं लगाया जाता। हम पूछते हैं–कितने कारीगरों को धन एवं अधिकार से सहायता देकर समाज अथवा सरकार अपना काम बढ़ाने का अवसर देती है? कितने मुहल्लों, बाजारों, नगरों अथवा शहरों में हुनर-शालाएँ खोली जा रही हैं? कितने कारीगरों की प्रतियोगिता कराई जाती हैं? और कितने नवयुवकों को भिन्न-भिन्न हुनर सीखने को छात्रवृत्ति देकर हुनर सीखने को प्रोत्साहित किया जाता है? हिन्दू सभाएँ और कांग्रेस मंडल खोलने की अपेक्षा हुनर-शालाएँ स्थापित करने में हमें अपनी सब शक्तियों को लगा देना चाहिए। कारीगरी ही हमको बेकारी, पराधीनता और निर्धनता से बचा सकती है।

पंजाब के पहले विद्रोही शहीद

श्री मदन लाल ढींगरा!

[शहीद भगत सिंह ने 'आज़ादी की भेंट शहादतें' शीर्षक से एक लेखमाला 'किरती' में मार्च, 1928 से अक्तूबर, 1928 तक लिखी। इन लेखों के माध्यम से जहाँ पंजाब के लोगों को भारतीय शहीदों के बलिदान से परिचित करवाया गया, वहीं भगत सिंह और उनके साथियों के दिलों में उठते सवाल भी इनमें पढ़े जा सकते हैं। लेखमाला

'विद्रोही' नाम से लिखी गई थी। अगस्त, 1928 के 'किरती' में इस लेखमाला का उद्देश्य इस रूप में बताया गया–"हमारा इरादा है कि उन जीवनियों को उसी तरह छापते हुए भी उनके आन्दोलनों का क्रमशः हाल लिखें ताकि हमारे पाठक यह समझ सकें कि पंजाब में जागृति कैसे पैदा हुई और फिर काम कैसे होता रहा और किन कामों के लिए, किन विचारों के लिए उन शहीदों ने अपने प्राण तक अर्पित कर दिए।" –सं.]

अब फिर यह बताने की जरूरत नहीं कि भारतवर्ष की आज़ादी के लिए जितनी कुर्बानी पंजाब प्रान्त ने की है, उतनी किसी और प्रान्त ने नहीं की। बीसवीं सदी के शुरू होने के साथ ही भारत में एक बार नई अशान्ति की लहर दौड़ गई, जिसका परिणाम स्वदेशी-आन्दोलन की शक्ल में प्रकट हुआ। तब भी पंजाब ही बंगाल का साथ दे सका था। गुलामी की जंजीरें दिनों-दिन जकड़ी देखकर जब दर्द शुरू हुआ तब बहुत-से नौजवान अपने देशप्रेम में पागल हुए दिलों को केवल लेक्चरबाजी और प्रस्तावबाजी मात्र से सन्तोष न दे सके और कुछ दिल-जले लोगों ने युग पलट आन्दोलन चलाया। यह आन्दोलन उन देशप्रेमी युवकों को अपनी ओर खींचने में सफल हो गया और इन परवानों ने स्वतन्त्रता-देवी के चरणों में अपने जीवन तक बलिदान कर दिए और मुर्दा देश को फिर मृत्यु के प्रति निर्भयता दिखाकर पुराने बुजुर्गों की याद ताजा कर दी।

यह युग पलटनेवाले या विद्रोही लोग कैसे विचित्र होते हैं, इसका कुछ वर्णन बंगाल के विद्रोही कवि नज़रुल इस्लाम ने अपनी 'विद्रोही' कविता में किया है। मौत के हाथ में हाथ डालकर खेल करनेवाले, गरीबों के सहायक, आज़ादी के रक्षक, गुलामी के दुश्मन, जालिमों, अत्याचारियों और मनमानी करनेवाले शासकों के शत्रु इन विद्रोही वीरों के दिल का, मन का, स्वभाव का, इच्छा का बड़ा सुन्दर चित्र उन्होंने अपनी कविता में खींचा है। पहले ही वे कहते हैं–

बोलो बीर–
चिर उन्नत मम शीर
शिर नेहारि आमारि
नत शिर ओई शिखर हिमाद्रीर!

यानी हे विद्रोही वीर! तुम एकदम यह कहते हो कि मैं कब से सिर उठाए खड़ा हूँ। मेरा ऊँचा सिर देखकर हिमालय ने भी अपना सिर शर्म के मारे झुका दिया।

आगे जाकर उसकी सख्ती और नरमी का वर्णन किया है। कहीं वह मौत से (के साथ) नाच कर रहा है, कहीं वह संसार का एक ही बार सर्वनाश करने पर तुला हुआ है। वह बिजली की तरह चमकता है। वह संगीत की तरह मीठा है। विधवा, गुलाम, मजलूम, गरीब, भूखे और पीड़ित लोगों में बैठकर वह लगातार रोता रहता है। ऐसे विचित्र जीव की विचित्र महिमा का वर्णन करते हुए अन्त में वे विद्रोही के मुँह से कहलवाते हैं–

महा बिद्रोही रणक्लान्त
आमि शेई दिन हॅबो शान्त,

जॅबे उत्पीड़ितेर क्रन्दन-रोल
आकाशे बातासे ध्वनिबे ना
अत्याचारीर खड्ग कृपाण
भीम रणभूम रणिबे ना
बिद्रोही रणक्लान्त
आमि शेई दिन हॅबो शान्त!

अर्थात्, मैं विद्रोही अब लड़ाई से थक गया हूँ। और मैं भी उसी दिन शान्त हो जाऊँगा जिस दिन किसी दुखी की आह या चीत्कार आकाश में जाकर आग न लगा सकेगा, यानी कोई दुखी न रहेगा, और जब जालिमों, अत्याचारियों की भयानक तलवार मैदान में चलनी बन्द हो जाएगी, यानी बाकी हो न रहेंगी, तब, और तभी मैं शान्त हो सकूँगा और हो भी जाऊँगा।

ऐसे विचित्र विद्रोही जीव जो पूरे विश्व से टकरा जाते हैं और स्वयं को जलती आग में झोंक देते हैं, अपना ऐशो-आराम सब भूल जाते हैं और दुनिया की सुन्दरता, शृंगार में कुछ वृद्धि कर देते हैं और उनके बलिदानों से ही विश्व में कुछ प्रगति होती है। ऐसे ही वीर हर देश में हर समय होते हैं। हिन्दुस्तान में भी यही पूजनीय देवते जन्म लेते रहे हैं, ले रहे हैं और लेते रहेंगे। हिन्दुस्तान में से भी पंजाब ने ऐसे रत्न अधिक दिए हैं, बीसवीं शती के ऐसे ही सबसे पहले शहीद श्री मदन लाल जी ढींगरा हैं।

वे कोई लीडर तो थे नहीं कि उनके जीते-जी उनका जीवन-चरित्र छापकर दो-दो आने में बिक जाता। वे अवतार भी नहीं थे कि ज्योतिष से बताकर शोर मचा दिया जाता कि हम तो पहले ही समझ गए थे कि वे बहुत 'बड़े' आदमी थे। उनकी किन्हीं ऐसी बातों का भी हमें पता नहीं कि हम लिख सकें कि 'होनहार बिरवान के होत चीकने पात।'

वह गरीब और एक बदकिस्मत विद्रोही था। उसके पिता ने उसे अपना पुत्र मानने से इनकार कर दिया था। देशभक्त और खुशामदी सभी अख़बारों में और उस समय के गर्म नेता विपिनचन्द्र पाल तक ने उन्हें कोस-कोसकर गलियाँ दीं। तो फिर बताओ इन हालात में, आज बीस साल बाद उनके बारे में तथ्यों को फिर से इकट्ठा करने की कोशिश में किसी को कितनी सफलता मिल पाएगी?

इन कठिनाइयों में हम आज उनका जीवन-वृत्तान्त लिखने बैठ गए हैं। धीरे-धीरे हम लोग, उनका नाम भी न भूल जाएँ, यही सोचकर आज उनके बारे में जैसे भी तथ्य मिल सकते हैं, यह वृत्तान्त पाठकों के सामने रख रहे हैं।

आप शायद अमृतसर के रहनेवाले थे। घर से अच्छे थे। बी. ए. पास कर पढ़ने के लिए इंग्लैंड चले गए। कहा जाता है कि वहाँ आप कुछ ऐयाशी में फँस गए। यह बात यकीन से नहीं कही जा सकती, लेकिन यह कोई अनहोनी बात भी नहीं है। उनका मन बड़ा रसिक व भावुक था, इस बात का प्रमाण भी मिलता है। इंग्लैंड के खुफिया विभाग (Scotland yard) के एक प्रसिद्ध जासूस श्री ई.टी. वुडहाल ने 'यूनियन जैक' (Union Jack) नामक साप्ताहिक अख़बार में अपनी डायरी छापी थी। मार्च 1925 के अंक में उन्होंने श्री मदन लाल ढींगरा का हाल लिखा है। यह जासूस उनके पीछे लगाया गया था। वह लिखता है

"Dhingra was an extraordinary man. Dhingra's passion for flowers was remarkable."

यानी ढींगरा एक असाधारण व्यक्ति था। ढींगरा का फूलों के प्रति जबरदस्त लगाव था। आगे जाकर उन्होंने लिखा है कि वे बाग के किसी सुन्दर कोने में जाकर बैठ जाते थे और घंटों तक फूलों को एक कवि की तरह मस्त होकर निहारते रहते और कभी उनकी आँखों से बड़ी तेज चमक कौंध उठती थी। उसी चमक को देखकर ई.टी. वुडहाल उस्ताद सिकलाहिन आगे लिखता है–

"There is a man to keep an eye on. He will do something desperate someday."

यानी उस व्यक्ति पर आँख रखनी चाहिए। किसी-न-किसी दिन वह कुछ धमाका करेगा। खैर!

हम बात कर रहे थे कि वे शायद ऐयाशी में फँस गए। उस कहानी के आगे यों कि फिर स्वदेशी आन्दोलन का असर इंग्लैंड तक भी पहुँचा और जाते ही श्री सावरकर ने इंडियन हाउस नामक सभा खोल दी। मदन लाल भी उसके सदस्य बने।

इधर हिन्दुस्तान में खुले आन्दोलन को दबाने के कारण युग-पलट लोगों ने खुफिया सोसाइटियाँ स्थापित कर लीं। यहाँ तक कि 1908 में अलीपुर की साजिश का मुकदमा बन गया। श्री कन्हाई और श्री सतेन्द्रनाथ को फाँसी मिल गई। धीरेन्द्र और उल्लासकार दत्त को भी उसी समय फाँसी की सज़ा सुनाई गई थी। ये खबरें इंग्लैंड में भी पहुँचीं और इन गरम नौजवानों में आग लग गई। कहते हैं कि एक दिन रात को श्री सावरकर और मदन लाल ढींगरा बहुत देर तक मशविरा करते रहे। अपनी जान तक दे देने की हिम्मत दिखाने की परीक्षा में मदन लाल को जमीन पर हाथ रखने के लिए कहकर सावरकर ने हाथ पर सुआ गाड़ दिया, लेकिन पंजाबी वीर ने आह तक न भरी। सुआ निकाल लिया गया। दोनों की आँखों में आँसू भर आए। दोनों एक-दूसरे के गले लग गए। आहा, वह समय कैसा सुन्दर था! वह अश्रु कितने अमूल्य व अलभ्य थे। वह मिलाप कितना सुन्दर, कितना महिमामय था! हम दुनियादार क्या जानें, मौत के विचार तक से डरनेवाले हम कायर लोग क्या जानें कि देश की खातिर कौम के लिए प्राण दे देनेवाले वे लोग कितने ऊँचे, कितने पवित्र और कितने पूजनीय होते हैं।

अगले दिन से ढींगरा फिर इंडियन हाउस, सावरकरवाली सभा में नहीं गए और भारतीय विद्यार्थियों और विशेष खुफिया पुलिस का प्रबन्ध करनेवाले और उनकी छोटी-मोटी आज़ादी को कुचलनेवाले सर कर्जन वायली, जो कि Secretary of State for India के एड. डी. काँप Aid-de-Camp थे, द्वारा चलाई हिन्दुस्तानी विद्यार्थियों की सभा में जा शामिल हुए। यह देखकर इंडियन हाउसवाले लड़कों को बड़ा जोश आया और उन्होंने उन्हें देशघातक, देशद्रोही तक कहना शुरू कर दिया, लेकिन उनका गुस्सा भी तो सावरकर ने यह कहकर शान्त किया कि आखिर उन्होंने हमारी सभा को चलाने के लिए भी तो सर तोड़ प्रयत्न किया था और उनकी मेहनत के फलस्वरूप ही हमारी सभा चल रही है, इसलिए हमें उनका धन्यवाद करना चाहिए। खैर! कुछ दिन तो चुपचाप गुजर गए।

1 जुलाई, 1909 को इम्पीरियल इंस्टीट्यूट के जहाँगीर हॉल में एक बैठक थी। सर कर्जन वायली भी वहाँ गए हुए थे। वे दो और लोगों से बातें कर रहे थे कि अचानक ढींगरा ने पिस्तौल निकालकर उनके मुँह की ओर तान दी। कर्जन साहिब की डर के मारे चीख निकल गई, लेकिन कोई इन्तजाम होने से पहले ही मदनलाल ने दो गोलियाँ उनके सीने में मारकर उन्हें सदा की नींद सुला दिया। फिर कुछ संघर्ष के बाद वे पकड़े गए। बस फिर क्या था, दुनिया-भर में सनसनी मच गई। सब लोग उन्हें जी-भरकर गालियाँ देने लगे। उनके पिता ने पंजाब से तार भेजकर कहा कि ऐसे बागी, विद्रोही और हत्यारे आदमी को मैं अपना पुत्र मानने से इनकार करता हूँ। भारतवासियों ने बड़ी बैठकें कीं। बड़े-बड़े भाषण हुए। बड़े-बड़े प्रस्ताव पास हुए। सब उनकी निन्दा में। पर उस समय भी एक सावरकर वीर थे, जिन्होंने खुल्लमखुल्ला उनका पक्ष लिया। पहले तो उनके खिलाफ प्रस्ताव न पास होने देने के लिए यह बहाना पेश किया कि अभी तक उन पर मुकदमा चल रहा है और हम उन्हें दोषी नहीं कह सकते। आखिर में जब इस प्रस्ताव पर वोट लेने लगे तो सभा के अध्यक्ष श्री विपिनचन्द्र पाल यह कह ही रहे थे कि क्या यह सभी की सर्वसम्मति से पास समझा जाए, जो सावरकर साहब उठ खड़े हुए और आपने व्याख्यान शुरू कर दिया। इतने में ही एक अंग्रेज ने इनके मुँह पर घूँसा मार दिया और कहा–"Look! how straight the English fist goes. (यानी), देखा, अंग्रेजी घूँसा कैसे ठिकाने पर पड़ता है!" अभी वह कह ही रहा था कि (एक) हिन्दुस्तानी नौजवान ने उस अंग्रेज के सिर पर एक लाठी जड़ दी और कहा–"Look! how straight the Indian club goes! (यानी) देखा, यारों का हिन्दुस्तानी डंडा कैसे ठिकाने पर पड़ता है!" शोर मच गया। बैठक बीच में ही छूट गई। प्रस्ताव भी ऐसे ही रह गया। खैर!

मुकदमा चल रहा था। नदन लाल बड़े खुश थे। बड़े शान्त थे। सामने दर पर मौत खड़ी देखकर भी वे मुस्करा रहे थे। वह निर्भय थे। आहा! वे वीर विद्रोही थे। आपने अन्त में जो बयान दिया वह आपकी नेक-दिली, आपकी देशभक्ति और योग्यता का बड़ा भारी सबूत है। हम उनके ही शब्दों में देते हैं। यह 12 अगस्त के 'Daily News' (डेली न्यूज) में छपा था–

"I admit the other day, I attempted to shed blood as an humble revenge for the inhuman hangings and deportations of patriotic Indian youth. In the attempt I have consulted none but my own conscience, I have conspired with none but my duty."

"I believe that a nation held down by foreign baynot is in a perpetual state of war. Since open battle is rendered impossible to disarmed races, I attacked by surprise, since guns were denied to me I drew forth my pistol and fired."

"As an Hindu, I fell that wrong to my country is insult to God. Her cause is the cause of Shri Rama, her service is the service of Shri Krishna. Poor in wealth and intellect, a son like myself has nothing else to offer but his own blood, and so I have sacrificed the same on her alter."

"The only lesson required in India at present is to learn how to die, and the only way to teach it is by dying ourselves. Therefore I die and I glory in my martyrdom."

"This war will continue, as long as the Hindu and English races last if this present unnatural relation does not cease."

My only prayer to God is–"May I be reborn of the same mother and may I redie in the same sacred cause, till the cause is successful, and she stands free for the good of humanity and to the glory of God,–*Bande Matram.*"

अर्थात्, मैं मानता हूँ कि मैंने उस दिन एक अंग्रेज का खून किया और कहता हूँ कि यह उन निर्दयता भरी सजाओं का मामूली-सा बदला है जो कि हिन्दुस्तानी देशभक्त नौजवानों को फाँसी और कालेपानी की दी गई हैं। मैंने इस काम में अपने जमीर के सिवा किसी और की सलाह नहीं ली। अपने फर्ज़ के सिवाय किसी से साजिश नहीं की।

मेरा यह विश्वास है कि एक राष्ट्र, जिसे विदेशी लोगों ने बन्दूकों से दबाया हो, वह हमेशा युद्ध की स्थिति में होता है और चूँकि हथियार छीनकर खुली लड़ाई असम्भव बना दी जाती है, मैंने छिपकर बिना बताए हमला किया है। क्योंकि हमें बन्दूकें रखने से मना किया जाता है, इसीलिए मैंने पिस्तौल खींच लिया और चला दिया।

मैं एक हिन्दू के रूप में समझता हूँ कि मेरे देश के साथ किया गया अन्याय ईश्वर का अपमान है, क्योंकि देश की पूजा श्री रामचन्द्र जी की पूजा है और देश की सेवा श्रीकृष्ण जी की सेवा है।

एक गरीब और मूर्ख, मेरे-जैसे नौजवान के पास अपनी माता की सेवा में भेंट करने के लिए अपने रक्त के सिवाय और क्या हो सकता है? सो मैंने अपना रक्त माता के चरणों पर चढ़ाया है।

इस समय यदि हिन्दुस्तान को किसी सबक की जरूरत है तो यह कि मरना कैसे चाहिए। और इसे सिखाने का तरीका है कि हम खुद मरकर दिखाएँ। इसीलिए मैं मर रहा हूँ। इसीलिए मुबारक हो शहीदाना मौत।

यह लड़ाई तब तक जारी रहेगी जब तक हिन्दुस्तानी और अंग्रेज दो राष्ट्र रहेंगे और इनका यह अस्वाभाविक गठबन्धन बना रहेगा। मेरी ईश्वर के आगे यही प्रार्थना है कि मैं फिर इसी माँ की गोद से जन्म लूँ और जब तक वह स्वतन्त्र न हो जाए और मानव-समाज की पूर्ण सेवा और उन्नति योग्य न बन जाए, मैं यहीं जन्मता रहूँ और मरता रहूँ।

—बन्देमातरम्!

16 अगस्त, 1909 का दिन भी इतिहास में याद रहेगा। उस दिन इंग्लैंड में हिन्दुस्तानी युग-पलट पार्टी की आवाज गुँजानेवाला ढींगरा वीर अपनी मतवाली चाल चलता हुआ तख्ते पर जा चढ़ा था। श्रीमती एग्निस स्मेडले एक जगह इस घटना का जिक्र करती हुई लिखती हैं–

"He walked to the scaffoled with his head high and shook of hands of those who offered to support him, saying that he was not afraid of death."

आहा! सहारा देकर ले जानेवाले व्यक्तियों के हाथ पीछे झटककर वह कहने लगा 'मैं मौत से नहीं डरता।' आहा! धन्य हैं मृत्युंजय!

"As he stood on the scaffoled he was asked if he had a last word to say. He answered, –*Bande Matram.*"

माँ से इतना प्यार! फाँसी के तख्ते पर खड़े हुए से पूछा जाता है—कुछ कहना चाहते हो? तो उत्तर मिलता है, 'बन्देमातरम्!' माँ! भारत माँ! तुम्हें नमस्कार! वह वीर फाँसी पर लटक गया और उनकी लाश भी भीतर ही दफना दी गई और हिन्दुस्तानियों को उनकी दाह-क्रिया आदि कराने की इजाजत नहीं दी गई। धन्य था वह वीर! धन्य है उसकी याद! मुर्दा देश के अमूल्य हीरे को बारम्बार नमस्कार!

मार्च, 1928 / 'किरती'

आज़ादी की पहली जंग के बारे में

10 मई का शुभ दिन

[अप्रैल, 1928 में 'किरती' के 1857 के गदर सम्बन्धी अंक में '10 मई का शुभ दिन' नाम से लेख छपा। इसके लेखक का नाम तो नहीं दिया गया, लेकिन यह शहीद भगत सिंह के साथियों का ही लेख है। सम्भवतः भगवतीचरण वोहरा का। वे बहुत अच्छे लेखक थे और 'किरती' से गहरे रूप में जुड़े हुए थे। मार्च, 1925 से लेकर जुलाई, 1928 तक भगत सिंह ने 'किरती' के सम्पादकीय विभाग में बहुत ही लगन से काम किया था। यह लेख उसी समय छपा था।—सं.]

"ओ दर्दवाले दिल, दर्द हों चाहे हजार
दस मई का दिन भुलाना नहीं,
इसी रोज छिड़ी 'आज़ादी की जंग'
वक्त खुशी का गमी लाना नहीं।"

10 मई वह शुभ दिन है जिस दिन कि 'आज़ादी की जंग' शुरू हुई थी। भारतवासियों का गुलामी की जंजीरें तोड़ने के लिए यह प्रथम प्रयास था। यह प्रयास भारत के दुर्भाग्य से सफल नहीं हुआ, इसीलिए हमारे दुश्मन इस 'आज़ादी की जंग' को 'गदर' और बगावत के नाम से याद करते हैं और इस 'आज़ादी की जंग' में लड़नेवाले नायकों को कई तरह की ग़ालियाँ देते हैं। विश्व के इतिहास में ऐसी कई घटनाएँ मिलती हैं, जहाँ आज़ादी की जंग को कोई बुरे शब्दों में याद किया जाता है। कारण यही है कि वह जंग जीती न जा सकी। यदि विजय हासिल होती तो उन जंगों के नायकों को बुरा-भला न कहा जाता, बल्कि वे विश्व के महापुरुषों में माने जाते और संसार उनकी पूजा करता।

आज दुनिया गैरीबाल्डी और वाशिंगटन की क्यों बड़ाई व इज्जत करती है, इसलिए कि उन्होंने आज़ादी की जंग लड़ी और उसमें सफल हुए। यदि वे सफल न होते तो वे भी 'बागी' और 'गदरी' आदि भद्दे शब्दों में याद किए जाते। लेकिन वे सफल हुए, इसलिए वे महापुरुषों में माने जाने लगे। इसी तरह यदि 1857 की आज़ादी की जंग में तांत्या टोपे, नाना साहिब, झाँसी की महारानी, कुमार सिंह (कुँवर सिंह) और मौलवी अहमद साहिब आदि वीर जीत हासिल कर लेते तो आज वे हिन्दुस्तान की आज़ादी के देवता माने जाते और सारे हिन्दुस्तान में उनके सम्मान में राष्ट्रीय त्यौहार मनाया जाता।

हिन्दुस्तान के मौजूदा इतिहासों को, जो कि हमारे हाथों में दिए जाते हैं, पढ़कर हिन्दुस्तानियों के दिलों में उन शूर-वीरों के लिए कोई अच्छी भावनाएँ पैदा नहीं होतीं,

क्योंकि उन 'आज़ादी की जंग' के नायकों को कातिल, डाकू, खूनी, धार्मिक जनूनी व अन्य कई बुरे-बुरे शब्दों में याद किया गया है और उनके विरोधियों को राष्ट्रीय नायक बनाया गया है। कारण यह है कि 1857 की 'आज़ादी की जंग' के जितने इतिहास लिखे गए हैं, वे सारे-के-सारे ही या तो अंग्रेजों ने लिखे हैं जो कि जबरदस्ती तलवार के जोर पर, लोगों की मर्जी के खिलाफ हिन्दुस्तान पर कब्जा जमाए बैठे हैं और या अंग्रेजों के चाटुकारों ने। जहाँ तक हमें पता है, इस आज़ादी की जंग का एकमात्र स्वतन्त्र इतिहास लिखा गया, जो कि बैरिस्टर सावरकर ने लिखा था और जिसका नाम '1857 की आज़ादी की जंग का इतिहास' (The history of the Indian war of Independence 1857) था। यह इतिहास बड़े परिश्रम से लिखा गया था और इंडिया ऑफिस की लायब्रेरी से छान-बीनकर, कई उद्धरण दे-देकर सिद्ध किया गया था कि यह राष्ट्रीय संग्राम था और अंग्रेजों के राज से आज़ाद होने के लिए लड़ा गया था। लेकिन अत्याचारी सरकार ने इसे छपने ही नहीं दिया और अग्रिम रूप से जब्त कर लिया। इस तरह लोग सच्चे हालात पढ़ने से वंचित रह गए।

इस जंग की असफलता के बाद जो जुल्म और अत्याचार निर्दोष हिन्दुस्तानियों पर किया गया, उसे लिखने की न तो हमारे में हिम्मत है और न ही किसी और में। यह सब कुछ हिन्दुस्तान के आज़ाद होने पर ही लिखा जाएगा। हाँ, यदि किसी को इस जुल्म, अत्याचार और अन्याय का थोड़ा-सा नमूना देखना हो तो उन्हें मिस्टर एडवर्ड थामसन की पुस्तक, 'तसवीर का दूसरा पहलू' (The other side of the medal) पढ़नी चाहिए, जिसमें उसने सभ्य अंग्रेजों की करतूतों को उघाड़ा है और जिसमें बताया गया है कि किस तरह नील हेवलाक, हडसन कूपर और लारेंस ने निर्दोष हिन्दुस्तानी स्त्री-बच्चों तक पर ऐसे-ऐसे कहर ढाए थे कि सुनकर रोएँ खड़े हो जाते हैं और शरीर काँपने लगता है!

लेकिन इस बात का ख़याल करके स्वतन्त्र व्यक्तियों को शर्म आएगी कि वे लोग भी, जिनके बुजुर्ग इस जंग में लड़े थे, जिन्होंने हिन्दुस्तान की आज़ादी की बाजी पर सबकुछ लगा दिया था और जिन्हें इस पर गर्व होना चाहिए था, वे भी, इस जंग को आज़ादी की जंग कहने से डरते हैं। कारण यह कि अंग्रेजी अत्याचार ने उन्हें इस कद्र दबा दिया था कि वे सर छुपाकर ही दिन काटते थे। इसलिए उन बुजुर्गों की यादगार मनानी या स्थापित करनी तो दूर, उनका नाम लेना भी गुनाह समझा जाता था।

लेकिन हालात कुछ ऐसे बन गए कि जिनसे विदेशों में बसे हिन्दुस्तानी नौजवान 10 मई के दिन को राष्ट्रीय त्यौहार बनाकर मनाने लगे। और कुछ हिनी (हिन्दुस्तानी) नौजवान यहाँ भारत में भी यही त्यौहार मनाने की कुछ कोशिशें करते रहे हैं। सबसे पहले, जहाँ तक पता चलता है, यह त्यौहार इंग्लैंड में 'अभिनव भारत' ने बैरिस्टर सावरकर के नेतृत्व में सन् 1907 में मनाया। इस त्यौहार को मनाने का ख़याल कैसे आया, वह कथा इस तरह है (गुलामों में खुद तो ऐसे यादगारी-दिन मनाने के ख़याल कम ही पैदा होते हैं)–

"1907 में अंग्रेजों ने विचार किया कि 1857 के गदरियों पर जीत हासिल करने की पचासवीं वर्षगाँठ मनानी चाहिए। 1857 की याद ताजा करने के लिए हिन्दुस्तान और इंग्लैंड के प्रसिद्ध अंग्रेजों के अख़बारों ने अपने-अपने विशेषांक निकाले, ड्रामे किए गए और लेक्चर दिए गए और हर तरह से इन कथित गदरियों को बुरी तरह कोसा गया। यहाँ तक

कि जो कुछ भी इनके मन में आया, सब ऊल-जलूल इन्होंने गदरियों के खिलाफ कहा और कई कुफ्र किए। इन गालियों और बदनाम करनेवाली कार्रवाई के विपरीत सावरकर ने 1857 के हिन्दुस्तानी नेताओं—नाना साहिब, महारानी झाँसी, तांत्या टोपे, कुँवर सिंह, मौलवी अहमद साहिब की याद मनाने के लिए काम शुरू कर दिया, ताकि राष्ट्रीय जंग के सच्चे-सच्चे हालात बताए जाएँ। यह बड़ी बहादुरी का काम था और शुरू भी अंग्रेजी राजधानी में किया गया। आम अंग्रेज नाना साहिब और तांत्या टोपे को शैतान के वर्ग में समझते थे, इसलिए लगभग सभी हिन्दुस्तानी नेताओं ने इस आज़ादी की जंग को मनानेवाले दिन में कोई हिस्सा न लिया। लेकिन मि. सावरकर के साथ सभी नौजवान थे। हिन्दुस्तानी घर में एक बड़ी भारी यादगारी मीटिंग बुलाई गई। उपवास किए गए और कसमें ली गईं कि उन बुजुर्गों की याद में एक हफ्ते तक कोई ऐयाशी की चीज़ इस्तेमाल नहीं की जाएगी। छोटे-छोटे पैंफलेट 'ओह शहीदो' (Oh! Martyrs) नाम से इंग्लैंड और हिन्दुस्तान में बाँटे गए। छात्रों ने ऑक्सफोर्ड, कैम्ब्रिज और उच्चकोटि के कॉलेजों में छातियों पर बड़े-बड़े, सुन्दर-सुन्दर बैज लगाए जिन पर लिखा था, '1857 के शहीदों की इज्जत के लिए।' गलियों-बाजारों में कई जगह झगड़े हो गए। एक कॉलेज में एक प्रोफेसर आपे से बाहर हो गया और हिन्दुस्तानी विद्यार्थियों ने माँग की कि वह माफी माँगे, क्योंकि उसने उन विद्यार्थियों के राष्ट्रीय नेताओं का अपमान किया है और विरोध में सारे-के-सारे विद्यार्थी कॉलेज से निकल आए। कई की छात्रवृत्तियाँ मारी गईं, कइयों ने इन्हें खुद ही छोड़ दिया। कइयों को उनके माँ-बाप ने बुलवा लिया। इंग्लिस्तान में राजनीतिक वायुमंडल बड़ा गर्म हो गया और हिन्दुस्तानी सरकार बड़ी हैरान व बेचैन हो गई।"

(*बैरिस्टर सावरकर का जीवन,* पृ. 45-46, चित्रगुप्त रचित)

इन हालात की खबर जहाँ भी पहुँची, विदेशों में वहाँ-वहाँ दस मई का दिन बड़ी सज-धज से मनाया गया और लोगों में बड़ा जोश आ गया कि अंग्रेज किस प्रकार हमारे राष्ट्रीय वीरों को बदनाम करते हैं। उन्होंने रोष के रूप में मीटिंगें कीं और उनकी याद में 10 मई का दिन हर वर्ष मनाना शुरू कर दिया। काफी समय बाद अभिनव भारत सोसायटी टूट गई और इंग्लैंड में यह दिन मनाना बन्द हो गया, लेकिन कुछ समय बाद अमेरिका में हिन्दुस्तान गदर पार्टी स्थापित हो गई और उसने उसे हर बरस मनाना शुरू कर दिया। गदर पार्टी के स्थापित होने के दिन से लेकर अब तक अमेरिका में यह दिन सज-धज से मनाया जाता है। बड़ी भारी मीटिंग होती है, जिसमें सब हिन्दुस्तानी एकत्र होते हैं। उसमें इन 1857 के शूर-वीरों के जीवन और कारनामे बताए जाते हैं। इस तरह इन शहीदों की याद साल-दर-साल ताजा की जाती है और ऐसी कविताएँ—

'ओ दर्द-मन्द दिल, दर्द दे चाहे हजार
दस मई का दिन भुलाना नहीं।
इस रोज छिड़ी जंग आज़ादी की
बात खुशी की गमी लाना नहीं।'

आदि पढ़ी जाती हैं। विशेषतः 1914-15 में यह पंक्तियाँ प्रत्येक पुरुष की जीभ पर चढ़ी हुई थीं, क्योंकि उस समय वे एक और आज़ादी की जंग लड़कर हिन्दुस्तान को आज़ाद

करवाना चाहते थे। लेकिन वह प्रयास भी असफल हुआ, जिसमें हजारों नौजवानों ने भारत माता पर शीश वार दिए लेकिन हमारी गुलामी को न काटा जा सका।

दस मई का दिन क्यों मनाया जाता है? इसका कारण यह है कि दस मई के दिन ही असली जंग शुरू हुई थी। 10 मई को मेरठ छावनी के 85 वीरों ने चर्बीवाले कारतूस इस्तेमाल करने से इनकार कर दिया था। उनका कोर्ट मार्शल किया गया और प्रत्येक जवान को 10 साल सख्त कैद की सज़ा दी गई। बाद में ग्यारह सिपाहियों की कैद कम कर पाँच साल कर दी गई थी। लेकिन यह सारी कार्रवाई ही इस तरीके से की गई थी कि जिसमें हिन्दुस्तानी सिपाहियों के गर्व और मान को भारी चोट पहुँचती थी, वह दृश्य बड़ा दर्दनाक था। देखनेवालों की आँखों से टपटप आँसू गिरते थे। सारे-के-सारे बुत बने हुए थे। वे 85 सिपाही जो उनके भाई थे, सब दुखों-सुखों में शरीक थे, उनके पैरों में बेड़ियाँ डाली हुई थीं। उनका अपमान सहन करना मुश्किल था, लेकिन कुछ बन नहीं सकता था।

अगले दिन "घुड़सवार और पैदल सेना ने जाकर जेल तोड़ दी, अपने साथियों को छुड़ा लिया, अफसरों के घरों को फूँक डाला। जिस यूरोपीय को पकड़ सके, उसे मार डाला और दिल्ली की ओर चढ़ाई कर दी। गदर का आरम्भ इसी दिन हुआ और 10 मई से ही गिना जाता है।"

(ऑक्सफोर्ड हिस्ट्री ऑफ इंडिया, पृ. 715)

सो पाठकों ने ऊपर लिखी घटनाओं से देख लिया है कि दस मई का दिन क्यों और कब से मनाना शुरू किया गया। पाठक यह सब हाल पढ़कर देख सकते हैं कि उनका क्या फर्ज़ है। क्या उन्होंने उस आज़ादी के लिए, जिसलिए कि हजारों-लाखों हिन्दुस्तानियों ने सर लगा दिए थे और हजारों लगाने के लिए तैयार बैठे थे, आज तक कुछ किया है या नहीं? यदि आज तक उन्होंने कुछ नहीं किया तो वे कौन-सा मुहूर्त देख रहे हैं? आज़ादी की जंग में शामिल होने के लिए तो साल के 365 दिनों में से 365 ही पवित्र हैं। हर पल भारत माता तुम्हारा इन्तजार कर रही है कि तुम उसकी जंजीरें तोड़ने के लिए अपना फर्ज़ पूरा करते हो या नहीं। क्या इनसान बनकर आज़ादी हासिल करोगे? इसी सवाल के जवाब से भारत का भविष्य निर्भर करता है।

भाई बालमुकुन्द जी

अब तक हम पंजाबी शहीदों के जीवन 'किरती' में बिना क्रम के ही छापते रहे हैं। कभी बब्बर अकाली शहीदों के जीवन छापे तो कभी 1914-15 वाले गदर पार्टी के शहीदों के। कभी 1908 वाले मदनलाल जी का ही जीवन छापा। अब हमारा इरादा है कि उनके जीवन-वृत्तान्त को उसी तरह छापते हुए भी उन आन्दोलनों का क्रमशः हाल लिखें ताकि हमारे पाठक समझ सकें कि पंजाब में जागृति कैसे पैदा हुई और फिर काम कैसे होता रहा और किन कामों के लिए, किन विचारों के लिए, उन शहीदों ने अपने प्राण तक उत्सर्ग कर दिए।

वास्तव में अब का आन्दोलन 1907 से ही चलता है और फिर वह कभी किसी रंग में और कभी किसी ढंग से चलता चला गया। 1907 में बड़ा भारी आन्दोलन हुआ। जोश

में आए लोगों ने कई जगह दंगे, झगड़े किए, उनकी कुछ बातें सरकार ने मान लीं और फिर आन्दोलन को कुचल डाला। बाद में 1908-09 में लिटरेचर पैदा करने और अच्छे-अच्छे विचारों को पक्का करने का काम होता रहा। बाद में एक खुफिया सोसायटी बन गई, जिसका परिणाम दिल्ली बम केस से प्रकट हुआ। इसमें चार सज्जनों—श्री अमीर चन्द जी, श्री अवध बिहारी, श्री बालमुकुन्द जी और श्री बसन्त कुमार बिस्वास को फाँसी हुई। बाद में कामागाटामारू की बजबज घटना हो गई और 1914-15 यानी अगले ही वर्ष गदर-लहर की रौनक हुई और तीन-चार साल तक यही हंगामा रहा। 1919 में विद्रोह हुए और मार्शल लॉ लगा। फिर असहयोग आन्दोलन चला और अकाली आन्दोलन चले और आखिर में बब्बर अकाली आन्दोलन चला, जिसमें 10-12 लोग फाँसी पर लटकाए गए या लड़ते-लड़ते शहीद हो गए। पंजाब में बलिदानों और आन्दोलनों का इतिहास हिन्दुस्तान में सब प्रान्तों से अधिक सुन्दर और गर्व योग्य है, लेकिन अफसोस है कि उसे अभी तक किसी ने क्रमिक रूप में लिखा ही नहीं।

आज हम दिल्ली-षड्यन्त्र के शहीद, शहीद भाई बालमुकुन्द जी का जीवन लिख रहे हैं। अगली बार हम दिल्ली-षड्यन्त्र का इतिहास भी देंगे और हम उनके साथ के और शहीदों के हालात भी लिखेंगे।

श्री गुरु तेगबहादुर साहब की जब औरंगजेब ने दिल्ली में हत्या करवाई थी तब उनके साथ एक ब्राह्मण भाई मति दास भी थे और उन्हें भी आरे से चीरकर शहीद किया गया था। तब से इनके खानदान को भाई का खिताब मिला हुआ है। भाई बालमुकुन्द जी इसी खानदान में से थे। आप करियाला जिला झेलम के रहनेवाले थे। भाई परमानन्द जी के चाचा के लड़के थे। आपने बी. ए. तक शिक्षा प्राप्त की थी।

आप तब जोधपुर के राजा के लड़कों को पढ़ाते थे, जब आपको गिरफ्तार किया गया था। वहाँ आपके घर की तलाशी ली गई। आपके गाँव में भी घर की तलाशी हुई, लेकिन कोई चीज़ ऐसी न मिली जिससे कि आपके खिलाफ कुछ साबित किया जा सके।

वास्तव में 1907 में जो आन्दोलन चला था उसके साथ ही कुछ आदमियों में जोश भर गया था। 1908 की भारत माता बुक सोसायटी और लाला हरदयाल के प्रचार ने भी कुछ और रंग चढ़ा दिया। उसके बाद बंगाल के एक-दो आदमी इधर आए। उन्होंने इनमें बहुत-से नौजवानों को एक खुफिया पार्टी में शामिल किया। 1910 में श्री रासबिहारी बोस ने आकर पंजाब का काम स्वयं संगठित किया, जिसनें कि भाई बालमुकुन्द को ही लाहौर का जत्थेदार नियत किया गया।

दिसम्बर, 1912 में दिल्ली में वायसराय का जुलूस निकल रहा था। बड़ी शानो-शौकत, बड़ी रौनक और हो-हल्ला मचा हुआ था। चाँदनी चौक में से जुलूस जा रहा था। वायसराय लॉर्ड हार्डिंग चौकी पर सवार थे। अचानक एक ओर से बम गिरा। वायसराय घायल हो गया और एक नौकर मर गया। बड़ा शोर हुआ। बड़े हाथ-पाँव मारे गए, लेकिन कुछ पेश न चली। कुछ पता न चला कि यह काम किसने किया। पाँच-छह महीने गुजर गए। लाहौर के लारेंस गार्डन के मिटगुमरी हॉल में गोरों का नाच हो रहा था। हॉल से बाहर एक बम फट गया। इससे एक हिन्दुस्तानी चपरासी मर गया। उस समय कोई गिरफ्तारी न हो

सकी। फिर कहा जाता है कि एक बम लाहौर के किले में चला, उसका भी कुछ पता न चल सका।

लारेंस बाग के बम चलने से कोई सात-आठ महीने बाद बंगाल में किसी जगह तलाशी थी। अवध बिहारी का दिल्ली का पता हाथ लग गया। उनकी तलाशी हुई और एक पत्र लाहौर से आया पकड़ा गया। उस पर मेहर सिंह के दस्तखत थे। पूछने पर उन्होंने बता दिया कि यह पत्र दीनानाथ का लिखा हुआ है। कई दीनानाथ लाहौर में पकड़े गए। आखिर में असली दीनानाथ भी मिल गया, जिसने कुछ दिनों में पूरा भेद खोल दिया और सरकारी वायदा-माफ गवाह बन गया। उसके बयान से कोई बारह आदमी और पकड़े गए। जोधपुर से भाई बालमुकुन्द जी भी पकड़े गए।

दिल्ली में मुकदमा चला। सबसे बड़ा आरोप था, 'लारेंस गार्डन का बम और तख्ता पलटने के पर्चों की योजना।' भाई बालमुकुन्द चूँकि लाहौर के जत्थेदार थे और बड़े योग्य व कट्टर देशभक्त थे, इसलिए आपके खिलाफ कुछ भी सबूत न होने के बावजूद फाँसी की सज़ा दे दी गई।

चीफ कोर्ट का जज अपील के फैसले में स्वयं लिखता है–

"Firstly, it is pointed out rightly enough that in search of his houses at Jodhpur and Karyala, his home in the Jhelum district, failed to reveal anything in his possession any coditions literature. Secondly admittedly he had no direct connection with the Lahore bomb outrage or that July leaflets."

यानी, यह तर्क पेश किया गया है कि उनके घरों की तलाशी से कोई कागज ऐसा नहीं निकला जो कि विद्रोह का प्रचार करनेवाला हो। और दूसरी बात यह भी ठीक है कि लाहौर बम से और जुलाई में बाँटे गए तख्तापलट पर्चों से भी उनका कोई सम्बन्ध प्रमाणित नहीं होता और इस मुकदमे में और किसी बम का जिक्र भी नहीं, फिर भी उन्हें मौत की सज़ा क्यों दी गई? जज लिखता है कि क्या हुआ यदि उनसे लाहौर में बम चलाने से पहले नहीं पूछा गया, क्या हुआ कि यदि वे उन दिनों लाहौर में नहीं थे, क्या हुआ यदि इस बात का भी प्रमाण नहीं कि बाद में भी उन्हें बम चलाने की खबर दी गई। आखिर वह षड्यन्त्र का सदस्य तो था ही, वह साजिश में शामिल तो हो ही चुका था। बस, इसी से वह हत्या का जिम्मेदार है और कानून के अनुसार उसे फाँसी की सज़ा मिलनी चाहिए। कानून की विशेषताओं का अब क्या जिक्र करें? हद ही हो गई है। आपको फाँसी की सज़ा दी गई, क्योंकि आप बड़े कट्टर तख्ता पलटनेवाले थे और बड़े योग्य थे। देशभक्ति की भावना बड़े जोरों से भरी हुई थी और दूसरी बात यह थी कि दिल्ली बम के चल जाने के बाद भी उसके चलानेवालों का पता न चल सकने से सरकार का रोब खत्म हो गया था। O-Dyer (ओडायर) नया-नया लाट बनकर आया था, वह यह बर्दाश्त नहीं कर सका। वह सारा क्रोध इसी मुकदमे में निकाला गया। एक सज्जन बड़े सुन्दर शब्दों में ओडायर की पॉलिसी का जिक्र करते थे। वे कहते हैं कि ओडायर की पॉलिसी थी–

"Guilty or not guilty, a few must be punished to maintain the prestige of the Govt."

यानी, चाहे अपराधी हों या निर्दोष कुछ आदमियों को सज़ा जरूर दी जाए, ताकि सरकार के रोब में कमी न हो।

खैर! आपको फाँसी की सज़ा हुई। आपने बड़ी प्रसन्नता से सुनी। अपील खारिज हो चुकने के बाद आपको 1915 में फाँसी पर लटका दिया गया। लोग बताते हैं कि आप बड़े चाव से दौड़े-दौड़े गए। फाँसी के तख्ते पर चढ़ गए और अपने हाथों से ही फाँसी की रस्सी को गले में डाल लिया।

भाई बालमुकुन्द जी की अपनी शहादत बड़ी ऊँची और पूजा योग्य है, लेकिन उनके बलिदान को उनकी धर्मपत्नी के अतुलनीय प्रेम से, सती होने से और भी चार चाँद लग गए।

भाई बालमुकुन्द जी जेल में बन्द थे। उनकी धर्मपत्नी श्रीमती रामरखी उनसे मिलने आईं। पूछा, "रोटी कैसी मिलती है?" उत्तर मिला, "आधी रेत और आधे आटे की जली हुई और बिलकुल कच्ची रोटी मिलती है।" नमूना ले लिया। घर जाकर वैसा ही आटा तैयार किया, वैसी ही रोटी पकाई। कहा—"जब मेरे प्रीतम आप ऐसी रोटी खाते हैं तो मैं इससे अच्छी कैसे खा सकती हूँ।" वैसी ही रोटी खाती रहीं। फिर एक बार मुलाकात हुई। पूछा, "इतनी सख्त गर्मी में सोते कहाँ हैं?" जवाब मिला, "अँधेरी कोठरी में, सख्त गर्मी में दो कम्बल मिलते हैं।" घर आ गईं। घर की सबसे पिछली कोठरी में जाकर सो गईं। मच्छर काट-काटकर खाते थे। क्या करतीं? वहीं सोना था। सखी-सहेलियों ने कहा, "पगली, यह भी कोई ज़िन्दा रहनेवालों का तरीका है?" श्रीमती रामरखी ने पूछा, "तो क्या ऐसे रहनेवाले बचते नहीं?" सखियों ने कहा, "और क्या। इस तरह करनेवाले भी क्या बचे हैं?" उनकी आँखें भर आईं। सहेलियाँ चुप होकर बैठ गईं, वह वहीं सोती रहीं। एक दिन वे भीतर निढाल पड़ी थीं कि बाहर से औरतों के रोने-चिल्लाने की आवाजें आईं। सब समझ लिया कि उनके प्रीतम भाई बालमुकुन्द जी को फाँसी हो चुकी है। उनकी लाश भी नहीं दी गई। उठीं। नहाईं-धोईं, सुन्दर-सुन्दर कपड़े और आभूषण पहनकर फर्श पर उनके ध्यान में मग्न होकर बैठ गईं। फिर वे उठीं नहीं। धन्य थे भाई बालमुकुन्द और धन्य श्रीमती रामरखी। उन्होंने हिन्दुस्तानी क्रान्ति को कितना सुन्दर बना दिया।

अगस्त, 1928/'किरती'

आज़ादी की भेंट, शहादतें!!

दिल्ली-केस के शहीद!

पिछली बार हमने दिल्ली-साजिश का कुछ हाल भाई बालमुकुन्द जी के जीवन से दिया। भाई बालमुकुन्द जी, जैसा कि पिछली बार बताया गया था, गिरफ्तारी के समय महाराजा जोधपुर के लड़कों को पढ़ाते थे। एक दिन मोटर में राजकुमार के साथ बैठे सैर को जा रहे थे कि अंग्रेज अधिकारी उनके गिरफ्तारी के वारंट लेकर पहुँच गया। वहीं गिरफ्तार कर लिए गए। वहीं आपके घर की तलाशी ली गई। सरकारी गवाह दीनानाथ ने पहले ही जो बयान दिया था, उसके मुताबिक भाई बालमुकुन्द जी पंजाब के नेता चुने गए थे और उन्हें दो बम दिए गए थे। दीनानाथ के कथनानुसार वे दो बम भाई बालमुकुन्द जी के पास ही थे। कहीं लौटाए नहीं गए। इसी ख़याल में घर की तलाशी हुई। सारा घर कमर तक खोद

डाला गया। छतें उधेड़ दी गईं, लेकिन बम नहीं मिले। खैर! उनके पास से कोई कागज-पत्र भी ऐसा-वैसा नहीं मिला, जिससे कोई खास सबूत मिल सकता, लेकिन फिर भी उन्हें फाँसी की सज़ा मिली। भाई बालमुकुन्द जी पहले लाला लाजपत राय के अछूतों के कार्यक्रम में काम करते रहे थे और पहाड़ों में जहाँ कि छूतछात बहुत मानी जाती है, वहीं वे प्रचार के लिए निकल गए थे। वहाँ के उनके साथी उनकी योग्यता की बड़ी प्रशंसा करते हैं।

मास्टर अमीर चन्द जी

इस केस में चार आदमियों को फाँसी की सज़ा हुई थी। उनमें से मास्टर अमीर चन्द जी कोई 50 साल की उम्र के थे। वे बड़े लायक और योग्य आदमी थे। आप दिल्ली के रहनेवाले थे। उच्च शिक्षा प्राप्त थे। बड़े धर्मात्मा थे। मिशन स्कूल, दिल्ली में पढ़ाते थे। आपके दिल में हिन्दुस्तान की उन्नति का बहुत ख़याल था। आप उर्दू और अंग्रेजी के बड़े अच्छे लेखक थे। पहले जब स्वामी रामतीर्थ पंजाब में आए तब आपने उनके धार्मिक और देशभक्तिपूर्ण विचारों का प्रचार बड़े जोरों से किया। आपने 'खतूते राम' आदि कई पुस्तकें छपवाईं। बाद में लाला हरदयाल जी एम. ए. अपनी छात्रवृत्ति छोड़ विलायत से अंग्रेजी शिक्षा का बहिष्कार कर भारत लौट आए। आपने यहाँ आकर एक तरह के संन्यासी वालंटियर पैदा करने का विचार किया और उन्होंने बहुत-से विद्यार्थियों को शिक्षा से हटाया और उन्हें साथ लेकर संन्यासी जीवन व्यतीत करने लगे। 1908 के आखिर में ही लाला हरदयाल को हिन्दुस्तान छोड़कर चले जाना पड़ा। सरकार कहती है कि जब वे जाने लगे तो उन्होंने अपनी सम्पत्ति मा. अमीर चन्द जी के हवाले कर दी, जिन्होंने कि उनकी शिक्षा जारी रखी। पहले-पहल दीनानाथ और जितेन्द्रनाथ चटर्जी उनके पास गए। बाद में अवध बिहारी आदि से उनका परिचय हुआ। लेकिन असल में तो अवध बिहारी पहले ही दिल्ली के रहनेवाले थे और पहले से ही परिचित थे। खैर!

मास्टर अमीर चन्द बड़े ज़िन्दादिल, बड़े नेकदिल और कट्टर आज़ादी-परस्त थे। आप कहा करते थे कि दिल्ली में 'बन्दर मास्टर' का घर पूछते ही मेरा घर मिल जाएगा।

दिल्ली में वायसराय पर बम चल गया, लेकिन सरकार हाथ मलती रह गई। कुछ भी पता न चला। बाद में एक बम लाहौर लारेंस गार्डन में चल गया, लेकिन उसका भी कुछ पता न चला। आखिर राजा बाजार, कलकत्ता की तलाशी में श्री अवध बिहारी का नाम व पता निकल आया। मा. अमीर चन्द को पहले ही शक की निगाह से देखा जाता था। अवध बिहारी उन्हीं के पास रहते थे।

एक दिन अवध बिहारी की तलाशी हुई। बम की टोपी मिल गई और लाहौर का एक पत्र मिल गया, जिस पर कि मेहर सिंह की ओर से एम. एस. आई. दस्तखत किए गए थे। पूछने पर आपने बता दिया कि यह खत दीनानाथ की ओर से है। दीनानाथ की गिरफ्तारी की गई। वह फूट पड़ा और उसने वह सारा भेद खोल दिया। उसने बताया कि लारेंस गार्डन का बम श्री अवध बिहारी और वसन्त कुमार ने रखा था। खैर, मुकदमा चला।

मास्टर अमीर चन्द ने अपने भतीजे सुल्तान चन्द को उत्तराधिकारी बनाया था और उससे अपने पुत्रों-जैसा प्यार करते थे। उसे अपनी इच्छानुसार शिक्षा देते थे। देशभक्त

बनाना चाहते थे। आप पर मुकदमा चला। वही पुत्र आपके खिलाफ गवाह बन गया। जरा सोचो बेचारे मास्टर अमीर चन्द जी के बारे में, जिसे अपना पुत्र बनाया था वही सरकारी गवाह बनकर आपके खिलाफ गवाही दे रहा है! कैसी दर्दनाक स्थिति है। आज जब मुसीबत का समय आया तो अपने दिल का टुकड़ा अपना पुत्र भी साथ न दे सका। उर्दू के एक शायर ने क्या खूब कहा है–

बागबाँ ने आग दी जब आशियाने को मेरे,
जिनपे तकिया था, वही पत्ते हवा देने लगे!

मुकदमा चलता रहा। गवाह भुगतते रहे। सबूत मिला कि वह एक साजिश के सदस्य भी हैं और चूँकि वह बड़े लायक और बुद्धिमान हैं, इसलिए हत्या आदि करने की साजिश के लिए नौजवानों को बरगला सकते हैं और–

"One who spent his life furthering murderous schemes which he was too timid to carry out himself."

(यानी) हत्या का प्रचार करने में जिसने अपनी पूरी ज़िन्दगी लगा दी, उसके बारे में वह स्वयं साहसहीन था।

उन्हीं दिनों तख्तापलट पार्टी की ओर से Liberty (आज़ादी) नाम का एक पर्चा बाँटा जाता था। एक पर्चे का मसौदा मास्टर जी के हाथ का लिखा उनके घर में मिल गया। उसमें ऐसे वाक्य आपत्तिजनक माने गए–

We are so many that we can seize and snatch from them their cannon.

Reforms will not do. Revolution and a general massacre of all the foreigners specially the English will and alone can serve our purpose.

यानी, हम संख्या में इतने हैं कि हम उनकी तोपें छीन सकते हैं। यह सड़े सुधार या योजनाएँ किसी काम नहीं आएँगी। एक बार तख्तापलट दो और फिरंगी को मार खत्म करो। खैर, इन्हीं वाक्यों के कारण ही उन्हें बड़ा खूँखार कातिल समझा गया और कहा गया।

आपके चरित्र सम्बन्धी कैनन आलनट और मिस्टर एस. के. रुद्र आदि बतौर गवाह पेश हुए। उन्होंने आपकी बहुत तारीफ की, लेकिन जज लिखता है कि मास्टर अमीर चन्द लामिसाल देशभक्त, बड़े नेक, दर्दमन्द और ऊँचे चरित्र के थे।

मतलब यह है कि आपको उस केस में फाँसी की सज़ा दी गई। आपने हँसते हुए सुनी और आखिर में बड़ी हँसी-खुशी से फाँसी पर लटककर जान दे दी।

मि. अवध बिहारी

आप बड़े होनहार नौजवान थे। बी.ए. पास कर सेंट्रल ट्रेनिंग कॉलेज, लाहौर से बी.टी. पास की। आप पर कई लिबर्टी पर्चे लिखने का आरोप था। आपको यू.पी. और पंजाब की पार्टी का प्रमुख नियत किया गया था। 'बन्दी जीवन' के लेखक श्री शचीन्द्रनाथ सान्याल ने आपकी बड़ी तारीफ की है। कहते हैं कि आप बड़े ज़िन्दादिल थे और आमतौर पर गुनगुनाते रहते थे–

एहसान नाखुदा का उठाए मेरी बला,
किश्ती खुदा पे छोड़ दूँ लंगर को तोड़ दूँ।

इस शेर से ही पता चलता है कि वे कितने मस्ताने वीर थे। आप पर पर्चे लिखने और लारेंस गार्डन में बम चलाने का आरोप था। आपको भी फाँसी की सज़ा हुई। आपने बड़ी खुशी से सुनी। कहते हैं कि फाँसी लगने के दिन आपसे पूछा गया, "आखिरी इच्छा क्या है?"

जवाब दिया, "यही कि अंग्रेजों का बेड़ा गर्क हो।"

कहा गया, "शान्त रहो। आज तो शान्ति से प्राण दो।" कहनेवाला एक अंगेज था। उससे आपने कहा, "देखो जी! आज शान्ति कैसी? मैं तो चाहता हूँ कि आग भड़के। चारों ओर आग भड़के। तुम भी जलो, हम भी जलें। हमारी गुलामी भी जले। आखिर में हिन्दुस्तान कुन्दन बनकर रहे।" आपने झट उछलकर स्वयं गले में फाँसी का फन्दा डाल लिया। इस तरह वह वीर भी आज़ादी-देवी के चरणों में अपने प्राण बलिदान कर गया।

जज आपके बारे में लिखता है–

Awadh Behari is a youngman of great intellectual ability. He stood second in the Ist division of the Punjab University B. T. Examination."
कि अवध बिहारी (25 वर्ष का) नौजवान है और बहुत ही योग्य है। वह पंजाब विश्वविद्यालय की बी. टी. की परीक्षा में पंजाब-भर में दूसरे स्थान पर रहा है। उनके खिलाफ यह सबूत भी पेश हुआ कि आपके साथ मास्टर अमीर चन्द का बहुत प्रेम भी इस बात का प्रमाण है कि वे साजिश के सदस्य थे और प्रेम का सबूत यह है कि आपको मास्टर अमीर चन्द जी (ने) 'Dear Awadhji' (प्यारे अवध जी) लिखा था।

श्री बसन्त कुमार बिस्वास

आप नदिया जिला (बंगाल) के रहनेवाले नौजवान थे। आपकी उम्र 23 वर्ष थी। अच्छे पढ़े-लिखे सज्जन थे। पहले आपको रासबिहारी अपने साथ ले आए व अपने घर में कर्मचारी बनाकर रखा। बाद में आपको लाहौर भेज दिया गया और वहाँ पर पापुलर डिस्पेंसरी में कम्पाउंडर भरती हो गए। दिल्ली में बम के दिनों आप लाहौर से कई दिन गायब रहे।

कहा जाता है कि लारेंस गार्डन का बम आपने ही अवध बिहारी के साथ मिलकर रखा था। बाद में आप दो और बम लाए, जोकि दीनानाथ के कथनानुसार भाई बालमुकुन्द के पास थे। दिसम्बर, 1913 में आप बंगाल लौट गए और 1914 में वहीं से पकड़कर लाहौर लाए गए। ओडायर को दिल्ली में बम चलानेवालों का पता न चलने से बड़ा गुस्सा आ रहा था, इसीलिए जब आपको उम्रकैद की सज़ा हुई तो उन्होंने सज़ा बढ़ाने की अपील की। ओडायर ने खुद माना है कि उसने भी सज़ा बढ़ाने की सिफारिश की। चीफ कोर्ट के जज ने लिखा है कि कहा जाता है, वह कोई बहुत बुद्धिमान आदमी नहीं था। साधारण बुद्धि का आदमी था, इसलिए उसे टूल बनाकर उससे काम लिया जाता था और वह रासबिहारी के हाथों में खेलता था। यह गलत है। वह लिखता है–

"He is not a boy, for at 23 an Indian has long reached maturity ... He looked to me a man of some force of character, without the familiar marks of weakness in his face."
यानी वह लड़का नहीं, 23 वर्ष की उम्र में हिन्दुस्तानी पूरा आदमी हो जाता है। वह बड़ा दिलेर, समझदार और दिल का मजबूत आदमी है। उसके चेहरे पर कोई कमजोरी के निशान नज़र नहीं आते।

और इस सवाल पर कि आपका केन्द्रीय कमेटी में कोई जिक्र नहीं है, इसलिए उन्हें बड़ा मामूली आदमी समझकर टूल बनाया गया था, जज कहता है–

"Basant Kumar Biswas had a long training and was quite ready for anything, though he was kept purposely outside of the inner circle, so that, if caught, he would not be able to give much information to his captors."

यानी, बसन्त कुमार को चूँकि बहुत दिनों से सारा काम सिखाया गया था, इसलिए उसे सिर्फ किसी खतरनाक काम के लिए ही अलग रखा गया था, ताकि यदि कहीं पकड़ा भी जाए तो ज्यादा खबरें न दे सके।

खैर! चीफ कोर्ट के जज ने आपको फाँसी की सज़ा सुना दी, और आपने बड़ी खुशी से सुनी। एक बात खास काबिले-गौर है कि आपके मुकदमे के लिए बंगाल से एक वकील मि. सेन आया था, जबकि हमारे लोगों का यह हाल था कि महात्मा हंसराज को एक और आदमी, जिसका पुत्र इनके लड़के बलराज के साथ इसी मामले में पकड़ा हुआ था, मिलने आया ताकि मुकदमे सम्बन्धी सलाह कर सके। महात्मा जी के मकान से उसे धक्के मार बाहर निकाल दिया गया और आर्य समाज के लाईफ मेम्बर या जिन्होंने अपनी पूरी उम्र आर्य समाज को दे दी थी, ने भी उनकी कोई मदद न की। यह बात जरा खास काबिले-गौर है।

सर माइकल ओडायर कहता है कि फाँसी लगने से एक दिन पहले बसन्त कुमार ने मान लिया था कि दिल्ली में वायसराय के ऊपर बम उसने ही फेंका था। क्या जाने सच है या नहीं। जो भी हो, आखिर इनमें से ही किसी का काम था।

आपने भी बड़ी वीरता से फाँसी पर लटककर अपने प्राण देश और कौम की आज़ादी के लिए बलिदान कर दिए।

सितम्बर, 1928 / 'किरती'

मार्शल लॉ के बहादुर शहीद

शहीद खुशी राम!

1919 का वर्ष भी हिन्दुस्तान के इतिहास में हमेशा ही याद रहेगा। ताजी-ताजी लड़ाई खत्म हुई थी। हिन्दुस्तानियों और विशेषतः पंजाबियों ने प्राणों पर खेलकर अंग्रेजों को जीत हासिल करवाई थी, लेकिन अहंकारी अंग्रेजों ने एहसान का खूब बदला चुकाया। रोल्ट-एक्ट पास कर दिया। तूफान मच गया। पंजाब में तो खासतौर पर जोश बढ़ गया। पंजाब में तो अभी पिछले युद्ध की याद ताजा थी, उन्हें रोल्ट-एक्ट देखकर हद दर्जे की हैरानी हुई। हड़तालें, जुलूस व मीटिंगें होने लगीं। जोश बहुत बढ़ा। नौबत जलियाँवाला और मार्शल लॉ तक की आ गई।

लोग डर गए। कौन कहता था कि निहत्थों पर भी गोली चलाई जा सकती है। आम लोगों ने गिरते-पड़ते पीठ में ही गोलियाँ खाईं। लेकिन उनमें भी श्री खुशी राम जी शहीद ने छाती पर गोलियाँ खा-खाकर कदम आगे ही बढ़ाया और बहादुरी की लाजवाब मिसाल कायम कर दी।

आपका जन्म 27 सावन, सम्वत् 1957 में गाँव सैदपुर, जिला झेलम में लाला भगवान दास के घर हुआ था। आपकी जाति अरोड़ा थी। पैदा होने पर आपकी जन्म-पत्री बनाई

गई और बताया गया कि यह बालक बड़ा बहादुर और तगड़ा होगा और इसका नाम भी खूब प्रसिद्ध होगा। इसलिए उस समय आपका नाम श्री भीम सेन रखा गया, लेकिन बाद में आप श्री खुशी राम के नाम से ही प्रसिद्ध हुए। आप अभी बहुत छोटे ही थे, जब आपके पिता का देहान्त हो गया। आपका खानदान बहुत गरीब था और आपका पालन-पोषण लाहौर नवाँकोट अनाथालय में हुआ था। वहीं पहले-पहल आपकी शिक्षा शुरू हुई। वक्त गुजरता चला गया। आप फिर डी.ए.वी. कॉलेज, लाहौर में पढ़ने लगे। 1919 में 19 वर्ष की आयु में आपने पंजाब विश्वविद्यालय से शास्त्री की परीक्षा दी थी और छुट्टियाँ बिताने जम्मू चले गए।

सुना कि 30 मार्च के बाद महात्मा गांधी जी ने आदेश दिया कि 3 अप्रैल को देश-भर में हड़ताल की जाए और जलसे-जुलूस निकाले जाएँ। आप भी लाहौर पहुँचे। आकर पूरी तरह काम को सफल बनाने का प्रयत्न करने लगे। कॉलेजों के लड़कों ने नंगे सिर बड़े-बड़े जुलूस 'हाय-हाय रोल्ट एक्ट' कहते हुए निकाले थे। यह सब आपके ही यत्नों का फल था। दो-चार दिन बड़ी रौनक रही। 12 अप्रैल को बादशाही मस्जिद, लाहौर में जलसा हुआ। भीड़ का कोई शुमार न था। हजारों आदमी थे। गरमागरम भाषण हुए। धुआँधार भाषणों के बाद जुलूस बनाकर लोग शहर को चल पड़े। हीरामंडी जब पहुँचे और शहर में घुसने लगे, उसी समय नवाब मुहम्मद अली सेना के साथ आगे तैनात था। उसने हुक्म दिया कि जुलूस भंग कर दो। लेकिन वे दिन बड़े अजीब थे। श्री खुशी राम आगे-आगे झंडा उठाए जा रहे थे। कहा, "यह जुलूस कभी वापस नहीं लिया जा सकता और जुलूस की शक्ल में ही शहर में घुसेगा।" नवाब ने हवा में गोली चला दी। लोग भाग छूटे। शेरमर्द लाला खुशी राम ने गरजकर एक बार तो लोगों को खूब लानत दी। कहा, "तुम्हें शर्म नहीं आती इस तरह गीदड़ों की तरह भागते हो।" लोग एकत्र हो गए। लाला खुशी राम आगे जा रहे थे। नवाब ने फिर गोली चलाई। इस बार गोली हवा में नहीं, बल्कि सीधे महाशय खुशी राम की छाती में लगी। गोली लगी, आप जख्मी शेर की तरह झपटकर आगे बढ़े। और गोली लगी तो आप और आगे बढ़े। एक-एक कर सात गोलियाँ छाती में लगीं, लेकिन खुशी राम का कदम आगे-ही-आगे बढ़ता चला गया। आखिर आठवीं गोली माथे के दाईं ओर और नवीं बाईं ओर आ लगी। शेर तड़पकर गिर पड़ा। खुशी राम सदा की नींद सो गए, लेकिन आज उनका नाम ज़िन्दा है। उनकी बहादुरी व हिम्मत आज भी उसी तरह ताजा है। खैर!

आपकी लाश का बड़ा भारी जुलूस निकला। आम ख़याल किया जाता है कि कम-से-कम पचास हजार लोग इस जुलूस में शामिल थे।

इस तरह उस वीर ने अपने और अपने राष्ट्र के गौरव के लिए प्राणों की बाजी लगा दी और अपना नाम अमर कर गया। कुछ वर्षों बाद एक कवि ने एक बड़ी दर्द-भरी कविता लिखी थी, जिसका एक मिसरा यों है–

हाय! खुशी राम की बरसी मनाई न गई!
क्या खुशी राम की मौत को हम भूल गए?
उसके मकसद पे चढ़ाने को हम भूल गए।

अक्तूबर, 1928 / 'किरती'

स्वाधीनता के आन्दोलन में पंजाब का पहला उभार

[भगत सिंह ने जेल में बहुत कुछ लिखा था। मैं नास्तिक क्यों?, समाजवाद का आदर्श, दि डोर टु डेथ आदि। उनमें से एक पंजाब की राजनीतिक जागृति का इतिहास भी था, जिसका निम्नलिखित अंश 1931 में लाहौर के साप्ताहिक 'बन्देमातरम्' में क्रमशः छपा था। यह उर्दू अनुवाद का हिन्दी रूपान्तर है।–सं.]

पंजाब के भूतपूर्व गवर्नर सर माइकेल ओडायर ने अपनी पुस्तक 'India as I knew' में एक अप्रिय किन्तु साथ ही अत्यन्त महत्त्वपूर्ण सच्चाई को प्रकट किया है। उन्होंने कहा है कि पंजाब राजनैतिक हलचलों में सबसे पीछे है। पंजाब के राजनैतिक आन्दोलनों का जिन्हें थोड़ा-सा भी ज्ञान है, वह इस सच्चाई को भली प्रकार समझ सकते हैं।

आज तक का इतिहास देखिए। भारत को स्वाधीन करने के लिए सर्वाधिक बलिदान इस प्रान्त ने किया है। इसके लिए बड़े भारी-भारी संकट इस प्रान्त की जनता को सहन करने पड़े हैं। राजनैतिक, धार्मिक आदि आन्दोलनों नें पंजाब भारत के अन्य प्रान्तों से आगे रहा है, और देश के लिए जानो-माल की कुर्बानी सबसे ज्यादा इसी सूबे के लोगों ने दी है, किन्तु इस पर भी हमें सिर झुकाकर यह स्वीकार करना पड़ता है कि राजनैतिक क्षेत्र में पंजाब सबसे पीछे है।

इसका कारण केवल यह है कि राजनैतिक आन्दोलन यहाँ की जनता के व्यक्तिगत जीवन का एक आवश्यक अंग नहीं बन सका। साहित्यिक क्षेत्र में भी इस प्रान्त ने यथायोग्य स्थान प्राप्त नहीं किया। शिक्षित वर्ग के लिए उस समय तक—ओडायर के इस पुस्तक के लिखने तक—स्वदेश की स्वाधीनता का प्रश्न सबसे अधिक आवश्यक और महत्त्वपूर्ण नहीं बना था, इसलिए बहुधा कहा जाता है कि यह सूबा बहुत पीछे है। हिन्दुस्तान में और भी बहुत-से ऐसे सूबे हैं जो पंजाब से बहुत पीछे हैं, किन्तु खेद है कि यह अभागा सूबा इस प्रकार के आरोप सहकर भी पीछे ही है।

पंजाब की विशेष अपनी कोई भाषा नहीं। भाषा न होने के कारण साहित्य-सृजन के क्षेत्र में भी कोई प्रगति नहीं हो सकी। अतः शिक्षित समुदाय को पश्चिमी साहित्य पर ही निर्भर रहना पड़ा। इसका खेदजनक परिणाम यह हुआ कि पंजाब का शिक्षित वर्ग अपने प्रान्त की राजनैतिक हलचलों से अलग-थलग-सा रहता रहा। इसी कारण पंजाब के साहित्य और कला-क्षेत्र में राजनीति को स्थान नहीं मिल सका। यही कारण है कि पंजाब में ऐसे कार्यकर्ता इने-गिने ही हैं, जो अपना सम्पूर्ण जीवन राजनीति को दे सके हैं। इसी आधार पर इस प्रान्त पर ऐसे आरोप लगाए जाते हैं। अपने प्रान्त की इस कमी की ओर प्रान्तीय नेताओं और पुरुष समाज का ध्यान आकर्षित करना ही इन लेखों का उद्देश्य है।

गुरु राम सिंह जी के नेतृत्व में हुए कूका विद्रोह से लेकर आज तक पंजाब में जो भी आन्दोलन हुए और जिस प्रकार जनता में चेतना आई, उससे वह स्वतन्त्रता की वेदी पर अपना सर्वसुख न्यौछावर करने के लिए तैयार हो गई। इनमें जिन व्यक्तियों ने अपने प्राणों का बलिदान दिया, उनका जीवन-चरित्र तथा इतिहास प्रत्येक स्त्री-पुरुष के साहस को

बढ़ानेवाला है जिससे वह अपने अध्ययन और अनुभवों के प्रकाश में भावी आन्दोलनों को भी भली प्रकार चला सकेंगे। इस इतिहास को लेखबद्ध करने में मेरा यह उद्देश्य कदापि नहीं है कि भविष्य में भी ठीक इसी प्रकार के आन्दोलन सफल हो सकेंगे। मेरा उद्देश्य तो केवल यह है कि जनता उन शहीदों की कुर्बानियों और उनके आजीवन देश-सेवा में लगे रहने से प्रेरणा प्राप्त करे और उनका अनुकरण करे। समय आने पर किस तरह कार्य करना होगा, इसका फैसला देश की तत्कालीन परिस्थिति को देखते हुए कार्यकर्ता स्वयं कर सकते हैं।

पंजाब में राजनैतिक हलचलें कैसे प्रारम्भ हुईं?

सन् 1907 से पूर्व पंजाब में बिलकुल ही खामोशी थी। विद्रोह (कूका विद्रोह) के बाद कोई ऐसा राजनैतिक आन्दोलन नहीं उठा जो शासकों की नींद खोल सकता। 1908 में पंजाब में पहली बार कांग्रेस का अधिवेशन हुआ। किन्तु उस समय कांग्रेस के कार्य का आधार शासकों के प्रति वफादारी प्रकट करना था। इसलिए राजनैतिक क्षेत्र में उसका कोई उल्लेखनीय प्रभाव नहीं पड़ा। सन् 1905-6 में बंगाल-विभाजन के विरुद्ध जो शक्तिशाली आन्दोलन उठ खड़ा हुआ था और स्वदेशी के प्रचार तथा विदेशी के बहिष्कार की जो हलचल प्रारम्भ हुई थी, इसका पंजाब के औद्योगिक जीवन तथा साधारण जनता पर बड़ा भारी प्रभाव पड़ा था। उन दिनों यहाँ भी (पंजाब) स्वदेशी वस्तुएँ, विशेषतः खांड तैयार करने का सवाल पैदा हुआ और देखते-देखते एक-दो मिलें भी खुल गईं। यद्यपि सूबे के राजनैतिक जीवन पर इसका कोई प्रत्यक्ष प्रभाव नहीं पड़ा किन्तु सरकार ने इस उद्योग को नष्ट करने के लिए गन्ने की खेती का लगान तीन गुना कर दिया। पहले एक बीघे का लगान केवल 2.50 रुपए था, जबकि अब साढ़े सात रुपए देने पड़ते थे। इससे किसानों पर एक भारी बोझ आ पड़ा और वह एकदम हत्बुद्धि-से रह गए।

नया कलोनी एक्ट

दूसरी ओर सरकार ने लायलपुर इत्यादि में कई नहरें खुदवाकर और जालन्धर, अमृतसर, होशियारपुर के निवासियों को बहुत-सी सुविधाओं का लालच देकर इस क्षेत्र में बुला लिया था। ये लोग अपनी पुरानी जमीन-जायदाद छोड़कर आए और कई वर्ष तक अपना खून-पसीना एक करके इन्होंने इस जंगल को गुलजार कर दिया। लेकिन अभी ये चैन भी न ले पाए थे कि नया कलोनी एक्ट इनके सर पर आ गया। यह एक्ट क्या था, किसानों के अस्तित्व को ही मिटा देने का एक तरीका था। इस एक्ट के अनुसार हर व्यक्ति की जायदाद का वारिस केवल उसका बड़ा लड़का ही हो सकता था। छोटे पुत्रों का उसमें कोई हिस्सा नहीं रखा गया था। बड़े लड़के के मरने पर वह जमीन या अन्य जायदाद छोटे लड़कों को नहीं मिल सकती थी, जिससे उस पर सरकार का अधिकार हो जाता था।

कोई आदमी अपनी जमीन पर खड़े वृक्षों को नहीं काट सकता था। उनसे वह एक दातुन तक नहीं तोड़ सकता था। जो जमीनें उनको मिली थीं उन पर वह केवल खेती कर सकते थे। किसी प्रकार का मकान या झोंपड़ा, यहाँ तक कि पशुओं को चारा डालने के लिए

खुरली तक नहीं बना सकते थे। कानून का थोड़ा-सा भी उल्लंघन करने पर 24 घंटे का नोटिस देकर तथाकथित अपराधी की जमीन जब्त की जा सकती थी। कहा जाता है कि ऐसा कानून बनाकर सरकार चाहती थी कि थोड़े-से विदेशियों को तमाम जमीन का मालिक बना दिया जाए और जमीन के हिन्दोस्तानी काश्तकार उनके सहारे पर रहें। इसके अतिरिक्त सरकार यह भी चाहती थी कि अन्य प्रान्तों की भाँति पंजाब में थोड़े-से बड़े-बड़े जमींदार हों और बाकी निहायत गरीब काश्तकार हों। इस प्रकार जनता दो वर्गों में विभक्त हो जाए। मालदार कभी भी और किसी भी हालत में सरकार-विरोधियों का साथ देने का साहस नहीं कर सकेंगे और निर्धन कृषकों को, जो दिन-रात मेहनत करके भी पेट नहीं भर सकेंगे, इसका अवसर ही नहीं मिलेगा। इस प्रकार सरकार खुले हाथों जो चाहेगी, करेगी।

अशान्ति के बीज

उन दिनों उत्तर प्रदेश और बिहार वगैरह सूबों में किसानों की हालत ऐसी ही है (थी) लेकिन पंजाब के लोग जल्द ही सँभल गए। सरकार की इस नीति के विरुद्ध उन्होंने जबरदस्त आन्दोलन प्रारम्भ किया। रावलपिंडी की तरफ भी इन दिनों ही नया बन्दोबस्त खत्म हुआ था और लगान बढ़ाया गया था। इस प्रकार सन् 1907 के शुरू में ही अशान्ति के समस्त कारण उपस्थित थे। इस वर्ष के शुरू में ही पंजाब के गवर्नर सर डांकिज़ल ऐबिटसन ने कहा भी था कि इस समय यद्यपि प्रकट रूप से तो शान्ति है, किन्तु जनता के हृदय में असन्तोष बढ़ता जा रहा है।

इन दिनों देश-भर में एक खामोशी छाई हुई थी। 'ठहरो और देखो' की मनःस्थिति में जनता थी। यह खामोशी तूफान आने से पहले की शान्ति थी। बेचैनी पैदा होने के सभी कारण उपस्थित थे, विशेषतः पंजाब में तो ऐसी परिस्थितियाँ थीं कि अशान्ति उत्पन्न हो जाना सर्वथा उचित और आवश्यक ही था।

सन् 1906 की कांग्रेस

1906 में कांग्रेस का वार्षिक अधिवेशन कलकत्ता में हुआ। दादा भाई नौरोजी उसके सभापति थे। इस अधिवेशन में उन्होंने सर्वप्रथम अपने भाषण में 'स्वराज्य' शब्द का उच्चारण किया। British Parliament के अपने निजी अनुभवों के आधार पर स्व. दादा भाई ने कहा था कि यदि हम कुछ प्राप्त करना चाहते हैं तो हमें अपने अन्दर ताकत पैदा करनी होगी। अपने पाँवों के बल पर ही हमें खड़ा होना होगा, पत्थरों की तरह स्थिर दृष्टि से देखते-भर रहने से ही काम नहीं चलेगा।

लाला लाजपत राय

ठीक यही बात एक वर्ष पूर्व बनारस के कांग्रेस अधिवेशन में पंजाब केसरी लाला लाजपत राय जी ने कही थी। पूज्य लाला जी कांग्रेस के प्रधान स्वर्गीय गोखले के साथ एक डेपूटेशन में इंग्लैंड भेजे गए थे। वहाँ से लौटकर उन्होंने एक बहुत ही गरम भाषण दिया था।

लोकमान्य तिलक

1906 के कांग्रेस अधिवेशन में लोकमान्य तिलक का बोलबाला था, नवयुवक समुदाय उनकी खरी और स्पष्ट बातों के कारण उनका भक्त बन गया था। उनकी निर्भीकता, कुछ कर गुजरने की भावना और बड़े-से-बड़े कष्ट सहने के लिए हर क्षण तैयार रहने के कारण नवयुवक उनकी ओर खिंचे चले आ रहे थे। कांग्रेस अधिवेशन के अतिरिक्त कांग्रेस के पंडाल से बाहर भी लोकमान्य के अनेक भाषण इस अवसर पर हुए थे।

सरदार किशन सिंह और स. अजीत सिंह

जो युवक लोकमान्य के प्रति विशेष रूप से आकर्षित हुए थे, उनमें कुछ पंजाबी नौजवान भी थे। ऐसे ही दो पंजाबी जवान किशन सिंह और मेरे आदरणीय चाचा स. अजीत सिंह जी थे।

'भारत माता' अख़बार तथा मेहता नन्दकिशोर

स. किशन सिंह तथा स. अजीत सिंह ने वापस लाहौर आकर 'भारत माता' नामक एक मासिक पत्र का प्रकाशन करना आरम्भ किया और आदरणीय मेहता नन्दकिशोर को साथ लेकर अपने विचारों का प्रचार करना शुरू कर दिया। इनके पास न धन था और न धनी वर्ग से सम्पर्क ही था। किसी सम्प्रदाय के नेता या महन्त भी नहीं थे। अतः प्रचार-कार्य के लिए अपेक्षित सभी साधन स्वयं ही जुटाने पड़े। एक दिन घंटी बजाकर बाजार में कुछ लोगों को जमा कर लिया और इस विषय पर भाषण देने लगे कि विदेशियों ने भारतीय उद्योग एवं व्यवसाय को किस प्रकार नष्ट किया है। वहीं यह भी एलान कर दिया कि आगामी रविवार को एक महत्त्वपूर्ण सभा 'भारत माता' के कार्यालय के पास, जो लाहौरी और शालामारी दरवाजे के मध्य स्थित है, होगी। पहली सभा पापड़ मंडी में, दूसरी लाहौरी मंडी में हुई। तीसरी सभा में भाषणों से पूर्व एक पंजाबी नवयुवक ने बड़ी ही मर्मस्पर्शी तथा देशभक्तिपूर्ण भावनाओं से सराबोर एक नज्म पढ़ी, जिसकी श्रोताओं ने बहुत प्रशंसा की। अब यह नौजवान भी इसी दल में सम्मिलित हो गए। यह नौजवान पंजाब के प्रसिद्ध राष्ट्रकवि लाला लालचन्द 'फलक' थे, जो आज तक अपनी उत्साहपूर्ण कविताओं से देश को जगाते रहे हैं। इसी सप्ताह लाला पिंडी दास जी तथा डॉ. ईश्वरी प्रसाद जी इत्यादि कुछ और सज्जन भी इस दल में सम्मिलित हो गए। इन सबके दल में आने से 'अंजुमन मुहिब्बताने वतन' के नाम से एक संस्था बनाई गई, जो बाद में 'भारत माता सोसाइटी' के नाम से प्रसिद्ध हुई।

आगामी रविवार को फिर एक सार्वजनिक सभा होनेवाली थी। उसी दिन लाहौर में श्रीमती ऐनी बीसेंट के भाषण का भी आयोजन था। कुछ मित्रों ने परामर्श दिया कि इस अवसर पर भारत माता सोसाइटी भंग कर दी जाए, किन्तु यह परामर्श स्वीकार नहीं किया गया और न अपनी सभा को ही स्थगित करना उचित समझा। आखिर सभा हुई तो उपस्थिति पर्याप्त थी। इसी सभा में यह घोषणा कर दी गई कि प्रत्येक रविवार को सभा

हुआ करेगी और इस संस्था के प्रधान स. अजीत सिंह तथा सेक्रेट्री मेहता नन्दकिशोर चुने गए हैं।

जाटों की सभा

एक-दो मास तक इसी प्रकार प्रचार होता रहा। एक दिन लाहौर और अमृतसर क्षेत्र के जाट कृषकों ने लगान बढ़ाए जाने के विरुद्ध एक सभा करने का निश्चय किया। अजमेरी दरवाजे के बाहर रतन चन्द की सराय में यह सभा आयोजित की गई थी, किन्तु जब जाट लोग जमा हो गए तो डी. सी. ने रतन चन्द के लड़के को बुलाकर जायदाद जब्त कर लेने की धमकी दी। इस पर रतन चन्द के लड़के ने वहाँ एकत्र हुए किसानों को अपनी सराय से बाहर निकाल दिया। इस स्थिति में किसानों ने नगर के नेता माने जानेवाले सज्जनों से सम्पर्क स्थापित किया, किन्तु वहाँ से भी उन्हें साफ जवाब मिला। हर ओर से मायूस होकर वे बेचारे म्युनिसिपल गार्डन में जा बैठे। इसी बीच 'भारत माता सोसाइटी' के सदस्यों को इसकी सूचना मिली और वह इन लोगों को अपने स्थान पर ले आए। सोसाइटी के पास एक कमरे के अतिरिक्त एक विशाल मैदान भी था। इस मैदान में दरियाँ बिछाकर शामियाना लगवा दिया गया और एक ओर उन किसानों के भोजन के लिए लंगर का प्रबन्ध कर दिया गया। इससे किसानों का उत्साह बहुत बढ़ गया और फिर पूरे एक सप्ताह प्रतिदिन वहीं सभाएँ हुईं, जिनमें निर्भीक भाषण दिए गए। इस सभा में आम किसानों का उत्साह देखकर 'भारत माता सोसाइटी' के सदस्यों का हौसला और भी बढ़ गया।

इसके बाद देहातों के दौरे का कार्यक्रम बनाया गया, जिससे किसानों को लगानबन्दी के लिए तैयार किया जा सके। यह सरकार के विरुद्ध युद्ध की घोषणा थी और जनता में जोश इतना था कि इस संघर्ष में वह अपना सर्वस्व दाँव पर लगा देने के लिए तत्पर रहती थी।

सूफी अम्बाप्रसाद

ठीक इन्हीं दिनों भारत माता सोसाइटी में एक उच्च कोटि के देशभक्त, राजनीतिक और लेखक प्रविष्ट हुए। आपका नाम श्री सूफी अम्बाप्रसाद था। सूफी जी का जन्म सन् 1858 में मुरादाबाद में हुआ था। उर्दू के प्रभावशाली लेखक, हिन्दू-मुस्लिम एकता के प्रबल समर्थक तथा स्वतन्त्रता के एक निर्भीक पुजारी थे। आपने एक साप्ताहिक निकाला था और इसके वर्ष-भर बाद ही राज-विद्रोह के अपराध में सवा दो वर्ष के कारावास का दंड मिला। यह सज़ा काटकर आए तो साल-भर के भीतर-भीतर आपके खिलाफ दूसरा मुकदमा खड़ा कर दिया गया और इस बार आपको 6 वर्ष के कारावास का दंड मिला। उन दिनों राज-विद्रोह में दंड पाए हुए कैदियों को बहुत खतरनाक माना जाता था और उनके साथ जेल में व्यवहार भी बहुत बुरा होता था। सन् 1906 में आप जेल से रिहा हुए और पंजाब में यह नई राजनैतिक जागृति देखकर पंजाब चले आए। यहीं आकर आप 'हिन्दुस्तान' साप्ताहिक के सहकारी सम्पादक बनाए गए। आपके गरमागरम लेखों और सम्पादकियों में आपका नाम दिए जाने से अख़बार के मालिकों को बड़ी घबराहट रहती थी। इस पर

आपको उक्त अख़बार से त्यागपत्र देना पड़ा। सबसे पहले आप जाटों की सभा में आए थे और फिर यहीं रह गए। बाद में तो सरदार अजीत सिंह से आपकी ऐसी घनिष्ठता हो गई थी कि एक-दूसरे से अलग होना सर्वथा असम्भव हो गया।

इन्हीं दिनों लायलपुर में एक बहुत बड़ा मेला होनेवाला था। यह मेला 'मंडी मवेशियाँ' के नाम से प्रसिद्ध था। इस मेले में लोग हजारों मवेशियों को खरीदने-बेचने के लिए सम्मिलित हुआ करते थे। इस वर्ष दैनिक 'जिमींदार' के मालिक मियाँ सिराजुद्दीन तथा एक-दो अन्य सज्जनों ने इस अवसर पर एक सभा करने का निश्चय किया। इसमें नए कलोनी एक्ट के विरुद्ध प्रस्ताव पास करने थे। इस सभा में भाषण देने के लिए लाला जी को विशेष रूप से बुलाया गया था। भारत माता सोसाइटी के सदस्यों ने भी इस अवसर पर सभा करने का निश्चय किया। भारत माता सोसाइटी के सदस्य गरमदली थे, अतः वैधानिक रूप से आन्दोलन चलाने का विचार रखनेवाले सज्जन इससे थोड़े घबरा गए। भारत माता सोसाइटी की ओर से दो कार्यकर्ता वहाँ इस उद्देश्य से भेजे गए कि वे वहाँ पहुँचकर अपने अनुकूल परिस्थिति बना लें, जिससे एक-दो दिन बाद सरदार अजीत सिंह जी अपने अन्य साथियों के साथ पहुँचकर सफलता के साथ प्रचार कर सकें।

जिमींदार-सभा की ओर से जो पंडाल लगा था उसमें ही दो-एक दिन भाषण देकर 'भारत माता सोसाइटी' के कार्यकर्ताओं ने जन-साधारण की सहानुभूति प्राप्त कर ली। उधर जिस दिन स्वर्गीय लाला जी लाहौर से रवाना हुए, उसी दिन स. अजीत सिंह जी ने भी वहाँ के लिए प्रस्थान किया। लाला जी ने स. अजीत सिंह से पुछवाया कि आपका भावी कार्यक्रम क्या है? अपने कार्यक्रम की सूचना भी लाला जी ने दी कि सरकार ने कलोनी एक्ट में जो थोड़ा-सा परिवर्तन कर दिया है उसके लिए सरकार का धन्यवाद देते हुए ये कानून को रद्द करने की माँग करेंगे।

सरदार जी ने उत्तर में कहा–हमारा कार्यक्रम तो यह है कि जनता को लगानबन्दी के लिए तैयार किया जाए। साथ ही हमारे कार्यक्रम में सरकार के प्रति धन्यवाद को तो कोई स्थान मिल ही नहीं सकता।

लाला जी और सरदार जी दोनों ही लायलपुर पहुँचे। स्वर्गीय लाला जी का विशाल जुलूस निकाला गया, जिसके कारण लगभग दो घंटे में लाला जी पंडाल में पहुँच पाए। लेकिन हमारे ऐसे भी लोग थे जो जुलूस में सम्मिलित न होकर सीधे पंडाल में ही पहुँच गए थे और वहाँ भाषण आरम्भ हो गए थे। एक-दो छोटे-छोटे भाषणों के पश्चात् स. अजीत सिंह जी ने भाषण दिया। आप बहुत ही प्रभावशाली व्याख्यानदाता थे। आपकी निर्भीक भाषण-शैली ने जनता को आपका भक्त बना दिया और श्रोतागण भी जोश में आ चुके थे। जिस समय इस सभा के आयोजक जुलूस को लेकर पंडाल में पहुँचे, जनता 'भारत माता सोसायटी' के साथ हो चुकी थी। एक-दो नर्मदली नेताओं ने स. अजीत सिंह को बोलने से रोकने की कोशिश की थी, लेकिन श्रोताओं ने उनको ऐसी फटकार लगाई कि वह अपना-सा मुँह लेकर रह गए। इससे जनता के जोश में और भी वृद्धि हो गई। एक किसान ने उठकर एलान कर दिया कि मेरे पास 10 मुरब्बे जमीन हैं, जिसे मैं आपकी सेवा में अर्पित करता हूँ, और अपनी पत्नी सहित देशसेवा के लिए तैयार हूँ।

स. अजीत सिंह के पश्चात् लाला लाजपत राय भाषण देने के लिए उठे। लाला जी पंजाब के बेजोड़ भाषणकर्ता थे, किन्तु उस दिन के वातावरण में वे जिस शान, जिस निर्भीकता तथा निश्चयात्मक भावनाओं के साथ बोले, उसकी बात ही कुछ निराली थी। लाला जी के भाषण की एक-एक लाइन पर तालियाँ बजती थीं और जय के नारे बुलन्द होते थे। सभा के पश्चात् बहुत-से व्यक्तियों ने अपने को देश का कार्य करने हेतु अर्पित करने की घोषणा की।

लायलपुर के डी. सी. भी वहाँ उपस्थित थे। सभा की कार्यवाही देखकर उन्होंने यह परिणाम निकाला कि यह सारा आयोजन एक षड्यन्त्र था। लाला लाजपत राय इन सबके गुरु हैं और नवयुवक स. अजीत सिंह उनका शिष्य है। सरकार का यह विचार बहुत दिनों तक बना रहा। सम्भवतः लाला जी और अजीत सिंह जी को नजरबन्द करने का भी यही कारण था।

लाला जी के भाषण के बाद श्री बाँके दयाल जी ने एक बहुत ही प्रभावशाली नज़्म पढ़ी, जो बाद में अत्यन्त लोकप्रिय हो गई। यह नज़्म 'पगड़ी सँभाल ओ जट्टा' थी।

लाला बाँके दयाल पुलिस में सब-इंस्पेक्टर थे, और सरकारी नौकरी छोड़कर इस आन्दोलन में सम्मिलित हो गए थे। इस दिन नज़्म पढ़कर जब वह मंच से उतरे तो भारत माता सोसायटी के कार्यकर्ताओं ने उनको गले से लगा लिया।

लाहौर में हुए दंगे के बाद म्युनिसिपल बोर्ड ने एक प्रस्ताव पास किया था कि शहर में सभी कॉलेजों के प्रिंसिपलों से कहा जाए कि वे विद्यार्थियों को राजनैतिक आन्दोलनों में भाग लेने से रोकें और उन्हें छात्रावास से बाहर न जाने दें। जो विद्यार्थी उनकी आज्ञा का पालन न करे उसे कड़ा-से-कड़ा दंड दिया जाए।

इस प्रस्ताव के सम्बन्ध में लोकमान्य तिलक ने अपने मराठी पत्र 'केसरी' में एक जबरदस्त लेख लिखा था। लोकमान्य ने लिखा था कि इस दंगे पर किसे खेद और दुख न होगा? कौन चाहता है कि युवक थोड़े धैर्य से काम न लें? लेकिन म्युनिसिपल बोर्ड के इस प्रस्ताव का क्या आशय है? पचास वर्ष बाद आज देश के युवकों में थोड़ी-सी जागृति दिखाई दी है। उसे एक साधारण-से बलवे के कारण नष्ट करने का प्रस्ताव क्यों किया जाए? आज जब युवकों में देश-भक्ति की भावनाएँ उमड़ रही हैं और वे स्वाधीनता के लिए बेचैन हैं तो उनको प्रेम के साथ समझाना चाहिए कि वे अपनी शक्ति का इस प्रकार अपव्यय न करें।

जनता जोश में आकर जब कुछ कर गुजरती थी तो गरम दल की यही नीति होती थी। गरम दल के नेता जानते थे कि जब जनता में जागृति होती है, तो उसके साथ जोश और बेचैनी होना भी अवश्यम्भावी है। वे यह भी जानते थे कि फूँक-फूँककर कदम रखनेवाले महानुभाव स्वतन्त्रता के संघर्ष में अधिक समय तक नहीं टिक सकते। राष्ट्र के निर्माता तो नवयुवक ही हुआ करते हैं। किसी ने सच कहा है—

"सुधार बूढ़े आदमी नहीं कर सकते, क्योंकि वह बहुत ही बुद्धिमान और समझदार होते हैं। सुधार तो होते हैं युवक के परिश्रम, साहस, बलिदान और निष्ठा से, जिन्हें भयभीत होना आता ही नहीं और जो विचार कम तथा अनुभव अधिक करते हैं।"

ऐसा लगता है कि उस समय इस प्रान्त (पंजाब) के युवक इन भावनाओं से प्रभावित होकर ही स्वतन्त्रता संघर्ष में कूद पड़ते थे। तीन मास पहले जहाँ बिलकुल खामोशी थी, वहाँ अब स्वदेशी और स्वराज्य का आन्दोलन इतना बलशाली हो गया कि नौकरशाही घबरा उठी। उधर लायलपुर इत्यादि जिलों में नए कलोनी एक्ट के विरुद्ध आन्दोलन चल रहा था। वहाँ किसानों की हमदर्दी में रेलवे के मजदूरों ने भी हड़ताल की और उनकी सहायता के लिए धन भी एकत्रित किया जाने लगा। इसका परिणाम यह हुआ कि अप्रैल के अन्त तक पंजाब सरकार घबरा गई। पंजाब के तत्कालीन गवर्नर ने भारत सरकार को अपने एक पत्र में यह सम्पूर्ण स्थिति बताते हुए लिखा था–"प्रान्त के उत्तरी जिलों में केवल शिक्षित वर्ग, और उनमें भी खासकर वकील तथा विद्यार्थी तबके तक के ही नए विचार सीमित हैं, किन्तु प्रान्त के केन्द्र की ओर बढ़ते ही यह साफ नज़र आता है कि असन्तोष और अशान्ति तेजी से बढ़ती जः रही है।" इसी पत्र में आगे चलकर उन्होंने लिखा था, "इन लोगों को (आन्दोलन के नेताओं को) अमृतसर और फिरोजपुर में विशेष रूप से सफलता मिली है। रावलपिंडी तथा लायलपुर की तरफ भी वे बेचैनी फैलाने में कामयाब हो रहे हैं। लाहौर का तो कहना ही क्या है।" पत्र के अन्त में कहा गया है, "कुछ नेता तो अंग्रेजों को देश से निकाल देने के मंसूबे बाँध रहे हैं। कम-से-कम वे हमें शासन से हटा देने की चेष्टा में अवश्य हैं। वे या तो शक्ति के द्वारा ऐसा करना चाहते हैं, या जनता और शासन के बीच असहयोग द्वारा! ऐसा वातावरण उत्पन्न करने के लिए वे उत्तरदायित्वहीन ढंग से अंग्रेजों के प्रति घृणा तथा द्वेष उत्पन्न कर देना चाहते हैं। वर्तमान स्थिति बहुत ही नाजुक है और शीघ्र ही हमें इसका कुछ-न-कुछ प्रबन्ध करना चाहिए।"

अन्तर्राष्ट्रीय क्रान्तिकारी आन्दोलन का इतिहास

[भारतीय क्रान्तिकारी आन्दोलन के अध्ययन के साथ-साथ भगत सिंह ने अन्तर्राष्ट्रीय क्रान्तिकारी आन्दोलन का भी पर्याप्त अध्ययन किया व उस पर मनन किया। इसी सिलसिले में 'किरती' में 'अराजकतावाद क्या है' आदि लेख व कुछ अनुवाद छपे थे। डेनब्रिन की आत्मकथा का भी उन्होंने अनुवाद किया था और यह अलग से पुस्तक रूप में छपा था। दुर्भाग्य से यह पुस्तक अब अनुपलब्ध है, लेकिन सम्भव है, भगत सिंह से सम्पर्क रखनेवाले, क्रान्तिकारी आन्दोलन के किसी बुजुर्ग समर्थक के पास इसकी कोई प्रति हो।

मई, 1928 से 'किरती' में भगत सिंह ने अराजकतावाद पर यह लेखमाला शुरू की, जो अगस्त तक चलती रही।–सं.]

अराजकतावाद : एक

संसार में आज बहुत हलचल मची है। जाने-माने विद्वान दुनिया में शान्ति-स्थापना के कार्य में उलझे हैं लेकिन जिस शान्ति-स्थापना के प्रयास किए जा रहे हैं, वह अस्थायी नहीं वरन् स्थिर, हमेशा स्थापित रहनेवाली शान्ति है। उस तक पहुँचने के लिए बड़े-बड़े महापुरुष अपना जीवन अर्पित कर गए और कर रहे हैं। लेकिन आज हम गुलाम हैं। हमारी निगाहें कमजोर हैं, हमारे दिमाग कुन्द हैं। हमारा मन कमजोर होकर रो रहा है। हम दुनिया की शान्ति के लिए क्या चिन्ता करें, अपने देश के लिए ही कुछ नहीं कर पा रहे हैं। इसे अपनी बदकिस्मती ही कहें। हमें तो अपने दकियानूसी विचार ही तबाह कर रहे हैं। हम भगवान और स्वर्ग पाने के लिए आत्मा-परमात्मा के विलाप में फँसे हैं। यूरोप को हम तुरन्त ही भौतिकवादी कह देते हैं। उनके जो विचार हैं, उनको ओर ध्यान ही नहीं देते। हम आध्यात्मिक रुझानवाले जो हैं! हम बड़े त्यागी जो हैं! हमें इस संसार की बातें ही नहीं करनी चाहिए! हमारी ऐसी दुरावस्था हो गई है कि रोने को मन करता है। बीसवीं सदी में हालात सुधर रहे हैं। नौजवानों के सोच-विचार पर यूरोप के विचारों का कुछ-कुछ असर पड़ रहा है। और जो नौजवान दुनिया में कुछ तरक्की करना चाहते हैं उन्हें वर्तमान युग के महान तथा उच्च विचारों का अध्ययन करना चाहिए।

आज समाज में होनेवाले दमन के विरुद्ध कौन-सी आवाज उठ रही है और स्थायी शान्ति-स्थापना के लिए कैसे विचार उठ रहे हैं, उन्हें ठीक से समझे बिना इनसान का ज्ञान

अधूरा रह जाता है। आज हम संक्षेप में साम्यवाद और समाजवाद आदि अनेक विचारों के बारे में सुन रहे हैं। इन सबसे ऊँचा आदर्श अराजकतावाद ही समझा जाता है। यह लेख उसी अराजकतावाद के सम्बन्ध में लिखा जा रहा है।

जनता 'अराजकता' शब्द से बहुत डरती है। जब कोई व्यक्ति अपनी स्वतन्त्रता के लिए कहीं से पिस्तौल या बम लेकर निकलता है तो सभी नौकरशाह और उनके पिट्ठू 'अनार्किस्ट-अनार्किस्ट' कहकर दुनिया को डराते हैं। अनार्किस्ट एक बड़ा खूँखार व्यक्ति समझा जाता है, जिसके दिल में कि जरा भी दया न हो, जो रक्तपिपासु हो, नाश-महानाश देखकर जो झूम उठता हो। अनार्किस्ट शब्द इतना बदनाम किया जा चुका है कि भारत में राज-परिवर्तनकारियों को भी–जनता में घृणा पैदा करने के लिए–अनार्किस्ट कहा जाता है। डॉक्टर भूपेन्द्रनाथ दत्त ने बंगला में लिखी पुस्तक 'अप्रकाशित राजनैतिक इतिहास' के प्रथम भाग में इसका जिक्र किया है कि हमें बदनाम करने के लिए सरकार भले ही अनार्किस्ट-अनार्किस्ट कहती रहे, वास्तव में वह राज-परिवर्तनकारियों की टोली थी। और अराजकतावाद तो एक बहुत ऊँचा आदर्श है। उस ऊँचे आदर्श तक तो हमारी साधारण जनता क्या सोचती, क्योंकि वह तो राज-परिवर्तनकारियों से आगे युगान्तकारी भी नहीं थे। वह लोग मात्र राज-परिवर्तनकारी ही थे। खैर!

हम चर्चा कर रहे थे कि अराजकतावादी शब्द बहुत बदनाम किया गया है। और स्वार्थी पूँजीपतियों ने जिस तरह 'बोल्शेविक', 'कम्युनिस्ट', 'सोशलिस्ट' आदि शब्द बदनाम किए हैं, उसी प्रकार इस शब्द को भी बदनाम किया। हालाँकि अराजकतावादी सर्वाधिक संवेदनशील मनवाले, सारी दुनिया का भला चाहनेवाले होते हैं। उनके विचारों के साथ भिन्नता रखते हुए भी उनकी गम्भीरता, जनता से स्नेह, त्याग और उनकी सच्चाई आदि पर किसी प्रकार की शंका नहीं हो सकती।

'अनार्किस्ट', जिसके लिए हिन्दी में 'अराजकतावादी' शब्द ही प्रयोग में लाया जाता है, यूनानी भाषा का शब्द है जिसका शाब्दिक अर्थ है–एन=नॉट, आर्की=रूल, अर्थात् शासनविहीन–किसी भी प्रकार से शासित न होना। इनसान में पहले से ही अधिक-से-अधिक स्वाधीनता पाने की चाह रही है और बीच-बीच में पूर्ण स्वतन्त्रता, जोकि अराजकतावादी आदर्श है, से मिलता-जुलता विचार प्रकट हुआ। उदाहरणस्वरूप काफी पहले एक यूनानी दार्शनिक ने कहा था–

We wish neither to belong to the governing class nor to the governed. (अर्थात्) हम न शासक बनना चाहते हैं और न ही प्रजा।

मैं समझता हूँ कि हिन्दुस्तान में विश्व-भ्रातृत्व और संस्कृत के वाक्य 'वसुधैव कुटुम्बकम्' आदि में भी यही भाव है। अगर हम बहुत पुरानी मान्यताओं से किसी खास नतीजे तक न भी पहुँच सकें तो भी यह तो स्वीकारना पड़ेगा कि यह विचार उन्नीसवीं अर्थात् पिछली सदी के आरम्भ में एक फ्रांसीसी दार्शनिक प्रूद्धोन् ने स्पष्ट तौर पर जनता के समक्ष रखा और उसका खुलेआम प्रचार किया। इसलिए उन्हें अराजकतावाद का जन्मदाता कहा जाता है। उन्होंने इसका प्रचार आरम्भ किया। बाद में एक रूसी बहादुर, बैकुनिन ने इसके प्रसार और सफलता के लिए काफी काम किया। बाद में जॉन मास्ट प्रिंस

क्रॉपाटकिन-जैसे अनेक अराजकतावादियों ने जन्म लिया। आजकल अमेरिका में श्रीमती एमा गोल्डमैन और अलेक्जेंडर ब्रेकमैन आदि इसके प्रचारक हैं।

अराजकतावाद के सन्दर्भ में श्रीमती गोल्डमैन ने लिखा है–

Anarchism—The philosophy of a new social order based on liberty unrestricted by man-made law. The theory that all forms of Government rest on violence, and are therefore wrong and harmful, as well as unne-cessary. (अर्थात्–)

अराजकतावाद एक नया दर्शन है जिसके अनुसार एक नया समाज बनेगा। जनता का रहन-सहन या भ्रातृत्व ऐसा होगा जिसमें कि मनुष्य के बनाए नियम कोई अवरोध न पैदा कर सकेंगे। उनके अनुसार किसी भी शासन की जरूरत नहीं महसूस होती, क्योंकि प्रत्येक सरकार दमन पर टिकी होती है। इसलिए यह अनावश्यक है।

इससे पता चलता है कि अराजकतावादी किसी भी प्रकार की सरकार नहीं चाहते और यह बात सत्य है। लेकिन यह सुनकर हम भयभीत होते हैं। हमारे मनों में कई प्रकार के हौवे पैदा किए जाते हैं। हम अंग्रेजी सरकार के बाद अपनी सरकार बनाकर भी भूत देख-देखकर डरें और हमेशा थर-थर काँपते रहें, यही हमारे शासकों की नीयत होती है। ऐसी हालत में हम कैसे एक मिनट के लिए भी सोच सकते हैं कि ऐसा भी कोई समय आएगा कि जब सरकार के बिना भी हम सुखी और स्वतन्त्र रह सकेंगे। लेकिन इसमें हमारी स्वयं की दुर्बलताएँ हैं। आदर्श या भावना का कोई कसूर नहीं है।

अराजकतावाद के अनुसार जिस आदर्श स्वतन्त्रता की कल्पना की जाती है वह पूर्ण स्वतन्त्रता है, जिसके अनुसार न तो मन पर भगवान या धर्म का भूत सवार हो, न माया या सम्पत्ति के लालच का जनून समाया हुआ हो और न ही शरीर पर किसी प्रकार की या सरकारी जंजीरें कसी हुई हों। इसका अर्थ यह है कि वह (निम्नोक्त) तीनों मोटी-मोटी बातों को दुनिया से पूरी तरह खत्म कर देना चाहते हैं : 1. चर्च, भगवान और धर्म, 2. स्टेट (सरकार) तथा 3. प्राइवेट प्रापर्टी (निजी सम्पत्ति)।

यों तो यह विषय बहुत रोचक और विस्तृत है जिसके लिए काफी कुछ लिखा जा सकता है लेकिन अब यह लेख हम बहुत अधिक बढ़ा नहीं सकते, क्योंकि स्थानाभाव है। इसलिए हम मोटी-मोटी बातों का ही उल्लेख करेंगे।

भगवान और धर्म

सबसे पहले हम भगवान और धर्म को लेते हैं। हिन्दुस्तान में भी अब इन दोनों भूतों के विरुद्ध आवाज उठ रही है, लेकिन यूरोप में तो पिछली सदी से ही इसके विरुद्ध विद्रोह उठ खड़ा हुआ था। वह तो आरम्भ ही उस युग से करते हैं जबकि जनता का ज्ञान बहुत ही कम था। उस समय वह प्रत्येक चीज़ से, विशेषकर दैवी शक्तियों से डरते थे। उनमें आत्मविश्वास कतई न था। वे स्वयं को 'खाक का पुतला' कहते थे। वह कहते हैं कि धर्म और दैवी शक्तियाँ ईश्वर और अज्ञानता का परिणाम हैं, इसलिए उनके अस्तित्व का भ्रम मिटा देना चाहिए। साथ ही यह भी कि हम छुटपन से बच्चों को यह बताना शुरू कर देते

हैं कि सबकुछ भगवान है, मनुष्य तो कुछ भी नहीं। अर्थात् मिट्टी का पुतला है। इस तरह के विचार मन में आने से मनुष्य में आत्मविश्वास की भावना मर जाती है। उसे मालूम होने लगता है कि वह बहुत निर्बल है। इस तरह वह भयभीत रहता है। जितने समय यह भय मौजूद रहेगा उतनी देर पूर्ण सुख और शान्ति नहीं हो सकती।

हिन्दुस्तान में महात्मा बुद्ध ने पहले भगवान के अस्तित्व से इनकार किया था। उनकी ईश्वर में आस्था नहीं थी। अब भी कुछ साधु ऐसे हैं जो भगवान के अस्तित्व को नहीं मानते। बंगाल के सोहमा स्वामी भी उनमें हैं। आजकल निरालम्ब स्वामी सोहमा स्वामी की एक पुस्तक 'कामन सेंस' अंग्रेजी में प्रकाशित हुई है। उन्होंने भगवान के अस्तित्व के विरुद्ध बहुत जमकर लिखते हुए यह सिद्ध करने का प्रयास किया है, लेकिन वे अराजकतावादी नहीं हो गए। 'त्याग' एवं 'योग' के बहाने वे अब यों ही नहीं भटकते। इस प्रकार वैज्ञानिक युग में ईश्वर के अस्तित्व को समाप्त किया जा रहा है जिससे धर्म का भी नामोनिशान मिट जाएगा। वास्तव में अराजकतावादियों के सिरमौर बैकुनिन ने अपनी किताब 'गॉड एंड स्टेट' (ईश्वर और राज्य) में ईश्वर को अच्छा लताड़ा है। उन्होंने एंजील की कहानी सामने रखी और कहा कि ईश्वर ने दुनिया बनाई और मनुष्य को अपने-जैसा बनाया। बहुत मेहरबानी की। लेकिन साथ ही यह भी कह दिया कि देखो, बुद्धि के पेड़ का फल मत खाना। असल में ईश्वर ने अपने मन-बहलाव के लिए मनुष्य और वायु को बना तो दिया मगर वह चाहता था कि वे सदा उसके गुलाम बने रहें और उसके विरुद्ध सर ऊँचा न कर सकें। इसलिए उन्हें विश्व के समस्त फल तो दिए लेकिन अक्ल नहीं दी। यह स्थिति देखकर शैतान आगे बढ़ा। But here steps in Satan, the eternal rebel, the first free thinker and the emancipator of the world (यानी) दुनिया के चिर विद्रोही, प्रथम स्वतन्त्रचेता और दुनिया को स्वतन्त्र करनेवाले शैतान–आदि आगे बढ़े, आदमी को बगावत सिखाई और बुद्धि का फल खिला दिया। बस, फिर सर्वशक्तिमान, सर्वज्ञाता परमात्मा किसी निम्न दर्जे की कमीनी मानसिकता की भाँति क्रोध में आ गया और स्वनिर्मित दुनिया को स्वयं ही बद्दुआएँ देने लग पड़ा। खूब!

प्रश्न उठता है कि ईश्वर ने यह दुख-भरी दुनिया क्यों बनाई? क्या तमाशा देखने के लिए? तब तो वह रोम के क्रूर शहंशाह नीरो से भी अधिक ज़ालिम हुआ। क्या यह उसका चमत्कार है? इस चमत्कारी ईश्वर की क्या आवश्यकता है? बहस लम्बी हो रही है। इसलिए इसे यहीं समाप्त करते हुए इतना ही कहेंगे कि हमेशा से स्वार्थियों ने, पूँजीपतियों ने धर्म को अपनी-अपनी स्वार्थ-सिद्धि के लिए इस्तेमाल किया है। इतिहास इसका साक्षी है। 'धैर्य धारण करो! अपने कर्मों को देखो!' ऐसे दर्शन ने जो यातनाएँ दी हैं, वे सबको मालूम ही हैं।

लोग कहते हैं कि ईश्वर के अस्तित्व को अगर नकारा जाए तो क्या होगा? दुनिया में पाप बढ़ जाएगा। अन्धेरगर्दी मच जाएगी। लेकिन अराजकतावादी कहते हैं कि उस समय मनुष्य इतना अधिक ऊँचा जो जाएगा कि स्वर्ग का लालच और नरक का भय बताए बिना ही वह बुरे कार्यों से दूर हो जाएगा और नेक काम करने लगेगा। वास्तव में बात यह है कि हिन्दुस्तान में श्रीकृष्ण निष्काम कर्म करने का बहुत उपदेश दे गए हैं। गीता दुनिया की एक

प्रमुख पुस्तक मानी जाती है. लेकिन श्रीकृष्ण निष्काम भाव के साथ कर्म की प्रेरणा देते हुए भी अर्जुन को मृत्योपरान्त स्वर्ग और विजय प्राप्त कर राजभोग का लालच देने से पीछे न रहे। लेकिन आज हम अराजकतावादियों के बलिदान देखते हैं तो मन में आता है कि उनके पैर चूम लें। साको और वेंजरी की कहानियाँ हमारे पाठक पढ़ ही चुके हैं। न ईश्वर को प्रसन्न करने का कोई लालच है और न स्वर्ग में जाकर मौज मारने का लोभ, न पुनर्जन्म में ही सुख मिलने की आशा। लेकिन फिर भी हँसते-हँसते लोगों के लिए, सत्य के लिए जीवन न्यौछावर कर देना क्या कोई मामूली बात है! अराजकतावादी तो कहते हैं कि एक बार मनुष्य स्वतन्त्र हुआ तो उसका जीवन बहुत ऊँचा हो जाएगा। खैर, एक-एक प्रश्न पर लम्बी बहसें हो सकती हैं, लेकिन यहाँ स्थानाभाव है।

अराजकतावाद : दो

स्टेट या सरकार

इससे आगे की बात जो वे सामने नहीं लाना चाहते, वह है राजसत्ता। अगर हम राजसत्ता का मूल खोजें तो दो परिणामों पर पहुँचते हैं। कुछ लोगों की धारणा है कि जंगली मनुष्य की अक्ल विकसित होती रही, और लोगों ने मिल-जुलकर रहना आरम्भ कर दिया। इस तरह राजसत्ता का जन्म हुआ। इसे उद्भव कहते हैं। दूसरे यह कि लोगों को जंगली जानवरों से मुकाबले के लिए तथा अन्य आवश्यकताओं की पूर्ति के लिए मिलना और एकजुट होना पड़ा। फिर गुटों में लड़ाइयाँ हुईं और प्रत्येक को ताकतवर शत्रु का भय सताने लगा। इस प्रकार मिल-जुलकर राज कायम किए गए। उसके पश्चात् आवश्यकता या यूटीलिटेरियन थ्योरी यही है। हम चाहे दोनों को ही लें। उद्भववालों से पूछा जा सकता है कि अब ही क्यों उद्भव रुक गया? पंचायती राज के बाद अराजकतावाद ही आता है और अन्यों को यह उत्तर है कि अब शासन की कोई जरूरत ही नहीं। यह बहस तो पहले हो चुकी है। अगर इन या अन्य ऐसी बातों की ओर अधिक ध्यान न भी दें तो भी यह स्वीकारना होगा कि लोगों ने वास्तव में सौदा किया था, जिसे फ्रांस के प्रसिद्ध युगान्तकारी रूसो ने सामाजिक सौदा कहा है। सौदा यह कि मनुष्य अपनी स्वतन्त्रता का एक विशेष भाग अर्थात् अपनी आय का एक हिस्सा, बलिदान करेगा जिसके एवज में उसे सुरक्षा और शान्ति उपलब्ध कराएँगे। इस सबके पश्चात् विचारणीय है कि क्या वह सौदा पूरी तरह ठीक रहा? शासन कायम हो जाने के पश्चात् राजसत्ता और ईश्वर ने साजिश रच ली। लोगों से कहा कि हम ईश्वर की ओर से भेजे गए हैं। लोग ईश्वर से भयभीत रहे और राजा मनमाने जुल्म करते रहे। ज़ार (रूस) और लुई (फ्रांस) के उदाहरण बहुत अच्छे ढंग से सब ढोल की पोल खोल देते हैं। क्योंकि वह साजिश बहुत समय तक चल नहीं सकी, पोप गेगोरी और किंग हैनरी में फूट पड़ गई। पोप ने लोगों को हैनरी शासन के विरुद्ध भड़काया। इसी तरह हैनरी ने ईश्वर का हौवा दूर करते हुए लोगों को पोप के विरुद्ध भड़काया। कहने का आशय यह है कि स्वार्थी लोग लड़े और वे आडम्बर टूटे। खैर, पुनः लोग उठे और जुल्मी लुई को मार डाला। दुनिया में भगदड़ मच गई। पंचायती राज स्थापित हुए, लेकिन पूर्ण स्वतन्त्रता तब भी न मिली। उधर जिस वक्त आस्ट्रिया का मन्त्री मैटरनिक

एकतन्त्र शासन की तरफ से दमन कर लोगों को उसका विरोधी बना रहा था, उधर अमेरिका के पंचायती राज में बेचारे गुलामों की बुरी स्थिति हो गई थी। तब फ्रांस के गरीब लोग भी अनेक बार कोशिशें करके उठ और गिर रहे थे। आज भी फ्रांस में पंचायती राज है, लेकिन लोग पूरी तरह स्वतन्त्र नहीं हैं। इसलिए अराजकतावादी कहते हैं कि कोई भी राज नहीं चाहिए। बाकी सब बातों में वे साम्यवादियों के समान हैं लेकिन इन दोनों बातों का अन्तर है। प्रख्यात साम्यवादी **कार्ल मार्क्स** के प्रख्यात साथी फ्रेडरिक एंगेल्स ने भी अपने और मार्क्स के साम्यवाद के सम्बन्ध में लिखा है कि हमारा भी यही आदर्श है : Communism also looks forward to a period in the evolution of the society when the State will become superfluous and having no longer any function to perform, will die away. अर्थात् वह भी समझते हैं कि अन्त में राजसत्ता की कोई जरूरत नहीं रहेगी।

खैर, तात्पर्य तो यह है कि वे चाहते हैं कि राजसत्ता न रहे और लोग भ्रातृत्व से रहें। मैकियावली इटली का राजनीतिज्ञ था। वह कहता था कि राज कोई-न-कोई जरूर होना चाहिए। चाहे वह पंचायती हो या एक राजा का। उसकी यह मान्यता थी कि राज हो और मजबूत लोहे के हाथ-सा हो। लेकिन अराजकतावादी कहते हैं कि नरम और गरम क्या? हमें न पंचायती राज चाहिए और न कोई अन्य। वे कहते हैं : "Undermine the whole conception of a State and then and then only we have Liberty worth having." अर्थात् राजसत्ता का विचार भी दुनिया में खत्म किया जाए, तभी कोई स्वतन्त्रता प्राप्त हो सकेगी।

लोग कहेंगे कि भला यह कोई बात हुई, राजसत्ता न होगी, कानून न होगा, कानून मनवानेवाली पुलिस न होगी तो अन्धेरगर्दी मच जाएगी। राजनीति के प्रख्यात दार्शनिक डेविड थोरियन ने कहा है कि "Law never made man a whit more just, and by means of their respect for it even the well disposed are daily made gents of injustic."

इसमें तो कोई असत्यता नज़र नहीं आती। हमें नज़र आता है कि ज्यों-ज्यों कानून सख्त होते हैं त्यों-त्यों भ्रष्टाचार भी बढ़ता है। यह तो आम शिकायत है कि पहले किसी प्रकार की लिखा-पढ़ी के बिना हजारों रुपयों का लेन-देन होता था और कोई बेईमानी नहीं करता था। अब हस्ताक्षर, अँगूठे, साक्ष्य और रजिस्ट्रियाँ होती हैं। लेकिन बेईमानी बढ़ रही है। फिर वे तो इसका निदान यही सुझाते हैं कि प्रत्येक मनुष्य की आवश्यकताओं की पूर्ति होती रहे, सभी कार्य उसकी इच्छानुसार होते रहें, तब कोई पाप या जुर्म न होगा।

"Crime is naught but misdirected energy. So long as every institution of today, economic, political, social and moral conspires to misdirect human energy into wrong channels, so long as most people are out of place doing the things they want to do, living a life they want to live, crime will be inevitable and all the laws on the statues can only increase but never do away with crime."
अर्थात् मनुष्य को अगर पूर्ण स्वतन्त्रता हो तो वह अपनी इच्छानुसार काम-काज कर सके। अन्याय न हों। अगर इस तरह पूँजीपतियों द्वारा शोषण जारी रहेगा तो बड़े-बड़े कानून भी

कुछ नहीं कर सकते। तोग कहते हैं कि मनुष्य का स्वभाव ही कुछ ऐसा है कि बिना शासन के रह ही नहीं सकता। बेलगाम होगा तो बहुत नुकसान पहुँचाएगा। इस मानव-स्वभाव के सम्बन्ध में लॉर्ड ने अपनी किताब 'प्रिंसिपल्स ऑफ पोलिटिक्स' में लिखा है कि चींटियाँ एकजुट रह सकती हैं, जानवर एकजुट रह सकते हैं, लेकिन मनुष्य नहीं रह सकते। मनुष्य ईश्वर की ओर से ही लालची, अमानवीय और सुस्त बना है। ऐसी बातें सुनकर एमा गोल्डमैन गुस्से में आ गईं और उन्होंने 'अनार्किज्म एंड अदर एसेज' किताब में लिखा है : "Every fool from king to policeman, from the flat headed person to the visionless dausier in science presumes to speak authoritatively of human nature." यानी जो भी गधा उठता है वही बढ़कर मानव स्वभाव पर अधिक जोरदार राय देता है। वह कहती हैं कि जो जितना बड़ा मूर्ख हो उतना ही वह इस सम्बन्ध में अपनी राय को बहुमूल्य समझता है। आज तक किसी मनुष्य को पूर्ण स्वतन्त्रता देकर भी देखी है जो हमेशा उसकी बुराइयों का रोना रोया जाता है। वे कहती हैं कि छोटी पंचायतें बनें और स्वतन्त्रता से काम हो।

निजी सम्पत्ति

तीसरी सबसे आवश्यक और महत्त्वपूर्ण बात है निजी सम्पत्ति। वास्तव में दुनिया को पेट का सवाल ही चला रहा है। इसके लिए ही धैर्य, सन्तोष आदि उपदेश गढ़े गए। सभी कुछ इसके लिए किया जाता रहा। अब अराजकतावादी, साम्यवादी, समाजवादी सभी सम्पत्ति के विरुद्ध हो गए हैं। वे कहते हैं : "Property is robbery". (Proudhon) but without risk or danger to the robber.–Emma Goldman.

सम्पत्ति बनाने का विचार मनुष्यों को लालची बना देता है। वह फिर पत्थर-दिल होता चला जाता है। दयालुता और मानवता उसके मन से मिट जाती है। सम्पत्ति की सुरक्षा के लिए राजसत्ता की आवश्यकता होती है। इससे फिर लालच बढ़ता है और अन्त में परिणाम–पहले साम्राज्यवाद, फिर युद्ध होता है। खून-खराबा और अन्य बहुत नुकसान होता है। अगर सबकुछ संयुक्त हो जाए तो कोई लालच न रहे। मिल-जुलकर सभी काम करने लगें। चोरी, डाके की कोई चिन्ता न रहे। पुलिस, जेल, कचहरी, फौज की जरूरत न रहे। और मोटे पेटवाले, हराम की खानेवाले भी काम करें। थोड़ा समय काम करके पैदावार अधिक होने लगे। सभी लोग आराम से पढ़-लिख भी सकें। अपने आप शान्ति भी रहे, खुशहाली भी बढ़े। अर्थात् वह इस बात पर जोर देते हैं कि संसार से अज्ञानता दूर करना बहुत आवश्यक है।

असल में सम्पत्ति सबसे बड़ा प्रश्न है, इसलिए इस पर विचार के लिए एक अन्य लेख आवश्यक है। इसी वास्तविक प्रश्न पर कार्ल मैनिंग ने स्पष्ट रूप से घोषित कर दिया था– "Ask for work and if they don't give you work ask for bread and if they do not give you work or bread, then take bread." अर्थात् काम भी न मिले और रोटी भी प्राप्त न हो तो रोटी छीनकर खा लो। क्योंकि किसी को क्या अधिकार है कि वह केक खाते हुए मौज उड़ाए जबकि दूसरे को रोटी के सूखे टुकड़े भी न जुटें। इसी मसले पर उन्होंने

कहा कि विपन्न के घर जन्म लेने से कोई उम्र-भर घिसटते गुजारे एवं सम्पन्न के घर जन्मने से ही किसी को हराम की खाने का अवसर क्यों प्राप्त हो? 'माया से माया मिले' वाली बात भी रोकी जाए। इन्हीं कारणों से सभी के लिए समान अवसरवाले सिद्धान्त के समक्ष उन्होंने निजी सम्पत्ति की पवित्रता का भ्रम तोड़ा। वे कहते हैं कि सम्पत्ति भ्रष्टाचार से जुटती है और उसकी रक्षा के लिए कानून की आवश्यकता पड़ती है जिससे कि राजसत्ता की आवश्यकता होती है। दरअसल यही सारी गड़बड़ियों की जड़ है। इसे समाप्त करते ही सारी गड़बड़ियाँ दूर हो जाएँगी। आखिर वे क्या चाहते हैं, काम कैसे चलेगा? यही काफी विस्तृत प्रश्न है।

लेख में ऊपर यह बताया गया है कि अराजकतावादी पहले तो ईश्वर और धर्म के विरुद्ध हैं, क्योंकि वह मानसिक गुलामी के कारण हैं। दूसरे राजसत्ता के विरुद्ध हैं, क्योंकि यह शारीरिक गुलामी है। वे कहते हैं कि मनुष्य को स्वर्ग का लालच, नरक का भय या कानून का डंडा दिखाकर भले काम की प्रेरणा देना गलत है। वैसे भी मनुष्य जैसे उच्च जीव का अपमान है। स्वतन्त्रता से ज्ञान प्राप्त करके अपनी इच्छा अनुसार काम करें और प्रसन्नता से जीवन व्यतीत करें। लोग कहते हैं कि इसका अर्थ यह हुआ कि हम उसे पहले ही जंगली स्थितियों में रखना चाहते हैं, जिस प्रकार हम आरम्भ में थे। लेकिन यह गलत है। उस समय अज्ञानता थी। मनुष्य अधिक दूर तक नहीं जा सकता था। लेकिन अब पूर्ण ज्ञान से दुनिया में सम्पर्क स्थापित करते हुए भी वह स्वतन्त्र रहे। धन का लोभ न हो। और धन का प्रश्न भी समाप्त कर दिया जाए।

अगले लेख में हम इस दर्शन के सम्बन्ध में कुछ अन्य बातें, अनेक प्रकार के विचार, इतिहास और इसके बदनाम होने के कारण और इसमें हिंसा भी शामिल होने के बारे में लिखेंगे।

अराजकतावाद : तीन

पिछले दो लेखों में हमने अराजकतावाद के सम्बन्ध में सर्वसाधारण तथ्य लिखे थे। ऐसे महत्त्वपूर्ण विषय पर जो कि दुनिया के पुराने विचारों एवं परम्पराओं के विरुद्ध नया-नया ही सामने आए, इतने छोटे लेख से पाठकों की जिज्ञासा को शान्त नहीं किया जा सकता। इस प्रकार अनेक शंकाएँ जन्म लेती हैं। फिर भी हम उनके मोटे-मोटे सिद्धान्त पाठकों के सामने रख रहे हैं जिनसे कि वे इनकी मोटी-मोटी बातें समझ चुके होंगे। अब हम इसी तरह साम्यवाद, समाजवाद और नाशवाद-जैसे सिद्धान्तों पर लिखेंगे, ताकि हिन्दुस्तान भी समझ सके कि विदेशों में कौन-कौन-सी विचारधाराएँ चलन में हैं। मगर किसी अन्य विषय पर लिखने से पूर्व अराजकतावाद के सम्बन्ध में बहुत-सी महत्त्वपूर्ण एवं रोचक बातें लिखने का विचार है जिसमें नाशवाद का इतिहास भी है, अर्थात् अराजकतावादियों ने अब तक क्या किया? वे किस प्रकार बदनाम किए गए?

ऊपर हमने उनके विचार बताए हैं। अब हम यह बताना चाहते हैं कि उन्होंने इन विचारों को अमली जामा पहनाने के लिए क्या किया और किस प्रकार वह बल-प्रयोग से बहुत मजबूत सरकारों से भिड़ जाते थे और उन मुठभेड़ों में जान की बाजी तक लगा देते थे।

दरअसल जब दमन और शोषण सीमा से अधिक हो जाए, जब शान्तिमय और खुले काम को कुचल दिया जाए, तब कुछ करनेवाले हमेशा गुप्त रूप से काम करना शुरू कर देते हैं और दमन देखते ही प्रतिशोध के लिए तैयार हो जाते हैं। यूरोप में जब गरीब मजदूरों का भारी दमन हो रहा था, उनके हर तरह के कार्य को कुचल डाला गया था या कुचला जा रहा था, उस समय रूस के सम्पन्न परिवार से माईकल बैकुनिन को जो रूस के तोपखाने में एक बड़े अधिकारी थे, पोलैंड के विद्रोह से निबटने के लिए भेजा गया था। वहाँ विद्रोहियों को जिस प्रकार जुल्म करके दबाया जा रहा था, उसे देखकर उनका मन एकदम बदल गया और वे युगान्तकारी बन बैठे। अन्त में उनके विचार अराजकतावाद की ओर झुक गए। उन्होंने सन् 1834 में नौकरी त्याग दी। उसके पश्चात् बर्लिन और स्विट्ज़रलैंड के रास्ते पेरिस पहुँचे। उस समय आमतौर पर सरकारें इनके विचारों के कारण इनके विरुद्ध थीं। 1864 तक वह अपने विचार पुख्ता करते रहे और मजदूरों में प्रचार करते रहे।

बाद में उन्होंने राष्ट्रीय मजदूर कांग्रेस पर कब्जा कर लिया और 1860 से 1870 तक आप अपने दल को संगठित करते रहे। 4 सितम्बर, 1870 में पेरिस में तीसरा पंचायती राज कायम करने की घोषणा की गई। फ्रांस में कई स्थानों पर पूँजीपति सरकार के विरुद्ध लड़ाइयाँ व विद्रोह हुए। लियोन शहर में विद्रोह भड़का। उसमें बैकुनिन शामिल हुए। इनका पलड़ा ही भारी रहा। कुछ ही दिनों बाद वहाँ उनकी हार हो गई और वे वहाँ से लौट आए।

1873 में हसपानिया में बगावत खड़ी हो गई। उसमें शामिल होकर ये लड़े। कुछ दिन तक तो मामला खूब गरम रहा लेकिन अन्त में वहाँ भी हार हो गई। वहाँ से लौटे तो इटली में बगावत जारी थी। वहाँ जाकर इन्होंने युद्ध की बागडोर हाथ में ले ली। गैरीबाल्डी भी कुछ विरोध के बाद उनके साथ मिल गए थे। कुछ दिनों के दंगों के बाद वहाँ भी हार हो गई। इस तरह उनका सारा जीवन लड़ने-भिड़ने में गुजर गया। अन्त में जब वह बूढ़े हो गए तो उन्होंने अपने साथियों को खत लिखे कि अब मैं अपने हाथों से नेतृत्व की बागडोर छोड़ता हूँ ताकि काम में रुकावट न पड़े। अन्त में जुलाई, 1876 में बीमारी की हालत में उनका निधन हो गया।

बाद में बहुत ताकतवर चार व्यक्ति इस कार्य के लिए कमर कसकर तैयार हुए। वे थे कारलो केफियर्स, इटली के रहनेवाले, काफी सम्पन्न परिवार से थे। दूसरे, माला टेम्टा। आप बड़े विद्वान डॉक्टर थे। लेकिन आप सभी कुछ छोड़कर युगान्तकारी बन गए। तीसरे, पाल ब्रसी भी बड़े मशहूर डॉक्टर थे। आप भी इसी कार्य में लग गए। चौथे थे पीटर क्रोपाटकिन। आप रूसी परिवार से थे। कई बर मजाक में कहा जाता था कि असल में आपको ही ज़ार बनना था। आप सभी बैकुनिन के अनुयायी थे। आपने कहा कि हम जबान से बहुत प्रचार कर चुके लेकिन कोई असर नहीं होता। नई-नई विचारधाराएँ सुनाकर थक गए हैं। जनता पर कुछ भी प्रभाव नहीं पड़ता। इसलिए अब व्यावहारिक प्रचार आरम्भ किया जाए। क्रोपाटकिन ने कहा–

"As single deed makes more propaganda in a few days than a thousand pamphlets.The Government defends itself. It rages pitilessly, but by this it only caused further deeds to be committed by one or more persons and drives

the insurgents to heroism. One deed bringsforth another, opponents join the mutiny, the Govt. splits into factions, harshness intesifies the conflict, concessions come too late, the revolution breaks out."
अर्थात् एक भी व्यावहारिक काम हजारों किताबों और पत्रिकाओं से अधिक प्रचार कर देता है। सरकार स्वयं अपनी रक्षा करती है। उसे गुस्सा आता है। जलन होती है और वह दमन करती है। कई लोग थककर प्रतिशोध के लिए तैयार हो जाते हैं। फिर कभी ठीक उसी तरह के काम होते हैं तो उन्हें शहीद कर दिया जाता है। विरोधी भी आकर शामिल हो जाते हैं। सरकार तड़पती है। आपस में उनकी नोक-झोंक होने लगती है। जनता की शर्तें स्वीकारने में बेवजह देर की जाती है और इन्कलाब की जंग शुरू हो जाती है। यह विचारों का दृश्य आपके सामने रखा गया है। पीटर क्रोपाटकिन रूसी युगान्तकारियों में से थे। पकड़े जाने के बाद पीटर पाल नामक किले में बन्दी बनाए गए थे। उस सख्त जेल में से ये भाग गए और यूरोप में जाकर अपने विचारों का प्रचार करने लगे। उपरोक्त बातों से पता चलता है कि उस समय उनकी मनःस्थिति क्या थी।

सबसे पहले उन्होंने बर्न नामक शहर में (फ्रांस में) मजदूरों के शासन की स्थापनावाले दिन की बरसी मनाई। यह बात 18 मार्च, 1876 की है। उस दिन उन्होंने मजदूरों का जुलूस निकाला और बाजार में पुलिस से हाथापाई भी कर बैठे। जब सिपाहियों ने उनके लाल झंडे को उखाड़ने का प्रयास किया, तब बहुत तगड़ा फसाद खड़ा हो गया। अनेक सिपाही बुरी तरह घायल हुए। अन्त में ये सभी पकड़े गए और 10 से 40 दिनों तक कैद की सज़ा हुई।

उधर अप्रैल माह में इटली में किसानों को उकसाकर अनेक स्थानों पर बगावतें खड़ी कर दीं। वहाँ भी इनके साथी पकड़े गए, जिनमें से काफी बरी हो गए। उनका विचार अब इसी तरह से प्रचार का था। इसलिए वे कहा करते थे–"Neither money nor organizations nor literature was needed any longer (for their propaganda work). One human being in revolt with torch or dynamite was off to instruct the world." अर्थात् प्रचार-कार्य के लिए न तो धन की आवश्यकता है, न बड़े पोथों की और न बड़े भारी संगठन की। कोई भी एक आदमी–जिसने हाथ में मशाल पकड़ी हुई हो, जिससे वह आग लगा सके या डाइनामाइट हो जिससे वह एक बार मकानों और इनसानों को उड़ा सके–सारी दुनिया को अपनी इच्छानुसार शिक्षा दे सकता है।

अगले बरस, 1868 से बस ऐसे कामों ने जोर पकड़ लिया। बर्लिन में इटली का बादशाह हम्बर्ट जब अपनी बेटी के साथ मोटरकार में जा रहा था, तब उसे मारने का प्रयास किया गया। शहंशाह विलियम को एक साधारण नवयुवक ने गोली मार दी। तीन हफ्ते बाद डॉक्टर कार्ल नौवलिंग ने एक बार खिड़की में से शहंशाह पर गोली चला दी। जर्मनी में उस समय गरीब मजदूरों के भाषणों को निर्मम ढंग से कुचला जा रहा था। उसके बाद एक दिन गोष्ठी करके फैसला लिया गया था कि जिस प्रकार भी सम्भव हो, इस भ्रष्ट पूँजीवादी वर्ग और उसकी मददगार सरकार एवं पुलिस आदि को भयभीत किया जाए।

15 दिसम्बर, 1883 को विलीरिड फ्लोडसोर्फ में उलुबैक नाम के कुख्यात पुलिस अफसर को मार डाला गया। 23 जून, 1884 को रुजेट को इसी अपराध में फाँसी दे दी

गई। अगले ही दिन इसके बदले में ब्लेटिक, पुलिस अधिकारी की हत्या कर दी गई। आस्ट्रिया की सरकार गुस्से नें आ गई और वियना में पुलिस ने जबरदस्त घेराबन्दी करके अनेक व्यक्ति गिरफ्तार कर लिए और दो को फाँसी पर टाँग दिया।

उधर लियुन में हड़तालें हुईं। एक हड़ताली फुरनियर ने अपने पूँजीपति मालिक को गोली मार दी। उसके अभिनन्दन समारोह में एक पिस्तौल उपहारस्वरूप दी गई। 1888 में वहाँ बहुत गड़बड़ी मची हुइ थी और रेशम के मजदूर भूखों मर रहे थे। पूँजीपतियों के समाचारपत्र मालिक और उनके दूसरे धनी मित्र एक जगह ऐश उड़ाने में मसरूफ थे। वहीं एक बम फेंक दिया गया। अमीर लोग काँप उठे। 60 अराजकतावादी पकड़े गए। उनमें से केवल तीन ही बरी किए गए। लेकिन फिर भी असली बम फेंकनेवाले की बहुत तलाश की जाती रही। अन्त में वह पकड़ा गया और फाँसी पर लटका दिया गया। बस इस तरह ही उनके विचारों की लाइन पर काम चल पड़ा। फिर तो जहाँ भी हड़ताल होती, वहीं कत्ल भी हो जाता। इन बातों का जिम्मेदार भी अराजकतावादियों को ही ठहराया जाता, इसलिए इस नाम से ही लोग थर-थर काँपने लगे।

उधर एक जर्मन अराजकतावादी जहानमोस्ट, जो पहले दफ्तरी का काम करता था, 1882 में अमेरिका जा पहुँचा। उसने भी यह विचार जनता के समक्ष रखने आरम्भ किए। वह भाषण बड़ा सुन्दर देता था और उसका अमेरिका में बहुत प्रभाव पड़ा। 1886 में शिकागो आदि में बहुत-सी हड़तालें हो रही थीं। एक कागज-कारखाने के मजदूरों में एक अराजकतावादी स्पाईज उपदेश दे रहा था। कारखाना-मालिकों ने इसे बन्द करने की कोशिश की। वहाँ लड़ाई हो गई। पुलिस बुलाई गई, जिसने आते ही गोली चला दी। छह आदमी मारे गए और कई जख्मी हो गए। स्पाईज को गुस्सा आया। उसने स्वयं जाकर एक नोटिस कम्पोज करके मुद्रित कर दिया कि मजदूरों को मिलकर अपने निरपराध भाइयों के खून का बदला लेना चाहिए। अगले दिन 4 मई, 1886 को 'हे मार्केट' में जलसा था। शहर का अध्यक्ष इसे देखने आया था। उसने देखा कि वहाँ कोई आपत्तिजनक बातें नहीं हो रही हैं। वह चला गया। बाद में पुलिस ने आकर बिना आगा-पीछा देखे मारपीट करनी शुरू कर दी और कहा कि जलसा बन्द करो। तभी एक बम पुलिसवालों पर फेंका गया जिसके साथ ही बहुत से पुलिसवाले मारे गए। कई व्यक्तियों को पकड़कर फाँसी की सज़ा दे दी गई। जाते-जाते उनमें से एक शख्स कहने लगा–"मैं फिर कहता हूँ, मैं वर्तमान व्यवस्था का कट्टर दुश्मन हूँ। मैं चाहता हूँ कि हम उस राजसत्ता को मिटा दें और खुद राजसत्ता का इस्तेमाल करें। आप शायद हँसे कि मैं तो अब बम नहीं फेंक सकूँगा लेकिन मैं बताता हूँ कि तुम्हारे जुल्मों ने सभी मजदूरों को बम सँभातने और चलाने पर मजबूर कर दिया है। यह जान लो कि मैं सच कह रहा हूँ कि मेरे फाँसी लगने पर और भी कई आदमी पैदा हो जाएँगे। मैं तुम्हें घृणित दृष्टि से देखता हूँ और तुम्हारी राजसत्ता को मटियामेट कर देना चाहता हूँ। मुझे फाँसी चढ़ा दो।" खैर, इस तरह बहुत-सी घटनाएँ होती रहीं। लेकिन एक-दो प्रसिद्ध घटनाएँ और हुईं। अमेरिका के अध्यक्ष मैकनिल पर गोली चलाई गई और फिर स्टील कम्पनी में हड़ताल हुई। यहाँ मजदूरों पर जुल्म ढाए जा रहे थे। उसके मालिक हैनरी-सी फ्रिक को अलैक्जैंडर नामक अराजकतावादी ने गोली मारकर जख्मी कर दिया,

जिसे आजीवन कैद हो गई। खैर, इसी तरह अमेरिका में भी अराजकतावादियों के इस विचार का प्रचार और उस पर अमल होने लगा।

इधर यूरोप में भी अन्धेर चल रहा था। पुलिस और सरकार के साथ इन अराजकतावादियों का झगड़ा बढ़ गया। अन्त में एक दिन वैलेंट नाम के एक नवयुवक ने असेम्बली में बम फेंक दिया, लेकिन एक औरत ने उसका हाथ पकड़कर उसे बाधा दी, परिणामस्वरूप कुछ डिप्टियों के घायल होने के अलावा कुछ और विशेष न हुआ। उसने बड़ी बुलन्द आवाज में स्पष्टीकरण देते हुए कहा—"It takes a loud voice to make the deaf hear." "यानी बहरों को सुनाने के लिए बड़ी बुलन्द आवाज की जरूरत है। अब तुम मुझे सज़ा दोगे, पर मुझे इसका कोई भय नहीं क्योंकि मैंने तुम्हारे दिल को चोट पहुँचाई है। तुम जो कि गरीबों के साथ अत्याचार करते हो और मेहनत करनेवाले भूखे मरते हैं और तुम उनका खून चूस-चूसकर ऐश कर रहे हो। मैंने तुम्हें चोट मारी है। अब तुम्हारी बारी है।

उसके लिए बहुत-सी अपीलें की गईं। सबसे ज्यादा जख्मी हुए असेम्बली के सदस्य ने भी जूरी से कहा कि इस पर दया की जाए, लेकिन कार्नेट नामक अध्यक्ष की जूरी ने उनकी बातों को अस्वीकारते हुए उसे फाँसी की सज़ा दे दी। बाद में एक इटैलियन लड़के ने एक छुरी कार्नेट के पार कर दी, जिस पर वैलेंट का नाम लिखा हुआ था।

इसी तरह हद दर्जे के अत्याचारों से तंग आकर स्पेन में भी बम चले और अन्ततः एक इटैलियन ने वजीर को मार डाला। इसी तरह यूनान के बादशाह, आस्ट्रिया की मलिका पर भी हमले किए गए। 1900 में गैटाने ब्रेसी ने इटली के बादशाह हर्बर्ट को मार डाला। इसी प्रकार वे लोग गरीबों की खातिर अपनी जिन्दगियों से खेलते रहे और हँसते-हँसते फाँसी पर चढ़ते रहे...इसलिए उनके विरोधी भी उनके विरुद्ध कुछ नहीं कर सकते। उनके अन्तिम शहीदों साको और वैल्ज़ेटी को अभी पिछले साल फाँसी हुई। वे जिस दिलेरी से फाँसी पर लटके, सब जानते हैं। बस यही संक्षिप्त इतिहास है—अराजकतावाद और उसके कार्यों का। अगली बार साम्यवाद के बारे में लेख लिखेंगे।

रूस के युगान्तकारी नाशवादी (निहिलिस्ट)

रूस में एक बहुत बड़े नाशवादी हुए हैं इवान तुर्गनेव। उन्होंने 1862 में एक उपन्यास लिखा 'पिता और पुत्र'। इस उपन्यास के प्रकाशन पर बहुत शोर-शराबा हुआ, क्योंकि उसमें नवयुवकों के आधुनिक विचारों का चित्रण किया गया था। पहले-पहल तुर्गनेव ने ही नाशवाद शब्द इस्तेमाल किया था। नाशवाद का अर्थ है कुछ भी न माननेवाला (निहिल—कुछ भी नहीं); शाब्दिक अर्थ है—जो कुछ भी न माने। लेकिन वास्तव में ये लोग जनता के पुराने रस्मो-रिवाज और कुरीतियों के विरोधी थे। ये लोग देश की मानसिक गुलामी से थक गए थे, इसलिए उन्होंने इसके विरुद्ध विद्रोह किया। इन्होंने सिर्फ कहा ही नहीं बल्कि व्यवहार में कर भी दिखाया। तुर्गनेव कहते हैं कि मेरे उपन्यास का नायक कोई काल्पनिक जीव नहीं है, वरन् वह वास्तव में ही ऐसे विचारों का था और ऐसे विचारों का प्रचार साधारणतया होने लगा था। वे कहते हैं कि एक दिन धूप सेंकते हुए मुझे इस उपन्यास का विचार सूझा। और उसको थोड़ा-सा विस्तार देकर किताब लिख दी। उसका नायक बजारोव

है। वह नास्तिक-सा है। पुरानी बातों का बहुत विरोधी है। उसे मुँह-जुबानी बहुत लम्बी-चौड़ी जी-हजूरी नहीं आती। बहुत मुँहफट है। और जो कहता है वह करता है। वह हर बात मुँह पर तुरन्त और स्पष्ट कह देता है। इसलिए कई बार वह बड़ा अक्कड़-सा लगता है। वह कविता का विरोधी है। संगीत तक को पसन्द नहीं करता। लेकिन वह स्वतन्त्रता-प्रेमी है। आम लोगों की स्वतन्त्रता का बड़ा समर्थक है। वह जो उन दिनों में इनसानी फितरत बनी हुई थी, उसके विरुद्ध लड़ने का यत्न करता है।

असली नाशवादी इस तसवीर से थोड़ा भिन्न है, अर्थात् उनमें थोड़ा-सा अन्तर है, क्योंकि उपन्यास का नायक थोड़ी-सी वास्तविकता के साथ काल्पनिकता से बनाया गया है। वास्तविक नाशवादी का चित्र कुछ और तरह का बनता है।

"The Nihilism of 1861–a philosophical system especially dealing with what Mr. Herbert Spencer would call religious, governmental and social fetishism."

रूसी युगान्तकारी प्रिंस क्रोपाटकिन से 1861 में ऊपर लिखे शब्दों में नाशवादिता का जिक्र किया है, जिसका अर्थ है कि नाशवाद उस समय केवल एक दर्शन था जो कि धार्मिक अन्धविश्वास, सामाजिक अन्याय, संकीर्णता और सरकार की अन्धेरगर्दी के सन्दर्भ में था और इन चीज़ों के लिए जो अन्धविश्वास पैदा हो गया था उसके विरुद्ध प्रचार करता था। असल में उस समय की स्थितियों से तंग आकर वह नवयुवक मैदान में कूद पड़े थे। उनका कहना था कि हमें पिछली सभी बातों का पूरी तरह नाश कर देना है। आगे क्या होना चाहिए या क्या होगा, इसका ठीक-ठीक उत्तर न देते हुए भी वे विश्वास करते थे कि एक बड़ी सुन्दर दुनिया का निर्माण करेंगे। "Nihilism was destructive because it wanted a wholesale destruction but with a pleasure of building up." अर्थात् नाशवाद विनाशकारी या ध्वंसात्मक विचार थे, क्योंकि पिछली या पुरानी बातों के विरोधी और उनका नाश चाहनेवाले थे। परन्तु फिर भी उस विनाश के बाद बड़ी सुन्दर चीज़ों के निर्माण होने की आशा थी।

धीरे-धीरे इन बातों का प्रचार बढ़ता गया और आम नवयुवकों में भी यही विचार घर करने लगे। वे चाहते थे–"To liberate the people from the chains of tradition and autocracy of the Czar." अर्थात् जनता को पुरानी चली आ रही रस्मों और ज़ारशाही से मुक्त कराया जाए।

उन दिनों उनका कार्यक्रम इन बातों का प्रचार ही था। स्थितियाँ परिवर्तित हो गईं। उन्हीं दिनों अभी गुलाम आज़ाद किए ही गए थे लेकिन उनमें से अधिकांश को जमीनें नहीं दी गई थीं जिस पर कि वे मेहनत करके कुछ लाभ उठा सकते या कम-से-कम भुखमरी से बच सकते।

जो थोड़ी-बहुत जमीन मिली थी उसी पर टैक्स इतना अधिक लग गया कि लोग भूखों मरने लगे और 1867 में बहुत भयानक अकाल पड़ा। उस समय सरकार का इन्तजाम अत्यधिक बुरा था। इतना दमन होता था कि जनता तंग आ गई थी। सरकारी जुल्म से तंग आकर बड़े-बड़े सरकारी अधिकारी युगान्तकारी बन गए। ऐसिंस्की और किआटकोवस्की,

जिन्हें 1880 में फाँसी दी गई थी, पहले सरकारी कर्मचारी थे। इस तरह दूसरे अनेक जाने-माने अधिकारी, यहाँ तक कि न्यायाधीश भी तंग आकर युगान्तकारी बन गए।

इधर इन पर भी जुल्म की हद हो गई। लड़कों में अच्छी-अच्छी बातों का प्रचार नहीं होने दिया जाता था। कुछ ऐसी सभाएँ बनी हुई थीं जो कि सभी अच्छी-अच्छी किताबें प्रकाशकों से लेकर मुफ्त बाँट देते या केवल लागत मूल्य पर बेच देते। ये सभी किताबें सरकारी सदस्य से स्वीकृत होती थीं। लेकिन जब सरकार ने देखा कि यह तो प्रचार के लिए इस्तेमाल होती हैं तो उन्होंने उन किताबों के प्रकाशक और वितरक को तबाह करने का निश्चय किया और उन पर हर तरह के जुल्म करने शुरू कर दिए। 1861 से 1870 तक हर सम्भव और जायज ढंग से जनता की स्थिति सुधारने और सरकार को सही रास्ते पर लाने की कोशिश की गई, लेकिन कुछ भी प्रभाव न पड़ा।

ऐसी स्थिति में काफी व्यक्ति तो हाथ-पर-हाथ धरे किसी ऐसे समय की प्रतीक्षा में बैठ गए कि स्वयं ही हालात सुधरेंगे। कैसे सुधरेंगे? यह कोई नहीं जानता था। वे ईश्वर का ही भरोसा रखकर बैठ गए। लेकिन नवयुवकों के दिलों में आग भड़क उठी। उनके दिलों में ईश्वर का भरोसा शेष नहीं बचा था। चुपचाप, बिना कुछ किए खाली बैठना उन्हें मुश्किल हो गया।

प्रिंस क्रोपाटकिन अपने एक लेख में लिखते हैं–"There are periods when some generations are penetrated with the noblest fellings of altruism and self sacrifice, when life becomes utterly impossible–morally and physically impossible—for the man or woman who feels that he is not doing duty; and so it was with the youth in Russia." अर्थात् कभी-कभी ऐसा वक्त आ जाता है जब आम जनता में जनसेवा का भाव जोर पकड़ता है, तब उन नर-नारियों के लिए जीना दूभर हो जाता है जो यह समझने लगते हैं कि वे अपना कर्तव्य पूरा नहीं कर रहे हैं। यह स्थिति उस समय रूस की हो गई थी। वृद्ध व्यक्ति तो हाथ-पर-हाथ धरे बैठे रहे लेकिन नवयुवकों के दिलों में आग भड़क उठी।

1871 में बहुत-से युवक-युवतियाँ पश्चिमी यूरोप में भाग गए थे। वहाँ वे पढ़ते थे। ज्यादातर स्विट्ज़रलैंड में थे। उन्हें स्वदेश आने की इजाजत मिल गई थी। वे लोग नए साम्यवाद या एकसुरता के विचार लेकर आए थे। उन्होंने आते ही जो प्रचार शुरू किया, तो जार ने तुरन्त सबको पकड़ लिया और वे अन्धाधुन्ध साइबेरिया में जलावतन कर दिए गए। काम ने खुफिया रूप धारण कर लिया।

उस समय तीन पार्टियाँ काम कर रही थीं। इनके नेता चेर्नीशेवस्की, हशुटिन और नेचाइफ थे। पहले आवाज सुनाई देती थी कि जनता के साथ होना चाहिए अर्थात् जनता से सहानुभूति करनी चाहिए और उन्हें ऊपर उठाने का यत्न करना चाहिए। लेकिन अब नई आवाज उठी कि स्वयं ही जनता बन जाओ। अर्थात् जनता के साथ शामिल हो जाओ। इस आवाज के उठते ही बलिदान के ऐसे-ऐसे उदाहरण मिलते हैं कि अभी तक दुनिया के तख्ते से उनकी कोई मिसाल नहीं मिलेगी।

लेकिन पहले यह बता देना आवश्यक है कि यह आवाज आखिर क्यों उठी? प्रिंस क्रोपाटकिन ने लिखा है–"Unitil of late–however the peasant has always regarded

the man who wears broad cloth and neither ploughs nor hews nor hammers nor digs side by side with him as an enemy. We wanted faith and love from him; and to obtain them it was necessary to live their life."
अर्थात् उस समय तक रूसी किसान किसी भी ऐसे आदमी को, जिसने ढीले-ढाले कपड़े पहने हों और जिन्हें न तो हल चलाना आता हो और न कुल्हाड़ा, जिनके हाथों में हथौड़ा चलाने से कभी छाले न पड़े हों, और जिसने कभी फसल उगाई व काटी न हो, उसे अपना दुश्मन समझते थे। लेकिन हमें उनकी सहानुभूति और विश्वास चाहिए था। इसलिए उनके पास रहने की जरूरत थी। उनके साथ श्रम करने और रहने की आवश्यकता थी।

आहा! आज हम हिन्दुस्तान को स्वतन्त्र कराने की बहुत लम्बी-चौड़ी बातें करते हैं, लेकिन कितने आदमी इस तरह क़ुर्बानी करने को तैयार हैं? कितने अपने शहरों को छोड़कर गाँवों में किसानों की तरह गन्दे-गन्दे रहने के लिए तैयार होंगे? वहाँ तो अजीब स्थिति बन गई थी।

Youghmen left their classrooms, their regiments and their desks, learned the smith's trade or the cashier's; or the ploughman's and went to work among the villages. Highborn and wealthy ladies also took themselves to the factories, worked fifteen and sixteen hours a day at the machine, slept in doghols with peasants, went barefoot as our working women go, bringing water from the river for the house. युवक अपने कॉलेज, अपने स्कूल, अपनी प्लाटून और कुर्सियों को छोड़ आए और किसान लोहार के काम सीखकर गाँवों की ओर चल पड़े। यह कितना बड़ा त्याग है। बड़े-बड़े समृद्ध परिवारों की पली बहुत नाजुक युवतियाँ कारखानों में मजदूरी करने के लिए चल पड़ीं। अन्य मजदूरों की भाँति अँधेरी कोठरियों में सोतीं, सोलह-सोलह घंटे मशीन पर काम करतीं, नंगे पैर नदी से घर के लिए पानी लातीं।

बस, एक ही लगन। एक ही धुन में मस्त। उन गरीब मजदूरों को उनके बुरे हालात का ज्ञान कराना और इसका इलाज बताना है। यह कितना बड़ा बलिदान है। युवतियों ने तो हद दर्जे का काम किया। रूसी युगान्तकारियों की दादी अम्मा कहलानेवाली श्रीमती कैथराईन एक समृद्ध और सुन्दर महिला थीं। वह भी उनमें शामिल हो गई। पहले अपनी खूबसूरती को तेजाब डालकर जला डाला और दागदार चेहरा बनाकर बदसूरत बन गई ताकि बाह्य सौन्दर्य जनता में काम के दौरान कोई रुकावट न बने। ओह! आज ऐसा बलिदान कर सकने का साहस करनेवाले कितने व्यक्ति हिन्दुस्तान में मौजूद हैं। रूस में नौजवान युवक-युवतियाँ घरों से भाग जाते और इन्हीं कार्यों में जिन्दगी बिता देते थे। लेकिन आज हिन्दुस्तान में कितने नौजवान हैं जो देश को स्वतन्त्र कराने के उद्देश्य से पागल हुए फिर रहे हों? चारों ओर काफी समझदार आदमी नज़र आते हैं, लेकिन प्रत्येक को अपना जीवन सुखपूर्वक गुजारने की चिन्ता हो रही है। तब हम अपने हालात, देश के हालात सुधारने की क्या उम्मीद रखें? पिछली सदी का अन्तिम भाग रूसी नौजवानों ने इस तरह प्रचार-कार्य में बिताया। युवतियों को घरों से निकाल लाने के अनेक बहुत सुन्दर किस्से मौजूद हैं।

सोनिया एक पादरी की लड़की थी। उसके स्कूल में युगान्तकारी महिलाएँ पढ़ानेवालों में अभी शामिल हुई थीं। उनके उपदेश सुनकर सोनिया के दिल में भी देशसेवा के भाव ने जोर पकड़ा। एक दिन वह घर से भाग गई। लेकिन कुछ दिनों बाद पिता ने आकर पकड़ लिया। तब पादरी के घर से उसे मुक्ति दिलाने का बन्दोबस्त किया गया। एक नौजवान उसका प्रेमी बनकर उसके घर गया और उसके पिता को मनाकर उससे शादी कर ली। कहानी बहुत रोचक है और 'रूस के नायक और नायिकाएँ' किताब में प्रकाशित हैं। कभी अवसर मिला तो वह कहानी भी पाठकों के समक्ष रखेंगे। खैर, फिलहाल पाठक संक्षेप में ही समझ लें कि किस प्रकार रूस में कार्य चल रहे थे।

पहले तो काम खुले रूप में आरम्भ किया गया, लेकिन फिर सरकार ने जुल्म ढाकर धर-पकड़ करके हजारों की संख्या में लोग साइबेरिया में भेज दिए। बिना वारंट हजारों व्यक्तियों को पकड़ लिया। चार-पाँच बरस तक वे अँधेरी कोठरियों में बन्द रखे गए। बाद में लगभग सौ व्यक्तियों पर मुकदमा चलाया गया जिनमें से कुछ को सज़ा दी गई। हजारों मुकदमों में से एक 'ट्रायल ऑफ द हंड्रेड नाइंटी थ्री' नाम से प्रसिद्ध है। संक्षेप में, सरकारी संख्या के अनुसार हजारों लोग पकड़े गए और उन्हें जेलों की तंग अँधेरी सीलन-भरी कोठरियों में चार-चार, पाँच-पाँच साल बन्द करके रखा गया। इनमें से तीन सौ व्यक्तियों को तो बहुत दिनों तक बन्दी रखा गया। इसी प्रकार अन्य अनेक ने भी मरने की कोशिश की। 193 पर मुकदमा चला। अत्यन्त अन्यायकारी न्यायालय ने सामान्य सबूत के आधार पर ही दस-दस वर्षों की सज़ा सिर्फ इस बात के लिए दी कि वे प्रचारक थे। उनमें से नब्बे को बरी कर दिया और शेष को सात से दस साल तक की सख्त सजाएँ हुईं तथा बाद में उम्र-भर के लिए साइबेरिया की जलावतनी। एक अन्य मुकदमे में एक महिला को नौ-दस वर्ष की सख्त सज़ा मात्र इस आरोप में हुई कि उसने एक मजदूर को साम्यवादी विचारधारा का एक पर्चा दिया था।

इस तरह जुल्म होता देखकर काम पहले से भी अधिक गुप्त और सोच-समझकर होने लगा। साथ ही प्रतिशोध की भावना भी सक्रिय हो उठी। साधारणतया एक-आध कमीना खुफिया अधिकारी जिसे भी चाहता पकड़ता और जलावतन कर देता। इससे उसे तो इनाम मिल जाता लेकिन नौजवानों का जीवन खतरे में पड़ जाता।

कहा तो यह जाता है कि 16 अप्रैल, 1899 में जिस काराकोज्फ ने जार पर गोली चलाई थी, वह भी नाशवादियों का ही काम था। और एक पोलिश नौजवान बेरेजोवस्की भी जिसने अगले वर्ष जार पर पेरिस में गोली चलाई थी, उस पार्टी का सदस्य था। लेकिन वर्तमान स्थिति पर क्रोपाटकिन ने लिखा है कि हमारे शुरू-शुरू के काम में जार जितना सुरक्षित था उतना कभी नहीं रहा होगा। यह तो हारकर अन्त में शक्ति के इस्तेमाल के क्षेत्र में उतरे। उन्होंने पहले हमेशा जार को बचाने की कोशिशें कीं। एक बार जब कोई नौजवान जार को मारने सेंटपीटर्सबर्ग पहुँचा तो इस पार्टीवालों ने उसे इस काम से रोक दिया।

लेकिन बाद में तो काम जोरों से चल पड़ा। 1879 में मुलजिम बन्दियों में से एक को, जिन पर अभी मुकदमा चलना था, बेंत लगाए गए क्योंकि उसने उठकर पुलिस अधिकारी को सलाम नहीं किया था और शेष बन्दियों को जिन्होंने उसकी हिमायत की,

जनरल ट्रेसोफ के आदेशानुसार बुरी तरह पीटा गया। इस पर एक बहादुर युवती वीरा जसुलिच ने जनरल ट्रेसोफ पर गोली चला दी। वह मरा तो नहीं लेकिन युवती पर मुकदमा चला। वह बरी कर दी गई। पुलिस ने फिर उसे पकड़ना चाहा लेकिन जनता उसे छीनकर ले गई।

जब से रूसी क्रान्तिकारियों ने देखा कि उनकी कोई मदद नहीं करता, उनकी रक्षा के लिए कोई कानून नहीं है, तब से उन्होंने स्वयं ही अपनी रक्षा करनी आरम्भ कर दी। पुलिस सुबह-सुबह लोगों के घर घेर लेती, महिलाओं तक के कपड़े उतारकर सिपाही उनकी तलाशी लेते। लोग बहुत तंग आ गए। कुछ यह भी कहने लगे कि अन्य देशों में तो ऐसा नहीं हो सकता। हम भी यह नहीं होने देंगे। सबसे पहले ओडेसा में कोवल्सकी ने यह काम किया। उसने पुलिस के साथ टक्कर ली। दमन और भी बढ़ा। लेकिन फिर क्या था, प्रतिरोध का काम चल पड़ा। सुरक्षा के लिए शक्ति का इस्तेमाल उचित समझा जाने लगा। पहले पाँच, फिर तीन खुफिया अधिकारी कत्ल किए गए, जिनके बदले में सत्रह नौजवानों को फाँसी दी गई। फिर तो बस प्रतिशोध लेने, फाँसियाँ देने का यही क्रम चल पड़ा।

1879 में तो पुनः नाशवाद का अर्थ बम और पिस्तौल चलाना ही हो गया। तंग आकर जार ने भी उन्हें ठिकाने लगाने का निर्णय कर लिया।

बस फिर क्या था, सभी इस काम में लग गए। 14 अप्रैल, 1879 को शोलोवियूफ ने जार पर गोली चला दी, लेकिन जार बच गया। उसी बरस जार के विंटरप्लेस अर्थात् शरद महल को डाइनामाइट से उड़ा दिया गया, लेकिन तब भी जार बच गया। अगले बरस जब जार पीट्र्सबर्ग से मास्को जा रहा था, उसकी गाड़ी उड़ा दी गई। गाड़ी के कई डिब्बे उड़ गए, लेकिन जार तब भी बच गया। 13 मार्च, 1881 को जार अपनी विशेष पल्टन और घोड़ों की परेड देखकर वापस आ रहा था कि उस पर एक बम फेंका गया। बम से गाड़ी टूट गई और जार उतरकर नौकर के पास उसे देखने के लिए झुककर कहने लगा, "ईश्वर की कृपा से मैं बच गया।" तुरन्त एक अन्य नौजवान गरीटंजक ने आगे बढ़कर दूसरा बम फेंकते हुए कहा, "जार, इतनी जल्दी खुदा का शुक्रिया अदा न कर।" तभी बम फटा और जार मर गया। हजारों व्यक्तियों की गिरफ्तारियाँ हुईं। अनेक फाँसी चढ़ गए। पाँच व्यक्तियों को विशेष रूप से जनता के समक्ष फाँसी दी गई। इनमें सबसे अधिक प्रसिद्ध एक महिला थी, जिसका नाम सोफिया प्रोवस्किया था।

उस समय पार्टी दब गई। फिर कई अन्य पार्टियाँ उठीं। लेकिन नाशवादी पार्टी का इतिहास इतना-सा है। नाशवादियों को लोगों ने गलत आँका और अराजकतावादियों की तरह इन्हें भी बदनाम किया गया। एक अंग्रेजी समाचार-पत्र ने एक कॉर्टून बनाया जिसमें तबाह हुई चीज़ों में निहलिस्ट बम और डाइनामाइट लिए खड़े थे। एक पूछता है, "क्यों बन्धु, कुछ बाकी तो नहीं है?" दूसरा कहता है, "दुनिया का गोला ही बाकी है।" पहला कहता है, "लगा देता हूँ डाइनामाइट तुम्हारे उसमें भी!" यह बड़ा गलत बयान है। आस्कर वाइल्ड ने एक नाटक 'वीरा दि निहलिस्ट' लिखा था। उसमें नाशवादियों का अच्छा चित्र बनाने का प्रयास किया गया है। लेकिन उसमें बहुत अशुद्धियाँ हैं। एक अन्य किताब 'कैरियर ऑफ ए निहलिस्ट' भी प्रकाशित हुई थी। यह पठनीय है। इसमें नाशवादियों के

बारे में ठीक लिखा है। हिन्दी में 'बोल्शेविक के काम' तथा 'निहलिस्ट-रहस्य' प्रकाशित हो चुके हैं। पहला काकोरी के शहीद श्री रामप्रसाद बिस्मिल का लिखा है। उसमें उन्होंने निहलिस्टों की बहुत दर्दनाक तसवीर खींची है। मगर उन्हें मात्र विनाश चाहनेवाले ही दिखाया गया है, जो कि ठीक नहीं है। वे अच्छे जनसेवक थे। वे बहुत बलिदानी और जनता से प्यार करनेवाले थे। वे धन्य थे।

अन्यायी प्रबन्ध

वे लोग जो महल बनाते और झोंपड़ियों में रहते हैं, वे लोग जो सुन्दर-सुन्दर आरामदायक चीज़ें बनाते हैं, स्वयं पुरानी और गन्दी चटाइयों पर सोते हैं। ऐसी स्थिति में क्या करना चाहिए? ऐसी स्थितियाँ यदि भूतकाल में रही हैं तो भविष्य में क्यों नहीं बदलाव आना चाहिए? यदि हम चाहते हैं कि देश की जनता की हालत आज से अच्छी हो तो यह स्थितियाँ बदलनी होंगी। हमें परिवर्तनकारी होना होगा।

अगस्त, 1928

रूस की जेलें भी स्वर्ग हैं

[डब्ल्यू. जे. ब्राउन लिखित यह लेख 'किरती' सितम्बर, 1928 में प्रकाशित हुआ था, जिस पर एक सम्पादकीय टिप्पणी भी थी। यहाँ यह लेख 'किरती' के सम्पादकीय नोट सहित दिया गया है। सं.]

(रूसी क्रान्ति केवल राजनीतिक क्रान्ति ही नहीं थी, बल्कि उसने राष्ट्र के जीवन के हर पहलू में क्रान्ति पैदा कर दी। जहाँ राजनीतिक सत्ता एक ज़ालिम बादशाह जार से छीनकर देश की आम जनता के हाथों में सौंप दी गई वहाँ आर्थिक मैदान में 'कमाए कोई, और मौज उड़ाए कोई' वाली बात भी समाप्त कर दी गई। आज वहाँ न तो लाखों और करोड़ों श्रमिक भूखे नज़र आते हैं और न ही चन्द हरामखोरी करनेवाले मोटे पेटवाले पूँजीपति ही नज़र आते हैं। सामाजिक जीवन में कोई ऊँच-नीच बाकी नहीं रही। स्त्रियों के भी समान अधिकार हैं। आज रूस ही ऐसा देश है जहाँ अधिक-से-अधिक लोग खुश व प्रसन्न हैं। उनकी क्रान्ति वाकई सच्ची क्रान्ति है।

और-तो-और, उन्होंने जेलों सम्बन्धी भी एक बड़ी भारी क्रान्ति कर दी है। पहले भी कई बार वहाँ की जेलों का हाल पढ़ चुके हैं। वहाँ की जेलें हमारे देश में से हजार दर्जा अच्छी हैं। और-तो-और, उनके कैदी हमारे आज़ाद आदमियों से हजार दर्जा बेहतर हैं। यहाँ रोटी का सवाल इतना मुश्किल होता जा रहा है कि खामखाह दिल करता है कि यहाँ से तो रूस में जाकर जेलों में ही रहें। बड़ा शानदार रहन-सहन, बहुत अच्छा खाना-पीना और साथ में पढ़ाई भी होती है। कौशल सिखाए जाते हैं, काम करने का वेतन दिया जाता है। आज हम एक ताजा लेख पाठकों की सेवा में भेंट कर रहे हैं ताकि वे देख लें कि रूस की और बातों के साथ-साथ जेल-विभाग में भी क्या परिवर्तन हो गए हैं? यह ध्यान रहे कि समाजवाद में अपराध

रोकने के लिए दंड ही पर्याप्त नहीं माना जाता, बल्कि वे अपराधियों को अच्छी शिक्षा देकर उन्हें हमेशा के लिए अपराध से रोकने की कोशिश करते हैं। सज़ा के दिनों में वे कैदी को काम सिखाते हैं। बाहर आते ही काम पर लगा देते हैं, ताकि बेकार रह भूखा मरता वह फिर अपराध न करने लगे। यही अपराध को जड़ से मिटाने का ढंग है।–एडीटर)

मैं रूस गया। बड़ी-बड़ी चीज़ें देखकर हैरान रह गया। सबसे ज्यादा हैरानी हुई वहाँ की जेलें देखकर। मेरी इच्छा थी कि देखूँ यहाँ जेलों की क्या हालत है। 'जार्जिया' की जेल देखने का मौका मिला। वहाँ पहुँचने पर पता चला कि जेलर को मुझे जेल देखने की अनुमति मिलने की सूचना नहीं थी। इससे पहले थोड़ी मुश्किल हुई। लेकिन फिर यह निर्णय हुआ कि मैं उसके साथ जाऊँ व घूमकर सब देख लूँ! खैर! मैं, जेलर व एक-दो और आदमी जेलयात्रा को निकले। सबसे पहले मुझे जेल के लंगर (खाद्य-भंडार) का वार्डर मिला। वह आदमी जार के समय भी जेल में नौकरी करता और क्रेंसकी की अस्थायी पूँजीपति सरकार के अधीन भी जेल कर्मचारी रहा। वह दोनों सरकारों की बड़ी निन्दा करता था। वह कहता था कि उन दोनों सरकारों के अधीन कैदियों और वार्डरों को पशुओं की खुराक दी जाती थी और बेचारे कैदियों पर बेहद अत्याचार होते थे। लेकिन सुनता कौन था। जार के बाद अस्थायी सरकार भी कुछ अच्छी नहीं थी। हाँ, तब जार की सरकार से एक बात अच्छी थी कि व्यक्ति अपनी तकलीफों की शिकायत कर सकता था। पर इससे कोई व्यावहारिक लाभ नहीं होता था, क्योंकि कोई शिकायत दूर करने की कोशिश नहीं करता था। और सबसे अधिक क्रोध उसे इस बात पर था कि अस्थायी सरकार ने उनका तीन महीने का वेतन नहीं दिया। इस बात का अब तक बहुत प्रभाव है।

उससे पूछा कि अब क्या स्थिति है? तो उसने कहा, अब तो कमाल हो गया, अब तो खूब मजे हैं। अब कैदियों और वार्डरों को बहुत अच्छा भोजन मिलता है। सबको सही समय पर वेतन मिलता है। बहुत खुशी से कहता था, "अब तो मैं भी आदमी बन गया हूँ, भले ही अभी तक जेल का वार्डर हूँ।"

जेल में घुसते ही मैंने एक कमरा देखा, जिसमें बहुत-से आदमी कैदियों से मिल रहे थे। वहाँ कैदियों और दूसरे आदमियों के बीच सिर्फ एक लोहे का डंडा था। वे बड़ी खुली तरह बातचीत कर सकते, हाथ मिला सकते और अपने प्रियजनों को चूम सकते थे। मैंने उस समय एक आदमी को अपने बच्चे को चूमते देखा, जिसे उसकी पत्नी साथ ले आई थी। पता चला कि सप्ताह में तीन बार प्रत्येक कैदी के दोस्त, रिश्तेदार मुलाकात करने आ सकते थे और मुलाकात आधे घंटे तक चल सकती है। मिलनेवालों की संख्या पर भी कुछ खास पाबन्दी नहीं, जितने लोग चाहें, मिलने आ जाएँ। यह देखकर मैं बहुत हैरान हुआ।

फिर यह जानकर बहुत हैरानी हुई कि अब अकेली कोठरी में कैदियों को बन्द नहीं रखा जाता। बड़ी-बड़ी बैरकें बनी हुई थीं, जिनमें 20-20 आदमी रहते हैं। उन बैरकों को न रात में और न दिन में ही ताला लगाया जाता है। हाँ, रात को निचली छत और ऊपरी छत के बीच की सीढ़ियों को ताला लगा दिया जाता है। दिन में उसे भी खोल दिया जाता

है। प्रत्येक कैदी किसी भी कमरे में जा सकता है। वे चाहे सिगरेट पिएँ या पढ़ें या खेलें, जो चाहे करें, उन्हें पूरी छूट रहती है।

दिन में चार बार उन्हें कसरत के लिए बाहर निकाला जाता है। कसरत भी बन्द अहातों में बन्दूकों के पहरे में नहीं, बल्कि बाहर के खेल के मैदानों में बिना किसी खास पहरे के। यह देखकर मेरी हैरानी की हद न रही।

पता चला कि शरीफ कैदियों को सप्ताह में एक दिन जेल से छुट्टी दी जाती है, तब वे अपने घर जा सकते हैं और घरवालों के साथ पूरा दिन बिता सकते हैं या सैर कर सकते हैं। मैंने पूछा—इस तरह कैदी भागते नहीं? उन्होंने कहा कि ऐसा अवसर कम ही आता है। कभी कोई कैदी इस तरह नहीं भागा। गर्मियों में शरीफ कैदियों को पन्द्रह दिन की छुट्टी मिल जाती है। तब वे जहाँ चाहे जा सकते हैं। इन छुट्टियों में भी कैदी भागते नहीं, समय पूरा होने पर लौट आते हैं।

कई कैदी हमारे साथ चल पड़े। एक कैदी थोड़ी-सी अंग्रेजी सीख गया था। उससे मैंने बात की। वह कहने लगा, जेल बड़ी अच्छी जगह है। कैदी आठ घंटे काम करते हैं। खुराक बहुत अच्छी मिलती है। कोई सख्ती और जुल्म नहीं होता। उनकी अपनी अध्ययन-सभा, लाइब्रेरी, संगीत-पार्टी आदि बने हुए हैं, जिनका प्रबन्ध उन्हीं की एक समिति करती है। सारा जेल देखकर कोई उसे जेल नहीं कह सकता। वह तो एक सभा या क्लब लगता है।

इमारत जेल की ही लगती थी और अन्य सामान भी जेल का ही नज़र आता था, लेकिन स्थिति बहुत-से परिश्रम करनेवाले स्वतन्त्र लोगों से अच्छी थी। वहाँ सप्ताह में तीन बार सिनेमा और थियेटर भी दिखाए जाते हैं।

कैदियों के कपड़े देख बहुत हैरानी हुई। करीब चालीस कैदी, जेल-दारोगा व कुछ वार्डर खड़े थे। मजिस्ट्रेट साहिब आए। बातचीत में अंग्रेजी जेलों पर बात चल पड़ी। सभी लोग, क्या कैदी और क्या अधिकारी, एक समान हिस्सा ले रहे थे। यदि कोई अनजान आदमी वहाँ आ जाता तो बिलकुल न पहचान पाता कि कौन कैदी है और कौन दारोगा और कौन मजिस्ट्रेट।

कैदियों की अपनी दुकानें हैं। वे स्वयं ही उन्हें चलाते हैं। वहाँ वे तम्बाकू, सिगरेट, मिठाई व ब्रुश आदि हजारों आवश्यक चीज़ें खरीद सकते हैं और जो मुनाफा हो वह रिहा होने पर कैदियों में बाँट दिया जाता है। सवाल उठेगा कि बिना पैसे कैदी चीज़ें खरीदते कैसे हैं? लेकिन रूस में प्रत्येक कैदी को महीना परिश्रम करने के बाद वेतन मिलता है। वे जैसे चाहें, उस रकम को खर्च कर सकते हैं। कैदियों के अपराध अधिकारियों के पास नहीं जाते। कैदियों की समिति स्वयं ही सारी समस्याएँ हल करती है।

कैदियों की अपनी एक समिति बनी हुई है ताकि जो तकलीफ हो, वह दूर की जा सके। यह समिति अधिकारियों द्वारा मान्य है, वे फौरन दारोगा को अपनी सब तकलीफें बता देते हैं। और यदि कोई फैसला न हो पाए तो स्वयं मजिस्ट्रेट के सामने अदालत में मामला पेश कर सकते हैं। इनका अपना अख़बार भी होता है। हाथ से ही लिखा जाता है। लेखक का नाम नहीं दिया जाता, लेकिन उन्हें जेल-व्यवस्था की आलोचना करने का पूरा अधिकार है। जेलर का एक बड़ा मजेदार कार्टून बना हुआ मैंने स्वयं देखा था।

कई कमरों में मैंने देखा कि कैदी अलग-अलग काम सीख रहे हैं। कहीं कपड़े सीने का काम, कहीं जूता सिलने का काम और कहीं बढ़ई का काम सिखाया जा रहा था।

और कई कमरों में पढ़ाई हो रही थी। कई मास्टर बाहर से पढ़ाने आते थे और कई कैदियों में से ही थे। कैदी अध्यापक को प्रत्येक दो दिन की कैद के बदले एक दिन का कैद माफ की जाती है।

मैं एक कैदी को एकान्त में ले गया। अधिकारी बड़ी खुशी से अलग हो गए। उसने भी यही कहा कि सभी कैदी खुश हैं और यह जगह बहुत अच्छी है। मुझसे पूछा गया कि इंग्लैंड में कैदियों से कैसा व्यवहार किया जाता है? उन्हें यह विश्वास ही नहीं होता था कि इंग्लैंड में कैदियों को अलग-अलग कोठरियों में बन्द किया जाता है और बातचीत करने की भी अनुमति नहीं होती।

वे पूछने लगे, फिर कैदियों की समिति क्या करती है? वह यह शिकायत दूर क्यों नहीं करती? मैंने उन्हें बताया कि वहाँ कोई समिति नहीं बनाई जा सकती, नहीं तो जेलर क्रोध से ही मर जाएँ। वे हैरान रह गए। वे विश्वास नहीं करते थे कि जेल में कैदियों की समिति के बगैर कैदियों की गुजर होती होगी।

उन्होंने यही निष्कर्ष निकाला कि मुझे अंग्रेजों की जेलों सम्बन्धी कुछ भी जानकारी नहीं है। वे मुझे अपने नहाने के कमरे में लग गए। ज़ार के समय ये अँधेरी कोठरियाँ थीं। अब वहाँ फव्वारे लगा दिए गए हैं और नहाने की बहुत अच्छी व्यवस्था की गई थी।

आखिर में मैं उनके साथ लंगर (मेस) में गया। खाना बहुत सादा, बहुत बढ़िया व स्वादिष्ट था। ऐसा बढ़िया खाना हमारे बहुत-से परिश्रम कर खानेवाले स्वतन्त्र मजदूर भी नहीं पा सकते। मेरे जाने से उन्हें बहुत दुख हुआ। उन्होंने मुझसे इंग्लैंड के कैदियों तक उनकी दुआ-सलाम पहुँचाने को कहा। मुझे उन्होंने अपने बगीचे का गुलदस्ता भेंट किया और बड़े सम्मान के साथ विदा किया और कहा कि उम्मीद है आप फिर आएँगे।

मेरी रूस यात्रा

लेखक–भाई शौकत उस्मानी। प्रताप कार्यालय, कानपुर से प्रकाशित। 144 पृ., मूल्य-11 रु.

हिन्दुस्तान के वर्तमान जन-आन्दोलन में विदेशों की यात्रा का काफी प्रभाव है। पाठक जानते हैं कि 1914-15 के जन-आन्दोलन में अमेरिका से लौटे हुए भाइयों ने ही अपने प्राणों की बाजी लगाकर एक बार हिन्दुस्तान की किस्मत को बदलने का यत्न किया था।

1918 में जब 'खिलाफत' का मामला खड़ा हुआ तभी मुसलमान भाइयों में हिजरत की लहर चली–कि हमें अंग्रेजी मुल्क ही छोड़कर चले जाना है। इस सिलसिले में सैकड़ों आदमी गए और बाहर जाकर उनकी आँखें खुलीं। धर्मान्ध मुसलमानों ने देखा कि कोई भी उनका बोझ उठाने को तैयार नहीं। आखिर बहुत-से तो अनेक झंझट उठाकर उसी समय वापस लौट आए। कई आगे चले गए। रूस जा पहुँचे। जिन मुसीबतों को उठाकर वे लोग गए थे वह किस्सा बहुत उत्साहवर्धक है और दर्दनाक भी है। शौकत उस्मानी उन्हीं व्यक्तियों में से हैं। तुर्किस्तान की लड़ाइयों में से वे किस तरह जान बचाकर निकले और किस तरह रूस पहुँचे और वहाँ की हालत देखकर अचम्भित हो उठे। ये सब बातें किताब पढ़ने से ही

सम्बन्ध रखती हैं। नौजवानों को इस किताब की ओर अवश्य ध्यान देना चाहिए और बाहर जाकर दुनिया देखने का शौक पैदा करना चाहिए। रूस का बहुत अच्छा हाल लिखा हुआ है। प्रत्येक हिन्दी पढ़े सज्जन को यह किताब मँगवाकर पढ़नी चाहिए।

आयरिश स्वतन्त्रता युद्ध

'आयरिश स्वतन्त्रता युद्ध' : हिन्दी में। प्रताप कार्यालय, कानपुर से प्रकाशित। पृ. 100, मूल्य-1 रु.

यह किताब आयरलैंड के बहादुर युगान्तकारी श्री डेनब्रीन की अंग्रेजी पुस्तक 'माई फाइट फार आयरिश फ्रीडम' का हिन्दी अनुवाद है। पाठक जानते होंगे कि सौ बरसों से आयरलैंड अंग्रेजों के पंजे से रिहा होने की कोशिश करता रहा था। पिछली सदी में 1848, 68, 98 की बगावतें प्रसिद्ध हैं। पिछले संघर्ष के दिनों में 1916 में ईस्टर के दिनों में उन्होंने फिर विद्रोह कर दिया था। उसमें भी उनकी हार ही हुई थी। अब तक वह ईस्टर विद्रोह के नाम से प्रसिद्ध है।

बाद में लड़ाई समाप्त हो जाने पर पार्लियामेंट के लिए सदस्यों का चुनाव हुआ और आयरलैंड के 'सिनफिनरा' के सदस्य ही ज्यादा चुने गए। उन्होंने अलग ही आयरिश पार्लियामेंट स्थापित कर ली और दूसरी तरह युगान्तकारी गुरिल्ला युद्ध, अर्थात् लुकाछिपीवाली लड़ाई आरम्भ कर दी। सबसे पहले लड़ाई छेड़कर देश, देशवासियों और सरकार की नींद भंग करनेवाले लोगों में से डेनब्रिल थे। पहले ही दिन सिपाहियों से लड़कर उनसे उनका बारूद छीनकर वे भाग गए थे। बाद में उनके वारंट निकाले गए और पकड़वाने के लिए ईनाम की भी घोषणाएँ हुईं। रात-दिन अपना सिर हथेली पर रखे वे जनता के बीच बब्बर अकालियों की तरह दौड़ते-फिरते रहे।

उनसे कहा गया कि तुम अमेरिका चले जाओ, लेकिन उन्होंने इनकार कर दिया और कहा कि हमें तो आयरलैंड में ही लड़ते हुए मरना है। किस प्रकार लोग उन्हें गालियाँ बकते और पास न फटकने देते और किस प्रकार वे बार-बार पुलिस के पंजे में फँसते-फँसते बचते, ये सब बातें पढ़ने योग्य हैं। श्री डेनब्रीन का लिखने का ढंग बहुत अद्भुत है और व्यंगात्मक भी है। इसलिए उन्होंने सारा किस्सा ऐसी तरतीब से लिखा है कि पढ़ने में बहुत ही आनन्द आता है।

उन्होंने पहली लड़ाई में अपने घबराने की तथा बाद की लड़ाइयों में अपने धैर्य की स्पष्ट और सच्ची कथा लिखी, जो कि बिलकुल ही स्वाभाविक नज़र आती है। साथियों के गिरफ्तार किए जाने पर वह किस तरह तड़प उठे और उन्हें छुड़ाने के लिए कोशिशें करने लगे, यह सब पढ़नेवाली कहानी है।

एक बहुत महत्त्वपूर्ण बात है श्री डेनब्रीन की। हमारे देश के नौजवान विवाह कराने के लिए दौड़ते-फिरते हैं। बाप ने कभी सवारी नहीं की होती लेकिन वर बना बेटा तलवार बाँधकर मरियल घोड़ी पर चढ़कर निकल पड़ता है। उनकी उस चाल को भी काबू में रखने के लिए दो व्यक्ति आगे से उसे पकड़े रहते हैं। और फिर जाकर कपड़ों की गाँठ की तरह बँधी लड़की के साथ (वर महोदय का) गठबन्धन हो जाता है। सर्वत्र खुशियाँ मनाई जाती हैं। लड़का ब्याहा गया! लानत है ऐसे विवाह पर और ऐसे वर पर।

डेनब्रीन के वारंट निकले हुए हैं। आदेश हुआ कि देखते ही गोली मारकर खत्म कर दिया जाए। लड़ाई में वे जख्मी हो जाते हैं। तब एक युवती उनकी सेवा करती है और अपनी जान हथेली पर रखकर उनकी हर प्रकार ने मदद करती है। आखिरकार दोनों में प्रेम हो जाता है और बिलकुल घमासान युद्ध के दिनों में एक जगह फौजें इकट्ठी करके यह शादी की जाती है। हर पल खतरा है कि दुश्मनों ने हमला कर दिया तो खैर नहीं। नौजवानों, यह असल विवाह है या मुरदोंवाला (वह) विवाह? नौजवान इस किताब को जरूर पढ़ें और ध्यान से पढ़ें।

अंग्रेजों के बेइन्तहा जुल्मों की भी यह दर्दनाक कहानी है। साथ ही यह भी रोचक ढंग से बताया गया है कि 'लातों के भूत बातों से नहीं मानते।'

अलग-अलग सामाजिक और राजनीतिक समस्याओं पर विचार

ट्रेड यूनियन बिल

[1927 में साम्राज्य आर्थिक मन्दी की ओर धकेला जा रहा था, इसलिए मजदूर वर्ग के जनवादी अधिकारियों पर हमले शुरू हो गए थे। इंग्लैंड में जब ट्रेड यूनियन बिल पास हो रहा था तो 'किरती' ने (मई, 1927 में) एक लेख इस सम्बन्ध में प्रकाशित किया। लेख के लेखक के सम्बन्ध में जानकारी हासिल नहीं है, लेकिन उस समय की विचारधारा के प्रतीक रूप में वह यहाँ प्रस्तुत है। 1929 में जब ट्रेड डिस्प्यूट्स बिल को भारत में लागू करने की कोशिश की गई थी तो भगत सिंह और बी.के. दत्त ने असेम्बली हॉल, दिल्ली में बम फेंका था। –सं.]

इंग्लिस्तान के एक जगह टिके (Conservative) गुट के लोग कब से इस बात की ताक में थे कि कैसे मजदूरों में बढ़ती हुई ताकत को रोका जाए। उनको यह बात स्पष्ट नज़र आती थी कि यदि मजदूरों की बढ़त को अभी न रोका गया तो मजदूर देखते-ही-देखते राज के मालिक बन जाएँगे और इस तरह उन्हें राज की बागडोर छोड़नी पड़ेगी। उन्हें यह स्पष्ट पता था कि नाम मात्र स्वतन्त्र (Liberal) गुट तो किसी काम का नहीं है और न ही अभी जल्दी उनके ताकत में आने की उम्मीद है। इसलिए यदि उन्हें खतरा था तो मजदूरों से ही था और मजदूरों की मुश्कें बाँधना ही उन्होंने सबसे पहले ठीक समझा।

इस काम के लिए उन्होंने ट्रेड यूनियन बिल का आविष्कार किया, जिसके सम्बन्ध में पिछले अंक में बताया गया था। वह मजदूरों के सब करे-धरे को यह बिल पास कर कुएँ में डालना चाहते हैं।

मजदूरों ने इस बिल के खिलाफ बड़ी जोरदार आवाज बुलन्द की है। उन्होंने कहा है कि यह बिल एक वर्ग के द्वारा दूसरे वर्ग को मटियामेट करने के लिए लाया गया वर्ग-बिल है। मि. रामज़े मैकडानल्ड-जैसे मजदूर भी इस बिल को वर्ग-युद्ध की घोषणा समझते हैं और श्रमिक-संसार में सब जगह इस बिल से तूफान मच गया है। मजदूर फिर एक दिन के लिए एक बड़ी आम हड़ताल करने की सोच रहे हैं। वे विरोध में मीटिंग कर रहे हैं। ख़याल किया जाता है कि संसद में इस बिल पर घमासान बहस होगी, और मजदूर-नेता यदि खरीद न लिए गए तो जी-तोड़कर लड़ेंगे।

आजकल जो लोग अंग्रेजी अख़बार पढ़ते हैं उन्हें पता है कि इस बिल का किस तरह अंग्रेजी श्रमिक प्रेस में विरोध हो रहा है। इस बिल को वर्ग-कानून कहा जाता है। मजदूर समझते हैं कि बाल्डविन की सरकार ने उनके बुनियादी अधिकारों पर धावा बोल दिया है। इस बिल से उनके संगठन के बिखर जाने की भारी खतरा है। मजदूरों का अपना दैनिक अख़बार 'डेली हेराल्ड' (Daily Herald) लिखता है कि यह बिल मजूदरों को मानसिक रोगी समझता है और सख्त अपराधियों के लिए इसने सज़ा भी नियत कर दी है। एक और मजदूर नेता ने इसे मुसोलिनी-जैसा कानून कहा है।

बड़ी हड़ताल के समय से ही एक जगह खड़े (अनुदान) गुट के लोग यह माँग कर रहे थे कि सरकार कोई ऐसा बिल संसद में पेश करे, जिससे कि सबके सब मजदूर हड़ताल ही न कर सकें। और यदि एक यूनियन के मजदूर किसी दूसरी यूनियन की हमदर्दी में हड़ताल कर दें तो वह हड़ताल गैरकानूनी मानी जाए। इस समय यदि कोई यूनियन हड़ताल करती है तो वे मजदूर जो हड़ताल में शामिल नहीं होंगे, उन्हें यह समझाया नहीं जा सकेगा कि वे भी इसमें शामिल हों, क्योंकि यदि मजदूर पिकेटिंग आदि के जरिए ऐसा करेंगे तो उन्हें सज़ा दी जा सकेगी। इस बिल से सिविल सर्विस के कर्मचारियों के लिए किसी पार्टी में शामिल होना मना हो गया है और सबसे बड़ी चोट मजदूरों की राजनीतिक पार्टी पर की गई है। वह यह है कि कोई मजदूर राजनीतिक कामों के लिए तब तब चन्दा नहीं दे सकता, जब तक कि वह लिखकर न दे कि वह राजनीतिक कामों के लिए चन्दा देना चाहता है। इससे पहले यह कानून था कि राजनीतिक कामों के लिए मजदूर चन्दा इकट्ठा कर सकते हैं, लेकिन जो लोग चन्दा नहीं देना चाहते, वे लिखकर दें कि वे चन्दा नहीं देना चाहते। अब स्थिति उलटी हो गई है।

इस आखिरी अंक से श्रमिकों के संगठन को बड़ी भारी चोट पड़ेगी और इस जमाने में जबकि कोई पार्टी रुपयों के बगैर चल ही नहीं सकती तो यह स्पष्ट है कि श्रमिक पार्टी का रुपयों के बगैर गला दबाने के लिए यह चात चली गई है। अन्य पार्टियों की तरह लेबर पार्टी को भी संसद में अपने उम्मीदवार खड़े करने और उन्हें सफल बनाने के लिए रुपयों की जरूरत है। जब दूसरी पार्टियाँ जैसे चाहे रुपए इकट्ठे कर सकती हैं और उन्हें कभी पूछा तक नहीं गया है तो कोई वजह नहीं कि मजदूरों की पार्टी के भीतरी कामों में खामखाह टाँग अड़ाई जाए।

इस समय तक मजदूरों की राजनीतिक पार्टी अपने फंड ट्रेड यूनियनों से इकट्ठे करती रही है। अनुदारवादी गुट का यह विचार है कि इस तरह यदि मजदूर पार्टी के फंड ही बन्द कर दिए गए तो मजदूरों का संगठन स्वयं ही दो फाड़ हो जाएगा और इनके घरों में घी के दीये जल जाएँगे। इस तरह श्रमिक संगठन के टूट जाने से ये सदा ही इंग्लिस्तान के राज पर कब्जा जमाए रखेंगे। पर कौन-सी पार्टी टूटेगी और कौन-सी सत्ता में आएगी, इस बात का पता तो अनुभव और भविष्य ही बताएगा।

यदि यह बिल पास हो गया तो मजदूर फिर उन्हीं जंजीरों में जकड़े जाएँगे जिनमें से कि यत्न से अभी वे निकले ही थे। फिर उन जंजीरों को तोड़ना आसान नहीं होगा। इसलिए श्रमिकों को अब वक्त सँभालना चाहिए और ऐसा जोरदार आन्दोलन करना चाहिए कि इस

पूँजीपति गुट को, जो अभी मजदूरों को गुलामी से छूटने नहीं देना चाहता, नानी याद आ जाए। पर यह नानी भी तभी याद आ सकती है, यदि आनेवाली संसद में इनकी ऐसी हार हो कि याद कर-कर आँखें मला करें। इस समय संसद में इन पूँजीपतियों का बहुमत है। इस बहुमत के अभियान में ही यह लोग अकड़े फिर रहे हैं और मजदूरों को नजरों में भी नहीं लाते।

हम चाहते हैं कि मजदूर नाम मात्र स्वतन्त्र (उदार) गुट में भी प्रचार करें और उनमें से बहुत-से सदस्यों को अपनी ओर कर लें, ताकि यह बिल पास ही न हो सके। और न सिर्फ यह बिल ही असफल करा दें वरन् इस मौजूदा सरकार को भी उलट दें। इसने यह कानून पेश कर राज करने के सभी अधिकार गँवा दिए हैं।

इस समय जरूरत है कि मजदूरों के अपने घर में भी किसी तरह की फूट न हो और मजदूरों के नरम और गरम गुटों के सब लोग एकजुट हो जाएँ ताकि साझे जोर से इस मौजूदा सरकार का डटकर मुकाबला किया जा सके और इसे ऐसे चने चबाए जाएँ कि सारी उम्र ही इस वक्त को याद कर-कर हाथ मला करें।

गदर आन्दोलन की कुछ व्यथा

[सितम्बर, 1927 के 'किरती' में एक और बहुत महत्त्वपूर्ण लेख 'गदर लहर की कुछ व्यथा' छपा था। यह एक अख़बार से लेकर छापा गया था। लेखन-शैली और विचारों से यह लेख शहीद भगवतीचरण वोहरा का हो सकता है।–सं.]

पहले मैं यह बता दूँ कि 'विप्लववाद' का क्या अर्थ है। फिर मैं आगे चलूँगा। हर गिरी हुई कौम हमेशा गिरी नहीं रहती और उस कौम के वीर उसकी उन्नति का यत्न करते हैं और कुर्बानियाँ देते हैं, और अब यह सोचना है कि कुर्बानियाँ कई तरह से दी जाती हैं। कौमों को उठाने का यत्न भी कई-कई तरीकों और हिम्मत से किया जाता है। एक तो देश में शिक्षा का प्रचार करना। यह भी कोई छोटी-सी बात नहीं। दूसरे, लोगों को उनके हक बताने और उन्हें हासिल करने के लिए सरकार के आगे प्रार्थना करना। उसे (ऐसे दल को) हम माडरेट कहते हैं। यह शब्द उस समय इस्तेमाल होता है, जब देश उस स्थिति से कुछ ऊपर उठ जाता है। दूसरा दर्जा होता है गर्म दल का, जिस तरह 1907 में लोकमान्य तिलकजी की पार्टी थी या आजकल महात्मा गांधी जी का प्रचार कहा जा सकता है। लेकिन जिस समय इन दोनों रास्तों पर चलने से भी सफलता नहीं मिलती तो तेज नौजवानों का एक दल कुछ और आगे बढ़ता है। वह हाथों-हाथ काम करना चाहता है, मरना और मारना चाहता है और इस ढंग से ही जीत प्राप्त करना चाहता है। उसे (ऐसे लोगों को) अंग्रेजी भाषा में रिवोल्यूशनरीज़ (Revolutionaries) कहते हैं। इस आरोप में वे गुप्त काम करते हैं और बाद में बदलकर खुल्लमखुल्ला लड़ाई करने को तैयार हो जाते हैं, जिस तरह कि आयरलैंडवाले अब तक लड़ते रहे हैं। यह काम जब तक गुप्त रहता है, तब तक उसे दबाने का यत्न किया जाता है। उस स्थिति में उन्हें हिन्दुस्तानी भाषा में विप्लववादी कहते हैं, उर्दू में 'इन्कलाबी' कहा जाता है। यह शब्द इज्जत और निन्दा, दोनों के लिए इस्तेमाल हो सकता है, अर्थात् जब तक देश कमजोर है, जब तक वहाँ खुशामदी अधिक होते हैं, तब

तक वहाँ उन्हें सभी लोग बुरा कहते हैं और शासक तो उनके दुश्मन होते ही हैं, लेकिन बाद में उन्हें ही देशभक्त कहा जाता है।

हम किसी डर के कारण चाहे उन्हें बुरा कहें, लेकिन वास्तव में वे किसी से भी कम 'देशभक्त' नहीं होते, बल्कि हम यह कह सकते हैं कि वे दूसरे शोर मचानेवालों से देश का अधिक दर्द रखनेवाले होते हैं। उनकी कोई सहायता नहीं करता। अपने-पराए सभी बुरा-भला कहते हैं और शासक तो जो करते हैं उसका पूछना ही क्या है। वे वीर फिर भी डटे रहते हैं और जरा भी घबराते नहीं। तो क्या वे किसी से कम देशभक्त होते हैं? मैं तो कहूँगा कि दुनिया में 'End Justifies the means' अर्थात् परिणाम से ही पता चल जाता है कि उनके द्वारा इस्तेमाल किए तरीके अच्छे थे या बुरे? यदि परिणाम अच्छा हो तो झूठ बोला हुआ, हत्या किया गया भी ठीक ही होता है, और यदि असफलता हो तो शान्ति से होनेवाला काम भी बुरा ही कहा जाता है।

क्या वाशिंगटन को उस समय बागी कहकर दबाने की कोशिश नहीं की गई थी? क्या यदि वह उस समय दुश्मनों के हाथ आ जाता तो उसे फाँसी न मिलती? क्या स्कॉटलैंड का वीर वालीस सच्चा देशभक्त नहीं था? क्या उसे फाँसी नहीं दी गई? इस देश में काम ऐसे ही होता है। इटली की हालत देख लो, मैजिनी-जैसों ने भी तो गुप्त सोसायटियाँ बनाईं, उनके परिश्रम का ही यह फल हुआ कि गैरीबाल्डी-जैसे वीर ने दो-दो हाथ कर दिखाए। दूर क्या जाना है, अभी कल की बात है कि रूस उठा है। कितने आदमी फाँसी पर चढ़े और बागी ठहराए गए। क्या ये सच्चे देशभक्त नहीं थे? इस बात का जवाब आज रूसवालों से पूछिए तो। इन बेचारों को 'निहिलिस्ट' और 'अनार्किस्ट' अर्थात् दुनिया में 'अराजकता फैलानेवाले' और 'खून-खराबा करनेवाले' कहा जाता था। उनके परिश्रम के फलस्वरूप ही आज वहाँ पंचायती सरकार बनी हुई है।

हाँ, यह लोग जो निराश होने से खून-खराबे पर उतारू हो जाते हैं वे पहले गुप्त सोसायटियाँ बना लेते हैं। उन्हें अंग्रेजी में Revolutionaries और हिन्दी में 'विप्लववादी' कहा जाता है।

यदि संसार में देखा जाए तो यह बात कि जोरावर की सात कौड़ी सौ हुआ करती हैं, ठीक लगती है, क्योंकि जितनी देर एक पक्ष का जोर रहा उतनी देर तो कमजोर बागी, अनार्किस्ट, निहिलिस्ट, विप्लववादी, इन्कलाब-पसन्द कहलाते हैं, लेकिन जब दूसरा पक्ष ताकतवर हो जाता है तो वे सच्चे देशभक्त, कौम के परवाने हो जाते हैं और दूसरे ज़ालिम, अत्याचारी, लालची आदि बन जाते हैं।

शिवाजी मराठा यदि राज कायम न कर पाता और ज़ालिम औरंगजेब के दाँत खट्टे न कर पाता तो वह डाकू ही कहलाता, लेकिन आज हम भी उसे महापुरुष कहते हैं। खैर!

यह ख़याल कि कोई इन्कलाब करे और खून-खराबे से न डरे, झटपट नहीं आ जाता। धीरे-धीरे शासक लोग जुल्म करते हैं और लोग दरख्वास्तें देते हैं, लेकिन अहंकारी शासक उस तरफ ध्यान नहीं देते। फिर लोग कुछ हल्ला करते हैं, लेकिन कुछ नहीं बनता। उस समय फिर आगे बढ़े हुए नौजवान इस काम को सँभालते हैं। यदि किसी देश में शान्ति हो और लोग सुख-चैन से बैठे हों तो वहाँ उतनी देर इन विचारों का प्रचार नहीं हो सकता, जब

तक कि उन्हें कोई ऐसा बड़ा भारी नया विचार न दिया जाए, जिस पर कि वे परवानों की तरह कुर्बान हो जाएँ। या 'जुल्म' इस बात के लिए लोगों को तैयार करते हैं।

यदि हम अपने देश की ओर ध्यान दें तो इस बात का स्पष्ट पता चल जाता है।

सबसे पहले यह विचार महाराष्ट्र अर्थात् मराठों में किसी महापुरुष को सूझा, लेकिन इसका प्रचार नहीं हो सका। फिर बंगाल में यह विचार आया। वीर वीरेंद्रयश सबसे पहले इस बात का प्रचार करने लगा। यह बात 1903 की है। लेकिन लोग पूरे आराम में रहते थे तो खामखाह कोई दुख में पड़े, किसी ने भी उनकी बात न मानी। वे अपना जोर लगाकर असफल होकर बैठ गए। यह पूरा विवरण रोल्ट कमेटी की रिपोर्ट में दिया है।

फिर 1905 में बंगभंग हो गया। लोगों ने दरख्वास्तें दीं, लेकिन लार्ड कर्जन ने कहा, 'सूरज पश्चिम से उग जाए लेकिन मैं बंगाल का विभाजन ऐसे ही रखूँगा।' फिर स्वदेशी का प्रचार हुआ। कई बेचारे निर्दोष ही जेलों में ठूँस दिए गए। कर्जन ने अपनी 'टें' नहीं छोड़ी। बताओ उस समय जब लोग दुखी बैठे हों, तब उनमें इन बातों का प्रचार झटपट हो जाना ही हुआ कि नहीं? बस बम बनने लगे। खैर, 1908 में अलीपुर षड्यन्त्र केस चला। फिर तो काम और भी जोरों पर हो गया और 1916 तक होता रहा। फिर लोगों को डकैतियाँ डालनी पड़ीं। कुछ दिन पहले एक बंगाली सज्जन ने भाषण दिया था कि लोग उन्हें डाकू कहते हैं। लेकिन आप यह तो बताओ कि तुम उन्हें एक पैसा भी देते हो। वे बेचारे अपना तो सबकुछ छोड़ बैठे हैं और आप उनकी सहायता नहीं करते तो आप सोचो कि वे क्या करें, क्या अपना काम रोक दें? मैं बहुतों से मिला हूँ, वे सच्चे संन्यासी हैं, देशभक्त हैं। खैर, अब हम अपने प्रदेश की ओर आते हैं। पहले-पहले यह हल्ला सरदार अजीत सिंह जी के समय हुआ था। सन् 1907 की बात है। दो कानूनों के खिलाफ आवाज उठाई गई। जोश बढ़ता देखकर सरकार ने उनकी बात झटपट मान ली और शोर-शराबा रुक गया। वह जमाना चला गया। कहा जाता है कि 1909 में सरकार को चिन्ता हुई कि बंगाल की बीमारी कहीं पंजाब में भी न आ फैले। उन्होंने सरदार अजीत सिंह को पकड़ने की कोशिश की, लेकिन वे बचकर निकल गए। उसके बाद पंजाब में सिवाय दिल्लीवाले बम केस के और कोई शिगूफ़ा नहीं दीखता। वहाँ वह विचार भी बंगाल ने ही दिया था। लेकिन उन्होंने कितने लोगों को अपने साथ मिलाया था? कुल दस-बारह आदमी होंगे। साधारण लोग जलती आग में क्यों जाने लगे। चार को फाँसी मिली, कुछ को कैद कर दिया और बात खत्म हुई।

लेकिन झटपट अगले ही बरस 1915 में फिर पंजाब में गदर की तैयारियाँ नज़र आती थीं। तब दो बातें थीं—एक तो लड़ाई छिड़ गई (प्रथम महायुद्ध—अनु.); दूसरे, सरकार ने कामागाटामारुवालों पर अत्याचार किया। वे भी अमेरिका से, बेचारे विचार ही लेकर आए थे। लेकिन पंजाब में रहनेवाले कितने लोगों ने उनका साथ दिया? सिवाय 1907 के कुछ आदमियों के कितने लोग थे उनके साथ? खैर, मैंने अपनी बुद्धि के अनुसार संक्षेप में क्रान्तिकारी विचारों के विकास व प्रसार का कुछ वर्णन करने का यत्न किया है और यदि मुझे मिला तो लम्बा लेख लिखकर अन्य देशों के विस्तृत हाल समेत इसका वर्णन करने का यत्न करूँगा।

(एक अख़बार से)

तख़्ता पलट गुप्त षड्यन्त्र

[जनवरी, 1928 में जब शहीद भगत सिंह के दो लेख 'किरती' में छपे तो उनके साथ एक लेख 'तख़्ता पलट गुप्त षड्यन्त्र' नाम से भी छपा। इसके लेखक का नाम नहीं दिया गया, लेकिन अंग्रेज सरकार किस तरह के तरीके इस्तेमाल कर क्रान्तिकारी आन्दोलन के खिलाफ प्रचार करती थी, यह लेख इस सम्बन्ध में अच्छी जानकारी देता है।–सं.]

अख़बार पढ़ने-सुननेवाले लोग इस बात से परिचित हैं कि ऐसी खबरें अक्सर छपती ही रहती हैं कि हिन्द में आज फलाँ जगह अंग्रेजी सरकार के खिलाफ षड्यन्त्र का पता पुलिस ने लगाया है। और आज फलाँ स्थान पर षड्यन्त्र का मुकदमा चलाया गया है। आज फलाँ जगह षड्यन्त्रकारियों को फाँसी दी गई है। अभी ही एक खबर छपी है कि एक ऐसे षड्यन्त्र का मुकदमा चलनेवाला है जिसमें चारों उत्तरी प्रान्त लपेटे जाएँगे। ऐसी खबरें पढ़कर आम भोले-भाले लोग इन षड्यन्त्रों सम्बन्धी अपने दिल में बड़े बुरे विचार रखने लगते हैं। वास्तव में उन्हें इन षड्यन्त्रों सम्बन्धी कोई जानकारी नहीं होती, जिससे इस विषय पर प्रकाश डालना जरूरी है। जिस तरह रात के बाद दिन और दिन के बाद रात आने की वास्तविकता से कोई इनकार नहीं कर सकता, उसी तरह की वास्तविकता इस कथन में है कि हिन्दुस्तान इस गुलामी को उतारकर आज़ाद हो जाएगा। यह बात अलग है कि इस मनोरथ को पूरा करने में समय कम या ज्यादा लगे, और मूल्य भी महँगा ही देना पड़े। यही वास्तविकता मजदूर वर्ग सम्बन्धी है कि आज वह भी पूँजीपतियों की गुलामी का जुआ उतारकर ही रहेगा।

आज़ादी के आन्दोलन दुनिया में न कभी रुके हैं और न रुक सकते हैं, लेकिन इन्हें रोकने के लिए कौमों और मजदूर वर्ग के आन्दोलन के विरोधियों ने जो-जो हथियार इस्तेमाल किए हैं, वह साक्षात् रूप में इतिहास में मौजूद हैं और इन्हें अच्छी तरह समझने के लिए हिन्दुस्तान का मौजूदा इतिहास ही काफी है।

जब आज़ादी का कोई आन्दोलन सफल तरीकों पर चलता दिखाई दे तो इसे असफल करने के लिए इसके सेवकों पर सबसे बड़े आरोप जो लगाए जाते हैं, वह यह होते हैं– 1. कि यह षड्यन्त्र कर रहे हैं, और 2. यह धर्म-विरोधी हैं। इस लेख में इन दोनों विषयों पर विचार करने का यत्न करना है ताकि आम जनता को इनकी तह तक पहुँचने का अवसर मिले और यह पता चल सके कि सही मायनों में षड्यन्त्र करनेवाला और धर्मों का विरोधी कौन होता है और किस तरह दुनिया का भला करनेवालों को षड्यन्त्रकारी और अधर्मी कहा जाता है। वास्तव में षड्यन्त्रकारी और अधर्मी तो यह स्वयं होते हैं।

गुप्त तख़्ता पलट आन्दोलन

वर्तमान सरकार यह हल्ला करती नहीं थकती कि हिन्दुस्तान में गुप्त तख़्ता पलट आन्दोलन कायम है। इस आन्दोलन के अस्तित्व को प्रकट करने के लिए कहीं-न-कहीं से टूटे-फूटे

पिस्तौल और बम आदि अपने खुशामदियों के माध्यम से पकड़ने का ढोंग रच लेती है और कहीं किसी अधिकारी पर कोई खाली जानेवाला हमला ही करवाया जाता है और कभी रेलपटरी के पेंच ढीले किए जाते हैं, जबकि लाट साहिब आदि को गुजरना हो। यह सब ऐसी बातें हैं, जिन्हें गुप्त तख्ता पलट षड्यन्त्र या आन्दोलन आमतौर पर इस्तेमाल करते हैं। लेकिन इस समय यह सबकुछ पुलिस की ओर से हो रहा है, जिसका सबूत इस बात से मिलता है कि बताए गए तख्ता पलटनेवालों की इस कार्रवाई से नुकसान कहाँ तक होता है? बंगाल को इस समय सरकार इस आन्दोलन का घर बता रही है। पिछले कुछ सालों में चाहे बंगाल में पुलिस ने कितनी ही जगहों से टूटे-फूटे हथियार आदि पकड़े और कई बार सरकारी अधिकारियों पर हमलों की साजिश का अस्तित्व भी बताया, लेकिन आज तक वहाँ किसी भी सरकारी अधिकारी की या कोई राजनीतिक मृत्यु नहीं हुई, जिससे यह सिद्ध होता है कि यह सबकुछ पुलिस के आदमी ही करते हैं। यदि तख्ता पलटनेवाले किसी सरकारी अधिकारी की जान लेने के लिए तैयार हो जाएँ तो क्या वे उसे सूखा जाने देंगे? यह तख्ता पलटनेवाले हथियार आदि रखें तो क्या इस तरह के टूटे-फूटे ही रखें, जिनके बारे में बंगाल पुलिस भी अपनी गवाहियों में बता चुकी है कि ये हथियार चलानेवालों के लिए ही ज्यादा खतरनाक हैं और जिस पर चलाए जाते हैं उसके लिए कम! यदि तख्ता पलटनेवाले गाड़ियाँ उलटने का यत्न करें तो क्या इसमें सफल न हों? यह सब ऐसी बातें हैं जो सिद्ध करती हैं कि यह सबकुछ आज़ादी के उपासकों को कुचलने के लिए पुलिस-कर्मचारियों की ओर से किया जाता है।

हमें इस बात से इनकार नहीं कि हिन्दुस्तान में तख्ता पलटने का आन्दोलन है, लेकिन हमारा कहना है कि इस समय जो हो रहा है वह पुलिस की ओर से है और इतिहास बताता है कि जब भी कोई तख्ता पलटने का काम शुरू करते हैं, वे अपने वार कम ही खाली जाने देते हैं। और सरकार को भी यह निश्चय रखना चाहिए कि ऐसे लोगों को (जिनका धर्म-ईमान ही देश की आज़ादी हो और जो बाकी सब तरीकों से निराश होकर आज़ादी के लिए इस तरीके पर भरोसा रखने लगें) दबाने में वह कभी भी सफल नहीं हो सकती, चाहे वे कितनी ही सख्तियाँ करे और कितनी ही चालें चले और न ही आज तक कोई सरकार इसमें सफल हुई है। इन आन्दोलनों को समाप्त करने का सही तरीका तो यही है कि उन लोगों की माँग पूरी की जाए, ताकि वे शान्त हों।

ऊपर जो बताया गया है यह केवल हमारा अपना ही ख़याल नहीं, बल्कि इसकी पुष्टि बंगाल आर्डिनेन्स सम्बन्धी कई जिम्मेदार सज्जनों के भाषणों और उनके बयानों से होती है। इन्हीं सज्जनों के सवालों का उत्तर सरकार की ओर से सिवाय चुप के कुछ नहीं मिला। नीचे हम अपने विचारों की पुष्टि के लिए कुछ उद्धरण दे रहे हैं जिनसे स्पष्ट सिद्ध हो जाएगा कि सरकार कैसे हिन्दुस्तान को गुलाम रखने के लिए कमीनी चालें चल रही है।

श्रीयुत् सुभाषचन्द्र बोस को, जो कि कलकत्ता नगर सभा के चीफ एग्ज्यूक्टिव आफिसर थे और जिन्हें तख्ता पलट करने का अपराधी कहकर बंगाल आर्डिनेन्स के अनुसार जेल में बन्द किया गया था, अब खराब सेहत के कारण रिहा किया गया है। आपने बंगाल आर्डिनेन्स के सम्बन्ध में अभी एक बयान प्रकाशित करवाया है, जिसमें आप लिखते हैं—

"बंगाली राजनीतिक नजरबन्दों को और देर तक जेलों में बन्द रखने की कोई सन्तोषजनक वजह न होने के कारण पुलिस ने अब बम और टूटे हुए पिस्तौल पकड़ने शुरू कर दिए हैं, ताकि सिद्ध किया जा सके कि तख्ता पलट आन्दोलन अभी तक मौजूद है। वास्तव में पिछले कुछ सालों में जब भी कभी बंगाली राजबन्दियों की रिहाई की चर्चा चली है और जब भी कभी असेम्बली या बंगाल कौंसिल में नजरबन्दों के सवाल पर विचार करने के लिए बैठक हुई है तो पुलिस के हाथों में खेलनेवाले कुछ लोग अपने पास से हथियार लेकर झट गिरफ्तारी के लिए पुलिस के आगे पेश हो जाते रहे हैं और फौरन ही कथित बम-कारखानों का पता पुलिस को लग जाता है। इन कारखानों में आमतौर पर कुछ मसाला होता है, जो हर जगह मिल सकता है। फिर टूटे हुए पिस्तौल, जो कि जिस पर निशाना साधा जाए उससे ज्यादा खतरनाक उसे चलानेवालों के लिए हो सकते हैं, जैसा कि दक्षिणेश्वर बम केस में पुलिस के गवाहों ने अपने मुँह से माना कि यह दोनों चीज़ें चाहे इस्तेमाल में किसी काम की न हों, लेकिन किसी को अपराधी ठहराने के लिए काफी होती हैं।

तख्ता पलट षड्यन्त्र साबित करने के लिए शस्त्र कानून के अन्तर्गत चलाए गए साधारण मुकदमों को पुलिस और एंग्लो-इंडियन अख़बारों की ओर से पोलिटिकल मुकदमे सिद्ध किया जाता है। अभी एक ऐसे पोलिटिकल मुकदमे में जो वायदा माफ गवाह बना, वह एक पुराना पुलिस एजेंट है।

पिछले कुछ सालों में निःसन्देह पुलिस की ओर से मनगढ़न्त तख्ता पलट आन्दोलन बनाने के लिए दलाल (Agent Provocateuors) रखे जाते हैं ताकि खुफिया पुलिस के खास हिस्से (Intelligence Branch) को कायम रखने की जरूरत सिद्ध की जा सके, जिन्हें कुछ साल पहले बंगाल की सरकारी खर्च कम करनेवाली समिति (Bengal Retrenchment Committee) ने हटाने की सिफारिश की थी। मैं यह बयान अपनी जिम्मेदारी को पूरी तरह अनुभव कर लिख रहा हूँ और जो आरोप मैं पुलिस पर लगा रहा हूँ, इनकी जाँच के लिए यदि कोई निष्पक्ष समिति बनाई जाए और नजरबन्दों और पब्लिक को यदि इसके सामने गवाहियाँ देने में कोई बाधा न दी जाए और पूरी छूट हो तो इसके प्रमाण देने को भी मैं प्रस्तुत हूँ...।"

स्वर्गवासी श्रीयुत् देशबन्धु दास जी ने भी बंगाल कौंसिल में भाषण देते हुए 23 जनवरी, 1924 को साफ-साफ बताया कि कैसे ऊल-जलूल (सबूत) इकट्ठा कर बंगाली देशभक्तों को जेल में डाल दिया गया है और किस प्रकार के निराधार आरोप लगाए गए हैं। आपने यह भी जाहिर किया कि इस तरह के आन्दोलन दमनकारी तरीकों से दबाए नहीं जा सकते। नीचे आपके द्वारा कौंसिल में दिया गया भाषण पूरे-का-पूरा दर्ज है–

"हमें यह शिकायत नहीं है कि सरकार ने इन व्यक्तियों को बगैर कोई सूचना एकत्र किए ही गिरफ्तार कर लिया है, लेकिन हमारी शिकायत यह है कि इन सूचनाओं की अच्छी तरह जाँच नहीं की गई और हमारी इस शिकायत के उत्तर में एक शब्द भी नहीं कहा। हमें यह बताया गया है कि इस सम्बन्ध में कई आदमियों ने बयान दिए हैं और यह भी बताया गया है कि जो रिपोर्टें मिली हैं, सरकार ने उन पर विचार किया है। लेकिन जो कुछ मैं पूछना चाहता हूँ वह यह है कि कोई सरकारी अधिकारी चाहे कितना भी योग्य क्यों न हो, किसी

बयान के ठीक होने का अनुमान कैसे कर सकता है, जब तक कि बयान देनेवाले को सामने बुलाकर उससे सवाल न किए जाएँ?"

[जब भगत सिंह और उनके साथी भारतीय और अन्तर्राष्ट्रीय क्रान्तिकारी आन्दोलन की समीक्षा करते हुए लोगों से उसे साझा कर रहे थे तो भारत की स्वतन्त्रता-प्राप्ति के ढंग और स्वतन्त्रता-आन्दोलन के दरपेश पैदा रुकावटों के बारे में चर्चा भी पूरे जोर से चल रही थी। मई, 1928 से सितम्बर, 1928 तक जब भगत सिंह पूरी तरह 'किरती' अख़बार चलाने में व्यस्त थे, उस समय के यह लेख यहाँ दिए जा रहे हैं। चाहे इनके लेखकों के नामों का पता नहीं, लेकिन ये लेख शहीद भगत सिंह और उनके साथियों के तत्कालीन विचारों का प्रतिनिधित्व करते हैं। इसीलिए इन्हें यहाँ दिया जा रहा है। शहीद भगवतीचरण वोहरा 'किरती' अख़बार से गहरे रूप से जुड़े हुए थे। –सं.]

हर सम्भव तरीके से पूर्ण स्वतन्त्रता

अमृतसर कॉन्फ्रेंस में जिन बातों पर बहुत झगड़ा हुआ और बहस हुई, उनमें से एक सबसे अधिक जरूरी और महत्त्वपूर्ण बात यह थी कि कांग्रेस का उद्‌देश्य हर सम्भव तरीके से 'अंग्रेजी राज से बाहर पूर्ण स्वतन्त्रता' प्राप्त करना हो।

प्रस्ताव पास हो गया और बड़े-बड़े नेताओं ने कांग्रेस से इस्तीफे दे दिए और धमकियाँ देनी शुरू कर दीं और प्रस्ताव पास करनेवालों को षड्यन्त्रकारी, नेतागिरी के भूखे लोग कहा गया। पंजाब-भर के अख़बारों ने आसमान सर पर उठा लिया और हाय-तौबा मचा दी। हमें समझ नहीं आ रहा कि क्या कहर टूट पड़ा।

मद्रास कांग्रेस ने पूर्ण स्वतन्त्रता (Complete Independence) का प्रस्ताव पास कर दिया था। यहाँ उसे स्पष्ट कर दिया कि आज़ादी, पूर्ण आज़ादी अंग्रेजी राज से बाहर ही हो सकती है। हाँ, यह बात साफ है कि मद्रास के प्रस्ताव को (अब) ज्यादा जोरदार और निश्चित बना दिया गया है। उस प्रस्ताव पर तो किसी को कोई खास शिकायत हुई नज़र नहीं आई थी। झगड़ा सिर्फ 'हर सम्भव तरीके से' (By all possible means) (आज़ादी) प्राप्त करने का है। अब तो कांग्रेस कोड में लिखा हुआ था कि–By all peaceful and legitimate means–सभी शान्तिपूर्ण और न्यायिक तरीकों से स्वराज लिया जाए।

पूरा देश तैयार था। नौजवानों ने गाँव-गाँव में सिविल नाफरमानी की तैयारी कर दी थी। चौरा-चौरी में एक-दो भाड़े के टट्टुओं ने अत्याचार कर दिया या यों कहो कि कुछ लोगों से करवा दिया। बस पूर्ण शान्तिवाली बात खत्म। फिर क्या था, पूरे देश का बेड़ा गर्क कर दिया। क्या खूब फिलॉसफी है कि शान्तिपूर्ण शब्द का बहाना लेकर हरामखोर जमींदारों और ताल्लुकेदारों का पक्ष लिया गया। और बारदौली रैदलीफन में साफ कह दिया गया कि हे किसानों, तुम अपने मालिकों को लगान दे दो।

बस शान्तिपूर्ण के बहाने देश का बेड़ा गर्क कर दिया गया। यातनाओं के झूठे आरोपों में फँसाए गए लोगों का पक्ष लेने की हिम्मत तक हमें न हुई और कई गरीब वहाँ फाँसी

पर चढ़ गए। यह तो अत्याचार हुआ न? इस पूर्वाग्रह को मिटाना बहुत जरूरी था। इस प्रस्ताव के पास होने से लोगों के देखने का दायरा कुछ बढ़ गया है।

दूसरी बात यह है कि क्या हमने कसम खा रखी है कि यदि शान्तिपूर्ण तरीके से स्वराज मिलेगा तो लेंगे, अन्यथा हम अंग्रेजी राज में ही रहना पसन्द करेंगे? 'हाँ' कहनेवाले अन्धे आदर्शवादी लोगों के साथ हम बात नहीं करना चाहते। जिस स्वराज के बारे में दुनिया का सबकुछ कुर्बान किया जा सकता है, उसके बारे में ऐसी बेकार बातों की क्या जरूरत है?

हाँ, तीसरा सवाल उठा है कि क्या विद्रोह करके, लड़ाई करके हम स्वराज ले सकते हैं? आज तो एक ही जवाब मिल सकता है कि नहीं। आज हम इतने संगठित, सशस्त्र और ताकतवर नहीं हैं, इसीलिए यह तरीका अभी असम्भव है। फिर झगड़ा किस बात का? सवाल यह है कि क्या हर कौम को कभी भी बल-प्रयोग का अधिकार है या नहीं? डॉक्टर सत्यपाल जी के शब्दों में–Have we not a right to employ all possible means to attain our goal. उसके जवाब में 'ट्रिब्यून' कहता है कि नहीं! (Not a right can either be legal or moral right) बहुत अच्छा जी! कानूनी अधिकार तो नहीं हो सकता, क्योंकि कानून परायों के हाथ में है। पर क्यों जी, सिविल नाफरमानी-सिविल नाफरमानी करके आसमान सर पर उठा लेनेवाले सज्जन यह नहीं जानते कि सिविल नाफरमानी भी कोई कानूनी तौर पर जायज (legal right) नहीं कहला सकती। वह भी स्पष्टतः समय के कानून (law) को तोड़ना और उसका विरोध करना है। किसी भी राज्य (State) के खिलाफ किसी तरह की आवाज उठानी कभी भी legal right नहीं कहला सकती। यहाँ नैतिक अधिकार (Moral right) होता है। यदि सम्भव होने और अत्यन्त जरूरी होने पर भी बल-प्रयोग को Moral right नहीं समझा जाता तो अमेरिका के वीर वाशिंगटन और पैट्रिक हेनरी, इटली के मैजिनी और गैरीबाल्डी, रूस के लेनिन आदि आज़ादी दिलानेवालों और अपने सभी बुजुर्गों श्री रामचन्द्र, श्री कृष्ण, श्री शिवाजी, श्री प्रताप और गुरु गोविन्द सिंह जी ने कुकर्म किए और वे सम्माननीय न हुए! यह फिलॉसफी भी कमाल है! सवाल सिर्फ यह उठता है कि जब आज विद्रोह करना भी नहीं और है भी असम्भव तब All possible means पास करने की जरूरत क्यों पड़ गई? लेकिन जब आज पूर्ण स्वतन्त्रता का प्रस्ताव पास करते हैं तो क्या आज ही स्वतन्त्रता ले लेते हैं? यह सिर्फ ऊँचा आदर्श सामने रखा गया है। इस तरह 'हर सम्भव तरीके से' पास करने से लोगों की तंगदिली दूर कर दी गई और उनके सामने बड़ा भारी आदर्श रख दिया गया है।

साथ ही एक और बात भी है। आज कई साल हो गए हैं, जब से कितने ही वीर 'पूर्ण स्वतन्त्रता, पूर्ण स्वतन्त्रता' की रट लगाए फाँसी पर लटक गए। आज हमारे समझदार नेताओं को पूर्ण स्वतन्त्रता की घोषणा करने की जरूरत पड़ी और वे सबसे गर्म नेता कहलाने लगे। और हम किसी भी नौजवान को ताकत में विश्वास रखने पर दुत्कारना शुरू कर देते हैं और उन बेचारे देशभक्तों पर कहर बरपा करते हैं और कोई परवाह नहीं करते। 1914-15 के मुकदमों में जो अन्धेरगर्दी हुई, क्या वे साथी अपनी ही लापरवाही का परिणाम नहीं थे? तब गला फाड़-फाड़कर काँव-काँव। यह बड़े खतरनाक हैं, खूँखार हैं। और जब उन बेचारों का फाँसी लग जाना, तब भीतर घुस-घुस बातें करना। वे सच्चे देशभक्त थे। 1908 से लोग

फाँसी पर चढ़ते रहे, पर सब अक्लमन्द लोग उन्हें गालियाँ देते रहे। 1925 में विपिनचन्द्र पाल ने एक लेख लिखा कि It were politcal assasins who passed their way to Minto morley scheme. यानी राजनीतिक हत्यारों की कृपा से ही मिंटो-मारले स्कीम मिली थी। और आज काकोरीवाले शहीदों के घरवालों से सहानुभूति प्रकट करने पर बिगड़ जानेवाला Modern Review भी विपिनचन्द्र पाल की उपरोक्त बात की ताईद करता हुआ एक बड़े माडरेट एस. आर. दास के पत्र में लिखता है कि इंग्लिस्तान को जगाने के लिए यह बताने के लिए कि हिन्दुस्तान की स्थिति अच्छी नहीं है, एक बम की जरूरत थी–'A bomb was necessary to awaken England from lber sweet dream that all was well with India.'

यदि उन गरीबों की ओर, जो कि शान्ति में विश्वास नहीं करते, लेकिन आज़ादी के लिए हम लोगों से अधिक बलिदान कर सकते हैं, समय पर ध्यान दिया जाए तो कम-से-कम उनके साथ अन्धेरगर्दी और जुल्म तो न हुआ करें और उनकी मुसीबत में कुछ तो कमी हो जाया करे।

एक और भी बात है कि माडरेटों को सदस्य बनाने के लिए खद्दर की शर्त लगाने पर जोर देनेवाले सज्जन यह तो बताएँ कि क्या माडरेटों से अधिक बलिदान करनेवाले नौजवानों के लिए कांग्रेस का दर खोलना पाप है? उनको आगे नहीं आने देना? यह तो हम जानते हैं कि आज़ादी की जंग में इस्तेमाल के लिए हमारे पास केवल एक ही हथियार है 'सिविल नाफरमानी' और वैसा आन्दोलन अधिक शान्तिपूर्ण होगा ही, लेकिन 'सम्भव' शब्द के आ जाने से किसी को भी कोई शिकायत नहीं रह जानी चाहिए।

और यदि शब्द कहने से डरते हो कि सरकार आ गला पकड़ेगी तो सुन लो– "Freedom has to be won inch by and whether peaceful or other methods are employed, the Government of the day will not spare any pains to crush the movement of independence." यानी सरकार तो शान्तिपूर्ण या अशान्तिपूर्ण, सभी आन्दोलनों को दबाने की कोशिश करेगी। इसलिए हमें उस प्रस्ताव से डरना नहीं चाहिए जिसने हमारे काम के दायरे को ज्यादा खुला कर दिया और हमारी तंगनजर को खोल दिया है, बल्कि उसका तो स्वागत करना चाहिए।

'किरती', मई, 1928

आतंक के असली अर्थ

[अपने समय की विचारधारात्मक बहस में हिस्सा लेते हुए भगत सिंह और उनके साथियों ने 'आतंक' शब्द के अर्थ समझने की कोशिश की। मई, 1928 के 'किरती' में यह लेख इसी विषय पर छपा जो बम्बई के अख़बार 'श्रद्धानन्द' से अनूदित था तथा भगत सिंह और उनके साथियों के उस समय के विचारों का प्रतिनिधित्व करता है। –सं]

पिछले सात-आठ सालों में जिन शब्दों ने हमारे राजनीतिक जीवन में तूफान खड़ा किया है और जिनके बारे में बहुत लोगों को गलतफहमी रही है उनमें सबसे जरूरी शब्द 'आतंक' है।

अब तक किसी ने भी गहन विचार कर इस शब्द के अर्थ समझने के यत्न नहीं किए। इसीलिए आज तक इस शब्द का गलत इस्तेमाल होता रहा है। पूरी कौम अपने लक्ष्य को ठीक न समझ पाने के कारण दिन को रात और रात को दिन समझती हुई ठोकरें खा रही है।

आतंक पर बोलते ही अनुभव होने लगता है कि वह त्याज्य और बुरा शब्द है। सुनते ही यह विचार पैदा होता है कि वह दुख देनेवाला, अत्याचारी, जोर-जबरदस्ती और अन्यायपूर्ण है। जिस काम के साथ 'आतंक' शब्द लग जाए वही काम पलीत, हानिकर और त्याज्य लगने लगता है। इस हालत में कोई शरीफ और नेकदिल इनसान इससे हमेशा के लिए परे रहने का यत्न करे तो यह एक स्वाभाविक बात है। आतंक और जुल्म से आशय ताकत का अयोग्य ढंग से प्रयोग है। इन दोनों शब्दों से ताकत के इस्तेमाल की बू तो आती है, लेकिन ताकत के इस्तेमाल की एक सीमा है। उसी सीमा का ख़याल न रखते हुए कुछ हंगामाबाज लोगों ने 'आतंक' नाम दे दिया है और हिन्दी भाषा में इसकी तुलना में 'अहिंसा' शब्द ठोंक दिया गया है। इसी कारण आज एक बड़ी ख़तरनाक गलतफहमी फैली हुई है।

आतंक में ताकत का इस्तेमाल भी होता है। इसलिए कुछ घटिया दिमागवालों ने ताकत के इस्तेमाल को ही आतंक का नाम दे डाला। किसी आदमी को बुरे काम से रोकने के लिए यही कह देना काफी होता है कि वह काम बहुत बुरा और घृणित है। ऐसे ही शब्दों में आतंक भी एक है। कांग्रेस के आदेशानुसार हजारों इनसान बिना किसी न-नकार के शान्ति की कसमें उठाते चले गए। बात तो ठीक थी। आतंक का अर्थ जुल्म और जबरदस्ती करना है। ऐसा बुरा काम न करने की कसम खाने में किसी को क्या उज्र हो सकता है, लेकिन असली बात यह है कि जुल्म को नहीं, बल्कि ताकत के इस्तेमाल को ही आतंक का नाम देकर लोगों में गलतफहमी फैला दी गई है। बहुत-से लोग जो कि ताकत के इस्तेमाल के हक में थे, वे आतंक का पक्ष लेने की हिम्मत न दिखा सके और उन्होंने भी चुपचाप शान्तिपूर्ण (आन्दोलन) के पक्ष में होने की कसम उठा ली। इसीलिए अहिंसा (Non-violence) जैसे शब्दों ने बहुत गड़बड़ी मचा दी। हजारों ही काम जो आज तक न सिर्फ जायज, बल्कि अच्छे माने जाते थे, वह पलक झपकने में ही घृणित माने जाने लगे। वीरता, हिम्मत, शहादत, बलिदान, सैनिक-कर्तव्य, शस्त्र चलाने की योग्यता, दिलेरी और अत्याचारियों का सर कुचलनेवाली बहादुरी आदि गुण बल-प्रयोग पर निर्भर थे। अब ये गुण अयोग्यता और नीचता समझे जाने लगे! आतंक शब्द के इन भ्रामक अर्थों ने कौम की समझ पर पानी फेर दिया। नौबत यहाँ तक आ पहुँची कि हथौड़े से पत्थर का बुत तोड़ना भी आतंक के दायरे में मान लिया गया और लाठी पकड़ने तक को आतंक माना गया। तो क्या बुत को हाथों से तोड़ा जाए?

किसी भी शब्द के सुनते ही हर इनसान के दिल में एक विचित्र ढंग की भावनाएँ पैदा हो जाती हैं और उसके बाद झटपट एक प्रकार के अर्थ समझ चुकने के कारण इनसान उसकी तह तक जाने के लिए अधिक दिमाग नहीं लड़ाता। किसी अजनबी इनसान के आते ही यह कह दिया जाए कि वह बड़ा पापी है, लुच्चा है, तो सुननेवाले के दिल में उसके खिलाफ स्वभावतः ही एक तरह के घृणित ख़याल उत्पन्न हो जाते हैं। उस आदमी के सम्बन्ध में अधिक जाँच किए बगैर ही राय बना ली जाती है। इसी तरह शब्दों के प्रयोग

सम्बन्धी मामले में कहा जा सकता है। वेदों और पुराणों में इस बात पर जोर दिया गया है कि जो भी शब्द बोले जाएँ, उनका सही प्रयोग होना चाहिए, क्योंकि शाब्दिक भ्रम से देवताओं तक में बड़े-बड़े दंगे हो गए थे और बड़ा भारी नुकसान हो गया था। ठीक वही दशा पिछले सात साल से हमारी हो रही है। ताकत के योग्य और अयोग्य इस्तेमाल को बिना किसी सोच-विचार के फौरन आतंक का फतवा देकर घृणित होने की घोषणा कर दी गई है।

यदि कोई डाकू कुल्हाड़ी लेकर किसी के घर में आ घुसे तो उसे आतंक (की कार्यवाही) कहा गया, लेकिन यदि घरवालों ने छुरी का इस्तेमाल कर डाकू को मार डाला तो उसे भी आतंक (का काम) माना गया। अर्थात् जब अपने और अपने परिवार की रक्षा के लिए ताकत के योग्य और नेक इरादों से इस्तेमाल किया गया तब भी उसे आतंक ही कहा गया। रावण जोर-जबरदस्ती सीता को उठा ले गया तो वह आतंक। और सीता को छुड़ाने गए राम ने रावण का सिर काट दिया तो वह भी आतंक! इटली, अमेरिका, आयरलैंड आदि देशों पर कई प्रकार के जुल्म करनेवाले अत्याचारी भी आतंक फैलानेवाले समझे गए और नंगी तलवार पकड़े इन विदेशी डकैतों का छिपी हुई शमशीर से इलाज करनेवालों को भी आतंक (फैलानेवाले) की उपाधि दी जाती है। गैरीबाल्डी, वाशिंगटन, एमट और डी. वलेरा आदि सभी इसी सूची में डाल दिए गए। क्या इसे इंसाफ कहा जा सकता है? आभूषण चुराने के लिए मासूम बच्चे की गर्दन काट देनेवाला चोर भी घृणित और उस पत्थर-दिल चोर को फाँसी पर लटका देनेवाला न्यायकारी सम्राट भी आतंककारी और घृणित! कृष्ण भी उतना ही पापी, जितना कंस! शूरवीर भीम भी उतना ही गुनाहगार, जितना कि उसकी धर्मात्मा पत्नी का अपमान करनेवाला दुःशासन! आह! कितनी गलतफहमी है। कितना बड़ा अन्याय है। इसीलिए कुछ सीधे-सादे लोगों ने अच्छे कामों को भी केवल बल-प्रयोग के कारण अयोग्य और आतंकवादी कह दिया। साँप डँसता है, आदमी उसे मार डालता है। पर दोनों बराबर-बराबर नहीं। डँसना तो साँप की आदत थी और वह इस आदत से मजबूर था, लेकिन इनसान ने यह काम जानबूझकर किया, इसलिए उसे अधिक नीच समझा जाना चाहिए! नौबत यहाँ तक पहुँची कि देश और कौम के लिए सशस्त्र हो मैदाने-जंग में शहीद हो जानेवाले बहादुर भी पापी समझे जाने लगे। शिवाजी, राणा प्रताप और रणजीत सिंह जी को आतंक फैलानेवाले कहा गया और वे पूजनीय व्यक्तित्व भी घृणा का शिकार हो गए।

उधर दुनिया के सारे देश शस्त्रधारी हैं। प्रत्येक अपने हथियारों की ताकत को बढ़ाता चला जा रहा है। इधर हमारा यह भारतवर्ष है, जिसमें रहनेवालों का शस्त्र पकड़ना पाप समझा जाता है। 'लाठी मत पकड़ो'—यह शिक्षा देनेवाले लाठी देखते ही डरपोक और कायर लोगों की पीठ ठोंकने लगे। देश को गिरी हुई अवस्था से उठाकर उन्नति के रास्ते पर खड़ा करनेवाली शूर-वीरता मटियामेट होने लगी और ताकत से डरनेवाले दुश्मन राजी-खुशी दिखाई देने लगे। कुछ बिरले ही लोग थे जो यह दुखद स्थिति न देख सके और उन्होंने इसका खंडन करना शुरू कर दिया। लेकिन हैरानी की बात तो यह है कि वे स्वयं भी इसी गड़बड़ी का शिकार हो गए और ठोस तर्कों से विरोध प्रकट करना उनके लिए कठिन हो गया। बस इसी से युग पलटनेवाले लोगों ने चिढ़कर यह कहना शुरू कर दिया—हाँ, हाँ, हम

आतंक फैलाएँगे, हम Violence ही करेंगे! जैसे कोई शरीफ आदमी अपने अच्छे काम को गुनाह ठहराए जाते देखकर और फिर तर्कसम्मत उत्तर न दे पाने के कारण हड़बड़ाकर यही कहना शुरू कर दे–हाँ, हाँ, मैं गुनाह ही करूँगा। ठीक यही स्थिति इन बेचारे युग पलटनेवालों की हो रही है। मद्रास कांग्रेस के अध्यक्ष तक ने यह कह दिया कि आज यदि हम शान्तिपूर्ण (तरीके) के पक्षधर हैं तो इसका यह अर्थ नहीं है कि हम हमेशा ऐसे ही रहेंगे। हो सकता है कि हमें कल ही आतंक (Violence) के लिए तैयार होना पड़े। दुख तो इस बात का है कि वह 'आतंक' शब्द घृणित है। यह अपने गुणों व ठीक अर्थों में व्याख्यायित न होने के कारण दूसरों को अपने पक्ष में नहीं कर सका–अर्थात् वे लोग जोकि बल-प्रयोग के पक्ष में भी हैं, वे भी ज़ालिम या आतंकवादी कहलवाना पसन्द नहीं कर सकते। इस एक शब्द 'आतंक' के अर्थों के अनर्थ होने के कारण ही कितना भारी नुकसान हो रहा है।

पूरी गलतफहमी की जड़ तो इस एक शब्द 'आतंक' की गलत व्याख्या है; क्योंकि आतंक व जुल्म भी बल-प्रयोग से ही होते हैं, इसलिए बल-प्रयोग से बहुत सारे अच्छे व बुरे काम होते हैं। जुल्म इनमें से एक है। एक पुरुष चोरी से किसी के घर में आग लगाता है, वह भी आग लगानेवाला है और दूसरी ओर रसोइया भी आग जलाता है, लेकिन रसोइया अपराधी नहीं कहला सकता और न ही आग लगाने का काम बुरा कहा जा सकता है। इसी तरह अपने देश की रक्षा के लिए या देश की आज़ादी की प्राप्ति के लिए शस्त्र लेकर मैदान में उतरनेवाला देशभक्त जब ज़ालिम और बलशाली की गर्दन तलवार से उतार देता है या ज़ालिम से किसी मज़लूम का बदला लेता हुआ फाँसी पर चढ़ जाता है, वह या कोई और शूरवीर, जोकि अपने सगे-सम्बन्धियों, अपनी पत्नी या घर-बार की रक्षा के लिए हथियार लेकर लुच्चे ज़ालिमों का मुकाबला करने के लिए निकलता है, वह बल-प्रयोग तो जरूर करता है, लेकिन आतंक नहीं फैलाता, अर्थात् इनके किए काम, आतंक के कामों में नहीं गिने जा सकते, बल्कि वे अच्छे और नेक कहे जाते हैं।

वह बल-प्रयोग जिससे निर्दोषों को बिना किसी कारण से सताया जाए या दूसरों को किसी नीच इच्छा से नुकसान पहुँचाया जाए, केवल ऐसे ही बेहूदा कामों के लिए (किए गए) बल-प्रयोग को आतंक कहा जा सकता है, लेकिन जब इसी ताकत को किसी गरीब अनाथ की मदद के लिए या ऐसे ही किसी और काम के लिए इस्तेमाल किया जाए तो वह आतंक नहीं, बल्कि पुण्य और परोपकार कहलाता है। या फिर इससे सिद्ध हुआ कि बल-प्रयोग करना कोई जुल्म, अत्याचार या आतंक नहीं, बल्कि यह बल-प्रयोग करनेवाले की नीयत पर निर्भर रहता है। यदि उसने किसी भले व नेक काम के लिए बल-प्रयोग किया है तो उसे आतंक का दोषी नहीं ठहराथा जा सकता, लेकिन यदि उसने अपने व्यक्तिगत हित या निर्दोषों को दुख देने की खातिर अपने बल का गलत प्रयोग किया है तो उसे निःसन्देह, निर्भय होकर 'आतंकवादी' कहा जा सकता है। आतंक हमेशा ही घृणा योग्य है। आतंक ताकत का ऐसा इस्तेमाल है, जिससे बिना अपराध के किसी को दुख दिया जाए। लेकिन जहाँ ज़ालिमों और गुंडों की गुंडई रोकने के लिए बल-प्रयोग किया जाए, वह आतंक नहीं बल्कि अच्छा व भला काम होता है, क्योंकि दुनिया के अच्छे कामों की परख की एक ही

कसौटी है–यह कि वे काम दुनिया को सुख व आराम देनेवाले हों। किसी को दुख देना आतंक है, लेकिन दुख देनेवाले ज़ालिम का खुरा-खोज मिटाना पुण्य है। ज़ालिम कंस जब जुल्म की तलवार पकड़ देवकी के घर में जा घुसता है, उसका उस समय का काम घृणित आतंक है, लेकिन जब इसी ज़ालिम के पंजे से जनता को छुटकारा दिलाने के लिए श्रीकृष्ण तलवार लेकर उसके दरबार में घुस जाते हैं और तलवार से उसका सिर गर्दन से अलग कर देते हैं, उस समय की उनकी यह कार्रवाई अभिनन्दनीय है। दोनों तलवारें हैं, दोनों हथियार हैं, दोनों कामों में बल-प्रयोग किया गया है, लेकिन एक काम जुल्मों से भरा है, इसलिए उसे आतंक कहा जाएगा और दूसरा काम नेक है, वह एक ज़ालिम और अत्याचारी की हस्ती को, गलत अक्षर की तरह, मिटाकर लोगों पर परोपकार करना है, इसलिए वह नेक काम सम्माननीय है। पर यदि हमारी मौजूदा फिलॉसफी के हिसाब से देखा जाए तो दोनों ही काम आतंककारी और घृणित हैं। लोगों को दुख देनेवाला ज़ालिम भी आतंककारी, और लोगों को ज़ालिम के पंजे से छुटकारा दिलानेवाला भी आतंककारी! यदि हमारे देश में यही स्थिति रही तो अच्छे-बुरे की पहचान कैसे होगी और सम्माननीय कामों और घृणित कामों के फर्क का कैसे पता चलेगा?

यदि इतना जान लिया जाए कि ताकत का गलत इस्तेमाल अर्थात् गरीबों, अनाथों को सताना आतंक कहलाता है और इन सबको रोकना अच्छे काम समझा जाता है तो सारे भ्रम दूर हो सकते हैं। चोर, डाकू और हत्यारे जब हथियारों का इस्तेमाल करते हैं तो वे आतंक करते हैं। (That force being aggressively used become violence), लेकिन जब घर का मालिक समय पाकर उस डाकू या हत्यारे की छाती में छुरी घोंप देता है या उस डाकू को कोई न्यायप्रिय शासक फाँसी की सज़ा देता है तो वह अच्छा काम होता है। इसीलिए हिन्दू धर्मशास्त्र के कर्ता मनु जी लिखते हैं–

ज़ालिम, हत्यारे, अपराधी को खुफिया ढंग से या खुले मैदान चुनौती देकर या किसी और ढंग से छापा मारकर जान से मार डालनेवाला दिलेर इनसान पापी या गुनाहगार नहीं, बल्कि सम्माननीय इनसान कहलाता है। पुराने-से-पुराने और नए-से-नए कानून के अनुसार आत्म-रक्षा में किए बल-प्रयोग को कभी भी आतंक के नाम से नहीं पुकारा गया। यहाँ तक कि हिन्दू दंड-विधान में भी उसे आतंक (Violence) नहीं कहा गया। आतंक फैलाना दंडनीय है, लेकिन आत्म-रक्षा में बल-प्रयोग कानूनी ताकत समझी जाती है।

ठीक वही बात राजनीति की है। इटली पर इस देश की इच्छा के विरुद्ध आस्ट्रिया सिर्फ तलवार के जोर से राज करता था, इसलिए इटली को जबरदस्ती अधीन रखने का उसका काम आतंक था, घृणित था और खतम करने योग्य था। लेकिन जब गैरीबाल्डी और मैजिनी ने इसके खिलाफ तलवार उठाई और उस ज़ालिम बादशाहत को उलटा दिया तब उनका यह काम घृणा लायक नहीं, बल्कि पूजनीय माना गया। ठीक यही बात हम 1857 में हिन्दुस्तान की आज़ादी के लिए लड़ी लड़ाई के सम्बन्ध में कह सकते हैं, क्योंकि वह हमारे पहले बताए अनुसार जुल्म या आतंक नहीं था। इस लेख से यह अर्थ निकालना कि हम एक हथियारबन्द बगावत करने की प्रेरणा दे रहे हैं, बिलकुल झूठ और बेकार होगा। आज हम हथियारबन्द बगावत करने या न करने सम्बन्धी कुछ नहीं लिखते। हथियारबन्द

बगावत की प्रौढ़ता या विरोध अलग-अलग देशों के अलग-अलग समाचारों के कारण होते हैं। जो लोग इस समय हथियारबन्द बगावत को कठिन या समयपूर्व मानते हों, वे 'आतंक' शब्द की ओट लेकर उस विचार को ही त्याज्य न बनाएँ। इस विचार से ही आतंक शब्द की उक्त व्याख्या की गइ है, ताकि लोग फिर वैसी ही खतरनाक और ठीक न हो सकनेवाली भूल न करें।

('श्रद्धानन्द', बम्बई से) 'किरती', मई, 1928

धर्म और हमारा स्वतन्त्रता संग्राम

[मई, 1928 के 'किरती' में यह लेख छपा। अमृतसर में अप्रैल में राजनीतिक कॉन्फ्रेंस और नौजवान सभा की कॉन्फ्रेंस हुई थी, जिसमें धर्म की समस्या पर शहीद भगत सिंह और उनके साथियों में जमकर विचार-विमर्श हुआ। यह लेख उसी मसले पर प्रकाश डालता है।

स्वतन्त्र भारत के संकल्प की रूपरेखा तब कुछ निखरनी शुरू हो गई थी। इस लेख में जन-एकता स्थापित करने सम्बन्धी कुछ ठोस सुझाव दिए गए हैं।

अप्रैल, 1928 में नौजवान भारत सभा के घोषणा-पत्र में जिसकी रचना भगत सिंह और भगवतीचरण वोहरा ने की थी, साम्प्रदायिकता सम्बन्धी कुछ ठोस विचार रखे गए हैं। यह घोषणा-पत्र छठे अध्याय में संकलित है। —सं.]

अमृतसर में 11-12-13 अप्रैल को राजनीतिक कॉन्फ्रेंस हुई और साथ ही युवकों की भी कॉन्फ्रेंस हुई। दो-तीन सवालों पर इसमें बड़ा झगड़ा और बहस हुई। उनमें से एक सवाल धर्म का भी था। वैसे तो धर्म का प्रश्न कोई न उठाता, किन्तु साम्प्रदायिक संगठनों के विरुद्ध प्रस्ताव पेश हुआ और धर्म की आड़ लेकर उन संगठनों का पक्ष लेनेवालों ने स्वयं को बचाना चाहा। वैसे तो यह प्रश्न और कुछ देर दबा रहता, लेकिन इस तरह सामने आ जाने से स्पष्ट बातचीत हो गई और धर्म की समस्या को हल करने का प्रश्न भी उठा। प्रान्तीय कॉन्फ्रेंस की विषय समिति में भी मौलाना जफर अली साहब के पाँच-सात बार खुदा-खुदा करने पर अध्यक्ष पंडित जवाहरलाल ने कहा कि इस मंच पर आकर खुदा-खुदा न कहें। आप धर्म के मिशनरी हैं तो मैं धर्महीनता (Irreligion) का प्रचारक हूँ। बाद में लाहौर में भी इसी विषय पर नौजवान सभा ने एक मीटिंग की। कई भाषण हुए और धर्म के नाम का लाभ उठानेवाले और यह सवाल उठ जाने पर झगड़ा हो जाने से डर जानेवाले कई सज्जनों ने कई तरह की नेक सलाहें दीं।

सबसे जरूरी बात जो बार-बार कही गई और जिस पर श्रीमान भाई अमर सिंह जी झबाल ने विशेष जोर दिया, वह यह थी कि धर्म के सवाल को छेड़ा ही न जाए। बड़ी नेक सलाह है। यदि किसी का धर्म बाहर लोगों की सुख-शान्ति में कोई विघ्न न डालता हो तो किसी को भी उसके विरुद्ध आवाज उठाने की क्या जरूरत हो सकती है? लेकिन सवाल तो यह है कि अब तक का अनुभव क्या बताता है? पिछले आन्दोलन में भी धर्म का यही सवाल उठा और सभी को पूरी आज़ादी दे दी गई। यहाँ तक कि कांग्रेस के मंच पर से भी

आयतें और मन्त्र पढ़े जाने लगे। उन दिनों धर्म में पीछे रहनेवाला कोई भी आदमी अच्छा नहीं समझा जाता था। फलस्वरूप संकीर्णता बढ़ने लगी।

जो दुष्परिणाम हुआ, वह किससे छिपा है? अब राष्ट्रवादी या स्वतन्त्रता प्रेमी लोग धर्म की असलियत समझ गए हैं और वही उसे अपने रास्ते का रोड़ा समझते हैं।

बात यह है कि क्या धर्म घर में रखते हुए भी, लोगों के दिलों में भेदभाव नहीं बढ़ता? क्या उसका देश के पूर्ण स्वतन्त्रता हासिल करने तक पहुँचने में कोई असर नहीं पड़ता? इस समय पूर्ण स्वतन्त्रता के उपासक सज्जन धर्म को दिमागी गुलामी का नाम देते हैं। वे यह भी कहते हैं कि बच्चे से यह कहना कि—ईश्वर ही सर्वशक्तिमान है, मनुष्य कुछ भी नहीं, मिट्टी का पुतला है—बच्चे को हमेशा के लिए कमजोर बनाना है। उसके दिल की ताकत और उसके आत्मविश्वास की भावना को ही नष्ट कर देना है। लेकिन इस बात पर बहस न भी करें और सीधे अपने सामने रखे दो प्रश्नों पर ही विचार करें तो भी हमें नज़र आता है कि धर्म हमारे रास्ते में एक रोड़ा है। मसलन हम चाहते हैं कि सभी लोग एक-से हों। उनमें पूँजीपतियों के ऊँच-नीच की छूत-अछूत का कोई विभाजन न रहे। लेकिन सनातन धर्म इस भेदभाव के पक्ष में है। बीसवीं सदी में भी पंडित, मौलवी जी जैसे लोग भंगी के लड़के के हार पहनाने पर कपड़ों सहित स्नान करते हैं और अछूतों को जेनऊ तक देने से इनकारी है। यदि इस धर्म के विरुद्ध कुछ न कहने की कसम ले लें तो चुप कर घर बैठ जाना चाहिए, नहीं तो धर्म का विरोध करना होगा। लोग यह भी कहते हैं कि इन बुराइयों का सुधार किया जाए। बहुत खूब! छूत-अछूत को स्वामी दयानन्द ने जो मिटाया तो वे भी चार वर्णों से आगे नहीं जा पाए। भेदभाव तो फिर भी रहा ही। गुरुद्वारे जाकर जो सिख 'राज करेगा खालसा' गाएँ और बाहर आकर पंचायती राज की बातें करें, तो इसका मतलब क्या है?

धर्म तो यह कहता है कि इस्लाम पर विश्वास न करनेवाले काफिर तलवार के घाट उतार देने चाहिए और यदि इधर एकता की दुहाई दी जाए तो परिणाम क्या होगा? हम जानते हैं कि अभी कई और बड़े ऊँचे भाव के आयतें और मन्त्र पढ़कर खींचतान करने की कोशिश की जा सकती है, लेकिन सवाल यह है कि इस सारे झगड़े से छुटकारा ही क्यों न पाया जाए? धर्म का पहाड़ तो हमें हमारे सामने खड़ा नज़र आता है। मान लें कि भारत में स्वतन्त्रता-संग्राम छिड़ जाए। सेनाएँ आमने-सामने बन्दूकें ताने खड़ी हों, गोली चलने ही वाली हो और यदि उस समय कोई मुहम्मद गौरी की तरह—जैसी कि कहावत बताई जाती है—आज भी हमारे सामने गाएँ, सूअर, ग्रन्थ साहिब, वेद-कुरान आदि चीज़ें खड़ी कर दी जाएँ, तो हम क्या करेंगे? यदि पक्के धार्मिक होंगे तो अपना बोरिया-बिस्तर लपेटकर घर बैठ जाएँगे। धर्म के होते हुए हिन्दू-सिख गाय पर और मुसलमान सूअर पर गोली नहीं चला सकते। धर्म के बड़े पक्के इनसान तो उस समय सोमनाथ के कई हजार पंडों की तरह ठाकुरों के आगे लोटते रहेंगे और दूसरे लोग धर्महीन या अधर्मी—काम कर जाएँगे। तो हम किस निष्कर्ष पर पहुँचे? धर्म के विरुद्ध सोचना ही पड़ता है। लेकिन यदि धर्म के पक्षवालों के तर्क भी सोचे जाएँ तो वे यह कहते हैं कि दुनिया में अन्धेर हो जाएगा, पाप बढ़ जाएगा। बहुत अच्छा, इसी बात को ले लें।

रूसी महात्मा टॉल्स्टाय ने अपनी पुस्तक (Essay and Letters) में धर्म पर बहस करते हुए उसके तीन हिस्से किए हैं–

1. Essentials of Religion, यानी धर्म की जरूरी बातें अर्थात् सच बोलना, चोरी न करना, गरीबों की सहायता करना, प्यार से रहना, वगैरा।

2. Philosophy of Religion, यानी जन्म-मृत्यु, पुनर्जन्म, संसार-रचना आदि का दर्शन। इसमें आदमी अपनी मर्जी के अनुसार सोचने और समझने का यत्न करता है।

3. Rituals of Religion, यानी रस्मो-रिवाज वगैरा। मतलब यह कि पहले हिस्से में सभी धर्म एक हैं। सभी कहते हैं कि सच बोलो, झूठ न बोलो, प्यार से रहो। इन बातों को कुछ सज्जनों ने Individual Religion कहा है। इसमें तो झगड़े का प्रश्न ही नहीं उठता। वरन् यह कि ऐसे नेक विचार हर आदमी में होने चाहिए। दूसरा फिलॉसफी का प्रश्न है। असल में कहना पड़ता है कि Philosophy is the out come of Human weakness, यानी फिलॉसफी आदमी की कमजोरी का फल है। जहाँ भी आदमी देख सकते हैं वहाँ कोई झगड़ा नहीं। जहाँ कुछ नज़र न आया, वहीं दिमाग लड़ाना शुरू कर दिया और खास-खास निष्कर्ष निकाल लिए। वैसे तो फिलॉसफी बड़ी जरूरी चीज़ है, क्योंकि इसके बगैर उन्नति नहीं हो सकती, लेकिन इसके साथ-साथ शान्ति होनी भी बड़ी जरूरी है। हमारे बुजुर्ग कह गए हैं कि मरने के बाद पुनर्जन्म भी होता है, ईसाई और मुसलमान इस बात को नहीं मानते। बहुत अच्छा, अपना-अपना विचार है। आइए, प्यार के साथ बैठकर बहस करें। एक-दूसरे के विचार जानें। लेकिन 'मसाला-ए-तनासुक' पर बहस होती है तो आर्य समाजियों व मुसलमानों में लाठियाँ चल जाती हैं। बात यह कि दोनों पक्ष दिमाग को, बुद्धि को, सोचने-समझने की शक्ति को ताली लगाकर घर रख आते हैं। वे समझते हैं कि वेद भगवान में ईश्वर ने इसी तरह लिखा है और वही सच्चा है। वे कहते हैं कि कुरान शरीफ में खुदा ने ऐसे लिखा है और यही सच है। अपने सोचने की शक्ति (Power of Reasoning) को छुट्टी दी हुई होती है। सो जो फिलॉसफी हर व्यक्ति की निजी राय से अधिक महत्त्व न रखती हो तो एक खास फिलॉसफी मानने के कारण भिन्न गुट न बनें, तो इसमें क्या शिकायत हो सकती है।

अब आती है तीसरी बात–रस्मो-रिवाज। सरस्वती-पूजावाले दिन, सरस्वती की मूर्ति का जुलूस निकलना जरूरी है और उसमें आगे-आगे बैंड-बाजा बजना भी जरूरी है। लेकिन हैरीमन रोड के रास्ते में एक मस्जिद भी आती है। इस्लाम धर्म कहता है कि मस्जिद के आगे बाजा न बजे। अब क्या होना चाहिए? नागरिक आज़ादी का हक (Civil rights of citizen) कहता है कि बाजार में बाजा बजाते हुए भी जाया जा सकता है। लेकिन धर्म कहता है कि नहीं। इनके धर्म में गाय का बलिदान जरूरी है और दूसरे में गाय की पूजा लिखी हुई है। अब क्या हो? पीपल की शाखा कटते ही धर्म में अन्तर आ जाता है तो क्या किया जाए? तो यही फिलॉसफी व रस्मो-रिवाज के छोटे-छोटे भेद बाद में जाकर (National Religion) बन जाते हैं और अलग-अलग संगठन बनने का कारण बनते हैं। परिणाम हमारे सामने है।

सो यदि धर्म पीछे लिखी तीसरी और दूसरी बात के साथ अन्धविश्वास को मिलाने का नाम है, तो धर्म की कोई जरूरत नहीं। इसे आज ही उड़ा देना चाहिए। यदि पहली और दूसरी बात में स्वतन्त्र विचार मिलाकर धर्म बनता हो, तो धर्म मुबारक है।

लेकिन अलग-अलग संगठन और खाने-पीने का भेदभाव मिटाना जरूरी है। छूत-अछूत शब्दों को जड़ से निकालना होगा। जब तक हम अपनी तंगदिली छोड़कर एक न होंगे, तब तक हममें वास्तविक एकता नहीं हो सकती। इसलिए ऊपर लिखी बातों के अनुसार चलकर ही हम आज़ादी की ओर बढ़ सकते हैं। हमारी आज़ादी का अर्थ केवल अंग्रेजी चंगुल से छुटकारा पाने का नाम नहीं, वह पूर्ण स्वतन्त्रता का नाम है—जब लोग परस्पर घुल-मिलकर रहेंगे और दिमागी गुलामी से भी आज़ाद हो जाएँगे।

सत्याग्रह और हड़तालें

[जून, 1928, 'किरती' में इन दो विषयों पर टिप्पणियाँ छपीं। भगत सिंह 'किरती' के सम्पादक मंडल में थे। उस समय उनके विचारों सम्बन्धी कुछ झलक इनसे भी मिल सकती है।—सं.]

सत्याग्रह

1928 में हिन्दुस्तान में फिर प्राण धड़कते नज़र आने लगे हैं। एक ओर हड़तालों का जोर है और दूसरी ओर सत्याग्रह की तैयारियाँ शुरू हो रही हैं। यह लक्षण बड़े अच्छे हैं। सबसे बड़ा सत्याग्रह बारदोली (गुजरात प्रान्त) के किसान कर रहे हैं। तीस सालों के बाद नया आन्दोलन किया जाता है और हर बार जमीन का लगान बढ़ा दिया जाता है। इसी तरह इस बार भी बन्दोबस्त हुआ और मामला बढ़ा दिया गया। लोग बेचारे क्या करें? गरीब किसान तो पहले ही पेट भरकर रोटी नहीं खा सकते और वे पहले से 22 प्रतिशत लगान कहाँ से दें। सत्याग्रह की तैयारियाँ की गईं। महात्मा गांधी ने लाट पंजाब के साथ पत्र-व्यवहार कर लगान कम करवाने का यत्न किया था लेकिन जनाब, सिर्फ पत्र-व्यवहार से सर झुकानेवाली सरकार यह नहीं है। कुछ असर न हुआ। सत्याग्रह करना ही पड़ा। गुजरात में पहले भी किसान एक-दो बार बड़ा भारी सत्याग्रह करके सरकार को हरा चुके हैं। पहले-पहल 1917-18 में बारिश अधिक होने से फसलें खराब हो गई थीं और रुपए में चार आना भी नहीं हुई। कानून यह था कि रुपए में छह आने से कम फसल होने से उस साल लगान न लिया जाए, अगले वर्ष एक साथ ले लिया जाए। उस साल लोगों ने जब कहा कि चार आने भी फसल नहीं हुई तो सरकार नहीं मानी। फिर महात्मा गांधी जी ने काम हाथ में ले लिया। एक सभा की। लोगों को बताया कि यदि आप लगान देने से इनकार करोगे तो आपकी जायदाद जब्त हो जाएगी, क्या आप तैयार हैं? लोग चुपचाप बैठे रहे तो बम्बई के सत्याग्रही नेता इस बात पर बड़े नाराज हुए और चल दिए। लेकिन फिर एक बुड्ढा किसान उठा और उसने कहा कि हम सबकुछ सहन करेंगे और बाद में सभी लोग यही कहने लगे। सत्याग्रह शुरू हुआ। सरकार ने भी जायदाद और जमीनें जब्त करना शुरू कर दिया, लेकिन दो महीने बाद सरकार ने सिर झुका दिया और जमींदारों (?) की शर्त मान ली।

दूसरी बार जब महात्मा जी 1923-24 में जेल में थे तब सत्याग्रह हुआ। पहली बार 600 गाँवों ने हिस्सा लिया था। इस बार 94 गाँवों का लगान बढ़ाया और इन गाँवों ने सत्याग्रह किया। उन पर ताजीरी टैक्स लगाया गया था। वहाँ नियम था कि सूर्यास्त होने

पर जायदाद कुर्क नहीं हो सकती थी और किसान सवेरे ही अपने-अपने घरों को ताले लगाकर चले जाते और पुलिस को कोई गवाह तक न मिलता। अधिक तंग आकर सरकार ने टैक्स वापस ले लिया। इस बार बारदोली में सत्याग्रह शुरू हुआ है। बारदोली में 1921-22 में आज़ादी के लिए बड़ा भारी सत्याग्रह करने की तैयारियाँ की गई थीं। सब किस्मत के खेल! बना-बनाया खेल बिगड़ गया। खैर, उन पिछली बातों का क्या करना। अब उस इलाके का बन्दोबस्त सरकार ने किया। बेचारे किसानों की मुसीबत, अच्छा बन्दोबस्त हुआ, 22 प्रतिशत लगान बढ़ गया! बहुत कहा गया लेकिन सरकार कब मानती है। श्री बल्लभ भाई पटेल के नेतृत्व में काम शुरू हो गया और किसानों ने लगान देने से मना कर दिया। अब जब्ती अधिकारी और सारे ही अफसर बारदोली ताल्लुके की ओर इकट्ठे हुए हैं। जो उनसे हो सकता है, लोगों को गलत रास्ते पर डालने के लिए कर रहे हैं। जायदाद जब्त की जा रही है, जमीनें जब्त करने के हुक्म जारी हो रहे हैं। लेकिन माल, सामान उठाने के लिए आदमी नहीं मिलते। इस समय काम वहाँ जोरों पर है, लेकिन एक मजे की बात यह है कि सारा काम बड़ी शान्ति से हो रहा है। वे अफसर जो लोगों को तंग करने आए थे, उनके साथ बड़े प्यार का व्यवहार किया जाता है। पहले उन्हें रोटी-पानी नहीं मिलता था, अब पटेल ने कहा कि उन्हें रोटी-पानी जरूर दे दिया करो। एक दिन शराब की दुकान से चार टिन कुर्क किए गए, लेकिन उठानेवाला कोई न मिला। जब अधिकारी ने कहा, 'बड़ी प्यास लगी है, पानी तो दो,' तो झट एक सेवादार सत्याग्रही ने सोडे की बोतल लाकर पिलाई। इस तरह काम बड़े जोरों से, पूरी शान्ति से चल रहा है। बड़ी उम्मीद है कि सरकार को अधिक झुकना पड़ेगा।

दूसरी जगह कानपुर है जहाँ सत्याग्रह होनेवाला है। पिछले दिनों कानपुर में हिन्दू-मुस्लिम दंगे हुए। बाद में ताजीरी पुलिस बिठाई गई। कुछ दिन हुए कि कानपुर के कौंसिल सदस्य श्री गणेशशंकर विद्यार्थी जी सम्पादक 'प्रताप', कानपुर को एक पत्र मजिस्ट्रेट से मिला कि अपने दफ्तर के सभी कर्मचारियों की सूची और उनका वेतन या पद लिखकर भेजें, क्योंकि तारी ताजीरी टैक्स वसूल किया जाना है। लेकिन विद्यार्थी जी ने लिख भेजा कि मैं कोई टैक्स देने को तैयार नहीं हूँ और न ही इस कान में कोई सहायता ही करूँगा, क्योंकि दंगा पुलिस ने करवाया था। हमें उसका दंड नहीं मिलना चाहिए। लोगों ने विद्यार्थी जी से पूछा कि हम क्या करें? अपने कहा कि मुसीबत आएगी, नुकसान अधिक होगा, लेकिन यह अत्याचारी टैक्स नहीं देना चाहिए। जलसे हुए। 7000 व्यक्तियों ने टैक्स न देने के कागजों पर हस्ताक्षर कर सरकार को भेज दिए। तैयारियाँ हो रही हैं।

तीसरी जगह मेरठ है। वहाँ भी बन्दोबस्त हुआ और लगान बढ़ गया। वहाँ भी सत्याग्रह की घोषणा कर दी गई है।

पंजाब में भी कुछ ऐसी ही बातें नज़र आ रही हैं। शेखूपुर और लाहौर जिलों में ओले गिरने से फसलें नष्ट हो गई थीं। अनाज कुछ भी नहीं हुआ, फिर लगान कैसे दिया जाए? लेकिन यहाँ के सयाने-सयाने आदमी और ही तरह की बातें करते हैं—"कांग्रेस के 'बदनाम' आदमी उन किसानों में भाषण न दें, कहीं सरकार नाराज न हो जाए!" ऐसी-ऐसी बातें हो रही हैं, लेकिन उन्हें अच्छी तरह याद रखना चाहिए कि लातों के भूत बातों से नहीं मानते।

अंग्रेज पैसे के पीर और उम्मीद यह की जाए कि वे लगान अपने आप माफ कर देंगे। यह भ्रम अभी कब तक चलेगा?

हड़तालें

उधर सत्याग्रह की धूम है और इधर हड़तालों का भी कुछ कम जोर नहीं। बड़ी खुशी इस बात की है कि देश में फिर प्राण जगे हैं और पहले-पहल ही किसानों और श्रमिकों का युद्ध छिड़ा है। इस बात का भी आनेवाले बड़े भारी आन्दोलन पर असर रहेगा। वास्तव में तो यही लोग हैं कि जिन्हें आज़ादी की जरूरत है। किसान और मजदूर रोटी चाहते हैं और उनकी रोटी का सवाल तब तक हल नहीं हो सकता जब तक यहाँ पूर्ण आज़ादी न मिल जाए। वे गोलमेज कॉन्फ्रेंस या अन्य ऐसी किसी बात पर रुक नहीं सकते। खैर।

आजकल लिलुआ रेलवे वर्कशाप, टाटा की जमशेदपुर मिलों, जमशेदपुर शहर के भंगियों और बम्बई की कपड़ा-मिलों में हड़ताल हो गई है। वास्तव में तो मोटी-मोटी शिकायतें सबकी एक-सी होती हैं। वेतन कम, काम ज्यादा और व्यवहार बुरा। इस स्थिति में गरीब मजदूर जैसे-तैसे गुजारा करते हैं, लेकिन आखिर असहनीय हो जाता है। आज बम्बई में डेढ़-दो लाख व्यक्ति हड़ताल किए बैठे हैं। सिर्फ एक मिल चलती है। बात यह है कि नए इथकरघे आए हैं, जिनमें एक आदमी को दो हथकरघों पर काम करना पड़ता है और मेहनत ज्यादा करनी पड़ती है। यही काम करनेवालों का वेतन खासतौर से बढ़ाने, बाकी आम मजदूरों का वेतन बढ़ाने और 8 घंटे से अधिक काम न ले सकने और कुछ व्यवहार सम्बन्धी शर्तें पेश की गई हैं। इस समय हड़ताल का बड़ा जोर है। जमशेदपुर मिल के श्रमिकों की भी कुछ ऐसी ही माँगें हैं। वहाँ भी हड़ताल बढ़ती जा रही है। भंगी अपनी हड़ताल किए हुए हैं और शहर की नाक में दम हुआ है। सबसे अधिक सेवा करनेवाले भाइयों को हम भंगी-भंगी कहकर पास न फटकने दें और उनकी गरीबी का लाभ उठाकर थोड़े-से पैसे देकर काम कराते रहें और बेगार भी खूब घसीटें। खूब! आखिर उन्हें भी उठना ही था। वे तो लोगों को, विशेषतः शहरों में, दो दिन में सीधे रास्ते पर ला सकते हैं। उनका उठना बड़ी खुशी की बात है। लिलुआ वर्कशाप से कुछ आदमी निकाल दिए गए थे और वेतन के भी कुछ झंझट थे, इसलिए हड़ताल हो गई। बाद में ऐलान हो गया कि कई हजार व्यक्तियों का काम बिलकुल ही बन्द कर दिया जाएगा और हड़ताल खत्म होने पर भी उन्हें काम में नहीं लिया जाएगा। इससे बड़ी सनसनी फैली। लेकिन हड़ताल जोरों पर है। श्री स्प्रैट आदि सज्जन खूब काम कर रहे हैं। लोगों को चाहिए कि वे उनकी हर तरह से सहायता करें और उनकी हड़ताल तुड़वाने की जो तैयारी हो रही है, वह बन्द कराई जाए। हम चाहते हैं कि सभी किसान और मजदूर संगठित हों और अपने अधिकारों के लिए यत्न करें।

साम्प्रदायिक दंगे और उनका इलाज

[1919 के जलियाँवाला बाग हत्याकांड के बाद ब्रिटिश सरकार ने साम्प्रदायिक दंगों का खूब प्रचार शुरू किया। इसके असर से 1924 में कोहाट में बहुत ही अमानवीय ढंग से हिन्दू-मुस्लिम दंगे हुए। इसके बाद राष्ट्रीय राजनीतिक चेतना में साम्प्रदायिक

दंगों पर लम्बी बहस चली। इन्हें समाप्त करने की जरूरत तो सबने महसूस की, लेकिन कांग्रेसी नेताओं ने हिन्दू-मुस्लिम नेताओं में सुलहनामा लिखाकर दंगों को रोकने के यत्न किए।

जैसा कि पीछे कहा गया है, इस समस्या के निश्चित हल के लिए क्रान्तिकारी आन्दोलन ने अपने विचार प्रस्तुत किए। प्रस्तुत लेख जून, 1928 के 'किरती' में छपा। यह लेख इस समस्या पर शहीद भगत सिंह और उनके साथियों के विचारों का सार है।—सं.]

भारतवर्ष की दशा इस समय बड़ी दयनीय है। एक धर्म के अनुयायी दूसरे धर्म के अनुयायियों के जानी दुश्मन हैं। अब तो एक धर्म के होना ही दूसरे धर्म के कट्टर शत्रु होना है। यदि इस बात का अभी यकीन न हो तो लाहौर के ताजा दंगे ही देख लें। किस प्रकार मुसलमानों ने निर्दोष सिखों, हिन्दुओं को मारा है और किस प्रकार सिखों ने भी वश चलते कोई कसर नहीं छोड़ी है। यह मार-काट इसलिए नहीं की गई कि फलाँ आदमी दोषी है, वरन् इसलिए कि फलाँ आदमी हिन्दू है या सिख है या मुसलमान है। बस किसी व्यक्ति का सिख या हिन्दू होना मुसलमानों द्वारा मारे जाने के लिए काफी था और इसी तरह किसी व्यक्ति का मुसलमान होना ही उसकी जान लेने के लिए पर्याप्त तर्क था। जब स्थिति ऐसी हो तो हिन्दुस्तान का ईश्वर ही मालिक है।

ऐसी स्थिति में हिन्दुस्तान का भविष्य बहुत अन्धकारमय नज़र आता है। इन 'धर्मों' ने हिन्दुस्तान का बेड़ा गर्क कर दिया है। और अभी पता नहीं कि यह धार्मिक दंगे भारतवर्ष का पीछा कब छोड़ेंगे। इन दंगों ने संसार की नज़रों में भारत को बदनाम कर दिया है। और हमने देखा है कि इन अन्धविश्वास के बहाव में सभी बह जाते हैं। कोई विरला ही हिन्दू, मुसलमान या सिख होता है, जो अपना दिमाग ठंडा रखता है, बाकी सबके सब धर्म के यह नामलेवा अपने नामलेवा धर्म के रोब को कायम रखने के लिए डंडे-लाठियाँ, तलवारें-छुरे हाथ में पकड़ लेते हैं और आपस में सर फोड़-फोड़कर मर जाते हैं। बाकी बचे कुछ तो फाँसी चढ़ जाते हैं और कुछ जेलों में फेंक दिए जाते हैं। इतना रक्तपात होने पर इन 'धर्मजनों' पर अंग्रेजी सरकार का डंडा बरसता है और फिर इनके दिमाग का कीड़ा ठिकाने पर आ जाता है।

जहाँ तक देखा गया है, इन दंगों के पीछे साम्प्रदायिक नेताओं और अख़बारों का हाथ है। इस समय हिन्दुस्तान के नेताओं ने ऐसी लीद की है कि चुप ही भली। वही नेता जिन्होंने भारत को स्वतन्त्र कराने का बीड़ा अपने सिरों पर उठाया हुआ था और जो 'समान राष्ट्रीयता' और 'स्वराज-स्वराज' के दमगज़े मारते नहीं थकते थे, वही या तो अपने सिर छिपाए चुपचाप बैठे हैं या इसी धर्मान्धता के बहाव में बह चले हैं। सिर छिपाकर बैठनेवालों की संख्या भी क्या कम है? लेकिन ऐसे नेता जो साम्प्रदायिक आन्दोलन में जा मिले हैं, वैसे तो जमीन खोदने से सैकड़ों निकल आते हैं। जो नेता हृदय से सबका भला चाहते हैं, ऐसे बहुत ही कम हैं, और साम्प्रदायिकता की ऐसी प्रबल बाढ़ आई हुई है कि वे भी इसे रोक नहीं पा रहे। ऐसा लग रहा है कि भारत में नेतृत्व का दिवाला पिट गया है।

दूसरे सज्जन जो साम्प्रदायिक दंगों को भड़काने में विशेष हिस्सा लेते रहे हैं, वे अख़बारवाले हैं।

पत्रकारिता का व्यवसाय, जो किसी समय बहुत ऊँचा समझा जाता था, आज बहुत ही गन्दा हो गया है। यह लोग एक-दूसरे के विरुद्ध बड़े मोटे-मोटे शीर्षक देकर लोगों की भावनाएँ भड़काते हैं और परस्पर सिर-फुटौवल करवाते हैं। एक-दो जगह ही नहीं, कितनी ही जगहों पर इसलिए दंगे हुए हैं कि स्थानीय अख़बारों ने बड़े उत्तेजनापूर्ण लेख लिखे हैं। ऐसे लेखक, जिनका दिल व दिमाग ऐसे दिनों में भी शान्त रहा हो, बहुत कम हैं।

अख़बारों का असली कर्तव्य शिक्षा देना, लोगों से संकीर्णता निकालना, साम्प्रदायिक भावनाएँ हटाना, परस्पर मेल-मिलाप बढ़ाना और भारत की साझी राष्ट्रीयता बनाना था; लेकिन इन्होंने अपना मुख्य कर्तव्य अज्ञान फैलाना, संकीर्णता का प्रचार करना, साम्प्रदायिक बनाना, लड़ाई-झगड़े करवाना और भारत की साझी राष्ट्रीयता को नष्ट करना बना लिया है। यही कारण है कि भारतवर्ष की वर्तमान दशा पर विचार कर आँखों से रक्त के आँसू बहने लगते हैं और दिल में सवाल उठता है कि 'भारत का बनेगा क्या?'

जो लोग असहयोग के दिनों के जोश व उभार को जानते हैं, उन्हें यह स्थिति देख रोना आता है। कहाँ थे वे दिन कि स्वतन्त्रता की झलक सामने दिखाई देती थी और कहाँ आज यह दिन कि स्वराज्य का सपना मात्र बन गया है। बस यही तीसरा लाभ है, जो इन दंगों से अत्याचारियों को मिला है। वही नौकरशाही—जिसके अस्तित्व को खतरा पैदा हो गया था, कि आज गई, कल गई—आज अपनी जड़ें इतनी मजबूत कर चुकी है कि उसे हिलाना कोई मामूली काम नहीं है।

यदि इन साम्प्रदायिक दंगों की जड़ खोजें तो हमें इसका कारण आर्थिक ही जान पड़ता है। असहयोग के दिनों में नेताओं व पत्रकारों ने ढेरों कुर्बानियाँ दीं। उनकी आर्थिक दशा बिगड़ गई थी। असहयोग आन्दोलन के धीमा पड़ने पर नेताओं पर अविश्वास-सा हो गया, जिससे आजकल के बहुत-से साम्प्रदायिक नेताओं के धन्धे चौपट हो गए। विश्व में जो भी काम होता है, उसकी तह में पेट का सवाल जरूर होता है। कार्ल मार्क्स के तीन बड़े सिद्धान्तों में से यह एक मुख्य सिद्धान्त है। इसी सिद्धान्त के कारण ही तबलीग, तनकीम, शुद्धि आदि संगठन शुरू हुए और इसी कारण से आज हमारी ऐसी दुर्दशा हुई, जो अवर्णनीय है।

बस, सभी दंगों का इलाज यदि कोई हो सकता है तो वह भारत की आर्थिक दशा में सुधार से ही हो सकता है, क्योंकि भारत के आम लोगों की आर्थिक दशा इतनी खराब है कि एक व्यक्ति दूसरे को चवन्नी देकर किसी और को अपमानित करवा सकता है। भूख और दुख से आतुर होकर मनुष्य सभी सिद्धान्त ताक पर रख देता है। सच है, मरता क्या न करता।

लेकिन वर्तमान स्थिति में आर्थिक सुधार होना अत्यन्त कठिन है क्योंकि सरकार विदेशी है और यही लोगों की स्थिति को सुधरने नहीं देती। इसीलिए लोगों को हाथ धोकर इसके पीछे पड़ जाना चाहिए और जब तक सरकार बदल न जाए, चैन की साँस न लेना चाहिए।

लोगों को परस्पर लड़ने से रोकने के लिए वर्ग-चेतना की जरूरत है। गरीब मेहनतकशों व किसानों को स्पष्ट समझा देना चाहिए कि तुम्हारे असली दुश्मन पूँजीपति हैं, इसलिए तुम्हें इनके हथकंडों से बचकर रहना चाहिए और इनके हत्थे चढ़ कुछ न करना चाहिए। संसार के सभी गरीबों के, चाहे वे किसी भी जाति, रंग, धर्म या राष्ट्र के हों, अधिकार एक ही हैं। तुम्हारी भलाई इसी में है कि तुम धर्म, रंग, नस्ल और राष्ट्रीयता व देश के भेदभाव मिटाकर एकजुट हो जाओ और सरकार की ताकत अपने हाथ में लेने का यत्न करो। इन यत्नों में तुम्हारा नुकसान कुछ नहीं होगा, इससे किसी दिन तुम्हारी जंजीरें कट जाएँगी और तुम्हें आर्थिक स्वतन्त्रता मिलेगी।

जो लोग रूस का इतिहास जानते हैं, उन्हें मालूम है कि जार के समय वहाँ भी ऐसी ही स्थितियाँ थीं, वहाँ भी कितने ही समुदाय थे जो परस्पर जूत-पतांग करते रहते थे। लेकिन जिस दिन से वहाँ श्रमिक-शासन हुआ है, वहाँ नक्शा ही बदल गया है। अब वहाँ कभी दंगे नहीं हुए। अब वहाँ सभी को 'इनसान' समझा जाता है, 'धर्मजन' नहीं। जार के समय लोगों की आर्थिक दशा बहुत ही खराब थी, इसलिए सब दंगे-फसाद होते थे। लेकिन अब रूसियों की आर्थिक दशा सुधर गई है और उनमें वर्ग-चेतना आ गई है, इसलिए अब वहाँ से कभी किसी दंगे की खबर नहीं आई।

इन दंगों में वैसे तो बड़े निराशाजनक समाचार सुनने में आते हैं, लेकिन कलकत्ते के दंगों में एक बात बहुत खुशी की सुनने में आई। वह यह कि वहाँ दंगों में ट्रेड यूनियनों के मजदूरों ने हिस्सा नहीं लिया और न ही वे परस्पर गुत्थमगुत्था ही हुए, वरन् सभी हिन्दू-मुसलमान बड़े प्रेम से कारखानों आदि में उठते-बैठते और दंगे रोकने के भी यत्न करते रहे। यह इसलिए कि उनमें वर्ग-चेतना थी और वे अपने वर्गहित को अच्छी तरह पहचानते थे। वर्ग-चेतना का यही सुन्दर रास्ता है, जो साम्प्रदायिक दंगे रोक सकता है।

यह खुशी का समाचार हमारे कानों को मिला है कि भारत के नवयुवक अब वैसे धर्मों से जो परस्पर लड़ाना व घृणा करना सिखाते हैं, तंग आकर हाथ धो रहे हैं और उनमें इतना खुलापन आ गया है कि वे भारत के लोगों को धर्म की नज़र से–हिन्दू, मुसलमान या सिख-रूप में नहीं, वरन् सभी को पहले इनसान समझते हैं, फिर भारतवासी। भारत के युवकों में इन विचारों के पैदा होने से पता चलता है कि भारत का भविष्य सुनहला है और भारतवासियों को इन दंगों आदि को देखकर घबराना नहीं चाहिए, बल्कि तैयार-बर-तैयार हो यत्न करना चाहिए कि ऐसा वातावरण ही न बने, ताकि दंगे हों ही नहीं।

1914-15 के शहीदों ने धर्म को राजनीति से अलग कर दिया था। वे समझते हैं कि धर्म व्यक्ति का व्यक्तिगत मामता है, इसमें दूसरे का कोई दखल नहीं। न ही इसे राजनीति में घुसाना चाहिए, क्योंकि यह सरबत को मिलकर एक जगह काम नहीं करने देता। इसीलिए गदर पार्टी-जैसे आन्दोलन एकजुट व एकजान रहे, जिसमें सिख बढ़-चढ़कर फाँसियों पर चढ़े और हिन्दू-मुसलमान भी पीछे नहीं रहे।

इस समय कुछ भारतीय नेता भी मैदान में उतरे हैं, जो धर्म को राजनीति से अलग करना चाहते हैं। झगड़ा मिटाने का यह भी एक सुन्दर इलाज है और हम इसका समर्थन करते हैं।

यदि धर्म को अलग कर दिया जाए तो राजनीति पर हम सभी इकट्ठे हो सकते हैं। धर्मों में हम चाहे अलग-अलग ही रहें।

हमारा ख़याल है कि भारत के सच्चे हमदर्द हमारे बताए इलाज पर जरूर विचार करेंगे और भारत का इस समय जो आत्मघात हो रहा है, उससे हमें बचा लेंगे।

पुलिस की कमीनी चालें

[पुलिस के लोग किस तरह नौजवानों को फँसाने और बरगलाने का काम करते हैं, इस सम्बन्ध में यह लेख जून, 1928 में 'किरती' में छपा था। पाठकों की दिलचस्पी के लिए इसे प्रस्तुत किया जा रहा है। –सं.]

कुछ दिनों से पंजाब में बड़ी सनसनी फैली हुई है। एक अजीब कहानी का पता चला है। पुलिस की एक अजीब करतूत का भंडाफोड़ हुआ है। अब चूँकि भंडाफोड़ हो ही गया है इसलिए यह कहानी मजेदार लगती है, लेकिन दुर्भाग्य से यदि भंडाफोड़ न हुआ होता तो उसका परिणाम यह होना था कि कई नौजवान फाँसी पर लटक गए होते और कइयों को कालापानी हो गया होता। भंडाफोड़ लाहौर के अख़बार 'ट्रिब्यून' (The Tribune) ने किया है।

कहानी यों है कि अप्रैल, 1927 में लाहौर स्टेशन पर एक बंगाली और एक मेरठ निवासी नौजवान पकड़े गए। बंगाली के पास से पिस्तौल और मेरठवाले के पास से तेजाब मिला। कुछ दिन हवालात में रखने के बाद पहले तो मेरठ निवासी नौजवान, जिसका नाम मोहन सिंह रंक था, छोड़ दिया गया और बंगाली पर मुकदमा चलाया गया। कुछ दिनों बाद बंगाली को भी जमानत पर छोड़ दिया गया। जमानत पाँच सौ की हुई थी। पेशीवाले दिन वह हाजिर न हुआ, फिर भी उसकी जमानत जब्त नहीं की गई। उसे वारंट निकालकर मेरठ से गिरफ्तार कर लाया गया और मि. हीरालाल फैलूक्स ने उसे पाँच साल की कैद का दंड दिया। लाहौर के राष्ट्रीय कार्यकर्ताओं को उससे हमदर्दी पैदा हुई। उसके लिए अपील का प्रबन्ध किया गया। अपील अभी पेश भी नहीं हुई थी कि वह छूटकर घर चला गया। सब लोग हैरान। उड़ती-उड़ती बात यह सुनी जा रही थी कि वह खुफिया पुलिस का भाड़े का टट्टू था। लेकिन निश्चित तौर पर कुछ नहीं कहा जा सकता।

अब कुछ दिन पहले उसके उन दिनों के लिखे हुए कुछ पत्र 'ट्रिब्यून' में छपे हैं। एक पत्र तो मेरठ के पुलिस कप्तान के नाम है और एक लाहौर के पुलिस कप्तान के नाम और एक ऐसा है जिसमें उसने अपना सारा हाल लिखा है। उसने लिखा है कि वह खुफिया पुलिस का एक जासूस है और कई बरसों से पुलिस का काम कर रहा है। पुलिस को पता चला कि एक और आदमी 'एन' नाम का मैनपुरी का रहनेवाला है जिसके पास दो पिस्तौलें हैं। के. सी. बनर्जी को, जो कि उस बंगाली का नाम है, उसके साथ दोस्ती करने के लिए कहा गया ताकि उससे पिस्तौलें ले ली जाएँ। उसने एक पिस्तौल ले लिया और पुलिस अधिकारियों ने उससे कहा कि यह तुम अपने पास ही रखो।

एक दिन लाहौर के किसी आदमी का पत्र बंगाली के मार्फत मोहनलाल के नाम लिखा गया। उसमें लिखा हुआ था कि तुम आदमी और चीज़ें लेकर लाहौर पहुँचो, क्योंकि

फिरोजपुर में डाका डालना है। बंगाली ने वह पत्र पुलिस अधिकारियों को दे दिया, जिन्होंने कि पत्र का फोटो लेकर पत्र लौटा दिया, बनर्जी ने वह पत्र मोहनलाल को दे दिया। अधिकारियों की सलाह से वह पिस्तौल साथ लेकर मोहनलाल के साथ लाहौर आ गया। यहाँ से एक आदमी को डकैती की जगह की देखभाल के लिए भेज दिया गया, पर न जाने किस कारण से डकैती न हुई और दोनों मेरठ के लिए लौट पड़े, लेकिन लाहौर रेलवे स्टेशन पर गिरफ्तार कर लिए गए।

पकड़े जाते ही बंगाली ने पुलिस को बता दिया था कि वह खुफिया पुलिस का आदमी है और पिस्तौल भी एक तरह से सरकारी है और उसे यह कहकर दिया गया था कि तुम यह पिस्तौल किसी दूसरे के हाथ में दे देना। लेकिन स्थिति ऐसी बन गई कि वह स्वयं गिरफ्तार हो गया। अब पुलिस उसे छोड़ना भी चाहती थी लेकिन अचानक छोड़ने से सन्देह होने का खतरा था, सो उसे 500 रुपए की जमानत पर रिहा कर दिया गया।

तारीख के दिन वह पेश न हुआ तो भी उसकी जमानत जब्त न की गई। लेकिन मजिस्ट्रेट को पूरी कथा मालूम नहीं थी, इसलिए उसने ज्यादा वफादारी दिखाने के लिए अधिकाधिक सम्भव सज़ा दे दी। आर्म्स एक्ट के तहत दूसरे प्रान्तों में आमतौर पर छह महीने कैद होती है, लेकिन यह पंजाब जो हुआ! यहाँ पाँच साल सज़ा हुई। अब बंगाली की साँस फूल गई। पत्र-पर-पत्र लिखे। कहीं राय साहब, लाला चुन्नीलाल, कप्तान लाहौर और कहीं कप्तान मेरठ को पत्र लिखे। पूरा हाल बयान किया। उन्हीं में से कुछ पत्र किसी तरह 'ट्रिब्यून' के हाथ लग गए और वही छपवा दिए गए। कौंसिल में इसी पर बहस हुई। सरकारी सदस्यों ने चुपचाप बात मान ली। उन्होंने कहा कि वह हमारा जासूस था। पंजाब पुलिस को पहले पूरी बात पता नहीं थी, पता लगने पर उसे लोगों के सन्देह से बचाने के लिए मुकदमे का ढोंग किया गया। अब सवाल यह उठता है कि क्या वह सिर्फ जासूस ही था या साथ ही भड़कानेवाला (Agent Provocateur) भी था? एजेन्ट प्रोवोकेटर का काम (Investigate) या तफतीश करना नहीं होता बल्कि (To create) जुर्म पैदा करना होता है। आमतौर पर पुलिस अपनी जरूरत सिद्ध करने के लिए ऐसा कुछ काम करती रहती है। लाला लाजपत राय ने एक बार तुर्की की खुफिया पुलिस की करतूत की कहानी लिखी थी। रूस में एजेन्ट प्रोवोकेटर बहुत-सा काम करते रहे हैं। लेकिन आमतौर पर पुलिस भी ऐसे षड्यन्त्र नहीं करती, स्वयं सरकारें करवाती हैं। उदाहरणतः जब कभी बड़े भारी आन्दोलन की सम्भावना होती है, उसे दबाने के लिए, अत्याचार करने का बहाना ढूँढ़ने के लिए वह अपने आदमियों को उनमें मिला देती है और वे कोई-न-कोई गलती करवा देते हैं, जिससे अत्याचार का बहाना मिल जाता है। दूर जाने की जरूरत नहीं, आजकल जो भी हड़तालें हुई हैं उनमें भी ऐसे आदमी छोड़े जाते हैं जो दंगा करवाने के लिए लोगों को भड़काते रहते हैं और अत्याचार का बहाना ढूँढ़ने का यत्न करते रहते हैं। रूस में तो इन लोगों ने कई बार बहुत अत्याचार करवाया और हजारों निर्दोष लोगों को फाँसी पर लटकवा दिया। बड़े-बड़े आन्दोलन कुचल डाले गए। लेकिन यह आखिरी चालें होती हैं, इनसे राज प्राप्त नहीं होते, बल्कि जुल्म करने से जड़ें जल्दी उखड़ जाती हैं। खैर! अंग्रेजी राज भी अब ऐसी आखिरी चालों पर उतर आया है। 1923 के आखिर में जब स्वराज पार्टी बनी, पिछला शान्तिपूर्ण

आन्दोलन असफल हो गया था। तब सरकार ने इस स्थिति से डरते हुए कि कहीं फिर आतंकवादियों की बड़ी भारी पार्टी न बन जाए, अपने आदमी इन बातों के प्रचार के लिए छोड़े और जल्द ही नियम 1818 के अधीन बहुत-से लोगों को गिरफ्तार कर लिया। 25 जुलाई, 1924 को उन बन्दियों में से दो यानी श्री भूपेन्द्रनाथ दत्त और श्री जीवनलाल चटर्जी ने एक पत्र भारत-मन्त्री के नाम लिखा जिसमें उन्होंने कहा कि बंगाल में ऐसे आदमी छोड़े गए हैं जिनकी हम, यदि एक निष्पक्ष समिति बने तो, पूरी पोल खोल दें। लेकिन सरकार कब सुननेवाली थी। इन बातों से सिद्ध होता कि सरकार की अपनी नीयत भी ऐसी ही है।

सवाल यह पैदा होता है कि के. सी. बनर्जी खुफिया काम करनेवाला जासूस (Spy) ही था या षड्यन्त्रकारी Agent Provocateur था? या सरकार का इस मामले में कोई हाथ था? स्थिति पर ज़रा ध्यान से सोचें तो पता चलता है कि इन तीन-चार आदमियों में से एक से अधिक खुफिया जासूस थे और सरकार ने पंजाब के काम करनेवाले होनहार नौजवानों के खिलाफ षड्यन्त्र किया था, सौभाग्य से जिसका बड़े सुन्दर ढंग से भंडाफोड़ हो गया। बात यह है कि नेशनल कॉलेज के एक ग्रेजुएट ने, जिसके बारे में ट्रिब्यून में मिस्टर पी. लिखा है, वह पत्र लिखा था। यह नौजवान बहुत मूर्ख व कमीना है। लगता है कि वह भी ऐसा ही एजेन्ट प्रोवोकेटर है। उसके सम्बन्ध में आमतौर पर शिकायत सुनी गई थी कि वह बहुत बड़ी-बड़ी डींगें हाँकता है और कहता फिरता है कि मैं एक राज क्रान्तिकारी दल का नेता हूँ। खैर, कम-से-कम वह मूर्ख तो बहुत था, बुरा भले ही न हो। लेकिन आगे की स्थिति से पाठक स्वयं निष्कर्ष निकाल लेंगे। पहले की कहानी ट्रिब्यून में छपी है। उसके बाद जो हाल पता चला है, आगे सब उसी के आधार पर लिखा जा रहा है। उसने यह पत्र लिखा कि आओ, डाका डालें। वे यहाँ आए। जब लौट चले और बड़ा षड्यन्त्र न बन सका और पिस्तौलवाला बंगाली भी हाथों से निकल चला तब उसे गिरफ्तार करवा दिया गया। उसके पकड़े जाते ही पूरा भंडाफोड़ हो गया। अब क्या किया जाए? फिर पुलिस उसे छोड़ना भी चाहती थी लेकिन किसी बहाने से। उसी पत्र लिखनेवाले 'पी' को बुलाकर उसकी जमानत ले ली गई। 'पी' के पास कोई सम्पत्ति नहीं थी, उसका पूरा माल 5 रुपए से ज्यादा का नहीं था, लेकिन 500 की जमानत मंजूर हो गई। खुफिया काम करनेवाला आतंकवादी भला किस तरह आगे आकर उस परदेशी से अपनी दोस्ती प्रकट कर षड्यन्त्र का सबूत पैदा कर सकता था? वे तो सभी पुलिस के आदमी थे। फिर तारीख पर बंगाली हाजिर न हुआ। जमानत भी जब्त न हुई। वह और तेजाबवाला मोहन लाल भी क्यों छूट गया? यदि यह मान भी लें कि उनके खिलाफ कोई सबूत नहीं थे, तो भी 120बी धारा के अधीन उन पर साजिश का मुकदमा क्यों न चलाया गया?

एक ने डाका डालने का पत्र लिखा। पुलिस ने उसका चित्र ले लिया। पत्र पत्रवाले के पास पहुँच गया। वह भला आदमी पुलिस को पत्र नहीं देता कि मुझे किसी ने डकैती के लिए बुलाया है, बल्कि वह एक और आदमी को पिस्तौल सहित ले जाता है जो पिस्तौल सहित पकड़ा जाता है। क्या साजिश का मुकदमा नहीं बनता था? धारा 120बी में साफ लिखा है कि–'Who ever is party to a criminal conspiracy to Commit an offence–be punished in the same manner as if he had abetted such offence.' यानी जो भी

ऐसी साजिश का सदस्य हो जिसने कोई जुर्म करने की साजिश की हो, उसे ऐसे जुर्म में मदद करने की सज़ा मिलनी चाहिए। देवघर (बिहार) में इस समय जो बड़ा भारी साजिश का केस चल रहा है, उसमें यही है कि–'You–did agree with one another–to do or cause to be done an illegal act–and thereby you committed an offence punishable under section 120B–' तुम लोगों ने आपस में तय किया कि जुर्म किए जाएँ, इसलिए तुम पर धारा 120बी लगाई जाती है।

उन पर भी किसी जुर्म करने का आरोप नहीं लगाया गया, सिर्फ 'यह करने की,' 'वह करने की' साजिश का जुर्म लगाया गया। उस मुकदमे का पूरा हाल पढ़ने पर तो हमारा यही विचार बनता है कि वह मुकदमा भी पुलिस ने बनाया है। एक व्यक्ति वीरेन्द्रनाथ भट्टाचार्य के घर की तलाशी हुई। उसने पुलिस को अपने कमरे में बुलाकर दो पिस्तौल और एक कॉपी दी, जिसमें साठ व्यक्तियों के पते लिखे हुए थे। पुलिस के आने तक उसने कॉपी को जला डालने की भी कोशिश नहीं की। जानबूझकर ही नहीं की। उनमें से बीस व्यक्ति पकड़कर साजिश का मामला बना दिया गया। एक पंजाबी नौजवान, जिसका नाम श्री इन्द्र चन्द्र नारंग है, को भी रगड़ा जा रहा है। आप कामलियेवाली श्री पार्वती देवी के सबसे छोटे भाई हैं। ठीक वैसा ही मुकदमा इधर भी बन रहा था। यदि इधर अकेला के. सी. बनर्जी ही खुफिया पुलिस का होता तो मुकदमा जरूर चल जाता। पर वहाँ तो पूरी हवा ही बिगड़ी हुई थी और जिन आदमियों को फाँसी पर चढ़ाने की कोशिश की गई थी, उनके खिलाफ कोई भी सबूत नहीं मिल पाया था, इसीलिए वह मुकदमा नहीं चलाया गया। सरकार की यह चाल खराब और घृणित है। आतंकवादी आन्दोलन को रोकने के लिए भी यह कोई अच्छा तरीका नहीं। लेकिन नकली साजिशों में निर्दोषों को मारने की राज की नींवें पक्की नहीं, बल्कि खोखली हो रही हैं। (इस सन्दर्भ में) रूस के जार और फ्रांस के लुइस को नहीं भूलना चाहिए।

अछूत-समस्या

[काकीनाडा में 1923 में कांग्रेस-अधिवेशन हुआ। मुहम्मद अली ने अपने अध्यक्षीय भाषण में आजकल की अनुसूचित जातियों को, जिन्हें उन दिनों 'अछूत' कहा जाता था, हिन्दू और मुस्लिम मिशनरी संस्थाओं में बाँट देने का सुझाव दिया। हिन्दू और मुस्लिम अमीर लोग इस वर्ग-भेद को पक्का करने के लिए धन देने को तैयार थे।

इस प्रकार अछूतों के यह 'दोस्त' उन्हें धर्म के नाम पर बाँटने की कोशिशें करते थे। उसी समय जब इस मसले पर बहस का वातावरण था, भगत सिंह ने 'अछूत का सवाल' नामक लेख लिखा। इस लेख में श्रमिक वर्ग की शक्ति व सीमाओं का अनुमान लगाकर उसकी प्रगति के लिए ठोस सुझाव दिए गए हैं। भगत सिंह का यह लेख जून, 1928 के 'किरती' में 'विद्रोही' नाम से प्रकाशित हुआ था।–सं.]

हमारे देश-जैसे बुरे हालात किसी दूसरे देश के नहीं हुए। यहाँ अजब-अजब सवाल उठते रहते हैं। एक अहम सवाल अछूत-समस्या है। समस्या यह है कि 30 करोड़ की

जनसंख्यावाले देश में जो 6 करोड़ लोग अछूत कहलाते हैं, उनके स्पर्श मात्र से धर्म भ्रष्ट हो जाएगा! उनके मन्दिरों में प्रवेश से देवगण नाराज हो उठेंगे! कुएँ से उनके द्वारा पानी निकालने से कुआँ अपवित्र हो जाएगा! ये सवाल बीसवीं सदी में किए जा रहे हैं, जिन्हें कि सुनते ही शर्म आती है।

हमारा देश बहुत अध्यात्मवादी है, लेकिन हम मनुष्य को मनुष्य का दर्जा देते हुए भी झिझकते हैं जबकि पूर्णतया भौतिकवादी कहलानेवाला यूरोप कई सदियों से इन्कलाब की आवाज उठा रहा है। उन्होंने अमेरिका और फ्रांस की क्रान्तियों के दौरान ही समानता की घोषणा कर दी थी। आज रूस ने भी हर प्रकार का भेदभाव मिटाकर क्रान्ति के लिए कमर कसी हुई है। हम सदा ही आत्मा-परमात्मा के वजूद को लेकर चिन्तित होने तथा इस जोरदार बहस में उलझे हुए हैं कि क्या अछूत को जनेऊ दे दिया जाएगा? वे वेद-शास्त्र पढ़ने के अधिकारी हैं अथवा नहीं? हम उलाहना देते हैं कि हमारे साथ विदेशों में अच्छा सलूक नहीं होता। अंग्रेजी शासन हमें अंग्रेजों के समान नहीं समझता। लेकिन क्या हमें यह शिकायत करने का अधिकार है?

सिन्ध के एक मुस्लिम सज्जन श्री नूर मुहम्मद ने, जो बम्बई कौंसिल के सदस्य हैं, इस विषय पर 1926 में खूब कहा–"If the Hindu Society refuses to allow other human beings, fellow creatures so that to attend public schools, and if...the president of local board representing so many lakhs of people in this houses refuses to allow his fellows and brothers the elementary human right of having water to drink, what right have they to ask for more rights from the bureacracy? Before we accuse people coming from other lands, we should see how we ourselves behave toward our own people...How can we ask for greater political rights when we ourselves deny elementary rights of human beings.

वे कहते हैं कि जब तुम एक इनसान को पीने के लिए पानी देने से भी इनकार करते हो, जब तुम उन्हें स्कूल में भी पढ़ने नहीं देते तो तुम्हें क्या अधिकार है कि अपने लिए अधिक अधिकारी की माँग करो? जब तुम एक इनसान को समान अधिकार देने से भी इनकार करते हो तो तुम अधिक राजनैतिक अधिकार माँगने के कैसे अधिकारी बन गए?

बात बिलकुल खरी है। लेकिन यह क्योंकि एक मुस्लिम ने कही है इसलिए हिन्दू कहेंगे कि देखो, वह उन अछूतों को मुसलमान बनाकर अपने में शामिल करना चाहते हैं।

जब तुम उन्हें इस तरह पशुओं से भी गया-बीता समझोगे तो वह जरूर ही दूसरे धर्मों में शामिल हो जाएँगे, जिनमें उन्हें अधिक अधिकार मिलेंगे, जहाँ उनसे इनसानों-जैसा व्यवहार किया जाएगा। फिर यह कहना कि देखो जी, ईसाई और मुसलमान हिन्दू कौम को नुकसान पहुँचा रहे हैं, व्यर्थ होगा।

कितना स्पष्ट कथन है, लेकिन यह सुनकर सभी तिलमिला उठते हैं। ठीक इसी तरह की चिन्ता हिन्दुओं को भी हुई। सनातनी पंडित भी कुछ-न-कुछ इस मसले पर सोचने लगे। बीच-बीच में बड़े 'युगान्तकारी' कहे जानेवाले भी शामिल हुए। पटना में हिन्दू महासभा का सम्मेलन लाला लाजपत राय–जो कि अछूतों के बहुत पुराने समर्थक चले आ रहे हैं–की अध्यक्षता में हुआ, तो जोरदार बहस छिड़ी। अच्छी नोंक-झोंक हुई। समस्या यह

थी कि अछूतों को यज्ञोपवीत धारण करने का हक है अथवा नहीं? तथा क्या उन्हें वेद-शास्त्रों का अध्ययन करने का अधिकार है? बड़े-बड़े समाज-सुधारक तमतमा गए, लेकिन लालाजी ने सबको सहमत कर दिया तथा यह दो बातें स्वीकृत कर हिन्दू धर्म की लाज रख ली। वरना ज़रा सोचो, कितनी शर्म की बात होती। कुत्ता हमारी गोद में बैठ सकता है। हमारी रसोई में निःसंग फिरता है, लेकिन एक इनसान का हमसे स्पर्श हो जाए तो बस धर्म भ्रष्ट हो जाता है। इस समय मालवीय जी-जैसे बड़े समाज-सुधारक, अछूतों के बड़े प्रेमी और न जाने क्या-क्या पहले एक मेहतर के हाथों गले में हार डलवा लेते हैं, लेकिन कपड़ों सहित स्नान किए बिना स्वयं को अशुद्ध समझते हैं! क्या खूब यह चाल है! सबको प्यार करनेवाले भगवान की पूजा करने के लिए मन्दिर बना है लेकिन वहाँ अछूत जा घुसे तो वह मन्दिर अपवित्र हो जाता है! भगवान रुष्ट हो जाता है! घर की जब यह स्थिति हो तो बाहर हम बराबरी के नाम पर झगड़ते अच्छे लगते हैं? तब हमारे इस रवैये में कृतघ्नता की भी हद पाई जाती है। जो निम्नतम काम करके हमारे लिए सुविधाओं को उपलब्ध कराते हैं उन्हें ही दुरदुराते हैं। पशुओं की हम पूजा कर सकते हैं, लेकिन इनसान को पास नहीं बिठा सकते!

आज इस सवाल पर बहुत शोर हो रहा है। उन विचारों पर आजकल विशेष ध्यान दिया जा रहा है। देश में मुक्ति-कामना जिस तरह बढ़ रही है, उसमें साम्प्रदायिक भावना ने और कोई लाभ पहुँचाया हो अथवा नहीं लेकिन एक लाभ जरूर पहुँचाया है। अधिक अधिकारों की माँग के लिए अपनी-अपनी कौम की संख्या बढ़ाने की चिन्ता सभी को हुई। मुस्लिमों ने ज़रा ज्यादा जोर दिया। उन्होंने अछूतों को मुसलमान बनाकर अपने बराबर अधिकार देने शुरू कर दिए। इससे हिन्दुओं के अहम को चोट पहुँची। स्पर्धा बढ़ी। फसाद भी हुए। धीरे-धीरे सिखों ने भी सोचा कि हम पीछे न रह जाएँ उन्होंने भी अमृत छकाना आरम्भ कर दिया। हिन्दू-सिखों के बीच अछूतों के जनेऊ उतारने या केश कटवाने के सवालों पर झगड़े हुए। अब तीनों कौमें अछूतों को अपनी-अपनी ओर खींच रही हैं। इसका बहुत शोर-शराबा है। उधर ईसाई चुपचाप उनका रुतबा बढ़ा रहे हैं। चलो, इस सारी हलचल से ही देश के दुर्भाग्य की लानत दूर हो रही है।

इधर जब अछूतों ने देखा कि उनकी वजह से इनमें फसाद हो रहे हैं तथा उन्हें हर कोई अपनी-अपनी खुराक समझ रहा है तो वे अलग ही क्यों न संगठित हो जाएँ? इस विचार के अमल में अंग्रेजी सरकार का कोई हाथ हो अथवा न हो लेकिन इतना अवश्य है कि इस प्रचार में सरकारी मशीनरी का काफी हाथ था। 'आदि धर्म मंडल' जैसे संगठन उस विचार के प्रचार का परिणाम है।

अब एक सवाल और उठता है कि इस समस्या का सही निदान क्या हो? इसका जवाब बड़ा अहम है। सबसे पहले यह निर्णय कर लेना चाहिए कि सब इनसान समान हैं तथा न तो जन्म से कोई भिन्न पैदा हुआ और न कार्य-विभाजन से। अर्थात् क्योंकि एक आदमी गरीब मेहतर के घर पैदा हो गया है, इसलिए जीवन-भर मैला ही साफ करेगा और दुनिया में किसी तरह के विकास का काम पाने का उसे कोई हक नहीं है, ये बातें फिजूल हैं। इस तरह हमारे पूर्वज आर्यों ने इनके साथ ऐसा अन्यायपूर्ण व्यवहार किया तथा उन्हें

नीच कहकर दुत्कार दिया एवं निम्नकोटि के कार्य करवाने लगे। साथ ही यह भी चिन्ता हुई कि कहीं ये विद्रोह न कर दें, तब पुनर्जन्म के दर्शन का प्रचार कर दिया कि यह तुम्हारे पूर्व जन्म के पापों का फल है। अब क्या हो सकता है? चुपचाप दिन गुजारो! इस तरह धैर्य का उपदेश देकर वे लोग उन्हें लम्बे समय तक के लिए शान्त करा गए। लेकिन उन्होंने बड़ा पाप किया। मानव के भीतर की मानवीयता को समाप्त कर दिया। आत्मविश्वास एवं स्वावलम्बन की भावनाओं को समाप्त कर दिया। बहुत दमन और अन्याय किया गया। आज उस सबके प्रायश्चित का वक्त है।

इसके साथ एक दूसरी गड़बड़ी हो गई। लोगों के मनों में आवश्यक कार्यों के प्रति घृणा पैदा हो गई। हमने जुलाहे को भी दुत्कारा। आज कपड़ा बुननेवाले भी अछूत समझे जाते हैं। यू. पी. की तरफ कहार को भी अछूत समझा जाता है। इससे बड़ी गड़बड़ी पैदा हुई। ऐसे में विकास की प्रक्रिया में रुकावटें पैदा हो रही हैं।

इन तबकों को अपने समक्ष रखते हुए हमें चाहिए कि हम न इन्हें अछूत कहें और न समझें। बस, समस्या हल हो जाती है। नौजवान भारत सभा तथा नौजवान कांग्रेस ने जो ढंग अपनाया है, वह काफी अच्छा है। जिन्हें आज तक अछूत कहा जाता रहा उनसे अपने इन पापों के लिए क्षमा-याचना करनी चाहिए तथा उन्हें अपने-जैसा इनसान समझना, बिना अमृत छकाए, बिना कलमा पढ़ाए या शुद्धि किए उन्हें अपने में शामिल करके उनके हाथ से पानी पीना, यही उचित ढंग है। और आपस में खींचतान करना और व्यवहार में कोई भी हक न देना, कोई ठीक बात नहीं है।

जब गाँवों में मजदूर-प्रचार शुरू हुआ उस समय किसानों को सरकारी आदमी यह बात समझाकर भड़काते थे कि देखो, यह भंगी-चमारों को सिर पर चढ़ा रहे हैं और तुम्हारा काम बन्द करवाएँगे। बस किसान इतने में ही भड़क गए। उन्हें याद रहना चाहिए कि उनकी हालत तब तक नहीं सुधर सकती जब तक कि वे इन गरीबों को नीच और कमीन कहकर अपनी जूती के नीचे दबाए रखना चाहते हैं। अक्सर कहा जाता है कि वह साफ नहीं रहते। इसका उत्तर साफ है—वे गरीब हैं। गरीबी का इलाज करो। ऊँचे-ऊँचे कुलों के गरीब लोग भी कोई कम गन्दे नहीं रहते। गन्दे काम करने का बहाना भी नहीं चल सकता, क्योंकि माताएँ बच्चों का मैला साफ करने से मेहतर तथा अछूत तो नहीं हो जातीं।

लेकिन यह काम उतने समय तक नहीं हो सकता जितने समय तक कि अछूत कौमें अपने आपको संगठित न कर लें। हम तो समझते हैं कि उनका स्वयं को अलग संगठनबद्ध करना तथा मुस्लिमों के बराबर गिनती में होने के कारण उनके बराबर अधिकारों की माँग करना बहुत आशाजनक संकेत हैं। या तो साम्प्रदायिक भेद का झंझट ही खत्म करो, नहीं तो उनके अलग अधिकार उन्हें दे दो। कौंसिलों और असेम्बलियों का कर्तव्य है कि वे स्कूल-कॉलेज, कुएँ तथा सड़क के उपयोग की पूरी स्वतन्त्रता उन्हें दिलाएँ। जबानी तौर पर ही नहीं, वरन् साथ ले जाकर उन्हें कुओं पर चढ़ाएँ। उनके बच्चों को स्कूलों में प्रवेश दिलाएँ। लेकिन जिस लेजिस्लेटिव में बाल-विवाह के विरुद्ध पेश किए गए बिल तथा मज़हब के बहाने हाय-तौबा मचाई जाती है, वहाँ वे अछूतों को अपने साथ शामिल करने का साहस कैसे कर सकते हैं?

इसलिए हम मानते हैं कि उनके अपने जन-प्रतिनिधि हों। वे अपने लिए अधिक अधिकार माँगें। हम तो साफ कहते हैं कि उठो, अछूत कहलानेवाले असली जन-सेवको तथा भाइयो उठो! अपना इतिहास देखो। गुरु गोविन्द सिंह की फौज की असली शक्ति तुम्हीं थे! शिवाजी तुम्हारे भरोसे पर ही सबकुछ कर सके, जिस कारण उनका नाम आज भी ज़िन्दा है। तुम्हारी कुर्बानियाँ स्वर्णाक्षरों में लिखी हुई हैं। तुम जो नित्यप्रति सेवा करके जनता के सुखों में बढ़ोतरी करके और जिन्दगी सम्भव बनाकर यह बड़ा भारी अहसान कर रहे हो, उसे हम लोग नहीं समझते। लैंड-एलियेनेशन एक्ट के अनुसार तुम धन एकत्र कर भी जमीन नहीं खरीद सकते। तुम पर इतना जुल्म हो रहा है कि मिस मेयो मनुष्यों से भी कहती हैं—उठो, अपनी शक्ति पहचानो। संगठनबद्ध हो जाओ। असल में स्वयं कोशिशें किए बिना कुछ भी न मिल सकेगा। (Those who would be free must themselves strike the blow) स्वतन्त्रता के लिए स्वाधीनता चाहनेवालों को यत्न करना चाहिए। इनसान की धीरे-धीरे कुछ ऐसी आदतें हो गई हैं कि वह अपने लिए तो अधिक अधिकार चाहता है, लेकिन जो उनके मातहत हैं उन्हें वह अपनी जूती के नीचे ही दबाए रखना चाहते हैं। कहावत है, 'लातों के भूत बातों से नहीं मानते'। अर्थात् संगठनबद्ध हो अपने पैरों पर खड़े होकर पूरे समाज को चुनौती दे दो। तब देखना, कोई भी तुम्हें तुम्हारे अधिकार देने से इनकार करने की जुर्रत न कर सकेगा। तुम दूसरों की खुराक मत बनो। दूसरों के मुँह की ओर न ताको। लेकिन ध्यान रहे, नौकरशाही के झाँसे में मत फँसना। यह तुम्हारी कोई सहायता नहीं करना चाहती, बल्कि तुम्हें अपना मोहरा बनाना चाहती है। यही पूँजीवादी नौकरशाही तुम्हारी गुलामी और गरीबी का असली कारण है। इसलिए तुम उसके साथ कभी न मिलना। उसकी चालों से बचना। तब सबकुछ ठीक हो जाएगा। तुम असली सर्वहारा हो...संगठनबद्ध हो जाओ। तुम्हारी कुछ भी हानि न होगी। बस गुलामी की जंजीरें कट जाएँगी। उठो, और वर्तमान व्यवस्था के विरुद्ध बगावत खड़ी कर दो। धीरे-धीरे होनेवाले सुधारों से कुछ नहीं बन सकेगा। सामाजिक आन्दोलन से क्रान्ति पैदा कर दो तथा राजनीतिक और आर्थिक क्रान्ति के लिए कमर कस लो। तुम ही तो देश का मुख्य आधार हो, वास्तविक शक्ति हो, सोए हुए शेरो! उठो, और बगावत खड़ी कर दो।

विद्यार्थी और राजनीति

[इस महत्त्वपूर्ण राजनीतिक मसले पर यह लेख जुलाई, 1928 में 'किरती' में छपा था। उन दिनों अनेक नेता विद्यार्थियों को राजनीति में हिस्सा न लेने की सलाहें देते थे, जिनके जवाब में यह लेख बहुत महत्त्वपूर्ण है। यह लेख सम्पादकीय विचारों में छपा था, और सम्भवतः भगत सिंह का लिखा हुआ है।—सं.]

इस बात का बड़ा भारी शोर सुना जा रहा है कि पढ़नेवाले नौजवान (विद्यार्थी) राजनीतिक या पोलिटिकल कामों में हिस्सा न लें। पंजाब सरकार की राय बिलकुल ही न्यारी है। विद्यार्थियों से कॉलेज में दाखिल होने से पहले इस आशय की शर्त पर हस्ताक्षर करवाए जाते हैं कि वे पोलिटिकल कामों में हिस्सा नहीं लेंगे। आगे हमारा दुर्भाग्य कि लोगों की ओर

से चुना हुआ मनोहर, जो अब शिक्षामन्त्री है, स्कूलों- कॉलेजों के नाम एक सर्कुलर या परिपत्र भेजता है कि कोई पढ़ने या पढ़ानेवाला पोलिटिक्स में हिस्सा न ले। कुछ दिन हुए जब लाहौर में स्टूडेंट्स यूनियन या विद्यार्थी सभा की ओर से विद्यार्थी-सप्ताह मनाया जा रहा था। वहाँ भी सर अब्दुल कादर और प्रोफेसर ईश्वर चन्द्र नन्दा ने इस बात पर जोर दिया कि विद्यार्थियों को पोलिटिक्स में हिस्सा नहीं लेना चाहिए।

पंजाब को राजनीतिक जीवन में सबसे पिछड़ा हुआ (Politically backward) कहा जाता है। इसका क्या कारण है? क्या पंजाब ने बलिदान कम किए हैं? क्या पंजाब ने मुसीबतें कम झेली हैं? फिर क्या कारण है कि हम इस मैदान में सबसे पीछे हैं? इसका कारण स्पष्ट है कि हमारे शिक्षा विभाग के अधिकारी लोग बिलकुल ही बुद्धू हैं। आज पंजाब कौंसिल की कार्रवाई पढ़कर इस बात का अच्छी तरह पता चलता है कि इसका कारण यह है कि हमारी शिक्षा निकम्मी होती है और फिजूल होती है। और विद्यार्थी-युवा-जगत अपने देश की बातों में कोई हिस्सा नहीं लेता। उन्हें इस सम्बन्ध में कोई भी ज्ञान नहीं होता। जब वे पढ़कर निकलते हैं तब उनमें से कुछ ही आगे पढ़ते हैं, लेकिन वे ऐसी कच्ची-कच्ची बातें करते हैं कि सुनकर स्वयं ही अफसोस कर बैठ जाने के सिवाय कोई चारा नहीं होता। जिन नौजवानों को कल देश की बागडोर हाथ में लेनी है, उन्हें आज ही अक्ल के अन्धे बनाने की कोशिश की जा रही है। इससे जो परिणाम निकलेगा वह हमें खुद ही समझ लेना चाहिए। यह हम मानते हैं कि विद्यार्थियों का मुख्य काम पढ़ाई करना है, उन्हें अपना पूरा ध्यान उस ओर लगा देना चाहिए लेकिन क्या देश की परिस्थितियों का ज्ञान और उनके सुधार के उपाय सोचने की योग्यता पैदा करना उस शिक्षा में शामिल नहीं? यदि नहीं तो हम उस शिक्षा को भी निकम्मी समझते हैं, जो सिर्फ क्लर्की करने के लिए ही हासिल की जाए। ऐसी शिक्षा की जरूरत ही क्या है? कुछ ज्यादा चालाक आदमी यह कहते हैं–"काका, तुम पोलिटिक्स के अनुसार पढ़ो और सोचो जरूर, लेकिन कोई व्यावहारिक हिस्सा न लो। तुम अधिक योग्य होकर देश के लिए फायदेमन्द साबित होगे।"

बात बड़ी सुन्दर लगती है, लेकिन हम इसे भी रद्द करते हैं, क्योंकि यह भी सिर्फ ऊपरी बात है। इस बात से यह स्पष्ट हो जाता है कि एक दिन विद्यार्थी एक पुस्तक 'Appeal to the young,' Prince Kropotkin ('नौजवानों के नाम अपील,' प्रिंस क्रोपोटकिन) पढ़ रहा था। एक प्रोफेसर साहब कहने लगे, यह कौन-सी पुस्तक है? और यह तो किसी बंगाली का नाम जान पड़ता है! लड़का बोल पड़ा–प्रिंस क्रोपोटकिन का नाम बड़ा प्रसिद्ध है। वे अर्थशास्त्र के विद्वान थे। इस नाम से परिचित होना प्रत्येक प्रोफेसर के लिए बड़ा जरूरी था। प्रोफेसर की 'योग्यता' पर लड़का हँस भी पड़ा। और उसने फिर कहा–ये रूसी सज्जन थे। बस! 'रूसी!' कहर टूट पड़ा! प्रोफेसर ने कहा कि "तुम बोल्शेविक हो, क्योंकि तुम पोलिटिकल पुस्तकें पढ़ते हो।"

देखिए आप प्रोफेसर की योग्यता! अब उन बेचारे विद्यार्थियों को उनसे क्या सीखना है? ऐसी स्थिति में वे नौजवान क्या सीख सकते हैं?

दूसरी बात यह है कि व्यावहारिक राजनीति क्या होती है? महात्मा गांधी, जवाहरलाल नेहरू और सुभाषचन्द्र बोस का स्वागत करना और भाषण सुनना तो हुई व्यावहारिक

राजनीति, पर कमिश्नर या वायसराय का स्वागत करना क्या हुआ? क्या वह पोलिटिक्स का दूसरा पहलू नहीं? सरकारों और देशों के प्रबन्ध से सम्बन्धित कोई भी बात पोलिटिक्स के मैदान में ही गिनी जाएगी, तो फिर यह भी पोलिटिक्स हुई कि नहीं? कहा जाएगा कि इससे सरकार खुश होती है और दूसरी से नाराज? फिर सवाल तो सरकार की खुशी या नाराजगी का हुआ। क्या विद्यार्थियों को जन्मते ही खुशामद का पाठ पढ़ाया जाना चाहिए? हम तो समझते हैं कि जब तक हिन्दुस्तान में विदेशी डाकू शासन कर रहे हैं तब तक वफादारी करनेवाले वफादार नहीं, बल्कि गद्दार हैं, इनसान नहीं, पशु हैं, पेट के गुलाम हैं। तो हम किस तरह कहें कि विद्यार्थी वफादारी का पाठ पढ़ें।

सभी मानते हैं कि हिन्दुस्तान को इस समय ऐसे देश-सेवकों की जरूरत है, जो तन-मन-धन देश पर अर्पित कर दें और पागलों की तरह सारी उम्र देश की आज़ादी के लिए न्योछावर कर दें। लेकिन क्या बुड्ढों में ऐसे आदमी मिल सकेंगे? क्या परिवार और दुनियादारी के झंझटों में फँसे सयाने लोगों में से ऐसे लोग निकल सकेंगे? यह तो वही नौजवान निकल सकते हैं जो किन्हीं जंजालों में न फँसे हों और जंजालों में पड़ने से पहले विद्यार्थी या नौजवान तभी सोच सकते हैं यदि उन्होंने कुछ व्यावहारिक ज्ञान भी हासिल किया हो। सिर्फ गणित और ज्योग्राफी का ही परीक्षा के पर्चों के लिए घोंटा न लगाया हो।

क्या इंग्लैंड के सभी विद्यार्थियों का कॉलेज छोड़कर जर्मनी के खिलाफ लड़ने के लिए निकल पड़ना पोलिटिक्स नहीं थी? तब हमारे उपदेशक कहाँ थे जो उनसे कहते–जाओ, जाकर शिक्षा हासिल करो। आज नेशनल कॉलेज, अहमदाबाद के जो लड़के सत्याग्रह के बारदोलीवालों की सहायता कर रहे हैं, क्या वे ऐसे ही मूर्ख रह जाएँगे? देखते हैं उनकी तुलना में पंजाब का विश्वविद्यालय कितने योग्य आदमी पैदा करता है? सभी देशों को आज़ाद करवानेवाले वहाँ के विद्यार्थी और नौजवान ही हुआ करते हैं। क्या हिन्दुस्तान के नौजवान अलग-अलग रहकर अपना और अपने देश का अस्तित्व बचा पाएँगे? नौजवानों को 1919 में विद्यार्थियों पर किए गए अत्याचार भूल नहीं सकते। वे यह भी समझते हैं कि उन्हें एक भारी क्रान्ति की जरूरत है। वे पढ़ें। जरूर पढ़ें। साथ ही पोलिटिक्स का भी ज्ञान हासिल करें और जब जरूरत हो तो मैदान में कूद पड़ें और अपने जीवन इसी काम में लगा दें। अपने प्राणों का इसी में उत्सर्ग कर दें। वरन् बचने का कोई उपाय नज़र नहीं आता।

श्री इन्द्र चन्द्र नारंग का मुकदमा

[श्री इन्द्र चन्द्र नारंग पर देवघर षड्यन्त्र केस से सम्बन्धित यह सम्पादकीय टिप्पणी–सितम्बर, 1928 के 'किरती' में छपी थी। ब्रिटिश शासन में नागरिक स्वतन्त्रता और जनवादी अधिकारों की स्थिति पर यह टिप्पणी महत्त्वपूर्ण प्रकाश डालती है। –सं.]

पाठक पिछली बार देवघर साजिश केस के बारे में पढ़ चुके हैं। उस मुकदमे के निर्णय के बारे में हमने संक्षेप में लिखा था। उसमें ही एक पंजाबी नौजवान श्री इन्द्र चन्द्र नारंग को अकारण तीन साल की सज़ा दी गई है। आज उनके मुकदमे का निर्णय हमारे सामने है। इसे पढ़ते हुए आश्चर्य हो रहा है कि किस कारण उन्हें सज़ा दी गई है। उनके विरुद्ध यही

रहा कि देवघर की तलाशी में जो एक सूची मिली थी उसमें उनका नाम भी था। और तलाशी में 'बन्दी जीवन' की साठ प्रतियाँ मिली थीं और एक अन्य व्यक्ति के पास से तलाशी में डॉक्टर भूपेन्द्रनाथ दत्त, अध्यक्ष राजनैतिक पीड़ित कॉन्फ्रेन्स (पोलिटिकल सफरर्स कॉन्फ्रेन्स) का पता मिला था। उसने कहा था कि यह उसने श्री इन्द्र चन्द्र से लिया था, बस।

सूची में नाम मिलने से इन्द्र चन्द्र का कोई विशेष अपराध नहीं बन जाता। अन्य साठ-सत्तर व्यक्तियों के भी तो नाम थे, लेकिन उनसे तो पूछताछ भी नहीं की गई।

सबसे अधिक जोर इस बात पर दिया गया है कि वह 'बन्दी जीवन' बेचता था और इसलिए वह यह राजपरिवर्तनकारी साजिश का सदस्य समझा जाता है। खूब! हम पूछते हैं कि 'बन्दी जीवन' क्या जब्त किताब है? क्या सरकार ने उसकी बिक्री पर रोक लगाई हुई है? यदि नहीं तो श्री इन्द्र चन्द्र को सज़ा किस बात की दी गई है? मज़ा तो यह है कि किताब उसके भाई ने लाहौर-हिन्दी भवन से प्रकाशित की है। उसकी बिक्री के लिए सभी ने प्रयत्न किए हैं। लेकिन इसमें साजिश का क्या सबूत है? क्या डॉक्टर भूपेन्द्रनाथ दत्त का अध्यक्षीय सम्बोधन सरकार ने जब्त कर लिया है? यदि नहीं, तो वह किसी व्यक्ति को पढ़ने के लिए देना ही किस तरह अपराध हो गया? पहले श्री इन्द्र चन्द्र ने समाचार-पत्र की एजेंसी लेने का प्रयास किया था। वह जैसे-तैसे पैसे कमाकर गुजारा कर रहा था और शिक्षा भी प्राप्त कर रहा था। अगर वह अपने भाई द्वारा प्रकाशित किताब की बिक्री करके कुछ धन कमा लेता है, तो क्या वह अपराध था? हम समझ नहीं पा रहे हैं कि यह अपराध कैसे हो गया? आज हजारों व्यक्तियों के घरों में 'बन्दी जीवन' होगा। सैकड़ों आदमी वह किताब बेचते होंगे। तो क्या वे सभी षड्यन्त्रकारी हैं? और जेल भेजने लायक हैं? अगर नहीं तो एक बेचारे इन्द्र चन्द्र के हाथों में जाते ही 'बन्दी जीवन' जहर हो गया? हमें तो दाल में कुछ काला-वाला नज़र नहीं आता है। कहीं किसी और तैयारी के सिलसिले में ही उस गरीब को यूँ ही जेल में तो नहीं डाल दिया गया? हमें लगता है कि पंजाब के नौजवानों पर मुसीबत आनेवाली है और यह इसी की तैयारी में पहला कदम उठाया गया है। लेकिन अंग्रेजी सरकार ज़रा ज़ार का इतिहास याद कर लिया करे। इस तरह के जुल्म कर-करके अपने राज को मजबूत पाँव पर खड़ा करता-करता ज़ार आज अपनी हस्ती मिटा बैठा है। याद रखना चाहिए कि जुल्म के साथ कभी शान्ति कायम नहीं हो सकती, राज मजबूत नहीं हो सकते, बल्कि यह अपने पैरों पर कुल्हाड़ा मारना है। लेकिन हमारे बड़े शोर-शराबा करनेवाले देशभक्तों और नेताओं को यह अन्धेरगर्दी बन्द करने के लिए आन्दोलन करना चाहिए।

युगान्तकारी माँ

[सितम्बर, 1928 के 'किरती' में प्रकाशित एक सम्पादकीय नोट जिसमें सुप्रसिद्ध देशभक्त शचीन्द्रनाथ सान्याल की माता जी के प्रति विचार व्यक्त किए गए हैं।—सं.]

हमारे पाठक हिन्दुस्तान के प्रमुख युगान्तकारी श्री शचीन्द्रनाथ सान्यालजी के नाम-काम से अच्छी तरह परिचित हैं। हम उनका चित्र भी 'किरती' में प्रकाशित कर चुके हैं। उनका सम्पूर्ण परिवार ही युगान्तकारी है। 1914-15 वाले गदर आन्दोलन में उनके दो भाई

गिरफ्तार किए गए थे, जिनमें से एक नजरबन्द है और दूसरे को दो साल की कैद हुई और स्वयं उन्हें आजीवन कारावास की सजाएँ हो गई थीं। अब उन्हें काकोरी केस में फिर आजीवन कैद की सज़ा हो गई है। साथ ही उनके सबसे छोटे भाई श्री भूपेन्द्रनाथ सान्याल जी को पाँच बरस की कैद हो गई है। यह भी अपने बड़े भाइयों की तरह दिलेर हैं और खुशदिल रहनेवाले हैं।

ऐसे वीर पुत्रों की जननी माँ धन्य है। लेकिन हमें अफसोस के साथ कहना पड़ रहा है कि 52 साल की उम्र में लगभग एक माह पूर्व उनका देहान्त हो गया था। वह कोई सामान्य स्त्री नहीं थी। वह स्वयं भी पढ़ी-लिखी और क्रान्तिकारी विचारोंवाली थी।

इनका जन्म बंगाल के सबसे अधिक शिक्षित विद्वान और भक्ति के गढ़ शान्तिपुर के एक बड़े परिवार में हुआ। इनके एक बहन और एक भाई और थे। इनके बड़े भाई श्री योगेशचन्द्र राय अब तक जीवित हैं। वे 1907 के स्वदेशी आन्दोलन में काफी सक्रिय रूप से काम करनेवालों में हैं। बाद में राजपरिवर्तनकारी आन्दोलनों के सम्बन्ध में उनकी अनेक बार तलाशियाँ हुईं और पुलिस उनके पीछे लगी रहती थी।

श्री शचीन्द्रनाथ की माता श्रीमती क्षीरोदवासिनी देवी काफी शिक्षित थीं। आपको पढ़ाई में अव्वल होने की वजह से वजीफा मिलता रहा। आप हमेशा समाचार-पत्र, पत्रिकाएँ और नई-नई पुस्तकें पढ़ती रहती थीं।

श्री शचीन्द्र के पिता श्री हरिनाथ सान्याल भी स्वदेशी आन्दोलन के सक्रिय समर्थक थे। 1907 के स्वदेशी आन्दोलन के बहुत पहले से ही वह स्वदेशी वस्तुओं का ही उपयोग करने लगे थे। श्री शचीन्द्र की माता उनके ऐसे विचारों और कार्यों में बहुत सहायता करती थीं और स्वदेशी आन्दोलन चलने पर दोनों इसी काम में लग गए। हालाँकि हरिनाथ सान्याल सरकारी नौकरी में थे और अच्छा-खासा वेतन पाते थे।

श्रीमती क्षीरोदवासिनी देवी अपने बच्चों को घर में स्वयं पढ़ाती थीं। स्वदेशी आन्दोलन के बाद में उन्होंने स्वयं ही अपने पुत्रों को अनुशीलन समिति में भर्ती करवाया। अनुशीलन समिति बंगाल की एक पार्टी थी, जो उस समय तक खुफिया राजपरिवर्तनकारी दल नहीं बनी थी, लेकिन बाद में वही सबसे बड़ी और शक्तिशाली राजपरिवर्तनकारी पार्टी बन गई थी।

बाद में माँ को यह भी पता लग गया कि शचीन्द्र युगान्तकारी दल में शामिल हुआ है। लेकिन वह कभी घबराई नहीं, बल्कि हमेशा उनसे सहानुभूतिपूर्वक व्यवहार करती थीं। वह प्रसन्न थीं कि उनका बेटा देश-सेवा में संलग्न है।

उनके सहानुभूतिपूर्ण व्यवहार के कारण काफी दूर-दूर से युगान्तकारी उनके दर्शनों के लिए आते थे। उनमें श्री रासबिहारी बोस, हिन्दुस्तान के राजपरिवर्तनकारी शहीदों के सिरमौर श्री जतीन्द्रनाथ मुकर्जी तथा श्री शशांक हाजरा आदि शामिल थे। वह बंगाल के युगान्तकारियों में 'युगान्तकारी माँ' के रूप में मशहूर थीं। दूर अंडमान के बन्दियों के बीच भी उनकी ख्याति पहुँच चुकी थी।

1915 में जब गदर पार्टी ने चारों तरफ जबरदस्त बगावत करने की तैयारियाँ की थीं, उस समय श्री शचीन्द्रनाथ सान्याल और उनके दोनों युवा भाई इस काम में जुटे हुए थे। स्मरण रहे कि इनके पिता का देहावसान हो चुका था। इस कारण परिवार का बोझ भी

इनके सिर आ पड़ा। जब फरवरी में विद्रोह पैदा करने की तारीख भी तय हो चुकी थी, तब इन भाइयों में आपस में विवाद चल पड़ा कि कौन पीछे रहकर परिवार की देखभाल करे, क्योंकि कोई भी पीछे रहने के लिए सहमत नहीं होना चाहता था। दोनों की यह इच्छा थी कि देश के स्वतन्त्रता-संघर्ष में वे सक्रिय रूप में मैदान में कूद पड़ें। तब उनकी वीर माता ने आगे आकर कहा कि वह किसी की राह में नहीं आना चाहती, जिस किसी की भी इच्छा हो, वह उनकी चिन्ता छोड़कर देश-सेवा के कार्य में जुट जाए।

पर वह सारा काम तो बीच में ही रह गया। गदर की सारी योजना फेल हो गई। मुकदमा चला। श्री शचीन्द्रनाथ सान्याल को आजीवन कैद हो गई। जब वह बनारस जेल में अंडमान (कालेपानी) भेजे गए, उस समय उनकी आयु 22 वर्ष की थी। माँ उनसे मिलने गई और प्रसन्नतापूर्वक कहा—"मेरा पुत्र सचमुच संन्यासी हो गया है। मैं बहुत प्रसन्न हूँ कि उसने अपना जीवन देश-सेवा के लिए अर्पित कर दिया है।" इसके पश्चात् पुलिस उनका पीछा करने लगी और बहुत परेशान करती रही।

अब काकोरी केस चला और जब उनका छोटा पुत्र श्री भूपेन्द्रनाथ सान्याल भी गिरफ्तार कर लिया गया तो इनको बहुत घबराहट हुई, क्योंकि वह अभी बिलकुल बच्चा था और पढ़ रहा था। ज्यादा चिन्ता यह थी कि संकट में कहीं वह घबरा न जाए। लेकिन मालूम हुआ कि वह जेल में बिलकुल निश्चिन्तता से रह रहा है। इस बात से इन्हें बहुत खुशी हासिल हुई। कहने लगीं, "मुझे अपने भूपेन्द्र से यही आशाएँ थीं।"

लेकिन उनका सारा जीवन कठिनाइयों में ही गुजर गया। उन्हें कभी चैन का समय ही नहीं मिला। देखते-देखते काकोरी का मुकदमा समाप्त हो गया। और कोई ठोस सबूत न मिलने के बावजूद श्री शचीन्द्रनाथ सान्याल को आजीवन कैद और भूपेन्द्रनाथ को पाँच साल की सज़ा हो गई। यह झटका उनसे बर्दाश्त न हो सका। यह चोट उनसे सही न गई। वह फिर कभी न सँभल सकीं। लेकिन अपने पुत्रों पर उन्हें बहुत फख्र रहा। उन्होंने शचीन्द्रनाथ सान्याल को अपने अन्तिम पत्र में लिखा था कि दुनियादारी के हिसाब से भले ही मैं बहुत गरीब हूँ, लेकिन मेरे-जैसा अमीर कौन है जिसके पुत्र सत्यपथ पर चल रहे हैं और देश-सेवा में जिन्होंने अपनी जिन्दगियाँ अर्पण कर दी हैं, मुझे अपने पर बहुत नाज़ है।

आह! ऐसी और कितनी माताएँ आज हमारे देश में हैं? धन्य है यह माँ और धन्य-धन्य हैं इनके सुपुत्र!

षड्यन्त्र क्यों होते हैं और कैसे रुक सकते हैं?

[सितम्बर, 1928 के 'किरती' में छपा यह लेख राजनीतिक मुकदमों सम्बन्धी विचारधाराओं को सामने रखता है जिनकी अंग्रेज सरकार षड्यन्त्र कहकर निन्दा करती थी। समाज की प्रारम्भिक तब्दीली की ओर इशारा करते हुए कहा गया कि षड्यन्त्रों को रोकने का एक ही तरीका है—दुनिया से गरीबी व गुलामी दूर करना।

इस लेख में शान्तिपूर्ण व आतंकवादी तरीकों पर भी बड़े तर्कपूर्ण ढंग से विचार किया गया है। भगत सिंह और उनके साथियों के विचारधारात्मक विकास को जानने के लिए यह लेख महत्त्वपूर्ण दस्तावेज़ों में से एक है।—सं.]

एक षड्यन्त्र की चर्चा अभी खत्म नहीं होती कि दूसरे षड्यन्त्र की चर्चा शुरू हो जाती है। कुछ समय पूर्व हम काकोरी षड्यन्त्र का हाल पढ़ रहे थे, इन दिनों देवघर के षड्यन्त्र के हाल सुन रहे हैं। इनसे पहते लाहौर षड्यन्त्र केस, दिल्ली षड्यन्त्र केस, बोल्शेविक षड्यन्त्र केस और न जाने कितने षड्यन्त्र केस चल चुके हैं, जिनमें कि दर्जनों ही नौजवान फाँसियों पर लटकाए गए। गोलियों से उड़ा दिए गए। सैकड़ों ही नहीं, हजारों कालेपानी भेजे गए, असंख्य देशभक्त अभी तक जेलों में कैद काट रहे हैं।

षड्यन्त्र क्या होते हैं? सरकारों का विचार है कि मनुष्य के दिमाग में यह एक बीमारी है, जो नियमित चल रही व्यवस्था को तोड़ने-फोड़ने के लिए षड्यन्त्रकारी को मजबूर कर देती है। वह इस बीमारी के वश में होकर कानून तोड़ता है, शान्ति भंग करता है, हत्याएँ करता और डकैतियाँ डालता है और कई ऐसे तरीके इस्तेमाल करता है जो कि समाज में गड़बड़ी फैलाने और शान्तिभंग का कारण बनते हैं। वह चल रही व्यवस्था की तोड़-फोड़ की ठान लेता है और फिर इस लक्ष्य के लिए कोई असर नहीं छोड़ता।

इसके विपरीत षड्यन्त्रकारी लोगों का दावा है कि षड्यन्त्र उन आदर्शवादी लोगों की कोशिश होती है जो चल रही व्यवस्था की कमियों, अन्याय और जुल्म को सहन नहीं कर पाते, जो अमीर-गरीब, बड़े-छोटे, जालिम-मजलूम, शासक-प्रजा, पूँजीपति-मजदूर, जमींदार-किसान आदि का फर्क खत्म कर एक-जैसे अधिकारों और आज़ादी का दौर लाना चाहते हैं और जो पुरानी, गन्दी और अत्याचारी व्यवस्था को समाप्त कर एक नई व सुन्दर व्यवस्था स्थापित करना चाहते हैं, जिसमें कि कोई शासक-प्रजा, अमीर-गरीब, जमींदार-किसान हो, बल्कि सभी एक-जैसे भाई-भाई हों। प्रत्येक काम करे और खाए और सभी की प्रत्येक जरूरत पूरी हो।

ये बातें सही हैं या गलत जो कि दोनों अपने-अपने विचार को सामने रखकर की जाती हैं, यह पाठक स्वयं ही अनुमान लगाएँ।

गुजरे वक्त का इतिहास प्रमाण है कि सख्त सजाओं और फाँसियों से षड्यन्त्र नहीं रुक सकते, न ही जुल्मों और अत्याचारों से--चाहे वे कितने भी भयानक क्यों न हों– आज़ादी की चाह कुचली जा सकती है। असंख्य नौजवान, जो किसी दूसरे आज़ाद देश में होते तो अपने देश के लिए तोहफा साबित होते, अत्याचारी और जालिम शासकों के अत्याचारों का शिकार हो गए। हजारों देशभक्त टुकड़े-टुकड़े कर कत्ल कर दिए गए ताकि लोग इससे आतंकित होकर षड्यन्त्र करने से बाज आ जाएँ और आज़ादी के लिए हाथ-पाँव न हिलाएँ। तमाम सजाओं, फाँसियों, कैद और बेंत मार-मारकर देख लिया गया है, लेकिन यह तमाम सजाएँ भी षड्यन्त्रों को रोकने में असफल रही हैं। बल्कि– *'बढ़ता है शौके-शहादत हर सज़ा पाने के बाद'* के अनुसार षड्यन्त्रों की आग भड़कती गई और इन सजाओं से न रुकी। यह क्यों है, आखिर इन षड्यन्त्रों को रोकने का क्या कोई इलाज भी हो सकता है?

यदि षड्यन्त्रों के पिछले इतिहास को अच्छी तरह देखा जाए तो हमें इस बात का भली प्रकार पता चलता है कि षड्यन्त्रों को रोकने के लिए जितनी अधिक कोशिशें होती हैं, उतने ही अधिक षड्यन्त्र किसी-न-किसी शक्ल में वजूद में आते रहते हैं। इस तरह पता चलता है कि ये सजाएँ षड्यन्त्रों की आग भड़काने में लकड़ी का ही काम करती हैं।

सैकड़ों नौजवान गोलियों से उड़ा दिए जाते हैं, लेकिन उनकी जगह भरने के लिए हजारों ही नौजवान हथेलियों पर सर रखकर मैदान में कूद पड़ते हैं और अपने प्राणों को खतरे में डाल उस अधूरे काम का शुरू कर देते हैं। आखिर इसका कारण क्या है?

बदला लेना इनसानी स्वभाव है। इनसान जब तक इनसान है, वह अपने दुश्मनों से बदला जरूर लेगा, ख़याली पुलाव पकानेवाले चाहे कुछ भी कहें। आम नौजवान जब देखते हैं कि उनके भाई सिर्फ देश-प्रेम के लिए ही किस बेदर्दी और बेरहमी से जुल्मों का शिकार हो रहे हैं तो उनके दिलों में अपने भाइयों पर हुए जुल्मों का बदला लेने की आग भड़क उठती है। वे शान्ति और सन्तोष को अलविदा कह देते हैं। अपनी किश्ती ईश्वर के सहारे छोड़ लंगर तोड़ देते हैं। फिर या तो वे खुद उस बदले की आग में जलकर राख हो जाते हैं या दुश्मनों को राख करके ही साँस लेते हैं। यह इनसानी दिलेरी है। भँगेड़ियों, नशेबाजों का पुलाव नहीं है।

दूसरी ओर एक बुज़दिल और कायर होता है। उसे अपनी जान बहुत प्यारी होती है, क्योंकि वह नहीं चाहता कि उसके पास से ऐशो-आराम और सफेद-स्याह करने की ताकत छीन ली जाए। पर जब उसकी जान पर हमला किया जाता है और उसके मुँह से झाग गिरने लगती है तो वह गुस्से में आकर ऐसे-ऐसे कष्ट ढहाता है कि जमीन और आसमान काँप उठते हैं। वह अत्याचार में अन्धा होकर जिस पर भी हाथ उठाता है, चाहे वह निर्दोष ही क्यों न हो, उसे पार बुलाकर ही छोड़ता है। इस तरह अक्सर गेहूँ के साथ घुन भी पिस जाता है और हजारों ही बेगुनाह नौजवान देश पर शहीद हो जाते हैं। यह निर्दोषों का खून होता है जो अन्त में रंग लाता है। जनता में बेचैनी फैल जाती है। षड्यन्त्रकारियों के हाथ मजबूत हो जाते हैं, क्योंकि यह जुल्म, अन्याय और आतंक ही षड्यन्त्र पैदा करने के कारण हैं। वे खुली घोषणाएँ कर देते हैं कि देखा, हम नहीं कहते थे कि लातों के भूत बातों से नहीं सुधरते, लेकिन तुमने हमारी बातों पर ध्यान नहीं दिया। अब खूब गत बन रही है। लेकिन यह तो–

इब्तिदाए इश्क है रोता है क्या?
आगे-आगे देखिए होता है क्या?

इस तरह षड्यन्त्र का वृक्ष निर्दोषों के खून से सिंचकर बढ़ता है और थोड़े ही समय में फलने-फूलने लगता है।

जब तक लोग खुलेआम अपने दुख-तकलीफें व्यक्त कर सकते हैं और सरकारी अत्याचारों की पोल खोल सकते हैं, तब तक तो षड्यन्त्रों की जरूरत नहीं पड़ती, लेकिन जब सरकारें खुले आन्दोलनों को कुचलने लगती हैं और जब–

न तड़पने की इजाज़त है, न फरियाद की है।
घुट-घुट के मर जाऊँ, यही मरजी मेरे सैयाद की है।

पर अमल शुरू हो जाता है तो इधर जोशीले और गर्वीले जवान भी इस बुरी स्थिति में नहीं जीना चाहते। वे सिरों की बाजी लगा देते हैं और ऐसे अत्याचारी (शासन) को तोड़ने की सिरतोड़ कोशिशों में व्यस्त हो जाते हैं।

जब तक शान्तिपूर्ण आन्दोलन में आज़ादी की माँग की छूट रही, कोई षड्यन्त्र नहीं हुआ, कोई गुप्त आन्दोलन नहीं चल सका, लेकिन ज्योंही शान्तिपूर्ण आन्दोलन को कुचलने

के आदेश जारी किए गए उसी समय गुप्त आन्दोलन शुरू हो गए और षड्यन्त्रों की तैयारियाँ होने लगीं। सरकार की सख़्ती का दौर शुरू हुआ और काले कानूनों के अधीन सैकड़ों नौजवानों को, जो खुले रूप में काम कर रहे थे, जेलों में नजरबन्द कर दिया गया तो जोशीले नौजवानों को इससे आग लग गई और वे तड़प उठे। बस फिर क्या था? किसी ओर काकोरी-षड्यन्त्र का तो कहीं किसी और षड्यन्त्र का धुआँ निकलने लगा।

जब तक दुनिया में वहशी जमाने की गुलामी और गरीबी-जैसी स्मृतियाँ कायम रहेंगी तब तक कोई भी ताकत दुनिया के तख़्त के षड्यन्त्रों और गुप्त आन्दोलनों को मिटा नहीं सकती। यदि जोर-जबरदस्ती और जुल्म षड्यन्त्रों के रोकने का सही इलाज होता तो षड्यन्त्रों का नामोनिशान कब का मिट गया होता। लेकिन यह इलाज नहीं है। सम्भव है, जुल्म और अत्याचार कुछ समय के लिए षड्यन्त्रों को रोक सकें, लेकिन जुल्म और अत्याचार षड्यन्त्र रोकने का कोई कारगर नुस्खा नहीं है। कइयों का विचार है कि केवल आज़ादी ही षड्यन्त्रों को खत्म करने का असली इलाज है, लेकिन हमारा इससे मतभेद है। यह तो ठीक है कि यह आज़ादी ही है जो बहुत हद तक षड्यन्त्रों को रोक सकती है, लेकिन फिर भी इसमें सोलह आने सच नहीं है, क्योंकि वर्तनान समय में साबित हो गया है कि केवल (आज़ादी की) प्राप्ति से ही षड्यन्त्र नहीं रुक सकते। हमारे सामने अमेरिका, जर्मनी और फ्रांस आज़ाद देशों में माने जाते हैं और वे हैं भी बिलकुल आज़ाद–किसी के गुलाम या किसी तरह से भी मोहताज नहीं हैं, लेकिन फिर भी वहाँ षड्यन्त्र होते रहते हैं, और अभी बहुत समय नहीं हुआ, जबकि 'साको' और 'धैनजिटी' को अमेरिका की पूँजीपति सरकार ने षड्यन्त्र के अपराध में बिजली की कुर्सी पर बिठाकर मार डाला था। जर्मनी में कम्युनिस्टों ने एक क्षेत्र पर कब्जा कर लिया था, लेकिन वे कब्जा बनाकर न रख सके। फ्रांस और इंग्लैंड में भी षड्यन्त्र होते रहते हैं।

अमेरिका-जैसा समृद्ध देश पूरी दुनिया के नक्शे पर भी नहीं है। वहाँ 'राक-फैलरे'-जैसे तगड़े अमीर आदमी हैं। यदि वे चाहें तो अकेले ही पूरे हिन्दुस्तान को खरीद सकते हैं। लेकिन दूसरी ओर बेरोजगारी और गरीबी का यह हाल है कि हजारों ही नहीं, बल्कि लाखों अमेरिकी मजदूर ऐसे हैं जो बेरोजगार भूखे दर-दर भटक रहे हैं और जिनका गुजारा सिर्फ सरकारी दान से ही होता है। तो क्या जब तक यह हद दर्जे की गरीबी और हद दर्जे की अमीरी दुनिया में कायम रहेगी, षड्यन्त्र दुनिया से खत्म हो सकते हैं? हमारा विचार तो 'नहीं' में है। षड्यन्त्रों का हटना या न हटना रोटी के सवाल के हल होने पर निर्भर है। यदि रोटी का सवाल आज हल हो जाए तो आज ही षड्यन्त्रों की समाप्ति हो सकती है, लेकिन यदि रोटी का सवाल न निपटा तो यह षड्यन्त्र कभी भी रुक नहीं सकते, चाहे नीरू और जहाद-जैसे ज़ालिम ही क्यों न पैदा हो जाएँ।

शायद कुछ लोग कहें कि यदि रोटी के सवाल का हल ही षड्यन्त्रों की बीमारी के लिए अमृतधारा है तो फिर रूस में क्यों षड्यन्त्र होते हैं? हमारा जवाब स्पष्ट है कि रूस में जो षड्यन्त्र होते हैं वह सिर्फ विदेशी पूँजीपति सरकारों के छोड़े हुए कुछ भाड़े के टट्टुओं द्वारा करवाए जाते हैं और वे विदेशी सरकारें अपने एजेंटों को धन आदि देकर उनसे षड्यन्त्र करवाती हैं, नहीं तो रूस में षड्यन्त्र करने के लिए कोई कारण ही नहीं है, ना ही रूसी लोगों

को कोई तकलीफ है, जिससे कि उन्हें षड्यन्त्र करने की जरूरत पड़े। कुछ जार के चेले-चपाटे हैं या विदेशी एजेंट हैं जो कभी-कभार हंगामा करते हैं, वरना रूस तो इस समय एक ऐसा देश है जो हर इनसान को खुश देखना चाहता है और प्रत्येक इनसान की जरूरतें पूरी करता है।

हिन्दुस्तान का क्या कहना। पहले तो यह गुलाम है। यहाँ के नौजवान जब दूसरे देशों को उन्नति करते देखते हैं तो उनके कलेजों पर छुरियाँ चल जाती हैं। वे अनुभव करते हैं कि उन्नति करना तो दूर रहा, उनके तो साँस लेने के लिए भी यहाँ जगह नहीं है। इसलिए हिन्दुस्तान का गुलाम होना ही यहाँ आज़ादी की कोशिशों के लिए एक अच्छा तर्क है। आज़ादी के लिए दो ही प्रकार की कोशिशें हो सकती हैं–शान्तिपूर्ण व आतंकवादी तरीकों से। आज़ादी की प्राप्ति के हर तरीके की एक-न-एक दिन परीक्षा होती है। वह तरीका परीक्षा में खरा उतरे तो लोग उसमें विश्वास करते हैं, लेकिन यदि परीक्षा में असफल रहे तो लोगों का विश्वास उससे हट जाता है। हिन्दुस्तान में भारी संख्या उन लोगों की है जो शान्तिपूर्ण तरीके के समर्थक हैं। शायद इसलिए कि उन्हें इसके सिवा और कुछ सूझता भी नहीं या यदि कुछ सूझता भी है तो वे उस पर व्यवहार करने में स्वयं को असमर्थ पाते हैं। लेकिन यह बात अब सन्देह से परे है कि ऐसे आदमी भी हिन्दुस्तान में मौजूद हैं, जो शान्तिपूर्ण तरीकों पर विश्वास खो चुके हैं, और हिन्दुस्तान की आज़ादी के लिए काम भी करना चाहते हैं। जब तक ऐसे आदमी मौजूद हों तब तक षड्यन्त्रों का होते रहना अचम्भे की बात नहीं है। लेकिन एक गुलामी ही क्या? हिन्दुस्तान में इतनी गरीबी है कि तौबा ही भली। हजारों नहीं, लाखों नहीं, बल्कि करोड़ों ही आदमी रोटी के दो टुकड़ों के लिए तरसते मर जाते हैं। जब तक गुलामी और गरीबी खत्म नहीं होती तब तक लोग भला कैसे आराम से बैठ सकते हैं? हो सकता है कि अमीर लोग ऐशो-आराम में आज़ादी को भूल जाएँ और गुलामी को पसन्द करें क्योंकि उनके लिए तो ऐश-परस्ती ही आज़ादी हो सकती है, लेकिन जो लोग भूखे मर रहे हैं, वे समझते हैं कि हमें मरना ही है तो फिर क्यों न मर्दे मैदान बनकर इस अन्यायपूर्ण और ज़ालिम व्यवस्था को रद्द करने में मरें, क्यों न देश के गरीबों को जगाने के लिए और भारत माता को आज़ाद करवाने के लिए शीश दिए जाएँ? हो सकता है ऐसे विचार कुछ देर तक गरीबों के दिमाग में न आएँ, लेकिन कब तक रुक सकेंगे? इस अन्याय, गुलामी और गरीबी के खिलाफ शुरू से ही षड्यन्त्र होते आए हैं। जब तक यह हाल रहेगा, जोशीले लोग षड्यन्त्र करते रहेंगे, क्योंकि तमाम षड्यन्त्रों की जड़ गरीबी और गुलामी है। चाहे सरकारें इस बात को नहीं मानतीं फिर भी यह बिलकुल सही है कि शासक जो भी कुछ अधिकार या कुछ सुविधाएँ देते हैं वे इन षड्यन्त्रकारियों के भय से ही दिया करते हैं। नहीं तो–यदि नौजवान हथेलियों पर सिर रखकर बिना किसी स्वार्थ के समाज को अच्छा बनाने के लिए बलिदान न करते तो सरकारों से जितने अधिकार अभी तक छीने जा चुके हैं, उतने भी न छीने जा सकते।

1925 में विपिनचन्द्र पाल ने एक लेख में लिखा था कि "यह पोलिटिकल कातिल ही थे, जिन्होंने कि मिंटो-मारले योजना के लिए रास्ता साफ किया।" एक और माडरेट एस. आर. दास ने लिखा था कि "इंग्लिस्तान को इस मीठी नींद से जगाने के लिए कि हिन्दुस्तान के साथ 'अच्छा सलूक' हो रहा है, एक बम की जरूरत थी।"

यों आमतौर पर नेता लोग इन षड्यन्त्रकारियों के खिलाफ ही रहा करते हैं तो भी हमारे नेता साहिब बब्बर अकाली दल की तारीफ यह कहकर किया करते हैं कि सिखों को गुरुद्वारा बिल इसी आन्दोलन ने दिलवाया है, नहीं तो गुरुद्वारा बिल कभी भी न मिलता।

यह लेख लिखने से न तो हमारा यह आशय है कि बम फेंकने की प्रेरणा दी जाए और न ही यह कि षड्यन्त्रकारियों की तारीफ के बड़े-बड़े पुल बाँध दिए जाएँ, चाहे हम समझते हैं कि वे सच्चे देशभक्त होते हैं और अपने भीतर सच्ची राष्ट्रीय और देशभक्ति की स्प्रिट रखते हैं और अपने विश्वासों के अनुसार काम करते हैं, वे इसी में देश और कौम की बेहतरी समझते हैं। इस लेख को लिखने का आशय तो यह है कि जनता को यह बताया जाए कि जहाँ भी गुलामी और गरीबी मौजूद है वहाँ कुछ जोशीले लोग उठते ही रहेंगे और गुलामी और गरीबी के जुए को उतार फेंकने के यत्न करते रहेंगे, चाहे वे सफल हों या नहीं। हम समझते हैं कि इतिहास हमें यही बताता है कि इन षड्यन्त्रों को रोकने और हमेशा के लिए खत्म करने का एक ही तरीका है कि दुनिया से गरीबी और गुलामी दूर की जाए और प्रत्येक देश में आज़ादी के साथ रोटी के सवाल का भी पूरा समाधान हो। जब तक यह नहीं होता, षड्यन्त्रों का बन्द होना मुश्किल है।

श्रमिक आन्दोलन को दबाने की चालें

[सितम्बर, 1928 के 'किरती' के चार और सम्पादकीय ध्यान देने योग्य हैं। एक पब्लिक सेफ्टी बिल, दूसरा ट्रेड डिस्प्यूट बिल सम्बन्धी भगत सिंह और उनके साथियों के विचारों को प्रकट करता है। इन्हीं बिलों के विरोध में भगत सिंह और बटुकेश्वर दत्त ने 8 अप्रैल, 1929 को असेम्बली हॉल में बम का धमाका किया था।

तीसरी सम्पादकीय टिप्पणी में मोतीलाल नेहरू रिपोर्ट सम्बन्धी चर्चा है और इसे बुर्जुआ विचारधारा का प्रतीक बताया गया है।

चौथे सम्पादकीय में बारदोली किसान आन्दोलन सम्बन्धी विचार रखे गए हैं।

सितम्बर, 1928 में ही हिन्दुस्तान प्रजातान्त्रिक पार्टी, हिन्दुस्तान समाजवादी प्रजातान्त्रिक पार्टी बन गई थी।–सं.]

विश्व में जो अन्धेरगर्दी इन खुदगर्ज और बेईमान पूँजीपति शासकों ने मचा रखी है, वह लिखकर लोगों को समझाई नहीं जा सकती। अब जब उनके पर्दे दुनिया में खुल रहे हैं और अब जब श्रमिक भी इन लोगों को अपने श्रम पर हराम की मोटी-मोटी खाल चढ़ाने से रोकने का यत्न करने लगे हैं तो यह तड़पते हैं और शान्ति-शान्ति का शोर मचाने लगते हैं। सम्पत्ति खतरे में है, दुनिया कैसे चलेगी, आदि वाक्यों से शोर मचाकर आम लोगों और श्रमिकों को समाजवादी आन्दोलन के विरोधी बना रहे हैं। साथ-ही-साथ उन आन्दोलनों को दबाने के विचार से अन्धा अत्याचार करने की ठान ली है। आज हम समाचार-पत्रों में पढ़ रहे हैं कि लोगों की सुरक्षा नाम का एक (Public safety–removed from India-bill) बिल असेम्बली में पेश हो रहा है। पेश सरकार की ओर से ही होना है। बिल का आशय

यह है कि यदि समाजवादी विचारों का प्रचार करनेवाला कोई ऐसा आदमी भारत में आ जाएगा, जो यहाँ का नागरिक न होगा तो उसे नोटिस देकर एकदम देश से निकाल दिया जाएगा। यह बिल क्यों पास किया जाएगा और इसे पास करवाने के लिए क्या-क्या घटिया चालें चली जा रही हैं, यही हम पाठकों को बताना चाहते हैं।

कुछ दिन पहले अख़बारों में एक पत्र छपा था जिसके बारे में कहा जाता था कि कम्युनिस्टों की ओर से यह पत्र इंग्लैंड की कम्युनिस्ट पार्टी को लिखा गया था। उसमें उन्होंने कहा था कि आखिर में हम सशस्त्र क्रान्ति या हथियारों से युद्ध कर ही क्रान्ति सम्पन्न करेंगे, लेकिन उससे पहले कम्युनिस्ट पार्टी गुप्त रूप में काम करेगी और श्रमिक किसान पार्टी को नियन्त्रण में कर प्रचार का काम खुले रूप में किया जाएगा, आदि। उधर क्योंकि रूस चाहता है कि दुनिया-भर में मजदूरों का शासन स्थापित किए बगैर स्थायी शान्ति नहीं हो सकती, इसीलिए वह हर जगह समाजवादी आन्दोलन करवाना चाहता है। और चूँकि दुनिया में सबसे बड़े पूँजीपति और सम्राटपसन्द अंग्रेज हैं, इसलिए उनका राज नष्ट करना जरूरी है और उनका राज ही हिन्दुस्तान के सिर पर है, इसीलिए यहाँ क्रान्ति करवाना अनिवार्य है। ऐसी स्थिति में अंग्रेज रूस से बहुत भयभीत हैं और वे कम्युनिस्ट या समाजवादी विचारों के प्रचार को रोकना चाहते हैं। पर किया क्या जाए? हिन्दुस्तानी पूँजीपतियों की सहानुभूति जीतने के लिए वह पत्र छपवाया जाए। अख़बारों में लिखा गया था–

दिल्ली, अगस्त 20

निम्न पत्र को प्रसारित किया गया।

किसकी ओर से, कब, कहाँ? यह कुछ पता नहीं। और यह पत्र है भी पिछले दिसम्बर की तारीख का। अब तक वह कहाँ छिपा रहा?

कम्युनिस्ट पार्टी ने इस पत्र के साथ अपना कोई सम्बन्ध मानने से इनकार कर दिया है। श्रमिक किसान पार्टी ने भी ऐसी ही घोषणा की है। फिर यह पत्र आया कहाँ से? और इसे अब ही क्यों छापा गया? यह बातें सोचने योग्य हैं। इस पत्र के साथ, और रूस की कुछ घोषणाओं को बार-बार छापने से हिन्दी पूँजीपतियों को भी सरकार ने अपने साथ मिला लिया। हमें पता है कि निठल्ले पूँजीपति मिलकर यह बिल पास करवा लेंगे। पर क्या सरकार समझती है कि इस तरह समाजवादी विचारों का प्रचार रुक जाएगा? क्या इन नीचता-भरी चालों से वे अपने पैर पक्के कर स्थिर रह सकेंगे? इतिहास की ओर से जानबूझकर क्यों आँखें बन्द रखी जाती हैं? आज फ्रांस के फ्यूडल लॉर्ड्स और रूसी नोबल्स कहाँ हैं? क्या इन लोगों ने इन विचारों को दबाने के लिए अपना-अपना जोर नहीं लगाया और क्या क्रान्ति रुक सकी थी? फिर यहीं क्रान्ति कैसे रुक सकेगी? जब तक भूख है और श्रम करनेवाले भूखे मरते रहेंगे और निठल्ले बैठनेवाले हर तरह की मौज उड़ाते रहेंगे, तब तक समाजवादी विचार दबाने से और भी जोर पकड़ते रहेंगे। लेकिन श्रमिकों को सँभल जाना चाहिए और समझ लेना चाहिए कि उनके आन्दोलन को दबाने के लिए कितने अत्याचार किए जा रहे हैं और यदि वे अब भी न सँभले तो बाद में पछताने से कुछ हाथ न आएगा।

एक और दमनकारी कानून

जिस तरह हिन्दुस्तान में कारखाने बढ़ रहे हैं, उसी तरह हमारे पूँजीपति और अंग्रेजों के लाभ-हानि भी साझे होते जा रहे हैं और ये देश में उभर रहे जन-आन्दोलन को सामान्यतया दबाने का संयुक्त रूप से प्रयत्न कर रहे हैं। अब एक समय दो कानून स्वीकृत हो रहे हैं : एक है जन-सुरक्षा बिल (पब्लिक सेफ्टी बिल) और दूसरा है औद्योगिक विवाद बिल (ट्रेड्स डिस्प्यूट बिल) अर्थात् किसी पूँजीपति और मजदूरों का किसी सवाल पर झगड़ा हो जाए तब तुरन्त एक पंचायत गठित कर दी जाए, जिसमें पूँजीपति मालिकों तथा मजदूरों के प्रतिनिधि शामिल हों और इसका अध्येता एक निष्पक्ष व्यक्ति हो। वह जो निर्णय दे उसे सभी स्वीकारें। हड़ताल का अधिकार नहीं होगा। हड़ताल करनेवाले को 500 रुपए जुर्माना या एक माह की कैद की सज़ा दी जाएगी और अगर कोई राजनैतिक विचारधारा को लेकर हड़ताल करेगा, उसे तीन माह की कैद तथा 500 रुपए जुर्माने की सज़ा होगी। लेकिन यह सजाएँ क्यों? विवाद निपटाने के लिए जो कमेटी बनाई जाएगी, अगर वह मजदूरों की इच्छाओं के विरुद्ध फैसला कर दे, तब? तो भी क्या उन गरीबों को हड़ताल करने का अधिकार नहीं मिलना चाहिए? बड़ी अजीब बात है। मजदूरों को जल्दी ही सँभल जाना चाहिए, क्योंकि ये उनके ही आन्दोलनों को दबाने के यत्न हो रहे हैं। बम्बई की मजदूर-किसान पार्टी ने घोषित किया है कि इस बिल के विरुद्ध मजदूरों को हड़तालें करनी चाहिए, बात भी ठीक है। असेम्बली के पूँजीपति सदस्य तुरन्त ही यह कानून स्वीकृत कर देंगे। उन्हीं के लिए तो सरकार ने यह कानून बनाया है। पहले ही प्रेमचन्द कीका भाई-जैसे पूँजीपति सरकार से गुहार करते थे कि मजदूर-आन्दोलनों को दबाने की कोशिश की जानी चाहिए। सो सरकार ने इसका हल बनाकर पेश कर दिया है। दोनों कानून स्वीकृत हो जाएँगे। लेकिन मजदूरों को सँभल जाना चाहिए, क्योंकि यदि अभी कोई ध्यान न दिया गया तो बाद में बहुत कठिनाइयों का सामना करना पड़ेगा। यह स्मरण रखना चाहिए कि इंग्लैंड में भी ऐसा कानून स्वीकृत कराने की अंग्रेजी सरकार को हिम्मत नहीं हो सकती। मजदूरों के साथ रत्ती-भर भी सहानुभूति रखनेवाले सज्जनों को इस अवैध तथा दमनकारी कानून के विरोध में आवाज़ उठानी चाहिए।

बारदोली सत्याग्रह

हम पहले से ही अपने पाठकों के सामने बारदोली के बहादुर किसानों के हालात रखते रहे हैं। उन्होंने सत्याग्रह शुरू किया था, क्योंकि उनका बन्दोबस्त करके लगान बढ़ा दिया गया है। उन्होंने लगान देने से ही इनकार कर दिया था। बड़ा झगड़ा बढ़ा। अन्त में समझौता हो गया। फैसला यह हुआ कि एक व्यक्ति ने अपनी तरफ से बढ़ा हुआ लगान जमा करवा दिया है तथा अब एक समिति जाँच करेगी कि लगान बढ़ाना उचित है अथवा नहीं। और वह जो फैसला करेगी वह दोनों पक्षों को मंजूर करना पड़ेगा। अगर वह समिति फैसला कर दे कि लगान बढ़ा दिया जाए—कोई डर नहीं तो फिर क्या होगा? बेचारे किसान पहले ही इतने कमजोर तथा असहाय हैं कि वे एक पैसा भी अधिक नहीं दे सकते। फिर यह तो कुछ

बात न बनी। लेकिन हम देखते हैं कि यह सत्याग्रह सरकार के साथ संघर्ष के विचार से नहीं आरम्भ किया गया वरन् केवल यह शिकायत दूर करने के लिए था। नेताओं ने यह स्वीकार भी किया है। लेकिन समझ में नहीं आता कि एक-एक शिकायत के लिए लड़ने-झगड़ने के बजाय मूल या जड़ का क्यों नहीं इलाज किया जाता? असल में जिम्मेदार नेता तो जिम्मेदारी से भागते हैं और तुरन्त समझौते पर उतर आते हैं। तो यह बात स्पष्ट है कि इस तरह लाभ हमेशा ताकतवर को ही होता है।

हम समझते हैं कि जब तक नेता युगान्तकारी भावना और उत्साह के साथ ऐसा क्रान्तिकारी संघर्ष नहीं छेड़ेंगे, तब तक आज़ादी-आज़ादी का शोर करना दूर की बात है।

नेहरू समिति की रिपोर्ट

हिन्दुस्तान भी अजब देश है। यहाँ के नेता भी अजीबोगरीब हैं। बैठे-ठाले विचार किया कि चलो एक संविधान ही तैयार कर लें कि हम हिन्दुस्तान में कैसा राज चाहते हैं। तुरन्त सर्वदलीय कॉन्फ्रेंस बुलाई गई, जिसमें नेहरू समिति बनाई गई कि वह एक रिपोर्ट तैयार करे। रिपोर्ट तैयार हो गई और प्रकाशित भी की गई। बड़ी प्रशंसा हो रही है, बड़ी श्लाघा हो रही है। तारीफों के पुल बाँधे जा रहे हैं। रिपोर्ट का अर्थ क्या है? क्या हमें भी सरकार कनाडा, आस्ट्रेलिया और आयरलैंड-जैसा राज दे दे? बहुत खबू! वायसराय अंग्रेज होगा जो काफी अधिकार सम्पन्न होगा। लेकिन चुनाव से ही कौंसिल और असेम्बली में सदस्य भेजे जाएँगे और चुनाव में मत देने का अधिकार बालिग व्यक्तियों को ही होगा। सदन में वे स्वयं कुछ नहीं कर सकेंगे। केवल वायसराय की उँगलियों पर नाचेंगे।

ऐसा लगता है कि वे कनाडा और आयरलैंड आदि के संविधान खोलकर और सामने रखकर बैठ गए और यह रिपोर्ट लिख दी। लेकिन समस्या यह है कि यह रिपोर्ट लिखी क्यों गई? जब असहयोग आन्दोलन जोरों पर था, उस समय बाबू भगवान दास आदि जोर-शोर से अपनी बातें उठाते रहे, लेकिन किसी ने स्वराज्य की व्याख्या करने की आवश्यकता न समझी। पर आज जबकि कोई आन्दोलन भी नहीं है, संविधान तैयार करके रख दिया गया है। आखिर इसका क्या कारण है? असल में बात यह है कि कुछ लोगों का विचार है कि साइमन कमीशन बना है तो यह जरूर कुछ-न-कुछ देने के लिए ही बना है। और अब सरकार आनेवाली जंग और अन्य देशों की स्थितियों को सामने रखती हुई हिन्दुस्तान को कुछ-न-कुछ देने को तैयार है। कमीशन का बहिष्कार तो इसलिए किया जा रहा है कि मिशन में कोई हिन्दुस्तानी सदस्य नहीं है, और तो कोई बात नहीं। और अब सीधे नहीं बल्कि यों ही दूसरी तरह से कमीशन को बताना चाहते हैं कि हम यह कुछ लेना चाहते हैं। एक सज्जन ने अच्छा उदाहरण दिया कि एक फकीर ने अपनी लम्बी लाठी से एक लोटा बाँध लिया और कहने लगा–मुझे भीख नहीं चाहिए, मेरे लोटे को दे दो! हमारे उग्र नेताओं की यह स्थिति है। ये सभी समझे बैठे हैं कि अब कुछ-न-कुछ मिलकर ही रहेगा। इसलिए बता दें कि हम क्या लेना चाहते हैं। अक्ल के अन्धे नेता आयरलैंड के समान अधिकार तो ज़रूर माँगते हैं लेकिन यह नहीं देखते कि आयरलैंड की जनता ने ये अधिकार किस तरह लिए हैं? 1916 से 1923 तक एड़ी-चोटी का जोर लगाकर वे अंग्रेजों से संघर्ष करते

रहे और इन अंग्रेजों की नाक में दम कर दिया। तंग आकर, मजबूर होकर जब वहाँ से जड़ें बिलकुल ही उखड़ गईं तब उन्होंने उनको थोड़े-बहुत अधिकार दिए। और हम चाहते हैं कि हमने बैठकर बतियाया है, इसलिए हमें भी उनके समान अधिकार मिल जाने चाहिए! कितनी बड़ी गलतफहमी है? अच्छा फिर यह तो है ही बड़ा भारी द्रोह। अभी पिछली कांग्रेस में 'पूर्ण स्वराज्य' का प्रस्ताव पास हुआ। और अब उन्होंने तुरन्त ही डोमेनियन स्टेट्स बनाया जाना मंजूर कर लिया है। इसका क्या अर्थ है? कहा जाता है कि यह कांग्रेस पार्टी थोड़े ही थी, जिसने कांग्रेस के साथ द्रोह किया हो, यह तो है सर्वदलीय कॉन्फ्रेंस। बहुत खूब! तुम कांग्रेसवाले ही समझौते के ठेकेदार हो गए हो! उदारवादी नेताओं ने क्यों न समझौता करने के लिए पूर्ण स्वतन्त्रता स्वीकार की? उन्हें तो हिन्दुस्तान की स्वतन्त्रता की कोई आवश्यकता नहीं? तब कांग्रेस के होनेवाले अध्यक्ष पंडित मोतीलाल नेहरू आदि कांग्रेस को पीछे खींचने का यत्न करेंगे? समझ नहीं आता कि पंडित जवाहरलाल नेहरू आदि जो कि समाजवादी विचारों के समर्थक हैं, क्यों इस समिति में शामिल होकर अपना आदर्श बदल सके? क्या वह इन्कलाब नहीं चाहते, वैसे ही इन्कलाब-इन्कलाब चिल्लाते रहते हैं? क्या उन्हें आशा है कि यह सरकार स्वयं ही, जो माँगें प्रस्तुत की गई हैं उन्हें स्वीकार कर लेगी [ऐसा सोचना] जानबूझकर आँखें मूँदना है। या नेहरू साहब केवल सरकार को भयभीत करने के लिए ही पूर्ण स्वतन्त्रत का शोर मचाते रहते हैं और चाहते अधीन राज ही हैं? असल में यह आशा कि अभी कुछ मिलेगा, अभी कुछ मिलेगा, बहुत बर्बाद करती है। दास, बरकेन हैड की चापलूसी में कितना गिर गया था, यह उसके फरीदपुर के सम्बोधन से ही पता चल सकता है। आज सभी नेता उस राह पर चल पड़े हैं।

स्वतन्त्रता कभी दान में प्राप्त नहीं होगी। लेने से मिलेगी। शक्ति से हासिल की जाती है। जब ताकत थी तब लॉर्ड रीडिंग गोलमेज कॉन्फ्रेंस के लिए महात्मा गांधी के पीछे-पीछे फिरता था और जब आन्दोलन दब गया, तो दास और नेहरू बार-बार जोर लगा रहे हैं और किसी ने गोलमेज तो दूर, 'स्टूल कॉन्फ्रेंस' भी न मानी। इसलिए अपना और देश का समय बर्बाद करने से अच्छा है कि मैदान में आकर देश को स्वतन्त्रता-संघर्ष के लिए तैयार करना चाहिए। नहीं तो मुँह धोकर सभी तैयार रहें कि आ रहा है—स्वराज्य का पार्सल!

नौजवानों को इन बहकावों से बचकर चुपचाप अपना काम करते रहना चाहिए।

वर्ग-रुचि का आन्दोलनों पर असर

[सितम्बर, 1928 के 'किरती' में 'एक निर्वासित' एम. ए. के नाम से एक बहुत ही दिलचस्प लेख प्रकाशित हुआ था। यह लेख लाला हरदयाल की रचना है। भगत सिंह और उनके साथियों ने इस पर गहराई से विचार किया था।—सं.]

दुनिया-भर में दर्शनशास्त्रों तथा भ्रातृत्व के उपदेश की सारी उलझनों और मुसीबतों के होते हुए भी एक बात बिलकुल स्पष्ट रूप से सामने है। वह यह है कि दुनिया इस समय अनेक वर्गों में बँटी हुई है। जो मनुष्य इस सच्चाई को नजरअन्दाज करता है या जो ईश्वर के बन्दों की सच्ची सेवा करना चाहता है वह उस ज्योतिषी के समान है जो कि कोशिश के सिद्धान्त

तथा सितारों की गर्दिश से अनजान है। खाली, बेवकूफ और निकम्मा है। दुनिया के लोग, हालाँकि, अन्धे भी अच्छी तरह जानते हैं कि दुनिया में अमीर और गरीब दो वर्ग हैं। दुनिया-भर की भाषा-बोलियों में अपने-अपने अलग-अलग शब्द इस वर्ग-विभाजन को जताने के लिए मौजूद हैं। मालिक और नौकर, जमींदार और मजदूर, शासक और प्रजा, पूँजीपति और मेहनतकश आदि शब्द उस बुरे किस्से की याद दिलाते हैं, जिसने दुनिया से बन्धुत्व को नष्ट कर दिया है।

इस समय दुनिया में अलग-अलग पार्टियाँ मौजूद हैं, लेकिन सरसरी निगाह से देखने पर हम दो प्रकार के वर्गों को तो स्पष्ट तौर पर देखते हैं। एक तो वह वर्ग जो शारीरिक श्रम करके कुछ अर्जित करता है। दूसरे वह जो मेहनत नहीं करता। जो लोग खेतों, खदानों अथवा कारखानों आदि में काम करते हैं, वे मेहनतकश वर्ग में शामिल हैं। जो लोग इन जगहों पर या अन्यत्र भी मेहनत करने के लिए मजबूर नहीं किए जाते उनका वर्ग भिन्न है। दरअसल इस दुनिया में दो ही कौमें हैं—ये ही दोनों वर्ग। इससे अधिक अगर कोई दूसरा विभाजन किया गया है तो वह बेहूदा और हानिकारक है। इसी प्रकार हम देखते हैं कि प्रत्येक मेहनतकश व्यक्ति की यह इच्छा रहती है कि उसका पुत्र उन्नति करे और उस मेहनतकश वर्ग में से निकलकर खुशहाल वर्ग में शामिल हो जाए। दुनिया में हर जगह और हर सूरत में बढ़ई, लोहार और किसान आदि मेहनतकश लोगों से राजा, वजीर, वकील, न्यायाधीश, प्रोफेसर, जमींदार, साहूकार, बैंकर आदि कहीं ज्यादा कमाते हैं। दुनिया की कोई शक्ति इन वर्गों को संयुक्त नहीं कर सकती। हिन्दुस्तानी 'सफेदपोश' शब्द उस गैर मेहनतकश वर्ग के लिए ही इस्तेमाल में लाया जाता है। यह तमाम चीज़ें जिनके कारण कि जिन्दगी रहने योग्य बन सकती है, अथवा आराम, शिक्षा, हुनर, सफाई, आरोग्य आदि दौलत के साथ ही प्राप्त किए जाते हैं। बेचारे गरीब हर समय, हर जगह गन्दी जगहों पर ही बुरी जिन्दगी गुजारने के लिए लाचार होते हैं। इन्हें शिक्षा प्राप्त करने के लिए समय ही नहीं मिलता। गरीब मजदूर सारा-सारा दिन सिर्फ गुज़ारे के लिए पसीना-पसीना होकर काम करता रहता है, जबकि विद्वान और अमीर लोग बढ़िया-से-बढ़िया भोजन पाते हैं। घोड़ागाड़ियों और मोटरों पर चढ़कर सैर के लिए जाते हैं। खुशबूदार तेल और इत्र के साथ मालिश करते हैं। रेशमी कपड़े पहनते हैं। कहने का मतलब यह है कि हर तरह ऐश की जिन्दगी गुजारते हैं।

प्रश्न उठता है कि यह अजीब हालत पैदा ही किस तरह हो गई? क्या कारण है कि जो लोग खेती करते हैं, कपड़े बुनते, कपड़े सिलते, नालियाँ साफ करते या आटा पीसते हैं, उनकी आमदनी उन लोगों से कई गुना कम है जो केवल लेक्चर देते हैं या मुकदमों पर बहस करते हैं, जो न्याय करते या हुकूमत करते हैं, जो केवल दुआ करते या कुछ भी नहीं करते। क्या कभी किसी ने सोचकर देखा है कि भगवान के हर बन्दे और समाज के लिए खेती-बाड़ी, कारीगरी, दस्तकारी आदि करनेवाले 'कानून' या 'सरकार', मज़हब या साहूकार या केवल जमींदार (वे लोग जो जमीनों के मालिक तो बने बैठे हैं लेकिन काम कुछ नहीं करते) से ज्यादा जरूरी है। फिर क्या कारण है कि उस आदमी को, जो कि कुछ घंटे कुर्सी पर बैठकर कुछ आदमियों को जेल में भेज देता है, गेहूँ बोनेवाला किसान और जूते

गाँठनेवाले मोची से कई गुना अधिक तनख्वाह दी जाती है? एक राजा या मजिस्ट्रेट या साहूकार ही मेहनतकश लोगों से कौन-सा अच्छा, लाभदायक और जरूरी काम करता है? अनेक लोग सारा दिन चोटी का जोर लगाकर काम करते हुए भी अपनी जरूरी चीज़ें प्राप्त नहीं कर सकते। क्या वजह है कि एक आदमी बैठा पंखा खींचता है और एक अन्दर पड़ा–भले ही वह हिन्दू, मुसलमान या ईसाई हो–खर्राटें मारता है। इसे ही पंखा खींचने पर क्यों नहीं लगाया जाता? वह लोग जो अनाज, दूध, मेवे, सब्जी पैदा नहीं करते, बल्कि इन चीज़ों को इस्तेमाल करते और खाते हैं, वास्तव में तो वही बेचारे किसान की मेहनत का लाभ उठाते हैं। इस बात को समझने के लिए किसी फिलॉसफी की जरूरत नहीं है। वे लोग जो रोटी पैदा नहीं करते और न रुई कातकर, बुनकर कपड़ा तैयार करते हैं, और फिर भी रोटी खाते और कपड़ा पहनते हैं, तब इसका केवल यही अर्थ है कि वे अपना हिस्सा गरीब मेहनतकशों की मेहनत में से ले लेते हैं जो कि रोटी पैदा करते हैं, कपड़े तैयार करते हैं। लेकिन जब हम देखते हैं कि खेती करनेवाले उस मेहनतकश किसान को इन मुफ्तखोर लोगों की तरह अच्छी खुराक भी नहीं मिलती, तो दिल में ख़याल आता है कि इस व्यवस्था में जरूर कहीं-न-कहीं धोखा है, गलती है, जुल्म है। लेकिन यह मसला 'सर्व दर्शन संग्रह' आदि शास्त्रों की सोलह प्रकार की फिलॉसफी पढ़ने से हल नहीं हो सकता। सेहत और जिन्दगी के सवाल को छोड़कर आज हम एक बहुत बड़ा सवाल पूछना चाहते हैं कि दुनिया में यह जो दो पार्टियाँ हैं–एक ओर अमीर, विद्वान, सुस्त और हरामखोर; दूसरी तरफ गरीब, मेहनतकश, जाहिल अनपढ़ लोग जो कि दुनिया की दौलत पैदा करते हैं, तो यह दूसरा पक्ष किस तरह अस्तित्व में आया? दुनिया के तमाम आन्दोलन जो इस सच्चे सवाल को ओझल करते हैं, केवल बेहूदा, फिजूल और खतरनाक हैं–फिर वह भले ही मजलिसी हों, भले ही मज़हबी हों या भाईचारेवाले, आर्थिक हों या राजनैतिक, राष्ट्रीय हों या अन्तर्राष्ट्रीय।

अगर इन पार्टियों को मिला दिया जाए तो दुनिया में कोई ऐसी चीज़, जिसको कि एक भगवान के बन्दे या कौम या मज़हब कहा जाता है, बाकी नहीं रह जाती, क्योंकि सदा ही कभी आँखों के सामने और कभी आँखों से ओझल, अमीर गरीबों के दुश्मन ही बने रहते हैं। क्योंकि वे अपनी दौलत इन गरीबों से ही छीनते हैं, उनको यह आसमानी तोहफे की तरह नहीं मिलती और न उनके पास (पारस) पत्थर है। राजा, वजीर और जज लोग सुख से जीवन गुजारते हैं, हालाँकि पैदावार में वह किसी प्रकार की मेहनत नहीं करते, क्योंकि बेचारा किसान सदा टैक्स देता रहता है। जमींदार खाली बैठकर ऐशो-आराम और बदमाशियाँ करता है, क्योंकि बेचारा गरीब खेत-मजदूर लगान अदा करता रहता है। साहूकार या महाजन आराम से बैठा हुआ अमीर होता चला जाता है, क्योंकि ऋण का देनदार हमेशा ब्याज देता रहता है और एक सरमायेदार कारखाने के हिस्से खरीदकर घर बैठे ही मुनाफा प्राप्त करके मालोमाल हो सकता है, क्योंकि मजदूरों को मजदूरी कम दी जाती है। वकील सैकड़ों रुपए महीना कमा सकता है, हालाँकि वह एक आरामकुर्सी पर बैठा रहता है और कभी-कभी किसी अदालत में जाकर भाषण झाड़ आता है, क्योंकि वह अमीरों को जायदाद प्राप्त करने और गरीबों से लूटने में सहायता करता है। बात यह है कि जहाँ कहीं भी यह दिखाई दे कि कोई आदमी बिना हाथ-पैर हिलाए आराम की जिन्दगी

भोग रहा है तो फौरन समझ लो कि यहाँ जरूर कोई-न-कोई धोखा है, फरेब है। उसके साफ अर्थ यह होते हैं कि अमीर तबका कभी भी यह नहीं चाहता कि गरीब लोग भी उन्नति कर लें, क्योंकि गरीबों की उन्नति और विद्या में बढ़ोतरी से तो, हरामखोरी फौरन पंख लगाकर उड़ जाएगी। जो कोई टैक्स न दे तो य राजे-महाराजे, जज-वकील आदि किस तरह जीवित रह सकते हैं? अगर मजदूरों को लूटा न जाए तो कारखानों के मालिक और मैनेजर किस तरह करोड़पति बन सकते हैं? संस्कृत का कथन है कि 'खानेवाले और खाए जानेवाले में कभी दोस्ती नहीं हो सकती।' शेर-बकरी के इकट्ठे लौटने पर एक मसखरा शायर कहता है, 'लौटेंगे तो दोनों बेशक इकट्ठे ही, लेकिन उस समय बकरी शेर के पेट में होगी!'

अमीर वर्ग की हरामखोरी में देशभक्ति और मज़हब आदि भी कोई खास रोल अदा नहीं कर सकते। क्या कभी कोई मुसलमान जमींदार अपने खेत-मजदूरों का लगान इसलिए माफ कर देता है कि वे मुसलमान हैं? क्यों जी, कभी कोई हिन्दू साहूकार अपने हिन्दू ऋणदाता से ब्याज लेना इसलिए छोड़ देता है कि वह हिन्दू है? क्या सिख राजे-महाराजे, वजीर, अमीर, अपने सिख रियासतों के सिख किसानों और मजदूरों से टैक्स और लगान कम वसूल करते हैं? क्या इस लगान व टैक्स की वसूली के लिए वह कम जुल्म करते हैं? क्या अंग्रेज मालिक अपने अंग्रेज मजदूरों की तनख्वाहें तब बढ़ा देते हैं जब तक कि वे उनकी नाक में दम नहीं कर देते? क्या स्काटलैंड के जमींदारों ने अपने जंगल और मैदान गरीबों में बाँटकर उनको अमेरिका जाने से रोकने की कोशिश की है?

पिछले इतिहास से यदि कोई शिक्षा मिलती है तो वह यह कि अमीर वर्ग को दौलत ही सबसे अधिक प्यारी चीज़ है। उनको मज़हब और देशभक्ति से ज्यादा जायदाद और व्यक्तिगत स्वार्थों से प्रेम है। देशभक्ति और मज़हब अच्छी चीज़ें हैं लेकिन वह भी अमीर वर्ग को दौलत की चेटक से आज़ाद कराने में निष्फल साबित हुई हैं। दुनिया में आज तक ऐसा ही होता चला आ रहा है और जब तक बड़े-छोटे अमीर तबके ही खत्म नहीं हो जाते तब तक ऐसा ही होता चला जाएगा।

महात्मा बुद्ध, महात्मा टॉल्स्टाय और शहज़ादा कोपाटिकन-जैसे महापुरुष अपनी जायदाद छोड़कर गरीबों-जैसी जिन्दगी बसर करने लगे थे, लेकिन इन एक-दो दृष्टान्तों से उसूल नहीं बदला जा सकता। यह हस्तियाँ तो सम्माननीय हैं, लेकिन बाकी अमीर वर्ग तो बेईमानी और धोखेबाजी—हर प्रकार से अपनी जायदाद की सुरक्षा करता है।

दूसरों के सिर पर मौज करनेवाली यह जमात जो भी काम करती है तो केवल अपने लाभ के लिए ही करती है। वह किसी भी तरह दूसरों का कुछ नहीं सँवार सकती, क्योंकि दुनिया में दोनों ही कौमें मौजूद हैं—अमीर और गरीब। इनमें कोई प्यार और हमदर्दी नहीं है। वह तो एक-दूसरे के पक्ष के विचार समझने में भी असमर्थ हैं। साधारण लोग तो कम समझी की वजह से दूसरों के ख़याल और काम के बारे में नहीं समझ सकते और समझदार लोगों को जमाती बँटवारा दूसरों को समझने से वंचित रखता है। इससे हम देखते हैं कि जमाती बँटवारे के अलावा हालात भी अमीरों को गरीबों की असली हालत से परिचित नहीं होने देते। मनुष्य के विचार आमतौर पर उसके तजुर्बे पर निर्भर हुआ करते हैं और अमीर लोगों को गरीबों की हालत का कुछ भी तजुर्बा नहीं। इनका दायरा अपने ही तक सीमित

सरगर्मियों में बहुत तंग होता है। उनको अपनी जमात से बाहर कुछ भी नज़र नहीं आता। हर एक मनुष्य के उसूलों पर जमात का बहुत असर रहता है। अमीर लोग भले ही भगवान के हर बन्दे के लाभ के लिए क्यों न कोई आन्दोलन चलाएँ, आखिर में वह उनके अपने लिए ही लाभदायक साबित होते हैं। हर एक मनुष्य की बेहतरी और आम लोगों की तरक्की के विचार की मौजूदगी के बावजूद अमीर लोग अपने वर्ग से बाहर नहीं देख सकते और तंग दायरे में ही चक्कर काटते रहते हैं। दुनिया में जितनी ताकत इस जमातवाद की वजह से नष्ट होती है उतनी और कहीं नहीं होती। लोग गरीबों की सहायता का ऊँचा आदर्श सामने रखकर मैदान में कूदते हैं, लेकिन बाद में अक्सर यही देखा जाता है कि उनकी सारी कोशिशें केवल अमीर जमात के फायदे के लिए ही इस्तेमाल हो रही हैं। इसी कारण खुशी रंज में बदल जाती है। लेकिन बहुत सारे भोले-भाले लोग आखिर तक यह समझ ही नहीं सकते और इस भ्रम में मरते हैं कि उन्होंने आम लोगों की तरक्की के लिए बहुत कुछ काम किया है।

आजकल हिन्दुस्तान के तमाम आन्दोलनों पर नज़रेसानी (पुनर्विचार) करके हर व्यक्ति इस हसरतनाक सच्चाई की एक बढ़िया मिसाल पा सकता है। चन्द सज्जनों की व्यक्तिगत कोशिशों को छोड़कर राजनैतिक और सामाजिक क्षेत्र में जो लहरें उठीं वह अलग तरह के पढ़े-लिखे लोगों के आस-पास ही रहीं जो कि शहरों में रहते हैं और आज़ाद पेशावर लोग यह कहलाते हैं। मैं आज यह साबित करना चाहता हूँ कि पिछले तीस सालों से जो शैक्षणिक और राजनैतिक लहरें उठीं उनसे हिन्दुस्तान के आम लोगों ने बहुत कम लाभ उठाया, क्योंकि ऊँचे दर्जे के कहे जानेवाले लोग ही इन लहरों को उठाते थे। इसलिए इनके आदर्श भी इनके जमाती रंग में रँगे रहते हैं। हर एक लहर, इस लहर के उठानेवाले लोगों का असली निचोड़ ही हुआ करती है। निचले दर्जे के सुधारक लोग गरीब किसानों और मजदूरों के अन्दर घुसकर (इसे) अच्छी तरह समझ सकते हैं। वे अपनी जमात के दुख और तकलीफें ही समझ सकते हैं। उनका आदर्श ही उनके वर्गगत तंग दायरे में चला जाता है। वह इस काम को, जो कि इन दोनों जमातों को अलग-अलग करता है, लाँघ नहीं सकते। अगर किसानों ने कोई आन्दोलन न खड़ा किया हो तो उनका आदर्श अलग ही होता है। आम लोग अपनी वर्ग-रुचि के अनुसार ही हर एक चीज़ को अपने-अपने दृष्टिकोण से देखते हैं। वे लोग यह भी नहीं जान सकते कि वे इस राह पर किस तरह आ गए। फिर भले ही वे कितने ऊँचे आदर्श लेकर भगवान के बन्दों की सेवा और उनके भले के ख़याल से ही क्यों न आगे आएँ, लेकिन वर्ग-रुचि उनका पीछा नहीं छोड़ती, क्योंकि वह बहुत जबरदस्त ताकत है और उसने समाजी आन्दोलन में बड़ा भारी असर दिखाया है। इतिहास में अधिकतर चीज़ें जिस तरह नज़र आती हैं, असल में उस तरह की नहीं होतीं। मजलिसी वर्ग-रुचि को समझनेवाला फिलॉसफर काम करनेवाले की अपेक्षा उसकी वर्ग-रुचि को अच्छी तरह समझ और समझा सकता है।

मैं यह लेख केवल इसलिए लिख रहा हूँ कि किसान और मजदूर ही हमारे प्यार के हकदार हैं। अंग्रेजी अदब से परिचित लोग कार्लाइल के प्रसिद्ध उसूल को कई बार पढ़ चुके होंगे कि "मैं केवल दो ही आदमियों की इज्जत और उनसे मुहब्बत करता हूँ, किसी तीसरे की नहीं।" मैं एक कदम और आगे बढ़ता हूँ और कहता हूँ कि मैं केवल एक आदमी को

ही प्यार और इज्जत की निगाह से देखता हूँ, किसी दूसरे को नहीं और वह है गरीब मजदूर (किरती), जो दुनिया की दौलत पैदा करता है।

पिछले तीस सालों से जो (आन्दोलनात्मक) लहरें हिन्दुस्तान में उठ रही हैं, उनको निम्नलिखित तीन हिस्सों में बाँटा जा सकता है—

1. राजनैतिक, 2. शैक्षिक, 3. धार्मिक।

अब मैं यह दिखाना चाहता हूँ कि इन आन्दोलनों का फायदा उच्च वर्ग के लोगों को ही हुआ है। गरीबों को इससे कोई लाभ नहीं पहुँचा।

1. राजनैतिक लहरों ने अलग-अलग सूरतें पकड़ीं। इनमें समाजवादी और अतिवादी दोनों तरह के आदमी हैं। शान्तिमय रहकर सत्याग्रह करनेवाले लोग भी पैदा हो गए और भयानक समय लानेवाले खतरनाक इन्कलाबी लोग भी हो गए। इस शोर-शराबों में एक बात साफ है और वह यह कि इनके परिणामों से जनता को कोई भी लाभ नहीं हुआ। इंडियन नेशनल कांग्रेस (हिन्दुस्तान-भर की कांग्रेस) मध्यम वर्ग के लोगों की एक खासी और अच्छी पार्टी (जमात) है। उसकी माँगें भी दरमियाने दर्जे के लोगों के लिए ही हैं। कांग्रेस कभी भी अपना कार्यक्रम मजदूरों और किसानों के साथ मिलकर तैयार नहीं कर सकी। क्योंकि इसमें ग्रेजुएट, वकील, प्रोफेसर, व्यापारी लोग ही शामिल हुए, इसलिए कांग्रेस का कार्यक्रम भी उनकी मर्जी के अनुसार ही बना। एक आन्दोलन एक समय में अमीर-गरीब दोनों वर्गों के लाभ के लिए काम नहीं कर सकता, यह दुनिया की कुछ बड़ी अनहोनी बातों में से एक है। कांग्रेस की माँग है कि इसे हिन्दुस्तान में खास हिस्सा मिलना चाहिए। यह हिस्सा किस तरह मिलेगा? जिन बातों की कांग्रेस की ओर से माँग की जा रही है वह किसके लिए पूरी होंगी? अगर सरकारे-हिन्द की नौकरियाँ हिन्दुस्तानियों को मिलनी हैं तो उन्हें कौन लोग प्राप्त करेंगे? यह तो पक्का है कि मजदूर-किसान लोग उन नौकरियों को प्राप्त नहीं कर सकेंगे। कुछेक हिन्दुस्तानियों को 'इंडियन सिविल सर्विस' में ओहदे मिल जाने से ही किसानों और मजदूरों को शिक्षा, खुराक और रिहायश की तो बात ही क्या, जरूरी चीज़ें भी नसीब नहीं होंगी। गरीब किसानों को इस बात से क्या मतलब कि उनकी कमाई का खासा बड़ा हिस्सा टैक्स आदि के रूप में लूट-पाटकर ले जानेवालों में से कितने हिन्दुस्तानी हैं और कितने दूसरे? माल-असबाब में से मुहम्मदुल्ला या स्वामी को भी हिस्सा मिलता है जो कि इसी देश के हैं। फिर कांग्रेस ने कभी यह भी माँग की है कि देशी सरकारी नौकरों की तनख्वाह घटा दी जाए और किसानों का टैक्स कम कर दिया जाए? कांग्रेस ने सरकारी अफसरों की तनख्वाह कम करवाकर गरीब किसानों का भार कम करने की कभी कोशिश की है? फिर आम जनता को इन आन्दोलनों और माँगों से क्या मतलब?

असल में ऐसी (आन्दोलनकारी) लहरें तो मध्यम दर्जे के लोगों के दिमाग में से ही निकल सकती थीं, क्योंकि वह लोग अपने बच्चों के लिए अच्छी-से-अच्छी आसामी चाहते हैं। वकीलों की आँखें सदा जज की पदवी को तरसती रहती हैं, ग्रेजुएट लोग सूबों की सरकारों में अच्छी-अच्छी आसामियों को देख-देखकर ललचाते रहते हैं। क्योंकि यह मध्यम वर्ग के लोगों की माँगे हैं, इसलिए उन्होंने मध्यम वर्ग के लोगों को ही मुल्क और कौम समझना आरम्भ कर दिया है।

कांग्रेसवाले अक्सर चीखा करते हैं कि पंजाब कौंसिल और असेम्बली में हिन्दुस्तानियों की गिनती बढ़नी चाहिए। इससे भी आम हिन्दुस्तानियों को क्या लाभ हो सकता है? कौंसिलों के लिए कौन चुने जाते हैं? क्या वे लोग अपनी सेवाओं का इनाम नहीं लेते? क्या वे लोग इसमें अपनी इज्जत और फख्र नहीं समझते? क्या आनरेबल कहने से लोग किसी को 'शहीद' कहने लगते हैं? क्या सदस्यता के लिए चुने जाना सख्त मुसीबत की जिन्दगी गुजारना है या इससे बिलकुल विपरीत? यह सवाल जरूर पूछे जाने चाहिए और जवाब भी मिलने चाहिए।

कौंसिल के असली फायदों का सवाल एक तरफ छोड़कर भी अगर देखें तो नज़र आएगा कि यह ख़याल केवल उस जमात के दिमाग में पैदा हो सकता है जिसे इससे कोई लाभ पहुँचने की आशा हो। कौंसिल के लिए कुछेक और वकील एवं साहूकार चुने जाने से करोड़ों मेहनतकश लोगों की जमात में क्या फर्क पड़ सकता है? क्या इन लोगों के टैक्स कम कर दिए जाएँगे? क्या उन लोगों के पुराने खतरे—बेगार, पुलिस या तहसीलदार, अकाल या प्लेग दूर हो जाएँगे? क्या उन लोगों के लिए गाँवों में साफ पानी पहुँचाने का बन्दोबस्त किया जाएगा? क्या गाँवों में स्कूल और लाइब्रेरी खोल दी जाएँगी? कुछ हिन्दुस्तानियों के कौंसिल में चले जाने के साथ तो हम उपरोक्त बातों में कोई जमा-घटा नहीं देखते। हाँ, कुछेक तालीमवाले लोग इससे रुपया जरूर कमा सकेंगे और कुछ उनकी इज्जत भी बढ़ेगी और वह बड़े रोब के साथ इधर-उधर फिर सकेंगे और ये अन्धेर ढानेवाले लोग कौम पर मुफ्त का रोबदाब डालकर गिरावट पैदा करेंगे अभी सयाने सज्जन समझते हैं कि यह उन्नति की राह नहीं है, लेकिन वह बेचारे यह नही समझते कि यह लहरें कहाँ उठती हैं और किस तरह बढ़ती हैं? लेकिन सारा ताना-बाना समझ में आ सकता है, यदि वे इतना ही समझ लें कि यह सबकुछ मध्यम दर्जे के लोगों का ही निचोड़ है और किसानों और मजदूरों को इससे कोई लाभ नहीं।

इस तरह हम देखते हैं कि इन लहरों की कामयाबी से मध्यम दर्जे के लोगों को ही लाभ पहुँचता है। उन्होंने कभी बेगार, प्लेग आदि मर्जों के विरुद्ध बन्दोबस्त करने की कोशिश नहीं की। न कभी लगान, नमक-टैक्स, आबियाना कम करवाने या लोगों की शिक्षा का ठीक प्रबन्ध किया है, हालाँकि यही जरूरी सवाल हैं जिनके हल हो जाने से जनता को लाभ हो सकता है। बेचारे मजदूर या किसान को सिविल सर्विस या पंजाब कौंसिल से क्या लाभ है? वह इज्जत नहीं चाहता, पदवी नहीं चाहता। हाँ, वह रोटी, आरोग्यता और आज़ादी जरूर चाहता है। लेकिन इस तरफ से तो कांग्रेस ने कभी ध्यान ही नहीं दिया। हाँ, कई सारे जरूरी प्रस्ताव पास कर दिए। लेकिन इनसे क्या हो सकता है? गवर्नमेंट अच्छी तरह समझती है कि इन मध्यम दर्जे के लोगों की वर्ग-रुचि क्या है? वह अच्छी तरह जानती है कि यह कुछ मामूली-सा सुधार चाहते हैं, जिसके साथ इनकी जमात को लाभ होने की आशा हो। इनको इससे कोई वास्ता नहीं कि गाँवों में रहनेवालों पर किस तरह की गुजरती है? इसी कारण गवर्नमेंट इन लोगों को कौंसिल और सिविल सर्विस आदि में कुछ पद देकर जनता के आन्दोलन रोकने के यत्न किया करती है। इस तरह बड़े-बड़े नेकदिल सच्चे सेवकों की मेहनतें भी मध्यम दर्जे के लोगों के लिए सोना साबित होती हैं, जबकि मजदूरों और किसानों को थोड़ा भी लाभ नहीं पहुँचता।

इस बात को अच्छी तरह समझने के लिए मैं कहूँगा कि खेत-मजदूरों के हकों पर ध्यान दिया जाए। ऐसा करने पर मालूम पड़ जाएगा कि सारे राजनैतिक दल जमींदारों की ओर से जमींदारों के हक के लिए तो जरूर आन्दोलन करते हैं लेकिन खेत-मजदूरों के हकों के लिए आवाज उठाने की कभी हिम्मत नहीं करते, हालाँकि हमारे देश में बहुसंख्यक खेत-मजदूर जमींदारों के जुल्मों, टैक्सों और लगान के नीचे पीसे जा रहे हैं।

वह आन्दोलन जो अपने कार्यक्रम में इस बात को सबसे पहले सामने नहीं रखते और इसके लिए आन्दोलन नहीं करते, वह आम जनता के आन्दोलन नहीं कहला सकते। इसलिए हम कांग्रेस को गुनाहगार नहीं ठहरा सकते, क्योंकि वह अपने सदस्यों के अलावा दूसरे लोगों की ओर अधिक ध्यान नहीं दे सकती। जूती पहननेवाला ही अच्छी तरह समझ सकता है कि पैर में कील किस तरह चुभती है। यह बात किसान ही अच्छी तरह अनुभव कर सकता है कि लगान आदि से आए दिन दुखी होकर मेरी जिन्दगी किस तरह गुजर रही है। तालीमयाफ्ता मध्यम वर्ग के लोग खाक इसका अन्दाजा लग सकेंगे।

हम तो साफ कहते हैं कि किसानों की कांग्रेस के प्रस्ताव इस कांग्रेस से बिलकुल अलग और नए ढंग के हैं और उनकी माँगें भी दूसरे ही ढंग की होंगी।

शैक्षणिक लहरें

राजनैतिक लहरों में देश ने बहुत-सी कुर्बानियाँ दीं। दर्जनों बहुमूल्य जानें इसमें लग गईं। लेकिन शैक्षणिक लहरों के लिए तो हमारी बहुत-सी ताकत खर्च हुई और बहुत-से नेक मर्द और औरतों की जिन्दगियाँ इनके लिए वक्फ हो गईं। लेकिन परिणाम यहाँ भी निराशा भरा हो गया है, क्योंकि इससे भी मध्यम वर्ग को ही कुछ लाभ पहुँच सका है। हमारे बहुत-से नेताओं ने शहरों में अलग-अलग कौमों, बिरादरियों और सभाओं की ओर से स्कूल-कॉलेज खोल दिए, लेकिन क्या हम पूछ सकते हैं कि उन देशभक्तों के दिलों में स्कूल-कॉलेज खोलने का ख़याल किस तरह पैदा हुआ? और क्यों उन्होंने अपने इस बड़े काम को गाँवों में नहीं किया, जिससे खर्च तो कम होता और लाभ अधिक पहुँचता। उन्होंने वकील और दफ्तरों के लिए क्लर्क पैदा करना ही अपना मन्तव्य क्यों बना लिया है और फिर हिन्दू और मुसलमान अलग-अलग अपनी-अपनी यूनिवर्सिटियाँ क्यों कायम कर रहे हैं? हम तो यह समझते हैं कि यह लोग भी वर्ग-रुचि के साए के नीचे ही अपना काम करते हैं। दृष्टान्त पंजाब के आर्य समाज का ही ले लें।

वे (स्वामी दयानन्द की यादगार) एक ऐसे कॉलेज से क्या चाहते हैं जो कि पंजाब की सरकारी यूनिवर्सिटी के साथ मिलनेवाला हो? कितना अन्धेर है। कहाँ स्वामी दयानन्द का आदर्श, कहाँ सरकारी यूनिवर्सिटी और इसके कॉलेज! लेकिन आखिर यह हुआ क्यों? इसकी वजह साफ है। इसके उपासकों में अधिकतर वकील और ग्रेजुएट आदि मध्यम वर्ग के लोग ही थे। यदि कहीं संस्कृत पढ़े पंडितों के सामने स्वामी दयानन्द की यादगार स्थापित करने का सवाल आता तो वह बिलकुल अलग चीज़ कायम करते। यदि उनके (स्वामी दयानन्द के) पुरातन उपासकों में किसानों की बहुसंख्या होती तो उन लोगों में ही कॉलेज कायम किया होता। इनके ख़याल में किसी अन्य प्रकार की यादगार ही अच्छी और

लाभदायक होती। समाज के शैक्षणिक अड्डे केवल इसीलिए कायम हुए कि मध्यम दर्जे के लोगों के बाल-बच्चे अच्छी तरह कमा सकें। यही वर्ग-रुचि काम कर रही है। दक्षिण के देशभक्तों ने शिक्षा के लिए बहुत कुर्बानियाँ कीं, लेकिन किनकी शिक्षा के लिए? फरगूसन कॉलेज ने मध्यम वर्ग के हजारों नौजवानों को शिक्षा दी। रोजी कमाने और उन्नति करने योग्य बनाया, लेकिन किसानों के लिए इसने क्या किया? इस कॉलेज में से जितने वकील और प्रोफेसर निकलते हैं, वे बेचारे किसानों के सिरों पर यूँ ही खाली बैठे मौज मारते हैं। वे भी किसानों का लहू पीनेवाली जमात में शामिल हैं। आम लोग देशभक्तों की कुर्बानियों और योग्यता का कोई खास फायदा नहीं उठा सकते। क्या यह सही न होता कि ये लोग पुराने समय के साधुओं की तरह ही सीधे आम लोगों के पास चले गए होते और अपनी बहुमूल्य जिन्दगी मध्यम वर्ग को ही अर्पित करके न गँवा दी होती। यह इतना जरूरी सवाल है जो कभी आँखों से ओझल नहीं किया जा सकता। मैं हर एक बन्दे की खिदमत करने को अपना आदर्श समझनेवाले नौजवानों से कहूँगा कि मध्यम वर्ग के लोगों के फायदों को अपनी राह में ठहरने दो। सीधे साधारण लोगों के पास जाओ। हम क्योंकि मध्यम वर्ग के लोगों में से हैं, इसलिए हो सकता है कुछ भूल करें और अपनी-अपनी जमात को कलंकित करें और दिल को तसल्ली देते रहें कि हम लोगों की सेवा कर रहे हैं। मैं चाहता हूँ कि नौजवान इस खतरे से बचे रहें।

स्त्री-शिक्षा का शोर भी मध्यम वर्ग के लोगों का ही मसला है। हमारी कन्या-पाठशालाओं में किसानों की कितनी लड़कियाँ शिक्षा ग्रहण कर रही हैं? असल में गाँवों में तो यह सवाल ही नहीं है, क्योंकि वहाँ तो मर्द भी अनपढ़ हैं। यह सवाल तो तालीमयाफ्ता नौजवानों के लिए पढ़ी हुई लड़कियों की जरूरत से ही पैदा हुआ कि लड़कियों को भी शिक्षा दी जाए। इससे मध्यम वर्ग के लोगों के घर अधिक खुशहाल और आरामवाले बन गए। लेकिन कुछ एक महलों की मौजदूगी से आम लोगों की हालत किस तरह सुधर सकती है? उन लोगों के आराम और तरक्की से किसानों और मजदूरों को कोई लाभ नहीं पहुँच सकता। वह गरीब इन चीज़ों से कोई भी लाभ नहीं उठा सकते। यदि यह शैक्षणिक लहरें आम लोगों की बेहतरी के लिए जारी की गई होतीं तो सबसे पहले गाँवों में स्कूल खोले जाते (क्योंकि) किसी भी मुल्क के आम लोगों में प्रारम्भिक शिक्षा के बिना जागृति नहीं आ सकती। हमें अपने देश की उन्नति के लिए सबसे पहले यही नींव डालनी पड़ेगी।

साम्प्रदायिक और भाईचारे की लहरें

इस समय हमारे देश में जो अलग-अलग साम्प्रदायिक और भाईचारे की लहरें शोर मचा रही थीं यह भी इन्हीं मध्यम वर्ग के लोगों के दिमाग की उपज है। उदाहरण के रूप में पर्दे के सवाल को ही ले लें। गरीब मजदूर औरतें तो सारा-सारा दिन सिरों पर टोकरियाँ उठाती हैं या खेतों में मेहनत-मजदूरी करके बड़ी मुश्किल से रोटी कमा सकती हैं। उनके आगे यह पर्दे का सवाल किस तरह पेश हो सकता है? मध्यम वर्ग के लोगों की आराम भरी जिन्दगी में ही यह सवाल उठ सकते हैं। मैं एक-एक कर ऐसी सभी साम्प्रदायिक और भाईचारे की लहरों में वर्ग-रुचि का असर देखता हूँ।

अन्त में इतना ही कहूँगा कि वह नौजवान जो दुनिया में कुछ काम करना चाहते हैं या जो लोग भगवान के हर बन्दे की सेवा करने के लिए अपनी कीमती जिन्दगियाँ वक्फ करना चाहते हैं, वे हिन्दुस्तानी मजदूरों और किसानों में मिलकर उनकी रुचि समझने की कोशिश करें और उनकी असली तकलीफें दूर करते हुए उनकी सच्ची उन्नति के लिए आन्दोलन करें। मैंने सरसरी निगाह से वर्तमान समय की गतिविधियों के कुछेक प्रमाण देकर एक खास रुचि की ओर इशारा किया है। इसमें कुछेक नेकदिल लोगों को जोकि इन लहरों में शामिल हैं, नाराज नहीं होना चाहिए। मैं उनकी हमदर्दी और सच्चाई को अनुभव करते हुए भी इस गलती की ओर उनका ध्यान दिलाना अपना फ़र्ज़ समझता हूँ, क्योंकि मैं मानता हूँ कि यूरोपियन मुदबर का यह कथन सोलह आने सही है कि एक कारकुन का अपने काम से ही अनजान होना खतरनाक और हलाल कर देनेवाली बात है।

दिलचस्प और लाभदायक पुस्तकें

[नवयुवकों को इस तरह की पुस्तकें पढ़ने का सुझाव दिया जाता था।–सं.]

1. हिन्दुस्तान और आनेवाली जंग (अंग्रेजी में)। लेखक, मिस एग्निस स्मैडली, बर्लिन (जर्मनी)। (कीमत– =)
2. ए काल टू एक्शन (अंग्रेजी में)। इसमें मौजूदा स्थिति को बड़ी भोंडी निगाह से बयान किया गया है और साबित किया गया है कि मौजूदा नेता मुल्क को निजात नहीं दिला सकते। कीमत–।।)
3. नौजवानों से दो-दो बातें (उर्दू)। लेखक, भाई छबील दास बी. ए. ऑनर्स। कीमत--)
4. बन्दी जीवन, दोनों भाग (पंजाबी)
   पंजाब और बंगाल की 1914-15 की गदर-लहर के पूरे और दिलचस्प हालात। कीमत–2/-
5. शहीदों के दर्शन (पंजाबी)
   बड़ा दिलचस्प, उपन्यास के ढंग का राजनैतिक पाठ है। कीमत–1)

'मैनेजर, किरती, अमृतसर'

सितम्बर, 1928

आर्म्स एक्ट खत्म कराओ

[1857 के स्वतन्त्रता-संग्राम के बाद भारत को पूरी तरह जकड़ने के लिए बनाए गए कानून के खिलाफ 'किरती' अक्तूबर, 1928 में प्रकाशित एक लेख।–सं.]

किसी देश पर कुछ लोग जब किसी प्रकार कब्जा जमा लेते हैं तो उनकी यही कामना रहती है कि वह देश हमेशा ही उनके कब्जे में रहे और वे उसका लहू निचोड़-निचोड़कर मोटे होते

रहें और मौज मारते रहें। इसके लिए वे लगातार प्रयासरत रहते हैं। वे चाहते हैं कि उस कौम का कोई साहित्य तथा भाषा न रहे। देश का कोई इतिहास न रहे। मर्दानगी और बहादुरी का निशान तक मिटा दिया जाए। इस प्रकार वहाँ की जनता को लगातार दबाया जाता है।

आज हम गुलाम हैं। हमारे ऊपर शासन करनेवाली कौम दुनिया-भर की कौमों में से ज्यादा चालाक, बादशाहत के मामले में ज्यादा योग्य और समझदार है। उन्होंने धीरे-धीरे हिन्दुस्तान को कमजोर करने की कोशिशें कीं। गलतियाँ भी उनसे हुईं। उनकी ऐसी ही गलतियों का नतीजा था 1857 में हिन्दुस्तान की स्वतन्त्रता की पहली जंग जो इतनी जोरदार रही। लेकिन वह अपनी गलतियों से सीख लेते रहे। इसलिए हम देखते हैं कि उन्होंने फिर किसी जन-आन्दोलन को जोर नहीं पकड़ने दिया।

उसी समय उन्होंने एक विशेष योजना के अन्तर्गत हिन्दुस्तान को लगातार कमजोर करने की कुछ नीतियाँ अपना लीं। उनमें से आज हम एक का जिक्र करना चाहते हैं और वह है हिन्दुस्तानियों से शस्त्र छीनने की नीति। 1857 के गदर, विद्रोह या स्वतन्त्रता-आन्दोलन में सामान्य जन के पास शस्त्र थे, इसलिए बहुत ऊधम मचा। हिन्दुस्तानी बहादुरों ने एक बार हलचल मचा दी। लेकिन हिन्दुस्तान की किस्मत और पंजाब के बुरे भाग्य। पंजाबियों ने कलंक का टीका माथे पर लगा लिया। स्वतन्त्रता-आन्दोलन को कुचल डाला गया। अंग्रेजों ने सोचा, आखिर यह विदेश है–फिर अवसर मिला तो हिन्दुस्तानी पुनः विद्रोह खड़ा कर देंगे, इसलिए एक बार में ही इनका पूरा इलाज कर देना चाहिए। उन्होंने एक साधारण-सा कानून बनाया। उसके अनुसार उन्होंने कुछ विशेष जिलों के क्षेत्रों को निःशस्त्र कर दिया। तब 17 जुलाई, 1860 को बाकायदा जो शस्त्र-कानून कौंसिल में स्वीकृत हुआ था, वायसराय ने उसे मंजूर कर लिया। अक्तूबर, 1860 से उसे अमल में लाया गया, लेकिन उनके अनुसार भी सिवाय उन क्षेत्रों के जहाँ वे विशेष अशान्ति की आशंका महसूस करते थे, बाकी देश में शस्त्रों की कोई मनाही नहीं थी। उस समय इस बात पर बहुत जोर दिया जाता था कि सामान्य जन बिना लाइसेंस तोपें न रखें। कुछ सामान्य शस्त्रों के लिए भी मनाही हो गई। तब 1878 में वह कठोर कानून पास हुआ जो 1891, 1919, 1920 के थोड़े-थोड़े संशोधनों के बाद में अब तक चल रहा है।

सामान्य जन को इस मामले में बड़ी बेचैनी हुई। (उधर) इस विचार के लोग घबराकर कोई और कार्यवाही न कर बैठें, उनको कानूनी आन्दोलन (Constitutional Agitation) सिखाने के लिए कांग्रेस की बुनियाद रखी गई। यह बात तो मानी हुई है कि उस वक्त के गवर्नर जनरल या वायसराय लॉर्ड रिपन और बाद में लॉर्ड डेफरिन के कथनानुसार, मिस्टर ह्यूम ने कांग्रेस की नींव रखी थी और सभी लोगों को उसके आसपास इकट्ठा किया था। उसमें शस्त्र-कानून पर सामान्यतया बहस की जाती रही।

इसी भारतीय राष्ट्रीय कांग्रेस के चौथे अधिवेशन में, जो कि 1888 में इलाहाबाद में हुआ था, जो प्रस्ताव पेश और पास हुआ, उसमें इस बारे में कहा गया कि–

जनता की वफादारी और आर्म्स एक्ट की परेशानियों को देखते हुए यह आवश्यक है कि सरकार को मनाया जाना चाहिए कि वह कानून को कुछ इस तरह बना दे जिससे कि

सिवाय (ऐसे व्यक्तियों के) जिन्हें सरकार ने विशेष रूप से किसी कारणवश रोका हुआ है, प्रत्येक व्यक्ति को हथियार रखने की मंजूरी दे।

इस प्रस्ताव को स्वीकृत करते हुए उदारवादी नेता सर फिरोजशाह मेहता ने एक बहुत महत्त्वपूर्ण भाषण दिया, जिसमें उन्होंने कहा कि यूँ ही जोश में आकर मैं इस प्रस्ताव का समर्थन करने के लिए खड़ा नहीं हो गया। मैं तो यह कहता हूँ कि आप सारे देश को नपुंसक न बनाएँ। कहते हैं कि वह समय भी जल्द आएगा जब शस्त्र-कानून हटा दिया जाएगा। लेकिन स्मरण रहे, एक बार यदि हिन्दुस्तानी जनता नपुंसक बना दी गई तो फिर उससे सँभलना मुश्किल हो जाएगा। साथ ही उन्होंने उस व्यक्ति का उदाहरण दिया जिसके बेटे को बादशाह ने किसी बात पर फाँसी पर टँगवा दिया था। फिर एक बार जब बादशाह उससे सहायता माँगने गया तो उसने जवाब दिया कि मेरे एक बेटा था, जिसे मैं आपकी सहायता के लिए भेज सकता था, लेकिन इस वक्त वह बेटा है ही नहीं, इसलिए मैं आपकी कोई मदद नहीं कर सकता। आखिर वह समय जल्दी ही आनेवाला है जब हम भी अंग्रेजी सरकार को यही उत्तर देंगे। लेकिन निःशस्त्र हम किस काम के हैं और हमारी क्या ताकत, क्या कीमत होगी?

खैर, हिन्दुस्तानी पहले से ही (यह कानून हटाने की) जरूरत महसूस करते हैं, लेकिन दिनों-दिन सख्ती बढ़ती ही चली गई। पहले कहा गया था कि यह कानून केवल चार या पाँच सालों के लिए ही है। बाद में वह ऐसा पक्का हुआ कि अब यह लानत दूर होने में ही नहीं आती। एक बार संशोधन पेश हुआ कि जिस तरह अंग्रेजों, एंग्लो इंडियनों और ऐसे दूसरे अन्य लोगों को लाइसेंस की आवश्यकता नहीं पड़ती, उसी प्रकार आम हिन्दुस्तानियों को भी स्वतन्त्रता होनी चाहिए। इसमें हमारा अपमान होता है। मगर अपमान का इलाज अंग्रेजों ने यह किया कि चलो, लाइसेंस सभी के लिए आवश्यक कर देते हैं। अंग्रेज भी लाइसेंस लें। हिन्दुस्तानियों को छूट नहीं दे सकते। लोग जानते ही हैं कि अंग्रेजों को लाइसेंस लेने में कितना 'कष्ट' उठाना पड़ता है और हिन्दुस्तानियों की क्या गत बनती है। खैर, मतलब तो यह है कि अंग्रेजी सरकार जो कि जानती है कि उसका कब्जा हिन्दुस्तान पर सरासर नाजायज और अन्यायपूर्ण है, वह किसी भी सूरत में हिन्दुस्तानियों को हथियार रखने की इजाजत नहीं दे सकती। मगर मुल्क के लिए ऐसे कानून हद दर्जे के नुकसानदेह होते हैं। लोगों में नामर्दी, बुजदिली, कमजोरी इतनी ज्यादा आ गई है कि सुनते ही शर्म आती है। आज हम देखते हैं कि जहाँ अन्य राष्ट्र युद्ध-विद्या की आम शिक्षा देकर पूरे-के-पूरे देश को एक तरह की बिलकुल तैयार फौज बनाकर (Nation in arms) मुल्क को ज्यादा महफ़ूज़ और फौजी खर्च को हद दर्जे तक घटा देते हैं, वहाँ हमारी यह हालत है कि हिन्दुस्तान में 99 फीसदी से अधिक लोग कभी पिस्तौल और बन्दूक की शक्ल भी नहीं देख सकते। फिर कहा जाता है कि हिन्दुस्तान में से कोई प्रतिभाशाली जनरल (Military Genius) पैदा नहीं हो रहे।

कहा जाता है कि हिन्द में अमन कायम रखने और अपराध घटाने के लिए ही लोगों को निहत्थे रखा जाता है, लेकिन हम देखते हैं कि चोर और डाकू तो जैसे भी बन पड़ता है, हथियार हासिल कर ही लेते हैं, लेकिन भले लोग अपनी हिफाजत के लिए कहीं से भी

हथियार हासिल नहीं कर सकते। कितनी सख्त तक्लीफ हमें इस बात से होती है, यह अन्दाजा आसानी से ही लग सकता है।

जब भी सैनिक-शिक्षा का सवाल उठता है, उसी समय सरकार आएँ-बाएँ करके टालना शुरू कर देती है। क्या हमें साफ तौर पर नहीं समझ लेना चाहिए कि यह हमें खासतौर पर कमजोर बनाकर गुलाम बनाए रखने के लिए किया जाता है? हम देखते हैं कि बेचारी औरतें भी अकेली सफर नहीं कर सकतीं, क्योंकि उनके पास अपनी रक्षा का भी पूरा सामान मौजूद नहीं। अगर प्रत्येक स्त्री के पास कम-से-कम एक पिस्तौल हो तो वह भी बेफिक्री के साथ घूम सकें और आराम के साथ जिन्दगी गुजार सकें।

और यदि जरा ध्यान से देखें तो मालूम होगा कि इस विचार के साथ कि हमें अपनी रक्षा के लिए पुलिस का मुँह देखना चाहिए, हम लोग कितने कमजोर हो रहे हैं। इस तरह हमारे भीतर से इनसानियत खत्म की जा रही है। यही तो वजह है कि हरि सिंहजी नलवा-जैसे जरनैल पैदा कर सकनेवाली कौम के आदमियों को महज आज़ादी से डराने के लिए सरहिन्द के पठानों का भूत दिखाकर थर-थर कँपा दिया जाता है।

सबसे बड़ी बात है कि यह इनसानियत का अपमान है कि सारे मुल्क में से हथियार गायब कर दिए जाएँ। जहाँ अपनी फौजी ताकत को अंग्रेज दिनों-दिन बढ़ाए चले जा रहे हैं, वहाँ हमें किस तरह निहत्थे करके फेंका गया है और आजकल खासतौर पर पुलिस और खुफिया पुलिस की सारी ताकत लुके-छिपे हथियार खोजने में और भविष्य में उनका आना बन्द करने में खर्च हो रही है। बात क्या है? रोल्ट रिपोर्ट में साफतौर पर लिखा हुआ है कि यदि 1914-15 में पंजाब और बंगाल के राजपरिवर्तनकारियों के पास काफी हथियार होते तो बड़ा अन्धेर हो जाना था। यही बात 'बन्दी जीवन' में लिखी गई है। आजकल लड़ाई के आसार नज़र आ रहे हैं। लड़ाई भी वह सामने सरहद पर। इस बार पिछले अनुभवों से फायदा उठाया जा रहा है और पहले से ही अनुमान लगाए जा रहे हैं।

लेकिन हम अपना कौमी हक और इनसानी हक समझते हैं कि हम भी हथियार रख सकें। हम पहले श्री अवारी, नागपुर शस्त्र-सत्याग्रह का कुछ हाल दे चुके हैं। लोगों में इसके विरुद्ध विचार तो पैदा हो रहा है। नौजवान भारत सभा की प्रान्तीय कॉन्फ्रेंस, अमृतसर ने भी पास किया था कि जल्द ही यह सत्याग्रह किया जाना चाहिए। नौजवानों के आन्दोलनों को तो खासतौर पर इस ओर ध्यान देना चाहिए। वजह यह है कि नौजवानों के दिल में कुदरती जज़्बा पैदा हो जाता है कि वह भी हथियार रखें। अगर कोई सिर पीटकर, कोशिश करके एक-आध पिस्तौल पा भी लेता है तो सरकार झट उस पर साजिश का केस चला देती है, और उम्रकैद दे देती है। फिर जरा विचार तो करें कि क्या अन्धेर हो रहा है। कोई गरीब पिस्तौल रख ही ले तो 3 साल की कैद!! गजब है! हो क्या गया? कोई राजनैतिक विचारोंवाला कोई हथियार रख ले तो सात साल की कैद! दफा 20 के अनुसार बिना लाइसेंस हथियार रखने के साथ, उनको छुपाने की सज़ा 7 साल है। यही तो वजह है कि जहाँ आम लोगों को 3-3 महीने की कैद होती है, वहाँ के. सी. बनर्जी को राजपरिवर्तनकारी समझकर पाँच साल कैद दे दी गई थी। हम समझते हैं कि प्रत्येक हिन्दुस्तानी को इसके

खिलाफ आवाज उठानी चाहिए। पहले लोगों को इसकी जरूरत महसूस करवा देनी चाहिए। एक बार चारों तरफ से आवाज उठनी चाहिए–

आर्म्स एक्ट उड़ा दो! (Repeal the arms act)

और फिर साथ ही सत्याग्रह शुरू कर देना चाहिए। असेम्बली और कौंसिलों में ऐसे ही प्रस्ताव पास होने चाहिए। श्री अवारी ने जिस शुभ काम को शुरू किया था, उसको कामयाब बनाने की पूरी कोशिश होनी चाहिए, ताकि फिर हिन्दुस्तानी नौजवानों में से कमजोरी, बुजदिली दूर हो। फिर हिन्दुस्तान के उठने के आसार हों।

नौजवान भारत सभा और राष्ट्रीय नेता

[शहीद भगत सिंह और भगवतीचरण वोहरा ने नौजवानों और विद्यार्थियों को संगठित करने के प्रयास सन् 1926 से ही शुरू कर दिए थे। 11, 12, 13 अप्रैल, 1928 को अमृतसर में नौजवान भारत सभा के सम्मेलन के लिए सभा का घोषणा-पत्र तैयार किया गया, जिसे नीचे दिया गया है। भगत सिंह इस सभा के महासचिव और भगवतीचरण वोहरा प्रचार-सचिव बने।–सं.]

नौजवान भारत सभा, लाहौर का घोषणा-पत्र

नौजवान साथियो,

हमारा देश एक अव्यवस्था की स्थिति से गुज़र रहा है। चारों तरफ एक-दूसरे के प्रति अविश्वास और हताशा का साम्राज्य है। देश के बड़े नेताओं ने अपने आदर्श के प्रति आस्था खो दी है और उनमें से अधिकांश को जनता का विश्वास प्राप्त नहीं है। भारत की आज़ादी के पैरोकारों के पास कोई कार्यक्रम नहीं है, और उनमें उत्साह का अभाव है। चारों तरफ अराजकता है। लेकिन किसी राष्ट्र के निर्माण की प्रक्रिया में अराजकता एक अनिवार्य तथा आवश्यक दौर है। ऐसी ही नाजुक घड़ियों में कार्यकर्ताओं की ईमानदारी की परख होती है, उनके चरित्र का निर्माण होता है, वास्तविक कार्यक्रम बनता है, और तब नए उत्साह, नई आशाएँ, नए विश्वास और नए जोशो-खरोश के साथ काम आरम्भ होता है। इसलिए उसमें मन ओछा करने की कोई बात नहीं है।

हम अपने-आपको एक नए युग के द्वार पर खड़ा पाकर बड़े भाग्यशाली हैं। अंग्रेज नौकरशाही के बड़े पैमाने पर गुणगान करनेवाले गीत अब सुनाई नहीं देते। अंग्रेज का हमसे यह ऐतिहासिक प्रश्न है कि "तुम तलवार से प्रशासित होगे या कलम से?" अब ऐसा नहीं रहा कि उसका उत्तर न दिया जाता हो। लार्ड बर्केनहेड के शब्दों से, "हमने भारत को तलवार के सहारे जीता और तलवार के बल से ही हम उसे अपने हाथ में रखेंगे।" इस खरेपन ने अब सबकुछ साफ कर दिया है। जलियाँवाला और मानावाला के अत्याचारों को याद करने के बाद यह उद्धृत करना कि "अच्छी सरकार स्वशासन का स्थान नहीं ले सकती," बेहूदगी ही कही जाएगी। यह बात तो स्वतः स्पष्ट है।

भारत में अंग्रेजी हुकूमत की दी हुई सुख-सम्पदाओं के बारे में भी दो शब्द लीजिए। भारत के उद्योग-धन्धों के पतन और विनाश के बारे में बतौर गवाही क्या रमेशचन्द्र दत्त, विलियम डिगवी और दादा भाई नौरोजी के सारे ग्रन्थों को उद्धृत करने की आवश्यकता

होगी? क्या इस बात को साबित करने के लिए कोई प्रमाण जुटाना पड़ेगा कि अपनी उपजाऊ भूमि तथा खानों के बावजूद आज भारत सबसे गरीब देशों में से एक है, कि भारत जो अपनी महान सभ्यता पर गर्व कर सकता था आज बहुत पिछड़ा हुआ देश है, जहाँ साक्षरता का अनुपात केवल पाँच प्रतिशत है? क्या लोग यह नहीं जानते कि भारत में सबसे अधिक लोग मरते हैं और यहाँ बच्चों की मौत का अनुपात दुनिया में सबसे ऊँचा है? प्लेग, हैजा, इन्फ्लुएंजा तथा इसी प्रकार की अन्य महामारियाँ आए दिन की व्याधियाँ बनती जा रही हैं? क्या बार-बार यह सुनना कि हम स्वशासन के योग्य नहीं हैं, एक अपमानजनक बात नहीं है? क्या यह तौहीन की बात नहीं है कि गुरु गोविन्द सिंह, शिवाजी और हरी सिंह जैसे शूरवीरों के बाद ही हमसे कहा जाए कि हममें अपनी रक्षा करने की क्षमता नहीं है? खेद है कि हमने अपने वाणिज्य और व्यवसाय को उसकी शैशवावस्था में ही कुचला जाते नहीं देखा? जब बाबा गुरुदित्त सिंह ने 1914 में गुरु नानक स्टीमशिप चालू करने का पहला प्रयास किया था तो दूर देश कनाडा में और भारत आते समय उनके साथ अमानवीय व्यवहार किया गया और अन्त में बज-बज के बन्दरगाह पर उन साहसी मुसाफिरों का गोलियों से खूनी स्वागत किया गया। और भी क्या कुछ नहीं किया गया? क्या हमने यह सब नहीं देखा? उस भारत में जहाँ एक द्रोपदी के सम्मान की रक्षा में महाभारत-जैसा महायुद्ध लड़ा गया था, वहाँ 1919 में दर्जनों द्रोपदियों को बेइज्जत किया गया, उनके नंगे चेहरों पर थूका गया। क्या हमने यह सब नहीं देखा? फिर भी हम मौजूदा व्यवस्था से सन्तुष्ट हैं। क्या यह जीने योग्य जिन्दगी है?

क्या हमें यह महसूस कराने के लिए कि हम गुलाम हैं और हमें आज़ाद होना चाहिए, किसी दैवी ज्ञान या आकाशवाणी की आवश्यकता है? क्या हम अवसर की प्रतीक्षा करेंगे या किसी अज्ञात की प्रतीक्षा करेंगे कि हमें महसूस कराए कि हम दलित लोग हैं? क्या हम इन्तजार में बैठे रहेंगे कि कोई दैवी सहायता आ जाए या फिर कोई जादू हो जाए कि हम आज़ाद हो जाएँ? क्या हम आज़ादी के बुनियादी सिद्धान्तों से अनभिज्ञ हैं? "जिन्हें आज़ाद होना है उन्हें स्वयं चोट करनी पड़ेगी।" नौजवानो जागो, उठो, हम काफी देर सो चुके।

हमने केवल नौजवानों से ही अपील की है क्योंकि नौजवान बहादुर होते हैं, उदार एवं भावुक होते हैं, क्योंकि नौजवान भीषण अमानवीय यन्त्रणाओं को मुस्कुराते हुए बर्दाश्त कर लेते हैं और बगैर किसी प्रकार की हिचकिचाहट के मौत का सामना करते हैं, क्योंकि मानव-प्रगति का सम्पूर्ण इतिहास नौजवान आदमियों तथा औरतों के खून से लिखा है; क्योंकि सुधार हमेशा नौजवानों की शक्ति, साहस, आत्मबलिदान और भावात्मक विश्वास के बल पर ही प्राप्त हुए हैं–ऐसे नौजवान जो भय से परिचित नहीं हैं और जो सोचने के बजाय अनुभव कहीं अधिक करते हैं।

क्या यह जापान के नौजवान नहीं थे जिन्होंने पोर्ट आर्थर तक पहुँचने के लिए सूखा रास्ता बनाने के उद्देश्य से अपने आपको सैकड़ों की तादाद में खाइयों में झोंक दिया था? और जापान आज विश्व के सबसे आगे बढ़े हुए देशों में से एक है। क्या यह पोलैंड के नौजवान नहीं थे जिन्होंने पिछली पूरी शताब्दी-भर बार-बार संघर्ष किए, पराजित हुए और

फिर बहादुरी के साथ लड़े? और आज एक आज़ाद पोलैंड हमारे सामने है। इटली को आस्ट्रिया के जुए से किसने आज़ाद किया था? तरुण इटली ने!

तरुण तुर्कों ने जो कमाल दिखलाया, क्या आप उसे जानते हैं? चीन के नौजवान जो कर रहे हैं, उसे क्या आप रोज समाचार-पत्रों में नहीं पढ़ते हैं? क्या यह रूस के नौजवान नहीं थे जिन्होंने रूसियों के उद्धार के लिए अपनी जानें कुर्बान कर दी थीं? पिछली शताब्दी-भर लगातार केवल समाजवादी पर्चे बाँटने के अपराध में सैकड़ों-हजारों की संख्या में उन्हें साइबेरिया में जलावतन किया गया था, दोस्तोवस्की-जैसे लोगों को सिर्फ इसलिए जेलों में बन्द किया गया कि वे समाजवादी डिबेटिंग (बहस-मुबाहसा चलानेवाली) सोसाइटी के सदस्य थे। बार-बार उन्होंने दमन के तूफान का सामना किया, लेकिन उन्होंने साहस नहीं खोया। यह संघर्षरत नौजवान थे। और सब जगह नौजवान ही निडर होकर बगैर किसी हिचकिचाहट के और बगैर (लम्बी-चौड़ी) उम्मीदें बाँधे लड़ सकते हैं। और आज हम महान रूस में विश्व के मुक्तिदाता के दर्शन कर सकते हैं।

जबकि हम भारतवासी, हम क्या कर रहे हैं? पीपल की एक डाल टूटते ही हिन्दुओं की धार्मिक भावनाएँ चोटिल हो उठती हैं। बुतों को तोड़नेवाले मुसलमानों के ताज़िये नामक कागज़ के बुत का कोना फटते ही अल्लाह का प्रकोप जाग उठता है और फिर वह 'नापाक' हिन्दुओं के खून से कम किसी वस्तु से सन्तुष्ट नहीं होता। मनुष्य को पशुओं से अधिक महत्त्व दिया जाना चाहिए, लेकिन यहाँ भारत में वे लोग पवित्र पशु के नाम पर एक-दूसरे का सर फोड़ते हैं।

हमारे बीच और भी बहुत-से लोग हैं जो अपने आलसीपन को अन्तर्राष्ट्रीयतावाद की निरर्थक बकवास के पीछे छिपाते हैं। जब उनसे अपने देश की सेवा करने को कहा जाता है तो वे कहते हैं, "श्रीमान्‌जी, हम लोग जगत-बन्धु हैं और सार्वभौमिक भाईचारे में विश्वास करते हैं। हमें अंग्रेजों से नहीं झगड़ना चाहिए। वे हमारे भाई हैं।" क्या खूब विचार है, क्या खूबसूरत शब्दावली है! लेकिन वे इसके उलझाव को नहीं पकड़ पाते। सार्वभौमिक भाईचारे के सिद्धान्त की माँग है कि मनुष्य द्वारा मनुष्य का और राष्ट्र द्वारा राष्ट्र का शोषण असम्भव बना दिया जाए, सबको बगैर किसी भेदभाव के समान अवसर प्रदान किए जाएँ। भारत में ब्रिटिश शासन इन बातों का ठीक उल्टा है और हम उससे किसी प्रकार का सरोकार नहीं रखेंगे।

अब दो शब्द समाज-सेवा के बारे में। बहुत-से नेक मनुष्य सोचते हैं कि समाज-सेवा (उन संकुचित अर्थों में जिनमें हमारे देश में इस शब्द का प्रयोग किया जाता है और समझा जाता है) हमारी सभी बीमारियों का इलाज है और देशसेवा का सबसे अच्छा तरीका है। इस प्रकार हम देखते हैं कि बहुत-से ईमानदार नौजवान सारी जिन्दगी गरीबों में अनाज बाँटकर या बीमारों की सेवा करके ही सन्तुष्ट हो जाते हैं। यह अच्छे और आत्मत्यागी लोग हैं लेकिन वे यह समझ पाने में असमर्थ हैं कि भारत में भूख और बीमारी की समस्या को खैरात के माध्यम से हल नहीं किया जा सकता।

धार्मिक अन्धविश्वास और कट्टरपन हमारी प्रगति में बहुत बड़े बाधक हैं। वे हमारे रास्ते के रोड़े साबित हुए हैं और हमें उनसे हर हालत में छुटकारा पा लेना चाहिए। "जो

चीज़ आज़ाद विचारों को बर्दाश्त नहीं कर सकती उसे समाप्त हो जाना चाहिए।" इसी प्रकार की और भी बहुत-सी कमजोरियाँ हैं जिन पर हमें विजय पानी है। हिन्दुओं का दकियानूसीपन और कट्टरपन, मुसलमानों की धर्मान्धता तथा दूसरे देशों के प्रति लगाव और आमतौर पर सभी सम्प्रदायों के लोगों का संकुचित दृष्टिकोण आदि बातों का विदेशी शत्रु हमेशा लाभ उठाता है। इस काम के लिए सभी समुदायों के क्रान्तिकारी उत्साहवाले नौजवानों की आवश्यकता है।

हमने कुछ भी हासिल नहीं किया और हम किसी भी उपलब्धि के लिए कुछ भी त्याग करने को तैयार नहीं हैं। सम्भावित उपलब्धि में किस सम्प्रदाय का क्या हिस्सा होगा, यह तय करने में हमारे नेता आपस में झगड़ रहे हैं। महज अपनी बुज़दिली को और आत्मत्याग की भावना के अभाव को छिपाने के लिए वे असली समस्या पर पर्दा डालकर नकली समस्याएँ खड़ी कर रहे हैं। यह आरामतलब राजनीतिज्ञ हड्डियों के उन मुट्ठी-भर टुकड़ों पर आँखें गड़ाए बैठे हैं जिन्हें, जैसा उनका विश्वास है, सशक्त शासकगण उनके सामने फेंक सकते हैं। यह बहुत ही अपमानजनक बात है। जो लोग आज़ादी की लड़ाई में बढ़कर आते हैं वे बैठकर यह तय नहीं कर सकते कि इतने त्याग के बाद उनकी कामयाबी होगी और उसमें उन्हें इतना हिस्सा सुनिश्चित रहना चाहिए। इस प्रकार के लोग कभी भी किसी प्रकार का त्याग नहीं करते। हमें ऐसे लोगों की आवश्यकता है जो बगैर उम्मीदों के, निर्भय होकर और बगैर किसी प्रकार की हिचकिचाहट के लड़ने को तैयार हों और बगैर सम्मान के, बगैर आँसू बहानेवालों के और बगैर प्रशस्तिगान के मृत्यु का आलिंगन करने को तैयार हों। इस प्रकार के उत्साह के अभाव में हम दो मोर्चोंवाले उस महान युद्ध को, जिसे हमें लड़ना है, नहीं लड़ सकेंगे--दो मोर्चोंवाला, क्योंकि हमें एक तरफ अन्दरूनी शत्रु से लड़ना है और दूसरी तरफ बाहरी दुश्मन से। हमारी असली लड़ाई स्वयं अपनी अयोग्यताओं के खिलाफ है। हमारा शत्रु और कुछ हमारे अपने लोग निजी स्वार्थ के लिए उनका फायदा उठाते हैं।

नौजवान पंजाबियों, दूसरे प्रान्तों के युवक अपने क्षेत्रों में जी-तोड़ परिश्रम कर रहे हैं। नौजवान बंगालियों ने फरवरी 3 को जिस जागृति तथा संगठन-क्षमता का परिचय दिया उससे हमें सबक लेना चाहिए। अपनी तमाम कुर्बानियों के बावजूद हमारे पंजाब को राजनैतिक तौर पर पिछड़ा हुआ प्रान्त कहा जाता है। क्यों? क्योंकि सैनिक उपजाति होने के बावजूद हम संगठित एवं अनुशासित नहीं हैं। हमें तक्षशिला विश्वविद्यालय पर गर्व है, लेकिन आज हमारे पास संस्कृति का अभाव है और संस्कृति के लिए उच्चकोटि का साहित्य चाहिए, जिसकी संरचना सुविकसित भाषा के अभाव में नहीं हो सकती। दुख की बात है कि आज हमारे पास उनमें से कुछ भी नहीं है।

देश के सामने उपस्थित उपरोक्त प्रश्नों का समाधान तलाश करने के साथ-साथ हमें अपनी जनता को आनेवाले महान संघर्ष के लिए भी तैयार करना पड़ेगा। हमारी राजनैतिक लड़ाई 1857 के स्वतन्त्रता संग्राम के ठीक बाद से ही आरम्भ हो गई थी। वह कई दौरों से होकर गुजर चुकी है। बीसवीं शताब्दी के आरम्भ से अंग्रेज नौकरशाही ने भारत के प्रति एक नई नीति अपनाई है। वे हमारे देश के पूँजीपति तथा निम्नपूँजीपति वर्ग को सहूलियतें

देकर उन्हें अपनी तरफ मिला रहे हैं। दोनों का हित एक हो रहा है। भारत में ब्रिटिश पूँजी के अधिकाधिक प्रवेश का अनिवार्यतः यही परिणाम होगा। निकट भविष्य में बहुत शीघ्र हम उस वर्ग को तथा उसके नेताओं को विदेशी शासकों के साथ जाते देखेंगे। कोई गोलमेज कॉन्फ्रेंस या इसी प्रकार की और कोई संस्था द्वारा दोनों के बीच समझौता हो जाएगा। तब उनमें शेर और लोमड़ी के बच्चे का रिश्ता नहीं रह जाएगा। समस्त भारतीय जनता के आनेवाले महान संघर्ष के भय से आज़ादी के इन तथाकथित पैरोकारों की कतारों की दूरी बगैर किसी समझौते के भी कम हो जाएगी।

देश को तैयार करने के भावी कार्यक्रम का शुभारम्भ इस आदर्श वाक्य से होगा– "क्रान्ति जनता द्वारा, जनता के हित में।" दूसरे शब्दों में, 98 प्रतिशत के लिए स्वराज्य। स्वराज्य जनता द्वारा प्राप्त ही नहीं, बल्कि जनता के लिए भी। यह एक बहुत कठिन काम है। यद्यपि हमारे नेताओं ने बहुत-से सुझाव दिए हैं लेकिन जनता को जगाने के लिए कोई योजना पेश करके उस पर अमल करने का किसी ने भी साहस नहीं किया। विस्तार में गए बगैर हम यह दावे से कह सकते हैं कि अपने उद्देश्य की पूर्ति के लिए रूसी नवयुवकों की भाँति हमारे हजारों मेधावी नौजवानों को अपना बहुमूल्य जीवन गाँवों में बिताना पड़ेगा और लोगों को समझाना पड़ेगा कि भारतीय क्रान्ति वास्तव में क्या होगी। उन्हें समझाना पड़ेगा कि आनेवाली क्रान्ति का मतलब केवल मालिकों की तब्दीली नहीं होगा। उसका अर्थ होगा नई व्यवस्था का जन्म–एक नई राजसत्ता। यह एक दिन या एक वर्ष का काम नहीं है। कई दशकों का अद्वितीय आत्मबलिदान ही जनता को उस महान कार्य के लिए तत्पर कर सकेगा और इस कार्य को केवल क्रान्तिकारी युवक ही पूरा कर सकेंगे। क्रान्तिकारी से लामुहाला एक बम और पिस्तौलवाले आदमी से अभिप्राय नहीं है।

युवकों के सामने जो काम है, वह काफी कठिन है और उनके साधन बहुत थोड़े हैं। उनके मार्ग में बहुत-सी बाधाएँ भी आ सकती हैं। लेकिन थोड़े किन्तु निष्ठावान व्यक्तियों की लगन उन पर विजय पा सकती है। युवकों को आगे जाना चाहिए। उनके सामने जो कठिन एवं बाधाओं से भरा हुआ मार्ग है, और उन्हें जो महान कार्य सम्पन्न करना है, उसे समझना होगा। उन्हें अपने दिल में यह बात रख लेनी चाहिए कि "सफलता मात्र एक संयोग है, जबकि बलिदान एक नियम है।" उनके जीवन अनवरत असफलताओं के जीवन हो सकते हैं–गुरु गोविन्द सिंह को आजीवन जिन नारकीय परिस्थितियों का सामना करना पड़ा था, हो सकता है उससे भी अधिक नारकीय परिस्थितियों का सामना करना पड़े। फिर भी उन्हें यह कहकर कि अरे, यह सब तो भ्रम था, पश्चात्ताप नहीं करना होगा।

नौजवान दोस्तो, इतनी बड़ी लड़ाई में अपने आपको अकेला पाकर हताश मत होना। अपनी शक्ति को पहचानो। अपने ऊपर भरोसा करो। सफलता आपकी है। धनहीन, निस्सहाय एवं साधनहीन अवस्था में भाग्य आजमाने के लिए अपने पुत्र को घर से बाहर भेजते समय जेम्स गैरीबाल्डी की महान जननी ने उससे जो शब्द कहे थे (उन्हें) याद रखो। उसने कहा, "दस में से नौ बार एक नौजवान के साथ जो सबसे अच्छी घटना हो सकती है वह यह है कि उसे जहाज की छत पर से समुद्र में फेंक दिया जाए ताकि वह तैरकर या

डूबकर स्वयं अपना रास्ता तय करे।" प्रणाम है उस माँ को जिसने ये शब्द कहे और प्रणाम है उन लोगों को जो इन शब्दों पर अमल करेंगे।

इटैलियन पुनरुत्थान के प्रसिद्ध विद्वान मैजिनी ने एक बार कहा था, "सभी महान राष्ट्रीय आन्दोलनों का शुभारम्भ जनता के अविख्यात या अजाने, गैरप्रभावशाली व्यक्तियों से होता है, जिनके पास समय और बाधाओं की परवाह न करनेवाला विश्वास तथा इच्छाशक्ति के अलावा और कुछ नहीं होता।" जीवन की नौका को लंगर उठाने दो। उसे सागर की लहरों पर तैरने दो और फिर–

लंगर ठहरे हुए छिछले पानी में पड़ता है।
विस्तृत और आश्चर्यजनक सागर पर विश्वास करो
जहाँ ज्वार हर समय ताजा रहता है–
और शक्तिशाली धाराएँ स्वतन्त्र होती हैं–
वहाँ अनायास, ऐ नौजवान कोलम्बस–
सत्य का तुम्हारा नया विश्व हो सकता है।

मत हिचको, अवतार के सिद्धान्त को लेकर अपना दिमाग परेशान मत करो और उसे अपने आपको हतोत्साहित मत करने दो। हर व्यक्ति महान हो सकता है, बशर्ते कि वह प्रयास करे। अपने शहीदों को मत भूलो। करतार सिंह एक नौजवान था, फिर भी बीस वर्ष की आयु में ही देश की सेवा के लिए आगे बढ़कर मुस्कराते हुए बन्देमातरम् के नारे के साथ वह फाँसी के तख्ते पर गया। भाई बालमुकुन्द और अवध बिहारी दोनों ने ही जब ध्येय के लिए जीवन दिया तो वे नौजवान थे। वे तुम्हारे में से ही थे। तुम्हें भी वैसा ही ईमानदार देशभक्त और वैसा ही दिल से आज़ादी को प्यार करनेवाला बनने का प्रयास करना चाहिए, जैसे कि वे लोग थे। सब्र और होशो-हवास मत खोओ, साहस और आशा मत छोड़ो। स्थिरता और दृढ़ता को स्वभाव के रूप में अपनाओ।

नौजवानों को चाहिए कि वे स्वतन्त्रतापूर्वक, गम्भीरता से, शान्ति और सब्र के साथ सोचें। उन्हें चाहिए कि वे भारतीय स्वतन्त्रता के आदर्श को अपने जीवन के एकमात्र लक्ष्य के रूप में अपनाएँ। उन्हें अपने पैरों पर खड़े होना चाहिए। उन्हें अपने आपको बाहरी प्रभावों से दूर रहकर संगठित करना चाहिए। उन्हें चाहिए कि मक्कार तथ बेईमान लोगों के हाथों में न खेलें, जिनके साथ उनकी कोई समानता नहीं है और जो हर नाजुक मौके पर आदर्श का परित्याग कर देते हैं। उन्हें चाहिए कि संजीदगी और ईमानदारी के साथ "सेवा, त्याग, बलिदान" को अनुकरणीय वाक्य के रूप में अपना मार्गदर्शक बनाएँ। याद रखिए कि "राष्ट्रनिर्माण के लिए हजारों अज्ञात स्त्री-पुरुषों के बलिदान की आवश्यकता होती है जो अपने आराम व हितों के मुकाबिले, तथा अपने एवं अपने प्रियजनों के प्राणों के मुकाबिले देश की अधिक चिन्ता करते हैं।"

बन्देमातरम्!

6-4-1928

भगवतीचरण वोहरा बी. ए., प्रचार मन्त्री, नौजवान भारत सभा द्वारा अरोड़ वंश प्रेस, लाहौर से मुद्रित एवं प्रकाशित।

लाला लाजपत राय के नाम खुला खत

[लाला लाजपत राय को देश के बुजुर्ग नेता मानते हुए भी क्रान्तिकारी उनके विचारों से असहमत थे। लाला जी और भगत सिंह व उनके साथियों के बीच बहस में जो तर्क प्रस्तुत किए गए, उसका परिचय देने के लिए 'किरती' पत्रिका से कुछ लेख यहाँ दिए जा रहे हैं।

नवम्बर, 1927 में लाला जी के नाम एक खुला पत्र छापा गया। जनवरी, 1928 में 'लाला लाजपत राय और कुमारी एग्निस स्मैडली' शीर्षक से दूसरा लेख छपा। एग्निस स्मैडली यूरोप की प्रसिद्ध लेखिका थीं, जिनकी भारत व चीन के स्वतन्त्रता-आन्दोलन में गहरी दिलचस्पी थी। लाला जी ने अपने अख़बार में मिस स्मैडली की पुस्तक से कुछ अंश छापकर उनका छपना बन्द कर दिया। उसी सन्दर्भ में यह लेख है। तीसरा लेख अगस्त, 1928 में 'लाला लाजपत राय और नौजवान आन्दोलन' शीर्षक से छपा।–सं]

'किरती' की सम्पादकीय टिप्पणी

(जिन सज्जनों का लाला लाजपत राय से राजनीतिक जीवन में अच्छी तरह वास्ता पड़ा है, वे लाला जी की नेतागिरी की कोरी इच्छा और देश के लिए सिवाय टर्र-टर्र करने तथा और कुछ न करने को अच्छी तरह जानते हैं। विदेशों में बसे भाइयों, विशेषतः अमेरिका व कनाडा निवासी सिखों का विश्वास 1914 में ही लाला जी से उठ गया था, जब आप कनाडा-अमेरिका गए थे और आपको उन हिन्दुस्तानी भाइयों ने अपने गाढ़े पसीने की कमाई का काफी रुपया हिन्दुस्तान में आज़ादी के लक्ष्य के लिए दिया था और उन भाइयों के अनुसार लाला जी ने वह रुपया अपनी मर्जी से खर्च किया था और बहुत-सा रुपया स्वयं ही हड़प गए थे।

लाला जी की आजकल की मनमरजी और टेढ़ी चालों से हिन्दुस्तान के लोगों व राजनीतिक क्षेत्रों में उनका विश्वास उठ गया है। हमारे पास 22 सज्जनों की ओर से छपा 'लाला जी के नाम खुला खत' प्रकाशित होने के लिए आया है, जिसका अनुवाद प्रस्तुत है।–सम्पादक, 'किरती')

लाहौर, 18 सितम्बर, 1927

प्रिय लाला लाजपत राय जी,

असेम्बली चुनाव के दिनों जब जनसभाएँ की जाती थीं, तब आपने एक बार दस हजार हिन्दुओं की सभा के समक्ष अपने बारे में सिपाही होने की घोषणा की थी।

इसके उत्तर में कि आप एक मर चुके नेता हैं, आपने कहा था कि बेशक हिन्दुओं के हाथों से एक नेता निकल रहा है, लेकिन नेता की जगह उन्हें एक सिपाही मिल गया है। आपकी घोषणा सुनकर हमें भी बहुत प्रसन्नता हुई, क्योंकि हम भी ऐसे नेताओं से जो कि राजनैतिक समस्याओं के सम्बन्ध में तो बहुत लम्बी-चौड़ी बातें किया करते थे, तंग आए हुए थे। पिछले भले दिनों में आप तर्कशील भाषणों में यह कहते नहीं थकते थे कि "मैं या तख्त लूँगा या तख्ता।" लाहौर के 16 युवकों ने जो घोषणा 'पंजाब के नौजवानों से अपील'

शीर्षक के अन्तर्गत की थी, उसके उत्तर में आपने उन पर आरोप लगाया था कि उन्होंने आप पर एक धब्बा लगाकर आपको इस राजनैतिक क्षेत्र से निकालने की कोशिश की है।

यह आरोप देखने से ही कड़वा लगता था। हम आपको फिर मैदान-ए-जंग में लाना चाहते हैं और आप में यह शतरंजी चालें खेलने की जो चाह पैदा हो गई है उसे खत्म करना चाहते हैं। आपने कहा था कि ये तो बोल्शेविक हैं इसलिए अपना नेता लेनिन को मानते हैं। बोल्शेविक होना कोई गुनाह नहीं है और आज हिन्दुस्तान को लेनिन की सबसे ज्यादा जरूरत है। क्या आपने उन नौजवानों को सी. आई. डी. की 'मेहरबान' नजरों में लाने का कमीना प्रयत्न नहीं किया? आपकी इस बुरी इच्छा को फल लग गया है, इसलिए आप स्वयं को इस सफलता की बधाई दे सकते हैं। आपने लंगे मंडी में इन नौजवानों पर मात्र इसलिए कीचड़ उछाला क्योंकि उन्होंने जनता को वास्तविक स्थितियों से परिचित कराने का साहस दिखाया। आपकी चुनाव सम्बन्धी लड़ाई का यह आरम्भिक दिन था। मदनमोहन मालवीय जी को इसका शुभारम्भ करने के लिए आमन्त्रित किया गया था। आपको संक्षिप्त-सा अध्यक्षीय भाषण करना था, लेकिन आप अपना संयम खो बैठे। पंडित मालवीय को लम्बा भाषण करने का समय ही न मिला, जिसकी कि वह तैयारी करके आए थे। आपने दो घंटे, बल्कि इससे भी अधिक 'पंजाब के नौजवानों से अपील' कर कड़कती आवाज में (उनका) विरोध किया। आपने इन नौजवानों को दिल खोलकर कोसा और आरोप लगाए। आपने सारे भाषण में ही तर्कशीलता को बिलकुल दरकिनार कर दिया। हम आप पर निम्नलिखित आरोप लगाते हैं–

1. राजनैतिक ढुलमुलपन।
2. राष्ट्रीय शिक्षा के साथ विश्वासघात।
3. स्वराज्य पार्टी के साथ विश्वासघात।
4. हिन्दू-मुस्लिम तनाव को बढ़ाना।
5. उदारवादी बन जाना।

इन आरोपों में से एक का भी आपने कोई तर्कसम्मत खंडन नहीं किया। जब चुनावों का जोश शान्त हो गया तब हमने बहुत चिन्तापूर्वक सुना कि आपके शरीर को फिर कोई रोग लग गया है। अफसोस, अस्वस्थता हमारे नेताओं का एक हिस्सा बन गई है। वे अस्वस्थता की तभी शिकायत करने लग जाते हैं जब उन्हें मालूम होता है कि कोई-न-कोई हमसे गाँव की प्रगति और जन-एकता के वायदे को पूरा करने के सम्बन्ध में कुछ-न-कुछ कहेगा। यह वायदे ऐसे हैं जो हजारों बार किए तो गए, पर पूरे कभी नहीं उतरे।

चिकित्सा विज्ञान क्या यही कहता है कि बुरे स्वास्थ्य का रोगी केवल यूरोप के ही स्वास्थ्य-लाभ-केन्द्र पर ठीक होगा? रोग की रोकथाम के लिए जो राय डॉक्टर दें उसे मानने से कौन इनकार कर सकता है? हिन्दुस्तान एक बदकिस्मत देश है जो जंगल और दलदल से भरा है। यहाँ कोई पहाड़ी स्थान नहीं है और न ही कोई स्वास्थ्य-लाभ-केन्द्र है। इन नेताओं का कश्मीर केवल इटली के उत्तर में है। 'मरी', मसूरी और नैनीताल भी यूरोप में ही मिलते हैं। आप जानते हैं कि अपने देश की सेवा के लिए जीना बहुत जरूरी है। इसलिए जीवन बहुमूल्य है। यह भी कहा जाता है कि सिपाही के लिए कोई आराम नहीं। वो मरने

के लिए जीता है, ताकि वह दुख झेलते, देश की सेवा में रहते हुए ही मरे। और दुखी देश के लिए मरने के वास्ते कमर कसकर युद्ध में मरे, उसकी बड़ी इच्छा होती है।

लेकिन यूरोप जाने से पहले आप जब हिन्दुस्तान की ही हवाखोरी कर रहे थे और हिन्दुस्तान की ही जमीन पर चल रहे थे, तब आपके और आपके साथियों द्वारा बोए काँटे उग पड़े। आपने 'हिन्दुओ, मारो!' का प्रचार किया था और हिन्दू ही मारे गए!

आप-जैसे ही अन्य सज्जनों ने 'मुसलमानो, मारो!' का प्रचार किया था। जब मुसलमानों को मारे जाने का समय आया तो उनके नेताओं ने यह कमजोरी दर्शायी और वह सिपाहीवाला काम न कर सके। इस तरह उन्हें भी काफी मार पड़ी। लेकिन हमारा सिपाही उस समय बुज़दिली दर्शाने में बहादुर निकला। जब हिन्दू मारे जाने लगे तो आपने प्रथम श्रेणी के गद्दों पर बैठकर यूरोप चले जाना ही श्रेयस्कर समझा। आपने लाहौर के हिन्दुओं की इस संकट में मदद करने से असमर्थता प्रकट की। चुनाव के दिनों में आप आमतौर पर हिन्दुओं की मुसलमानों के हाथों रक्षा करने की डींगें हाँका करते थे।

लेकिन अफसोस है कि यह सबकुछ आपका चुनावी सफलता तक ही सीमित था। इसके साक्ष्य में हम केवल यह कहना ही पर्याप्त समझते हैं कि आपने यूरोप से वापस लौटकर भी लाहौर के गरीब और दुखी हिन्दुओं की सहायता के लिए लाहौर पहुँचने तक का भी कष्ट नहीं उठाया। हमें मालूम नहीं कि आपने सीमा से पागल पठानों के निकाले हुए हिन्दुओं की रक्षा के लिए कौन-से तरीके इस्तेमाल किए? इसके विपरीत आप सीधे ही शिमला असेम्बली में भाग लेने और अपने साथियों पर भाषण का असर दर्शाने के लिए चले गए। संकट के समय अलग-थलग रहना आपकी बहादुरी का बड़ा हिस्सा है।

अनेक युवतियों के सिर से पति का साया उठ गया और उनकी सारी उम्र दुखों भरी और एकान्तमय रह गई। कई कुँआरी कन्याएँ अपना सतीत्व भंग होने के कारण अपने भीतर-ही-भीतर आँसुओं से रो रही हैं। कई मासूमों का कत्ल किया गया। तीस लाख जिन्दगियाँ भयावह नरक में से गुजर रही हैं। गवर्नर, पंजाब तो अपनी पहाड़ी आरामगाह छोड़कर इन लोगों के बोए हुए काँटे काटने के लिए लाहौर आ जाता है, लेकिन हमारा सिपाही लाला लाजपत राय इतना बीमार है कि वह अपनी ड्यूटी पर नहीं पहुँच सकता और कह देता है कि लाहौर में गर्मी बहुत है तथा रेलवे की सीटें पहले ही बुक हो चुकी हैं। रोने दो इन विधवा हो चुकी स्त्रियों को, यतीम हो चुके बच्चों को, हमें इनसे क्या लेना! मुसीबतें अजब-अजब लोगों को एकजुट कर देती हैं। जनता के सामने जिनके बारे में हम यह आरोप लगाते थे कि यह लोग आम जनता के विश्वास योग्य नहीं हैं, तो क्या अब उन्हीं के दरवाजे पर माँगने में हमें सुकून मिलता है? होशियार रहो कि आदमी अपने साथियों से ही पहचाना जाता है। यह कोई विस्मयकारी बात नहीं है कि आप एक उदारवादी गिने जाने लगे हैं जबकि आप जी-हजूरियो और पिछलग्गुओं के साथ बाँह में बाँह डाले साथ चल रहे हैं।

1. केदारनाथ सहगल : सदस्य, अखिल भारतीय कांग्रेस कमेटी, अध्यक्ष पंजाब राजनीतिक पीड़ित कॉन्फ्रेंस।
2. मेलाराम वफा : सम्पादक, बन्देमातरम् और नेशनल कॉलेज के भूतपूर्व प्रोफेसर।
3. प्रेमप्रकाश देवीश्वर : महासचिव, पंजाब सनातन धर्म राजनैतिक कॉन्फ्रेंस।

4. अब्दुल मजीद : सचिव, पंजाब प्रेस कर्मचारी यूनियन।
5. भगवानचरण कौमी, बी. ए. : सचिव, कौमी ग्रेजुएट यूनियन।
6. नरेन्द्रनाथ कौमी, बी. ए. : पूर्व सहायक सम्पादक, 'भीष्म'।
7. धर्म चन्द्र कौमी, बी. ए.।
8. गनपत राय कौमी, बी. ए.।
9. बाबू सिंह कौमी, बी. ए.।
10. जी. आर. दरवेशी : सम्पादक, 'मेहनतकश'।
11. कर्म चन्द : सम्पादक, 'लाहौर'।
12. मोहम्मद यूसुफ कौमी, बी. ए. : सहायक सम्पादक 'अकाली'।
13. सीताराम मास्टर : राजनैतिक कार्यकर्ता, पंजाब।
14. हरदयाल : हिन्दी साहित्य भवन।
15. धर्मेन्द्र कौमी, बी. ए.।
16. सुरेन्द्रनाथ।
17. एन. कालमऊल्ला।
18. पिंडी दास सोढी : पूर्व सम्पादक, 'भीष्म', लाहौर।
19. धर्मेन्द्र ठाकुर : पूर्व उपदेशक, हिन्दू सभा।
20. डॉ. इन्द्रलाल कपूर।
21. लद्दाराम : पूर्व सम्पादक, 'स्वराज्य', इलाहाबाद।
22. वेदराज भल्ला कौमी, बी. ए.।

लाला लाजपत राय और एग्निस स्मैडली

'द पीपल' (The People) एक अंग्रेजी साप्ताहिक समाचार पत्र है। इसके संस्थापक और सम्पादक पंजाब केसरी लाला लाजपत राय हैं। जिस समय यह पत्र आरम्भ किया गया था तब उसमें पहले पृष्ठ पर लाला जी की ओर से यह घोषणा की गई थी कि इस समाचार-पत्र में हर प्रकार के विचार दिए जाएँगे तथा हर विचार को, भले ही वह किसी भी तरह का हो, सुना जाया करेगा और उस पर धैर्य और गम्भीरता से विचार किया जाएगा। कुल मिलाकर यह कि एक पत्र एक खुला विचार-मंच (ओपन फोरम) बनाया गया था, जहाँ प्रत्येक बात पर बहस और विचार होना था ताकि अंग्रेजी पढ़ी-लिखी जनता वास्तविक स्थितियों से परिचित हो सके तथा अपनी सही राय कायम कर सके।

इन पंक्तियों का लेखक इस पत्र को आरम्भ से पढ़ता रहा है। यह पत्र अच्छे समाचार-पत्रों में एक है। इसमें अक्तूबर, 1927 तक घोषित उद्देश्यों का पूर्णतया पालन किया जाता रहा है। इसमें विद्वान लेखकों के अच्छे-अच्छे लेख प्रकाशित होते रहे हैं, लेकिन 10 अक्तूबर, 1927 से इसने अपने मुख्य उद्देश्य से मुँह फेर लिया है और मिस स्मैडली के लेख प्रकाशित करने बन्द कर दिए हैं।

मिस एग्निस स्मैडली यूरोप की एक प्रख्यात लेखिका है। वे बर्लिन के एक विश्वविद्यालय में अंग्रेजी की प्राध्यापिका हैं। लाला जी व्यक्तिगत तौर पर उन्हें जानते हैं। लाला जी ने

उनके सन्दर्भ में लिखा था—"पिछले दस बरसों से मैं मिस स्मैडली को जानता हूँ। मैंने उनकी ईमानदारी पर कभी शक नहीं किया। यह ऐसी स्त्री नहीं जिन्हें कि रुपए-पैसे से खरीदा जा सके। वे जन्मजात युगान्तकारी हैं। इसलिए उनका स्वभाव, रुझान एवं आदतें सभी एक युगान्तकारी-जैसी हैं। उनका जीवन सम्मान से जीने में बीता है। इन बातों ने युग-परिवर्तन की ओर उनका झुकाव बढ़ा दिया है। व्यक्तिगत तौर पर उनके विचार पूर्णतया पवित्र एवं सुस्पष्ट हैं। वह एक ऐसी स्त्री है जो अपने कार्य एवं मित्रों के लिए बड़े-से-बड़े बलिदान कर सकती है। मैं व्यक्तिगत परिचय के आधार पर कह सकता हूँ कि उन्हें सोना-चाँदी-जैसी चीज़ें बिलकुल भी नहीं भरमा सकती हैं।"

मिस स्मैडली के लेख 'द पीपल' में प्रकाशित होने रहते थे। जिसने उनके लेख पढ़े हैं वह उनकी लेखकीय विद्वता एवं ज्ञान की प्रशंसा किए बिना नहीं रह सकता। मिस स्मैडली बहुत अच्छी लेखिका हैं। वह जिस विषय को छूती हैं उसे जीवन्त कर देती हैं। राष्ट्रीय राजनीति, हिन्दुस्तान का युगान्तकारी इतिहास तथा हिन्दुस्तान के जलावतनों के बारे में जितना वह जानती हैं उतना शायद ही कोई हिन्दुस्तानी जानता हो। हिन्दुस्तान के गुलाम होने की वजह से या किन्हीं दूसरे कारणों से वह इससे बहुत लगाव रखती हैं तथा यहाँ के पत्र-पत्रिकाओं के माध्यम से अपने विचारों से अवगत कराती रहती हैं।

लेकिन लाला लाजपत राय को मिस स्मैडली के विचार अच्छे नहीं लगते। उनको मिस स्मैडली के लेखों में से बोल्शेविकवाली बू आती है। उनकी कोमल नाक इस बोल्शेविकी बू को सहन न कर सकी। तभी लाला जी पुराने किस्से की तरह मानस-गन्ध, मानस गन्ध चीख रहे हैं और मिस स्मैडली के लेखों से तौबा-तौबा कर चुके हैं। इस बोल्शेविकी भय के कारण ही वे अपने मुख्य उद्देश्य को भी छोड़ चुके हैं और अब अच्छे बच्चों के 'बीबे राने' लेख प्रकाशित करने लगे हैं।

लाला लाजपत राय मजदूरों के कट्टर समर्थक हैं। ट्रेड यूनियन कांग्रेस के अध्यक्ष भी रह चुके हैं। आप जेनेवा की अन्तर्राष्ट्रीय मजदूर कांग्रेस में मजदूरों के प्रतिनिधि के रूप में शामिल हुए थे। आप मिस्टर मैकडॉल्ड एंड कम्पनी को पूँजीपति तथा तानाशाही समर्थक लिखते थे। लेकिन आप कौन हैं? मजदूर? नहीं, बिलकुल भी नहीं। आप तो असली पूँजीपति हैं तथा पूँजीपतियों से मित्रता रखते हैं। आप अपने स्वास्थ्य-लाभ के बहाने मिस्टर बिरला के साथ जेनेवा गए थे तथा वहाँ उसकी मदद करते रहे थे।

आपने लिखा है कि "मिस स्मैडली ने हमें कोई नई बात नहीं बताई। हम जानते हैं, और पिछले दो सौ बरसों से जानते हैं कि इंग्लैंड विकासशील देशों में हिन्दुस्तान को अपनी जंग-जंगी तैयारियों के लिए उपयोग करता रहा है।" लेकिन लाला जी से कोई पूछे कि जब आप अंग्रेजों की दो सौ बरसों की चालबाजियों से परिचित हैं कि वह हिन्दुस्तान को युद्ध-कार्य के लिए इस्तेमाल करते रहे हैं, तब आपने इस उपयोग के बारे में शोर क्यों न मचाया? आपने पिछले युद्ध में ही ये सलाह क्यों नहीं दी कि हिन्दुस्तानियों सशक्त हो जाओ, अब वक्त है कि युद्ध के लिए इन्हें कोई मदद न दो और आज़ादी के लिए संघर्ष करो। लेकिन उस समय आप ऐसा क्यों कहते? उस समय तो आप आनन्दमग्न बैठे अमेरिका में तमाशा देख रहे थे और जर्मनी के विरुद्ध केवल लिखकर अंग्रेजों को यह

भरोसा दिला रहे थे कि आप खतरनाक नहीं हैं और देश-निकाले के बाद आपके वापस हिन्दुस्तान आने में कोई डर नहीं है।

लाला जी, आप सर्वज्ञाता हैं। आपके समक्ष अनपढ़ सिख भाई अमेरिका में से जत्थे बना-बनाकर यहाँ आए और उन्होंने जनता का आह्वान किया कि जनता जंग में कोई सहायता न करे। अब वक्त है, लोहा गर्म है, जबरदस्त चोट मारकर आज़ाद हो जाओ। उनकी किसी ने नहीं सुनी। लेकिन वे शहादत पाकर अपना कर्तव्य पूरा कर गए। उस समय आप सबकुछ जानते थे। आपके लिए तो कोई नई बात नहीं हुई। क्या आपके भीतर का सच मर गया था? आपको हिन्दुस्तान लौटने की चाह ने तड़पाया? दरअसल आप अंग्रेजों की नज़र में भले बनकर हिन्दुस्तान आना चाहते थे, इसलिए आप शान्त रहे और मौन धारण कर लिया। अंग्रेजों के प्रति वफादार बनने के लिए आप जर्मन के विरुद्ध कलम उठाते रहे। क्यों लाला जी, ठीक है ना?

लाला जी, वैसे तो सब कुछ आप जानते ही हैं, लेकिन चेतावनी देनी बेहतर होगी। सुनिए, अब फिर युद्ध छिड़नेवाला है। अब फिर अंग्रेज हिन्दुस्तान को अपने स्वार्थ के लिए इस्तेमाल करेंगे। देश की जनता को सचेत करने के लिए घोषणा करवा दो, ताकि जनता अंग्रेजों की चालबाजियों का शिकार न बने और अपने सहारे खड़े होने के लिए तैयार हो जाए। क्या आप मैदान में आएँगे?

लेकिन लाला जी तो अपनी अन्तरात्मा की आवाज के अनुसार काम करते हैं। वे किसी के कहने पर कोई काम नहीं करते। लेकिन जमाना बुरी चीज़ है। यह किसी तरह भी नहीं जीने देता। क्यों, यह अन्तरात्मा का प्रकाश किसी भीतरी कमजोरी का ही तो दूसरा नाम नहीं? प्रकाश प्रकाश में फर्क होता है, इसलिए लाला जी ने भी अपने भीतर कई प्रकार के प्रकाश रखे हैं। एक आत्म-प्रकाश तो वह था जो लाला लाजपत राय को विदेशों में दौड़ाए फिरता था, एक प्रकाश यह है जो उन्हें यहाँ ले आया है। एक प्रकार का प्रकाश लाहौर सेंट्रल जेल से छूटने के पश्चात् हुआ था। तब लाला जी अहसयोग आन्दोलनकारियों का नेतृत्व करते थे। समझ नहीं आता लाला जी, आप किस प्रकाश के पीछे फिरते हैं? कृपया बताइए!

क्या साम्यवाद स्वयं में, कम-से-कम आजकल की दुनिया में, फिरकेदारी नहीं है? क्या यह एक वर्ग का दूसरे वर्ग के विरुद्ध संगठित संघर्ष नहीं है? लाला जी तो यही कहते हैं। लेकिन लाला जी, आप स्वयं बताएँ कि आप साम्यवाद को फिरकेदारी समझकर ही तो नहीं आए? दरअसल आपने सोचा होगा कि लो साम्यवादी क्या बनना, हिन्दू ही फिर बन जाते हैं।

लाला जी वर्ग-संघर्ष के भी विरुद्ध दिखाई देते हैं। क्योंकि मालूम होता है, जैसे लाला जी को दो सौ बरसों से हिन्दुस्तान का ज्ञान है, ऐसे ही जो कुछ महात्मा मार्क्स ने सिखाया है, उसका भी ज्ञान है। लाला जी ठहरे मजदूर नेता, तो फिर क्यों न वर्ग-संघर्ष के सिद्धान्त के खिलाफ हों, मजदूर-आन्दोलन की नींव रखनेवाले महात्मा कार्ल मार्क्स के मोटे-मोटे तीन सिद्धान्तों में से एक वर्ग-संघर्ष है और इसी सिद्धान्त पर चलते हुए आज दुनिया के मजदूर अपनी-अपनी सरकारों और अपने-अपने देश से टूटकर विश्व-मजदूर-संगठन में शामिल हो रहे हैं। लेकिन लाला जी, आज तो आप वर्ग-संघर्ष के खिलाफ होकर पूँजीवाद तथा

तानाशाही को भी रहने देना चाहते हैं। आप शायद यह समझते हैं कि सामाजिक विकास से, जिस तरह आप-जैसे पूँजीवादी कहते हैं, दोनों की ही आवश्यकता है।

असल बात तो यह है कि लाला जी एक-एक करके अपने पहले के सिद्धान्त छोड़ रहे हैं और पुनः आर्य समाजी बन रहे हैं। इसीलिए आपने बहुत खीजते हुए मिस एग्निस स्मैडली के राष्ट्रवादी सिद्धान्त बतानेवाले लेखों को प्रकाशित करना बन्द कर दिया है। इस तरह प्रकाशन बन्द करते हुए जो टिप्पणी आपने 13 अक्तूबर के पत्र में लिखी, उसने आपकी शान में चार चाँद नहीं लगाए। जहाँ तक हमें जानकारी है कि मिस एग्निस स्मैडली अपने लेख बिना कोई पारिश्रमिक लिए भेजती रही हैं। इस टिप्पणी पर अनेक विरोधात्मक पत्र आए हैं, जिन्हें आपने प्रकाशित करने का भी साहस नहीं दिखाया। 15 दिसम्बर के पत्र में आपने इस तरह मिस स्मैडली से क्षमा-याचना की है—"हम अपनी इच्छानुसार कार्य करते हैं। मिस स्मैडली को यह जानना चाहिए कि जिन्दगी में मेरा तो अन्य कोई दूसरा (देशसेवा के अलावा) काम ही नहीं है। अगर मैंने उन्हें कष्ट पहुँचाया है तो मुझे इसका बहुत अफसोस है। मुझे यह सोचना चाहिए था कि मेरे 'रिमार्क' उन्हें दुख पहुँचाने के अलावा और कर भी क्या सकते थे।"

लाला जी नित्य सूर्योदय से नौजवानों को उपदेश करने आरम्भ कर देते हैं, कि शान्तिपूर्वक बुजुर्ग अनुभवी नेताओं के आदेशों को मानना चाहिए, तथा देश के लिए कुर्बानियाँ करनी चाहिए। लेकिन लाला जी जब स्वयं पग-पग पर ठोकरें खाते हैं, कई जगहों पर भूलें करते हैं, आत्म-संयम में नहीं रहते, क्षमा-याचनाएँ करते फिरते हैं तो आप कैसे नौजवानों को नेतृत्व दे सकते हैं?

यदि सच पूछें तो 'पंजाब केसरी' अब बूढ़ा हो गया है। इसके खतरनाक दाँत झड़ गए हैं। नौकरशाही को डरानेवाले इसके भयानक नाखून तेज नहीं रहे। अब तो यह सर्कस के एक पालतू शेर की तरह बेअसर हो गया है। लाला पहलेवाले लाला नहीं रहे। पहलेवाला लाला नौजवान था। उसमें नौजवानोंवाला जोश, नौजवानवाला साहस और जवाँमर्दोंवाली कुर्बानी कूट-कूटकर भरी थी। वह लाला हिसाबी नहीं था। वह कुर्बानी के समुद्र में कूदना जानता था और नौजवान भाइयो, देश का दुर्भाग्य! अब यह लाला हम नौजवानों को उपदेश करने के लिए रह गया है। लाला स्वयं स्वीकारता है और कहता है कि "मेरी तौबा, मैं कोई कुर्बानी नहीं कर सकता।" लेकिन वह "नौजवानों को सही मार्ग" पर चलाने को अपना अधिकार समझता है। किसी कवि ने ठीक ही कहा है, "बदलता है रंग आसमाँ कैसे-कैसे?"

जनवरी, 1928

लाला लाजपत राय और नौजवान

लाला लाजपत राय आदि न जाने क्यों पहले से ही नौजवानों के भाषणों के विरोधी चले आ रहे हैं। आपने देश-भक्ति का आदर्श इटली के महान मैजिनी से सीखा। वह नौजवानों का बहुत बड़ा प्रशंसक था और कहता था कि "महान कार्यों का भार नौजवान ही उठाते हैं, उनकी आवाज में जादू-सा असर होता है। वे जनता को स्वतन्त्रता-संग्राम के लिए तुरन्त तैयार कर देते हैं।" ऐसे व्यक्ति को अपने जीवन का आदर्श बतानेवाला व्यक्ति इसके

बिलकुल विपरीत आचरण करे, यही देखकर आश्चर्य होता है। 1907-8 के पुराने गड़े मुर्दे क्या उखाड़ने? आजकल की ही कुछ बातें पर्याप्त हैं।

पिछले कौंसिल के चुनावों में लाला जी ने कांग्रेस का साथ छोड़कर उसकी मुखालिफत करनी आरम्भ कर दी और इसी दौरान ऐसी बातें कहते रहे जो कि किसी भी तरह उन्हें शोभा नहीं देती थीं। यह देखकर कुछ संवेदनशील नौजवानों ने आपके विरुद्ध आवाज उठाई। उसका बदला लेने के लिए लाला जी ने खुलेआम भाषणों में कहा कि ये नौजवान बहुत ही खतरनाक एवं क्रान्ति-समर्थक हैं तथा लेनिन-जैसा नेता चाहते हैं। मुझमें लेनिन बनने की ताकत नहीं। साथ ही यह भी कह दिया कि इन नौजवानों को अगर पचास रुपए की भी नौकरी मिल गई तो ये झाग की तरह बैठ जाएँगे। इसका क्या अर्थ है? क्या पचास रुपयों के लिए अपना आदर्श छोड़नेवाले नौजवान ही लेनिन के साथ थे? क्या लेनिन इसी स्तर का है? नहीं तो ऐसी बात क्यों कही गई? सिर्फ इसलिए कि लाला जी जहाँ एक ओर सरकार को इनके विरुद्ध कठोर कार्यवाही करने के लिए उकसा रहे हैं, वहीं जनता की नजरों में नौजवानों का सम्मान गिराने की कोशिश भी कर रहे हैं।

सद्भावना से किसी व्यक्ति के किसी कार्य अथवा विचार की कठोरतम आलोचना करने का प्रत्येक को अधिकार है, लेकिन जानबूझकर किसी के विचारों की गलतबयानी करके, गलतफहमियाँ फैलाकर किसी को हानि पहुँचाने का प्रयत्न करना प्रत्येक के लिए ना-मुनासिब है। तब चाहे वह लाला लाजपत राय हों या कोई अज्ञात नौजवान। उस चुनाव के बाद अनेक अवसर ऐसे आए, लेकिन उनका उल्लेख करने की आवश्यकता नहीं।

लाला जी ने अभी दूसरा लेख लिखा है। वास्तव में तो यह 'कंट्री लीग', जिसका उल्लेख हम पिछले अंक में कर चुके हैं, के सन्दर्भ में लिखा गया था, लेकिन उसमें नौजवानों का उल्लेख आ गया। लाला जी फरमाते हैं कि आजकल के उग्र विचारोंवाले नौजवानों के भाषणों से जनता को बचना चाहिए। ये युगान्तकारी क्रान्ति समर्थक हैं। सम्पत्ति के लिए इनका प्रचार हानिकारक है, क्योंकि इससे वर्ग-संघर्ष छिड़ने का डर है। अन्त में कहा कि यह काम कुछ विदेशी शरारती तत्त्वों के उकसावे में आकर आरम्भ किया गया है। वह बाहरी तत्त्व हमारे राष्ट्रीय आन्दोलन में फूट डालना चाहते हैं, इसलिए वह बहुत खतरनाक हैं। साथ वह यह भी मानते हैं कि इस तरह के प्रचार से सम्पत्तिवाले व्यक्ति सरकार में मिल जाएँगे। इन प्रचारक नौजवानों को गुमराह, बाहरी तत्त्वों के उकसावे में आए हुए, शरारती और लोभी बताते हुए अन्त में कहा है कि उन्हें पंडित जवाहरलाल नेहरू पर पूरी तरह यकीन है। वे यदि कुछ कर रहे हैं अथवा कह रहे हैं तो नेकनीयती और समझ-बूझ से। बहुत खूब! जिन पंडित जवाहरलाल नेहरू आदि के विचारों पर रूस का अच्छा-खासा असर हुआ, जिन्होंने रूस से लौट आने पर इन विचारों का प्रचार शुरू किया, उनकी नीयत पर कोई शक नहीं। वह विदेशी प्रभाव या उकसावे में यह बातें नहीं कह रहे, बल्कि नेकनीयती से कह रहे हैं, लेकिन जो बेचारे देश से बाहर नहीं जा सके वे उकसावे में आए हुए हैं! खूब! बहुत खूब! असल बात यह है कि जवाहरलाल नेहरू की हैसियत बहुत बड़ी हो गई है। उनका नाम कांग्रेस की अध्यक्षता के लिए पेश हो रहा है, तो उम्मीद भी है कि वे जल्द ही अध्यक्ष बन भी जाएँगे। उनके विरुद्ध लिखने पर ईंट का

जवाब पत्थर से मिलने का भय होता है, लेकिन गुमनाम नौजवानों के लिए जो मन में आए...कौन पूछता है। नौजवानों को संकटों में फँसाने की इन कोशिशों को हम क्या कहें? लाला जी को यह शोभा नहीं देता। खैर, जो उनके मन में आए करें। अब हम उनकी कुछ बातों का उत्तर देना चाहेंगे।

सबसे पहले हम यह बताना चाहते हैं कि इस प्रचार के लिए कोई विदेशी हमें गुमराह नहीं कर रहा। नौजवान किसी के उकसावे में आकर ऐसी बातें नहीं कह रहे, बल्कि अब देश के भीतर से ही महसूस करने लगे हैं। लाला जी स्वयं बड़े आदमी हैं। प्रथम या द्वितीय श्रेणी में यात्रा करते हैं। उन्हें क्या मालूम कि तीसरे दर्जे में कौन सफर कर रहा है? वे क्या जानें कि तीसरे दर्जे के मुसाफिरखानों में किसे लातें खानी पड़ती हैं? वे मोटर में बैठकर अपने साथियों के साथ हँसते-खेलते हजारों गाँवों से गुजर जाते हैं। उन्हें क्या मालूम कि हजारों लोगों पर क्या गुजर रही है? क्या आज हम 'अनहैप्पी इंडिया' जैसी किताब के लेखक को हिन्दुस्तान के करोड़ों भूखों मरनेवालों की दयनीय दशा बताएँ? क्या आज उन करोड़ों मनुष्यों को देखकर जो सुबह से शाम तक खून-पसीना एक करके पेट भी नहीं भर सकते, यह आवश्यकता शेष रह जाती है कि कोई बाहर से आकर हमें कहे कि उनके पेट भरने की कोई राह निकालो। हम गाँवों में गर्मी, सर्दी, बारिश, धूप, लू और कोहरे में रात-दिन किसानों को काम करते देखते हैं। लेकिन वे बेचारे रूखी-सूखी रोटी खाकर गुजारा कर रहे हैं—और कर्ज़ के नीचे दबे हुए हैं। तब क्या हम तड़प नहीं उठते? उस समय हमारे दिलों में आग नहीं भड़क उठती? तब भी क्या हमें किसी की आवश्यकता रह जाती है जो आकर यह बताए कि इस व्यवस्था को बदलने का प्रयास करो। जब हम नित्य प्रति देखते हैं कि श्रमिक भूखे मरते हैं और निठल्ले बैठकर खानेवाले आनन्द मना रहे हैं, तो क्या हम इस आर्थिक और सामाजिक व्यवस्था की गड़बड़ियाँ अनुभव नहीं कर सकते? जब हम देखते हैं कि दिनों-दिन अपराध बढ़ रहे हैं, जनता की हालत रोज-ब-रोज दयनीय होती जा रही है, तब क्या हमें बाहरी उपदेशकों की आवश्यकता है जो हमें आकर समझाएँ कि क्रान्ति की आवश्यकता है...करोड़ों मनुष्यों को जिन्हें हमने अछूत कहकर दूर किया हुआ है उनकी दर्दनाक स्थितियाँ देखकर क्या क्रोध नहीं आता? करोड़ों (लोग) दुनिया का बहुत विकास कर सकते हैं, वे जन-सेवा कर सकते थे, लेकिन आज वे हम पर भार महसूस होते हैं। उनकी इस स्थिति में सुधार के लिए, उन्हें पूर्ण रूप से मनुष्य बनाने के लिए और कुओं की जगत पर चढ़ाने मात्र के लिए आन्दोलनों की जरूरत नहीं है? क्या उन्हें ऐसी अवस्था में लाने की आवश्यकता नहीं थी कि वे हमारी तरह कमा-खा सकें? इसके लिए क्या सामाजिक और आर्थिक नियमों में क्रान्ति आवश्यक नहीं है? क्या पंजाब तथा हिन्दुस्तान के नौजवानों में स्वयं कुछ अहसास करने की कोई शक्ति शेष नहीं बची? उनके सीने में क्या दिल नहीं धड़कता? क्या उनके दिलों में मानवता नहीं है? नहीं तो फिर क्यों कहा जाता है कि विदेशियों ने आकर उन्हें उकसाया है। हाँ, हम यह स्वीकारते हैं कि रूसी क्रान्ति ने दुनिया के समक्ष एकदम नए विचार रखे हैं। हम मानते हैं कि जिन बातों का हल शायद अभी हम स्वयं नहीं सोच सकते, रूसी विद्वानों ने उम्र-भर कष्ट सहते हुए, तिल-तिलकर जीवन समाप्त करते हुए उनके बारे में अपने विचार दुनिया के सामने रखे।

क्या उन्हें उसका कोई लाभ नहीं मिलना चाहिए? क्या उनसे विचारों की समानता भी उकसावा है? तब तो लाला जी को मैजिनी ने देश के नौजवानों को गुमराह करके देश-सेवा के काम में जुटाया हुआ था!

प्रश्न यह है कि आजकल, 1928 में, क्या दुनिया को फ्रांसीसी क्रान्ति से कोई सबक सीखना और उसे अपना आदर्श बनाना चाहिए या आज नए वातावरण में नए विचारों से पूर्ण रूसी क्रान्ति को? क्या लाला जी की यह मंशा है कि अब अंग्रेजी शासन के विरुद्ध ही क्रान्ति की जाए और शासन की बागडोर अमीरों के हाथों में दी जाए? करोड़ों जन इसी तरह नहीं, इससे भी अधिक बुरी स्थितियों में पड़ें, मरें और तब फिर सैकड़ों बरसों के खून-खराबे के पश्चात् पुनः इस राह पर आएँ और फिर हम अपने पूँजीपतियों के विरुद्ध क्रान्ति करें? यह अव्वल दर्जे की मूर्खता होगी।

लाला जी ने एक-दो बार दास के शब्द सुन-सुनाकर गाँवों में संगठन की बात थोड़ी-सी उठाई थी। लाला जी को तो गाँवों में जाने की फुर्सत ही नहीं। वे क्या जानें कि जनता के विचार क्या हैं? लोग साफ कहते हैं कि हमें इन्कलाब का क्या लाभ? जब इसी तरह मर-खपकर दो जून की रोटी जुटनी है और तब भी नम्बरदार, तहसीलदार और थानेदार को इसी तरह अत्याचार करने हैं, इसी तरह किराए वसूल किए जाने हैं तो हम अभी की रोटी क्यों गँवाएँ? किसी के लिए अपने प्रियजनों को क्यों उलझनों में डालें? हम उन्हें क्या बताएँ कि उनके पूर्वज कैसे थे, जिससे कि वे बलिदान के लिए तैयार हो जाएँ।

अच्छा, माना कि यहाँ क्रान्ति हो जाए तब लाला जी के विचार से किसे शासन सौंपा जाएगा? क्या महाराज वर्द्धमान या महाराज पटियाला को और पूँजीपतियों के टोले को? क्या आज अमेरिका और फ्रांस के करोड़ों मजदूर भूखों नहीं मर रहे? हम सबकुछ जानते-बूझते क्यों कुएँ में गिरें?

लाला जी कहते हैं कि हमारे साम्यवादी विचारों के प्रचार से पूँजीपति सरकार के साथ मिल जाएँगे। बहुत खूब! पहले वे किधर हैं? कितने पूँजीपति युगान्तकारी बने हैं? क्रान्ति से जिन्हें अपनी सम्पत्ति में थोड़ी-बहुत हानि होने का डर होगा वह हमेशा ही विरोधी हो जाते हैं। ऐसी स्थितियों में उनकी जी-हजूरी के लिए आदर्श त्यागकर खामखाह अपने कार्य को हानि पहुँचाना उचित नहीं। दूसरी बात यह कि पूँजीपति जरा सोचें कि किस स्थिति में उन्हें लाभ है? आज अंग्रेज उन्हें अपने स्वार्थ के लिए अपने साथ अवश्य मिला लेंगे, लेकिन धीरे-धीरे उनकी पूँजी छीनकर उसे अपने पूँजीपतियों के हाथों में स्थानान्तरित कर देंगे। तब यह गरीब (हो गए सरमाएदार) आज जैसे करोड़ों मजदूरों में शामिल होकर मरते-खपते रहेंगे। इन्हें सामाजिक व्यवस्था में अन्याय दिखाई देगा। अगर वे साम्यवादी क्रान्ति कर लें तो आज उनकी हरामखोरी पर तो जरूर रोक लगाई जाएगी लेकिन दुनिया की आम खुशहाली में जो कि निश्चय ही आनी है, शामिल होकर वे बहुत सुखी रहेंगे। हिन्दुस्तानी पूँजीपति सोच लें कि उनको किसमें लाभ है?

लेकिन मजदूर-आन्दोलन उनके लिए रुक नहीं सकता, उनकी प्रतीक्षा भी नहीं कर सकता। नौजवानों को घबराना नहीं चाहिए। काम को आरम्भ करने में बहुत कठिनाइयाँ पैदा होती हैं, धीरज से मुकाबला करना चाहिए। लाला जी और दूसरे प्रकार के पूँजीवादी

नीतिवाले नेता भी धीरे-धीरे स्वयं मैदान से बाहर हो रहे हैं, जिस प्रकार पहले सुरेन्द्रनाथ बनर्जी हुए थे और आज सप्रू तथा चिन्तामणि जैसे हो रहे हैं। अन्त में मजदूर-आन्दोलन की जीत होगी। बोलो साम्यवादियों की जय! युगान्तकारी धारा कायम रहे!

नए नेताओं के अलग-अलग विचार

[जुलाई, 1928 के 'किरती' में छपे इस लेख में भगत सिंह ने सुभाषचन्द्र बोस और जवाहरलाल नेहरू के विचारों की तुलना की है। बाद में इतिहास ने भगत सिंह के इन विचारों की पुष्टि की।—सं.]

असहयोग आन्दोलन की असफलता के बाद जनता में बहुत निराशा और मायूसी फैली। हिन्दू-मुस्लिम झगड़ों ने बचा-खुचा साहस भी खत्म कर डाला। लेकिन देश में जब एक बार जागृति फैल जाए तब देश ज्यादा दिन तक सोया नहीं रह सकता। कुछ ही दिनों बाद जनता बहुत जोश के साथ उठती तथा हमला बोलती है। आज हिन्दुस्तान में फिर जान आ गई है। हिन्दुस्तान फिर जाग रहा है। देखने में तो कोई बड़ा जन-आन्दोलन नज़र नहीं आता लेकिन नींव जरूर मजबूत की जा रही है। आधुनिक विचारों के अनेक नए नेता सामने आ रहे हैं। इस बार नौजवान नेता ही आगे बढ़े और देश में नौजवानों के ही आन्दोलन चल रहे हैं। नौजवान नेता ही देशभक्त लोगों की नजरों में आ रहे हैं। बड़े-बड़े नेता बड़े होने के बावजूद एक तरह से पीछे छोड़े जा रहे हैं। इस समय जो नेता आगे आए हैं वे हैं—बंगाल के पूजनीय श्री सुभाषचन्द्र बोस और माननीय पंडित श्री जवाहरलाल नेहरू। यही दो नेता हिन्दुस्तान में उभरते नज़र आ रहे हैं और युवाओं के आन्दोलनों में विशेष रूप से भाग ले रहे हैं। दोनों ही हिन्दुस्तान की आज़ादी के कट्टर समर्थक हैं। दोनों ही समझदार और सच्चे देशभक्त हैं। लेकिन फिर भी इनके विचारों में जमीन-आसमान का अन्तर है। एक को भारत की प्राचीन संस्कृति का उपासक कहा जाता है तो दूसरे को पक्का पश्चिम का शिष्य। एक को कोमल हृदयवाला भावुक कहा जाता है और दूसरे को पक्का युगान्तकारी। हम इस लेख में उनके अलग-अलग विचारों को जनता के समक्ष रखेंगे, ताकि जनता स्वयं उनके अन्तर को समझ सके और स्वयं भी विचार कर सके। लेकिन उन दोनों के विचारों का उल्लेख करने से पूर्व एक और व्यक्ति का उल्लेख करना भी जरूरी है जो कि इन्हीं की भाँति स्वतन्त्रता प्रेमी है और युवा-आन्दोलनों की एक विशेष शख्सियत है। साधू वासवानी जी चाहे कांग्रेस के बड़े नेताओं की भाँति जाने-माने तो नहीं, चाहे देश के राजनैतिक क्षेत्र में उनका कोई विशेष स्थान तो नहीं, तो भी युवाओं पर, जिन्हें कि कल देश की बागडोर सँभालनी है, उनका असर है और उनके ही द्वारा शुरू हुआ आन्दोलन 'भारत-युवा संघ' इस समय युवाओं में विशेष प्रभाव रखता है। उनके विचार बिलकुल अलग ढंग के हैं। उनके विचार एक ही शब्द में बताए जा सकते हैं—"वापस वेदों की ओर लौट चलो।" (बैक टु वेद्स)। यह आवाज सबसे पहले आर्य समाज ने उठाई थी। इस विचार का आधार इस आस्था में है कि वेदों में परमात्मा ने संसार का सारा ज्ञान उँड़ेल दिया है। इससे आगे और अधिक विकास नहीं हो सकता। इसलिए हमारे हिन्दुस्तान ने चौतरफा जो प्रगति कर ली

थी उससे आगे न दुनिया बढ़ी है और न बढ़ सकती है! खैर, वासवानी आदि इसी आस्था को मानते हैं। तभी एक जगह कहते हैं–

"हमारी राजनीति ने अब तक कभी तो मैजिनी और वाल्टेयर को अपना आदर्श मानकर उदाहरण स्थापित किए हैं और या कभी लेनिन और टॉल्स्टाय से सबक सीखा। हालाँकि उन्हें ज्ञात होना चाहिए कि उनके पास उनसे कहीं बड़े आदर्श हमारे पुराने ऋषि हैं।" वे इस बात पर यकीन करते हैं कि हमारा देश एक बार तो विकास की अन्तिम सीमा तक जा चुका था और आज हमें आगे कहीं भी जाने की आवश्यकता नहीं, बल्कि पीछे लौटने की जरूरत है।

आप एक कवि हैं। कवित्व आपके विचारों में सभी जगह नज़र आता है। साथ ही यह धर्म के बहुत बड़े उपासक हैं। यह 'शक्ति' धर्म चलाना चाहते हैं। यह कहते हैं, "इस समय हमें शक्ति की अत्यन्त आवश्यकता है।" वह 'शक्ति' शब्द का अर्थ केवल भारत के लिए इस्तेमाल नहीं करते। लेकिन उनको इस शब्द से एक प्रकार की देवी का, एक विशेष ईश्वरीय प्राप्ति का विश्वास है। वे एक बहुत भावुक कवि की तरह कहते हैं :

"For in solitude have communicated with her, our admired Bharat Mata, And my aching head has heard voices saying...The day of freedom is not for off."...Sometimes indeed a strange feeling visits me and I say to myself-Holy, holy is Hindustan. For still is she under the protection of her mighty Rishis and their beauty is around us, but we behold it not.

अर्थात् एकान्त में भारत की आवाज मैंने सुनी है। मेरे दुखी मन ने कई बार यह आवाज सुनी है कि 'आज़ादी का दिन दूर नहीं'....कभी-कभी बहुत अजीब विचार मेरे मन में आते हैं और मैं कह उठता हूँ, हमारा हिन्दुस्तान पाक और पवित्र है, क्योंकि पुराने ऋषि उसकी रक्षा कर रहे हैं और उनकी खूबसूरती हिन्दुस्तान के पास है। लेकिन हम उन्हें देख नहीं सकते।

यह कवि का विलाप है कि वह पागलों या दीवानों की तरह कहते रहते हैं : "हमारी माता बड़ी महान है। बहुत शक्तिशाली है। उसे परास्त करनेवाला कौन पैदा हुआ है।" इस तरह वे केवल मात्र भावुकता की बातें करते हुए कह जाते हैं : "Our national movement must become a purifying mass movement, if it is to fulfil its destiny without falling into class war one of the dangers of Bolshevism." अर्थात् हमें अपने राष्ट्रीय जन-आन्दोलन को देश-सुधार का आन्दोलन बना देना चाहिए। तभी हम वर्गयुद्ध के बोल्शेविज़्म के खतरों से बच सकेंगे। वह इतना कहकर ही कि गरीबों के पास जाओ, गाँवों की ओर जाओ, उनको दवा-दारू मुफ्त दो–समझते हैं कि हमारा कार्यक्रम पूरा हो गया। वे छायावादी कवि हैं। उनकी कविता का कोई विशेष अर्थ तो नहीं निकल सकता, मात्र दिल का उत्साह बढ़ाया जा सकता है। बस पुरातन सभ्यता के शोर के अलावा उनके पास कोई कार्यक्रम नहीं। युवाओं के दिमागों को वे कुछ नया नहीं देते। केवल दिल को भावुकता से ही भरना चाहते हैं। उनका युवाओं में बहुत असर है। और भी पैदा हो रहा है। उनके दकियानूसी और संक्षिप्त-से विचार यही हैं, जो कि हमने ऊपर बताए हैं। उनके विचारों का राजनैतिक क्षेत्र में सीधा असर न होने के बावजूद बहुत असर पड़ता है।

विशेषकर इस कारण कि नौजवानों, युवाओं को ही कल आगे बढ़ना है और उन्हीं के बीच इन विचारों का प्रचार किया जा रहा है।

अब हम श्री सुभाषचन्द्र बोस और श्री जवाहरलाल नेहरू के विचारों पर आ रहे हैं। दो-तीन महीनों से आप बहुत-सी कॉन्फ्रेंसों के अध्यक्ष बनाए गए और आपने अपने-अपने विचार लोगों के सामने रखे। सुभाष बाबू को सरकार तख़्तापलट गिरोह का सदस्य समझती है और इसीलिए उन्हें बंगाल अध्यादेश के अन्तर्गत कैद कर रखा था। आप रिहा हुए और गर्म दल के नेता बनाए गए। आप भारत का आदर्श पूर्ण स्वराज्य मानते हैं, और महाराष्ट्र कॉन्फ्रेंस में अध्यक्षीय भषण में आपने इसी प्रस्ताव का प्रचार किया।

पंडित जवाहरलाल नेहरू स्वराज पार्टी के नेता पंडित मोतीलाल नेहरू जी के सुपुत्र हैं। बैरिस्टरी पास हैं। आप बहुत विद्वान हैं। आप रूस आदि का दौरा कर आए हैं। आप भी गर्म दल के नेता हैं और मद्रास कॉन्फ्रेंस में आपके और आपके साथियों के प्रयासों से ही पूर्ण स्वराज्य का प्रस्ताव स्वीकृत हो सका था। आपने अमृतसर कॉन्फ्रेंस के भाषण में भी इसी बात पर जोर दिया। लेकिन फिर भी इन दोनों सज्जनों के विचारों में जमीन-आसमान का अन्तर है। अमृतसर और महाराष्ट्र कॉन्फ्रेंसों के इन दोनों अध्यक्षों के भाषण पढ़कर ही हमें इनके विचारों का अन्तर स्पष्ट हुआ था। लेकिन बाद में बम्बई के एक भाषण में यह बात स्पष्ट रूप से हमारे सामने आ गई। पंडित जवाहरलाल नेहरू इस जनसभा की अध्यक्षता कर रहे थे और सुभाषचन्द्र ने भाषण किया। वह एक बहुत भावुक बंगाली हैं। उन्होंने भाषण आरम्भ किया कि हिन्दुस्तान का दुनिया के नाम एक विशेष सन्देश है। वह दुनिया को आध्यात्मिक शिक्षा देगा। खैर, आगे वे दीवाने की तरह कहना आरम्भ कर देते हैं—चाँदनी रात में ताजमहल को देखो और जिस दिल की यह सूझ का परिणाम था, उसकी महानता की कल्पना करो। सोचो एक बंगाली उपन्यासकार ने लिखा है कि हममें 'यह हमारे आँसू ही जम-जमकर पत्थर बन गए हैं।' वह भी वापस वेदों की ओर ही लौट चलने का आह्वान करते हैं। आपने अपने पूनावाले भाषण में 'राष्ट्रवादिता' के सम्बन्ध में कहा है कि अन्तर्राष्ट्रीयतावादी, राष्ट्रीयतावाद को एक संकीर्ण दायरेवाली विचारधारा बताते हैं, लेकिन यह भूल है। हिन्दुस्तानी राष्ट्रीयता का विचार ऐसा नहीं है। वह न संकीर्ण है। न निजी स्वार्थ से प्रेरित है और न उत्पीड़नकारी है, क्योंकि इसकी जड़ या मूल तो यह 'सत्यम् शिवम् सुन्दरम्' है, अर्थात् 'सच, कल्याणकारी और सुन्दर।'

यह भी वही छायावाद है। कोरी भावुकता है। साथ ही उन्हें भी अपने पुरातन युग पर बहुत विश्वास है। वह प्रत्येक बात में अपने पुरातन युग की महानता देखते हैं। पंचायती राज का ढंग उनके विचार में कोई नया नहीं। 'पंचायती राज और जनता का राज' वे कहते हैं कि हिन्दुस्तान में बहुत पुराना है। वे तो यहाँ तक कहते हैं कि साम्यवाद भी हिन्दुस्तान के लिए नई चीज़ नहीं। खैर, उन्होंने सबसे ज्यादा उस दिन के भाषण में जोर जिस बात पर दिया था वह यह थी कि हिन्दुस्तान का दुनिया के लिए एक विशेष सन्देश है। पंडित जवाहरलाल आदि के विचार इसके बिलकुल विपरीत हैं। वे कहते हैं—

"जिस देश में जाओ वही समझता है कि उसका दुनिया के लिए एक विशेष सन्देश है। इंग्लैंड दुनिया को संस्कृति सिखाने का ठेकेदार बनता है। मैं तो कोई विशेष बात अपने

देश के पास नहीं देखता। सुभाष बाबू को उन बातों पर बहुत यकीन है।" जवाहरलाल कहते हैं–"Every youth must rebel. Not only in political sphere, but in social, economic and religious spheres also. I have not much use for any man who comes and tells me that such and such thing is said in Koran, Every thing unreasonable must be discarded even if they find authority for it in the Vedas and Koran." (यानी) "प्रत्येक नौजवान को विद्रोह करना चाहिए। राजनैतिक क्षेत्र में ही नहीं बल्कि सामाजिक, आर्थिक और धार्मिक क्षेत्र में भी। मुझे ऐसे व्यक्ति की कोई आवश्यकता नहीं जो आकर कहे कि फलाँ बात कुरान में लिखी हुई है। कोई बात जो अपनी समझदारी की परख में सही साबित न हो उसे चाहे वेद और कुरान में कितना ही अच्छा क्यों न कहा गया हो, नहीं माननी चाहिए।"

यह एक युगान्तकारी के विचार हैं और सुभाष के एक राजपरिवर्तनकारी के विचार हैं। एक के विचार में हमारी पुरानी चीज़ें बहुत अच्छी हैं और दूसरे के विचार में उनके विरुद्ध विद्रोह कर दिया जाना चाहिए। एक को भावुक कहा जाता है और एक को युगान्तकारी और विद्रोही! पंडित जी एक स्थान पर कहते हैं–"To those who still fondly cherish old ideas and are striving to bring back the conditions which prevailed in Arabia 1300 years ago or in the vedic Age in India. I say, that it is inconcievable that you can bring back the hoary past. The world of reality will not retrace its steps, the world of imagiation may remain stationary."

वे कहते हैं कि जो अब भी कुरान के जमाने के, अर्थात् 1300 बरस पीछे के अरब की स्थितियाँ पैदा करना चाहते हैं या जो पीछे वेदों के जमाने की ओर देख रहे हैं उनसे मेरा यही कहना है कि यह तो सोचा भी नहीं जा सकता कि वह युग वापस लौट आएगा, वास्तविक दुनिया पीछे नहीं लौट सकती, काल्पनिक दुनिया को चाहे कुछ दिन यहीं स्थिर रखो। और इसीलिए वे विद्रोह की आवश्यकता महसूस करते हैं।

सुभाष बाबू पूर्ण स्वराज के समर्थन में हैं क्योंकि वे कहते हैं कि अंग्रेज पश्चिम के वासी हैं। हम पूर्व के। पंडित जी कहते हैं, हमें अपना राज कायम करके सारी सामाजिक व्यवस्था बदलनी चाहिए। उसके लिए पूरी-पूरी स्वतन्त्रता प्राप्त करने की आवश्यकता है।

सुभाष बाबू मजदूरों से सहानुभूति रखते हैं और उनकी स्थिति सुधारना चाहते हैं। पंडित जी एक क्रान्ति करके सारी व्यवस्था ही बदल देना चाहते हैं। सुभाष भावुक हैं–दिल के लिए नौजवानों को बहुत कुछ दे रहे हैं, पर मात्र दिल के लिए। दूसरा युगान्तकारी है जो कि दिल के साथ-साथ दिमाग को भी बहुत कुछ दे रहा है–"They should aim at Swaraj for the masses based on socialism. That was a revolutionary change which they could not bring about without revolutionary methods...Mere reform or gradual repairing of the existing machinery could not achieve the real proper Swaraj for the General Masses." (अर्थात्) हमारा आदर्श समाजवादी सिद्धान्तों के अनुसार पूर्ण स्वराज्य होना चाहिए, जोकि युगान्तकारी तरीकों के बिना प्राप्त नहीं हो सकता। केवल सुधार और मौजूदा सरकार की मशीनरी की धीमी-धीमी की गई मरम्मत जनता के लिए वास्तविक स्वराज्य नहीं ला सकती।

यह उनके विचारों का ठीक-ठीक अक्स है। सुभाष बाबू राष्ट्रीय राजनीति की ओर उतने समय तक ही ध्यान देना आवश्यक समझते हैं जितने समय तक दुनिया की राजनीति में हिन्दुस्तान की रक्षा और विकास का सवाल है। परन्तु पंडित जी राष्ट्रीयता के संकीर्ण दायरों से निकलकर खुले मैदान में आ गए हैं।

अब सवाल यह है कि हमारे सामने दोनों विचार आ गए हैं। हमें किस ओर झुकना चाहिए। एक पंजाबी समाचार-पत्र ने सुभाष की तारीफ के पुल बाँधकर पंडित जी आदि के बारे में कहा था कि ऐसे विद्रोही पत्थरों से सिर मार-मारकर मर जाते हैं। ध्यान रखना चाहिए कि पंजाब पहले ही बहुत भावुक प्रान्त है। लोग जल्द ही जोश में आ जाते हैं और जल्द ही झाग की तरह बैठ जाते हैं।

सुभाष आज शायद दिल को कुछ भोजन देने के अलावा कोई दूसरी मानसिक खुराक नहीं दे रहे हैं। अब आवश्यकता इस बात की है कि पंजाब के नौजवानों को इन युगान्तकारी विचारों को खूब सोच-विचारकर पक्का कर लेना चाहिए। इस समय पंजाब को मानसिक भोजन की सख्त जरूरत है और यह पंडित जवाहरलाल नेहरू से ही मिल सकता है। इसका अर्थ यह नहीं है कि उनके अन्धे पैरोकार बन जाना चाहिए। लेकिन जहाँ तक विचारों का सम्बन्ध है, वहाँ तक इस समय पंजाबी नौजवानों को उनके साथ लगना चाहिए, ताकि वे इन्कलाब के वास्तविक अर्थ, हिन्दुस्तान में इन्कलाब की आवश्यकता, दुनिया में इन्कलाब का स्थान क्या है, आदि के बारे में जान सकें। सोच-विचार के साथ नौजवान अपने विचारों को स्थिर करें ताकि निराशा, मायूसी और पराजय के समय में भी भटकाव के शिकार न हों और अकेले खड़े होकर दुनिया से मुकाबले में डटे रह सकें। इसी तरह जनता इन्कलाब के ध्येय को पूरा कर सकेगी।

सांडर्स की हत्या के बाद : दो नोटिस

[17 नवम्बर, 1928 को लाला लाजपत राय का देहान्त हुआ। अक्तूबर में साइमन कमीशन के विरोध में लाहौर में हुए विशाल प्रदर्शन का लाला जी ने नेतृत्व किया था और पुलिस ने उन पर लाठियाँ बरसाई थीं। यही लाठियाँ लाला जी की मृत्यु का कारण बनीं। लाला जी की मृत्यु से देश में दुख व आतंक छा गया। श्रीमती चितरंजन दास ने ऐसे माहौल में सवाल किया था, 'क्या देश में मानवता व जवानी अभी बाकी है?'

समय की जरूरत को समझते हुए, लाला लाजपत राय के प्रति बहुत अच्छी राय न होने के बावजूद, क्रान्तिकारियों ने लाला जी की मृत्यु को राष्ट्रीय अपमान समझा और इसका बदला लाला जी पर लाठियाँ बरसानेवाले ब्रिटिश पुलिस अधिकारी सांडर्स को मारकर लिया और वरिष्ठ पुलिस अधिकारी स्काट क्रान्तिकारियों से बच गया।

सांडर्स की हत्या 17 दिसम्बर को की गई। 18 दिसम्बर को पूरे लाहौर में हिन्दुस्तान समाजवादी प्रजातान्त्रिक सेना के कमांडर इन चीफ के हस्ताक्षर से एक पर्चा बाँटा गया। 23 दिसम्बर को फिर एक नोटिस लगाया गया, जो अब तक पाठकों के सामने नहीं आया था। –सं.]

'हिन्दुस्तान समाजवादी प्रजातान्त्रिक सेना'

नोटिस

नौकरशाही सावधान!

जे. पी. सांडर्स की मृत्यु से लाला लाजपत राय जी की हत्या का बदला ले लिया गया।

यह सोचकर कितना दुख होता है कि जे. पी. सांडर्स-जैसे एक मामूली पुलिस अफसर के कमीने हाथों देश की तीस करोड़ जनता द्वारा सम्मानित एक नेता पर हमला करके उनके प्राण ले लिए गए। राष्ट्र का यह अपमान हिन्दुस्तानी नवयुवकों और मर्दों को चुनौती थी।

आज संसार ने देख लिया है कि हिन्दुस्तान की जनता निष्प्राण नहीं हो गई है, उनका (नौजवान) खून जम नहीं गया, वे अपने राष्ट्र के सम्मान के लिए प्राणों की बाजी लगा सकते हैं। और यह प्रमाण देश के उन युवकों ने दिया है जिनकी स्वयं देश के नेता निन्दा और अपमान करते हैं।

अत्याचारी सरकार सावधान!

इस देश की दलित और पीड़ित जनता की भावनाओं को ठेस मत लगाओ! अपनी शैतानी हरकतें बन्द करो। हमें हथियार न रखने देने के लिए बनाए तुम्हारे सब कानूनों और चौकसी के बावजूद पिस्तौल और रिवाल्वर इस देश की जनता के हाथ में आते ही रहेंगे। यदि वह हथियार सशस्त्र क्रान्ति के लिए पर्याप्त न भी हुए तो भी राष्ट्रीय अपमान का बदला लेते रहने के लिए तो काफी रहेंगे ही। हमारे अपने लोग हमारी निन्दा और अपमान करें। विदेशी सरकार चाहे हमारा कितना भी दमन कर ले, परन्तु हम राष्ट्रीय सम्मान की रक्षा करने और विदेशी अत्याचारियों को सबक सिखाने के लिए सदा तत्पर रहेंगे। हम सब विरोध और दमन के बावजूद क्रान्ति की पुकार को बुलन्द रखेंगे और फाँसी के तख्तों पर से भी पुकारकर कहेंगे–

इन्कलाब ज़िन्दाबाद!

हमें एक आदमी की हत्या करने का खेद है। परन्तु यह आदमी उस निर्दयी, नीच और अन्यायपूर्ण व्यवस्था का अंग था जिसे समाप्त कर देना आवश्यक है। इस आदमी की हत्या हिन्दुस्तान में ब्रिटिश शासन के कारिन्दे के रूप में की गई है। यह सरकार संसार की सबसे अत्याचारी सरकार है।

मनुष्य का रक्त बहाने के लिए हमें खेद है। परन्तु क्रान्ति की वेदी पर कभी-कभी रक्त बहाना अनिवार्य हो जाता है। हमारा उद्देश्य एक ऐसी क्रान्ति से है जो मनुष्य द्वारा मनुष्य के शोषण का अन्त कर देगी।

'इन्कलाब ज़िन्दाबाद!'

ह. बलराज

18 दिसम्बर, 1928 — 'सेनापति, पंजाब हिसप्रस'

हिन्दुस्तान समाजवादी प्रजातान्त्रिक सेना

नोटिस

17 दिसम्बर की घटना सम्बन्धी

अब कोई रहस्य नहीं! कोई अनुमान नहीं!

जे. पी. सांडर्स मारा गया!
लाला लाजपत राय का बदला ले लिया गया!!

हिसप्रस की नियमावली (नियम 10–बी व सी) के अनुसार इस बात की सूचना दी जाती है कि यह सीधी राजनीतिक प्रकृति की बदले की कार्रवाई थी। भारत के महान बुजुर्ग लाला लाजपत राय पर किए गए अत्यन्त घृणित हमले से उनकी मृत्यु हुई। यह इस देश की राष्ट्रीयता का सबसे बड़ा अपमान था और अब इसका बदला ले लिया गया है।

इसके बाद सभी से यह अनुरोध है कि हमारे शत्रु पुलिस को हमारा पता-ठिकाना बताने में किसी किस्म की सहायता न दें। जो कोई इस (सलाह) के विपरीत काम करेगा, उस पर सख्त कार्रवाई की जाएगी।

इन्कलाब-ज़िन्दाबाद!

हस्ताक्षर–बलराज
23 दिसम्बर, 1928 कमांडर इन चीफ

असेम्बली बम कांड

असेम्बली हॉल में फेंका गया पर्चा

[8 अप्रैल, सन् 1929 को असेम्बली में बम फेंकने के बाद भगत सिंह और दत्त द्वारा बाँटे गए अंग्रेजी पर्चे का हिन्दी अनुवाद। –सं.]

'हिन्दुस्तान समाजवादी प्रजातान्त्रिक सेना'
सूचना

"बहरों को सुनाने के लिए बहुत ऊँची आवाज की आवश्यकता होती है," प्रसिद्ध फ्रांसीसी अराजकतावादी शहीद वैलियाँ के यह अमर शब्द हमारे काम के औचित्य के साक्षी हैं।

पिछले दस वर्षों में ब्रिटिश सरकार ने शासन-सुधार के नाम पर इस देश का जो अपमान किया है उसकी कहानी दोहराने की आवश्यकता नहीं और न ही हिन्दुस्तानी पार्लियामेंट पुकारी जानेवाली इस सभा ने भारतीय राष्ट्र के सिर पर पत्थर फेंककर उसका जो अपमान किया है, उसके उदाहरणों को याद दिलाने की आवश्यकता है। यह सब सर्वविदित और स्पष्ट है। आज फिर जब लोग 'साइमन कमीशन' से कुछ सुधारों के टुकड़ों की आशा में आँखें फैलाए हैं और इन टुकड़ों के लोभ में आपस में झगड़ रहे हैं, विदेशी सरकार 'सार्वजनिक सुरक्षा विधेयक' (पब्लिक सेफ्टी बिल) और 'औद्योगिक विवाद विधेयक' (ट्रेड्स डिस्प्यूट्स बिल) के रूप में अपने दमन को और भी कड़ा कर लेने का यत्न कर रही है। इसके साथ ही आनेवाले अधिवेशन में 'अख़बारों द्वारा राजद्रोह रोकने का कानून' (प्रेस सैडिशन एक्ट) जनता पर कसने की भी धमकी दी जा रही है। सार्वजनिक काम करनेवाले मजदूर नेताओं की अन्धाधुन्ध गिरफ्तारियाँ यह स्पष्ट कर देती हैं कि सरकार किस रवैए पर चल रही है।

राष्ट्रीय दमन और अपमान की इस उत्तेजनापूर्ण परिस्थिति में अपने उत्तरदायित्व की गम्भीरता को महसूस कर 'हिन्दुस्तान समाजवादी प्रजातन्त्र संघ' ने अपनी सेना को यह क़दम उठाने की आज्ञा दी है। इस कार्य का प्रयोजन है कि कानून का यह अपमानजनक प्रहसन समाप्त कर दिया जाए। विदेशी शोषक नौकरशाही जो चाहे करे परन्तु उसकी वैधानिकता की नकाब फाड़ देना आवश्यक है।

जनता के प्रतिनिधियों से हमारा आग्रह है कि इस पार्लियामेंट के पाखंड को छोड़ कर अपने-अपने निर्वाचन क्षेत्रों को लौट जाएँ और जनता को विदेशी दमन और शोषण के

विरुद्ध क्रान्ति के लिए तैयार करें। हम विदेशी सरकार को यह बतला देना चाहते हैं कि हम 'सार्वजनिक सुरक्षा' और 'औद्योगिक विवाद' के दमनकारी कानूनों और लाला लाजपत राय की हत्या के विरोध में देश की जनता की ओर से यह कदम उठा रहे हैं।

हम मनुष्य के जीवन को पवित्र समझते हैं। हम ऐसे उज्ज्वल भविष्य में विश्वास रखते हैं जिसमें प्रत्येक व्यक्ति को पूर्ण शान्ति और स्वतन्त्रता का अवसर मिल सके। हम इनसान का खून बहाने की अपनी विवशता पर दुखी हैं। परन्तु क्रान्ति द्वारा सबको समान स्वतन्त्रता देने और मनुष्य द्वारा मनुष्य के शोषण को समाप्त कर देने के लिए क्रान्ति में कुछ-न-कुछ रक्तपात अनिवार्य है।

इन्कलाब ज़िन्दाबाद

ह. बलराज
कमांडर इन चीफ

पिता के नाम पत्र

[यह पत्र भगत सिंह ने असेम्बली हॉल में बम फेंकने के बाद दिल्ली जेल से अपने पिता जी को लिखा था।–सं.]

दिल्ली जेल, 26 अप्रैल, 1929

पूज्य पिता जी,

अर्ज़ यह है कि हम लोग 22 अप्रैल को पुलिस की हवालात से दिल्ली जेल में तब्दील कर दिए गए हैं। लगभग एक महीने में सारा नाटक समाप्त हो जाएगा। ज्यादा चिन्ता करने की जरूरत नहीं। मुझे पता चला था कि आप यहाँ आए थे और किसी वकील आदि से बातचीत की थी, लेकिन कोई इन्तजाम न हो सका। परसों मुझे कपड़े मिल गए थे। जिस दिन आप आएँगे अब मुलाकात हो जाएगी। वकील आदि की कोई खास जरूरत नहीं है। हाँ, एक-दो नुक्तों पर थोड़ा-सा मशविरा लेना चाहता हूँ, लेकिन वे कोई खास महत्त्व नहीं रखते। आप बिना वजह ज्यादा कष्ट न करें। अगर आप मिलने आएँ तो अकेले ही आना। बेबे जी (माँ), को साथ न लाना। खामखाह में वे रो पड़ेंगी और मुझे भी कुछ तकलीफ जरूर होगी। घर के सब हालात आपसे मुलाकात पर मालूम हो जाएँगे। हाँ, अगर सम्भव हो तो 'गीता रहस्य', 'नेपोलियन की जीवनगाथा' जो आपको मेरी किताबों में से मिल जाएँगी और अंग्रेजी के कुछ अच्छे उपन्यास लेते आना। बेबे जी (माँ) मामी जी, माता जी और चाची जी को चरणस्पर्श। कुलबीर सिंह, कुलतार सिंह को नमस्ते। बापू जी को चरणस्पर्श। इस समय पुलिस हवालात और जेल में हमसे बहुत अच्छा व्यवहार हो रहा है। आप किसी किस्म की फिक्र न करना। मुझे आपका पता नहीं मालूम, इसलिए इस पते पर लिख रहा हूँ।

आपका आज्ञाकारी,
भगत सिंह

बम कांड पर सेशन कोर्ट में बयान

[असेम्बली में बम फेंकने के बाद, 6 जून, सन् 1929 को दिल्ली के सेशन जज मि. लियोनाई मिडिल्टन की अदालत में दिया गया सरदार भगत सिंह और दत्त का ऐतिहासिक बयान।—सं.]

हमारे ऊपर गम्भीर आरोप लगाए गए हैं। इसलिए यह आवश्यक है कि हम भी अपनी सफाई में कुछ शब्द कहें। हमारे कथित अपराध के सम्बन्ध में निम्नलिखित प्रश्न उठते हैं : (1) क्या वास्तव में असेम्बली में बम फेंके गए थे, यदि हाँ तो क्यों? (2) नीचे की अदालत में हमारे ऊपर जो आरोप लगाए गए हैं, वे सही हैं या गलत?

पहले प्रश्न के पहले भाग के लिए हमारा उत्तर स्वीकारात्मक है, लेकिन तथाकथित चश्मदीद गवाहों ने इस मामले में जो गवाही दी है वह सरासर झूठ है। चूँकि हम बम फेंकने से इनकार नहीं कर रहे हैं इसलिए यहाँ इन गवाहों के बयानों की सच्चाई की परख भी हो जानी चाहिए। उदाहरण के लिए हम यहाँ बतला देना चाहते हैं कि सार्जेंट टेरी का यह कहना कि उन्होंने हममें से एक के पास से पिस्तौल बरामद की, वह एक सफेद झूठ मात्र है, क्योंकि जब हमने अपने आपको पुलिस के हाथों सौंपा तो हममें से किसी के पास कोई पिस्तौल न थी। जिन गवाहों ने कहा है कि उन्होंने हमें बम फेंकते हुए देखा था, वे झूठ बोलते हैं। न्याय तथा निष्कपट व्यवहार को सर्वोपरि माननेवाले लोगों को इन झूठी बातों से एक सबक लेना चाहिए। साथ ही हम सरकारी वकील के उचित व्यवहार तथा अदालत के अभी तक के न्याय- संगत रवैए को भी स्वीकार करते हैं।

पहले प्रश्न के दूसरे हिस्से का उत्तर देने के लिए हमें इस बमकांड-जैसी ऐतिहासिक घटना के कुछ विस्तार में जाना पड़ेगा। हमने वह काम किस अभिप्राय से तथा किन परिस्थितियों के बीच किया, इसकी पूरी एवं खुली सफाई आवश्यक है।

जेल में हमारे पास कुछ पुलिस अधिकारी आए थे। उन्होंने हमें बतलाया कि लार्ड इर्विन ने इस घटना के बाद ही असेम्बली के दोनों सदनों के सम्मिलित अधिवेशन में कहा है कि "यह विद्रोह किसी व्यक्ति विशेष के खिलाफ नहीं, वरन् सम्पूर्ण शासन-व्यवस्था के विरुद्ध था।" यह सुनकर हमने तुरन्त भाँप लिया कि लोगों ने हमारे इस काम के उद्देश्य को सही तौर पर समझ लिया है।

मानवता को प्यार करने में हम किसी से भी पीछे नहीं हैं। हमें किसी से व्यक्तिगत द्वेष नहीं है और हम प्राणिमात्र को हमेशा आदर की निगाह से देखते आए हैं। हम न तो बर्बरतापूर्ण उपद्रव करनेवाले देश के कलंक हैं, जैसा कि सोशलिस्ट कहलानेवाले दीवान चमन लाल ने कहा है, और न ही हम पागल हैं, जैसा कि लाहौर के 'ट्रिब्यून' तथा कुछ अन्य समाचार-पत्रों ने सिद्ध करने का प्रयास किया है। हम तो केवल अपने देश के इतिहास, उसकी मौजूदा परिस्थिति तथा अन्य मानवोचित आकांक्षाओं के मननशील विद्यार्थी होने का विनम्रतापूर्वक दावा-भर कर सकते हैं। हमें ढोंग तथा पाखंड से नफरत है।

एक अपकारजनक संस्था

यह काम हमने किसी व्यक्तिगत स्वार्थ अथवा विद्वेष की भावना से नहीं किया है। हमारा उद्‌देश्य केवल उस शासन-व्यवस्था के विरुद्ध प्रतिवाद प्रकट करना था जिसके हर एक काम से उसकी अयोग्यता ही नहीं वरन् अपकार करने की उसकी असीम क्षमता भी प्रकट होती है। इस विषय पर हमने जितना विचार किया उतना ही हमें इस बात का दृढ़ विश्वास होता गया कि वह केवल संसार के सामने भारत की लज्जाजनक तथा असहाय अवस्था का ढिंढोरा पीटने के लिए ही कायम है और वह एक गैर-जिम्मेवार तथा निरंकुश शासन का प्रतीक है।

जनता के प्रतिनिधियों ने कितनी ही बार राष्ट्रीय माँगों को सरकार के सामने रखा, परन्तु उसने उन माँगों की सर्वथा अवहेलना करके हर बार उन्हें रद्‌दी की टोकरी में डाल दिया। सदन द्वारा पास किए गए गम्भीर प्रस्तावों को भारत की तथाकथित पार्लियामेंट के सामने ही तिरस्कारपूर्वक पैरों तले रौंदा गया है, दमनकारी तथा निरंकुश कानूनों को समाप्त करने की माँग करनेवाले प्रस्तावों को हमेशा अवज्ञा की दृष्टि से ही देखा गया है और जनता द्वारा निर्वाचित सदस्यों ने सरकार के जिन कानूनों तथा प्रस्तावों को अवांछित एवं अवैधानिक बताकर रद्‌द कर दिया था, उन्हें केवल कलम हिलाकर ही सरकार ने लागू कर लिया है।

संक्षेप में, बहुत कुछ सोचने के बाद भी एक ऐसी संस्था के अस्तित्व का औचित्य हमारी समझ में नहीं आ सका जो, बावजूद उस तमाम शानो-शौकत के, जिसका आधार भारत के करोड़ों मेहनतकशों की गाढ़ी कमाई है, केवल मात्र एक दिल को बहलानेवाली, थोथी, दिखावटी और शरारतों से भरी हुई संस्था है। हम सार्वजनिक नेताओं की मनोवृत्ति को समझ पाने में भी असमर्थ हैं। हमारी समझ में नहीं आता कि हमारे नेतागण भारत की असहाय परतन्त्रता की खिल्ली उड़ानेवाले इतने स्पष्ट एवं पूर्वनियोजित प्रदर्शनों पर सार्वजनिक सम्पत्ति एवं समय बर्बाद करने में सहायक क्यों बनते हैं।

हम इन्हीं प्रश्नों तथा मजदूर आन्दोलन के नेताओं की धरपकड़ पर विचार कर ही रहे थे कि सरकार ट्रेड-डिस्प्यूट बिल लेकर सामने आई। हम इसी सम्बन्ध में असेम्बली की कार्यवाही देखने गए। वहाँ हमारा यह विश्वास और भी दृढ़ हो गया कि भारत की लाखों मेहनतकश जनता एक ऐसी संस्था से किसी बात की भी आशा नहीं कर सकती जो भारत के बेबस मेहनतकशों की दासता तथा शोषकों की गलाघोटू शक्ति की अहितकारी यादगार है।

अन्त में वह कानून, जिसे हम बर्बर एवं अमानवीय समझते हैं, देश के प्रतिनिधियों के सरों पर पटक दिया गया और इस प्रकार करोड़ों संघर्षरत भूखे मजदूरों को प्राथमिक अधिकारों से भी वंचित कर दिया गया और उनके हाथों से उनकी आर्थिक मुक्ति का एकमात्र हथियार भी छीन लिया गया। जिस किसी ने भी कमरतोड़ परिश्रम करनेवाले मूक मेहनतकशों की हालत पर हमारी तरह सोचा है वह शायद स्थिर मन से यह सब नहीं देख सकेगा। बलि के बकरों की भाँति शोषकों–और सबसे बड़ी शोषक स्वयं सरकार है–की बलिवेदी पर आए दिन होनेवाली मजदूरों की इन मूक कुर्बानियों को देखकर जिस किसी का दिल रोता है वह अपनी आत्मा की चीत्कार की उपेक्षा नहीं कर सकता।

गवर्नर जनरल की कार्यकारिणी समिति के भूतपूर्व सदस्य स्वर्गीय श्री एस. आर. दास ने अपने प्रसिद्ध पत्र में अपने पुत्र को लिखा था कि इंग्लैंड की स्वप्ननिद्रा भंग करने के लिए

बम का उपयोग आवश्यक था। श्री दास के इन्हीं शब्दों को सामने रखकर हमने असेम्बली भवन में बम फेंके थे। हमने वह काम मजदूरों की तरफ से प्रतिरोध प्रदर्शित करने के लिए किया था। उन असहाय मजदूरों के पास अपने मर्मान्तक क्लेशों को व्यक्त करने का और कोई साधन भी तो नहीं था। हमारा एकमात्र उद्‌देश्य था 'बहरे को सुनाना' और उन पीड़ितों की माँगों पर ध्यान न देनेवाली सरकार को समय रहते चेतावनी देना।

हमारी ही तरह दूसरों की भी परोक्ष धारणा है कि प्रशान्त सागर रूपी भारतीय मानवता की ऊपरी शान्ति किसी भी समय फूट पड़नेवाले एक भीषण तूफान की द्योतक है। हमने तो उन लोगों के लिए सिर्फ खतरे की घंटी बजाई है जो आनेवाले भयानक खतरे की परवाह किए बगैर तेज रफ्तार से आगे की तरफ भागे जा रहे हैं। हम लोगों को सिर्फ यह बतला देना चाहते हैं कि 'काल्पनिक अहिंसा' का युग अब समाप्त हो चुका है और आज की उठती हुई नई पीढ़ी को उसकी व्यर्थता में किसी भी प्रकार का सन्देह नहीं रह गया है।

मानवता के प्रति हार्दिक सद्‌भाव तथा अमित प्रेम रखने के कारण उसे व्यर्थ के रक्तपात से बचाने के लिए हमने चेतावनी देने के इस उपाय का सहारा लिया है और उस आनेवाले रक्तपात को हम ही नहीं, लाखों आदमी पहले से ही देख रहे हैं।

काल्पनिक अहिंसा

ऊपर हमने 'काल्पनिक अहिंसा' शब्द का प्रयोग किया है। यहाँ पर उसकी व्याख्या कर देना भी आवश्यक है। आक्रामक उद्‌देश्य से जब बल का प्रयोग होता है उसे हिंसा कहते हैं और नैतिक दृष्टिकोण से उसे उचित नहीं कहा जा सकता। लेकिन जब उसका उपयोग किसी वैध आदर्श के लिए किया जाता है तो उसका नैतिक औचित्य भी होता है। किसी हालत में बल-प्रयोग नहीं होना चाहिए, यह विचार काल्पनिक और अव्यावहारिक है। इधर देश में जो नया आन्दोलन तेजी के साथ उठ रहा है, और जिसकी पूर्व सूचना हम दे चुके हैं वह गुरु गोविन्द सिंह, शिवाजी, कमाल पाशा, रिज़ा खाँ, वाशिंगटन, गैरीबाल्डी, लाफायेट और लेनिन के आदर्शों से ही प्रस्फुरित है और उन्हीं के पद-चिह्नों पर चल रहा है। चूँकि भारत की विदेशी सरकार तथा हमारे राष्ट्रीय नेतागण दोनों ही इस आन्दोलन की ओर से उदासीन लगते हैं और जानबूझकर उसकी पुकार की ओर से अपने कान बन्द करने का प्रयत्न कर रहे हैं, अतः हमने अपना कर्तव्य समझा कि हम एक ऐसी चेतावनी दें जिसकी अवहेलना न की जा सके।

हमारा अभिप्राय

अभी तक हमने इस घटना के मूल उद्‌देश्य पर ही प्रकाश डाला है। अब हम अपना अभिप्राय भी स्पष्ट कर देना चाहते हैं।

यह बतलाने की आवश्यकता नहीं है कि इस घटना के सिलसिले में मामूली चोटें खानेवाले व्यक्तियों अथवा असेम्बली के किसी अन्य व्यक्ति के प्रति हमारे दिलों में कोई वैयक्तिक विद्वेष की भावना नहीं थी। इसके विपरीत हम एक बार फिर स्पष्ट कर देना चाहते हैं कि हम मानव-जीवन को अकथनीय पवित्रता प्रदान करते हैं और किसी अन्य

व्यक्ति को चोट पहुँचाने के बजाय हम मानव-जाति की सेवा में हँसते-हँसते अपने प्राण विसर्जित कर देंगे। हम साम्राज्यवादी की सेना के भाड़े के सैनिकों-जैसे नहीं हैं जिनका काम ही नर-हत्या होता है। हम मानव-जीवन का आदर करते हैं और बराबर उसकी रक्षा का प्रयत्न करते हैं। इसके बाद भी हम स्वीकार करते हैं कि हमने जानबूझकर असेम्बली भवन में बम फेंके।

घटनाएँ स्वयं हमारे अभिप्राय पर प्रकाश डालती हैं। और हमारे इरादों की परख हमारे काम के परिणाम के आधार पर होनी चाहिए न कि अटकल एवं मनगढ़न्त परिस्थितियों के आधार पर। सरकारी विशेषज्ञ की गवाही के विरुद्ध हमें यह कहना है कि असेम्बली भवन में फेंके गए बमों से वहाँ की एक खाली बेंच को ही कुछ नुकसान पहुँचा और लगभग आधे दर्जन लोगों को मामूली-सी खरोंचे-भर आईं। सरकारी वैज्ञानिकों ने कहा है कि बम बड़े जोरदार थे और उनसे अधिक नुकसान नहीं हुआ, इसे एक अनहोनी घटना ही कहना चाहिए। लेकिन हमारे विचार से उन्हें वैज्ञानिक ढंग से बनाया ही ऐसा गया था। पहले तो, दोनों बम बेंचों तथा डेस्कों के बीच की खाली जगह में ही गिरे थे। दूसरे, उनके फूटने की जगह से दो फीट पर बैठे हुए लोगों को भी, जिनमें मि. पी.आर. राउ, मि. शंकर राव तथा सर जार्ज शुस्टर के नाम उल्लेखनीय हैं, या तो बिलकुल ही चोटें नहीं आईं या मात्र मामूली आईं। अगर उन बमों में जोरदार पोटेशियम क्लोरेट और पिक्रिक एसिड भरा होता, जैसा कि सरकारी विशेषज्ञ ने कहा है, तो इन बमों ने उस लकड़ी के घेरे को तोड़कर कुछ गज की दूरी पर खड़े हुए लोगों तक को उड़ा दिया होता। और यदि उनमें कोई और भी शक्तिशाली विस्फोटक भरा जाता तो निश्चय ही वे असेम्बली के अधिकांश सदस्यों को उड़ा देने में समर्थ होते। यही नहीं, यदि हम चाहते तो उन्हें सरकारी कक्ष में फेंक सकते थे जो विशिष्ट व्यक्तियों से खचाखच भरा था। या फिर उस सर जान साइमन को अपना निशाना बना सकते थे, जिसके अभागे कमीशन ने प्रत्येक विचारशील व्यक्ति के दिल में उसकी ओर से गहरी नफरत पैदा कर दी थी और जो उस समय असेम्बली की अध्यक्ष दीर्घा में बैठा था। लेकिन इस तरह का हमारा कोई इरादा नहीं था और उन बमों ने उतना ही काम किया जितने के लिए उन्हें तैयार किया गया था। यदि उससे कोई अनहोनी घटना हुई तो यही कि वे निशाने पर अर्थात् निरापद स्थान पर गिरे।

एक ऐतिहासिक सबक

इसके बाद हमने इस कार्य का दंड भोगने के लिए अपने आपको जानबूझकर पुलिस के हाथों समर्पित कर दिया। हम साम्राज्यवादी शोषकों को यह बतला देना चाहते थे कि मुट्ठी-भर आदमियों को मारकर किसी आदर्श को समाप्त नहीं किया जा सकता और न ही दो नगण्य व्यक्तियों को कुचलकर राष्ट्र को दबाया जा सकता है। हम इतिहास के इस सबक पर जोर देना चाहते थे के परिचय-पत्र या परिच्य-चिह्न (Letter de catchet) तथा बैस्टाइल (फ्रांस की कुख्यात जेल जहाँ राजनैतिक बन्दियों को घोर यन्त्रणाएँ दी जाती थीं। अनु.) फ्रांस के क्रान्तिकारी आन्दोलन को कुचलने में सम्र्थ नहीं हुए थे, फाँसी के फन्दे और साइबेरिया की खानें रूसी क्रान्ति की आग को बुझा नहीं पाई थीं। तो फिर क्या अध्यादेश

और सेफ्टी बिल्स भारत में आज़ादी की लौ को बुझा सकेंगे? षड्यन्त्रों का पता लगाकर या गढ़े हुए षड्यन्त्रों द्वारा नौजवानों को सज़ा देकर या एक महान आदर्श के स्वप्न से प्रेरित नवयुवकों को जेलों में ठूँसकर क्या क्रान्ति का अभियान रोका जा सकता है? हाँ, सामयिक चेतावनी से, बशर्ते कि उसकी उपेक्षा न की जाए, लोगों की जानें बचाई जा सकती हैं और व्यर्थ की मुसीबतों से उनकी रक्षा की जा सकती है। आगाही देने का यह भार अपने ऊपर लेकर हमने अपना कर्तव्य पूरा किया है।

क्रान्ति क्या है?

भगत सिंह से नीचे की अदालत में पूछा गया था कि क्रान्ति से हम लोगों का क्या मतलब है? इस प्रश्न के उत्तर में उन्होंने कहा था कि क्रान्ति के लिए खूनी लड़ाइयाँ अनिवार्य नहीं हैं और न ही उसमें व्यक्तिगत प्रतिहिंसा के लिए कोई स्थान है। वह बम और पिस्तौल का सम्प्रदाय नहीं है। क्रान्ति से हमारा अभिप्राय है–अन्याय पर आधारित मौजूदा समाज-व्यवस्था में आमूल परिवर्तन।

समाज का प्रमुख अंग होते हुए भी आज मजदूरों को उनके प्राथमिक अधिकार से वंचित रखा जा रहा है और उनकी गाढ़ी कमाई का सारा धन शोषक पूँजीपति हड़प जाते हैं। दूसरों के अन्नदाता किसान आज अपने परिवार सहित दाने-दाने के लिए मुहताज हैं। दुनिया-भर के बाजारों को कपड़ा मुहैया करनेवाला बुनकर अपने तथा अपने बच्चों के तन ढकने-भर को भी कपड़ा नहीं पा रहा है। सुन्दर महलों का निर्माण करनेवाले राजगीर, लोहार तथा बढ़ई स्वयं गन्दे बाड़ों में रहकर ही अपनी जीवन-लीला समाप्त कर जाते हैं। इसके विपरीत समाज के जोंक शोषक पूँजीपति ज़रा-ज़रा-सी बातों के लिए लाखों का वारा-न्यारा कर देते हैं।

यह भयानक असमानता और जबरदस्ती लादा गया भेदभाव दुनिया को एक बहुत बड़ी उथल-पुथल की ओर लिए जा रहा है। यह स्थिति अधिक दिनों तक कायम नहीं रह सकती। स्पष्ट है कि आज का धनिक समाज एक भयानक ज्वालामुखी के मुँह पर बैठकर रंगरेलियाँ मना रहा है और शोषकों के मासूम बच्चे तथा करोड़ों शोषित लोग एक भयानक खड्ड की कगार पर चल रहे हैं।

आमूल परिवर्तन की आवश्यकता

सभ्यता का यह प्रासाद यदि समय रहते सँभाला न गया तो शीघ्र ही चरमराकर बैठ जाएगा। देश को एक आमूल परिवर्तन की आवश्यकता है और जो लोग इस बात को महसूस करते हैं उनका कर्तव्य है कि साम्यवादी सिद्धान्तों पर समाज का पुनर्निर्माण करें। जब तक यह नहीं किया जाता और मनुष्य द्वारा मनुष्य का तथा एक राष्ट्र द्वारा दूसरे राष्ट्र का शोषण, जो साम्राज्यशाही के नाम से विख्यात है, समाप्त नहीं कर दिया जाता तब तक मानवता को उसके क्लेशों से छुटकारा मिलना असम्भव है, और तब तक युद्धों को समाप्त कर विश्व-शान्ति के युग का प्रादुर्भाव करने की सारी बातें महज ढोंग के अतिरिक्त और कुछ भी नहीं हैं। क्रान्ति से हमारा मतलब अन्ततोगत्वा एक ऐसी समाज-व्यवस्था की स्थापना से

है जो इस प्रकार के संकटों से बरी होगी और जिसमें सर्वहारा वर्ग का आधिपत्य सर्वमान्य होगा और जिसके फलस्वरूप स्थापित होनेवाला विश्व-संघ पीड़ित मानवता को पूँजीवाद के बन्धनों से और साम्राज्यवादी युद्ध की तबाही से छुटकारा दिलाने में समर्थ हो सकेगा।

सामयिक चेतावनी

यह है हमारा आदर्श। और इसी आदर्श से प्रेरणा लेकर हमने एक सही तथा पुरजोर चेतावनी दी है। लेकिन अगर हमारी इस चेतावनी पर ध्यान नहीं दिया गया और वर्तमान शासन-व्यवस्था उठती हुई जनशक्ति के मार्ग में रोड़े अटकाने से बाज न आई तो क्रान्ति के इस आदर्श की पूर्ति के लिए एक भयंकर युद्ध का छिड़ना अनिवार्य है। सभी बाधाओं को रौंदकर आगे बढ़ते हुए उस युद्ध के फलस्वरूप सर्वहारा वर्ग के अधिनायकतन्त्र की स्थापना होगी। यह अधिनायकतन्त्र क्रान्ति के आदर्शों की पूर्ति के लिए मार्ग प्रशस्त करेगा। क्रान्ति मानवजाति का जन्मजात अधिकार है जिसका अपहरण नहीं किया जा सकता। स्वतन्त्रता प्रत्येक मनुष्य का जन्मसिद्ध अधिकार है। श्रमिक वर्ग ही समाज का वास्तविक पोषक है, जनता की सर्वोपरि सत्ता की स्थापना श्रमिक वर्ग का अन्तिम लक्ष्य है। इन आदर्शों के लिए और इस विश्वास के लिए हमें जो भी दंड दिया जाएगा, हम उसका सहर्ष स्वागत करेंगे। क्रान्ति की इस पूजा-वेदी पर हम अपना यौवन नैवेद्य के रूप में लाए हैं, क्योंकि ऐसे महान आदर्श के लिए बड़े-से-बड़ा त्याग भी कम है। हम सन्तुष्ट हैं और क्रान्ति के आगमन की उत्सुकतापूर्वक प्रतीक्षा कर रहे हैं।

इन्कलाब ज़िन्दाबाद!

बम कांड पर हाईकोर्ट में बयान

[दिल्ली के सेशन जज ने असेम्बली बम केस में भगत सिंह को आजन्म कारावास दंड दिया था। लाहौर हाईकोर्ट में उसकी अपील की गई। दिल्ली अदालत के निर्णय की आलोचना करते हुए भगत सिंह ने हाईकोर्ट में यह दूसरा बयान दिया।–सं.]

हमारे उद्‌देश्य पर ध्यान दें

माई लार्ड,

हम न वकील हैं, न अंग्रेजी विशेषज्ञ हैं और न हमारे पास डिग्रियाँ ही हैं, इसलिए हमसे शानदार भाषणों की आशा न की जाए। हमारी प्रार्थना है कि हमारे बयान की भाषा सम्बन्धी त्रुटियों पर ध्यान न देते हुए, उसके वास्तविक अर्थ को समझने का प्रयत्न किया जाए। दूसरे तमाम मुद्‌दों (पुआइन्ट्स) को अपने वकीलों पर छोड़ते हुए मैं स्वयं एक मुद्‌दे पर अपने विचार प्रकट करूँगा। यह मुद्‌दा इस मुकदमे में बहुत महत्त्वपूर्ण है। मुद्‌दा यह है कि हमारी नीयत क्या थी और हम किस हद तक अपराधी हैं।

यह बड़ा पेचीदा मामला है, इसलिए कोई व्यक्ति भी आपकी सेवा में विचारों के विकास की वह ऊँचाई प्रस्तुत नहीं कर सकता, जिसके प्रभाव में हम एक खास ढंग से सोचने और व्यवहार करने लगे थे। हम चाहते हैं कि इसे दृष्टि में रखते हुए ही हमारी नीयत

और अपराध का अनुमान लगाया जाए। प्रसिद्ध कानून-विशारद सालोमन के अनुसार किसी भी व्यक्ति को उसके अपराधी आचरण के लिए उस समय तक सज़ा नहीं मिलनी चाहिए, जब तक उसका उद्देश्य कानून-विरोधी सिद्ध न हो।

सेशन जज की अदालत में हमने जो लिखित बयान दिया था, वह हमारे उद्देश्य की व्याख्या करता है और उस रूप में हमारी नीयत की व्याख्या भी करता था, लेकिन सेशन जज महोदय ने कलम की एक ही नोक से यह कहकर कि "आमतौर पर अपराध को व्यवहार में लानेवाली बात कानून के कार्य को प्रभावित नहीं करती और इस देश में कानूनी व्याख्याओं में कभी-कभार उद्देश्य और नीयत की चर्चा होती है," हमारी सब कोशिशें बेकार कर दीं।

माई लार्ड, इन परिस्थितियों में सुयोग्य सेशन जज को उचित था कि या तो अपराध का अनुमान परिणाम से लगाते या हमारे बयान की मदद से मनोवैज्ञानिक पहलू का फैसला करते, पर उन्होंने इन दोनों में से एक भी काम नहीं किया।

विचारणीय बात यह है कि असेम्बली में हमने जो दो बम फेंके, उनसे किसी भी व्यक्ति की शारीरिक या आर्थिक हानि नहीं हुई। इस दृष्टिकोण से हमें जो सज़ा दी गई है वह कठोरतम ही नहीं, बदला लेने की भावना वाली भी है। यदि दूसरे दृष्टिकोण से देखा जाए तो जब तक अभियुक्त की मनोभावना का पता न लगाया जाए, उसके असली उद्देश्य का पता ही नहीं चल सकता। यदि उद्देश्य को पूरी तरह भुला दिया जाए तो किसी भी व्यक्ति के साथ न्याय नहीं हो सकता, क्योंकि उद्देश्य को नज़रों में न रखने पर संसार के बड़े-बड़े सेनापति साधारण हत्यारे नज़र आएँगे, सरकारी कर वसूल करनेवाले अधिकारी चोर, जालसाज़ दिखाई देंगे और न्यायाधीशों पर भी कत्ल करने का अभियोग लगेगा। इस तरह तो समाज-व्यवस्था और सभ्यता खूनखराबा, चोरी और जालसाज़ी बनकर रह जाएगी। यदि उद्देश्य की उपेक्षा की जाए, तो किसी हुकूमत को क्या अधिकार है कि समाज के व्यक्तियों से न्याय करने को कहे? उद्देश्य की उपेक्षा की जाए तो हर धर्मप्रचारक झूठ का प्रचारक दिखाई देगा और हरेक पैगम्बर पर अभियोग लगेगा कि उसने करोड़ों भोले और अनजान लोगों को गुमराह किया। यदि उद्देश्य को भुला दिया जाए तो हज़रत ईसा मसीह गड़बड़ करानेवाले, शान्ति भंग करनेवाले और विद्रोह का प्रचार करनेवाले दिखाई देंगे और कानून के शब्दों में 'खतरनाक व्यक्तित्व' माने जाएँगे, लेकिन हम उनकी पूजा करते हैं, उनका हमारे दिलों में बेहद आदर है, उनकी मूर्ति हमारे दिलों में आध्यात्मिकता का स्पन्दन पैदा करती है। यह क्यों? यह इसलिए कि उनके प्रयत्नों का प्रेरक एक ऊँचे दरजे का उद्देश्य था। उस युग के शासकों ने उनके उद्देश्य को नहीं पहचाना, उन्होंने उनके बाहरी व्यवहार को ही देखा, लेकिन उस समय से लेकर इस समय तक उन्नीस शताब्दियाँ बीत चुकी हैं, क्या हमने तब से लेकर अब तक कोई तरक्की नहीं की? क्या हम ऐसी गलतियाँ दोहराएँगे? अगर ऐसा हो तो मानना पड़ेगा कि इनसानियत की कुर्बानियाँ, बड़े शहीदों के प्रयत्न बेकार रहे और आज भी हम उसी स्थान पर हैं, जहाँ आज से बीस शताब्दियों पहले थे?

कानूनी दृष्टि से उद्देश्य का प्रश्न खास महत्त्व रखता है। जनरल डायर का उदाहरण लीजिए। उसने गोली चलाई और सैकड़ों निरपराध और शस्त्रहीन व्यक्तियों को मार डाला,

लेकिन फौजी अदालत ने उसे गोली का निशाना बनाने का हुक्म देने की जगह लाखों रुपए इनाम दिए। एक और उदाहरण पर ध्यान दीजिए—श्री खड़गबहादुर सिंह ने, जो एक गोरखा नौजवान है, कलकत्ता में एक अमीर मारवाड़ी को छुरे से मार डाला। यदि उद्देश्य को एक तरफ रख दिया जाए तो खड़गबहादुर को मौत की सज़ा मिलनी चाहिए थी, लेकिन उसे कुछ वर्षों की सज़ा दी गई और उस अवधि से भी बहुत पहले ही मुक्त कर दिया गया। क्या कानून में कोई दरार रखनी थी, जो उसे मौत की सज़ा न दी गई? या उसके विरुद्ध हत्या का अभियोग सिद्ध न हुआ? उसने हमारी ही तरह अपना अपराध स्वीकार किया था, लेकिन उसका जीवन बच गया और वह स्वतन्त्र है। मैं पूछता हूँ, उसे फाँसी की सज़ा क्यों नहीं दी गई? उसका कार्य जँचा-तुला था। उसने पेचीदा ढंग से तैयारी की थी। उद्देश्य की दृष्टि से उसका कार्य (एक्शन) हमारे कार्य की अपेक्षा ज्यादा घातक और संगीन था। उसे इसलिए बहुत ही नर्म सज़ा मिली क्योंकि उसका मकसद नेक था। उसने समाज को एक ऐसी जोंक से छुटकारा दिलाया, जिसने कई-एक सुन्दर लड़कियों का खून चूस लिया था। श्री खड़गबहादुर सिंह को महज कानून की प्रतिष्ठा बचाए रखने के लिए कुछ वर्षों की सज़ा दी गई।

यह सिद्धान्त किस कदर गलत है। यह न्याय के बुनियादी सिद्धान्त का विरोध है, जो कि इस प्रकार है—"कानून आदमियों के लिए है, आदमी कानून के लिए नहीं है।" इस दशा में क्या कारण है कि हमें भी वे रियायतें न दी जाएँ, जो श्री खड़गबहादुर सिंह को मिली थीं। स्पष्ट है कि उसे नर्म सज़ा देते समय उसका उद्देश्य दृष्टि में रखा गया था, अन्यथा कोई भी व्यक्ति जो किसी दूसरे को कत्ल करता है, फाँसी की सज़ा से नहीं बच सकता। क्या इसलिए हमें आम कानूनी अधिकार नहीं मिल रहा कि हमारा कार्य हुकूमत के विरुद्ध था या इसलिए कि इस कार्य का राजनैतिक महत्त्व है?

माई लार्ड, इस दशा में मुझे यह कहने की आज्ञा दी जाए कि जो हुकूमत इन कमीनी हरकतों में आश्रय खोजती है, जो हुकूमत व्यक्ति के कुदरती अधिकार छीनती है, उसे जीवित रहने का कोई अधिकार प्राप्त नहीं। अगर यह कायम है, तो आरजी तौर पर और हजारों बेगुनाहों का खून इसकी गर्दन पर है। यदि कानून उद्देश्य नहीं देखता, तो न्याय नहीं हो सकता और न ही स्थायी शान्ति स्थापित हो सकती है।

आटे में संखिया (ज़हर) मिलाना जुर्म नहीं, बशर्ते कि इसका उद्देश्य चूहों को मारना हो, लेकिन यदि इससे किसी आदमी को मार दिया जाए, यह कत्ल का अपराध बन जाता है। लिहाजा ऐसे कानूनों पर जो युक्ति (दलील) पर आधारित नहीं और न्याय के सिद्धान्त के विरुद्ध हैं, उन्हें समाप्त कर देना चाहिए। ऐसे ही न्याय-विरोधी कानूनों के कारण बड़े-बड़े श्रेष्ठ बौद्धिक लोगों ने बगावत के कार्य किए हैं।

हमारे मुकदमे के तथ्य बिलकुल सादा हैं। 8 अप्रैल, 1929 को हमने सेन्ट्रल असेम्बली में दो बम फेंके। उनके धमाके से चन्द लोगों को नामूली खरोंचें आईं। चेम्बर में हंगामा हुआ, सैकड़ों दर्शक और सदस्य बाहर निकल गए। कुछ देर बाद खामोशी छा गई। मैं और साथी बी.के दत्त खामोशी के साथ दर्शक गैलरी में बैठे रहे और हमने स्वयं अपने को प्रस्तुत किया कि हमें गिरफ्तार कर लिया जाए। हमें गिरफ्तार कर लिया गया। अभियोग लगाए

गए और हत्या करने के प्रयत्न के अपराध में हमें सज़ा दी गई, लेकिन बमों से 4-5 आदमियों को मामूली चोटें आईं और एक बेंच को मामूली-सा नुकसान पहुँचा, और जिन्होंने यह अपराध किया, उन्होंने बिना किसी किस्म के हस्तक्षेप के अपने आपको गिरफ्तारी के लिए पेश कर दिया। सेशन जज ने स्वीकार किया कि यदि हम भागना चाहते तो भागने में सफल हो सकते थे। हमने अपना अपराध स्वीकार किया और अपनी स्थिति स्पष्ट करने के लिए बयान दिया। हमें सज़ा का भय नहीं है। लेकिन हम यह नहीं चाहते कि हमें गलत तौर पर समझा जाए। हमारे बयान से कुछ पैराग्राफ काट दिए गए हैं, यह वास्तविक स्थिति की दृष्टि से हानिकारक है।

समग्र रूप से हमारे वक्तव्य के अध्ययन से साफ प्रकट होता है कि हमारे दृष्टिकोण से हमारा देश एक नाज़ुक दौर से गुज़र रहा है। इस दशा में काफी ऊँची आवाज में चेतावनी देने की जरूरत थी और हमने अपने विचारानुसार चेतावनी दी है। सम्भव है कि हम गलती पर हों, हमारा सोचने का ढंग जज महोदय के सोचने के ढंग से भिन्न हो, लेकिन इसका यह अर्थ नहीं कि हमें अपने विचार प्रकट करने की स्वीकृति न दी जाए और गलत बातें हमारे साथ जोड़ी जाएँ।

इन्कलाब ज़िन्दाबाद और साम्राज्यवाद मुर्दाबाद के सम्बन्ध में हमने जो व्याख्या अपने बयान में दी, उसे उड़ा दिया गया है; हालाँकि यह हमारे उद्देश्य का खास भाग है। इन्कलाब ज़िन्दाबाद से हमारा वह उद्देश्य नहीं था, जो आमतौर पर गलत अर्थ में समझा जाता है। पिस्तौल और बम इन्कलाब नहीं लाते, बल्कि इन्कलाब की तलवार विचारों की सान पर तेज होती है और यही चीज़ थी जिसे हम प्रकट करना चाहते थे। हमारे इन्कलाब का अर्थ पूँजीवादी युद्धों की मुसीबतों का अन्त करना है। मुख्य उद्देश्य और उसे प्राप्त करने की प्रक्रिया समझे बिना किसी के सम्बन्ध में निर्णय देना उचित नहीं है। गलत बातें हमारे साथ जोड़ना साफ-साफ अन्याय है।

इसकी चेतावनी देना बहुत आवश्यक है। बेचैनी रोज-रोज बढ़ रही है। यदि उचित इलाज न किया गया, तो रोग खतरनाक रूप ले लेगा। कोई भी मानवीय शक्ति इसकी रोकथाम न कर सकेगी। अब हमने इस तूफान का रुख बदलने के लिए यह कार्रवाई की। हम इतिहास के गम्भीर अध्येता हैं। हमारा विश्वास है कि यदि सत्ताधारी शक्तियाँ ठीक समय पर सही कार्रवाइयाँ करतीं, तो फ्रांस और रूस की खूनी क्रान्तियाँ न बरस पड़तीं। दुनिया की कई बड़ी-बड़ी हुकूमतें विचारों के तूफान को रोकते हुए खून-खराबे के वातावरण में डूब गईं। सत्ताधारी लोग परिस्थितियों के प्रवाह को बदल सकते हैं। हम पहली चेतावनी देना चाहते थे और यदि हम कुछ व्यक्तियों की हत्या करने के इच्छुक होते, तो हम अपने मुख्य उद्देश्य में असफल हो जाते। माई लार्ड, इस नीयत (भावना) और उद्देश्य को दृष्टि में रखते हुए हमने कार्रवाई की और इस कार्रवाई के परिणाम हमारे बयान का समर्थन करते हैं। एक और नुक्ता (प्वाइंट) स्पष्ट करना आवश्यक है। यदि हमें बमों की ताकत के सम्बन्ध में कतई ज्ञान न होता, तो हम पं. मोतीलाल नेहरू, श्री केलकर, श्री जयकर और श्री जिन्ना जैसे सम्माननीय राष्ट्रीय व्यक्तियों की उपस्थिति में क्यों बम फेंकते? हम नेताओं के जीवन किस तरह खतरे में डाल सकते थे? हम पागल तो नहीं हैं? और अगर पागल होते

तो जेल में बन्द करने के बजाय हमें पागलखाने नें बन्द किया जाता। बमों के सम्बन्ध में हमें निश्चित जानकारी थी। उसी के कारण हमने ऐसा साहस किया। जिन बेंचों पर लोग बैठे थे, उन पर बम फेंकना कहीं आसान काम था. लेकिन खाली जगह पर बमों का फेंकना निहायत मुश्किल काम था। अगर बम फेंकनेवाले सही दिमागों के न होते या वे परेशान (असन्तुलित) होते तो बम खाली जगह की बजाय बेंचों पर गिरते। तो मैं कहूँगा कि खाली जगह के चुनाव के लिए जो हिम्मत हमने दिखाई. उसके लिए हमें इनाम मिलना चाहिए। इन हालात में, माई लार्ड, हम सोचते हैं कि हमें ठंक तरह समझा नहीं गया। आपकी सेवा में हम सज़ाओं में कमी करने नहीं आए, बल्कि अपनी स्थिति स्पष्ट करने के लिए आए हैं। हम चाहते हैं कि न तो हमसे अनुचित व्यवहार किया जाए, न ही हमारे सम्बन्ध में अनुचित राय दी जाए। सज़ा का सवाल हमारे तिए गौण है।

संघर्ष-संघर्ष, अन्तिम दम तक संघर्ष

[12 जून, 1929 को असेम्बली बम-कांड का ड्रामा खत्म हुआ। भगत सिंह और बटुकेश्वर दत्त को उम्र कैद की सज़ा दी गई। भगत सिंह को दिल्ली से पंजाब ले जाकर मियाँवाली जेल में व दत्त को लाहौर केन्द्रीय जेल में रखा गया। उन्होंने गाड़ी में ही अगली कार्रवाई की योजना बना डाली कि जेल में राजनीतिक बन्दियों से व्यवहार में सुधार कराए जाएँ। उनके अनुसार, "सज़ा पाने के बाद हमने देखा कि हमारे वर्ग के राजनीतिक कैदियों की स्थिति बहुत खराब थी।" 17 जून, 1929 को भगत सिंह और बटुकेश्वर दत्त ने अलग-अलग नोटिसों में 15 जून से भूख हड़ताल शुरू करने की सूचना और अपनी माँगों की सूची सरकार को पेश की। बाद में, 14 सितम्बर, 1929 को ये दोनों नोटिस पं. मदनमोहन मालवीय द्वारा लेजिस्लेटिव असेम्बली में पढ़े गए। एक दूसरे पत्र में भगत सिंह ने स्वयं को लाहौर जेल भेजने की बात उठाई।]

इन्स्पेक्टर जनरल के नाम पत्र

मियाँवाली जेल
17 जून, 1929

सेवा में,
इन्स्पेक्टर जनरल जेल,
पंजाब (जेल्स) लाहौर।

प्रिय महोदय,

इस सच्चाई के बावजूद कि सांडर्स शूटिंग केस में गिरफ्तार दूसरे नौजवानों के साथ ही मुझ पर भी मुकदमा चलेगा, मुझे दिल्ली से मियाँवाली जेल में बदल दिया गया है। उस केस की सुनवाई 26 जून, 1929 से शुरू होनेवाली है। मैं यह समझने में सर्वथा असमर्थ रहा हूँ कि मुझे यहाँ तब्दील करने के पीछे क्या भावना काम कर रही है।

जो भी हो, न्याय की माँग है कि हरेक अभियुक्त (अंडर ट्रायल) को वे सब सुविधाएँ मिलनी चाहिए, जिनसे वह अपने मुकदमे की तैयारी कर सके और लड़ सके। मैं यहाँ रहते कैसे अपना वकील नियुक्त कर सकता हूँ? क्योंकि यहाँ रहते हुए मुझे अपने पिता या दूसरे रिश्तेदारों से सम्पर्क रखना कठिन है। यह स्थान काफी अलग-थलग है, रास्ता कठिन है और लाहौर से काफी दूर है।

मैं प्रार्थना करता हूँ के आप मुझे तुरन्त लाहौर सेंट्रल जेल में बदलने का आदेश दें, जिससे कि मुझे अपना केस लड़ने की तैयारी करने का उचित अवसर मिले। आशा है कि शीघ्र ध्यान दिया जाएगा।

आपका,
भगत सिंह

भूख हड़ताल का नोटिस (भगत सिंह)

प्रति,
इन्स्पेक्टर जनरल जेल, पंजाब, लाहौर।
17 जून, 1929

असेम्बली बम कांड दिल्ली के सम्बन्ध में मुझे आजीवन कैद की सज़ा दी गई है, इसलिए स्पष्ट है कि मैं राजनीतिक बन्दी हूँ। दिल्ली जेल में मुझे विशेष भोजन मिलता था, लेकिन यहाँ पहुँचने पर मेरे साथ सामान्य अपराधियों जैसा सलूक किया जा रहा है, इसलिए मैं 15 जून, 1929 की सुबह से भूख हड़ताल पर हूँ। इन दो-तीन दिनों में मेरा वजन दिल्ली जेल की अपेक्षा 6 पौंड कम हो गया है। मैं आपका ध्यान इस ओर आकर्षित करना चाहता हूँ कि मुझे हर हाल में राजनैतिक बन्दी का विशेष दर्जा मिलना चाहिए। मेरी माँगें हैं : अच्छा भोजन (दूध, घी, दाल, चावल आदि के साथ), मशक्कत न कराई जाए, स्नान-सुविधा (साबुन, तेज-हजामत आदि), प्रत्येक तरह का साहित्य (इतिहास, अर्थशास्त्र, राजनैतिक विज्ञान, कविता, नाटक या उपन्यास, समाचार-पत्र)। मुझे उम्मीद है कि आप उदारतापूर्वक मेरे कथन पर विचार करेंगे और अपना फैसला लेंगे।

भगत सिंह
आजीवन बन्दी न. 117,
मियाँवाली जेल

भूख हड़ताल का नोटिस (बी.के. दत्त)

सुपरिंटेंडेंट, सेंट्रल जेल, लाहौर।
17 जून, 1929

मैं आपको और उच्च अधिकारियों को बताना चाहता हूँ कि राजनैतिक बन्दी होने के नाते मैं निम्न सुविधाओं की माँग कर सकता हूँ। असेम्बली में बम फेंकने के बाद लार्ड इर्विन ने अपने अन्तिम भाषण में कहा था, "यह बम किसी एक व्यक्ति की ओर नहीं बल्कि एक संस्था पर फेंके गए हैं।" फिर श्री मिडल्टन ने अपने फैसले में उल्लेख किया है कि "यह लोग (दत्त और भगत सिंह) अदालत में 'इन्कलाब ज़िन्दाबाद', 'सर्वहारा ज़िन्दाबाद' आदि के नारे लगाते हुए आते थे कि जिससे साफ जाहिर होता है कि वे किस तरह के राजनैतिक विचारों के हैं। इन्हीं विचारों के प्रचार को रोकने के लिए मैं इनको आजीवन कैद की सज़ा देता हूँ।"

मैं पुनः यह बता देना चाहता हूँ कि जब कोई जब कोई यूरोपियन स्वार्थपरता के लिए स्वयं कानून की अवहेलना करता है तब जेल में उसको सभी तरह की सुविधाएँ मिलती हैं।

उसे बिजलीवाला हवादार कमरा, सबसे अच्छी खुराक (दूध, मक्खन, डबल रोटी, गोश्त आदि) और अच्छे कपड़े मिलेंगे। लेकिन हम राजनैतिक कैदियों को ये सुविधाएँ मुहैया नहीं कराई जा रहीं। लार्ड इर्विन और श्री मिडल्टन की टिप्पणियाँ यह साबित करने के लिए पर्याप्त हैं कि हम राजनैतिक बन्दी हैं और इस आधार पर मैं माँग करता हूँ कि हमारे साथ राजनैतिक बन्दियों-जैसा व्यवहार होना चाहिए। मुझे अच्छी खुराक मिलनी चाहिए, जोकि मनुष्य के स्वास्थ्य के लिए आवश्यक है।

इसके साथ ही राजनीति पर विचार करने के लिए मुझे इस प्रकार का साहित्य और समाचार-पत्र मिलने चाहिए। लोग हमें अक्खड़, गुमराह और बेसब्र नौजवान कहते हैं, इसलिए हमें अलग-अलग पुस्तकें पढ़ने का अवसर दिया जाना चाहिए, ताकि हम देख सकें कि हम वास्तव में बेसब्र, गुमराह नौजवान हैं या नहीं, हमारे काम का विचार ठीक है या नहीं। मेरी माँगें इस प्रकार हैं–

1. अच्छी खुराक, सुबह दूध और डबल रोटी। दोपहर को दाल, चावल, घी, सब्जी और चीनी और रात को डबल रोटी, गोश्त और चटनी।
2. मशक्कत न कराई जाए।
3. समाचार-पत्र और हर प्रकार का साहित्य।
4. स्नान, साबुन, तेल, कंघी और हज्जाम आदि सहित।
5. अच्छी रिहायश।
6. अच्छे कपड़े।

सज़ा से पहले और बाद में मुझे यह सब चीज़ें जेल के खर्च पर मिलती थीं, लेकिन यहाँ यह सब चीज़ें नहीं मिल रहीं। इसलिए मैंने 14 जून, 1929 से भूख हड़ताल शुरू कर दी है। इन्हीं कारणों से मियाँवाली जेल में मेरे साथी भगत सिंह ने भी भूख हड़ताल की हुई है। मैं तब तक भूख हड़ताल नहीं छोड़ूँगा जब तक कि सरकार हमारी माँगों को नहीं स्वीकार करती।

मैं तुरन्त उत्तर की आशा करता हूँ। जो भी कोई सरकारी अधिकारी आएगा उससे इस विषय पर विचार-विमर्श के लिए मैं तैयार हूँ।

बी.के. दत्त,
कैदी, असेम्बली बम केस

यतीन्द्रनाथ दास का पत्र

सम्राट
बनाम
यतीन्द्रनाथ दास

3 जुलाई, 1929

महोदय,

आपका प्रार्थी अत्यन्त सम्मानपूर्वक प्रार्थना करता है कि–

(क) करीब चार या पाँच दिन पहले रेलवे स्टेशन पुलिस लॉकअप, जहाँ मैं बन्दी रखा गया था, में शिनाख्ती परेड करवाई गई।

(ख) कि रेलवे स्टेशन से गन्दे कपड़े पहने व करीब तीस-पैंतालीस साल की उम्र के बीच के कुछ पंजाबी भंगियों और कुलियों को लाया गया। इन व्यक्तियों को इस लॉकअप पर एक गली से लाया गया, जिसके करीब मजिस्ट्रेट की कार में पहचान करानेवाला बैठा हुआ था। जब मुझे इन छह व्यक्तियों के बीच खड़ा कर दिया गया और यद्यपि ऐसी शिनाख्ती परेड के बेतुकेपन के विषय में मैंने मजिस्ट्रेट से रोष भी प्रकट किया, क्योंकि यह पंजाबी न सिर्फ अत्यन्त हृष्ट-पुष्ट थे उनके चेहरे के रूप तक से कोई भी यह बता सकता था कि वे बंगाली नहीं हैं। लेकिन मेरी आपत्तियों पर कोई ध्यान नहीं दिया गया, हालाँकि मैंने मजिस्ट्रेट से बार-बार कहा कि न्यायोचित यह होगा कि मुझे मुझसे मिलते-जुलते बंगालियों के बीच खड़ा किया जाए, क्योंकि पुलिस के पास मेरा फोटो, मेरे हस्ताक्षर आदि थे जिन्हें वे मेरी शिनाख्त करने आनेवाले व्यक्ति या व्यक्तियों को दिखा सकते थे।

(ग) कि जो व्यक्ति मेरी शिनाख्त करने आया उससे मैं जिस तारीख को उसने कथित रूप से मुझे देखा, उस बारे में कुछ सवाल पूछना चाहता था लेकिन न सिर्फ मेरा अनुरोध नहीं माना गया, वहाँ आए पुलिस-अधिकारियों द्वारा शिनाख्त करने आए उस व्यक्ति को वहाँ से घसीटकर दूर ले जाया गया।

(घ) कि यह कार्रवाई बड़े गोपनीय तरीके व जल्दबाजी से की गई और मुझे डर है कि इसमें गम्भीर अनियमितता पाई गई है, जिससे मेरे बचाव में भारी नुकसान होगा।

यतीन्द्रनाथ दास,
3 जुलाई, 1929
2.10 अपराह्न

[क्रान्तिकारियों के विरुद्ध मुकदमे की कार्रवाई किस ढंग से चल रही थी और ब्रिटिश न्याय किस तरह से एक ढकोसला था, यह तथ्य मजिस्ट्रेट के नाम यतीन्द्रनाथ दास के इस विरोध-पत्र से भली-भाँति उजागर होता है। सं.]

होम मेम्बर के नाम पत्र

सेंट्रल जेल, लाहौर
24 जुलाई, 1929

श्रीमान्‌जी,

होम मेम्बर, भारत सरकार,

हमें (भगत सिंह और बी.के. दत्त) 12 जून, 1929 को दिल्ली के असेम्बली बम केस में आजीवन कारावास का दंड सुनाया गया। जब तक हम दिल्ली जेल में हवालाती कैदी (अंडर ट्रायल) रहे, हमारे साथ बड़ा अच्छा सलूक किया गया, पर जब से उस जेल से हमारी तब्दीली मियाँवाली और लाहौर सेंट्रल जेल में हुई, तब से हमारे साथ इखलाकी कैदियों-जैसा सलूक किया जा रहा है। पहले ही दिन हमने उच्च अधिकारियों से अच्छी खुराक तथा कुछ और सुविधाओं की माँग की और जेल की रोटी खाने से इनकार कर दिया। हमारी माँगें इस प्रकार थीं–

1. राजनैतिक कैदी होने के नाते हमें अच्छा खाना दिया जाना चाहिए, इसलिए हमारे भोजन का रूप यूरोपियन कैदियों जैसा होना चाहिए। हम उसी तरह की खुराक की माँग नहीं करते, बल्कि खुराक का स्तर वैसा चाहते हैं।
2. हमें मशक्कत के नाम पर जेलों में सम्मानहीन काम करने के लिए बाध्य नहीं किया जाना चाहिए।
3. बिना किसी रोक-टोक के पूर्व स्वीकृत (जिन्हें जेल-अधिकारी स्वीकृत कर लें) पुस्तकें और लिखने का सामान लेने की सुविधा होनी चाहिए।
4. कम-से-कम एक दैनिक पत्र हरेक कैदी को मिलना चाहिए।
5. हरेक जेल में राजनैतिक कैदियों का एक विशेष वार्ड होना चाहिए, जिसमें उन सभी आवश्यकताओं की पूर्ति की सुविधा होनी चाहिए, जो यूरोपियनों के लिए होती हैं और एक जेल में रहनेवाले सभी राजनैतिक कैदी उस वार्ड में इकट्ठे रहने चाहिए।
6. स्नान के लिए सुविधाएँ मिलनी चाहिए।
7. अच्छे कपड़े मिलने चाहिए।

हमारी ये माँगें पूर्णतया उचित हैं पर जेल-अधिकारियों ने हमें एक दिन कहा कि उच्च अधिकारियों ने हमारी माँगें मानने से इनकार कर दिया है। इससे भी अधिक यह कि जबरदस्ती खाना देनेवाले हमारे साथ बड़ा बुरा सलूक करते हैं। 1 जून, 1929 को भगत सिंह जबरदस्ती खाना देने के पन्द्रह मिनट बाद तक पूरी तरह बेसुध पड़े रहे। अतः हम यह निवेदन करते हैं कि बिना किसी ढील के यह दुर्व्यवहार बन्द किया जाना चाहिए।

इसके साथ ही हमें यू.पी. जेल कमेटी में पंडित जगतनारायण और खान बहादुर हाफिज हिदायत हुसेन की सिफारिश की तरफ इशारा करने की आज्ञा दी जाए। उन्होंने यह सिफारिश की है कि राजनैतिक कैदियों के साथ अच्छी क्लास के कैदियों-जैसा सलूक किया जाना चाहिए।

हम आपसे प्रार्थना करते हैं कि हमारी माँगों की ओर ध्यान दिया जाए।

आपके,
भगत सिंह और बी.के दत्त

नोट : राजनीतिक कैदियों से हमारा मतलब उन लोगों से है, जिन्हें शासन- विरोधी कार्रवाइयों के कारण सज़ा हुई। उदाहरण के लिए, 1915-17 के लाहौर षड्यन्त्र केस, काकोरी षड्यन्त्र केस व अन्य विद्रोही केसों में सज़ा पाए लोग।

पंजाब जेल जाँच समिति के अध्यक्ष को पत्र

6 सितम्बर, 1929
अध्यक्ष, पंजाब जेल जाँच समिति,
और भूख हड़ताल उपसमिति के सदस्यगण, शिमला
(द्वारा-अधीक्षक, बोर्स्टल इंस्टीच्यूट, लाहौर)

प्रिय महोदयो,

निम्न बातें हम आपके विचारार्थ रखने की अनुमति चाहते हैं--

(1) कि हमने भूख हड़ताल छोड़ी नहीं थी बल्कि सिर्फ सरकार के निर्णय तक इसे स्थगित किया था। हमारा विचार है कि हमने यह बात आपसे स्पष्ट कह दी थी और बार-बार फिर आपसे यह आग्रह किया था कि इसे जनता और साथ ही सरकार के सामने स्पष्ट कर दिया जाए।

हमें बहुत हैरानी हुई कि 4 सितम्बर, 1929 के 'सिविल एंड मिलिट्री गजट' में भूख हड़ताल उपसमिति के सदस्यों की ओर से दिए प्रेस-वक्तव्य में इस बात का कोई जिक्र नहीं किया गया। फिर भी हमें उम्मीद है कि आप जल्द-से-जल्द यह कर देंगे।

(2) हमने सिर्फ आश्वासन पर भूख हड़ताल स्थगित नहीं की थी कि आप और जाँच समिति के बाकी सदस्य हमारे सन्तोष के अनुसार हमारी सारी माँगें मानते हुए इसकी सिफारिश कर देंगे। हममें से एक ने तो आपसे कहा था कि सरकार के विगत समय में बहुत सारे मामलों में जाँच समिति की ऐसी सिफारिशें नहीं मानी थीं, क्योंकि इससे उनका लक्ष्य पूरा नहीं होता, उदाहरणस्वरूप सकीन समिति का हवाला दिया गया था।

उन्हें संशय था कि आपकी समिति की सिफारिशों के साथ भी यही व्यवहार होगा। जवाब में आपने कहा था कि हमारे पास आने से पहले आपने स्थानीय सरकार से बात कर ली थी, और आप हमें आश्वासन देने की स्थिति में थे कि सरकार इस मामले में ऐसा नहीं करेगी।

इस स्पष्ट और महत्त्वपूर्ण आश्वासन पर ही, पूरे नौ घंटे की बहस के बाद, हमने भूख हड़ताल स्थगित करना स्वीकार किया था।

इसके अतिरिक्त, आपने हमें विश्वास दिलाया था कि हमारी दृढ़ इच्छा के अनुसार साथी यतीन्द्रनाथ दास को, उनके स्वास्थ्य की नाज़ुक स्थिति को देखते हुए रिहा कर दिया जाएगा।

दूसरे यह कि विचाराधीन कैदियों के रूप में हमारी माँगें, जिनमें सबसे महत्त्वपूर्ण हम सभी को (समेत साथी भगत सिंह और साथी दत्त) एक साथ आम बैरक में रखने की माँग, सरकार एक या दो दिन में ही मान लेगी।

पर हमारी आशंकाएँ सही सिद्ध हुईं, जब उपसमिति की तगड़ी व एकमत सिफारिशों के बावजूद सरकार ने न तो साथी दास को रिहा करना स्वीकार किया और न ही साथी भगत सिंह और साथी दत्त को हमारे साथ रखना।

अतः इस तथ्य के तत्काल प्रमाण मिल गए हैं कि सरकार को आपकी सिफारिशों की कोई परवाह नहीं और हमें उम्मीद है, आप हमें यह कहने के लिए क्षमा करेंगे कि सरकार यही चाहती थी कि हमारी भूख हड़ताल तुड़वाने के लिए जन-नेता होने के आपके सम्माननीय पद का इस्तेमाल करें। हम और भी बता दें कि भूख हड़ताल स्थगित करने से पहले हमने बहुत ध्यान से इस बात पर विचार किया था कि जाँच समिति के वायदे पर कहाँ तक भरोसा किया जा सकता है? इस सम्बन्ध में साथी भगत सिंह और साथी दत्त की सलाह थी कि वर्तमान अवसर पर इसकी परीक्षा हो जाएगी। अब हम देख रहे हैं कि

सरकार ने, जबकि आपकी दो बहुत साधारण सिफारिशों की ओर भी ध्यान नहीं दिया, हमें तुरन्त भूख हड़ताल आरम्भ करने के लिए विवश किया है।

(३) साथी दास की अवस्था बेहद चिन्ताजनक है और यदि सरकार यह सोचती है कि उनके देहान्त के बाद हम अपने कर्तव्य से पीछे हट जाएँगे तो यह उसकी घातक गलती है। हम सभी यह बता रहे हैं कि हम सब उन्हीं के रास्ते पर चलने के लिए तैयार हैं। फिर भी निरन्तर संघर्ष को ध्यान में रखते हुए सुविधा के लिए हम स्वयं को दो गुटों में बाँट रहे हैं, जिनमें से पहला गुट फौरन भूख हड़ताल शुरू कर रहा है।

यह निश्चय किया गया है कि जब पहले गुट के सदस्य का देहान्त हो जाए तो दूसरे गुट में से एक सदस्य आगे आएगा।

हमने यह निर्णय इसकी पूरी गम्भीरता को देखते हुए लिया है। अपने साथी दास के पद-चिह्नों पर चलने के सिवाय हमारे समक्ष और कोई भी सम्मानजनक व सरल रास्ता नहीं बचा है।

हम अपने कॉज़ (Cause) को वाजिब व बाइज्जत समझते हैं, जिन्हें ऐसे गम्भीर कदम उठाने पर मजबूर करने की बजाय कोई भी सरकार मान लेती। हम फिर बता दें कि हम यह संघर्ष इस हद तक निश्चय के साथ कर रहे हैं कि वाजिब व पवित्र लक्ष्य के लिए मृत्युपर्यन्त संघर्ष करने के सिवाय और कोई भी चीज़ सम्माननीय व शानदार नहीं हो सकती।

अन्त में हम यह महसूस करते हैं कि हम अपना कर्तव्य पूरा नहीं कर रहे होंगे, यदि सरकार के सामने हमारे लक्ष्य को दिए समर्थन के लिए आपकी सच्ची हार्दिक दिलचस्पी और भारी कष्ट के प्रति आपका हार्दिक आभार न मानें।

सच्चे दिल से, हम हैं आपके,
लाहौर षड्यन्त्र केस के
भूख हड़ताली

शुक्रवार, 6 सितम्बर, 1929
प्रातः दस बजे

भूख हड़ताल का हथियार

[ब्रिटिश साम्राज्य के विरुद्ध क्रान्तिकारियों ने जेल में भी प्रतिदिन संघर्ष जारी रखा। जेलों में सुधार के लिए जो भूख हड़ताल शुरू की गई, वह कई मंजिलों से गुज़री। यतीन्द्रनाथ दास शहीद हुए, सरकार ने कुछ वायदे किए। एक बार भूख हड़ताल छोड़ी गई, और फिर शुरू कर दी गई, क्योंकि सरकार के वायदों का झूठ उघड़ गया था। जनता के सामने सरकार की असलियत उघाड़ना उस अभियान का हिस्सा था। फिर शुरू हुई भूख हड़ताल में सरकार ने कई बेहूदा ढंग अपनाए, लेकिन क्रान्तिकारी दृढ़ता से अपने विश्वासों पर स्थिर रहे। भगत सिंह और उनके साथी सभी कष्टों को हँसकर झेलने के सिद्धान्त पर चलते रहे।

इसी दौर में इस अध्याय में दिए गए इन दस्तावेज़ों की रचना हुई। लाहौर षड्यन्त्र केस की सुनवाई शुरू हो गई थी, लेकिन भगत सिंह और उनके साथियों

ने भारतीय जनता को यह दिखाना चाहा था कि ब्रिटिश शासन में न्याय मात्र ढकोसला है। मुकदमे के प्रति उनका रवैया इन दस्तावेज़ों से स्पष्ट है। साथ ही वे अन्तर्राष्ट्रीय क्रान्तिकारी आन्दोलन से अपने लगाव की अभिव्यक्ति अदालत से ही तार भेजकर करते रहे।–सं.]

गृहमन्त्री, भारत सरकार को तार

20 जनवरी, 1930
प्रति, गृहमन्त्री, भारत

भगत सिंह और अन्य कैदियों की ओर से।

समिति के इस आश्वासन पर कि राजनैतिक कैदियों के साथ व्यवहार का प्रश्न हमारे सन्तोष के अनुसार शीघ्र ही अन्तिम रूप में हल किया जा रहा है, हमने अपनी भूख हड़ताल स्थगित कर दी थी। अखिल भारतीय कांग्रेस समिति के भूख हड़ताल सम्बन्धी प्रस्तावों की प्रतियाँ जेल-अधिकारियों ने रोक ली हैं। कांग्रेस प्रतिनिधिमंडल को कैदियों से मिलने की अनुमति देने से इनकार कर दिया गया है। षड्यन्त्र केस से सम्बन्धित विचाराधीन व्यक्तियों पर पुलिस-अधिकारियों की आज्ञा से 23, 24 अक्तूबर, 1929 को बुरी तरह हमले किए गए।

गृह मन्त्रालय, भारत सरकार को स्मरण-पत्र

द्वारा,
स्पेशल मजिस्ट्रेट, लाहौर षड्यन्त्र केस, लाहौर
28 जनवरी, 1930

20 जनवरी, 1930 के हमारे तार के सन्दर्भ में, जो नीचे दिया जा रहा है, हमें कोई उत्तर नहीं दिया गया–

गृह सदस्य भारत सरकार, दिल्ली–लाहौर साजिश केस के विचाराधीन (अंडर ट्रायल) बन्दियों ने इस आश्वासन पर भूख हड़ताल स्थगित की थी कि सरकार जेल कमेटी की सिफारिशों पर विचार कर रही है। अखिल भारतीय सरकारी कॉन्फ्रेंस समाप्त हो गई लेकिन अभी तक कोई कार्रवाई नहीं की गई–राजनैतिक बन्दियों के साथ प्रतिशोधात्मक व्यवहार अभी भी किया जा रहा है। निवेदन है कि लाहौर साजिश केस के बन्दियों के बारे में सरकार हमें अपने अन्तिम निर्णय से एक हफ्ते में अवगत करा दे।

जिस प्रकार उपरोक्त तार में संक्षेप में बताया है, आपके ध्यान में हम यह लाना चाहते हैं कि पंजाब की जेलों में बन्द लाहौर साजिश के बन्दियों और प्रत्येक राजनैतिक बन्दी को पंजाब जेल जाँच कमेटी के सदस्यों के इस आश्वासन से कि बहुत जल्द ही राजनैतिक बन्दियों के व्यवहार का प्रश्न हमारी तसल्ली के अनुसार हल किया जा रहा है, भूख हड़ताल स्थगित कर दी। महान शहीद यतीन्द्रनाथ दास की शहादत के बाद यह मामला लेजिस्लेटिव असेम्बली में उठा और सर जेम्स कर्रीर ने सार्वजनिक रूप से यह आश्वासन दिया कि अब

मन बदल गया है। और तभी यह कहा गया था कि राजनैतिक कैदियों के साथ व्यवहार के प्रश्न पर उन्हें बहुत सहानुभूति है। ऐसे राज-बन्दियों ने जो देश के भिन्न-भिन्न भागों की जेलों में भूख हड़ताल पर थे, उस समय—उपरोक्त आश्वासन और कुछ बन्दियों की बदतर हालत को सामने रखकर पास किए गए अखिल भारतीय कांग्रेस कमेटी के पारित प्रस्ताव और निवेदन पर—अपनी हड़ताल स्थगित कर दी थी। उस समय से सभी स्थानीय सरकारों ने अपनी सिफारिशें पेश कर दी हैं। अलग-अलग राज्यों की जेलों के इन्स्पेक्टर जनरलों की बैठक लखनऊ में अभी समाप्त हुई है। अखिल भारतीय सरकारी कॉन्फ्रेंस का विचार-विमर्श दिल्ली में हुआ है। अखिल भारतीय कॉन्फ्रेंस पिछले दिसम्बर महीने में हुई थी। एक माह से अधिक बीत चुका है, लेकिन सरकार ने अभी तक एक भी सिफारिश लागू नहीं की। इस तरह के लटकाए रखनेवाले व्यवहार में दूसरों की तरह हमें भी इस बात का भय है कि सम्भवतः इस सवाल को एक ओर कर दिया गया है। पिछले चार महीनों में जिस प्रकार भूख हड़तालियों और राजनैतिक बन्दियों के साथ प्रतिशोधात्मक व्यवहार हुआ है, उससे हमारी आशंका और पक्की हुई है। जो यातनाएँ राजनैतिक बन्दियों को दी जा रही हैं, उनके सम्बन्ध में पूरी जानकारी होना हमारे लिए बहुत कठिन है लेकिन फिर भी जेल की चारदीवारी में से जो थोड़ी-बहुत सूचनाएँ हमें मिल सकती हैं वह हमें वस्तुस्थिति से परिचित कराने के लिए पर्याप्त हैं। ऐसे ही कुछ उदाहरण हम नीचे दे रहे हैं, जिनमें हम विचलित हुए बिना नहीं रह सके और जो सरकारी आश्वासनों से मेल नहीं खाते—

1. श्रीयुत् ब.क. बनर्जी, जो दक्षिणेश्वर बम केस के सम्बन्ध में लाहौर सेंट्रल जेल में पाँच बरस की सज़ा भुगत रहे हैं, गत वर्ष आम भूख हड़ताल में शामिल हो गए। उनकी सज़ा के हिसाब से उनकी रिहाई पिछले दिसम्बर माह में हो जानी थी लेकिन अब चार माह के लिए टाल दी गई है। इस जेल में लाहौर साजिश के सम्बन्ध में आजीवन बन्दी की सज़ा भुगत रहे सतहत्तर वर्षीय वृद्ध बाबा सोहन सिंह[1] को सज़ा दी गई है। इसके अलावा अन्यों में से मियाँवाली जेल में बन्द सरदार काबल सिंह[2] और सरदार गोपाल सिंह[3] को आम भूख हड़ताल में शामिल होने के कारण सज़ाएँ दी गई हैं। इनमें से अनेक मामलों में कैद बढ़ा दी गई है, जबकि कुछ स्पेशल क्लास से हटा दिए गए हैं।

2. इसी अपराध में अर्थात् आम भूख हड़ताल में शामिल होने के कारण आगरा सेंट्रल जेल में बन्द सर्वश्री शचीद्रनाथ सान्याल, रामकृष्ण खत्री, सुरेश चन्द्र भट्टाचार्य, रामकुमार सिन्हा, शचीन्द्रनाथ बख्शी, मन्मथनाथ गुप्त तथा काकोरी केस के अनेक बन्दियों को सख्त सज़ाएँ दी गईं। विश्वस्त सूत्र से पता चला है कि श्री सान्याल को बेड़ियाँ डालकर एकान्त कोठरी में रखा गया है, जिसके कारण उनका स्वास्थ्य बिगड़ गया है। उनका वजन 18 पौंड कम हो गया है। मालूम हुआ कि श्री भट्टाचार्य तपेदिक के मरीज हैं। बरेली जेल के तीन बन्दियों को भी सज़ाएँ दी गई हैं। उनकी समस्त सुविधाएँ वापस ले ली गईं। यहाँ तक कि अपने सम्बन्धियों से मुलाकात एवं पत्र-व्यवहार करने-जैसे आम अधिकार भी छीन लिए

---

1. बाबा सोहन सिंह भकना (1870-1968), गदर पार्टी के पहले अध्यक्ष।
2. काबल सिंह गोविन्दपुरी।
3. गोपाल सिंह कौमी।

गए हैं। उनके वजन काफी कम हो गए हैं। इस सम्बन्ध में पंडित जवाहरलाल ने सितम्बर, 1929 और जनवरी, 1930 नें दो प्रेस वक्तव्य दिए थे।

3. भूख हड़ताल के सम्बन्ध में अखिल भारतीय कांग्रेस का प्रस्ताव, स्वीकृत होने के पश्चात्, तार द्वारा अलग-अलग राजनैतिक बन्दियों को भेजा गया। इनकी कॉपियाँ जेल-अधिकारियों ने रोक लीं फिर इस सम्बन्ध में सरकार ने बन्दियों से मुलाकात के लिए कांग्रेस प्रतिनिधिमंडल को इजाजत नहीं दी।

4. पुलिस के उच्च अधिकारियों के आदेशानुसार 23 एवं 24 अक्तूबर, 1929 को लाहौर साजिश केस के मुलजिम बन्दियों पर वहशियाना हमला किया गया। विवरण समाचार-पत्रों में प्रकाशित हुए हैं। स्पेशल मजिस्ट्रेट पंडित श्रीकृष्ण ने हममें से एक व्यक्ति का बयान दर्ज़ किया था। इस बयान की कॉपी आपको 16 दिसम्बर, 1929 को भेजी जा चुकी है। पर न तो पंजाब सरकार और न ही भारत सरकार ने उत्तर देना या हमारी ओर से जाँच कराने की माँग को आवश्यक समझा, जबकि दूसरी ओर से इसी घटना के सम्बन्ध में 'हिंसात्मक प्रतिशोध' लेने के इरादे से स्थानीय सरकार ने हम पर मुकदमा चलाने की बहुत आवश्यकता महसूस की है।

5. दिसम्बर, 1929 के अन्तिम सप्ताह में लाहौर बोर्स्टल जेल में कैद बन्दी श्री किरणचन्द्र दास तथा अन्य आठ को जब मजिस्ट्रेट की अदालत में लाकर पेश किया गया तो उन्हें हथकड़ियों और जंजीरों से जकड़ा हुआ था। यह पंजाब जेल जाँच कमेटी और पंजाब की जेलों के इन्स्पेक्टर जनरल के समझौते का सरासर उल्लंघन था। यह ध्यान देने योग्य है कि ये जमानत योग्य जुर्म के तहत बन्दी थे। इस सम्बन्ध में डॉक्टर मोहम्मद आलम, लाला दुनीचन्द लाहौरवाले और लाला दुनीचन्द अम्बालावाले के लम्बे बयान 'ट्रिब्यून' में प्रकाशित हुए हैं।

जब हमें राजनैतिक बन्दियों की समस्त यातनाओं का पता चला तो हमने भूख हड़ताल पुनः प्रारम्भ करने से गुरेज किया। भले ही इस बात का हमें अत्यन्त दुख था लेकिन हमने सोचा कि समस्या जल्द ही तय हो जाएगी। लेकिन अब उपरोक्त उदाहरणों की रोशनी में क्या हम यह मानें कि भूख हड़ताल की अनकही, भयंकर यातनाएँ और यतीन्द्रनाथ दास की महान शहादत ऐसे ही चली गई? क्या हम यही मानें कि उभर रहे जन-आन्दोलन को रोकने और संकटमय दौर को टालने की नीयत से ही सरकार ने हमें आश्वासन दिए थे? हम आशा करते हैं कि आप हमसे असहमत नहीं होंगे कि हमने काफी समय तक धैर्य से प्रतीक्षा की है। लेकिन हम अनन्त काल तक प्रतीक्षा नहीं कर सकते। सरकार के अपने ढुलमुल व्यवहार एवं राजनैतिक बन्दियों के साथ दुर्व्यवहार के चलते हमारे पास पुनः संघर्ष शुरू करने के अलावा कोई विकल्प नहीं रह गया है। हम जानते हैं कि भूख हड़ताल आरम्भ करनी और उसे जारी रखना कोई सरल कार्य नहीं, लेकिन साथ ही हम बता देते हैं कि भारत अन्य बहुत-से यतीन्द्र और रामरक्खा और भान सिंह पैदा कर सकता है। (अन्तिम दोनों ने 1917 में अंडमान द्वीपों नें अपने जीवन का उत्सर्ग कर दिया था। पहले ने 92 दिनों की भूख हड़ताल के बाद आखिरी साँस ली और दूसरा छह महीने तक चुपचाप अमानवीय अत्याचार सहते हुए महान नायक की मृत्यु को प्राप्त हुआ।)

राजनैतिक बन्दियों से अच्छे व्यवहार के समर्थन में जनता में से लोगों ने तथा हमने काफी कुछ कहा है। इसे दोहराने की जरूरत नहीं है। वर्गीकरण के मामले में सबसे अहम पक्ष और मूल मन्तव्य की स्थापना के बारे में हम कुछ शब्द कहना चाहेंगे। वर्गीकरण के मापदंड के प्रश्न पर हंगामा हुआ है। अलग-अलग सरकारों के सुझाए हुए मापदंड में से मूल मन्तव्य को बिलकुल निकाल दिया गया है। यह वास्तव में अजब व्यवहार है। मात्र मूल मन्तव्य से ही किसी भी कार्यवाही की सही कद्र का निर्णय किया जा सकता है। क्या हम यह समझें कि सरकार–एक ऐसे हमलावर जो अपने शिकार का शोषण करते हुए उसे जान से मार डालता है और एक खड़गबहादुर, जो एक बदमाश की हत्या करके नौजवान लड़की की इज्जत बचाता है और समाज को सबसे अधिक दुराचारी चापलूस से मुक्ति दिलाता है– दोनों के बीच अन्तर करने में असमर्थ है? क्या दोनों को एक ही वर्ग का व्यक्ति समझा जाए? क्या एक-जैसा अपराध करनेवाले दो व्यक्तियों में कोई अन्तर नहीं जिनमें एक स्वार्थी है और दूसरा निःस्वार्थ? इसी तरह क्या एक सामान्य हत्यारे और एक राजनैतिक कार्यकर्ता में कोई अन्तर नहीं? भले ही राजनैतिक कार्यकर्ता हिंसा भी अपना ले, उसकी यह निःस्वार्थता क्या उसे शेष अपराधियों से ऊँचा नहीं कर देती? ऐसी स्थितियों में हमारी मान्यता है कि वर्गीकरण के मापदंड में मन्तव्य को सबसे मुख्य पक्ष की तरह लिया जाना चाहिए।

गत वर्ष हमारी भूख हड़ताल आरम्भ होने पर जब इसी बात पर विचार के लिए अनेक जन-नेता–जिनमें डॉ. गोपीचन्द्र और लाला दुनीचन्द अम्बालावाले भी थे, जिन्होंने पंजाब जेल में जाँच कमेटी की सिफारिशों पर हस्ताक्षर किए हैं–हमारे पास आए और जब उन्होंने बताया कि आतंकवादी अपराध के बन्दियों में से सज़ा पाए राजनैतिक बन्दियों को सरकार विशेष वर्ग के बन्दी मानने पर विचार कर रही है, तब वास्तव में हत्या के अपराधियों को बाहर रखनेवाली हद तक की सिफारिश को समझौते के तौर पर मान लिया गया, लेकिन बाद में बहस के दौरान दूसरा ही रवैया अपना लिया गया और पंजाब जेल जाँच कमेटी के लिए हवाले की शर्तोंवाला संयुक्त बयान इस तरह लिखा गया, जिससे प्रतीत होता था कि मूल मन्तव्य का प्रश्न बिलकुल ही अलग कर दिया गया है और समूचा वर्गीकरण दो चीज़ों पर आधारित था–

1. अपराध का ढंग और
2. अपराधी का सामाजिक स्तर।

इस मापदंड ने समस्या के निदान के बजाय उसे पेचीदा बना दिया।

अहिंसात्मक और हिंसात्मक अपराधोंवाले राजनैतिक बन्दियों में दो वर्गोंवाली बात हम समझ सकते थे। लेकिन पंजाब जेल जाँच कमेटी की सिफारिशों में सामाजिक स्तर का प्रश्न आ जाता है। जिस प्रकार चौधरी अफ़ज़ल हक़ ने रिपोर्ट से असहमति की टिप्पणी में ठीक ही कहा है कि स्वतन्त्रता के कार्य में जुटे रहने के कारण कंगाल हो गए राजनैतिक कार्यकर्ताओं का क्या होगा? क्या उन्हें किसी न्यायाधीश की दया पर छोड़ दिया जाए, जो प्रत्येक को साधारण अपराधी कहकर अपनी वफादारी सिद्ध करने की कोशिश करता रहेगा या यह आशा की जाए कि एक असहयोगी जेल से अच्छे व्यवहार की प्रार्थना करते हुए उन

लोगों के आगे हाथ फैलाएगा, जिनके विरुद्ध वह जूझ रहा है? क्या यह ढंग इस बेचैनी के कारण को दूर करने का है या बढ़ाने का? तर्क दिया जा सकता है कि जेलों के बाहर दरिद्रता में जीते लोगों को जेलों में ऐशो-आराम की आशा नहीं रखनी चाहिए जहाँ कि उन्हें सज़ा के उद्देश्य से बन्दी बनाकर रखा गया है। पर वे कौन-से सुधार हैं जिनकी ऐश के लिए आवश्यकता होती है? क्या वे मात्र साधारण जीवन-स्तर की आवश्यकताएँ नहीं हैं? माँगी जानेवाली समस्त सुविधाओं के बावजूद जेल सदा जेल ही रहेगी। बाहर के लोगों को आकर्षित करने के लिए (जेत) कोई चुम्बकीय शक्ति नहीं होती और न ही कभी हो सकती है। केवल जेल आने के लिए कोई भी अपराध नहीं करता। हम यह कहने का साहस रखते हैं कि किसी भी सरकार का यह बहुत घटिया तर्क होगा कि नागरिकों को इस दर्जे तक मोहताजगी हो गई है, और उनके रहने का स्तर जेल के स्तर की अपेक्षा घटिया हो गया है। क्या ऐसे तर्क में सरकार के अस्तित्व की कोई सम्भावना शेष रह जाती है? खैर, इस समय हमें इन बातों से कोई सरोकार नहीं है। हम कहना चाहते हैं कि बेचैनी को दूर करने का सबसे बेहतर ढंग यह है कि राजनैतिक बन्दियों को भिन्न वर्ग में रखा जाए। बाद में अगर आवश्यकता महसूस हो तो इसको पुनः दो वर्गों—एक, जो अहिंसक अपराधों में सज़ायाफ्ता है और दूसरे, जो हिंसक अपराधों में सज़ायाफ्ता हैं—में बाँटा जा सकता है। इस स्थिति में मन्तव्य निर्णयात्मक पहलू बन जाएगा। यह कहना कि राजनैतिक मामलों में मन्तव्य का फैसला नहीं किया जा सकता, एक झूठा दावा है। वह कौन-सी चीज़ है जो आज जेल-अधिकारियों से जेलों में 'राजनैतिकों' को साधारण सुविधाओं से वंचित करने के लिए कहती है? वह कौन-सी चीज़ है जो उनकी नम्बरदारियाँ छीनती है? वह कौन-सी चीज़ है जो अधिकारियों से यह कहती है कि उन्हें शेष बन्दियों से अलग रखा जाए? यही चीज़ वर्गीकरण में भी मदद कर सकती है।

जहाँ तक विशेष माँगों का सम्बन्ध है, हम पहले ही पंजाब जेल जाँच कमेटी से अपने स्मरण-पत्र में पूरी तरह कह चुके हैं। फिर भी हम इस बात पर जोर देना चाहते हैं कि किसी भी राजनैतिक बन्दी का चाहे जो अपराध हो, उसे सख्त और सम्मान-विरोधी मशक्कत नहीं मिलनी चाहिए। एक जेल में ऐसे सभी बन्दियों को एक ही वार्ड में साथ-साथ रखना चाहिए और स्थानीय भाषा या अंग्रेजी का कम-से-कम एक समाचार-पत्र उन्हें दिया जाना चाहिए। अध्ययन के लिए सभी आवश्यक सुविधाएँ दी जानी चाहिए और व्यक्तिगत साधनों से भोजन और कपड़े पर खर्च बढ़ाने की इजाजत दी जानी चाहिए।

हम अभी भी आशान्वित हैं कि सरकार हमें और जनता को दिए गए आश्वासन को अविलम्ब कार्यरूप में लाएगी, ताकि भूख हड़ताल का फिर अवसर न आए। आगामी सात दिनों में यदि सरकार ने अपना आश्वासन पूरा न किया तो हम पुनः भूख हड़ताल करने के लिए बाध्य होंगे।

आपके,
भगत सिंह, दत्त और अन्य कैदी
लाहौर षड्यन्त्र केस।

तीसरी इंटरनेशनल, मास्को के अध्यक्ष को तार

24 जनवरी, 1930 को लेनिन-दिवस के अवसर पर लाहौर षड्यन्त्र केस के विचाराधीन कैदी अपनी गर्दनों में लाल रूमाल बाँधकर अदालत में आए। वे काकोरी-गीत गा रहे थे। मजिस्ट्रेट के आने पर उन्होंने 'समाजवादी क्रान्ति–ज़िन्दाबाद' और 'साम्राज्यवाद–मुर्दाबाद' के नारे लगाए। फिर भगत सिंह ने निम्नलिखित तार तीसरी इंटरनेशनल, मास्को के अध्यक्ष के नाम प्रेषित करने के लिए मजिस्ट्रेट को दिया–

लेनिन-दिवस के अवसर पर हम सोवियत रूस में हो रहे महान अनुभव और साथी लेनिन की सफलता को आगे बढ़ाने के लिए अपनी दिली मुबारकबाद भेजते हैं। हम अपने को विश्व-क्रान्तिकारी आन्दोलन से जोड़ना चाहते हैं। मजदूर-राज की जीत हो। सरमायादारी का नाश हो।

साम्राज्यवाद–मुर्दाबाद!!

विचाराधीन कैदी,
लाहौर षड्यन्त्र केस।

24 जनवरी, 1930

[ट्रिब्यून, लाहौर, 26 जनवरी, 1930 में प्रकाशित]

हिन्दुस्तानी एसोसिएशन, बर्लिन के नाम तार

कृपया भारत में समाजवादी क्रान्तिकारी आन्दोलन के झंडाबरदारों में से एक कामरेड कृष्ण वर्मा के देहान्त पर हमारा हार्दिक शोक अपने साथियों तक पहुँचाएँ।

उनका जीवन भारतीय मुक्ति के लम्बे संघर्ष के आदर्श में एक राष्ट्रीय सम्पत्ति है, जो आज़ादी की लड़ाई के कार्यकर्ताओं को हमेशा प्रेरणा देता रहेगा।

विचाराधीन कैदी,
लाहौर षड्यन्त्र केस

5 अप्रैल, 1930

[ट्रिब्यून, लाहौर, 8 अप्रैल, 1930 में प्रकाशित]

स्पेशल मजिस्ट्रेट, लाहौर के नाम

द्वारा, सुपरिंटेंडेंट, सेंट्रल जेल, लाहौर
11 फरवरी, 1930

मिस्टर मजिस्ट्रेट,

4 फरवरी, 1930 के सिविल एंड मिलिट्री गज़ट में प्रकाशित आपके बयान के सम्बन्ध में यह जरूरी जान पड़ता है कि हम अपने अदालत में न आने के कारणों से आपको परिचित करवाएँ, ताकि कोई गलतफहमी और गलत प्रस्तुति सम्भव न हो।

पहले हम यह कहना चाहेंगे कि हमने अभी तक ब्रिटिश अदालतों का बायकाट नहीं किया है। हम मि. लुइस की अदालत में जा रहे हैं, जो हमारे विरुद्ध जेल एक्ट धारा-22 के अधीन मुकदमे की सुनवाई कर रहे हैं। यह घटना 29 जनवरी को आपकी अदालत में घटित हुई थी। लाहौर षड्यन्त्र केस के सम्बन्ध में यह कदग उठाने के लिए हमें विशेष परिस्थितियों ने मजबूर किया है। हम शुरू से ही महसूस करते रहे हैं कि अदालत के गलत रवैये द्वारा या जेल के अथवा अन्य अधिकारियों द्वारा हमारे अधिकारों की सीमा लाँघकर हमें निरन्तर जानबूझकर परेशान किया जा रहा है ताकि हमारी पैरवी में बाधाएँ डाली जा सकें। कुछ दिन पहले जमानत ही दरख्वास्त में हमने अपनी तकलीफें आपके सामने रखी थीं, लेकिन उस दरख्वास्त को कुछ कानूनी नुक्तों पर नामंजूर करते हुए आपने बन्दियों की तकलीफों का जिक्र करना जरूरी नहीं समझा, जिनके आधार पर जमानत की दरख्वास्त दी गई थी।

हम महसूस करते हैं कि मजिस्ट्रेट का पहला व मुख्य फर्ज़ यह होता है कि उसका व्यवहार निष्पक्ष व दोनों पक्षों के ऊपर उठा होना चाहिए। यहाँ तक कि उस दिन माननीय जस्टिस कोर्ट ने यह रूलिंग दी थी कि मजिस्ट्रेट को दूसरी सबसे महत्त्वपूर्ण बात अपने सामने रखनी चाहिए कि विचाराधीन कैदी को अपनी पैरवी के सम्बन्ध में किसी मुश्किल का सामना न करना पड़े और यदि कोई मुश्किल हो तो उसे दूर करना चाहिए, अन्यथा पूरा मुकदमा एक मजाक बनकर रह जाता है। लेकिन ऐसे महत्त्वपूर्ण मुकदमे में मजिस्ट्रेट का व्यवहार इससे उलटा रहा है, जिसमें 18 नवयुवकों पर गम्भीर आरोपों—जैसे हत्या, डकैती और षड्यन्त्र—के अधीन मुकदमा चलाया जा रहा है, जिनसे सम्भव है उन्हें मृत्युदंड दिया जाए। जिन प्रमुख मुद्दों पर हम आपकी अदालत में न आने के लिए विवश हुए हैं, वे इस तरह हैं—

विचाराधीन कैदियों में से अधिकांश दूर-दराज प्रान्तों से हैं और सभी मध्यवर्गीय लोग हैं। ऐसी स्थिति में उनके सम्बन्धियों द्वारा उनकी पैरवी के लिए बार-बार आना न सिर्फ बहुत मुश्किल है, बल्कि बिलकुल असम्भव है। वे अपने कुछ दोस्तों से मुलाकात करना चाहते थे, जिन्हें वे अपनी पैरवी की सभी जिम्मेदारियाँ सौंप सकते थे। साधारण बुद्धि का भी यही तकाज़ा है कि उन्हें मुलाकात करने का हक हासिल है, इस मकसद के लिए बार-बार प्रार्थना की गई, लेकिन सभी प्रार्थनाएँ अनसुनी रहीं।

श्री बी.के. दत्त बंगाल के रहनेवाले हैं और श्री कमलनाथ तिवारी बिहार के। दोनों अपनी-अपनी मित्र कुमारी लज्जावती व श्रीमती पार्वती से भेंट करना चाहते थे। लेकिन अदालत ने उनकी दरख्वास्त जेल-अधिकारियों को भेज दी और उन्होंने यह कहकर दरख्वास्त रद्द कर दी कि मुलाकात सिर्फ सम्बन्धियों व वकीलों से ही हो सकती है। यह मामला बार-बार आपके ध्यान में लाया गया, लेकिन ऐसा कोई कदम नहीं उठाया गया जिससे बन्दी पैरवी के लिए आवश्यक प्रबन्ध कर सकते बाद में उन्हें इनका वकालतनामा हासिल करने पर भी मुलाकात करने की आज्ञा नहीं दी गई और यहाँ तक कि मजिस्ट्रेट ने जेल-अधिकारियों को यह लिखने से भी इनकार कर दिया कि बन्दी उसकी ओर से चलाए जा रहे मुकदमे की पैरवी के सम्बन्ध में इन मुलाकातों की माँग कर रहे थे और इस प्रकार

बन्दी ऊपर की अदालत में जाने योग्य नहीं रहे। लेकिन मुकदमे की सुनवाई जारी रही। इन परिस्थितियों में बन्दी बिलकुल विवश थे और उनके लिए मुकदमा मजाक से अधिक कुछ नहीं था। यह बात नोट करने योग्य है कि दूसरे बन्दियों में भी अधिकांश की ओर से कोई वकील पेश नहीं हो रहा था।

मेरा कोई वकील नहीं है और न ही मैं पूरे समय के लिए किसी को वकील रख सकता हूँ। मैं कुछ नुक्तों सम्बन्धी कानूनी परामर्श चाहता हूँ और एक विशेष पड़ाव पर मैं चाहता था कि वे (वकील) कार्रवाई को स्वयं देखें, ताकि अपनी राय बनाने के लिए वे बेहतर स्थिति में हो, लेकिन उन्हें अदालत में बैठने तक की जगह नहीं दी गई। हमारी पैरवी रोकने के लिए, हमें परेशान करने के लिए क्या सम्बन्धित अधिकारियों की यह सोची-समझी चाल नहीं थी? वकील अपने सायलों (प्रार्थियों) के हितों को देखने के लिए अदालत में आता है, जो न तो स्वयं उपस्थित होते हैं और न उनका कोई प्रतिनिधि वहाँ होता है। इस मुकदमे की ऐसी कौन-सी विशेष परिस्थितियाँ हैं, जिससे मजिस्ट्रेट वकीलों के प्रति ऐसा सख्त रवैया अपनाने पर मजबूर हुए? इस प्रकार हर उस वकील की हिम्मत तोड़ी गई जो बन्दियों की मदद के लिए बुलाए जा सकते थे। श्री अमर दास को पैरवी (डिफेंस) की कुर्सी पर बैठने की इजाज़त देने की क्या तुक थी, जबकि वे किसी भी पक्ष का प्रतिनिधित्व नहीं कर रहे थे और न ही उन्होंने किसी को कानूनी परामर्श दिया। अपने मुख्तारों से मुलाकातों के सम्बन्ध में मुझे कानूनी सलाहकार से विचार-विमर्श करना था और इसी नुक्ते को लेकर हाईकोर्ट जाने के लिए उनसे कहना था। लेकिन उनके साथ इस सम्बन्ध में बात करने का मुझे कोई अवसर ही नहीं मिला और कुछ न हो सका। इस सबका क्या मतलब है? यह दिखाकर कि मुकदमा कानून के अनुसार चलाया जा रहा है, क्या लोगों की आँखों में धूल नहीं झोंकी जा रही? अपने बचाव का इन्तजाम करने के लिए बन्दियों को कतई कोई अवसर नहीं दिया गया। इस बात के खिलाफ हम रोष प्रकट करते हैं। यदि सबकुछ उचित ढंग से नहीं किया जाता तो इस तमाशे की कोई जरूरत नहीं है। न्याय के नाम पर हम अन्याय होता नहीं देख सकते। इन परिस्थितियों में हम सभी ने सोचा कि या तो हमें अपनी जिन्दगी बचाने का उचित अवसर मिलना चाहिए, और या हमें अपनी अनुपस्थिति में चले मुकदमे में हमारे खिलाफ दी सज़ाओं को भुगतने के लिए तैयार रहना चाहिए।

तीसरी बड़ी शिकायत अख़बारों के बाँटने सम्बन्धी है। विचाराधीन कैदियों को कभी भी दंड प्राप्त कैदी नहीं माना जाना चाहिए और यह रोक उन पर तभी लगाई जा सकती है जब उनकी सुरक्षा के लिए बेहद जरूरी हो। इससे अधिक इसे उचित नहीं माना जा सकता। जमानत पर रिहा न हो सकनेवाले बन्दी को कभी भी दंड के तौर पर कष्ट नहीं देने चाहिए। सो प्रत्येक शिक्षित विचाराधीन कैदी को कम-से-कम एक अख़बार लेने का अधिकार है। अदालत में 'एक्जीक्यूटिव' कुछ सिद्धान्तों पर हमें हर रोज एक अंग्रेजी अख़बार देने के लिए सहमत हुई थी। लेकिन अधूरी चीज़ें न होने से भी बुरी होती हैं। अंग्रेजी न जाननेवाले बन्दियों के लिए स्थानीय अख़बार देने के अनुरोध व्यर्थ सिद्ध हुए। अतः स्थानीय अख़बार न देने के आदेश के विरुद्ध रोष प्रकट करते हुए हम दैनिक ट्रिब्यून लौटाते रहे हैं।

इन तीन आधारों पर हमने 29 जनवरी को अदालत में आने से इनकार करने की घोषणा की थी। ज्योंही यह मुश्किलें दूर कर दी जाएँगी, हम बाखुशी अदालत में आएँगे।

भगत सिंह व अन्य

['हिन्दुस्तान टाइम्स' में 13 फरवरी, 1930 को प्रकाशित]

काकोरी केस के बन्दियों के नाम तार द्वारा, स्पेशल मजिस्ट्रेट, लाहौर

कृपया निम्न तार तुरन्त काकोरी-कैदियों को भेज दें, जो बरेली जेल में भूख हड़ताल पर हैं और जिनके बारे में कहा जाता है कि वे गम्भीर हालत में हैं।

आपके,
भगत सिंह, बी.के. दत्त

तार

गुप्त, बख्शी, सिन्हा, मुकुन्दीलाल
काकोरी-कैदी,
सेन्ट्रल जेल,
बरेली।

आपकी नाजुक हालत के बारे में जानकर बहुत दुख है। हमारा पहला तार आप तक नहीं पहुँचा। हम आपसे हार्दिक निवेदन करते हैं कि सरकार की ओर से बन्दियों के वर्गीकरण के अन्तिम नोटिस को ध्यान में रखते हुए आप अपना संघर्ष त्याग दें। जहाँ तक नए नियमों के लागू होने का प्रश्न है, हमें एक साथ इन्तजार करना चाहिए।

भगत सिंह और दत्त

गवाहियों की अपेक्षा रसगुल्ले ज्यादा जरूरी

आज अदालत में भगत सिंह ने शिकायत की है कि जब बचाव समिति के एक सदस्य दोपहर में भोजन के लिए कुछ वस्तुएँ ला रहे थे तब खाने योग्य वस्तुएँ अदालत में नहीं लाने दी गईं।

दोपहर में भोजन के बाद कथित अपराधी जतिन सान्याल ने मजिस्ट्रेट से शिकायत की कि उनके लिए बंगाल से रसगुल्ले का पार्सल आया था, लेकिन जेल-अधिकारियों ने वह इस तरह कुचल डाला कि वे खाने योग्य न रहे।

सरदार भगत सिंह (मजिस्ट्रेट से) : रसगुल्ले बाहर पड़े हैं। क्या आप उनका मुआयना करने का कष्ट करेंगे। आहा! एक खूबसूरत दृश्य है! बस ज़रा अवलोकन कर लें! इन गवाहियों की अपेक्षा रसगुल्ले हमारे लिए ज्यादा जरूरी हैं!

जतिन सान्याल : सभी चीज़ें बहुत बेहूदा हाल में हैं। क्या आप इसे तर्कसंगत कहते हैं?

सरदार भगत सिंह : यह (मजिस्ट्रेट) बिलकुल तर्कविहीन हैं।

जतिन सान्याल : यह हम किसे वापस करें, आपको या जेल-अधिकारियों को?

मजिस्ट्रेट : जेल-अधिकारियों को।

सरदार भगत सिंह : लेकिन इसकी कीमत कौन देगा? हमारे दोस्त ने काफी रकम खर्च की है इस पर।

मजिस्ट्रेट : यह बात जेल-अधिकारियों के साथ सम्बन्ध रखती है।

[ट्रिब्यून, लाहौर, 9 अप्रैल, 1930 में प्रकाशित]

[भगत सिंह और उनके साथी मुकदमे के परिणाम से पूरी तरह परिचित थे और मिलनेवाली सज़ाओं की ओर से बिलकुल बेपरवाह। क्योंकि वे अपने विचार जनता तक ले जाने और लोगों को ऐतिहासिक जिम्मेदारी के लिए तैयार करना चाहते थे, इसलिए यह भी इच्छा रखते थे कि मुकदमे की कार्रवाई धीमी गति से आगे बढ़े, ताकि जनता तक उनके विचार पहुँच सकें। लेकिन सरकार खीझ रही थी। आखिर 1 मई, 1930 को एक विशेष अध्यादेश द्वारा एक विशेष ट्रिब्यूनल स्थापित किया गया। उस अध्यादेश के बारे में बनाए गए सरकारी बहाने का उत्तर भगत सिंह ने 2 मई, 1930 को प्रस्तुत निम्नलिखित दस्तावेज़ में दिया।–सं.]

विशेष ट्रिब्यूनल की स्थापना पर

गवर्नर जनरल, भारत, शिमला (पंजाब)

श्रीमान्,

हमारे मुकदमे को जल्द निबटाने के लिए जारी किए आर्डिनेंस की पूरी कॉपी पढ़कर सुनाई जा चुकी है। इसके लिए पंजाब हाई कोर्ट के अधिकार-क्षेत्र में एक ट्रिब्यूनल की नियुक्ति की गई है। अगर इस सम्बन्ध में अपनाए गए व्यवहार का उल्लेख न किया होता और इसकी सारी जवाबदेही हमारे सिर पर न मढ़ी होती तो हम शायद अपनी जुबान बन्द रखते, परन्तु वर्तमान स्थितियों में इसके सम्बन्ध में हम अपना बयान देना आवश्यक समझते हैं।

हम आरम्भ से ही जानते हैं कि सरकार जानबूझकर हमारे बारे में गलतफहमी पैदा कर रही है। आखिरकार यह एक लड़ाई है और हम भली प्रकार जानते हैं कि अपने दुश्मनों का मुकाबला करने के लिए गलतफहमियों का जाल बनाना सरकार का सबसे बड़ा हथकंडा है। इस घृणित कार्य को रोकने का हमारे पास कोई साधन नहीं, लेकिन कुछ ऐसी बातें हैं जिन्हें ध्यान में रखते हुए हम कुछ कहने के लिए मजबूर हैं।

आपने लाहौर साजिश केस के बारे में जारी अध्यादेश में हमारी भूख हड़ताल के बारे में अपना स्पष्टीकरण शामिल किया है। आपने स्वयं स्वीकारा है कि हममें से दो ने इस मुकदमे के सम्बन्ध में स्पेशल मजिस्ट्रेट पंडित श्रीकृष्ण की अदालत में होनेवाली जाँच-पड़ताल होने से पहले भूख हड़ताल शुरू कर दी थी। सामान्य समझवाले साधारण व्यक्ति की समझ में भी यह बात आ सकती है कि इस मुकदमे का भूख हड़ताल से कोई सम्बन्ध नहीं है।

भूख हड़ताल आरम्भ करने के कुछ विशेष कारण थे, इस स्थिति में सरकार को उन कारणों के बारे में स्पष्टीकरण देना था जिसके आधार पर भूख हड़ताल की गई थी। जब सरकार ने इस समस्या को सुलझाने के लिए कुछ प्रबन्ध करने की स्वीकृति दी और जेल जाँच कमेटी स्थापित की तब हमने भूख हड़ताल समाप्त की थी। लेकिन सबसे पहले हमें यह बताया गया था कि यह समस्या नवम्बर तक सुलझा दी जाएगी लेकिन उसमें दिसम्बर तक विलम्ब किया गया। जनवरी भी बीत गई लेकिन इस बात का कोई संकेत नहीं मिल रहा कि सरकार वास्तव में इस सम्बन्ध में कुछ करेगी भी या नहीं। हमें लगा कि मामला समाप्त कर दिया गया है। इन स्थितियों में हमने पूरे एक हफ्ते का नोटिस देकर 4 फरवरी, 1930 से पुनः भूख हड़ताल आरम्भ कर दी। इसके बाद ही सरकार ने इस समस्या को अन्तिम रूप से हल करने के लिए कुछ कदम उठाए।

इस आशय का एक विज्ञापन फिर सरकार ने समाचार-पत्रों में जारी किया। तब हमने भूख-हड़ताल समाप्त कर दी। यहाँ तक कि हमने इस बात का इन्तजार भी नहीं किया कि सरकार अपने अन्तिम निर्णय लागू करती भी है या नहीं? लेकिन आज ही हमने यह महसूस किया है कि अंग्रेज सरकार ऐसे साधारण मामलों में भी झूठ और फरेब का सहारा लेने से बाज नहीं आई। वह विज्ञापन खास निश्चित और निर्णय निकालनेवाले आधार पर निर्धारित थे, लेकिन हमने देखा कि उस पर भी विपरीत अमल किया गया। जो भी हो, इस विषय पर बहस करने का यह उचित अवसर नहीं। अगर यह मामला पुनः कभी उठा तो हम इसका अवश्य निर्णय करेंगे। लेकिन हम पुरजोर कहना चाहते हैं कि भूख हड़ताल का उद्देश्य इस्तगासा की कार्यवाही के विरुद्ध कोई कदम नहीं था, ऐसे साधारण कारणों से हमने अपनी यातनाएँ नहीं सही थीं। यतीन्द्रनाथ दास ने इतने सामान्य कारण के लिए अपने जीवन का बलिदान नहीं दिया, राजगुरु और सुखदेव ने भी इस बचाव के लिए ही अपने जीवन संकट में नहीं डाले थे।

आप स्वयं हमारे मुकदमे के सन्दर्भ में यह अच्छी तरह जानते थे कि अध्यादेश जारी करने की वजह भूख हड़ताल नहीं थी। लेकिन असल कारण तो कुछ और है जिसके बारे में सोचकर अपनी सरकार के होश-हवास गुम हो गए। न तो वे इस मुकदमे में विलम्ब के कारण हुए और न ही कोई ऐसी संकटमय स्थिति पैदा हुई, जिसके कारण इस बेकानून के कानून के ऊपर हस्ताक्षर किए। जरूर ही इसके पीछे कुछ और है।

लेकिन हम यह बता देना चाहते हैं कि उन अध्यादेशों से हमारी भावनाओं को कुचला नहीं जा सकता। भले ही आप कुछ इनसानों को कुचल देने में सफलता हासिल कर लें, लेकिन याद रहे, आप इस राष्ट्र को नहीं कुचल सकते। जहाँ तक इस अध्यादेश का सन्दर्भ है, हम इसे अपनी शानदार सफलता मानते हैं। हम आरम्भ से ही यह बताने का प्रयास करते रहे हैं कि आपका यह कानून एक खूबसूरत फरेब है। यह न्याय नहीं दे सकता। लेकिन अफसोस है कि जेल में जो सुविधाएँ कानूनन और इंसाफ करके अपराधियों को मिलती हैं और साधारण बन्दियों को भी दी जाती हैं, वह सुविधाएँ भी हम राजनैतिक बन्दियों को नहीं दी जातीं। हम चाहते थे कि सरकार पर्दे से बाहर आए और स्पष्ट कहे कि राजनैतिक बन्दियों को बचाव का कोई अवसर नहीं दिया जा सकता।

हमें लगता है कि सरकार ने यही बात स्पष्ट रूप से स्वीकारी है। हम आपको और आपकी सरकार को इस साफगोई के लिए धन्यवाद देते हैं और अध्यादेश का स्वागत करते हैं।

आपके प्रतिनिधि स्पेशल मजिस्ट्रेट और इस्तगासा के सरकारी वकील द्वारा लगातार हमारे उचित व्यवहार को साफ-साफ स्वीकारने के बावजूद सिर्फ हमारे मुकदमे के वजूद के बारे में सोचते ही आपके मस्तिष्क में भयंकर खलबली मची हुई है। हमारे इस संघर्ष की शानदार सफलता का इससे बढ़कर भरोसा और क्या हो सकता है?

आपके आदि-आदि
भगत सिंह

अदालत एक ढकोसला है

छह साथियों का एलान

कमिश्नर,
विशेष ट्रिब्यूनल,
लाहौर साजिश केस, लाहौर

जनाब,

अपने छह साथियों की ओर से, जिनमें कि मैं भी शामिल हूँ, निम्नलिखित स्पष्टीकरण इस सुनवाई के शुरू में ही देना आवश्यक है। हम चाहते हैं कि यह दर्ज किया जाए।

हम मुकदमे की कार्यवाही में किसी भी प्रकार भाग नहीं लेना चाहते, क्योंकि हम इस सरकार को न तो न्याय पर आधारित समझते हैं और न ही कानूनी तौर पर स्थापित। हम अपने विश्वास से यह घोषणा करते हैं कि "समस्त शक्ति का आधार मनुष्य है। कोई व्यक्ति या सरकार किसी भी ऐसी शक्ति की हकदार नहीं है जो जनता ने उसको न दी हो।" क्योंकि यह सरकार इन सिद्धान्तों के विपरीत है इसलिए इसका अस्तित्व ही उचित नहीं है। ऐसी सरकारें जो राष्ट्रों को लूटने के लिए एकजुट हो जाती हैं उनमें तलवार की शक्ति के अलावा कोई आधार कायम रहने के लिए नहीं होता। इसीलिए वे वहशी ताकत के साथ मुक्ति और आज़ादी के विचार और लोगों की उचित इच्छाओं को कुचलती हैं।

हमारा विश्वास है कि ऐसी सरकारें, विशेषकर अंग्रेजी सरकार जो असहाय और असहमत भारतीय राष्ट्र पर थोपी गई है, गुंडों, डाकुओं का गिरोह और लुटेरों का टोला है जिसने कत्लेआम करने और लोगों को विस्थापित करने के लिए सब प्रकार की शक्तियाँ जुटाई हुई हैं। शान्ति-व्यवस्था के नाम पर यह अपने विरोधियों या रहस्य खोलनेवाले को कुचल देती है।

हमारा यह भी विश्वास है कि साम्राज्यवाद एक बड़ी डाकेजनी की साजिश के अलावा कुछ नहीं। साम्राज्यवाद मनुष्य के हाथों मनुष्य के और राष्ट्र के हाथों राष्ट्र के शोषण का चरम है। साम्राज्यवादी अपने हितों, और लूटने की योजनाओं को पूरा करने के लिए न सिर्फ न्यायालयों एवं कानून को कत्ल करते हैं, बल्कि भयंकर हत्याकांड भी आयोजित करते हैं। अपने शोषण को पूरा करने के लिए जंग-जैसे खौफनाक अपराध भी करते हैं। जहाँ

कहीं लोग उनकी नादिरशाही शोषणकारी माँगों को स्वीकार न करें या चुपचाप उनकी ध्वस्त कर देनेवाली और घृणा योग्य साजिशों को मानने से इनकार कर दें तो वह निरपराधियों का खून बहाने से संकोच नहीं करते। शान्ति-व्यवस्था की आड़ में वे शान्ति-व्यवस्था भंग करते हैं। भगदड़ मचाते हुए लोगों की हत्या, अर्थात् हर सम्भव दमन करते हैं।

हम मानते हैं कि स्वतन्त्रता प्रत्येक मनुष्य का अमिट अधिकार है। हर मनुष्य को अपने श्रम का फल पाने-जैसा सभी प्रकार का अधिकार है और प्रत्येक राष्ट्र अपने मूलभूत प्राकृतिक संसाधनों का पूर्ण स्वामी है। अगर कोई सरकार जनता को उसके इन मूलभूत अधिकारों से वंचित रखती है तो जनता का केवल यह अधिकार ही नहीं बल्कि आवश्यक कर्तव्य भी बन जाता है कि ऐसी सरकार को समाप्त कर दे। क्योंकि ब्रिटिश सरकार इन सिद्धान्तों, जिनके लिए हम लड़ रहे हैं, के बिलकुल विपरीत है, इसलिए हमारा दृढ़ विश्वास है कि जिस भी ढंग से देश में क्रान्ति लाई जा सके और इस सरकार का पूरी तरह खात्मा किया जा सके, इसके लिए हर प्रयास और अपनाए गए सभी ढंग नैतिक स्तर पर उचित हैं। हम वर्तमान ढाँचे के सामाजिक, आर्थिक और राजनैतिक क्षेत्रों में क्रान्तिकारी परिवर्तन लाने के पक्ष में हैं। हम वर्तमान समाज को पूरे तौर पर एक नए सुगठित समाज में बदलना चाहते हैं। इस तरह मनुष्य के हाथों मनुष्य का शोषण असम्भव बनाकर सभी के लिए सब क्षेत्रों में पूरी स्वतन्त्रता विश्वसनीय बनाई जाए। जब तक सारा सामाजिक ढाँचा बदला नहीं जाता और उसके स्थान पर समाजवादी समाज स्थापित नहीं होता, हम महसूस करते हैं कि सारी दुनिया एक तबाह कर देनेवाले प्रलय-संकट में है।

जहाँ तक शान्तिपूर्ण या अन्य तरीकों से क्रान्तिकारी आदर्शों की स्थापना का सम्बन्ध है, हम घोषणा करते हैं कि इसका चुनाव तत्कालीन शासकों की मर्जी पर निर्भर है। क्रान्तिकारी अपने मानवीय प्यार के गुणों के कारण मानवता के पुजारी हैं। हम शाश्वत और वास्तविक शान्ति चाहते हैं, जिसका आधार न्याय और समानता है। हम झूठी और दिखावटी शान्ति के समर्थक नहीं जो बुजदिली से पैदा होती है और भालों और बन्दूकों के सहारे जीवित रहती है।

क्रान्तिकारी अगर बम और पिस्तौल का सहारा लेता है तो यह उसकी चरम आवश्यकता में से पैदा होता है और आखिरी दाँव के तौर पर होता है। हमारा विश्वास है कि अमन और कानून मनुष्य के लिए है, न कि मनुष्य अमन और कानून के लिए।

फ्रांस के उच्च न्यायाधीश का यह कहना उचित है कि कानून की आन्तरिक भावना स्वतन्त्रता समाप्त करना या प्रतिबन्ध लगाना नहीं, वरन् स्वतन्त्रता को सुरक्षित रखना और उसे आगे बढ़ाना है। सरकार को कानूनी शक्ति बनाए गए उन उचित कानूनों से मिलेगी जो केवल सामूहिक हितों के लिए बनाए गए हैं, और जो जनता की इच्छाओं पर आधारित हों, जिनके लिए यह बनाए गए हैं। इससे विधायकों समेत कोई भी बाहर नहीं हो सकता।

कानून की पवित्रता तभी तक रखी जा सकती है जब तक वह जनता के दिल यानी भावनाओं को प्रकट करता है। जब यह शोषणकारी समूह के हाथों में एक पुर्जा बन जाता है तब अपनी पवित्रता और महत्त्व खो बैठता है। न्याय प्रदान करने के लिए मूल बात यह है कि हर तरह के लाभ या हित का खात्मा होना चाहिए। ज्यों ही कानून सामाजिक

आवश्यकताओं को पूरा करना बन्द कर देता है त्यों ही जुल्म और अन्याय को बढ़ाने का हथियार बन जाता है। ऐसे कानूनों को जारी रखना सामूहिक हितों पर विशेष हितों की दम्भपूर्ण जबरदस्ती के सिवाय कुछ नहीं है।

वर्तमान सरकार के कानून विदेशी शासन के हितों के लिए चलते हैं और हम लोगों के हितों के विपरीत हैं। इसलिए इनकी हमारे ऊपर किसी भी प्रकार की सदाचारिता लागू नहीं होती।

अतः हर भारतीय की यह जिम्मेदारी बनती है कि इन कानूनों को चुनौती दे और इनका उल्लंघन करे। अंग्रेज न्यायालय, जो शोषण के पुर्जे हैं, न्याय नहीं दे सकते। विशेषकर राजनैतिक क्षेत्रों में, जहाँ सरकार और लोगों के हितों का टकराव है। हम जानते हैं कि ये न्यायालय सिवाय न्याय के ढकोसले के और कुछ नहीं हैं।

इन्हीं कारणों से हम इसमें भागीदारी करने से इनकार करते हैं और इस मुकदमे की कार्यवाही में भाग नहीं लेंगे।

5-5-30
जज ने नोट किया—यह रिकॉर्ड में तो रखा जाए लेकिन इसकी कॉपी न दी जाए, क्योंकि इसमें कुछ अनचाही बातें लिखी हैं।

विशेष ट्रिब्यूनल के पुनर्गठन पर

[1 मई, 1930 को अध्यादेश द्वारा स्थापित विशेष ट्रिब्यूनल के सदस्य थे—जस्टिस जे. कोल्डस्ट्रीम (अध्यक्ष), जस्टिस आगा हैदर व जस्टिस जी.सी. हिल्टन। 5 मई को कार्रवाई शुरू हुई। पुंछ हाउस को अदालत बनाया गया। क्रान्तिकारी युवक अदालत में क्रान्तिकारी गीत गाते और क्रान्तिकारी नारे लगाते आते। भगत सिंह ने माँग की कि उन्हें 15 दिन का समय दिया जाए, ताकि वे ट्रिब्यूनल के गैर-कानूनी होने सम्बन्धी तर्क पेश कर सकें। लेकिन यह माँग मानी नहीं गई। 24 क्रान्तिकारियों के नाम मुकदमे के लिए लिये गए, जिनमें से 16 पर मुकदमा चलाया गया। बाद में बटुकेश्वर दत्त के खिलाफ केस वापिस ले लिया गया। जिन पर मुकदमा शुरू किया गया वे थे—सुखदेव, भगत सिंह, किशोरी लाल, देस राज, प्रेम दत्त, जयदेव कपूर, शिव वर्मा, महावीर सिंह, यतीन्द्रनाथ दास, अजय कुमार घोष, यतीन्द्र सान्याल, विजय कुमार सिन्हा, शिवराम राजगुरु, कुन्दनलाल व कमलनाथ तिवारी। भगत सिंह और उनके साथियों ने वकील करने से इनकार कर दिया। 12 मई, 1930 को भगत सिंह और उनके साथियों को हथकड़ियों में अदालत में लाया गया। हथकड़ियाँ न खोलने के विरोध में उन्होंने बस से उतरने से इनकार कर दिया। ट्रिब्यूनल के अध्यक्ष ने उन्हें जबरदस्ती उतारने का आदेश दिया। भगत सिंह और उनके साथियों ने अदालत का बायकाट कर दिया। यद्यपि उन लोगों की हथकड़ियाँ दोपहर के खाने के लिए खोली गईं, लेकिन खाने के बाद फिर लगाने का आदेश दे दिया गया, जिसका भगत सिंह और उनके साथियों ने विरोध किया। अध्यक्ष ने भारतीयों को गाली देते हुए भगत सिंह को लाठियों से पीटने का आदेश दिया।

अदालत में क्रान्तिकारियों, खासकर भगत सिंह को संवाददाताओं और जनता के सामने लाठियों और जूतों से मारा गया। भगत सिंह ने भारतीयों को गाली देने पर आपत्ति करते हुए जस्टिस आगा हैदर से भारतीय होने सम्बन्धी प्रश्न किया और पूछा कि ऐसी मानसिक स्थितिवाले जज न्याय कैसे करेंगे? जस्टिस आगा हैदर ने उस दिन की कार्रवाई पर हस्ताक्षर करने से इनकार कर दिया। इस घटना की दुनिया-भर में चर्चा हुई। सारे भारत में भगत सिंह-दिन मनाया गया, जिसके फलस्वरूप जस्टिस कोल्डस्ट्रीम को लम्बी छुट्टी पर जाना पड़ा और 21 जून को ट्रिब्यूनल नए सिरे से गठित किया गया। अब जस्टिस जी.सी. हिल्टन को अध्यक्ष व जस्टिस जे.के. टैप और जस्टिस अब्दुल कादिर को सदस्य बनाया गया।

इस पर भगत सिंह और बटुकेश्वर दत्त ने निम्नलिखित पत्र में अपने विचार प्रकट किए। —सं.]

कमिश्नर,
विशेष ट्रिब्यूनल
लाहौर षड्यन्त्र केस, लाहौर

श्रीमानजी,

जबकि ट्रिब्यूनल के दो न्यायाधीशों को हटा दिया गया है या वे हट गए हैं और दो नए न्यायाधीश उनके स्थान पर नियुक्त कर दिए गए हैं, इसलिए हम अपना स्पष्टीकरण दर्ज कराना आवश्यक समझते हैं, ताकि हम अपना पक्ष स्पष्ट कर सकें और किसी भी प्रकार की शंकाएँ पैदा होने से बचा जा सके।

12 मई, 1930 को न्यायाधीश कोल्डस्ट्रीम ने जो कि अध्यक्ष भी हैं, एक अदालती आदेश पास किया जिसके अन्तर्गत हमें अदालत में हथकड़ियाँ पहनाने का आदेश दिया गया। इस आदेश का पालन कराने के लिए पुलिस को बल-प्रयोग करने के लिए भी कहा गया।

इस अचानक और असाधारण आदेश का कारण जानने के लिए हमने इस अदालत से निवेदन किया था, जिसे सुनने की आवश्यकता महसूस नहीं की गई। ऐसी स्थितियों में पुलिस हमें जबरन हथकड़ियाँ लगाकर वापिस जेल ले आई। अगले दिन तीन में से एक न्यायाधीश आगा हैदर ने अध्यक्ष के इस आदेश से अपने को अलग कर लिया। उस दिन से हम न्यायालय में नहीं जा रहे।

जिन शर्तों पर हम न्यायालय में आने को तैयार हैं, वे अगले दिन न्यायालय के समक्ष रखी गई थीं। शर्तें थीं कि या तो अध्यक्ष क्षमा माँगे या फिर उन्हें बदल दिया जाए। लेकिन इसका अर्थ यह नहीं था कि उनकी जगह पर ऐसे एक न्यायाधीश को बैठा दिया जाए जो उस आदेश में भागीदार था।

पाँच हफ्ते तक तो अपराधियों की शिकायत को विचार योग्य ही नहीं समझा गया।

वर्तमान ट्रिब्यूनल के निर्माण में दोनों अध्यक्ष और दूसरे न्यायाधीश—जो उनके साथ सहमत नहीं हुए थे—को बदलकर दो नए न्यायाधीश लगाए गए हैं। इस तरह एक न्यायाधीश को जो उस आदेश में भागीदार था, क्योंकि आदेश बहुमत के आधार पर दिया

गया था, ट्रिब्यूनल का अध्यक्ष बनाया गया है। ऐसी स्थिति में हम पुरजोर यह कहना चाहते हैं कि न्यायाधीश कोल्डस्ट्रीम से व्यक्तिगत स्तर पर हमारा कोई शिकवा नहीं था और न ही शिकायत थी। हमारे विरोध का कारण तो न्यायाधीश कोल्डस्ट्रीम की ओर से पास किया बहुमत का आदेश और उसके बाद हमारे साथ हुआ दुर्व्यवहार था। न्यायाधीश कोल्डस्ट्रीम और न्यायाधीश हैमिल्टन का हम सम्मान करते हैं, जैसा कि एक मनुष्य द्वारा दूसरे मनुष्य का किया जाना चाहिए। हमारा रोष एक विशेष आदेश के विरोध में था जिसके कारण ट्रिब्यूनल, जो कि उस आदेश के लिए जिम्मेदार है, के अध्यक्ष से क्षमा माँगने की माँग की गई थी। अध्यक्ष को हटा देने से कोई अन्तर नहीं पड़ता, क्योंकि अब जज हैमिल्टन, जो उस आदेश में शरीक थे, न्यायाधीश कोल्डस्ट्रीम के स्थान पर अध्यक्षता कर रहे हैं। हम तो केवल यह कह सकते हैं कि बदली हुई स्थितियों ने अब जख्म पर नमक छिड़कने का ही काम किया है।

आपके,
भगत सिंह
बी. के. दत्त

25 जून, 1930

पिता जी के नाम पत्र

[30 सितम्बर, 1930 को भगत सिंह के पिता सरदार किशन सिंह ने ट्रिब्यूनल को एक अर्जी देकर बचाव पेश करने के लिए अवसर की माँग की। सरदार किशन सिंह स्वयं देशभक्त थे और राष्ट्रीय आन्दोलन में जेल जाते रहते थे। उन्हें व कुछ अन्य देशभक्तों को लगता था कि शायद बचाव-पक्ष पेश कर भगत सिंह को फाँसी के फन्दे से बचाया जा सकता है, लेकिन भगत सिंह और उनके साथी बिलकुल अलग नीति पर चल रहे थे। उनके अनुसार, ब्रिटिश सरकार बदला लेने की नीति पर चल रही है व न्याय सिर्फ ढकोसला है। किसी भी तरीके से उसे सज़ा देने से रोका नहीं जा सकता। उन्हें लगता था कि यदि इस मामले में कमजोरी दिखाई गई तो जन-चेतना में अंकुरित हुआ क्रान्ति-बीज स्थिर नहीं हो पाएगा। पिता द्वारा दी गई अर्ज़ी से भगत सिंह की भावनाओं को भी चोट लगी थी, लेकिन अपनी भावनाओं को नियन्त्रित कर अपने सिद्धान्तों पर जोर देते हुए उन्होंने 4 अक्तूबर, 1930 को यह पत्र लिखा जो उसके पिता को देर से मिला। 7 अक्तूबर, 1930 को मुकदमे का फैसला सुना दिया गया।

राजनीतिक मामलों की पैरवी कैसे की जाए, इसकी चर्चा भगत सिंह ने एक अन्य पत्र में भी की है, जिसे अगले पृष्ठों पर दिया गया है।–सं.]

4 अक्तूबर, 1930

पूज्य पिता जी,

मुझे यह जानकर हैरानी हुई कि आपने मेरे बचाव-पक्ष के लिए स्पेशल ट्रिब्यूनल को एक आवेदन भेजा है। यह खबर इतनी यातनामय थी कि मैं इसे खामोशी से बर्दाश्त नहीं

कर सका। इस खबर ने मेरे भीतर की शान्ति भंग कर उथल-पुथल मचा दी है। मैं यह नहीं समझ सकता कि वर्तमान स्थितियों में और इस मामले पर आप किस तरह का आवेदन दे सकते हैं?

आपका पुत्र होने के नाते मैं आपकी पैतृक भावनाओं और इच्छाओं का पूरा सम्मान करता हूँ लेकिन इसके बावजूद मैं समझता हूँ कि आपको मेरे साथ सलाह-मशविरा किए बिना ऐसे आवेदन देने का कोई अधिकार नहीं था। आप जानते हैं कि राजनैतिक क्षेत्र में मेरे विचार आपसे काफी अलग हैं। मैं आपकी सहमति या असहमति का ख़याल किए बिना सदा स्वतन्त्रतापूर्वक काम करता रहा हूँ।

मुझे यकीन है कि आपको यह बात याद होगी कि आप आरम्भ से ही मुझसे यह बात मनवा लेने की कोशिशें करते रहे हैं कि मैं अपना मुकदमा संजीदगी से लड़ूँ और अपना बचाव ठीक से प्रस्तुत करूँ, लेकिन आपको यह भी मालूम है कि मैं सदा इसका विरोध करता रहा हूँ। मैंने कभी भी अपना बचाव करने की इच्छा प्रकट नहीं की और न ही मैंने कभी इस पर संजीदगी से गौर किया है।

आप जानते हैं कि हम एक निश्चित नीति के अनुसार मुकदमा लड़ रहे हैं...मेरा हर कदम इस नीति, मेरे सिद्धान्तों और हमारे कार्यक्रम के अनुरूप होना चाहिए। आज स्थितियाँ बिलकुल अलग हैं। लेकिन अगर स्थितियाँ इससे कुछ और भी अलग होतीं तो भी मैं अन्तिम व्यक्ति होता जो बचाव प्रस्तुत करता। इस पूरे मुकदमे में मेरे सामने एक ही विचार था और वह यह कि हमारे विरुद्ध जो संगीन आरोप लगाए गए हैं, बावजूद उनके हम पूर्णतया इस सम्बन्ध में अवहेलना का व्यवहार करें। मेरा नजरिया यह रहा है कि सभी राजनैतिक कार्यकर्ताओं को ऐसी स्थितियों में उपेक्षा दिखानी चाहिए और उनको जो भी कठोरतम सज़ा दी जाए, वह उन्हें हँसते-हँसते बर्दाश्त करनी चाहिए। इस पूरे मुकदमे के दौरान हमारी योजना इसी सिद्धान्त के अनुरूप रही है। हम ऐसा करने में सफल हुए या नहीं, यह फैसला करना मेरा काम नहीं। हम खुदगर्जी को त्यागकर अपना काम कर रहे हैं।

वायसराय ने लाहौर साजिश केस आर्डिनेंस जारी करते हुए इसके साथ जो वक्तव्य दिया था, उसमें उन्होंने कहा था कि साजिश के मुजरिम शान्ति-व्यवस्था को समाप्त करने के प्रयास कर रहे हैं। इससे जो हालात पैदा हुए उसने हमें यह मौका दिया कि हम जनता के समक्ष यह प्रस्तुत करें कि वह स्वयं देख ले कि शान्ति-व्यवस्था एवं कानून समाप्त करने की कोशिशें हम कर रहे हैं या हमारे विरोधी? इस बात पर मतभेद हो सकते हैं? शायद आप भी उनमें से एक हों जो इस बात पर मतभेद रखते हैं, लेकिन इसका मतलब यह नहीं कि आप मुझसे सलाह किए बिना मेरी ओर ऐसे कदम उठाएँ। मेरी ज़िन्दगी इतनी कीमती नहीं जितनी कि आप सोचते हैं। कम-से-कम मेरे लिए तो इस जीवन की इतनी कीमत नहीं कि इसे सिद्धान्तों को कुर्बान करके बचाया जाए। मेरे अलावा मेरे और साथी भी हैं जिनके मुकदमे इतने ही संगीन हैं जितना कि मेरा मुकदमा। हमने एक संयुक्त योजना अपनाई है और इस योजना पर हम अन्तिम समय तक डटे रहेंगे। हमें इस बात की कोई परवाह नहीं कि हमें व्यक्तिगत रूप में इस बात के लिए कितना मूल्य चुकाना पड़ेगा।

पिता जी, मैं बहुत दुख का अनुभव कर रहा हूँ। मुझे भय है, आप पर दोषारोपण करते हुए या इससे बढ़कर आपके इस काम की निन्दा करते हुए मैं कहीं सभ्यता की सीमाएँ न लाँघ जाऊँ और मेरे शब्द ज्यादा सख्त न हो जाएँ। लेकिन मैं स्पष्ट शब्दों में अपनी बात अवश्य कहूँगा। यदि कोई अन्य व्यक्ति मुझसे ऐसा व्यवहार करता तो मैं इसे गद्दारी से कम न मानता, लेकिन आपके सन्दर्भ में मैं इतना ही कहूँगा कि यह एक कमजोरी है–निचले स्तर की कमजोरी।

यह एक ऐसा समय था जब हम सबका इम्तिहान हो रहा था। मैं यह कहना चाहता हूँ कि आप इस इम्तिहान में नाकाम रहे हैं। मैं जानता हूँ कि आप भी इतने ही देशप्रेमी हैं, जितना कि कोई और व्यक्ति हो सकता है। मैं जानता हूँ कि आपने अपनी पूरी ज़िन्दगी भारत की आज़ादी के लिए लगा दी है, लेकिन इस अहम मोड़ पर आपने ऐसी कमजोरी दिखाई, यह बात मैं समझ नहीं सकता।

अन्त में मैं आपसे, आपके अन्य मित्रों एवं मेरे मुकदमे में दिलचस्पी लेनेवालों से यह कहना चाहता हूँ कि मैं आपके इस कदम को नापसन्द करता हूँ। मैं आज भी अदालत में अपना कोई बचाव प्रस्तुत करने के पक्ष में नहीं हूँ। अगर अदालत हमारे कुछ साथियों की ओर से स्पष्टीकरण आदि के लिए प्रस्तुत किए गए आवेदन को मंजूर कर लेती, तो भी मैं कोई स्पष्टीकरण प्रस्तुत न करता।

भूख हड़ताल के दिनों में ट्रिब्यूनल को जो आवेदन पत्र मैंने दिया था और उन दिनों में जो साक्षात्कार दिया था उन्हें गलत अर्थों में समझा गया है और अख़बारों में यह प्रकाशित कर दिया गया कि मैं अपना स्पष्टीकरण प्रस्तुत करना चाहता हूँ, हालाँकि मैं हमेशा स्पष्टीकरण प्रस्तुत करने के विरोध में रहा। आज भी मेरी वही मान्यता है जो उस समय थी।

बोर्स्टल जेल में बन्दी मेरे साथी इस बात को मेरी ओर से गद्दारी और विश्वासघात ही समझ रहे होंगे। मुझे उनके सामने अपनी स्थिति स्पष्ट करने का अवसर भी नहीं मिल सकेगा।

मैं चाहूँगा कि इस सम्बन्ध में जो उलझनें पैदा हो गई हैं, उनके विषय में जनता को असलियत का पता चल जाए। इसलिए मैं आपसे प्रार्थना करता हूँ कि आप जल्द-से-जल्द यह चिट्ठी प्रकाशित कर दें।

आपका आज्ञाकारी,
भगत सिंह

राजनीतिक मामलों की पैरवी पर

[23 दिसम्बर, 1930 को पंजाब के गर्वनर सर ज्याफ्रेडी पर क्रान्तिकारी युवक हरिकृष्ण ने गोली चलाई और उसे घायल कर दिया। हरिकृष्ण पकड़ा गया और उस पर केस चला। लेकिन वकील की सलाह पर हरिकृष्ण जिस तरह केस की पैरवी कर रहा था, भगत सिंह उसके तरीके से असहमत थे। इसलिए उन्होंने अपने एक साथी को जेल से दो पत्र इस सन्दर्भ में लिखे, जिनमें से पहला अनुपलब्ध है, लेकिन दूसरा

पत्र जो कि जून, 1931 में लाहौर से प्रकाशित 'पीपुल्स' नामक अंग्रेजी साप्ताहिक में छपा था, नीचे दिया जा रहा है। उल्लेखनीय है कि हरिकृष्ण को 9 जून, 1931 को फाँसी दी गई।–सं.]

मुझे यह जानकर बहुत अफसोस है कि इस सम्बन्ध में मेरा पहला पत्र समय पर अपने ठिकाने पर पहुँच नहीं सका और इसलिए उससे कोई फायदा न हो सका, या यह कि वह उस उद्देश्य की पूर्ति में असफल रहा, जिसके लिए वह लिखा गया था। इसलिए मैं आमतौर पर यह पत्र राजनैतिक मुकदमों की पैरवी के सवाल के बारे में और खासतौर पर क्रान्तिकारी मुकदमे के बारे में अपने विचारों को प्रकट करने के लिए लिख रहा हूँ। पहले पत्र में विचारे गए खास-खास नुक्तों के अलावा इसका एक और मकसद भी होगा, और वह यह कि मैं घटनाओं से गुजर जाने के बाद समझदार नहीं बन रहा हूँ।

खैर, मैंने उस खत में यह लिखा था कि वकील पैरवी के लिए जो दलीलें दे रहा था, उन्हें माना न जाए, पर बावजूद आपके और मेरे विरोध के उन्हें मान लिया गया है।

बावजूद इसके हम अधिक रोशनी में इस बात पर विचार कर सकते हैं कि पैरवी से सम्बन्धित आगामी नीति के बारे में ठोस विचार बना सकते हैं।

आप यह जानते ही हैं कि मैं कभी भी हमारे राजनैतिक बन्दियों की बचाववाली पैरवी करने का समर्थक नहीं रहा, परन्तु इसका यह मतलब नहीं कि उचित संघर्ष की खूबसूरती बिलकुल ही बिगाड़ दी जाए। इस पर विशेष ध्यान की आवश्यकता है कि खूबसूरती शब्द यहाँ अवास्तविक शक्ल में प्रयोग नहीं किया गया है और इसका उस उद्देश्य से सम्बन्ध है, जिसने कि एक खास कार्रवाई के लिए हरिकृष्ण को प्रेरित किया। जब मैं यह जानता हूँ कि सब राजनैतिक बन्दियों को अपनी पैरवी स्वयं करनी चाहिए, तो यह कुछ विशेष मान्यताओं के साथ कहता हूँ। मेरा मतलब सिर्फ एक ही बात से साफ हो सकता है।

एक मनुष्य एक ही विशेष मकसद को सामने रखकर काम नहीं करता। उसकी गिरफ्तारी के बाद उसके काम का राजनैतिक महत्त्व समाप्त नहीं होना चाहिए और काम की अपेक्षा मरने की तैयारी ही ज्यादा जरूरी नहीं बन जानी चाहिए। हम इसे उदाहरण की मदद से और साफ करें। हरिकृष्ण गवर्नर को गोली मारने के लिए आए। मैं इस कार्रवाई का नैतिक पक्ष नहीं लेना चाहता। मैं सिर्फ इस केस के राजनैतिक पहलू पर विचार करना चाहता हूँ। गोली मारनेवाला व्यक्ति गिरफ्तार कर लिया गया। दुर्भाग्य से पुलिस-कर्मचारी इस कार्रवाई में मर गया। अब पैरवी का सवाल सामने आता है। जब गवर्नर बच गया तो हरिकृष्ण के केस में बड़ा सुन्दर बयान आ सकता था; अर्थात् असली तथ्यों का बयान, जैसा कि हमारे केस में नीचे की अदालत में दिया गया था। इस प्रकार यह कानूनी मकसद को भी पूरा कर देता और कार्य के उद्देश्य को भी ऊपर उठाता, पर वकील की कोशिश और काबिलियत सब-इन्स्पेक्टर की मौत के बारे में दलीलें देने में उलझी रही। उसे यह कहकर क्या मिला कि हरिकृष्ण सिर्फ गवर्नर को जख्मी करना चाहता था, मारना नहीं चाहता था? इसी तरह की दूसरी बातें थीं। क्या कोई समझदार एक क्षण के लिए भी ऐसी बात की उम्मीद कर सकता है? क्या इस दलील की कोई कानूनी कीमत थी? बिलकुल कोई

कीमत नहीं, तो फिर गवर्नर पर गोली चलाने के विशेष कार्य की ही नहीं, बल्कि सारी क्रान्तिकारी लहर की खूबसूरती खराब करने से क्या फायदा था?

प्रतिवाद तथा भावनाएँ ज्यादा देर तक नहीं चल सकतीं। क्रान्तिकारी दल के द्वारा सरकार को बहुत समय पहले चेतावनी दी जा चुकी। इसके लिए क्रान्तिकारी दल को भारत ने बेहद इज्जत दी थी और क्रान्ति की लहर सही स्वरूप में आरम्भ हो गई थी। वायसराय की गाड़ी पर बम फेंकने का कार्य एक चेतावनी नहीं था; भले ही वह असफल रहा। चिटगाँव की घटनाएँ न चेतावनी थीं और न केवल विरोध-प्रदर्शन। इसी तरह हरिकृष्ण का एक्शन अपने-आपमें क्रान्तिकारी संघर्ष का एक हिस्सा था, चेतावनी बिलकुल नहीं। कार्रवाई की असफलता के बाद अभियुक्त इस चीज़ को खिलाड़ी की तरह ले सकता है। मकसद पूरा होने पर सम्भव है भाग्यवश गवर्नर के बच जाने से हरिकृष्ण प्रसन्न हुआ हो। व्यक्तिगत रूप से किसी को मारने से कोई लाभ भी नहीं। इन कार्यों का राजनैतिक महत्त्व होता है, ये वह वातावरण और सोचने का ढंग बनाने में मदद करते हैं जो कि आखिरी संघर्ष के लिए बहुत जरूरी है। इतना ही पर्याप्त है। व्यक्तिगत कार्य लोगों की सहानुभूति जीतने के लिए होते हैं। हम कभी-कभी इनको अपने कार्यों के द्वारा प्रोपेगेंडा का नाम दे देते हैं।

इस विचार की रोशनी में क्रान्तिकारी मुकदमों की पैरवी होनी चाहिए। यह एक आम समझवाला नियम है कि संघर्ष करनेवाली सभी पार्टियाँ प्राप्त अधिक करना चाहती हैं और खोना कम। कोई भी जनरल ऐसी युद्ध-नीति नहीं अपना सकता जिसमें उसे सोचे हुए लाभ से अधिक बलिदान देना पड़े। मुझसे अधिक कोई भी हरिकृष्ण के अमूल्य जीवन को बचाने के लिए बेताब नहीं होगा, पर मैं आपको बताना चाहता हूँ कि जो चीज़ उसकी जिन्दगी को अनमोल बनाती है उसे आँख से ओझल नहीं करना चाहिए। किसी भी कीमत पर जीवन को बचाना ही हमारी नीति नहीं है। यह कांग्रेस की नीति हो सकती है, यह आरामकुर्सियोंवाले राजनीतिज्ञों की नीति हो सकती है, परन्तु यह हमारी नीति नहीं है। बचाव-नीति (डिफेन्स पालिसी) अधिकतर अभियुक्त के अपने सोचने के ढंग पर आधारित होती है, पर यदि अभियुक्त न सिर्फ निडर हो, बल्कि हमेशा की तरह जोशीला भी रहे तो जिस कार्य के लिए उसने अपनी ज़िन्दगी का खतरा मोल दिया उसे बयान में पहले लिया जाना चाहिए और व्यक्तिगत मसलों को बाद में। इसके बाद भी एक तरह की उलझन भरी स्थिति हो सकती है क्योंकि कुछ ऐसे केस हो सकते हैं जिनमें स्थानीय महत्त्व के होने पर भी कार्रवाई (एक्शन) का आम महत्त्व न हो। वहाँ अपनी जिम्मेदारी स्वीकार करने में अभियुक्त को भावुक नहीं होना चाहिए। निर्मलकान्त राय का मशहूर मुकदमा इसका सबसे अच्छा उदाहरण है, परन्तु इस तरह के राजनैतिक महत्त्व के केस में व्यक्तिगत पहलू को राजनैतिक पहलू से अधिक महत्त्व नहीं दिया जाना चाहिए। अगर आप मेरा निष्पक्ष मत प्रस्तुत केस के बारे में पूछना चाहते हैं तो मैं साफ-साफ बता देना चाहता हूँ कि यह ऐतिहासिक महत्त्व की राजनैतिक हत्या बिलकुल नहीं है।

यहाँ मैं एक बात अवश्य बताना चाहता हूँ कि इस केस का गला घोंटनेवाले लोग–जिन्हें अपनी गलती का अहसास हो गया है और उसके बाद जो समझदार बन गए हैं, लेकिन अपने कन्धों पर उत्तरदायित्व लेने का हौसला नहीं कर पा रहे हैं–हमारे नौजवान

साथी के चमत्कारी चरित्र के सौन्दर्य को नीचा दिखाने की कोशिश कर रहे हैं। मैंने उन्हें यह कहते सुना है कि हरिकृष्ण बहादुरी से सामना करने में काँप गया है। यह एक हद दर्जे का शर्मनाक झूठ है। मुझे उस-जैसा हौसलेवाला नौजवान कभी कोई नहीं मिला। लोगों को हमारे ऊपर मेहरबानी करनी चाहिए। हौसला पस्त करने और नीचा दिखाने से तो अच्छा है कि वे हमारी तरफ ध्यान ही न दें।

वकीलों को उन नौजवानों की जिन्दगियाँ, यहाँ तक कि मौतों को खराब करने में इतने आत्महीन विशेषज्ञ (बेजमीरे एक्सपर्ट) नहीं होना चाहिए, जो दुखी जनता की मुक्ति के पवित्र काम में अपना आपा न्योछावर करने के लिए आते हैं। मुझे यह जानकर सचमुच बहुत दुख होता है कि धीरे-धीरे हम राजनैतिक कार्यकर्ताओं की एक नई अफसरशाही बना रहे हैं। यह बात ठीक नहीं है तो भला एक वकील किसी राजनैतिक मुकदमे में यकीन न आनेवाली फीस क्यों माँगे, जैसा कि इस केस में फीस दी गई है।

राजद्रोह के केसों में मैं वह हद बता सकता हूँ जिस तरह हम पैरवी की इजाजत दे सकते हैं। गत वर्ष जब एक साथी पर समाजवादी भाषण देने का मुकदमा चला और उसे गलत ढंग पर लड़ा गया तो हमें केवल हैरानगी ही हुई थी। ऐसे केसों में हमें अपने द्वारा प्रचारित विचारों और आदर्शों को स्वीकार कर लेना चाहिए और स्वतन्त्र भाषण का अधिकार माँगना चाहिए, परन्तु कहाँ यह बात और कहाँ यह कहना कि हमने कुछ कहा ही नहीं! हम इस तरह अपने ही आन्दोलन के हितों के विरुद्ध जाते हैं। कांग्रेस को मौजूदा आन्दोलन में बिना मुकदमों की पैरवी किए जेल से नुकसान पहुँचा है। मेरे विचार में यह एक गलती थी।

खैर, मेरा ख़याल है कि आप मेरा यह पत्र पिछले पत्र के साथ पढ़ेंगे और राजनैतिक मुकदमों की पैरवी के बारे में मेरे विचारों से अच्छी तरह परिचित हो जाएँगे। हरिकृष्ण के केस में मेरे ख़याल में जल्दी-से-जल्दी हाईकोर्ट में अपील कर देनी चाहिए और उसको बचाने की पूरी कोशिश होनी चाहिए। मुझे आशा है कि मेरे यह दोनों पत्र प्रत्येक बात आपको बता देंगे, जो मैं आपको बताना चाहता हूँ।

आपका,
भगत सिंह

जेल से कुछ पत्र

[लाहौर षड्यन्त्र केस के दौरान लिखे गए भगत सिंह के कुछ व्यक्तिगत पत्र यहाँ प्रस्तुत हैं। जेल में की गई भूख हड़ताल की सबसे बड़ी जीत यह थी कि वे पढ़ने-लिखने में काफी समय लगा देते थे। यहाँ प्रस्तुत नौ पत्र-दस्तावेज़ भगत सिंह के व्यक्तित्व के कई अछूते पक्षों को उजागर करते हैं। –सं.]

बचपन के दोस्त जयदेव गुप्ता को पत्र

सेंट्रल जेल, लाहौर
3 जून, 1930

मेरे प्रिय जयदेव,

'विक्ट्री' जूते और 'क्विक' दवात भेजने के लिए मेरी ओर से धन्यवाद स्वीकारो! आपके शब्दानुसार जैसा कि कुलवीर ने कहा है, मैं यह खत कुछ अन्य चीज़ें मँगवाने के लिए लिख रहा हूँ।

आपका बहुत धन्यवाद होगा अगर आप एक दूसरा जोड़ा कपड़े के जूते श्री दत्त के लिए भेज सको। लेकिन दुकानदार से उन्हें पूरा न आने की स्थिति में वापसी की शर्त से लें। मैं इस बारे में अपने पहले खत में ही लिख सकता था, लेकिन उस समय श्री दत्त अच्छे मूड में नहीं थे। मगर मेरे लिए यह बहुत कठिन बात है कि मैं अकेला ही इन जूतों को पहनूँ। मैं उम्मीद करता हूँ कि अगली मुलाकात के समय जूतों का एक और जोड़ा यहाँ पड़ा होगा।

कृपया 34 नम्बर छाती की सफेद शैक्सपीयर कालर वाली आधी आस्तीन वाली खेल शर्ट भेजना। यह भी श्री दत्त के लिए चाहिए। यह न सोचना कि जेल में होते हुए भी हमने अपना रहन-सहन का खर्चीला ढंग नहीं त्यागा क्योंकि यह फिर भी आवश्यक जरूरतें हैं, विलासिताएँ नहीं। किसी मुलायम कपड़े के बने हुए दो लँगोट नहाने और वर्जिश करने के लिए भेज दो और कपड़े धोने के लिए साबुन की कुछ टिक्की भेज देना। साथ ही थोड़े बादाम और एक स्वान इंक की दवात भी भेज देना। सरदार जी का क्या हाल है? क्या वे लुधियाना से आ गए हैं? आजकल कचहरी बन्द रहेगी। मुकदमा नहीं चल रहा होगा। यदि वे आज अभी तक वापस नहीं आए तो उनको लाने के लिए किसी को भेज देना। फिर उनके और मेरे मुकदमों का फैसला होनेवाला है। कहा नहीं जा सकता कि हमें आपस में

मुलाकात का भी मौका मिलेगा अथवा नहीं, इसलिए आप उन्हें फौरन बुला लें ताकि वे इस हफ्ते के भीतर मुझसे दो मुलाकातें कर सकें और अगर यदि वे जल्द नहीं आ पा रहे तो कृपया कुलबीर और बहन अमर कौर को मुझसे मुलाकात के लिए कल या फिर परसों भेज दें। मित्रों को मेरी ओर से याद कहें।

साथ ही, क्या आप उर्दू अनुवाद के लिए एक फारसी कायदा भेज सकते हो?

आपका,
भगत सिंह

जयदेव को एक और पत्र

सेंट्रल जेल, लाहौर
24 जुलाई, 1930

मेरे प्रिय जयदेव!

कृपया निम्नलिखित किताबें द्वारकादास पुस्तकालय से मेरे नाम पर जारी करवा कर शनिचरवार को कुलबीर के हाथ भेज देना :

मैटीरियेलिज़्म : कार्ल लीब्नेखत
व्हाई मैन फाइट—बी. रसेल
सोवियट्स एट वर्क
कोलेप्स ऑफ सेकंड इंटरनेशनल
लैफ्ट विंग कम्युनिज़्म
म्यूचुअल एंड प्रिंस क्रोपाटकिन
फील्ड्स फैक्ट्रीज एंड वर्कशॉप्स
सिविल वार इन फ्रांस : मार्क्स
लैंड रिवोल्यूशन इन एशिया, और
अप्टन सिंकलेयर की 'स्पाई'।

कृपया यदि हो सके तो मुझे एक और किताब भेजने का प्रबन्ध करना, जिसका नाम 'थ्योरी ऑफ हिस्टोरिकल मैटिरियेलिज़्म : बुखारिन' है। (यह पंजाब पब्लिक लाइब्रेरी से मिल जाएगी)। और पुस्तकालयाध्यक्ष से यह मालूम करना कि कुछ किताबें क्या बोर्स्टल जेल में भेजी गई हैं? उन्हें किताबों की बहुत जरूरत है। उन्होंने सुखदेव के भाई जयदेव के हाथों एक सूची भेजी थी, लेकिन उनको अभी तक किताबें नहीं मिलीं। अगर उनके (पुस्तकालय) पास कोई सूची न हो तो कृपया लाला फिरोज चन्द से जानकारी ले लेना और उनकी पसन्द के अनुसार कुछ रोचक किताबें भेज देना। इस रविवार जब मैं वहाँ जाऊँ तो उनके पास किताबें पहुँची हुई होनी चाहिए। कृपया यह काम किसी भी हालत में कर देना। इसके साथ ही डार्लिंग की 'पंजाब पेजेंट्री इन प्रॉसपैरिटी एंड डैट' और इसी तरह की एक-दो अन्य किताबें किसान समस्या पर डॉ. आलम के लिए भेज देना।

आशा है तुम इन कष्टों को ज्यादा महसूस न करोगे। भविष्य के लिए तुम्हें यकीन दिलाता हूँ कि तुम्हें कभी भी कोई कष्ट न दूँगा। सभी मित्रों को मेरी याद कहना और लज्जावती जी को मेरी ओर से अभिवादन। उम्मीद है कि अगर दत्त की बहन आईं तो वे मुझसे मुलाकात करने का कष्ट करेंगी।

आदर के साथ,
भगत सिंह

बटुकेश्वर दत्त की बहन प्रोमिला को पत्र

सेंट्रल जेल, लाहौर
17 जुलाई, 1930

प्यारी बहन,

कल बत्तू[1] ने आपको चिट्ठी लिखी थी। आपको यह खबर देने के लिए कि जब तक आपको उसकी दूसरी चिट्ठी न मिले, आप यहाँ न आएँ। बत्तू को कल रात किसी अन्य जेल में भेज दिया गया है। अभी तक हम उसके पड़ाव के बारे में अनजान हैं। इसलिए मैं आपसे अर्ज करता हूँ कि आप बनारस से लाहौर के लिए तब तक न चलें जब तक उसकी चिट्ठी न मिले। उसका बिछोह मेरे लिए भी असहनीय है। आज भी मैं बड़ी परेशानी महसूस कर रहा हूँ। हर पल बोझिल बन गया है। सच में ऐसे दोस्त से बिछड़ना जो कि मेरे अपने भाइयों से ज्यादा प्यारा हो, बहुत दुखद है। खैर, हमें यह सबकुछ हौसला करके सहना चाहिए। मैं आपसे अर्ज करता हूँ कि आप धीरज रखें; कोई चिन्ता न करें।

समय बीतने से कोई अच्छा ही परिणाम निकलेगा।

आपका भाई,
भगत सिंह

बटुकेश्वर दत्त को पत्र

सेंट्रल जेल, लाहौर
अक्तूबर, 1930

प्रिय भाई,

मुझे सज़ा सुना दी गई है और फाँसी का हुक्म हुआ है। इन कोठरियों में मेरे अलावा फाँसी का इन्तजार करनेवाले बहुत-से मुजरिम हैं। यह लोग यही प्रार्थनाएँ कर रहे हैं कि किसी तरह से वे फाँसी से बच जाएँ। लेकिन उनमें से शायद मैं अकेला ऐसा आदमी हूँ जो बड़ी बेसब्री से उस दिन का इन्तजार कर रहा हूँ जब मुझे अपने आदर्श के लिए फाँसी के तख्ते पर चढ़ने का सौभाग्य मिलेगा। मैं खुशी से फाँसी के तख्ते पर चढ़कर दुनिया को दिखा दूँगा कि क्रान्तिकारी अपने आदर्शों के लिए कितनी वीरता से कुर्बानी दे सकते हैं।

---

1. बटुकेश्वर दत्त का लाड का नाम।

मुझे फाँसी की सज़ा मिली है, मगर तुम्हें उम्र कैद। तुम ज़िन्दा रहोगे और ज़िन्दा रहकर तुम्हें दुनिया को यह दिखा देना है कि क्रान्तिकारी अपने आदर्शों के लिए सिर्फ मर ही नहीं सकते, बल्कि ज़िन्दा रहकर हर तरह की यातनाओं का मुकाबला भी कर सकते हैं। मौत सांसारिक मुसीबतों से छुटकारा पाने का साधन नहीं बननी चाहिए, बल्कि जो क्रान्तिकारी संयोगवश फाँसी के फन्दे से बच गए हैं उन्हें ज़िन्दा रहकर दुनिया को यह दिखा देना चाहिए कि वे न सिर्फ अपने आदर्शों के लिए फाँसी पर चढ़ सकते हैं, बल्कि जेलों की अँधेरी कोठरियों में घुट-घुटकर हद दर्जे के अत्याचारों को भी सहन कर सकते हैं।

तुम्हारा,
भगत सिंह

छोटे भाई कुलबीर को पत्र

सेंट्रल जेल, लाहौर
16 सितम्बर, 1930

प्यारे भाई कुलबीर,

सत श्री अकाल!

तुम्हें मालूम ही होगा कि उच्च अधिकारियों के आदेशानुसार मुझसे मुलाकातों पर पाबन्दी लगा दी गई है। इन स्थितियों में फिलहाल मुलाकात न हो सकेगी और मेरा विचार है कि जल्द ही फैसला सुना दिया जाएगा। इसके कुछ दिनों बाद किसी दूसरी जेल में भेज दिया जाएगा। इसलिए किसी दिन जेल में आकर मेरी किताबें और कागजात आदि चीज़ें ले जाना। मैं बर्तन, कपड़े, किताबें और अन्य कागजात जेल के डिप्टी सुपरिंटेंडेंट के दफ्तर में भेज दूँगा। आकर ले जाना। पता नहीं क्यों, मेरे मन में बार-बार यह विचार आ रहा है कि इसी हफ्ते के किसी दिन या अधिक-से-अधिक इसी माह में फैसला और चालान हो जाएगा। इन स्थितियों में अब तो किसी अन्य जेल में मुलाकात होगी। यहाँ तो उम्मीद नहीं।

वकील को भेज सको तो भेजना। मैं प्रिवी कौंसिल के सिलसिले में एक जरूरी मशविरा करना चाहता हूँ। माँजी को दिलासा देना, घबराएँ नहीं।

तुम्हारा भाई,
भगत सिंह

कुलबीर को एक और पत्र

सेंट्रल जेल, लाहौर
25 सितम्बर, 1930

प्रिय भाई कुलबीर सिंह जी,

सत श्री अकाल!

मुझे यह जानकर कि एक दिन तुम माँजी को साथ लेकर आए और मुलाकात का आदेश न मिलने से निराश होकर वापस लौट गए, बहुत दुख हुआ। तुम्हें तो पता चल चुका

था कि जेल में मुलाकात की इजाजत नहीं देते? फिर माँजी को साथ क्यों लाए? मैं जानता हूँ कि इस समय वे बहुत घबराई हुई हैं, लेकिन इस घबराहट और परेशानी का क्या फायदा, नुकसान जरूर है, क्योंकि जब से मुझे पता चला कि वे बहुत रो रही हैं, मैं स्वयं भी बेचैन हो रहा हूँ। घबराने की कोई बात नहीं, फिर इससे कुछ मिलता भी नहीं। सभी साहस से हालात का मुकाबला करें। आखिरकार दुनिया में दूसरे लोग भी तो हजारों मुसीबतों में फँसे हुए हैं और फिर अगर लगातार एक बरस तक मुलाकातें करके भी तबीयत नहीं भरी तो और दो-चार मुलाकातों से भी तसल्ली न होगी। मेरा ख़याल है कि फैसले और चालान के बाद मुलाकातों से पाबन्दी हट जाएगी, लेकिन माना कि इसके बावजूद मुलाकात की इजाजत न मिले तो...इसलिए घबराने से क्या फायदा?

तुम्हारा भाई,
भगत सिंह

कुलबीर के नाम अन्तिम पत्र[1]

सेंट्रल जेल, लाहौर
3 मार्च, 1931

प्रिय कुलबीर सिंह,

तुमने मेरे लिए बहुत कुछ किया। मुलाकात के समय तुमने अपने खत के जवाब में कुछ लिख देने के लिए कहा था। कुछ शब्द लिख दूँ, बस। देख, मैंने किसी के लिए कुछ न किया। तुम्हारे लिए भी कुछ न कर सका। आज तुम सबको विपदाओं में छोड़कर जा रहा हूँ। तुम्हारी ज़िन्दगी का क्या होगा? गुजर किस तरह करोगे? यही सब सोचकर काँप जाता हूँ। लेकिन भाई हौसला रखना। विपदाओं में भी कभी न घबराना। इसके सिवाय और क्या कह सकता हूँ। अमेरिका जा सकते तो बहुत अच्छा होता। लेकिन अब तो यह नामुमकिन जान पड़ता है। धीरे-धीरे हिम्मत से पढ़ लो। अगर कोई काम सीख सको तो बेहतर होगा। लेकिन सबकुछ पिता जी की सलाह से करना। जहाँ तक सम्भव हो प्यार-मुहब्बत से रहना। इसके सिवाय और क्या कहूँ? जानता हूँ कि आज तुम्हारे दिल में ग़म का समुद्र ठाठें मार रहा है। तुम्हारे बारे में सोचकर मेरी आँखों में आँसू आ रहे हैं; लेकिन क्या किया जा सकता है? हौसला रख मेरे अजीज! मेरे प्यारे भाई, जिन्दगी बड़ी सख्त है और दुनिया बड़ी बेरहम। लोग भी बहुत बेरहम हैं। सिर्फ हिम्मत और प्यार से ही गुजारा हो सकेगा। कुलतार की पढ़ाई की चिन्ता भी तुम्हीं करना। बहुत शर्म आती है और अफसोस के सिवाय मैं कर भी क्या सकता हूँ। साथवाला खत हिन्दी में लिखा है। खत बी.के. की बहन को दे देना। अच्छा नमस्कार, अजीज भाई अलविदा... रुखसत।

तुम्हारा शुभाकांक्षी,
भगत सिंह

---

1. फाँसी लगने के 20 दिन पूर्व।

कुलतार के नाम अन्तिम पत्र[1]

सेंट्रल जेल, लाहौर
3 मार्च, 1931

प्यारे कुलतार,

आज तुम्हारी आँखों में आँसू देखकर बहुत दुख पहुँचा। आज तुम्हारी बातों में बहुत दर्द था। तुम्हारे आँसू मुझसे सहन नहीं होते।

बरखुरदार, हिम्मत से विद्या प्राप्त करना और स्वास्थ्य का ध्यान रखना। हौसला रखना, और क्या कहूँ—

उसे यह फ़िक्र है हरदम नया तर्ज़े-जफ़ा क्या है,
हमें यह शौक़ है देखें सितम की इन्तहा क्या है।

दहर से क्यों ख़फ़ा रहें, चर्ख़ का क्यों गिला करें,
सारा जहाँ अदू सही, आओ मुक़ाबला करें।

कोई दम का मेहमाँ हूँ ऐ अह्ले-महफ़िल,
चराग़े-सहर हूँ बुझा चाहता हूँ।

हवा में रहेगी मेरे ख़याल की बिजली,
ये मुश्ते-ख़ाक है फानी, रहे रहे न रहे।

अच्छा रुख़सत। खुश रहो अहले-वतन; हम तो सफ़र करते हैं। हिम्मत से रहना। नमस्ते।

तुम्हारा भाई,
भगत सिंह

बलिदान से पहले साथियों को अन्तिम पत्र

22 मार्च, 1931

साथियो,

स्वाभाविक है कि जीने की इच्छा मुझमें भी होनी चाहिए, मैं इसे छिपाना नहीं चाहता। लेकिन मैं एक शर्त पर ज़िन्दा रह सकता हूँ कि मैं कैद होकर या पाबन्द होकर जीना नहीं चाहता।

मेरा नाम हिन्दुस्तानी क्रान्ति का प्रतीक बन चुका है और क्रान्तिकारी दल के आदर्शों और कुर्बानियों ने मुझे बहुत ऊँचा उठा दिया है—इतना ऊँचा कि जीवित रहने की स्थिति में इससे ऊँचा मैं हर्गिज नहीं हो सकता।

आज मेरी कमजोरियाँ जनता के सामने नहीं हैं। अगर मैं फाँसी से बच गया तो वे जाहिर हो जाएँगी और क्रान्ति का प्रतीक-चिह्न मद्धिम पड़ जाएगा या सम्भवतः मिट ही

1. वही।

जाए। लेकिन दिलेराना ढंग से हँसते-हँसते मेरे फाँसी चढ़ने की सूरत में हिन्दुस्तानी माताएँ अपने बच्चों के भगत सिंह बनने की आरज़ू किया करेंगी और देश की आज़ादी के लिए कुर्बानी देनेवालों की तादाद इतनी बढ़ जाएगी कि क्रान्ति को रोकना साम्राज्यवाद या तमाम शैतानी शक्तियों के बूते की बात नहीं रहेगी।

हाँ, एक विचार आज भी मेरे मन में आता है कि देश और मानवता के लिए जो कुछ करने की हसरतें मेरे दिल में थीं, उनका हजारवाँ भाग भी पूरा नहीं कर सका। अगर स्वतन्त्र, ज़िन्दा रह सकता तब शायद इन्हें पूरा करने का अवसर मिलता और मैं अपनी हसरतें पूरी कर सकता।

इसके सिवाय मेरे मन में कभी कोई लालच फाँसी से बचे रहने का नहीं आया। मुझसे अधिक सौभाग्यशाली कौन होगा? आजकल मुझे स्वयं पर बहुत गर्व है। अब तो बड़ी बेताबी से अन्तिम परीक्षा का इन्तजार है। कामना है कि यह और नजदीक हो जाए।

आपका साथी,

भगत सिंह।

दूसरे साथियों के कुछ पत्र

[सुखदेव दल की पंजाब शाखा के संगठनकर्ता थे, जबकि भगत सिंह और विजयकुमार सिन्हा की अन्तरप्रान्तीय सम्पर्क की जिम्मेदारी थी। इसीलिए लाहौर षड्यन्त्र केस 'ब्रिटिश राज बनाम सुखदेव व उनके साथी' चला। सुखदेव प्रत्यक्ष रूप से सांडर्स की हत्या से सम्बन्धित नहीं थे, फिर भी क्रान्तिकारी दल के संगठनकर्ता होने के नाते उन्हें फाँसी की सज़ा दी गई। यदि भगत सिंह दल को विचारधारात्मक नेतृत्व प्रदान कर रहे थे तो सुखदेव संगठन में नेता थे और राजगुरु अत्यन्त निष्ठा और त्याग की मूर्ति थे। इन तीनों के सुमेल से ही 'इन्कलाब ज़िन्दाबाद' का नारा पैदा हुआ।

भगत सिंह व सुखदेव ने क्रान्ति-पथ के पड़ाव भी साथ ही तय किए और परस्पर विचार-विमर्श द्वारा वैचारिक स्पष्टता भी हासिल की। हर महत्त्वपूर्ण समस्या पर इन दोनों की बहस होती थी, उसी बहस से क्रान्तिकारी दल के चिन्तन का भी पता चलता है। भगत सिंह और सुखदेव एक-दूसरे के अन्तरंग मित्र भी थे। इस अध्याय में सुखदेव के पत्रों के रूप में कुछ महत्त्वपूर्ण दस्तावेज़ प्रस्तुत हैं। –सं.]

सुखदेव का ताया जी के नाम पत्र[1]

बोर्स्टल, लाहौर

मान्य ताया जी,

दो पत्र पहले लिख चुका है। कोई उत्तर नहीं मिला।

मैं सुन रहा हूँ मेरे कारण आपको बहुत कुछ मानसिक कष्ट उठाना पड़ रहा है। इसके पूर्व भी इस ख़याल से आपको पत्र द्वारा कहने की चेष्टा की है। अब फिर वही कर रहा हूँ।

मैं जानता हूँ कि आपको मेरे स्वभाव (मूलपत्र में 'स्वाभाव' लिखा है।–सं.) के कारण बहुत चिन्तित रहना पड़ता है और मैं यह भी चाहता हूँ कि आपकी यह चिन्ता किसी प्रकार दूर हो जाए। खासकर इन दिनों में जबकि आपके लिए दूसरे कष्ट काफी इकट्ठे हो रहे हैं। परन्तु एक बात मैं आपसे साफ कहना चाहता हूँ। मुझसे कोई बात सिर्फ इसीलिए कि उससे दूसरे खुश होंगे—नहीं हो सकती। दाढ़ी ही की बात लीजिए। भला इससे आपको

---

1. बोर्स्टल जेल, लाहौर से ताया श्री चिन्ताराम थापर के नाम लिखा पत्र। –सं.

इतना दुखी होने की क्या आवश्यकता थी। जैसे दाढ़ी-मूँछ कटाना एक फैशन है वैसे ही दाढ़ी रखना भी तो एक फैशन ही है। अब क्या किसी व्यक्ति को इस बारे में भी माता-पिता द्वारा इतना बाध्य होना पड़ेगा और उसे सर, दाढ़ी और मूँछ के बाल अपने माता-पिता की इच्छा पर ही रखाने या कटाने चाहिएँ। तो क्या वह लोग जो दाढ़ी इत्यादि धर्म अथवा माँ-बाप की खातिर या रूढ़ि को कायम रखने की खातिर रखाते हैं ऐसा करने में (Justified) हुए न। मैं नहीं समझता कि आप-जैसे स्वतन्त्र विचार रखनेवाला पुरुष क्यों अपने पुत्र से ऐसी आशा करता है कि वह मामूली-मामूली बात करने में इस बात का विचार रखे कि उसके वैसा करने से उसका पिता तो बुरा नहीं मानेगा। और वह आदमी आज़ाद विचारोंवाला ही कैसे हो सकता है जो दूसरे व्यक्ति को उसके अपनी इच्छानुसार करने पर बुरा समझे जबकि वह बात कोई ऐसी नहीं है जिसे बुरी दृष्टि से (Morally) देखा जाना चाहिए।

हाँ, एक बात और है, शायद आपका यह विचार होता होगा कि इससे मैं बदसूरत मालूम होता हूँ और मैं जानबूझकर अपनी हालत ज्यादा गन्दी रखना चाहता हूँ, जिसे आप अपने पुत्र के लिए अच्छा नहीं समझते। यदि ऐसा है तो मैं आपको बताना चाहता हूँ कि आपका ऐसा विचार करना भूल है। अपने शरीर की जितनी फिकर मुझे रहती है और देश तथा धर्म की खातिर अपने शरीर को खराब करने के बरखिलाफ जितना मैं हूँ और शायद ही कोई हो। ऐसी अवस्था में मैं नहीं समझता कि आपकी नाराजगी का क्या कारण है।

साथ ही यह बात भी मैं आपके आगे रख देना चाहता हूँ कि मैं इस बात को बहुत बुरा समझता हूँ कि मैं यह कुछ भी करने में सदा इस बात का ध्यान रखूँ कि दूसरे क्या विचार करेंगे और न ही मैं यह अच्छा समझता हूँ कि और कोई मेरे व्यक्तिगत जीवन की बातों में मुझे अपनी इच्छाओं से बाध्य करे। मैं चाहे कोई भी हो–किसी की खातिर अपना व्यक्तित्व खोना नहीं चाहता और फिर ऐसी-ऐसी मामूली बातों की खातिर मैं स्वयं इन बातों से तंग हो जाता हूँ।

दूसरा कारण आपके दुखी रहने का है मेरा आजकल का Attitude। ठीक है। माता-पिता के लिए गौरव की बात यही है कि उनका लड़का उनके लिए नेकनामी पैदा करे न कि कलंक। माता-पिता की सदा यह इच्छा रहती है कि उनका लड़का बड़ा नाम कमाए और जीवन के संग्रामों में किसी से भी पीछे न रहे। मैं जानता हूँ आपकी भी ऐसी ही मानसिक अवस्था है और जब आप देखते हैं कि मैं किसी बात में भाग नहीं लेता और हमेशा चुप रहता हूँ तो आपको बहुत दुख होता है। सचमुच, मैं आपसे सच्चे दिल से कहता हूँ, आपको इस बारे में दुखी देखकर मैं स्वयं बहुत दुखी होता हूँ। और क्या कहूँ, मैंने इस कारण से कितने अपनों को नाराज किया है और कितनों की नज़र में बुरा बना हूँ। इतना होने पर भी इस बारे में मैं कुछ नहीं कहना चाहता और न सफाई देना चाहता हूँ। पर आपसे यह अवश्य कहूँगा कि आप कभी इन विचारों को लेकर दुखी न हों और मैं क्या करता हूँ और मुझे क्या करना चाहिए, इन बातों पर कभी विचार ही न करना चाहिए।

क्योंकि आपको यकीन करना चाहिए कि मैं आपका पुत्र हूँ। बस यही मेरी सफाई है। इस पर यकीन कीजिए।

क्या मैं आशा कर सकता हूँ कि आप मेरी ओर से निश्चिन्त हो जाएँगे।

आपका पुत्र[1],
सुखदेव

सुखदेव का अधूरा पत्र

[राष्ट्रीय अभिलेखागार, भारत सरकार, नई दिल्ली के सौजन्य से प्राप्त सुखदेव की यह अपूर्ण, अप्रेषित चिट्ठी सुखदेव के बोर्स्टल जेल से, सेंट्रल जेल लाहौर में स्थानान्तरण के समय प्राप्त हुई थी। मूल चिट्ठी पाकिस्तान सरकार के रिकॉर्ड में है लेकिन इसकी फोटोस्टेट प्रतिलिपि राष्ट्रीय अभिलेखागार में उपलब्ध है। –सं.]

7 अक्तूबर, 1930

बिरादरमन,

देर से कुछ भावनाएँ हृदय में उठ रही थीं जिनको कुछ कारणोंवश अब तक दबाए हुए था। किन्तु अब अधिक नहीं दबा सकता। दबा सकता ही नहीं वरन् उनको दबाना उचित भी नहीं समझता। कह नहीं सकता मेरे इस प्रकार भाव प्रकट करने को आप अच्छा समझें या बुरा। इनको कुछ महत्त्व दें या नहीं। ये आपके अनुकूल हों या नहीं। आप इनसे सहमत हों या नहीं। लेकिन मैं तो वही कर रहा हूँ जो मुझे उचित मालूम दे रहा है। आप इन्हें ग्रहण करना चाहें करें, यह आपकी इच्छा है। और यदि आप इसका उत्तर देना चाहें तो बड़ी अच्छी बात हो। इससे यह लाभ होगा कि मेरे विचार भी कुछ clear हो जाएँगे और मुझे इस बात की तसल्ली भी हो जाएगी कि जेल की चारदीवारी ने मुझे मेरे ठीक-ठीक judge कर सकने की शक्ति से वंचित नहीं कर दिया और practical life के field से अलग हो जाने पर मैं idle और Vain Schemes के सोचने का आदी नहीं हो गया हूँ।

जब से हम लोग जेल में आए हैं बाहिर का वातावरण बहुत गरम हो रहा है। जहाँ तक actions का सम्बन्ध है, पत्रों द्वारा पता चलता है कि करीब हर एक province में, खासकर पंजाब और बंगाल में तो हद ही हो गई है। इस पर bomb तो एक साधारण-सी बात हो गई है। बम द्वारा इतने actions हमारे इतिहास में शायद ही कभी हुए होंगे। इन्हीं actions के बारे में ही मैं यहाँ पर आपसे कुछ कहना चाहता हूँ। इस बारे में actions के सम्बन्ध में हमारी अपनी policy क्या थी, आपके सम्मुख रखूँगा। इसके पश्चात् actions के सम्बन्ध में अपने विचार कहूँगा।

हम लोग कुल दो actions कर पाए। एक सांडर्स मर्डर, दूसरा असेम्बली बम। इसके अतिरिक्त हमने दो-तीन और actions करने का प्रयत्न किया था यद्यपि उनमें सफलता प्राप्त नहीं हुई। इनके सम्बन्ध में मैं इतना कह सकता हूँ कि हमारे actions तीन प्रकार के थे–1. Propaganda, 2. Money और 3. Special. इन तीनों में से हमारा मुख्य ध्यान propaganda के actions की ओर था। बाकी दोनों गौण कहे जा सकते हैं। इससे मेरा

1. 'आपका पुत्र सुखदेव' यह शब्द मूल पत्र के आरम्भ में बाईं तरफ ऊपर लिखा गया है। –सं.

अभिप्राय उनकी importance को कम करने का नहीं है तो भी हमारे लिए हमारी existence का उद्देश्य propaganda के actions करना ही था। बाकी दोनों प्रकार के actions हमारा उद्देश्य नहीं थे, वरन् उद्देश्य की पूर्ति के लिए आवश्यक। इन तीनों को clear करने के लिए 1. Assembly action, 2. Punjab National Bank Dacoity और 3. जोगेश चटर्जी को छुड़ाने की कोशिश आप (आज?) आपके सम्मुख रखता हूँ।

पिछले दो प्रकार के actions को छोड़कर मैं propaganda actions को इस स्थान पर discuss करना चाहता हूँ। propaganda शब्द से शायद इन actions को ठीक-ठीक नहीं समझा जा सकता। दरअसल मतलब यह है कि हमारे यह actions हमारी जनता के भावों के अनुकूल होते थे। उदाहरण के लिए Saunders murder को लो। लाला (ला. लाजपत राय) पर लाठियाँ पड़ने से हमने देखा कि देश में इनके कारण बहुत हलचल है। इस पर Govt. के रवैये ने तेल का काम किया। लोग बहुत नाराज हो गए। जनता का ध्यान revolutionaries की ओर खींचने के लिए हमारे लिए यह बड़ा अच्छा अवसर था। पहले हमने सोचा था कि एक आदमी पिस्तौल लेकर जाए और Scott को मारकर वहीं पर अपने आपको पेश कर दें। फिर Statement द्वारा यह कह दे कि National insult का बदला जब तक revolutionaries ज़िन्दा हैं, इसी प्रकार लिया जा सकता है। किन्तु आस-पास Man-power कम होने के कारण तीन आदमियों को भेजना ज्यादा उचित समझा गया। इसमें भी बचकर निकल जाने की आशा का विचार मुख्य नहीं था। इसकी तो आशा भी नहीं थी। हमारा विचार यह था कि यदि murder के बाद पुलिस पीछा करे तो खूब मुकाबला किया जाए। जो इस मुकाबले में बच जाए और पकड़ा जाए तो Statement दे दे। इसी विचार से भागकर D.A.V. College boarding की छत पर चढ़ गए थे। Action के समय यह प्रबन्ध था कि भगत सिंह जो Scott को पहचानता था, पहली गोली चलाए और राजगुरु थोड़ी दूरी पर उसकी हिफाजत करे। यदि भगत सिंह पर कोई हमला करे तब राजगुरु उसको रोके। इसके बाद यह दोनों वहाँ से भागें और चूँकि भागते हुए मुड़कर पीछा करनेवालों पर निशाना नहीं लिया जा सकता इसलिए पंडित जी को इन दोनों की रक्षा के निमित्त पीछे खड़ा किया था। इसके साथ ही यह विचार हमारे सामने था कि अपने बचने के बजाय उसको मारने का ज्यादा ध्यान रखना है। हम यह भी नहीं चाहते थे कि जिस पर गोली चलाई जाए वह हस्पताल जाकर मरे। इसीलिए राजगुरु द्वारा गोली मार देने के बाद भी भगत सिंह ने तब तक गोली चलानी बन्द न की जब तक उसे तसल्ली नहीं हो गई कि वह मर गया है।

मारकर भाग जाना ही हमारा उद्देश्य नहीं था। हम तो चाहते थे कि देश जान जाए कि यह political murder है और इस action के करनेवाले revolutionaries हैं न कि मालंगी के साथी, इसलिए हमने उसके बाद posters लगाए और कुछ posters अख़बारवालों को छापने के लिए भेजे। अफसोस, हमारे नेताओं और अख़बारवालों ने हमें इस सम्बन्ध में कुछ सहायता न की और Govt. को धोखे में रखने के विचार से देशवासियों को धोखा दिया। हम तो केवल इतना ही चाहते थे कि वह इसके सम्बन्ध में यह गोल-मोल करके लिख दें कि यह political murder है और Govt. की policy का ही परिणाम है। ऐसे actions के लिए वह responsible है। लेकिन उन्होंने जानते-बूझते और मेरे बार-बार कहने

के बावजूद भी ऐसा कहने की हिम्मत नहीं की। अच्छा हुआ हम पकड़े गए और देश के सम्मुख सब प्रगट हो गया। मैं तो भाई, अपने पकड़े जाने को सौभाग्य समझता हूँ। सिर्फ इसीलिए इस action की nature को clear कर देने के पश्चात् अब मैं इस policy को (Note : इसी समय पता लगा है कि आज Judgement होगी, चलना है कि नहीं यह पूछने के लिए खाँ साहिब और बख्शी जी आए थे। हम सबने इनकार कर दिया है) रखना चाहता हूँ। हमारा विचार था कि हमारे actions जनता की desires और Govt. द्वारा grievances के उत्तर में होने चाहिए ताकि हम लोग जनता को अपने साथ ले सकें और जनता हमारे प्रति सहानुभूति और सहायता दिखाने के लिए तैयार हो जाए। इसके साथ-साथ हमारा यह विचार था कि revolutionary ideals और tactics को public में फैलाया जाए और यह उसके मुख से ज्यादा अच्छी लगती है जो इनकी खातिर gallows पर खड़ा हो। तीसरा उद्देश्य यह था कि Govt. से direct टक्कर लेने से हमारी organisation एक निश्चित programme अपने लिए बना सकेगी।

बाकी दो प्रकार के actions के सम्बन्ध में कुछ ज्यादा नहीं कहना चाहता हूँ। Money actions के लिए इतना आवश्यक होना चाहिए कि बंगाल वालों की तरह dacoities में ज्यादा energy और attention देना ठीक नहीं है। साथ ही छोटी-छोटी dacoities कतई लाभदायक सिद्ध नहीं हुई हैं। इसलिए हम सबकुछ देकर भी एक जुआ खेलने को तैयार हो गए थे ताकि अगर बच गए तो अच्छी तरह से निश्चिन्त होकर अपना काम करते जाएँगे और पैसा की समस्या को हम एक बार risk लेकर हल करेंगे। सांडर्स के murder के बाद तो हमें पैसा के लिए ज्यादा चिन्ता भी नहीं करनी पड़ी। साधारण dacoities में जितना धन हमें नहीं मिलता उतना हम चुपचाप इकठ्ठा कर लिया करते थे। आज तो उससे कहीं ज्यादा आसानी है। Special actions अनिवार्य होते हैं लेकिन उसी दशा में जब अत्यन्त आवश्यक हों। हाँ, इनकी संख्या बहुत कम होनी चाहिए।

अब मैं उन actions के सम्बन्ध में कुछ कहना चाहता हूँ जो हमारे बाद घटित हुए। वायसराय की ट्रेन को उड़ाने के प्रयत्न के अतिरिक्त बम द्वारा कई actions हुए हैं। इनमें से एक विशेष प्रकार के actions हुए हैं। अर्थात् बम रास्ते में रख आएँ या जो actions पंजाब के चार-पाँच शहरों में एक साथ हुए हैं। मुझे समझ नहीं आई कि यह actions किस विचार से किए गए हैं। जहाँ तक मैं अनुभव करता हूँ जनता में ऐसे actions से विशेष जागृति तो आती नहीं है। यदि terrorise करने का विचार था तो मैं पूछना चाहता हूँ कि आप लिखें कि इन actions ने इस उद्देश्य की कहाँ तक पूर्ति की है। इस सम्बन्ध में चिटगाँववाले actions की यहाँ पर प्रशंसा नहीं करना चाहता।

क्रान्तिवादी दोस्तों के नाम

प्यारे साथियो!

दो साल का समय हो चुका है जबकि पहले-पहल Long Live Revolution का आरम्भ हुआ था। यह छोटी-सी आवाज आज एक भारी और भयानक रूप धारण कर चुकी है। हमारे देश का बच्चा-बच्चा इन्कलाब-ज़िन्दाबाद चिल्ला रहा है।

किन्तु क्या यही काफी है? क्या अब हमारे लिए कोई कार्य बाकी नहीं रहा? नहीं। कार्य का आरम्भ तो अभी होना चाहिए। नहीं तो इन्कलाब-ज़िन्दाबाद भी गांधी के 'स्वराज्य' की भाँति एक बेमानी चीज़ हो जाएगा, जिसे थोड़े समय बाद जनता घृणा और नफरत की दृष्टि से देखेगी। काफी देर तक हमने पब्लिक के sentiments को उभारा है। अब समय आ गया है कि हम public को इसका अर्थ समझाएँ। हम उनके आगे रखें कि Revolution क्या है। उसका masses के साथ क्या सम्बन्ध है। उसकी क्या आवश्यकता है। और वह क्योंकर Successful की जा सकती है।

याद रखो इन प्रश्नों को छुपाकर रखना हितकर नहीं होगा। मैं देख रहा हूँ—लोगों के दिलों में यह प्रश्न उठ रहे हैं। यदि इन प्रश्नों का उत्तर न दिया गया, यदि गांधी की तरह इनको vague रखा गया तो सब गुड़गोबर हो जाएगा। आज तक की सब मेहनत व्यर्थ हो जाएगी। परन्तु इसके साथ ही एक introductory काम और भी है। यदि तुम्हारी यह धारणा है कि Long Live Revolution कह लेने से तुम Revolutionary हो गए हो तो यह तुम्हारी भूल है। तुम लोगों में कोई ही होगा जो वास्तव में Revolutionary कहलाने के योग्य होगा। लेकिन यह कोई शरम की बात नहीं। अपने इस अभाव को हमें मानना चाहिए और इसे मानकर इसकी पूर्ति करनी चाहिए। अपनी और सभी साथियों की revolutionary education के प्रबन्ध करने चाहिए। उसके लिए कार्य आरम्भ करने चाहिए।

याद रखो, अपनी सफलता इस बात पर निर्भर है कि हमारे workers अपने revolutionary ideals, tactics और struggle को खूब समझते हैं। आज के arm chair politicians और sentimental lectures द्वारा क्रान्ति का कार्य नहीं चलाया जाना चाहिए। बल्कि ऐसे व्यक्तियों को अपनी organisation में ही नहीं लेना चाहिए। क्रान्ति करने के हेतु वे ही व्यक्ति लाभदायक सिद्ध हो सकते हैं जो Self sacrificing devotion के हों, जो revolutionary education प्राप्त किए हों और जीवन में क्रान्ति को profession समझे हों। जो व्यक्ति Revolutionary work को अपना profession नहीं बना सकता वह एक Sympathiser के सिवा कुछ नहीं है।

मैं आशा करता हूँ कि समय की आवश्यकता को अनुभव कर आप मेरी इन बातों पर ध्यान देंगे और जितनी जल्दी हो सके public demand को पूरा करने का यत्न करेंगे।

[मूल पत्र यहीं समाप्त होता है और अन्तिम अक्षर अस्पष्ट हैं। –सं.]

आवाज दबाना दुखदायी है[1]

प्यारे साथी,

अभी-अभी पता चला है कि हमारा वह statement जो हमने 3 तारीख को दिया है अख़बारवालों ने नहीं छापा। कारण यह कहा जाता है कि उसमें लीडरों को criticise किया गया है और उसके इस समझौते को बुरा कहा गया है। उफ, कैसी शरम की बात है! भाई, सच पूछो तो हमें सरकार फाँसी नहीं लगा रही। हमारा गला तो हमारे so-called leaders

1. मथुरा दास की पुस्तक 'अमर शहीद सुखदेव' में प्रकाशित लेखकीय टिप्पणी के अनुसार—सुखदेव ने यह पत्र सम्भवतः श्री चन्द्रशेखर आज़ाद के नाम लिखा था, जो उन तक पहुँच नहीं पाया। –सं.

ही दबा रहे हैं जो हमारी आवाज निकलने नहीं देते। परन्तु सरकार द्वारा गला दबाना हमारे लिए बुरा सिद्ध नहीं हो सकता। उसको हम सहन कर सकते हैं लेकिन यह बात हमारे से बर्दाश्त नहीं हो सकती कि हमारा गला हमारे यह स्वार्थी High Class Leaders दबाएँ। इसके विरुद्ध हमें लड़ना पड़ेगा। अपनी struggle को हमें उनसे अलग होकर स्वतन्त्र रूप से चलाना होगा और सरकार का विरोध करते-करते इन उच्च जाति-नेताओं की पोल भी खोलनी पड़ेगी।

परन्तु दोस्तो, यह कार्य ज्यादा देरी तक neglect नहीं किया जा सकता। इस पर हमें विचार करना चाहिए और उसके लिए शीघ्र ही प्रबन्ध करना चाहिए। और कब तक ऐसा व्यवहार सहते रहोगे। हम क्रान्तिकारियों के प्रति उनके इस प्रकार Natural Relation और हमारी गिरावट के दो मुख्य कारण हैं। पहला यह कि हमारी कोई स्थायी organisation नहीं है, जो उनके मुकाबले में और उनसे अलग अपनी lines पर काम कर रही हो। दूसरा यह कि जो भी थोड़ा-बहुत scattered element है उसके हाथ में Press नहीं है जिसके द्वारा वह अपनी आवाज जनता तक पहुँचा सके और जिसके बल पर वह बढ़े, डटकर सरकार तथा इन उच्च जाति-सन्तों का भली-भाँति विरोध कर सके।

अनेक कारणोंवश हम लोगों को आज तक केवल गुप्त समितियाँ बनाकर ही काम करते रहना पड़ा है। परन्तु यारो, अब समय आ गया है कि हम इस policy का त्याग करें। साधारण जनता हमें और हमारे आदर्शों को मानने लग गई है। उसकी सहानुभूति हमारे साथ है। ठीक है, अपने कार्य को Successfully चलाने और अपनी organisation को कायम रखने के हेतु बहुत कुछ गुप्त रखना पड़ेगा। हमें अपने काम को गांधी की lines पर नहीं चलाना है तो भी अब केवल इस जत्थेबन्दी और गोली-बारूद द्वारा ही काम करना उचित नहीं। अब हमें आगामी struggle के लिए एक Force बनने की जरूरत है।

उसके लिए जैसा मैंने पहले भी लिखा है, खुफिया सोसायटी के ढंग पर पंजाब में एक Central Red Revolutionary Party कायम करने की आवश्यकता है, जिसका मुख्य काम भिन्न-भिन्न local स्थानों पर Revolutionary work और tactics का प्रचार और अच्छे क्रान्तिवादी worker तथा व्यवस्था होनी चाहिए। इसके साथ-साथ उस कांग्रेस की नकेल अपने हाथ में रखनी चाहिए। अपने ideas को legally or illegally दोनों प्रेसों द्वारा बराबर फैलाने की कोशिश करनी चाहिए।

यह सब शायद तुम्हें शेखचिल्ली की बातें जान पड़ती होंगी। लेकिन प्यारे, यह तो करना ही होगा और शीघ्र करना होगा। मैं नहीं कह सकता इस कांग्रेस में इसी वक्त से कोई ऐसा wing तैयार हो जाएगा लेकिन इस कांग्रेस की तैयारी चाहे कितनी भी मामूली हो उसकी beginning कर देनी चाहिए।

(Important) हमें मरने का दुख नहीं है। अपनी आवाज का दबाया जाना हमारे लिए बहुत कष्टदायक है। मैं चाहता हूँ कि हमारी वह Statement तुम सरदार जी या हमारे वकील से प्राप्त कर एक छोटे-से appealing note के साथ उर्दू, गुरमुखी और अंग्रेजी में लिखवाकर छपने का प्रबन्ध करो।

—सुखदेव

गांधी जी के नाम खुली चिट्ठी[1]

परम कृपालु महात्मा जी,

आजकल की ताजा खबरों से मालूम होता है कि समझौते की बातचीत की सफलता के बाद आपने क्रान्तिकारी कार्यकर्ताओं को फिलहाल अपना आन्दोलन बन्द कर देने और आपको अपने अहिंसावाद को आजमा देखने का आखिरी मौका देने के लिए कई प्रकट प्रार्थनाएँ की हैं। वस्तुतः किसी आन्दोलन को बन्द करना केवल आदर्श या भावना से होनेवाला काम नहीं है। भिन्न-भिन्न अवसरों की आवश्यकताओं का विचार ही अगुआओं को उनकी युद्धनीति बदलने के लिए विवश करता है।

माना कि सुलह की बातचीत के दरम्यान, आपने इस ओर एक क्षण के लिए भी न तो दुर्लक्ष्य किया, न इसे छिपा ही रखा कि यह समझौता अन्तिम समझौता न होगा। मैं मानता हूँ कि सब बुद्धिमान लोग बिलकुल आसानी के साथ यह समझ गए होंगे कि आपके द्वारा प्राप्त तमाम सुधारों का अमल होने लगने पर भी कोई यह न मानेगा कि हम मंजिले-मकसूद पर पहुँच गए हैं। सम्पूर्ण स्वतन्त्रता जब तक न मिले, तब तक बिना विराम के लड़ते रहने के लिए महासभा लाहौर के प्रस्ताव से बँधी हुई है। उस प्रस्ताव को देखते हुए मौजूदा सुलह और समझौता सिर्फ कामचलाऊ युद्ध-विराम है, जिसका अर्थ यही होता है कि आनेवाली लड़ाई के लिए अधिक बड़े पैमाने पर अधिक अच्छी सेना तैयार करने के लिए यह थोड़ा विश्राम है। इस विचार के साथ ही समझौते और युद्ध-विराम की शक्यता की कल्पना की जा सकती और उसका औचित्य सिद्ध हो सकता है।

किसी भी प्रकार का युद्ध-विराम करने का उचित अवसर और उसकी शर्तें ठहराने का काम तो उस आन्दोलन के अगुआओं का है। लाहौरवाले प्रस्ताव के रहते हुए भी आपने फिलहाल सक्रिय आन्दोलन बन्द रखना उचित समझा है, तो भी वह प्रस्ताव तो कायम ही है। इसी तरह 'हिन्दुस्तानी सोशियालिस्ट रिपब्लिकन पार्टी' के नाम से ही साफ पता चलता है कि क्रान्तिकारियों का आदर्श समाज-सत्तावादी प्रजातन्त्र की स्थापना करना है। यह प्रजातन्त्र मध्य का विश्राम नहीं है। उनका ध्येय प्राप्त न हो और आदर्श सिद्ध न हो, तब तक वे लड़ाई जारी रखने के लिए बँधे हुए हैं। परन्तु बदलती हुई परिस्थितियों और वातावरण के अनुसार वे अपनी युद्ध-नीति बदलने को तैयार अवश्य होंगे। क्रान्तिकारी युद्ध जुदा-जुदा मौकों पर जुदा-जुदा रूप धारण करता है। कभी वह प्रकट होता है, कभी गुप्त, कभी केवल आन्दोलन-रूप होता है, और कभी जीवन-मरण का भयानक संग्राम बन जाता है। ऐसी दशा में क्रान्तिवादियों के सामने अपना आन्दोलन बन्द करने के लिए विशेष कारण होने चाहिए। परन्तु आपने ऐसा कोई निश्चित विचार प्रकट नहीं किया। निरी भावपूर्ण अपीलों का क्रान्तिकारी युद्ध में कोई विशेष महत्त्व नहीं होता, हो नहीं सकता।

---

1. गांधी जी के नाम सुखदेव की यह 'खुली चिट्ठी' मार्च, 1931 में लिखी गई थी जो गांधी जी के उत्तर सहित हिन्दी 'नवजीवन' 30 अप्रैल, 1931 के अंक में प्रकाशित हुई थी।

आपके समझौते के बाद आपने अपना आन्दोलन बन्द किया है और फलस्वरूप आपके सब कैदी रिहा हुए हैं। पर क्रान्तिकारी कैदियों का क्या? 1915 ई. से जेलों में पड़े हुए गदर-पक्ष के बीसों कैदी सज़ा की मियाद पूरी हो जाने पर भी अब तक जेलों में सड़ रहे हैं। मार्शल लॉ के बीसों कैदी आज भी ज़िन्दा कब्रों में दफनाए पड़े हैं। यही हाल बब्बर अकाली कैदियों का है। देवगढ़, काकोरी, मछुआ-बाजार और लाहौर षड्यन्त्र के कैदी अब तक जेल की चहारदीवारी नें बन्द पड़े हुए बहुतेरे कैदियों में से कुछ हैं। लाहौर, दिल्ली, चटगाँव, बम्बई, कलकत्ता और अन्य जगहों में कोई आधी दर्जन से ज्यादा षड्यन्त्र के मामले चल रहे हैं। बहुसंख्यक क्रान्तिवादी भागते फिरते हैं, और उनमें कई तो स्त्रियाँ हैं। सचमुच आधा दर्जन से अधिक कैदी फाँसी पर लटकने की राह देख रहे हैं। इन सबका क्या? लाहौर षड्यन्त्र केस के सज़ायाफ्ता तीन कैदी, जो सौभाग्य से मशहूर हो गए हैं और जिन्होंने जनता की बहुत अधिक सहानुभूति प्राप्त की है, वे कुछ क्रान्तिवादी दल का एक बड़ा हिस्सा नहीं हैं। उनका भविष्य ही उस दल के सामने एकमात्र प्रश्न नहीं है। सच पूछा जाए तो उनकी सज़ा घटाने की अपेक्षा उनके फाँसी पर चढ़ जाने से ही अधिक लाभ होने की आशा है।

यह सब होते हुए भी आप उन्हें अपना आन्दोलन बन्द करने की सलाह देते हैं। वे ऐसा क्यों करें? आपने कोई निश्चित वस्तु की ओर निर्देश नहीं किया है। ऐसी दशा में आपकी प्रार्थनाओं का यही मतलब होता है कि आप इस आन्दोलन को कुचल देने में नौकरशाही की मदद कर रहे हैं और आपकी विनती का अर्थ उनके दल को द्रोह, पलायन और विश्वासघात का उपदेश करना है। यदि ऐसी बात नहीं है, तो आपके लिए उत्तम तो यह था कि आप कुछ अग्रगण्य क्रान्तिकारियों के पास जाकर उनसे सारे मामले के बारे में बातचीत कर लेते। अपना आन्दोलन बन्द करने के बारे में पहले आपको उनकी बुद्धि की प्रतीति करा लेने का प्रयत्न करना चाहिए था। मैं नहीं मानता कि आप भी इस प्रचलित पुरानी कल्पना में विश्वास रखते हैं कि क्रान्तिकारी बुद्धिहीन हैं, विनाश और संहार में आनन्द माननेवाले हैं। मैं आपको कहता हूँ कि वस्तुस्थिति ठीक इसकी उलटी है, वे सदैव कोई भी काम करने से पहले उसका खूब सूक्ष्म विचार कर लेते हैं और इस प्रकार वे जो जिम्मेदारी अपने माथे लेते हैं, उसका उन्हें पूरा-पूरा ख़याल होता है। और, क्रान्ति के कार्य में दूसरे किसी भी अंग की अपेक्षा वे रचनात्मक अंग को अत्यन्त महत्त्व का मानते हैं, हालाँकि मौजूदा हालत में अपने कार्यक्रम के संहारक अंग पर डटे रहने के सिवा और कोई चारा उनके लिए नहीं है।

उनके प्रति सरकार की मौजूदा नीति यह है कि लोगों की ओर से उन्हें अपने आन्दोलन के लिए जो सहानुभूति और सहायता मिली है, उससे वंचित करके उन्हें कुचल डाला जाए। अकेले पड़ जाने पर उनका शिकार आसानी से किया जा सकता है। ऐसी दशा में उनके दल में बुद्धि-भेद और शिथिलता पैदा करनेवाली कोई भी भावपूर्ण अपील एकदम बुद्धिमानी से रहित और क्रान्तिकारियों को कुचल डालने में सरकार की सीधी मदद करनेवाली होगी।

इसलिए यह आपसे प्रार्थना करते हैं कि या तो आप कुछ क्रान्तिकारी नेताओं से बातचीत कीजिए—उनमें से कई जेलों में हैं—और उनके साथ सुलह कीजिए या ये सब

प्रार्थनाएँ बन्द रखिए। कृपा कर हित की दृष्टि से इन दो में से कोई एक रास्ता चुन लीजिए और सच्चे दिल से उस पर चलिए। अगर आप उनकी मदद न कर सकें, तो मेहरबानी करके उन पर रहम करें। उन्हें अलग रहने दें। वे अपनी हिफाजत आप अधिक अच्छी तरह कर सकते हैं। वे जानते हैं कि भावी राजनैतिक युद्ध में सर्वोपरि स्थान क्रान्तिकारी पक्ष को ही मिलनेवाला है। लोकसमूह उनके आसपास इकट्ठा हो रहे हैं और वह दिन दूर नहीं है, जब ये जनसमूह को अपने झंडे तले, समाजसत्ता प्रजातन्त्र के उम्दा और भव्य आदर्श की ओर ले जाते होंगे।

अथवा अगर आप सचमुच ही उनकी सहायता करना चाहते हों, तो उनका दृष्टिकोण समझ लेने के लिए उनके साथ बातचीत करके इस सवाल की पूरी तफसीलवार चर्चा कर लीजिए।

आशा है, आप कृपा करके उक्त प्रार्थना पर विचार करेंगे और अपने विचार सर्वसाधारण के सामने प्रकट करेंगे।

आपका,
अनेकों में से एक

शहीद महावीर सिंह का पत्र

[दस्तावेज़ों के प्रकाशन के बाद भगत सिंह के निकट साथियों में से एक महावीर सिंह (16-9-1905–17-5-1933 अंडमान) के कुछ दस्तावेज़ उनके भतीजे यतीन्द्र सिंह राठौर (जयपुर) के प्रयासों से सामने आए हैं। अंडमान जाने से पहले का यह पत्र यहाँ प्रस्तुत है, दस्तावेज़ों में संकलित पत्र अंडमान पहुँचने के बाद का है। –सं.]

बिल्लारी

पूज्यवर,

कृपा पत्र प्राप्त हुआ परन्तु जो सीधा रजिस्टर्ड भेजा था वह अभी तक 3 सप्ताह से दफ्तर में ही पड़ा हुआ है। हिन्दी पढ़ने वाला यहाँ मुश्किल से ही कोई मिलता है। यही कारण है कि वह पढ़ाने के लिए कानपुर अथवा लाहौर कहीं भेजा गया है और तब प्राप्त कर सकूँगा। खैर, समाचार तो मिल ही गया है। अभी हम लोग कुछ अच्छी तरह हैं पर भविष्य में निकट ही फिर उन्हीं कष्टों की आशा की जाती है। बन्धुवर दत्त त्रिचनापल्ली भेज दिए गए और जयदेव कपूर राज मेहन्दी तथा कमलनाथ तिवारी बैलूर में हैं।

प्रारम्भ में पत्र में लिखा था कि हमारे उत्तरदायी संरक्षकगण असमर्थ हैं और वे पराधीन हैं। हमें उनके साथ कुछ झगड़ा वगैरा नहीं करना चाहिए परन्तु आप यह ध्यान रखें की हमारी दुनिया और आप की दुनिया बिल्कुल विपरीत है। आप अपनी दुनिया से स्वतन्त्र हैं। आपको मान-अपमान से सर्वदा बाधित होने का कोई अवसर नहीं है परन्तु यहाँ उठते-बैठते चलते-फिरते पग-पग पर अपमान सहना पड़ता है, ठोकरें खानी पड़ती हैं, गालियाँ सुननी पड़ती हैं। ऐसी दशा में मेरा तीन वर्ष का अनुभव बतलाता है कि यह जगह

मनुष्य के स्वभाव किसी भी हालत में क्यों न हो बदल देती है उसके लिए सिर्फ दो ही उपाय बाकी रह जाते हैं एक तो उनकी नीच आज्ञाओं का पालन करना और धमकी तथा अपमान चुपचाप सहन करना जो कि मनुष्य को बिल्कुल, आत्माहीन, स्वार्थपर, तथा भीरु बना देता है आत्मदृढ़ता तथ विश्वास का बिल्कुल लोप हो जाता है। ऐसा मनुष्य बाहर निकलकर भी चारों ओर सिवाय निराशा और घोर अन्धकार के कुछ भी नहीं देखता। ऐसी हालत में वह और भी पतित हो जाता है ऐसे उत्साहहीन पुरुष का जीवन केवल भार स्वरूप होकर दुखदायी हो जाता है। इसमें यदि कोई कहे शान्ति है तथा नम्रता है तो उसका ख्याल बिल्कुल गलत है। ऐसी जगह में क्षमा की आवश्यकता नहीं है क्योंकि आप जानते हैं कि ये चीजें, गुण उसी दशा में कही जा सकती हैं जब उनके विरुद्ध होने वाली दुष्टताओं को दमन करने वाला हर प्रकार का बल मनुष्य में हो और ऐसी ही हालत में शान्तिपूर्वक उनका क्षमा कर देना एक अनुपम गुण होता है और शान्ति एक दैवी-सौन्दर्य लेकिन जब अत्याचारी यह देखता है कि वह बलवान है और दूसरा पुरुष उसका कुछ भी नहीं कर सकता है ऐसा ख्याल करके हर प्रकार के अमानुषीय कृत्यों को करने पर उतारू हो जावे तो मनुष्य का कर्तव्य यह है कि वह उनके विरुद्ध अवश्य खड़ा हो, नहीं हो, वह क्षमाशील तथा शान्तिप्रिय होने के स्थान में भीरू और कायर ही होगा ऐसा मेरा ही मत नहीं है पर महात्मा गांधी जी का भी है। हाँ, दूसरा उपाय यह है कि मनुष्य को उपरोक्त बड़े मनुष्यों के सिद्धान्तों के अनुसार बुराई के खिलाफ जिस प्रकार हो सके तन-मन-धन से कमर बाँध के खड़ा हो जाना चाहिए। ऐसी हालत में जो मनुष्य ऐसा कार्य करता है वह इन आत्माहीन दुराचारियों से टकराता है। बदमाश, उद्दण्ड और कानूनों को न मानने वाला कहलाता है और फिर उसे कष्टों को सहन करना पड़ता है। पर जब अत्याचारी कष्ट पहुँचाकर थक जाते हैं तो फिर उस मनुष्य के साथ दुर्व्यवहार करने की सहज में उतनी चेष्टा नहीं करते हैं इसलिए जो आदमी इस चारदिवारी के अन्दर प्रवेश करे तो पहले वह हमारे संरक्षकों की भाषा के अनुसार उदंड और बदमाश बने, तभी मान, रक्षा पा सकता है। कायर बनने पर हर हालत में अपमान ही मिलेगा जो शारीरिक कष्टों से बहुत ही दुखदायी होता है। आप विश्वास रखें कि ये उपवास तथा यातनाएँ इत्यादि हमें बिल्कुल कष्ट नहीं देते वरन् चौगुनी खुशी देते हैं, क्योंकि हम ख्याल करते हैं कि हम अत्याचारों के विरुद्ध लड़ रहे हैं। रही बात हमारे संरक्षकगणों के व्यवहार की, सो वे जितना सरकार चाहती है उससे दस गुना करते हैं। दो-चार गाली सुनाना या बेंत की परीक्षा करना तो मामूली ही है। सरकार की मंशा है कि हम लोगों को भेड़ों की तरह रखा जावे तो ये लोग उतना भी नहीं रखना चाहते हैं। एक गड़रिया अपनी भेड़ों को अच्छी से अच्छी घास तथा सुखमय स्थान देने की सर्वदा चेष्टा करता रहता है परन्तु यहाँ जितना बुरा हो सके उतना बुरा खाना और दस झरोखे वाले कपड़े देते हैं परन्तु जब काम की बात आती है तो एक कोलू का बैल भी उसके सामने सिर झुका जाता है। और सरकारी आज्ञा के विरुद्ध खाने के उपरान्त ही समय से एक घंटा पहले ले जाकर बन्द कर दिया जाता है और वे लोग भी बिचारे भेड़ों की तरह से मार बरदास्त करते, उनकी इच्छानुसार कार्य करते रहते हैं। इस प्रकार जो बिगड़ी हुई आदतें हैं इन सैयादों की उन्हें हमारे ऊपर भी कभी-कभी उपयोग में लाने की

चेष्टा करते हैं और तभी हम लोगों के साथ झगड़े हो जाते हैं। अभी तक हम अपने जीवन-मरण के साथियों को आपके पत्र के साथ अकसर पत्र में लिख दिया करते थे, जिससे उनको हमारा समाचार विदित हो जाया करता है।

परन्तु अब इस गुलशन के माली ने आजादी छीन ली है। पूज्यवर आपने भदवास के ठाकुर सरदार सिंह तथा धनराज सिंह जी या मेरे मित्रों के विषय में पूरा विवरण नहीं लिखा। कृपया पूरा वृत्तान्त शीघ्र लिखिएगा। मुझे यह सुनकर अतीव आनन्द है कि मैं शीघ्र ही एक भावी पिता का बड़ा भाई बनूँगा। ऐसा सुनने में आया है कि भारत मंत्री सईमुयेल होर महाशय हम पर बड़े कृपालु हैं और शीघ्र ही हमें सौ आदमियों सहित एक सुन्दर समुन्द्र परीवेष्टित द्वीप (क़ालापानी) की सैर कराएँगे। इसमें भी एक अपूर्व आनन्द ही होगा। यह आपका ख्याल ठीक नहीं है कि मैं घर के लिए घबड़ाया करता हूँ, क्योंकि मैं जानता हूँ जिसे छोड़ ही दिया उसके लिए घबड़ाना क्या। पर हाँ, माताजी और बुआजी के वृद्धत्व तथा निर्बलता का कभी ख्याल आ जाता है, परन्तु मैं उससे अधीर नहीं होता, क्योंकि मैं जानता हूँ कि उन्हें किसी प्रकार की मदद तथा तत्पर सेवा नहीं कर सकता हूँ। मेरे साथी डॉ. गया प्रसाद को दौरे गत सितम्बर से शुरू हो गए, अब तक लगभग नौ आ चुके हैं। वे दवा पीते हैं और तीन माह से अभी तक कोई दौरा भी नहीं आया है, परन्तु दिमागी गड़बड़ी कभी-कभी मालूम होती है। परन्तु मुझे गत चार से अधिक वर्षों से कोई ऐसी शिकायत नहीं है। स्वास्थ्य अच्छा है परन्तु मुल्तान के वजन से करीब 15 पोंड क़म हूँ, डॉ. साहब भी वजन में गिर गए हैं।

मुझे इससे बड़ा दुख हुआ कि जिनके लिए हममें से तीन आदमी हँसते-हँसते फाँसी के तख्ते पर झूल गए और बाकी ने आजन्म कारावास को सहर्ष आलिंगन किया, उन्हीं मनुष्यों (गरीब किसानों) पर ठाकुर मंशी सिंह जी ज्यादती करते हैं। यह उन्हें उचित नहीं है, आप उन्हें समझा दें। बच्चों की शिक्षा का उचित प्रबन्ध करावे लली और बेटी सरोजनी देवी को मेरा आशीर्वाद कहिएगा। भाईयों को प्यार, माताजी और बुआजी, चाचाजी, दाउजी तथा चाचीजी को चरणस्पर्श कहना। बाकी कुशल है। दीदी कंचन कुअर को पैर छूना तथा बच्चों को प्यार कहिएगा। मी. मोरमुकुट तथा हीरालाल जी को भी कर जोड़कर नमस्ते कहिएगा। बंसुधरे वाले को तथा भाई फूल सिंह जिसे मैं केवल आपके पत्र के द्वारा ही जानता हूँ, नमस्ते कहिएगा अधिक क्या लिखूँ, सब कुशल है, मिलने की सूचना उन्हें देना।

आपका आज्ञाकारी
महावीर सिंह

[शहीद महावीर सिंह को लाहौर षड्यन्त्र केस में उम्र कैद की सज़ा हुई थी। डॉ. गया प्रसाद, शिव वर्मा, पंडित किशोरी लाल, जयदेव कपूर, विजय कुमार सिन्हा और कमलनाथ तिवारी को भी उम्र कैद हुई थी। इन सभी साथियों को अंडमान जेल में भेजा गया था। ब्रिटिश सरकार के अत्याचारों के विरुद्ध जेलों के भीतर भी क्रान्तिकारियों का संघर्ष जारी रहा। प्रस्तुत पत्र में, जो कि 23 जनवरी, 1933 को

लिखा गया, शहीद महावीर सिंह की उच्च व सच्ची राष्ट्रीय भावनाओं की अभिव्यक्ति हुई है। –सं.]

पोर्ट ब्लेयर, अंडमान

परम पूज्य पिता जी,

आपको पढ़कर आश्चर्य होगा कि उपरोक्त स्थान पर मैं कब आ गया। यही पहेली हल करने मैं जा रहा हूँ। तारीख 19 जनवरी को प्रातःकाल लगभग 11बजे जेलर साहब सेंट्रल जेल बिलारी आए और कोठरी का दरवाजा खोलकर सूचना दी कि तुम्हारा ट्रान्सफर है, पर यह नहीं बताया कि कहाँ को है। पूछने पर केवल इतना कहा कि शायद पंजाब में नए लाहौर साजिश केस में गवाही देने के लिए मद्रास भेजे जाओगे। अस्तु, 19 तारीख की शाम को जब मैंने सेंट्रल जेल मद्रास में पैर रखा तो मेरे जीवन-मरण के साथी श्रीयुत् भाई कमलनाथ तिवारी के दर्शन–लगभग दो वर्ष बाद–हुए और रात को भाई बी.के. दत्त और भाई कुन्दन लाल जी की आवाजें सुनीं। आप स्वयं ही जान सकते हैं कि मुझे कितनी प्रसन्नता हुई। परन्तु अलस्सुबह फिर कुछ निराशा की झलक नज़र आई जब देखा कि तिवारी और भाई दत्त और कुन्दनलाल हमसे पहले पृथक् ले जाए गए हैं, परन्तु 15 मिनट बाद वह फिर हर्ष में बदल गई और मोटर लॉरी में हम फिर मिल गए। बहुत दिनों का वियोग मिट गया। उस समय तक हम मन की खिचड़ी पका रहे थे और मिलने के आनन्द में विह्वल थे, परन्तु यह पता नहीं था कि कहाँ जा रहे हैं। सोचते थे शायद पंजाब जावें, बाद में यहाँ आवें। परन्तु हमारी लॉरी बन्दरगाह पर पहुँची और विख्यात महाराजा जहाज के दर्शन हुए। उस समय समझा कि हम लोग अंडमान अर्थात् 'कालापानी' जा रहे हैं। मातृभूमि से तथा बन्धु वर्ग से सदैव के लिए अथवा कम-से-कम 18 साल के लिए पृथक् हो रहे हैं। जिस जननी की गोद में पले हैं और धूलि में लोटे हैं उसके दर्शन से भी वंचित हो रहे हैं। आप लोगों के पदारविन्द की रज से सदैव के लिए दूर हो रहे हैं। ऐसी दशा में प्यारे देश को छोड़ते हुए हृदय में कितना ही कष्ट हुआ परन्तु साथ ही प्रसन्नता भी हुई, जोकि इसके सम्मुख कुछ अधिक ही थी। वह थी एक साध क्रान्तिकारी की दर्शनाभिलाषा–पुण्य पवित्र तीर्थ स्थान की, जिसको भाई रामरक्खा मल ने अपनी समाधि बनाकर पवित्र किया है और दूसरे बंगाली तथा सिक्ख वीरों की तपोभूमि रही है। और साथ ही आशा थी कि हमारे जीवन के बन्धुगण सर्वदा साथ रहेंगे, और भी अनेक अपने कन्धे-से-कन्धा सटानेवाले भाइयों के दर्शन होंगे। अस्तु, 23 जनवरी की सन्ध्या को विस्तृत नील गम्भीर जल-राशि की 850 मील से अधिक लम्बी यात्रा करके हम इस पोर्ट ब्लेयर की जेल में पहुँचे जहाँ पर अपने वर्तमान साथियों को मिलने के लिए अति उत्कंठित पाया। उनकी वैसी ही दशा हो रही थी जैसी हमारी थी। यहाँ सम्प्रति लगभग 40बी. क्लास के तथा 24सी. क्लास के राजनैतिक कैदी हैं और कुछ लोगों की निकट भविष्य में आशा भी करते हैं।

हमारी जेल तिमंजिला है और पास ही कुछ गजों के फासले पर नीलास्व (जल) राशि गम्भीर गर्जन के साथ किनारे से टक्करें मारती है, जो ऊपर से दीख पड़ती है। यह द्वीप

समूह जंगलों से भरा सुना जाता है जिसमें केवल नंगे रहनेवाले असभ्य लोग रहते हैं, परन्तु खुली हुई जगहों में कुछ भारतीय लोग भी बस गए हैं, जिनकी भाषा हिन्दुस्तानी है। इन लोगों में से बहुत-से कैदी हैं, कुछ सरकारी नौकर हैं और कुछ तिजारती लोग भी हैं। अभी हाल में तो जेलवालों का कुछ ठीक-ठीक हाल मालूम होता है लेकिन आगे की कह नहीं सकते। हमारे पुराने साथियों में अभी हमारे साथ डॉ. गयाप्रसाद, मि. बी.के. दत्त, भाई कुन्दनलाल जी तथा कमलनाथ तिवारी हैं। बाकी तीन साथी मद्रास सूबे में होंगे जो कि शायद अभी भी हंगर स्ट्रायक पर होंगे। हमारे साथियों में 3/4 से अधिक संख्या बंगाल प्रदेशवालों की है।

पूज्यवर, शायद आप चिन्तित होंगे कि मैंने इतने दिनों से पत्र क्यों नहीं लिखा। इसका कारण थीं घनघोर घटाएँ जो चारों ओर मँडरा रही थीं। तनिक भी शान्ति का अवसर नहीं देती थीं। इसी कारण मैंने उनमें फँसकर पत्र लिखने का सुयोग न पाया। अब यह बहुत दिनों बाद पत्र लिख रहा हूँ, जिससे आप शान्ति-लाभ करेंगे। परन्तु पिताजी, आप शान्ति हर दशा में रक्खें क्योंकि आप जानते हैं कि हमें कष्टों में आनन्द और सुख मालूम होता है। अब कुछ इस कारागार में वास करके तथा अपने ध्येय को सम्मुख रखते हुए भी कष्ट भी सुख ही प्रतीत होता है और यही है हमारा जीवन और जहाँ ये बातें इनसे नहीं रहीं तो समझिए कि हम मर गए। इसलिए आप या हमारी पूज्य बुआ जी तथा माता जी इस बात का ध्यान रखते हुए कभी कोई चिन्ता न करें और सर्वथा शान्तिपूर्वक आनन्दित रहें।

प्यारे भाई का क्या हाल है, इसकी सूचना मुझे शीघ्र दीजिएगा। उसे केवल वैद्य ही बनने का उपदेश न देना, बल्कि साथ-ही-साथ मनुष्य बनना भी बतलाना। आजकल मनुष्य वही हो सकता है जिसे वर्तमान वातावरण का ज्ञान हो, जो मनुष्य के कर्तव्य को जानता ही न हो परन्तु उसका पालन भी करता हो। इसलिए समाज की धरोहर को आलस्य तथा आरामतलबी तथा स्वार्थपरता में डालकर समाज के सामने कृतघ्न न साबित हो। इससे शारीरिक तथा मानसिक दोनों ही प्रकार की उन्नति करता रहे, क्योंकि दोनों आवश्यक हैं। शारीरिक पुष्टि अन्न तथा व्यायाम से तथा मानसिक अध्ययन से। उसे आजकल के वातावरण का ज्ञान करने के लिए समाचार-पत्र तथा ऐतिहासिक, साम्पत्तिक तथा राजनैतिक, सामाजिक पुस्तकों का अवलोकन (अध्ययन) को कहिए। समाज से मेरा मतलब आर्य समाज अथवा अन्य संकीर्णताव्यंजक समाज नहीं है, परन्तु जन-साधारण का है। क्योंकि ये धार्मिक समाज मेरे सामने संकीर्ण होने के कारण कोई भी मूल्य नहीं रखते हैं और साथ ही इस संकीर्णता तथा स्वार्थपरता तथा अन्यायपूर्ण होने के कारण सब धर्मों से दूर रहना चाहता हूँ और दूसरों को भी ऐसा ही उपदेश देता हूँ। केवल एक बात मानता हूँ (और) उसको सबसे बढ़कर तथा मनुष्य तथा समाज का (के लिए) कल्याणकारी समझता हूँ। वह है, "मनुष्य का मनुष्य तथा प्राणी-मात्र के साथ कर्तव्य–बिना किसी जाति-भेद, रंगभेद, धर्म तथा धनभेद के।" यही मेरा उपदेश बेटी सरोजिनी को है और दूसरे हमारे भाइयों को भी है।

पूज्यवर, आज जब मैं देखता हूँ कि सबकी बहनें समाज की सेवा के लिए अपने को तन, मन, धन से लगाए हुए हैं, अभागा मैं ही ऐसा हूँ जिसकी ऐसी कोई बहन नहीं। यद्यपि

यह मेरी संकीर्णता है क्योंकि अपने मन के अनुसार दूसरी बहनें भी अपनी ही हैं और वैसी ही समझता भी हूँ, परन्तु मैं उनकी संख्या में बढ़ती चाहता हूँ, जिसकी कुछ आशा मैं अपनी पूजनीय जिया महताब कुँवरि से करता था। उनका बहुत समय से कोई समाचार नहीं पाया है। यदि हो सके, मेरा चरण-स्पर्श कहिएगा। श्रीमान् दादा जी सरदार सिंह जी को, जो मेरे पहले-पहल गुरु और आपके शिष्य हैं, सादर प्रणाम कहें। धनराज सिंह का हाल लिखना। चाचा वर्ग तथा सब माताओं को चरण-स्पर्श, भाइयो को नमस्ते। पूज्य बुआ जी तथा माता जी को प्रणाम, लली दोनों बहनों को, मुंशी सिंह जी को नमस्कार, भानजे तथा भतीजों को प्यार। इति शुभम्। पत्र शीघ्र भेजिएगा।

आपका आज्ञाकारी पुत्र,
महावीरा

पता : महावीर सिंह पी. आई. 68
सेलुलर जेल, पोर्टब्लेयर (अंडमान)

विचारों की सान पर क्रान्ति की तलवार

[सांडर्स की हत्या के बाद भगत सिंह कलकत्ता चले गए। शहीद भगवतीचरण वोहरा की विधवा दुर्गा भाभी ने अपने छोटे बच्चे के साथ खतरे मोल लेकर भगत सिंह की कलकत्ता पहुँचने में मदद की।

इसके बाद पार्टी की दिल्ली में बैठक हुई। पब्लिक सेफ्टी बिल को असेम्बली में भारतीय सदस्यों के रद्द करने पर मार्च, 1929 में दोबारा लाया गया। यद्यपि बिल मतगणना से पास नहीं हो सकता था, तो भी वायसराय उसे आर्डिनेंस द्वारा लागू करना चाहते थे। राष्ट्रीय नेता एक बार फिर ब्रिटिश सरकार की ताकत के सामने लाचारी और अप्रभावी होने की स्थिति में पेश कर रहे थे। ऐसे समय पर लोगों की जरूरत को स्वीकारते हुए भगत सिंह ने सुझाव दिया कि असेम्बली हॉल में बम का धमाका किया जाए और क्रान्तिकारी पार्टी के विचारों से जनता को शिक्षित किया जाए। इसके लिए दो साथियों–शिव वर्मा और जयदेव कपूर को चुना गया। सुखदेव उस मीटिंग में नहीं थे। जब उन्हें इस फैसले की जानकारी हुई तो उन्होंने भगत सिंह से कुछ ऐसे सवाल किए कि पार्टी की मीटिंग दोबारा बुलाई गई। इस मीटिंग में भगत सिंह और बटुकेश्वर दत्त को असेम्बली हॉल में बम का धमाका करने के लिए चुना गया। 8 अप्रैल, 1929 को हॉल में बम का धमाका किया गया।

सुखदेव और भगत सिंह में काफी घनिष्ठता थी और बम कांड में जानेवाले व्यक्ति को लेकर दोनों में कुछ गलतफहमी भी हुई। उसी गलतफहमी को दूर करने के लिए भगत सिंह ने सुखदेव को एक पत्र लिखा। नीचे उद्धृत यह पत्र 11 अप्रैल, 1929 को सुखदेव की गिरफ्तारी के समय उनसे बरामद हुआ और मुकदमे की कार्रवाई का हिस्सा बन गया।

प्यार और बलिदान-जैसे सूक्ष्म विषयों पर भगत सिंह के विचार इस पत्र से प्रकट हुए हैं और क्रान्तिकारियों के दिलों में कितनी गहरी मानवीय भावनाएँ थीं, यह पत्र इसका भी प्रमाण है।–सं.]

सुखदेव के नाम पत्र

प्रिय भाई,

जब तक तुम्हें यह खत मिलेगा, मैं दूर मंजिल की ओर जा चुका होऊँगा। मेरा यकीन कर, आजकल मैं बहुत प्रसन्नचित्त अपने आखिरी सफर के लिए तैयार हूँ। अपनी जिन्दगी

की सारी खुशियों और मधुर यादों के बावजूद मेरे दिल में एक बात आज तक चुभती रही। वह यह कि मुझे अपने भाई ने गलत समझा और मुझ पर कमजोरी का बहुत ही गम्भीर आरोप लगाया। आज मैं पहले से कहीं ज्यादा पूरी तरह से सन्तुष्ट हूँ। मैं आज भी महसूस करता हूँ कि वह बात कुछ भी नहीं, बस गलतफहमी थी। गलत शक था। मेरे खुले व्यवहार के कारण मुझे बातूनी समझा गया और मेरे द्वारा सबकुछ स्वीकार कर लेने को कमजोरी माना गया। लेकिन आज मैं महसूस कर रहा हूँ कि कोई गलतफहमी नहीं, मैं कमजोर नहीं, अपनों में से किसी से भी कमजोर नहीं।

भाई मेरे, मैं साफ दिल से विदा लूँगा और तुम्हारी शंका भी दूर करूँगा। इसमें तुम्हारी बहुत कृपालुता होगी। ध्यान रहे, तुम्हें जल्दबाजी से कोई कदम नहीं उठाना चाहिए। सोच-समझकर और शान्ति से काम को आगे बढ़ाना। अवसर पा लेने की जल्दबाजी न करना। जनता के प्रति जो तुम्हारा फर्ज है उसे निभाते हुए काम को सावधानीपूर्वक करते रहना। सलाह के तौर पर मैं कहना चाहता हूँ कि शास्त्री मुझे पहले से अधिक अच्छा लग रहा है। मैं उसे सामने लाने की कोशिश करता, बशर्ते कि वह साफगोई से अपने आपको एक अँधेरे भविष्य के लिए अर्पित करने के लिए सहमत हो। उसे साथियों के नजदीक आने दो ताकि वह उनके आचार-विचार का अध्ययन कर सके। यदि वह अर्पित भाव से काम करेगा तो काफी लाभदायक और मूल्यवान सिद्ध होगा। लेकिन जल्दबाजी न करना। तुम स्वयं अच्छे पारखी हो। जिस तरह जँचे, देख लेना। आ मेरे भाई, अब हम खुशियाँ मना लें।

खैर, मैं कह सकता हूँ कि बहस के मामले मे मुझसे अपने पक्ष पेश किए बिना नहीं रहा जाता। मैं पुरजोर कहता हूँ कि मैं आशाओं और आकांक्षाओं से भरपूर जीवन की समस्त रंगीनियों से ओतप्रोत हूँ, लेकिन वक्त आने पर मैं सबकुछ कुर्बान कर दूँगा। सही अर्थों में यही बलिदान है। यह वस्तुएँ मनुष्य की राह में कभी भी अवरोध नहीं बन सकतीं, बशर्ते कि वह इनसान हो। जल्द ही तुम्हें इसका प्रमाण मिल जाएगा। किसी के चरित्र के सन्दर्भ में विचार करते समय एक बात विचारणीय होनी चाहिए कि क्या प्यार किसी इनसान के लिए मददगार साबित हुआ है? इसका जवाब मैं आज देता हूँ—हाँ, वह मेजिनी था। तुमने अवश्य पढ़ा होगा कि अपने पहले नाकाम विद्रोह, मन को कुचल डालनेवाली हार का दुख और दिवंगत साथियों की याद—यह सब वह बर्दाश्त नहीं कर सकता था। वह पागल हो जाता या खुदकशी कर लेता। लेकिन प्रेमिका के एक पत्र से वह दूसरों जितना ही नहीं, बल्कि सबसे अधिक मजबूत हो गया।

जहाँ तक प्यार के नैतिक स्तर का सम्बन्ध है, मैं यह कह सकता हूँ कि यह अपने में एक भावना से अधिक कुछ भी नहीं और यह पशुवृत्ति नहीं बल्कि मधुर मानवीय भावना है। प्यार सदैव मानवचरित्र को ऊँचा करता है, कभी भी नीचा नहीं दिखाता, बशर्ते कि प्यार प्यार हो। इन लड़कियों (प्रेमिकाओं) को कभी भी पागल नहीं कहा जा सकता है जैसा कि हम फिल्मों में देखते हैं—वे सदैव पाशविक वृत्ति के हाथों में खेलती हैं। सच्चा प्यार कभी भी सृजित नहीं किया जा सकता। यह अपने ही आप आता है—कब, कोई कह नहीं सकता?

मैं यह कह सकता हूँ कि नौजवान युवक-युवती आपस में प्यार कर सकते हैं और वे अपने प्यार के सहारे अपने आवेगों से ऊपर उठ सकते हैं। अपनी पवित्रता कायम रखे रह

सकते हैं। मैं यहाँ स्पष्ट कर देना चाहता हूँ कि जब मैंने प्यार को मानवीय कमजोरी कहा था तो यह किसी सामान्य व्यक्ति को लेकर नहीं कहा था, जहाँ तक कि बौद्धिक स्तर पर सामान्य व्यक्ति होते हैं पर वह सबसे उच्च आदर्श स्थिति होगी जब मनुष्य प्यार, घृणा और अन्य सभी भावनाओं पर नियन्त्रण पा लेगा। जब मनुष्य कर्म के आधार पर अपना पक्ष अपनाएगा। एक व्यक्ति की दूसरे व्यक्ति से प्यार की मैंने निन्दा की है, वह भी एक आदर्श स्थिति होने पर। मनुष्य के पास प्यार की एक गहरी भावना होनी चाहिए जिसे वह एक व्यक्ति विशेष तक सीमित न करके सर्वव्यापी बना दे।

मेरे विचार से मैंने अपने पक्ष को काफी स्पष्ट कर दिया है। हाँ, एक बात मैं तुम्हें खासतौर पर बताना चाहता हूँ कि बावजूद क्रान्तिकारी विचारों के हम नैतिकता सम्बन्धी सभी सामाजिक धारणाओं को नहीं अपना सके। क्रान्तिकारी बातें करके इस कमजोरी को बहुत सरलता से छिपाया जा सकता है, लेकिन वास्तविक जीवन में हम तुरन्त ही थर-थर काँपना शुरू कर देते हैं।

मैं तुमसे अर्ज करूँगा कि यह कमजोरी त्याग दो। अपने मन में बिना कोई गलत भावना लाए अत्यन्त नम्रतापूर्वक क्या मैं तुमसे आग्रह कर सकता हूँ कि तुममें जो अति आदर्शवाद है उसे थोड़ा-सा कम कर दो। जो पीछे रहेंगे और मेरी-जैसी बीमारी का शिकार होंगे, उनसे बेरुखी का व्यवहार न करना, झिड़ककर उनके दुख-दर्दों को न बढ़ाना, क्योंकि उनको तुम्हारी हमदर्दी की जरूरत है। क्या मैं यह आशा रखूँ कि तुम किसी विशेष व्यक्ति के प्रति खुन्दक रखने के बजाय उनसे हमदर्दी रखोगे, उनको इसकी बहुत जरूरत है। तुम तब तक इन बातों को नहीं समझ सकते जब तक कि स्वयं इस चीज़ का शिकार न बनो। लेकिन मैं यह सबकुछ क्यों लिख रहा हूँ? दरअसल मैं अपनी बातें स्पष्ट तौर पर कहना चाहता हूँ। मैंने अपना दिल खोल दिया है।

तुम्हारी सफलताओं और जीवन के लिए शुभकामनाओं के साथ।

तुम्हारा,
भगत सिंह

सुखदेव को भूख हड़ताल के दौरान एक और पत्र

[भूख हड़ताल शुरू होने के बाद भारतीय जनता की चेतना में भगत सिंह व बटुकेश्वर दत्त गहरे उतरते गए। भगत सिंह के शब्दों में 'हमारा कष्ट सहना फलीभूत हुआ। सारे देश में एक जन-आन्दोलन छिड़ गया। हम अपने लक्ष्य में सफल रहे।' 13 सितम्बर, 1929 को यतीन्द्रनाथ दास 63 दिन की भूख हड़ताल के बाद शहीद हो गए। जब उनका पार्थिव शरीर लाहौर से कलकत्ता ले जाया जा रहा था तो हर बड़े शहर के स्टेशन पर लाखों की भीड़ उनके अन्तिम दर्शनों के लिए उमड़ पड़ी थी। कलकत्ता में 4 लाख लोग उनके अन्तिम संस्कार में शामिल हुए।

इन दिनों भगत सिंह अपने किन विचारों के माध्यम से अपनी सारी लड़ाई लड़ रहे थे, इसका स्पष्ट पता उस पत्र से चलता है, जो उन्होंने सुखदेव के साथ चल रहे विचार-संघर्ष के सन्दर्भ में लिखा था। खेद है कि सुखदेव के जिस पत्र

...ं भगत सिंह ने यह महत्त्वपूर्ण खत लिखा था, वह आज उपलब्ध ...कर भी विचार और बहस के अन्तर्गत आनेवाले प्रायः सभी बिन्दु यहाँ ... —सं.]*

...गना कायरता है

...आपके पत्र को कई बार ध्यानपूर्वक पढ़ा। मैं अनुभव करता हूँ कि बदली हुई ...ों ने हम पर अलग-अलग प्रभाव डाला है। जिन बातों से जेल के बाहर घृणा ... आपके लिए अब अनिवार्य हो चुकी है। इसी प्रकार मैं जेल से बाहर जिन बातों ... रूप से समर्थन करता था, वे अब मेरे लिए विशेष महत्त्व नहीं रखतीं। ...ार्य, मैं व्यक्तिगत प्रेम को विशेष रूप से माननेवाला था, परन्तु अब इस भावना का ...र हृदय एवं मस्तिष्क में कोई विशेष स्थान नहीं रहा। बाहर आप इसके कड़े विरोधी थे, परन्तु इस सम्बन्ध में अब आपके विचारों में भारी परिवर्तन एवं क्रान्ति आ चुकी है। आप इसे मानव-जीवन का एक अत्यन्त आवश्यक एवं अनिवार्य अंग अनुभव करते हैं और अनुभूति से आपको एक प्रकार का आनन्द भी प्राप्त हुआ है।

आपको याद होगा कि एक दिन मैंने आत्महत्या के विषय में आपसे चर्चा की थी। तब मैंने आपको बताया था, कई परिस्थितियों में आत्महत्या उचित हो सकती है, परन्तु आपने मेरे इस दृष्टिकोण का विरोध किया था। मुझे उस चर्चा का समय एवं स्थान भली प्रकार याद है। हमारी यह बात शहंशाही कुटिया में शाम के समय हुई थी। आपने मज़ाक के रूप में हँसते हुए कहा था कि इस प्रकार की कायरता का कार्य कभी उचित नहीं माना जा सकता। आपने कहा था कि इस प्रकार का कार्य भयानक और घृणित है, परन्तु इस विषय पर भी मैं देखता हूँ कि आपकी राय बिलकुल बदल चुकी है। अब आप उसे कुछ अवस्थाओं में न केवल उचित, वरन् अनिवार्य एवं आवश्यक अनुभव करते हैं। मेरी इस विषय में अब वही राय है, जो पहले आपकी थी, अर्थात् आत्महत्या एक घृणित अपराध है, यह पूर्णतः कायरता का कार्य है। क्रान्तिकारी का तो कहना ही क्या, कोई भी मनु... ऐसे कार्य को उचित नहीं ठहरा सकता।

आप कहते हैं कि आप यह नहीं समझ सके कि केवल कष्ट-सहन करने से आप अ... देश की सेवा किस प्रकार कर सकते हैं। आप-जैसे व्यक्ति की ओर से ऐसा प्रश्न ... बड़े आश्चर्य की बात है; क्योंकि नौजवान भारत सभा के ध्येय 'सेवा द्वारा कष्टों को ... करना एवं बलिदान करना' को हमने सोच-समझकर कितना प्यार किया था। ... समझता हूँ कि आपने अधिक-से-अधिक सम्भव सेवा की। अब वह समय है कि ... आपने किया है, उसके लिए कष्ट उठाएँ। दूसरी बात यह है कि यही वह अवस... आपको सारी जनता का नेतृत्व करना है।

मानव किसी भी कार्य को उचित मानकर ही करता है, जैसे कि हमने ... असेम्बली में बम फेंकने का कार्य किया था। कार्य करने के पश्चात् उसका ... उसका फल भोगने की बारी आती है। क्या आपका यह विचार है कि यदि ...

के उत्तर ... नहीं है। ... स्पष्ट है ... कष्टों ...

लिए गिड़गिड़ाते हुए दंड से बचने का प्रयत्न किया होता, तो हमारा यह
नहीं, इसका प्रभाव लोगों पर उलटा होता। अब हम अपने लक्ष्य में पूर्णत

बन्दी होने के समय हमारी संस्था के राजनैतिक बन्दियों की दशा अत
हमने उसे सुधारने का प्रयास प्रारम्भ कर दिया। मैं आपको पूरी गम्भीरता से
हमें यह विश्वास था कि हम बहुत कम समय के भीतर ही मर जाएँगे। हमें
स्थिति में कृत्रिम रीति से भोजन दिए जाने का न तो ज्ञान ही था, न हमें यह विचा
ही था। हम तो मृत्यु के लिए तैयार थे। क्या आपका यह अभिप्राय है कि हम आत्म
करना चाहते थे? नहीं, प्रयत्नशील होना एवं श्रेष्ठ और उत्कृष्ट आदर्श के लिए जीव
देना कदापि आत्महत्या नहीं कही जा सकती। हमारे मित्र (श्री यतीन्द्रनाथ दास) की मृत्
तो स्पृहणीय है। क्या आप इसे आत्महत्या कहेंगे? हमारा कष्ट सहन करना फलीभूत हुआ। समस्त देश में एक विराट और सर्वव्यापी आन्दोलन शुरू हो गया। हम अपने लक्ष्य में सफल हुए। इस प्रकार के संघर्ष में मरना एक आदर्श मृत्यु है।

इसके अतिरिक्त हममें से जिन लोगों का यह विश्वास है कि उनको मृत्युदंड दिया जाएगा, उनको धैर्यपूर्वक उस दिन की प्रतीक्षा करनी चाहिए जब यह सज़ा सुनाई जाएगी और तत्पश्चात् उन्हें फाँसी दी जाएगी। यह मृत्यु भी सुन्दर होगी, परन्तु आत्महत्या करना, केवल कुछ दुखों से बचने के लिए अपने जीवन को समाप्त कर देना तो कायरता है। मैं आपको बताना चाहता हूँ कि विपत्तियाँ व्यक्ति को पूर्ण बनानेवाली होती हैं। मैं और आप, रन् मैं कहूँगा, हममें से किसी ने भी किंचित् कष्ट सहन नहीं किया है। हमारे जीवन का भाग तो अभी आरम्भ होता है।

आपको यह याद होगा कि अनेक बार इस विषय पर हमने बातचीत की है कि रूसी
में प्रत्येक स्थान पर जो वास्तविकता मिलती है, वह हमारे साहित्य में कदापि नहीं
ती। हम उनकी कहानियों में कष्टों और दुखदायी स्थितियों को बहुत पसन्द करते
कष्ट-सहन की उस भावना को अपने भीतर अनुभव नहीं करते। हम उनके
उनके चरित्र की असाधारण ऊँचाइयों के प्रशंसक हैं, परन्तु इसके कारणों पर
रने की कभी चिन्ता नहीं करते। मैं कहूँगा कि केवल विपत्तियाँ सहन करने
उन कहानियों में सहृदयता, दर्द की गहरी टीस और उनके चरित्र तथा
त्पन्न की है। हमारी दशा उस समय दयनीय और हास्यास्पद हो जाती
वन में अकारण ही रहस्यवाद प्रविष्ट कर लेते हैं, यद्यपि इसके लिए
आधार नहीं होता। हमारे जैसे व्यक्तियों को, जो प्रत्येक दृष्टि से
करते हैं, सदैव हर प्रकार से उन विपत्तियों, चिन्ताओं, दुखों और
ए तत्पर रहना चाहिए जिनको हम स्वयं आरम्भ किए संघर्ष के
जिनके कारण हम अपने आपको क्रान्तिकारी कहते हैं।
हूँ कि जेलों में और केवल जेलों में ही कोई व्यक्ति अपराध
षय का प्रत्यक्ष अध्ययन करने का अवसर पा सकता है।
है और जेलें ही ऐसे विषयों का स्वाध्याय करने के
ध्याय का सर्वश्रेष्ठ भाग है : स्वयं कष्टों को सहना।

आप भली प्रकार जानते हैं कि रूस में राजनैतिक बन्दियों का बन्दीगृहों में विपत्तियाँ सहन करना ही ज़ारशाही का तख्ता उलटने के पश्चात् उनके द्वारा जेलों के प्रबन्ध में क्रान्ति लाए जाने का सबसे बड़ा कारण था। क्या भारत को ऐसे व्यक्तियों की आवश्यकता नहीं है, जो इस विषय से पूर्णतया परिचित हों और इस समस्या का निजी अनुभव रखते हों। केवल यह कह देना कि दूसरा कोई इस काम को कर लेगा या इस कार्य को करने के लिए बहुत लोग हैं, किसी प्रकार भी उचित नहीं कहा जा सकता। इस प्रकार जो लोग क्रान्तिकारी क्षेत्र के कार्यों का भार दूसरे लोगों पर छोड़ने की अप्रतिष्ठापूर्ण एवं घृणित समझते हैं, उन्हें पूरी लगन के साथ वर्तमान व्यवस्था के विरुद्ध संघर्ष आरम्भ कर देना चाहिए। उन्हें चाहिए कि वे उन विधियों का उल्लंघन करें, परन्तु उन्हें औचित्य का ध्यान रखना चाहिए, क्योंकि अनावश्यक एवं अनुचित प्रयत्न कभी भी न्यायपूर्ण नहीं माना जा सकता। इस प्रकार का आन्दोलन क्रान्ति के कार्यकाल को बहुत सीमा तक कम कर देगा। जितने आन्दोलन अब तक आरम्भ हुए हैं, उन सबसे पृथक् रहने के लिए आपने जो तर्क दिए हैं, मैं उन्हें समझने में असमर्थ हूँ। कुछ मित्र ऐसे हैं, जो या तो मूर्ख हैं या नासमझ। वे आपके इस व्यवहार को (जिसे वे स्वयं कहते हैं कि हमें किंचित् भी नहीं समझ सकते, क्योंकि आप उनसे बहुत ऊँचे और उनकी समझ से बहुत परे हैं) अनोखा और अद्‌भुत समझते हैं।

वास्तव में यदि आप यह अनुभव करते हैं कि बन्दीगृह का जीवन वास्तव में अपमानपूर्ण है, तो आप उसके विरुद्ध आन्दोलन करके उसे सुधारने का प्रयास क्यों नहीं करते? सम्भवतया आप यह कहेंगे कि यह संघर्ष सफल नहीं हो सकता, परन्तु यह तो वही तर्क है, जिसकी आड़ लेकर साधारणतया निर्बल लोग प्रत्येक आन्दोलन से बचना चाहते हैं। यह वह उत्तर है, जिसे हम उन लोगों से सुनते रहे हैं, जो जेल से बाहर क्रान्तिकारी प्रयत्नों में सम्मिलित होने से जान बचाना चाहते थे। क्या आज यही उत्तर मैं आपके मुख से सुनूँगा? कुछ मुट्‌ठी-भर कार्यकर्ताओं के आधार पर संगठित हमारी पार्टी अपने लक्ष्यों और आदर्शों की तुलना में क्या कर सकती थी? क्या हम इससे यह निष्कर्ष निकालें कि हमने इस काम के प्रारम्भ करने में नितान्त भूल की है? नहीं, इस प्रकार का परिणाम निकालना उचित नहीं होगा। इससे तो उस व्यक्ति की भीतरी निर्बलता प्रकट होती है; जो इस प्रकार सोचता है।

आगे चलकर आप लिखते हैं कि चौदह वर्ष तक बन्दीगृह के कष्टों से भरपूर जीवन बिताने के पश्चात् किसी व्यक्ति से यह आशा नहीं की जा सकती कि उस समय भी उसके विचार वही होंगे, जो जेल से पूर्व थे, क्योंकि जेल का वातावरण उसके समस्त विचारों को रौंदकर रख देगा। क्या मैं आपसे पूछ सकता हूँ कि क्या जेल से बाहर का वातावरण हमारे विचारों के अनुकूल था? फिर भी असफलताओं के कारण क्या हम उसे छोड़ सकते थे? क्या आपका आशय यह है कि यदि हम इस क्षेत्र में न उतरे होते, तो कोई भी क्रान्तिकारी कार्य कदापि नहीं हुआ होता? यदि ऐसा है तो आप भूल कर रहे हैं। यद्यपि यह ठीक है कि हम भी वातावरण को बदलने में बड़ी सीमा तक सहायक सिद्ध हुए हैं, तथापि हम तो केवल अपने समय की आवश्यकता की उपज हैं।

मैं तो यह भी कहूँगा कि साम्यवाद का जन्मदाता मार्क्स, वास्तव में इस विचार को जन्म देनेवाला नहीं था। असल में यूरोप की औद्योगिक क्रान्ति ने ही एक विशेष प्रकार के विचारोंवाले व्यक्ति उत्पन्न किए थे। उनमें मार्क्स भी एक था। हाँ, अपने स्थान पर मार्क्स भी निस्सन्देह कुछ सीमा तक समय के चक्र को एक विशेष प्रकार की गति देने में आवश्यक सहायक सिद्ध हुआ है।

मैंने (और आपने भी) इस देश में समाजवाद और साम्यवाद के विचारों को जन्म नहीं दिया, वरन् यह तो हमारे ऊपर हमारे समय एवं परिस्थिति के प्रभाव का परिणाम है। निस्सन्देह हमने इन विचारों का प्रचार करने के लिए कुछ साधारण एवं तुच्छ कार्य अवश्य किया है, इसलिए मैं कहता हूँ कि जब हमने इस प्रकार एक कठिन कार्य को हाथ में ले ही लिया है, तो हमें उसे जारी रखना चाहिए और आगे बढ़ाना चाहिए। विपत्तियों से बचने के लिए आत्महत्या कर लेने से जनता का मार्गदर्शन नहीं होगा, वरन् यह तो एक प्रतिक्रियावादी कार्य होगा।

जेल के नियमों के अनुसार जीवन की निराशाओं, दबाव और हिंसा के असीम परीक्षायुक्त वातावरण का विरोध करते हुए हम कार्य करते रहे। जिस समय हम अपना कार्य करते थे, उस समय नाना प्रकार से हमें कठिनाइयों का निशाना बनाया जाता था। यहाँ तक कि जो लोग अपने आपको महान क्रान्तिकारी कहने का गौरव अनुभव करते थे, वे भी हमको छोड़ गए। क्या ये परिस्थितियाँ असीम परीक्षायुक्त न थीं? फिर अपने आन्दोलन एवं प्रयासों को जारी रखने के लिए हमारे पास क्या कारण और तर्क था?

क्या स्वयं यही तर्क हमारे विचारों को शक्ति नहीं देता है? और क्या ऐसे क्रान्तिकारी कार्यकर्ताओं के उदाहरण हमारे सामने नहीं हैं, जो जेलों से दंड भोग कर लौटे और अब भी कार्य कर रहे हैं? यदि वाकुनिन ने आपके समान सोच-विचार किया होता, तो वह प्रारम्भ में ही आत्महत्या कर लेता। आज आपको असंख्य ऐसे क्रान्तिकारी दिखाई देते हैं, जो रूसी राज्य में उत्तरदायी पदों पर विराजमान हैं और जिन्होंने अपने जीवन का अधिकतर भाग दंड भोगते हुए जेलों में बिताया है। मनुष्य को अपने विश्वासों पर दृढ़तापूर्वक अडिग रहने का प्रयत्न करना चाहिए। कोई नहीं कह सकता कि भविष्य में क्या घटना होनेवाली है।

क्या आपको याद है कि जब हम इस विषय पर चर्चा कर रहे थे कि हमारी बम-फैक्टरियों में अत्यन्त तीव्र एवं प्रभावकारी विष भी रखा जाना चाहिए, तो आपने बड़ी दृढ़ता से इसका विरोध किया था। आप इस विचार से ही घृणा करते थे। आपको इस पर विश्वास नहीं था। फिर अब क्या हुआ? यहाँ तो ऐसी विकट और जटिल परिस्थितियाँ भी नहीं हैं। मुझे तो इस प्रश्न पर विचार करने में भी घृणा होती है। आपको उस मनोवृत्ति से भी घृणा थी, जो आत्महत्या करने की अनुमति देती है। आप मुझे यह कहने के लिए क्षमा करें कि यदि आपने अपने बन्दी बनाए जाने के समय में ही इन विचारों के अनुकूल कार्य किया होता (अर्थात् आपने विष खाकर उस समय आत्महत्या कर ली होती) तो आपने क्रान्तिकारी कार्य की बहुत बड़ी सेवा की होती, परन्तु इस समय तो इस कार्य पर विचार करना भी हमारे लिए हानिकारक है।

एक और विशेष बात, जिस पर मैं आपका ध्यान आकर्षित करना चाहता हूँ, यह है कि हम लोग ईश्वर, पुनर्जन्म, नरक-स्वर्ग, दंड एवं पारितोषिक, अर्थात् भगवान द्वारा किए जानेवाले जीवन के हिसाब आदि में कोई विश्वास नहीं रखते। अतः हमें जीवन एवं मृत्यु के विषय में भी नितान्त भौतिकवादी रीति से सोचना चाहिए। एक दिन जब मुझे पहचाने जाने के लिए दिल्ली से यहाँ लाया गया था, तो गुप्तचर विभाग के कुछ अधिकारियों ने मेरे पिताजी की उपस्थिति में मुझसे इस विषय पर बातचीत की थी। उन्होंने कहा था कि मैं कोई भेद खोलने और इस प्रकार अपना जीवन बचाने के लिए तैयार नहीं हूँ, इससे यह सिद्ध होता है कि मैं जीवन से बहुत दुखी हूँ। उनका तर्क था कि मेरी यह मृत्यु तो आत्महत्या के समान होगी, परन्तु मैंने उनको उत्तर दिया था कि मेरे-जैसे विश्वास और विचारोंवाला व्यक्ति व्यर्थ में ही मरना कदापि सहन नहीं कर सकता। हम तो अपने जीवन का अधिक-से-अधिक मूल्य प्राप्त करना चाहते हैं। हम मानवता की अधिक-से-अधिक सम्भव सेवा करना चाहते हैं। विशेषकर मेरे-जैसा भला मनुष्य, जिसका जीवन किसी भी रूप में दुखी या चिन्तित नहीं है, किसी समय भी, आत्महत्या करना तो दूर रहा, उसका विचार भी हृदय में लाना ठीक नहीं समझता। वही बात मैं इस समय आपसे कहना चाहता हूँ।

आशा है आप मुझे अनुमति देंगे कि मैं आपको यह बताऊँ कि मैं अपने बारे में क्या सोचता हूँ। मुझे अपने लिए मृत्युदंड सुनाए जाने का अटल विश्वास है। मुझे किसी प्रकार की पूर्ण क्षमा या नम्र व्यवहार की तनिक भी आशा नहीं है। यदि कोई क्षमा हुई भी तो पूर्णतः सबके लिए न होगी, वरन् वह भी हमारे अतिरिक्त अन्य लोगों के लिए नितान्त सीमित एवं कई बन्धनों से जकड़ी हुई होगी। हमारे लिए तो न क्षमा हो सकती है और न वह होगी ही। इस पर भी मेरी इच्छा है कि हमारी मुक्ति का प्रस्ताव सम्मिलित रूप में और विश्वव्यापी हो और उसके साथ ही मेरी अभिलाषा यह है कि जब यह आन्दोलन अपनी चरम सीमा पर पहुँचे, तो हमें फाँसी दे दी जाए। मेरी यह इच्छा है कि यदि कोई सम्मानपूर्ण और उचित समझौता होना कभी सम्भव हो जाए, तो हमारे-जैसे व्यक्तियों का मामला उसके मार्ग में कोई रुकावट या कठिनाई उत्पन्न करने का कारण न बने। जब देश में भाग्य का निर्णय हो रहा हो तो व्यक्तियों के भाग्य को पूर्णतया भुला देना चाहिए। हम क्रान्तिकारी होने के नाते अतीत के समस्त अनुभवों से पूर्णतया अवगत हैं इसलिए हम नहीं मान सकते कि हमारे शासकों और विशेषकर अंग्रेज जाति की भावनाओं में इस प्रकार का आश्चर्यजनक परिवर्तन उत्पन्न हो सकता है। इस प्रकार का परिवर्तन क्रान्ति के बिना सम्भव ही नहीं है। क्रान्ति तो केवल सतत कार्य करते रहने से, प्रयत्नों से, कष्ट सहन करने एवं बलिदानों से ही उत्पन्न की जा सकती है, और की जाएगी।

जहाँ तक मेरे दृष्टिकोण का सम्बन्ध है, मैं तो केवल उसी दशा में सबके लिए सुविधाओं और क्षमादान का स्वागत कर सकता हूँ जब उसका प्रभाव स्थायी हो और देश के लोगों के हृदयों पर हमारी फाँसियों से कुछ अमिट चिह्न अंकित हो जाएँ। बस यही; इससे अधिक कुछ नहीं।

[भगत सिंह ने अपने विचार स्पष्ट रूप से भारतीय जनता के सामने रखे। उनके विचार में, "क्रान्ति की तलवार विचारों की धार से ही तेज होती है।" वे विचारधारात्मक

क्रान्तिकारी हालात के लिए संघर्ष कर रहे थे। अपने विचारों पर हुए सभी वारों का उन्होंने तर्कपूर्ण उत्तर दिया। यह वार अंग्रेजी सरकार की ओर से किए गए या देशी नेताओं की ओर से अख़बारों में।

शहीद यतीन्द्रनाथ दास 63 दिन की भूख हड़ताल के बाद शहीद हुए। 'मॉडर्न रिव्यू' के सम्पादक रामानन्द चट्टोपाध्याय ने उनकी शहादत के बाद भारतीय जनता द्वारा शहीद के प्रति किए गए सम्मान और उनके 'इन्कलाब ज़िन्दाबाद' के नारे की आलोचना की। भगत सिंह और बी.के. दत्त ने 'मॉडर्न रिव्यू' के सम्पादक को उनके उस सम्पादकीय का निम्नलिखित उत्तर दिया था।–सं.]

सम्पादक, मॉडर्न रिव्यू के नाम पत्र

इन्कलाब ज़िन्दाबाद क्या है?

श्री सम्पादक जी,
मॉडर्न रिव्यू।

आपने अपने सम्मानित पत्र के दिसम्बर, 1929 के अंक में एक टिप्पणी 'इन्कलाब ज़िन्दाबाद' शीर्षक से लिखी है और इस नारे को निरर्थक ठहराने की चेष्टा की है। आप सरीखे परिपक्व विचारक तथा अनुभवी और यशस्वी सम्पादक की रचना में दोष निकालना तथा उसका प्रतिवाद करना, जिसे प्रत्येक भारतीय सम्मान की दृष्टि से देखता है, हमारे लिए एक बड़ी धृष्टता होगी। तो भी इस प्रश्न का उत्तर देना हम अपना कर्तव्य समझते हैं कि इस नारे से हमारा क्या अभिप्राय है।

यह आवश्यक है, क्योंकि इस देश में इस समय इस नारे को सब लोगों तक पहुँचाने का कार्य हमारे हिस्से में आया है। इस नारे की रचना हमने नहीं की है। यही नारा रूस के क्रान्तिकारी आन्दोलन में प्रयोग किया गया है। प्रसिद्ध समाजवादी लेखन अप्टन सिंक्लेयर ने अपने उपन्यासों 'बोस्टन' और 'आईल' में यही नारा कुछ अराजकतावादी क्रान्तिकारी पात्रों के मुख से प्रयोग कराया है। इसका अर्थ क्या है? इसका यह अर्थ कदापि नहीं है कि सशस्त्र संघर्ष सदैव जारी रहे और कोई भी व्यवस्था अल्प समय के लिए भी स्थायी न रह सके, दूसरे शब्दों में–देश और समाज में अराजकता फैली रहे।

दीर्घकाल से प्रयोग में आने के कारण इस नारे को एक ऐसी विशेष भावना प्राप्त हो चुकी है, जो सम्भव है भाषा के नियमों एवं कोष के आधार पर इसके शब्दों से उचित तर्कसम्मत रूप में सिद्ध न हो पाए, परन्तु इसके साथ ही इस नारे से उन विचारों को पृथक् नहीं किया जा सकता, जो इसके साथ जुड़े हुए हैं। ऐसे समस्त नारे एक ऐसी स्वीकृत अर्थ के द्योतक हैं, जो एक सीमा तक उनमें उत्पन्न हो गए हैं तथा एक सीमा तक उनमें निहित हैं।

उदाहरण के लिए हम यतीन्द्रनाथ ज़िन्दाबाद का नारा लगाते हैं। इससे हमारा तात्पर्य यह होता है कि उनके जीवन के महान आदर्शों तथा उस अथक उत्साह को सदा-सदा के लिए बनाए रखें, जिसने इस महानतम बलिदानी को उस आदर्श के लिए अकथनीय कष्ट झेलने एवं असीम बलिदान करने की प्रेरणा दी। यह नारा लगाने से हमारी यह लालसा प्रकट होती है कि हम भी अपने आदर्शों के लिए ऐसे ही अचूक उत्साह को अपनाएँ। यही

वह भावना है, जिसकी हम प्रशंसा करते हैं। इसी प्रकार हमें 'इन्कलाब' शब्द का अर्थ भी कोरे शाब्दिक रूप में नहीं लगाना चाहिए। इस शब्द का उचित एवं अनुचित प्रयोग करनेवाले लोगों के हितों के आधार पर इसके साथ विभिन्न अर्थ एवं विभिन्न विशेषताएँ जोड़ी जाती हैं। क्रान्तिकारियों की दृष्टि में यह एक पवित्र वाक्य है। हमने इस बात को ट्रिब्यूनल के सम्मुख अपने वक्तव्य में स्पष्ट करने का प्रयास किया था।

इस वक्तव्य में हमने कहा था कि क्रान्ति (इन्कलाब) का अर्थ अनिवार्य रूप में सशस्त्र आन्दोलन नहीं होता। बम और पिस्तौल कभी-कभी क्रान्ति को सफल बनाने के साधन मात्र हो सकते हैं। इसमें भी सन्देह नहीं है कि कुछ आन्दोलनों में बम एवं पिस्तौल एक महत्त्वपूर्ण साधन सिद्ध होते हैं, परन्तु केवल इसी कारण से बम और पिस्तौल क्रान्ति के पर्यायवाची नहीं हो जाते। विद्रोह को क्रान्ति नहीं कहा जा सकता, यद्यपि यह हो सकता है कि विद्रोह का अन्तिम परिणाम क्रान्ति हो।

इस वाक्य में क्रान्ति शब्द का अर्थ 'प्रगति के लिए परिवर्तन की भावना एवं आकांक्षा' है। लोग साधारणतया जीवन की परम्परागत दशाओं के साथ चिपक जाते हैं और परिवर्तन के विचार मात्र से ही काँपने लगते हैं। यही एक अकर्मण्यता की भावना है, जिसके स्थान पर क्रान्तिकारी भावना जाग्रत करने की आवश्यकता है। दूसरे शब्दों में कहा जा सकता है कि अकर्मण्यता का वातावरण निर्मित हो जाता है और रूढ़िवादी शक्तियाँ मानव समाज को कुमार्ग पर ले जाती हैं। ये परिस्थितियाँ मानव समाज की उन्नति में गतिरोध का कारण बन जाती हैं।

क्रान्ति की इस भावना से मनुष्य जाति की आत्मा स्थायी तौर पर ओतप्रोत रहनी चाहिए, जिससे कि रूढ़िवादी शक्तियाँ मानव समाज की प्रगति की दौड़ में बाधा डालने के लिए संगठित न हो सकें। यह आवश्यक है कि पुरानी व्यवस्था सदैव न रहे और वह नई व्यवस्था के लिए स्थान रिक्त करती रहे, जिससे कि एक आदर्श व्यवस्था संसार को बिगड़ने से रोक सके। यह है हमारा वह अभिप्राय जिसको हृदय में रखकर हम 'इन्कलाब ज़िन्दाबाद' का नारा ऊँचा करते हैं।

22 दिसम्बर, 1929 — भगत सिंह–बी.के. दत्त

विद्यार्थियों के नाम पत्र

[भगत सिंह और बटुकेश्वर दत्त की ओर से जेल से भेजा गया यह पत्र 19 अक्तूबर, 1929 को पंजाब छात्र संघ, लाहौर के दूसरे अधिवेशन में पढ़कर सुनाया गया था। अधिवेशन के सभापति थे नेताजी सुभाषचन्द्र बोस।–सं.]

इस समय हम नौजवानों से यह नहीं कह सकते कि वे बम और पिस्तौल उठाएँ। आज विद्यार्थियों के सामने इससे भी अधिक महत्त्वपूर्ण काम है। आनेवाले लाहौर अधिवेशन में कांग्रेस देश की आज़ादी के लिए जबरदस्त लड़ाई की घोषणा करनेवाली है। राष्ट्रीय इतिहास के इन कठिन क्षणों में नौजवानों के कन्धों पर बहुत बड़ी जिम्मेदारी आ पड़ेगी। यह सच है कि स्वतन्त्रता के इस युद्ध में अग्रिम मोर्चों पर विद्यार्थियों ने मौत से टक्कर ली

है। क्या परीक्षा की इस घड़ी में वे उसी प्रकार की दृढ़ता और आत्मविश्वास का परिचय देने से हिचकिचाएँगे? नौजवानों को क्रान्ति का यह सन्देश देश के कोने-कोने में पहुँचाना है, फैक्टरी-कारखानों के क्षेत्रों में, गन्दी बस्तियों और गाँवों की जर्जर झोंपड़ियों में रहनेवाले करोड़ों लोगों में इस क्रान्ति की अलख जगानी है, जिससे आज़ादी आएगी और तब एक मनुष्य द्वारा दूसरे मनुष्य का शोषण असम्भव हो जाएगा। पंजाब वैसे ही राजनीतिक तौर पर पिछड़ा हुआ माना जाता है। इसकी भी जिम्मेदारी युवक वर्ग पर ही है। आज वे देश के प्रति अपनी असीम श्रद्धा और शहीद यतीन्द्रनाथ दास के महान बलिदान से प्रेरणा लेकर यह सिद्ध कर दें कि स्वतन्त्रता के इस संघर्ष में वे दृढ़ता से टक्कर ले सकते हैं।

22 अक्तूबर, 1929 के 'ट्रिब्यून' (लाहौर) में प्रकाशित।

हिन्दुस्तान सोशलिस्ट रिपब्लिकन एसोसिएशन का घोषणा-पत्र

[लाहौर कांग्रेस में बाँटे गए इस दस्तावेज़ को मुख्य तौर पर भगवतीचरण वोहरा ने लिखा था। दुर्गा भाभी और अन्य क्रान्तिकारी साथियों ने इसे वहाँ वितरित किया। सी.आई.डी. ने इसे पकड़ लिया था और उसी के कागजों से इसकी प्रति मिली।–सं.]

स्वतन्त्रता का पौधा शहीदों के रक्त से फलता है। भारत में स्वतन्त्रता का पौधा फलने के लिए दशकों से क्रान्तिकारी अपना रक्त बहाते रहे हैं। बहुत कम लोग हैं जो उनके मन में पाले हुए आदर्शों की उच्चता तथा उनके महान बलिदानों पर प्रश्नचिह्न लगाएँ, लेकिन उनकी कार्यवाहियाँ गुप्त होने की वजह से उनके वर्तमान इरादे और नीतियों के बारे में देशवासी अँधेरे में हैं, इसलिए हिन्दुस्तान सोशलिस्ट रिपब्लिकन एसोसिएशन ने यह घोषणा-पत्र जारी करने की आवश्यकता महसूस की है।

विदेशियों की गुलामी से भारत की मुक्ति के लिए ये एसोसिएशन सशस्त्र संगठन द्वारा भारत में क्रान्ति के लिए दृढ़ संकल्प है। गुलाम रखे हुए लोगों की ओर से स्पष्ट तौर पर विद्रोह से पूर्व गुप्त प्रचार और गुप्त तैयारियाँ होनी आवश्यक हैं। जब देश क्रान्ति की उस अवस्था में आ जाता है तब विदेशी सरकार के लिए उसे रोकना कठिन हो जाता है। वह कुछ देर तक तो इसके सामने टिक सकती है, लेकिन उसका भविष्य सदा के लिए समाप्त हो चुका होता है। मानवीय स्वभाव भ्रमपूर्ण और यथास्थितिवादी होने के कारण क्रान्ति से एक प्रकार का भय प्रकट करता है। सामाजिक परिवर्तन सदा ही ताकत और विशेष सुविधाएँ माँगनेवालों के लिए भय पैदा करता है। क्रान्ति एक ऐसा करिश्मा है जिसे प्रकृति स्नेह करती है और जिसके बिना कोई प्रगति नहीं हो सकती—न प्रकृति में और न ही इनसानी कारोबार में। क्रान्ति निश्चय ही बिना सोची-समझी हत्याओं और आगजनी की दरिन्दा मुहिम नहीं है और न ही यहाँ-वहाँ चन्द बम फेंकना और गोलियाँ चलाना है; और न ही यह सभ्यता के सारे निशान मिटाने तथा समयोचित न्याय और समता के सिद्धान्त को खत्म करना है। क्रान्ति कोई मायूसी से पैदा हुआ दर्शन भी नहीं और न ही सरफरोशों का कोई सिद्धान्त है। क्रान्ति ईश्वर विरोधी हो सकती है लेकिन मनुष्य-विरोधी नहीं। यह

एक पुख्ता और ज़िन्दा ताकत है। नए और पुराने के, जीवन और ज़िन्दा मौत के, रोशनी और अँधेरे के आन्तरिक द्वन्द्व का प्रदर्शन है, कोई संयोग नहीं है। न कोई संगीतमय एकसारता है और न ही कोई ताल है, जो क्रान्ति के बिना आई हो। 'गोलियों का राग' जिसके बारे में कवि गाते आए हैं, सच्चाईरहित हो जाएगा अगर क्रान्ति को समूची सृष्टि में से खत्म कर दिया जाए। क्रान्ति एक नियम है, क्रान्ति एक आदेश है और क्रान्ति एक सत्य है।

हमारे देश के नौजवानों ने इस सत्य को पहचान लिया है। उन्होंने बहुत कठिनाइयाँ सहते हुए यह सबक सीखा है कि क्रान्ति के बिना—अफरा-तफरी, कानूनी गुंडागर्दी और नफरत की जगह, जो आजकल हर ओर फैली हुई है—व्यवस्था, कानूनपरस्ती और प्यार स्थापित नहीं किया जा सकता। हमारी आशीर्वाद भरी धरती पर किसी को ऐसा विचार नहीं आना चाहिए कि हमारे नौजवान गैर-जिम्मेदार हैं। वे पूरी तरह जानते हैं कि वे कहाँ खड़े हैं। उनसे बढ़कर किसे मालूम है कि उनकी राह कोई फूलों की सेज़ नहीं है। समय-समय पर उन्होंने अपने आदर्शों के लिए बहुत बड़ी कीमत चुकाई है। इस कारण यह किसी के मुँह से नहीं निकलना चाहिए कि नौजवान उतावलेपन में किन्हीं मामूली बातों के पीछे लगे हुए हैं।

यह कोई अच्छी बात नहीं है कि हमारे आदर्शों पर कीचड़ उछाला जाता है। यह काफी होगा कि अगर आप जानें कि हमारे विचार बेहद मजबूत और तेज़-तर्रार हैं जो न सिर्फ हमें आगे बढ़ाए रखते हैं बल्कि फाँसी के तख्ते पर भी मुस्कराने की हिम्मत देते हैं।

आजकल यह फैशन-सा हो गया है कि अहिंसा के बारे में अन्धाधुन्ध और निरर्थक बात की जाए। महात्मा गांधी महान हैं और हम उनके सम्मान पर कोई भी आँच नहीं लाने देना चाहते लेकिन हम यह दृढ़ता से कहते हैं कि हम देश को स्वतन्त्र कराने के उनके ढंग को पूर्णतया नामंजूर करते हैं। यदि हम देश में चलाए जा रहे उनके असहयोग आन्दोलन द्वारा लोक-जागृति में उनकी भागीदारी के लिए उनको सलाम न करें तो यह हमारे लिए बड़ा नाशुक्रापन होगा। परन्तु हमारे लिए महात्मा असम्भवताओं का एक दार्शनिक है। अहिंसा भले ही एक नेक आदर्श है लेकिन यह अतीत की चीज़ है। जिस स्थिति में आज हम हैं, सिर्फ अहिंसा के रास्ते से कभी भी आज़ादी प्राप्त नहीं कर सकते। दुनिया सिर तक हथियारों से लैस है और (ऐसी) दुनिया पर हम हावी है अमन की सारी बातें ईमानदार हो सकती हैं, लेकिन हम जो गुलाम कौम हैं, हमें ऐसे झूठे सिद्धान्तों के जरिए अपने रास्ते से नहीं भटकना चाहिए। हम पूछते हैं कि जब दुनिया का वातावरण हिंसा और गरीब की लूट से भरा हुआ है, तब देश को अहिंसा के रास्ते पर चलाने की क्या तुक है? हम अपने पूरे जोर के साथ कहते हैं कि कौम के नौजवान कच्ची नींद के ऐसे सपनों से रिझाए नहीं जा सकते।

हम हिंसा में विश्वास रखते हैं—अपने आप में अन्तिम लक्ष्य के रूप में नहीं बल्कि एक नेक परिणाम तक पहुँचने के लिए अपनाए गए तौर-तरीके के नाते। अहिंसा के पैरोकार और सावधानी के वकील यह बात तो मानते हैं कि हम अपने यकीन पर चलने और उसके लिए कष्ट सहने के लिए तैयार रहते हैं। तो क्या हमें इसीलिए अपने साथियों की साझी

माँ की बलिवेदी पर कुर्बानियों की गिनती करानी पड़ेगी? अंग्रेज सरकार की जेलों की चारदीवारी के अन्दर रूह कँपा देने और दिल की धड़कन पकड़नेवाले कई दृश्य खेले जा चुके हैं। हमें हमारी आतंकवादी नीति के कारण कई बार सज़ाएँ हुई हैं। हमारा जवाब है कि क्रान्तिकारियों का मुदूदा आतंकवाद नहीं होता; तो भी हम यह विश्वास रखते हैं कि आतंकवाद के रास्ते ही क्रान्ति आ जाएगी। पर इसमें कोई शक नहीं है कि क्रान्तिकारी बिलकुल दुरुस्त सोचते हैं कि अंग्रेजी सरकार का मुँह मोड़ने के लिए इन तरीकों का इस्तेमाल करना ही कारगर तरीक़ा है। अंग्रेजों की सरकार इसलिए चलती है, क्योंकि वे सारे भारत को भयभीत करने में कामयाब हुए हैं। हम इस सरकारी दहशत का किस तरह मुकाबला करें? सिर्फ क्रान्तिकारियों की ओर से मुकाबले की दहशत ही उनकी दहशत को रोकने में कामयाब हो सकती है। समाज में एक लाचारी की गहरी भावना फैली हुई है। इस खतरनाक मायूसी को कैसे दूर किया जाए? सिर्फ कुर्बानी की रूह को जगाकर खोए आत्मविश्वास को जगाया जा सकता है। आतंकवाद का एक अन्तर्राश्ट्रीय पहलू भी है। इंग्लैंड के काफी शत्रु हैं जो हमारी ताकत के पूर्ण प्रदर्शन से हमारी सहायता करने को तैयार हैं। यह भी एक बड़ा लाभ है।

भारत साम्राज्यवाद के जुए के नीचे पिस रहा है। इसमें करोड़ों लोग आज अज्ञानता और गरीबी के शिकार हो रहे हैं। भारत की बहुत बड़ी जनसंख्या जो मजदूरों और किसानों की है, उनको विदेशी दबाव एवं आर्थिक लूट ने पस्त कर दिया है। भारत के मेहनतकश वर्ग की हालत आज बहुत गम्भीर है। उसके सामने दोहरा खतरा है--विदेशी पूँजीवाद का एक तरफ से और भारतीय पूँजीवाद के धोखे भरे हमले का दूसरी तरफ से खतरा है। भारतीय पूँजीवाद विदेशी पूँजी के साथ हर रोज बहुत-से गठजोड़ कर रहा है। कुछ राजनैतिक नेताओं का डोमिनियन (प्रभुतासम्पन्न) का रूप स्वीकार करना भी हवा के इसी रुख को स्पष्ट करता है।

भारतीय पूँजीपति भारतीय लोगों को धोखा देकर विदेशी पूँजीपति से विश्वासघात की कीमत के रूप में सरकार में कुछ हिस्सा प्राप्त करना चाहता है। इसी कारण मेहनतकश की तमाम आशाएँ अब सिर्फ समाजवाद पर टिकी हैं और सिर्फ यही पूर्ण स्वराज्य और सब भेदभाव खत्म करने में सहायक साबित हो सकता है। देश का भविष्य नौजवानों के सहारे है। वही धरती के बेटे हैं। उनकी दुख सहने की तत्परता, उनकी बेखौफ बहादुरी और लहराती कुर्बानी दर्शाती है कि भारत का भविष्य उनके हाथ में सुरक्षित है। एक अनुभूतिमय घड़ी में देशबन्धु दास ने कहा था, "नौजवान भारत माता की शान एवं आशाएँ हैं। आन्दोलन के पीछे उनकी प्रेरणा है, उनकी कुर्बानी है और उनकी जीत है। आज़ादी की राह पर मशालें लेकर चलनेवाले ये ही हैं। मुक्ति की राह पर ये तीर्थयात्री हैं।"

भारतीय रिपब्लिक के नौजवानो, नहीं सिपाहियो, कतारबद्ध हो जाओ। आराम के साथ न खड़े रहो और न ही निरर्थक कदमताल किए जाओ। लम्बी दरिद्रता को, जो तुम्हें नाकारा कर रही है, सदा के लिए उतार फेंको। तुम्हारा बहुत ही नेक मिशन है। देश के हर कोने और हर दिशा में बिखर जाओ और भावी क्रान्ति के लिए, जिसका आना निश्चित है, लोगों को तैयार करो। फर्ज के बिगुल की आवाज सुनो। वैसे ही खाली जिन्दगी न गँवाओ।

बढ़ो, तुम्हारी जिन्दगी का हर पल इस तरह के तरीके और तरतीब ढूँढ़ने में लगना चाहिए, कि कैसे अपनी पुरातन धरती की आँखों में ज्वाला जागे और एक लम्बी अँगड़ाई लेकर जागे। अंग्रेज साम्राज्य के खिलाफ नवयुवकों के उर्वर हृदयों में एक उकसाहट और नफरत भर दो, ऐसे बीज डालो जोकि उगें और बड़े वृक्ष बन जाएँ क्योंकि इन बीजों को तुम अपने गर्म खून के जल से सींचोगे। तब एक भयानक भूचाल आएगा, जो बड़े धमाके से गलत चीज़ों को नष्ट कर देगा और साम्राज्यवाद के महल को कुचलकर धूल में मिला देगा और यह तबाही महान होगी।

तब, और सिर्फ तभो, एक भारतीय कौम जागेगी, जो अपने गुणों और शान से इन्सानियत को हैरान कर देगी। तब चालाक और बलवान सदा से कमजोर लोगों से हैरान रह जाएँगे। तभी व्यक्तिगत मुक्ति भी सुरक्षित होगी और मेहनतकश की सरदारी और प्रभुसत्ता को सत्कारा जाएगा। हम ऐसी ही क्रान्ति के आने का सन्देश दे रहे हैं। क्रान्ति अमर रहे!

—करतार सिंह अध्यक्ष

रिपब्लिकन प्रेस, अरहवन, भारत से प्रकाशित

बम का दर्शन

(26 जनवरी, 1930)

[राष्ट्रीय आन्दोलन के दौरान क्रान्तिकारियों की निन्दा में गांधी जी ब्रिटिश सरकार से एक कदम आगे रहते थे। 23 दिसम्बर, 1929 को क्रान्तिकारियों ने ब्रिटिश साम्राज्यवाद के स्तम्भ वायसराय की गाड़ी को उड़ाने का प्रयास किया, लेकिन जो असफल रहा। गांधी जी ने इस घटना पर एक कटुतापूर्ण लेख 'बम की पूजा' लिखा, जिसमें उन्होंने वायसराय को देश का शुभचिन्तक और नवयुवकों को आज़ादी के रास्ते में रोड़ा अटकानेवाला कहा। इसी के जवाब में हि. स. प्र. स. की ओर से भगवतीचरण वोहरा ने 'बम का दर्शन' लेख लिखा, जिसका शीर्षक 'हिन्दुस्तान प्रजातन्त्र समाजवादी सभा का घोषणा-पत्र' रखा। भगत सिंह ने जेल में इसे अन्तिम रूप दिया। 26 जनवरी, 1930 को इसे देशभर में बाँटा गया।—सं.]

हाल ही की घटनाएँ! विशेष रूप से 23 दिसम्बर, 1929 को वायसराय की स्पेशल ट्रेन उड़ाने का जो प्रयत्न किया गया था, उसकी निन्दा करते हुए कांग्रेस द्वारा पारित किया गया प्रस्ताव तथा 'यंग इंडिया' में गांधी जी द्वारा लिखे गए लेखों से स्पष्ट हो जाता है कि भारतीय राष्ट्रीय कांग्रेस ने गांधी जी से साठ-गाँठ कर भारतीय क्रान्तिकारियों के विरुद्ध घोर आन्दोलन प्रारम्भ कर दिया है। जनता के बीच भाषणों तथा पत्रों के माध्यम से क्रान्तिकारियों के विरुद्ध बराबर प्रचार किया जाता रहा है। या तो यह जानबूझकर किया गया या फिर केवल अज्ञान के कारण उनके विषय में गलत प्रचार होता रहा और उन्हें गलत समझा जाता रहा; परन्तु क्रान्तिकारी अपने सिद्धान्तों तथा कार्यों की ऐसी आलोचना से नहीं घबराते हैं। बल्कि वे ऐसी आलोचना का स्वागत करते हैं, क्योंकि वे इसे इस बात

का स्वर्णावसर मानते हैं कि ऐसा करने से उन्हें उन लोगों को क्रान्तिकारियों के मूलभूत सिद्धान्तों तथा उच्चादर्शों को, जो उनकी प्रेरणा तथा शक्ति के अनवरत स्रोत हैं, समझाने का अवसर मिलता है। आशा की जाती है कि इस लेख द्वारा आम जनता को यह जानने का अवसर मिलेगा कि क्रान्तिकारी क्या हैं, और उनके विरुद्ध किए गए, भ्रमात्मक प्रचार से उत्पन्न होनेवाली गलतफहमियों से उन्हें बचाया जा सकेगा।

पहले हम हिंसा और अहिंसा के प्रश्न पर ही विचार करें। हमारे विचार से इन शब्दों का प्रयोग ही गलत किया गया है और ऐसा करना ही दोनों दलों के साथ अन्याय करना है क्योंकि इन शब्दों से दोनों ही दलों के सिद्धान्तों का स्पष्ट बोध नहीं हो पाता। हिंसा का अर्थ है अन्याय के लिए किया गया बल-प्रयोग, परन्तु क्रान्तिकारियों का तो यह उद्देश्य नहीं है, दूसरी ओर अहिंसा का जो आम अर्थ समझा जाता है, वह है आत्मिक शक्ति का सिद्धान्त। उसका उपयोग व्यक्तिगत तथा राष्ट्रीय अधिकारों को प्राप्त करने के लिए किया जाता है। अपने-आपको कष्ट देकर आशा की जाती है कि इस प्रकार अन्त में अपने विरोधी का हृदय-परिवर्तन सम्भव हो सकेगा।

एक क्रान्तिकारी जब कुछ बातों को अपना अधिकार मान लेता है तो वह उनकी माँग करता है, अपनी उस माँग के पक्ष में दलीलें देता है, समस्त आत्मिक शक्ति के द्वारा उन्हें प्राप्त करने की इच्छा करता है, उसकी प्राप्ति के लिए अत्यधिक कष्ट सहन करता है, इसके लिए वह बड़े-से-बड़ा त्याग करने के लिए प्रस्तुत रहता है और उसके समर्थन में वह अपना समस्त शारीरिक बल-प्रयोग भी करता है। इसके इन प्रयत्नों को आप चाहे जिस नाम से पुकारें, परन्तु आप इन्हें हिंसा के नाम से सम्बोधित नहीं कर सकते, क्योंकि ऐसा करना कोष में दिए इस शब्द के अर्थ के साथ अन्याय होगा। सत्याग्रह का अर्थ है सत्य के लिए आग्रह। उसकी स्वीकृति के लिए केवल आत्मिक शक्ति के प्रयोग का ही आग्रह क्यों? इसके साथ-साथ शारीरिक बल-प्रयोग भी (क्यों) न किया जाए? क्रान्तिकारी स्वतन्त्रता-प्राप्ति के लिए अपनी शारीरिक एवं नैतिक शक्ति दोनों के प्रयोग में विश्वास करता है, परन्तु नैतिक शक्ति का प्रयोग करनेवाले शारीरिक बल-प्रयोग को निषिद्ध मानते हैं। इसलिए अब सवाल यह नहीं है कि आप हिंसा चाहते हैं या अहिंसा, बल्कि प्रश्न तो यह है कि आप अपनी उद्देश्य-प्राप्ति के लिए शारीरिक बल सहित नैतिक बल का प्रयोग करना चाहते हैं, या केवल आत्मिक शक्ति का?

क्रान्तिकारियों का विश्वास है कि देश को क्रान्ति से ही स्वतन्त्रता मिलेगी। वे जिस क्रान्ति के लिए प्रयत्नशील हैं और जिस क्रान्ति का रूप उनके सामने स्पष्ट है उसका अर्थ केवल यह नहीं है कि विदेशी शासकों तथा उनके पिट्ठुओं से क्रान्तिकारियों का केवल सशस्त्र संघर्ष हो, बल्कि इस सशस्त्र संघर्ष के साथ-साथ नवीन सामाजिक व्यवस्था के द्वार देश के लिए मुक्त हो जाएँ। क्रान्ति पूँजीवाद, वर्गवाद तथा कुछ लोगों को ही विशेषाधिकार दिलानेवाली प्रणाली का अन्त कर देगी। यह राष्ट्र को अपने पैरों पर खड़ा करेगी, उससे नवीन राष्ट्र और नए समाज का जन्म होगा। क्रान्ति से सबसे बड़ी बात तो यह होगी कि वह मजदूर तथा किसानों का राज्य कायम कर उन सब सामाजिक अवांछित तत्त्वों को समाप्त कर देगी जो देश की राजनैतिक शक्ति को हथियाए बैठे हैं।

आज की तरुण पीढ़ी को जो मानसिक गुलामी तथा धार्मिक रूढ़िवादी बन्धन जकड़े हैं और उससे छुटकारा पाने के लिए तरुण समाज की जो बेचैनी है, क्रान्तिकारी उसी में प्रगतिशीलता के अंकुर देख रहा है। नवयुवक जैसे-जैसे मनोविज्ञान आत्मसात् करता जाएगा वैसे-वैसे राष्ट्र की गुलामी का चित्र उसके सामने स्पष्ट होता जाएगा तथा उसकी देश को स्वतन्त्र करने की इच्छा प्रबल होती जाएगी। और उसका यह क्रम तब तक चलता रहेगा जब तक कि युवक न्याय, क्रोध और क्षोभ से ओतप्रोत हो अन्याय करनेवालों की हत्या न प्रारम्भ कर देगा। इस प्रकार देश के आतंकवाद का जन्म होता है। आतंकवाद सम्पूर्ण क्रान्ति नहीं और क्रान्ति भी आतंकवाद के बिना पूर्ण नहीं। यह तो क्रान्ति का एक आवश्यक और अवश्यम्भावी अंग है। इस सिद्धान्त का समर्थन इतिहास की किसी भी क्रान्ति का विश्लेषण कर जाना जा सकता है। आतंकवाद आततायी के मन में भय पैदा कर पीड़ित जनता में प्रतिशोध की भावना जाग्रत कर उसे शक्ति प्रदान करता है। अस्थिर भावनावाले लोगों को इससे हिम्मत बँधती है तथा उनमें आत्मविश्वास पैदा होता है। इससे दुनिया के सामने क्रान्ति के उद्देश्य का वास्तविक रूप प्रकट हो जाता है क्योंकि ये किसी राष्ट्र की स्वतन्त्रता की उत्कट महत्त्वाकांक्षा का विश्वास दिलानेवाले प्रमाण हैं, जैसे दूसरे देशों में होता आया है, वैसे ही भारत में भी आतंकवाद क्रान्ति का रूप धारण कर लेगा और अन्त में क्रान्ति से ही देश को सामाजिक, राजनैतिक तथा आर्थिक स्वतन्त्रता मिलेगी।

तो यह हैं क्रान्तिकारी के सिद्धान्त, जिनमें वह विश्वास करता है और जिन्हें देश के लिए प्राप्त करना चाहता है। इस तथ्य की प्राप्ति के लिए वह गुप्त तथा खुलेआम दोनों ही तरीकों से प्रयत्न कर रहा है। इस प्रकार एक शताब्दी से संसार में जनता तथा शासक वर्ग में जो संघर्ष चला आ रहा है, वही अनुभव उसके लक्ष्य पर पहुँचने का मार्गदर्शक है क्रान्तिकारी जिन तरीकों में विश्वास करता है, वे कभी असफल नहीं हुए।

इस बीच कांग्रेस क्या कर रही थी? उसने अपना ध्येय स्वराज्य से बदलकर पूर्ण स्वतन्त्रता घोषित किया। इस घोषणा से कोई भी व्यक्ति यही निष्कर्ष निकालेगा कि कांग्रेस ने ब्रिटिश शासन के विरुद्ध युद्ध की घोषणा न कर क्रान्तिकारियों के विरुद्ध युद्ध की घोषणा कर दी। इस सम्बन्ध में कांग्रेस का पहला वार था उसका यह प्रस्ताव जिसमें 23 दिसम्बर, 1929 को वायसराय की स्पेशल ट्रेन उड़ाने के प्रयत्न की निन्दा की गई। इस प्रस्ताव का मसविदा गांधी जी ने तैयार किया था और उसे पारित कराने के लिए गांधी जी ने अपनी सारी शक्ति लगा दी। परिणाम यह हुआ कि 1913 की सदस्य संख्या में वह केवल 31 अधिक मतों से पारित हो सका। क्या इस अत्यल्प बहुमत में भी राजनैतिक ईमानदारी थी? इस सम्बन्ध में हम सरलादेवी चौधरानी का मत हीं यहाँ उद्धृत करें। वे तो जीवनभर कांग्रेस की भक्त रही हैं। इस सम्बन्ध में प्रश्न के उत्तर में उन्होंने कहा है—मैंने महात्मा गांधी के अनुयायियों के साथ इस विषय में जो बातचीत की, उससे मुझे मालूम हुआ कि वे इस सम्बन्ध में अपने स्वतन्त्र विचार महात्मा जी के प्रति व्यक्तिगत निष्ठा के कारण प्रकट न कर सके, तथा इस प्रस्ताव के विरुद्ध मत देने में असमर्थ रहे, जिसके प्रणेता महात्मा जी थे। जहाँ तक गांधी जी की दलील का प्रश्न है, उस पर हम बाद में विचार

करेंगे। उन्होंने जो दलीलें दी हैं वे कुछ कम या अधिक इस सम्बन्ध में कांग्रेस में दिए गए भाषण का ही विस्तृत रूप हैं।

इस दुखद प्रस्ताव के विषय में एक बात मार्के की है जिसे हम अनदेखा नहीं कर सकते, वह यह कि यह सर्वविदित है कि कांग्रेस अहिंसा का सिद्धान्त मानती है और पिछले दस वर्षों से वह इसके समर्थन में प्रचार करती रही है। यह सब होने पर भी प्रस्ताव के समर्थन में भाषणों में गाली-गलौज की गई। उन्होंने क्रान्तिकारियों को बुज़दिल कहा और उनके कार्यों को घृणित। उनमें से एक वक्ता ने धमकी देते हुए यहाँ तक कह डाला कि यदि वे (सदस्य) गांधी जी का नेतृत्व चाहते हैं तो उन्हें इस प्रस्ताव को सर्वसम्मति से पारित करना चाहिए। इतना सबकुछ किए जाने पर भी यह प्रस्ताव बहुत थोड़े मतों से ही पारित हो सका। इससे यह बात निशंक प्रमाणित हो जाती है कि देश की जनता पर्याप्त संख्या में क्रान्तिकारियों का समर्थन कर रही है। इस तरह से इसके लिए गांधी जी हमारी बधाई के पात्र हैं कि उन्होंने इस प्रश्न पर विवाद खड़ा किया और इस प्रकार संसार को दिखा दिया कि कांग्रेस, जो अहिंसा का गढ़ माना जाता है, वह सम्पूर्ण नहीं तो एक हद तक तो कांग्रेस से अधिक क्रान्तिकारियों के साथ है।

इस विषय में गांधी जी ने जो विजय प्राप्त की वह एक प्रकार की हार ही के बराबर थी और अब वे 'दि कल्ट ऑफ दि बम' लेख द्वारा क्रान्तिकारियों पर दूसरा हमला कर बैठे हैं। इस सम्बन्ध में आगे कुछ कहने से पूर्व इस लेख पर हम अच्छी तरह विचार करेंगे। इस लेख में उन्होंने तीन बातों का उल्लेख किया है। उनका विश्वास, उनके विचार और उनका मत। हम उनके विश्वास के सम्बन्ध में विश्लेषण नहीं करेंगे, क्योंकि विश्वास में तर्क के लिए स्थान नहीं है। गांधी जी जिसे हिंसा कहते हैं और जिसके विरुद्ध उन्होंने जो तर्कसंगत विचार प्रकट किए हैं, हम उनका सिलसिलेवार विश्लेषण करें।

गांधी जी सोचते हैं कि उनकी यह धारणा सही है कि अधिकतर भारतीय जनता को हिंसा की भावना छू तक नहीं गई है और अहिंसा उनका राजनैतिक शस्त्र बन गया है। हाल ही में उन्होंने देश का जो भ्रमण किया है उस अनुभव के आधार पर उनकी यह धारणा बनी है, परन्तु उन्हें अपनी इस यात्रा के इस अनुभव से इस भ्रम में न पड़ना चाहिए। यह बात सही है कि (कांग्रेस) नेता अपने दौरे वहीं तक सीमित रखता है जहाँ तक डाक गाड़ी उसे आराम से पहुँचा सकती है, जबकि गांधी जी ने अपनी यात्रा का दायरा वहाँ तक बढ़ा दिया है जहाँ तक कि मोटरकार द्वारा वे जा सकें। इस यात्रा में वे धनी व्यक्तियों के ही निवास स्थानों पर रुके। इस यात्रा का अधिकतर समय उनके भक्तों द्वारा आयोजित गोष्ठियों में की गई उनकी प्रशंसा, सभाओं में यदा-कदा अशिक्षित जनता को दिए जानेवाले दर्शनों में बीता, जिसके विषय में उनका दावा है कि वे उन्हें अच्छी तरह समझते हैं, परन्तु यही बात इस दलील के विरुद्ध है कि वे आम जनता की विचारधारा को जानते हैं।

कोई व्यक्ति जन-साधारण की विचारधारा को केवल मंचों से दर्शन और उपदेश देकर नहीं समझ सकता। वह तो केवल इतना ही दावा कर सकता है कि उसने विभिन्न विषयों पर अपने विचार जनता के सामने रखे। क्या गांधी जी ने इन वर्षों में आम जनता के सामाजिक जीवन में भी कभी प्रवेश करने का प्रयत्न किया? क्या कभी उन्होंने किसी

सन्ध्या को गाँव की किसी चौपाल के अलाव के पास बैठकर किसी किसान के विचार जानने का प्रयत्न किया? क्या किसी कारखाने के मजदूर के साथ एक भी शाम गुजारकर उसके विचार समझने की कोशिश की है? पर हमने यह किया है और इसीलिए हम दावा करते हैं कि हम आम जनता को जानते हैं। हम गांधी जी को विश्वास दिलाते हैं कि साधारण भारतीय साधारण मानव के समान ही अहिंसा तथा अपने शत्रु से प्रेम करने की आध्यात्मिक भावना को बहुत कम समझता है। संसार का तो यही नियम है—तुम्हारा एक मित्र है, तुम उससे स्नेह करते हो, कभी-कभी तो इतना अधिक कि तुम उसके लिए अपने प्राण भी दे देते हो। तुम्हारा शत्रु है, तुम उससे किसी प्रकार का सम्बन्ध नहीं रखते हो। क्रान्तिकारियों का यह सिद्धान्त नितान्त सत्य, सरल और सीधा है और यह ध्रुव सत्य आदम और हौवा के समय से चला आ रहा है तथा इसे समझने में कभी किसी को कठिनाई नहीं हुई। हम यह बात स्वयं के अनुभव के आधार पर कह रहे हैं। वह दिन दूर नहीं जब लोग क्रान्तिकारी विचारधारा को सक्रिय रूप देने के लिए हजारों की संख्या में जमा होंगे।

गांधी जी घोषणा करते हैं कि अहिंसा के सामर्थ्य तथा अपने आपको पीड़ा देने की प्रणाली से उन्हें यह आशा है कि वे एक दिन विदेशी शासकों का हृदय परिवर्तन कर अपनी विचारधारा का उन्हें अनुयायी बना लेंगे। अब उन्होंने अपने सामाजिक जीवन की इस चमत्कार की 'प्रेम संहिता' के प्रचार के लिए अपने आपको समर्पित कर दिया है। वे अडिग विश्वास के साथ उसका प्रचार कर रहे हैं, जैसा कि उनके कुछ अनुयायियों ने भी किया है। परन्तु क्या वे बता सकते हैं कि भारत में कितने शत्रुओं का हृदय-परिवर्तन कर वे उन्हें भारत का मित्र बनाने में समर्थ हुए हैं? वे कितने ओडायरों, डायरों तथा रीडिंग और इरविन को भारत का मित्र बना सके हैं? यदि किसी को भी नहीं तो भारत उनकी इस विचारधारा से कैसे सहमत हो सकता है कि वे इंग्लैंड को अहिंसा द्वारा समझा-बुझाकर इस बात को स्वीकार करने के लिए तैयार कर लेंगे कि वह भारत को स्वतन्त्रता दे दे।

यदि वायसराय की गाड़ी के नीचे बमों का ठीक से विस्फोट हुआ होता तो दो में से एक बात अवश्य हुई होती, या तो वायसराय अत्यधिक घायल हो जाते या उनकी मृत्यु हो गई होती। ऐसी स्थिति में वायसराय तथा राजनैतिक दलों के नेताओं के बीच मन्त्रणा न हो पाती, यह प्रयत्न रुक जाता और उससे राष्ट्र का भला ही होता। कलकत्ता कांग्रेस की चुनौती के बाद भी स्वशासन की भीख माँगने के लिए वायसराय भवन के आसपास मँडरानेवालों के ये घृणास्पद प्रयत्न विफल हो जाते। यदि बमों का ठीक से विस्फोट हुआ होता तो भारत का एक शत्रु उचित सज़ा पा जाता। 'मेरठ' तथा 'लाहौर-षड्यन्त्र' और 'भुसावल कांड' का मुकदमा चलानेवाले केवल भारत के शत्रुओं को ही मित्र प्रतीत हो सकते हैं। साइमन कमीशन के सामूहिक विरोध से देश में जो एकजुटता स्थापित हो गई थी, गांधी तथा नेहरू की राजनैतिक 'बुद्धिमत्ता' के बाद ही इरविन उसे छिन्न-भिन्न करने में समर्थ हो सका। आज कांग्रेस में भी आपस में फूट पड़ गई है। हमारे इस दुर्भाग्य के लिए वायसराय या उसके चाटुकारों के सिवा कौन जिम्मेदार हो सकता है! इस पर भी हमारे देश में ऐसे लोग हैं जो उसे भारत का मित्र कहते हैं।

देश में ऐसे भी लोग होंगे जिन्हें कांग्रेस के प्रति श्रद्धा नहीं, इससे वे कुछ आशा भी नहीं करते। यदि गांधी जी क्रान्तिकारियों को इस श्रेणी में गिनते हैं तो वे उनके साथ अन्याय करते हैं। वे इस बात को अच्छी तरह जानते हैं कि कांग्रेस ने जन-जागृति का महत्त्वपूर्ण कार्य किया है। उसने आम जनता में स्वतन्त्रता की भावना जाग्रत की है, जोकि उनका दृढ़ विश्वास है कि जब तक कांग्रेस में सेन गुप्ता जैसे 'अद्भुत प्रतिभाशाली' व्यक्तियों का, जो वायसराय की ट्रेन उड़ाने में गुप्तचर विभाग का हाथ होने की बात करते हैं, तथा अन्सारी जैसे लोग, जो राजनीति कम जानते हैं और उचित तर्क की उपेक्षा कर बेतुकी और तर्कहीन दलील देकर यह कहते हैं कि किसी राष्ट्र ने बम से स्वतन्त्रता नहीं प्राप्त की—जब तक कांग्रेस के निर्णयों में इनके-जैसे विचारों का प्राधान्य रहेगा, तब तक देश उससे बहुत कम आशा कर सकता है। क्रान्तिकारी तो उस दिन की प्रतीक्षा में हैं जब कांग्रेसी आन्दोलन से अंहिसा की यह सनक समाप्त हो जाएगी और वह क्रान्तिकारियों के कन्धे-से-कन्धा मिलाकर पूर्ण स्वतन्त्रता के सामूहिक लक्ष्य की ओर बढ़ेगी। इस वर्ष कांग्रेस ने इस सिद्धान्त को स्वीकार कर लिया है, जिसका प्रतिपादन क्रान्तिकारी पिछले 25 वर्षों से करते चले आ रहे हैं। हम आशा करें कि अगले वर्ष वह स्वतन्त्रता प्राप्ति के तरीकों का भी समर्थन करेगी।

गांधी जी यह प्रतिपादित करते हैं कि जब-जब हिंसा का प्रयोग हुआ है तब-तब सैनिक खर्च बढ़ा है। यदि उनका मन्तव्य क्रान्तिकारियों की पिछली 25 वर्षों की गतिविधियों से है तो हम उनके वक्तव्य को चुनौती देते हैं कि वे अपने इस कथन को तथ्य और आँकड़ों से सिद्ध करें। बल्कि हम तो यह कहेंगे कि उनके अहिंसा और सत्याग्रह के प्रयोगों का परिणाम, जिनकी तुलना स्वतन्त्रता संग्राम से नहीं की जा सकती, नौकरशाही अर्थव्यवस्था पर हुआ है। आन्दोलनों का, फिर वे हिंसात्मक हों या अहिंसात्मक, सफल हों या असफल, परिणाम तो भारत की अर्थव्यवस्था पर होगा ही।

हमें समझ नहीं आता कि देश में सरकार ने जो विभिन्न वैधानिक सुधार किए, गांधी जी उनमें हमें क्यों उलझाते हैं? उन्होंने मार्लोमिंटो रिफार्म, मांटेग्यू रिफार्म या ऐसे ही अन्य सुधारों की न तो कभी परवाह की और न ही उनके लिए आन्दोलन किया। ब्रिटिश सरकार ने तो यह टुकड़े वैधानिक आन्दोलनकारियों के सामने फेंके थे, जिससे उन्हें उचित मार्ग पर चलने से पथभ्रष्ट किया जा सके। ब्रिटिश सरकार ने उन्हें तो यह घूस दी थी, जिससे वे क्रान्तिकारियों को समूल नष्ट करने की उनकी नीति के साथ सहयोग करें। गांधी जी जैसा कि इन्हें सम्बोधित करते हैं, कि भारत के लिए ये खिलौने-जैसे हैं, उन लोगों को बहलाने-फुसलाने के लिए जो समय-समय पर होमरूल, स्वशासन, जिम्मेदार सरकार, पूर्ण जिम्मेदार सरकार, औपनिवेशिक स्वराज्य जैसे अनेक वैधानिक नाम जो गुलामी के हैं, माँग करते हैं। क्रान्तिकारियों का लक्ष्य तो शासन-सुधार का नहीं है, वे तो स्वतन्त्रता का स्तर कभी का ऊँचा कर चुके हैं और वे उसी लक्ष्य की प्राप्ति के लिए बिना किसी हिचकिचाहट के बलिदान कर रहे हैं। उनका दावा है कि उनके बलिदानों ने जनता की विचारधारा में प्रचंड परिवर्तन किया है। उसके प्रयत्नों से वे देश को स्वतन्त्रता के मार्ग पर बहुत आगे बढ़ा ले गए हैं और यह बात उनसे राजनैतिक क्षेत्र में मतभेद रखनेवाले लोग भी स्वीकार करते हैं।

गांधी जी का कथन है कि हिंसा से प्रगति का मार्ग अवरुद्ध होकर स्वतन्त्रता पाने का दिन स्थगित होता जाता है, तो हम इस विषय में अनेक ऐसे उदाहरण दे सकते हैं, जिनमें जिन देशों ने हिंसा से काम लिया उनकी सामाजिक प्रगति होकर उन्हें राजनैतिक स्वतन्त्रता हुई। हम रूस तथा तुर्की का ही उदाहरण लें। दोनों ने हिंसा के उपायों से ही सशस्त्र क्रान्ति द्वारा सत्ता प्राप्त की। उसके बाद भी सामाजिक सुधारों के कारण वहाँ की जनता ने बड़ी तीव्रता से प्रगति की। एकमात्र अफगानिस्तान के उदाहरण से राजनैतिक सूत्र सिद्ध नहीं किया जा सकता। यह तो अपवाद मात्र है।

गांधी जी के विचार में 'असहयोग आन्दोलन के समय जो जन-जागृति हुई है वह अहिंसा के उपदेश का ही परिणाम था' परन्तु यह धारणा गलत है और यह श्रेय अहिंसा को देना भी भूल है, क्योंकि जहाँ भी अत्यधिक जन-जागृति हुई वह सीधे मोर्चे की कार्रवाई से हुई। उदाहरणार्थ, रूस में शक्तिशाली जन-आन्दोलन से ही वहाँ किसान और मजदूरों में जागृति उत्पन्न हुई। उन्हें तो किसी ने अहिंसा का उपदेश नहीं दिया था, बल्कि हम तो यहाँ तक कहेंगे कि अहिंसा तथा गांधी जी की समझौता-नीति से ही उन शक्तियों में फूट पड़ गई जो सामूहिक मोर्चे के नारे ने एक हो गई थीं। यह प्रतिपादित किया जाता है कि राजनैतिक अन्यायों का मुकाबला अहिंसा के शस्त्र से किया जा सकता है, पर इस विषय में संक्षेप में तो यही कहा जा सकता है कि यह अनोखा विचार है, जिसका अभी प्रयोग नहीं हुआ है।

दक्षिण अफ्रीका में भारतीयों के जो न्यायोचित अधिकार माँगे जाते थे उन्हें प्राप्त करने में अहिंसा का शस्त्र असफल रहा। वह भारत को स्वराज्य दिलाने में भी असफल रहा, जबकि राष्ट्रीय कांग्रेस स्वयंसेवकों की एक बड़ी सेना उसके लिए प्रयत्न करती रही तथा उस पर लगभग सवा करोड़ रुपया भी खर्च किया गया। हाल ही में बारदोली सत्याग्रह में इसकी असफलता सिद्ध हो चुकी है। इस अवसर पर सत्याग्रह के नेता गांधी और पटेल ने बारदोली के किसानों को जो कम-से-कम अधिकार दिलाने का आश्वासन दिया था, उसे भी वे न दिला सके। इसके अतिरिक्त अन्य किसी देशव्यापी आन्दोलन की बात हमें मालूम नहीं। अब तक इस अहिंसा को एक ही आशीर्वाद मिला और वह था असफलता का। ऐसी स्थिति में यह आश्चर्य नहीं कि देश ने फिर उनके प्रयोग से इनकार कर दिया। वास्तव में गांधी जी जिस रूप में सत्याग्रह का प्रचार करते हैं, वह एक प्रकार का आन्दोलन है, एक विरोध है जिसका स्वाभाविक परिणाम समझौते में होता है, जैसा कि प्रत्यक्ष देखा गया है। इसलिए जितनी जल्दी हम समझ लें कि स्वतन्त्रता और गुलामी में कोई समझौता नहीं हो सकता, उतना ही अच्छा है।

गांधी जी सोचते हैं 'हम नए युग में प्रवेश कर रहे हैं।' परन्तु कांग्रेस विधान में शब्दों का हेर-फेर मात्र कर, अर्थात् स्वराज्य को पूर्ण स्वतन्त्रता कह देने से नया युग प्रारम्भ नहीं हो जाता। वह दिन वास्तव में एक महान दिवस होगा जब कांग्रेस देशव्यापी आन्दोलन प्रारम्भ करने का निर्णय करेगी, जिसका आधार सर्वनान्य क्रान्तिकारी सिद्धान्त होंगे। ऐसे समय तक स्वतन्त्रता का झंडा फहराना हास्यास्पद होगा। इस विषय में हम सरलादेवी चौधरानी के उन विचारों से सहमत हैं जो उन्होंने एक पत्र-संवाददाता को भेंट में व्यक्त किए। उन्होंने कहा, "31 दिसम्बर, 1929 की अर्धरात्रि के ठीक एक मिनट बाद स्वतन्त्रता

का झंडा फहराना एक विचित्र घटना है। उस समय जी.ओ.सी. असिस्टेंट जी.ओ.सी. तथा अन्य लोग इस बात को अच्छी तरह जानते थे कि स्वतन्त्रता का झंडा फहराने का निर्णय आधी रात तक अधर में लटका है, क्योंकि यदि वायसराय या सेक्रेटरी ऑफ स्टेट का कांग्रेस को यह सन्देश आ जाता है कि भारत को औपनिवेशिक स्वराज्य दे दिया गया है, तो रात्रि को 11 बजकर 59 मिनट पर भी स्थिति में परिवर्तन हो सकता था। इससे स्पष्ट है कि पूर्ण स्वतन्त्रता प्राप्ति का ध्येय नेताओं की हार्दिक इच्छा नहीं थी, बल्कि एक बाल हठ के समान था। भारतीय राष्ट्रीय कांग्रेस के लिए उचित तो यही होता कि वह पहले स्वतन्त्रता प्राप्त कर फिर उसकी घोषणा करती।" यह सच है कि अब औपनिवेशिक स्वराज्य के बजाय कांग्रेस के वक्ता जनता के सामने पूर्ण स्वतन्त्रता का ढोल पीटेंगे। वे अब जनता से कहेंगे कि जनता को उस संघर्ष के लिए तैयार हो जाना चाहिए जिसमें एक पक्ष तो मुक्केबाजी करेगा और दूसरा उन्हें केवल सहता रहेगा, जब तक कि वह खूब पिटकर इतना हताश न हो जाए कि फिर न उठ सके। क्या उसे संघर्ष कहा जा सकता है और क्या इससे देश को स्वतन्त्रता मिल सकती है? किसी भी राष्ट्र के लिए सर्वोच्च लक्ष्य-प्राप्ति का ध्येय सामने रखना अच्छा है, परन्तु साथ में यह भी आवश्यक है इस लक्ष्य तक पहुँचने के लिए उन साधनों का उपयोग किया जाए जो योग्य हों और जो पहले उपयोग में आ चुके हों, अन्यथा संसार के सम्मुख हमारे हास्यास्पद बनने का भय बना रहेगा।

गांधी जी ने सभी विचारशील लोगों से कहा है कि वे लोग क्रान्तिकारियों से सहयोग करना बन्द कर दें तथा उनके कार्यों की निन्दा करें, जिससे हमारे इस प्रकार उपेक्षित देशभक्तों की हिंसात्मक कार्यों से जो हानि हुई, उसे समझ सकें। लोगों को उपेक्षित तथा पुरानी दलीलों के समर्थक कह देना जितना आसान है, उसी प्रकार उनकी निन्दा कर जनता से उनसे सहयोग न करने को कहना, जिससे वे अलग-अलग हो अपना कार्यक्रम स्थगित करने के लिए बाध्य हो जाएँ, यह सब करना विशेष रूप से उस व्यक्ति के लिए आसान होगा जो कि जनता के कुछ प्रभावशाली व्यक्तियों का विश्वासपात्र हो। गांधी जी ने जीवनभर जन-जीवन का अनुभव किया है, पर यह बड़े दुख की बात है कि वे भी क्रान्तिकारियों का मनोविज्ञान न तो समझते हैं और न समझना ही चाहते हैं। वह सिद्धान्त अमूल्य है, जो प्रत्येक क्रान्तिकारी को प्रिय है। जो व्यक्ति क्रान्तिकारी बनता है, जब वह अपना सिर हथेली पर रखकर किसी क्षण भी आत्मबलिदान के लिए तैयार रहता है तो वह केवल खेल के लिए नहीं। वह यह त्याग और बलिदान इसलिए भी नहीं करता कि जब जनता उसके साथ सहानुभूति दिखाने की स्थिति में हो तो उसकी जय-जयकार करे। वह इस मार्ग का इसलिए अवलम्बन करता है कि उसका सद्विवेक उसे इसकी प्रेरणा देता है, उसकी आत्मा उसे इसके लिए प्रेरित करती है।

एक क्रान्तिकारी सबसे अधिक तर्क में विश्वास करता है। वह केवल तर्क और तर्क में ही विश्वास करता है। किसी प्रकार का गाली-गलौज या निन्दा, चाहे फिर वह ऊँचे-से-ऊँचे स्तर से की गई हो, उसे अपने निश्चित उद्देश्य-प्राप्ति से वंचित नहीं कर सकती है। यह सोचना कि यदि जनता का सहयोग न मिला या उसके कार्य की प्रशंसा न

की गई तो वह अपने उद्देश्य को छोड़ देगा, निरी मूर्खता है। अनेक क्रान्तिकारी, जिनके कार्यों की वैधानिक आन्दोलनकारियों ने घोर निन्दा की, फिर भी वे उसकी परवाह न कर फाँसी के तख्ते पर झूल गए। यदि तुम चाहते हो कि क्रान्तिकारी अपनी गतिविधियों को स्थगित कर दें तो उसके लिए होना तो यह चाहिए कि उनके साथ तर्क द्वारा अपना मत प्रमाणित किया जाए। यह एक, और केवल यही एक रास्ता है, और बाकी बातों के विषय में किसी को सन्देह नहीं होना चाहिए। क्रान्तिकारी इस प्रकार के डराने-धमकाने से कदापि हार माननेवाला नहीं।

हम प्रत्येक देशभक्त से निवेदन करते हैं कि वे हमारे साथ गम्भीरतापूर्वक इस युद्ध में शामिल हों। कोई भी व्यक्ति अहिंसा और ऐसे ही अजीबोगरीब तरीकों से मनोवैज्ञानिक प्रयोग कर राष्ट्र की स्वतन्त्रता के साथ खिलवाड़ न करे। स्वतन्त्रता राष्ट्र का प्राण है। हमारी गुलामी हमारे लिए लज्जास्पद है, न जाने कब हममें यह बुद्धि और साहस होगा कि हम उससे मुक्ति प्राप्त कर स्वतन्त्र हो सकें? हमारी प्राचीन सभ्यता और गौरव की विरासत का क्या लाभ, यदि हममें यह स्वाभिमान न रहे कि हम विदेशी गुलामी, विदेशी झंडे और बादशाह के सामने सिर झुकाने से अपने आपको न रोक सकें!

क्या यह अपराध नहीं है कि ब्रिटेन ने भारत में अनैतिक शासन किया? हमें भिखारी बनाया; तथा हमारा समस्त खून चूस लिया? एक जाति और मानवता के नाते हमारा घोर अपमान तथा शोषण किया गया है। क्या जनता अब भी चाहती है कि इस अपमान को भुलाकर हम ब्रिटिश शासकों को क्षमा कर दें! हम बदला लेंगे, जो जनता द्वारा शासकों से लिया गया न्यायोचित बदला होगा। कायरों को पीठ दिखाकर समझौता और शान्ति की आशा से चिपके रहने दीजिए। हम किसी से भी दया की भिक्षा नहीं माँगते हैं और हम भी किसी को क्षमा नहीं करेंगे। हमारा युद्ध विजय या मृत्यु के निर्णय तक चलता ही रहेगा। क्रान्ति चिरंजीवी हो!

करतार सिंह
प्रेज़ीडेंट

भारतीय क्रान्ति का आदर्श

[अध्ययन के क्षणों में भगत सिंह भारतीय क्रान्ति के मसले पर बड़ी गहराई और सिलसिले से सोचते थे। इसमें उनका वैज्ञानिक चिन्तन और ऐतिहासिक नजरिया बराबर बना रहता था। नीचे दिया गया दस्तावेज़ इसी बात का ठोस प्रमाण है। यह एक टिप्पणी की शक्ल में है, जिसे अदालत में पेश किया गया था। सम्भवतः इसे एक पुस्तक की रूपरेखा के रूप में भी देखा जा सकता है।–सं.]

1. भारतीय क्रान्ति का आदर्श
   (क) अंग्रेजी भारत में प्रकट और गुप्त क्रान्तियों का इतिहास
   (ख) रिपब्लिक का आदर्श
   (ग) 1914-15 का विद्रोह, स्वतन्त्रता, समानता एवं भ्रातृत्व का आदर्श

(घ) भारतीय राजकुमार और क्रान्तिकारी 'सरकार का पर्चा'।

['सरकार' एक बंगाली लेखक थे।–सं.]

(ङ) भारतीय मुसलमान राजाओं को तुर्की का सन्देश

(च) बर्लिन कमेटी और जर्मन प्लाट

(छ) 1919 का विद्रोह और दंगे

(ज) असहयोग

स्वराज्य बिना किसी स्पष्ट परिभाषा के

(झ) असहयोग आन्दोलन की असफलता और क्रान्तिकारी दल

(न) 1925 का घोषणा-पत्र

(त) विचारधाराओं के अब के स्कूल–

1. सरकार के स्कूल की विचारधारा (साम्प्रदायिक)
2. बंगाल स्कूल की विचारधारा (राष्ट्रवादी)
3. चन्द्रनगर आम विचारधारा का स्कूल–मोतीलाल (अध्यात्मवादी)
4. उच्च विचार (समाजवादी) डॉ. भूपेन्द्रनाथ दत्त
5. कम्युनिस्ट विचारधारा का स्कूल
6. बूर्ज्वाजी

   नेहरू रिपोर्ट *[मोतीलाल नेहरू रिपोर्ट, जिसमें डोमिनियन स्टेट्स की माँग की गई थी।–सं.]*
7. पी. बी. *[शायद प्रोविंशियल बोर्ड की ओर संकेत है, जो क्रान्तिकारी दल की स्थापना में एक और जगह कहा गया है।–सं.]*
8. ढंग

   1. आतंकवादी
   2. जनक्रान्तिकारी
   3. अहिंसक सिविल नाफरमानी

      अराजकतावाद

      समाजवाद

      साम्यवाद

      सिंडिकेलिज़्म

      कुल्किटीविज़्म

   1. भारतीय क्रान्ति का आदर्श
   2. क्रान्ति या दुनिया की क्रान्ति का आदर्श
   3. विवाह।

युद्ध अभी जारी है...

[फाँसी पर लटकाए जाने से 3 दिन पूर्व–20 मार्च, 1931 को–सरदार भगत सिंह तथा उनके सहयोगियों श्री राजगुरु एवं श्री सुखदेव ने निम्नांकित पत्र के द्वारा

सम्मिलित रूप से पंजाब के गवर्नर से माँग की थी कि उन्हें युद्धबन्दी माना जाए तथा फाँसी पर लटकाए जाने के बजाय गोलो से उड़ा दिया जाए। यह पत्र इन राष्ट्रवीरों की प्रतिभा, राजनीतिक मेधा, साहस एवं शौर्य की अमर गाथा का एक महत्त्वपूर्ण अध्याय है।–सं.]

हमें फाँसी देने के बजाय गोली से उड़ा दिया जाए

20 मार्च, 1931
प्रति, गवर्नर पंजाब, शिमला

महोदय,

उचित सम्मान के साथ हम नीचे लिखी बातें आपकी सेवा में रख रहे हैं–

भारत की ब्रिटिश सरकार के सर्वोच्च अधिकारी वायसराय ने एक विशेष अध्यादेश जारी करके लाहौर षड्यन्त्र अभियोग की सुनवाई के लिए एक विशेष न्यायाधिकरण (ट्रिब्यूनल) स्थापित किया था, जिसने 7 अक्तूबर, 1930 को हमें फाँसी का दंड सुनाया। हमारे विरुद्ध सबसे बड़ा आरोप यह लगाया गया है कि हमने सम्राट जॉर्ज पंचम के विरुद्ध युद्ध किया है।

न्यायालय के इस निर्णय से दो बातें स्पष्ट हो जाती हैं–

पहली यह कि अंग्रेज जाति और भारतीय जनता के मध्य एक युद्ध चल रहा है। दूसरे यह कि हमने निश्चित रूप से इस युद्ध में भाग लिया है, अतः हम युद्धबन्दी हैं।

यद्यपि इनकी व्याख्या में बहुत सीमा तक अतिशयोक्ति से काम लिया गया है, तथापि हम यह कहे बिना नहीं रह सकते कि ऐसा करके हमें सम्मानित किया गया है। पहली बात के सम्बन्ध में हम तनिक विस्तार से प्रकाश डालना चाहते हैं। हम नहीं समझते कि प्रत्यक्ष रूप में ऐसी कोई लड़ाई छिड़ी हुई है। हम नहीं जानते कि युद्ध छिड़ने से न्यायालय का आशय क्या है? परन्तु हम इस व्याख्या को स्वीकार करते हैं और साथ ही इसे इसके ठीक सन्दर्भ में समझाना चाहते हैं।

युद्ध की स्थिति

हम यह कहना चाहते हैं कि युद्ध छिड़ा हुआ है और यह लड़ाई तब तक चलती रहेगी जब तक कि शक्तिशाली व्यक्तियों ने भारतीय जनता और श्रमिकों की आय के साधनों पर अपना एकाधिकार कर रखा है–चाहे ऐसे व्यक्ति अंग्रेज पूँजीपति और अंग्रेज या सर्वथा भारतीय ही हों, उन्होंने आपस में मिलकर एक लूट जारी कर रखी है। चाहे शुद्ध भारतीय पूँजीपतियों के द्वारा ही निर्धनों का खून चूसा जा रहा हो तो भी इस स्थिति में कोई अन्तर नहीं पड़ता। यदि आपकी सरकार कुछ नेताओं या भारतीय समाज के मुखियों पर प्रभाव जमाने में सफल हो जाए, कुछ सुविधाएँ मिल जाएँ, अथवा समझौते हो जाएँ, इससे भी स्थिति नहीं बदल सकती, तथा जनता पर इसका प्रभाव बहुत कम पड़ता है। हमें इस बात की भी चिन्ता नहीं कि युवकों को एक बार फिर धोखा दिया गया है और इस बात का भी भय नहीं है कि हमारे राजनीतिक नेता पथ-भ्रष्ट हो गए हैं और वे समझौते की बातचीत

में इन निरपराध, बेघर और निराश्रित बलिदानियों को भूल गए हैं, जिन्हें दुर्भाग्य से क्रान्तिकारी पार्टी का सदस्य समझा जाता है। हमारे राजनीतिक नेता उन्हें अपना शत्रु समझते हैं, क्योंकि उनके विचार में वे हिंसा में विश्वास रखते हैं। हमारी वीरांगनाओं ने अपना सबकुछ बलिदान कर दिया है। उन्होंने अपने पतियों को बलिवेदी पर भेंट किया, भाई भेंट किए, और जो कुछ भी उनके पास था–सब न्यौछावर कर दिया। उन्होंने अपने आपको भी न्यौछावर कर दिया। परन्तु आपकी सरकार उन्हें विद्रोही समझती है। आपके एजेंट भले ही झूठी कहानियाँ बनाकर उन्हें बदनाम कर दें और पार्टी की प्रसिद्धि को हानि पहुँचाने का प्रयास करें, परन्तु यह युद्ध चलता रहेगा।

युद्ध के विभिन्न स्वरूप

हो सकता है कि यह लड़ाई भिन्न-भिन्न दशाओं में भिन्न-भिन्न स्वरूप ग्रहण करे। किसी समय यह लड़ाई प्रकट रूप ले ले, कभी गुप्त दशा में चलती रहे, कभी भयानक रूप धारण कर ले, कभी किसान के स्तर पर युद्ध जारी रहे और कभी यह घटना इतनी भयानक हो जाए कि जीवन और मृत्यु की बाजी लग जाए। चाहे कोई भी परिस्थिति हो, इसका प्रभाव आप पर पड़ेगा। यह आपकी इच्छा है कि आप जिस परिस्थिति को चाहें चुन लें, परन्तु यह लड़ाई जारी रहेगी। इसमें छोटी-छोटी बातों पर ध्यान नहीं दिया जाएगा। बहुत सम्भव है कि यह युद्ध भयंकर स्वरूप ग्रहण कर ले। पर निश्चय ही यह उस समय तक समाप्त नहीं होगा जब तक कि समाज का वर्तमान ढाँचा समाप्त नहीं हो जाता, प्रत्येक वस्तु में परिवर्तन या क्रान्ति समाप्त नहीं हो जाती और मानवी सृष्टि में एक नवीन युग का सूत्रपात नहीं हो जाता।

अन्तिम युद्ध

निकट भविष्य में अन्तिम युद्ध लड़ा जाएगा और यह युद्ध निर्णायक होगा। साम्राज्यवाद व पूँजीवाद कुछ दिनों के मेहमान हैं। यही वह लड़ाई है जिसमें हमने प्रत्यक्ष रूप में भाग लिया है और हम अपने पर गर्व करते हैं कि इस युद्ध को न तो हमने प्रारम्भ ही किया है और न यह हमारे जीवन के साथ समाप्त ही होगा। हमारी सेवाएँ इतिहास के उस अध्याय में लिखी जाएँगी जिसको यतीन्द्रनाथ दास और भगवतीचरण के बलिदानों ने विशेष रूप में प्रकाशमान कर दिया है। इनके बलिदान महान हैं। जहाँ तक हमारे भाग्य का सम्बन्ध है, हम जोरदार शब्दों में आपसे यह कहना चाहते हैं कि आपने हमें फाँसी पर लटकाने का निर्णय कर लिया है। आप ऐसा करेंगे ही, आपके हाथों में शक्ति है और आपको अधिकार भी प्राप्त है। परन्तु इस प्रकार आप जिसकी लाठी उसकी भैंस वाला सिद्धान्त ही अपना रहे हैं–और आप उस पर कटिबद्ध हैं। हमारे अभियोग की सुनवाई इस बात को सिद्ध करने के लिए पर्याप्त है कि हमने कभी कोई प्रार्थना नहीं की और अब भी हम आपसे किसी प्रकार की दया की प्रार्थना नहीं करते। हम आपसे केवल यह प्रार्थना करना चाहते हैं कि आपकी सरकार के ही एक न्यायालय के निर्णय के अनुसार हमारे विरुद्ध युद्ध जारी रखने

का अभियोग है। इस स्थिति में हम युद्धबन्दी हैं, अतः इस आधार पर हम आपसे माँग करते हैं कि हमारे प्रति युद्धबन्दियों-जैसा ही व्यवहार किया जाए और हमें फाँसी देने के बदले गोली से उड़ा दिया जाए।

अब यह सिद्ध करना आपका काम है कि आपको उस निर्णय में विश्वास है जो आपकी सरकार के एक न्यायालय ने किया है। आप अपने कार्य द्वारा इस बात का प्रमाण दीजिए। हम विनयपूर्वक आपसे प्रार्थना करते हैं कि आप अपने सेना-विभाग को आदेश दे दें कि हमें गोली से उड़ाने के लिए एक सैनिक टोली भेज दी जाए।

भवदीय,
भगत सिंह, राजगुरु, सुखदेव

'ड्रीमलैंड' (स्वप्न-लोक) की भूमिका

[लाला रामसरन दास आज़ादी की लड़ाई के उन कतिपय जाने-माने योद्धाओं में हैं, चलने के बाद जिन्होंने कभी रुकने का नाम नहीं लिया। 1907 में शहीद भगत सिंह के चाचा स. अजीत सिंह के साथ उन्होंने जंगे-आज़ादी में कदम रखा। उम्र कैद काटकर जेल से आए तो क्रान्तिकारियों की मदद करने लगे। लाहौर षड्यन्त्र केस में उन्हें फँसाया गया और फिर पाँच साल की कैद हुई। जेल में ही वे अंग्रेजी में कविता लिखते रहते थे। उनकी काव्य पुस्तक 'ड्रीमलैंड' जब तैयार हुई तो भगत सिंह से उन्होंने उसकी भूमिका लिखने का अनुरोध किया। भगत सिंह ने इसे बड़े संकोच से स्वीकारा और लाहौर सेंट्रल जेल में ही 15 जनवरी, 1931 को भूमिका-स्वरूप इस आलोचनात्मक आलेख की रचना की। मूल रूप में यह अंग्रेजी में लिखी गई थी। 'ड्रीमलैंड की भूमिका' से भगत सिंह की साहित्यिक समझ और संवेदना का भी पता चलता है और विचारधारात्मक पक्ष के सन्दर्भ में भी यह अत्यन्त महत्त्वपूर्ण है। लाला रामसरन दास के हम ऋणी हैं, जिनसे यह रचना हमें मिली। –सं.]

मेरे लायक दोस्त लाला रामसरन दास ने मुझसे अपनी पुस्तक 'ड्रीमलैंड' (स्वप्नलोक) की भूमिका लिखने के लिए कहा है। मैं न तो कवि हूँ, न साहित्यकार, न मैं पत्रकार हूँ और न ही आलोचक। इसलिए मैं उनकी इस माँग का कोई औचित्य नहीं खोज पा रहा हूँ। लेकिन मैं जिन परिस्थितियों में हूँ, वे मुझे लेखक से इस मामले पर बहस अथवा तर्क-वितर्क करने की सुविधा प्रदान नहीं करतीं और इस प्रकार मेरे सामने इसके अलावा और कोई रास्ता नहीं छोड़तीं कि मैं अपने मित्र की इच्छा पूरी करूँ।

चूँकि मैं कवि नहीं हूँ इसलिए मैं इस पर उस दृष्टिकोण से बहस करने नहीं जा रहा हूँ। मुझे छन्द और तुक का बिलकुल ज्ञान नहीं है और मैं यह भी नहीं जानता कि तुक के मानदंडों से परखने पर यह साबित होगी या नहीं। साहित्यकार न होने के नाते राष्ट्र के साहित्य में उसे उचित स्थान दिलाने के दृष्टिकोण से भी मैं उस पर बहस करने नहीं जा रहा हूँ।

एक राजनैतिक कार्यकर्ता होने के नाते मैं अधिक-से-अधिक इस पर उसी दृष्टिकोण से बात कर सकता हूँ। लेकिन यहाँ भी एक बात मेरे काम को करीब-करीब असम्भव बना देती है क्योंकि मैं पुस्तक के विषय के बारे में लेखक से सहमत नहीं हूँ। मैं अपने मित्र से सभी मामलों पर एकमत नहीं हूँ। वे इस बात को जानते थे कि मैं बहुत-से बुनियादी प्रश्नों पर उनसे मतभेद रखता हूँ। इसलिए मैं जो लिखने जा रहा हूँ वह किसी भी हालत में पुस्तक की भूमिका नहीं होगी। वह बहुत कुछ उसकी आलोचना हो सकती है और इसलिए उसका स्थान पुस्तक के अन्त में होगा, आरम्भ में नहीं।

राजनैतिक क्षेत्र में 'ड्रीमलैंड' का बहुत महत्त्वपूर्ण स्थान है। मौजूदा स्थिति में वह आन्दोलन की एक महत्त्वपूर्ण कमी को पूरा कर रही है। दरअसल आधुनिक इतिहास में किसी प्रकार की महत्त्वपूर्ण भूमिका रखनेवाला हर राजनैतिक आन्दोलन आदर्शहीन रहा है। क्रान्तिकारी आन्दोलन भी इसका अपवाद नहीं है। एक गदर पार्टी को छोड़कर, जिसने अमरीकी ढंग की सरकार से प्रेरित होकर स्पष्ट कहा था कि वह भारत की मौजूदा सरकार को हटाकर उसके स्थान पर प्रजातान्त्रिक प्रकार की सरकार स्थापित करना चाहती है, अपनी पूरी कोशिशों के बावजूद मुझे ऐसी एक भी क्रान्तिकारी पार्टी नहीं मिली जिसे इस बात का स्पष्ट ज्ञान हो कि वह किस बात के लिए लड़ रही है। अन्य सभी पार्टियों में जो लोग थे वे मात्र इतना जानते थे कि उन्हें विदेशी शासकों से लड़ना है। वह विचार अपने में बहुत सराहनीय है लेकिन उसे क्रान्तिकारी विचार नहीं कहा जा सकता। हमें यह स्पष्ट कर देना चाहिए कि क्रान्ति का मतलब मात्र उथल-पुथल या एक खूनी संघर्ष नहीं है। जब हम क्रान्ति की बात करते हैं तो उसमें मौजूदा हालात (अर्थात् सरकार) को पूरी तरह ध्वंस करने के बाद समाज के व्यवस्थित पुनर्गठन के कार्यक्रम की बात निहित है।

राजनैतिक क्षेत्र में उदारतावादी लोग (लिबरल्स) मौजूदा सरकार के नीचे रहकर ही कुछ सुधार चाहते थे, जबकि उग्रवादी लोगों की माँगें कुछ अधिक थीं और वे अपने उद्देश्य की प्राप्ति के लिए उग्र उपायों से काम लेने के लिए तैयार थे। क्रान्तिकारी हमेशा उग्र उपायों के हक में रहे हैं और उनका विचार रहा है–विदेशी आधिपत्य को उखाड़ फेंकना। निस्सन्देह इनमें कुछ ऐसे लोग भी थे जो इन उग्र उपायों से कुछ और सुधार प्राप्त करना चाहते थे। इन सभी आन्दोलनों को सही अर्थों में क्रान्तिकारी नहीं कहा जा सकता। लेकिन लाला रामसरन दास पहले क्रान्तिकारी हैं जिन्हें पंजाब में एक बंगाली फरार ने 1908 में औपचारिक तौर पर (क्रान्तिकारी पार्टी) भर्ती किया था। तब से वे लगातार क्रान्तिकारी आन्दोलन के सम्पर्क में रहे और अन्त में वे गदर पार्टी में भर्ती हो गए। लेकिन आन्दोलन के आदर्श के बारे में उन लोगों के (1908 के क्रान्तिकारियों के) जो पुराने विचार थे उनका उन्होंने परित्याग नहीं किया। पुस्तक की खूबसूरती और उसके मूल्य को बढ़ानेवाली एक और भी दिलचस्प बात है। लाला रामसरन दास को 1915 में मृत्यु-दंड मिला था। बाद में वह सज़ा घटाकर आजीवन कारावास कर दी गई थी। आज स्वयं फाँसी की कोठरी में बैठकर अपने पाठकों से साधिकार कह सकता हूँ कि आजीवन कारावास मौत की बनिस्बत अपेक्षाकृत कहीं अधिक कठोर दंड है। लाला रामसरन दास को पूरे चौदह साल जेल में बिताने पड़े थे और उन्होंने यह काव्य दक्षिण की किसी जेल में लिखा था। लेखक की उस

समय की मनोदशा और मानसिक संघर्ष की काव्य पर स्पष्ट छाप है और वह इसे और भी सुन्दर और दिलचस्प बना देतो है। इस काव्य को लिखने का निश्चय करने से पहले वह (लेखक) किन्हीं अवसादपूर्ण ननोभावों के विरुद्ध कठिन संघर्ष करता रहा है। ऐसे समय पर जब बहुत-से साथी आश्वासन (अंडरटेकिंग) देकर छूट गए थे और सबके सामने–उसके सामने भी–बड़े-बड़े प्रलोभन थे, और जब पत्नी तथा बच्चों की मधुर एवं दुखद स्मृतियाँ मुक्ति-लाभ की प्रबल आकांक्षा को और अधिक बल दे रही थीं, तब उसे इन सब बातों के पस्त करनेवाले प्रभाव के खिलाफ कठिन संघर्ष करना पड़ा था और उसे अपना ध्यान इस (काव्य-रचना) की ओर मोड़ दिया था। यही कारण है कि काव्य के प्रारम्भिक पदों में हमें इस प्रकार का आकस्मिक भावोद्वेग मिलता है–

"Wife, Children, friends that me surround
were poisonous snakes all around."

"पत्नी, पुत्र, मित्रगण मेरे
जो मुझको रहते हैं घेरे
विषधर नाग सदृश थे ये सब
देते रहते चहुँदिशि फेरे।"

वह आरम्भ में दर्शन की बात करता है। यह दर्शन बंगाल तथा पंजाब के सभी क्रान्तिकारी आन्दोलनों की रीढ़ है। मेरा लेखक से इस प्वाइंट पर बहुत बड़ा मतभेद है। उसकी विश्व की व्याख्या हेतुवादी एवं पारलौकिक (मेटाफिज़िकल) है; जबकि मैं एक भौतिकवादी हूँ और गोचर जगत की मेरी व्याख्या कारण सम्बद्ध होगी। फिर भी यह रचना किसी हालत में असामयिक नहीं है। हमारे देश में जो साधारण विचार प्रचलित हैं वे लेखक द्वारा व्यक्त किए गए विचारों से अधिक मेल खाते हैं। उस समय की अपनी उदासी की मनोदशा से लड़ने के उद्देश्य से उसने प्रार्थना का मार्ग अपनाया है। यह इस बात से स्पष्ट है कि पुस्तक का सारा-का-सारा प्रारम्भिक भाग ईश्वर, उनकी स्तुति और उसकी परिभाषा आदि को अर्पित है। ईश्वर पर विश्वास रहस्यवाद का परिणाम है और रहस्यवाद मानसिक अवसाद की स्वाभाविक उपज है। यह जगत 'माया' है या 'मिथ्या' है, एक स्वप्न या कल्पना है–ऐसे विचारों को रहस्यवाद कहते हैं। इन विचारों को पुराने जमाने के शंकराचार्य तथा उन-जैसे अन्य दार्शनिकों ने जन्म दिया और विकसित किया था। लेकिन भौतिकवादी दर्शन के अन्तर्गत इस प्रकार की विचारधारा के लिए कोई स्थान नहीं है। फिर भी लेखक का यह रहस्यवाद किसी भी रूप में हीन, ओछा या खेदोत्पादक नहीं है। उसका अपना सौन्दर्य एवं आकर्षण है। उसके विचार उत्साहवर्धक हैं। देखिए–

"Be a foundation stone obscure,
And on thy breast Cheerfully bear
The architecture vast and huge,
In suffering find true refuge
Envy not the plastered top-stone
On which all worldly praise is thrown"

etc. etc.

अर्थात् :

निगाह से ओझल छिपे हुए बुनियाद के पत्थर बनो,
और अपने सीने पर सहर्ष बर्दाश्त करो
विशाल और भारी इमारत का बोझ
कष्ट सहन में अनुभव करो सच्ची शरण (सन्तोष)
करो न ईर्षा द्वार पर जड़े पत्थर से
जिस पर उँड़ेलता है जग सारी प्रशंसा।

अपने व्यक्तिगत अनुभव के आधार पर मैं साधिकार कह सकता हूँ कि गुप्त कार्यों में, जब मनुष्य को लगातार खतरे का जीवन बिताना पड़ता है–'आशारहित और निर्भय', हमेशा 'अजानी, सम्मानरहित, संगीतहीन' मृत्यु के लिए तत्पर–तब ऐसे अवसरों पर व्यक्तिगत प्रलोभनों और इच्छाओं से वह इस प्रकार के रहस्यवाद के सहारे लड़ सकता है। और ऐसा रहस्यवाद किसी प्रकार से भी पस्ती या शिथिलता उत्पन्न करनेवाला नहीं होता।

लेखक ने एक क्रान्तिकारी की मनोवृत्ति का वर्णन किया है। लाला रामसरन दास एक ऐसी क्रान्तिकारी पार्टी के सदस्य थे जिसे बहुत-से हिंसक कामों के लिए उत्तरदायी ठहराया गया था। लेकिन इससे यह साबित नहीं होता कि क्रान्तिकारी लोग बर्बादी और तबाही में सुख अनुभव करनेवाले खून के प्यासे दानव होते हैं। देखिए–

"यदि आवश्यकता हो तो ऊपर से उग्र एवं भयानक बनो,
लेकिन अपने दिल में हमेशा नम्र रहो
फुफकारो यदि आवश्यकता हो, किन्तु काटो मत,
दिल से प्यार करो और ऊपर से लड़ो।"

निर्माण के लिए ध्वंस आवश्यक ही नहीं, अनिवार्य है। क्रान्तिकारियों को उसे अपने कार्यक्रम के आवश्यक अंग के रूप में अपनाना पड़ता है और हिंसा तथा अहिंसा के दर्शन का उपरोक्त पंक्तियों में बहुत खूबसूरती के साथ वर्णन किया गया है। लेनिन ने एक बार गोर्की से कहा था कि ऐसा संगीत सुनने को नहीं मिला जो शरीर के तन्तुओं में प्राण फूँक दे और यह कि ऐसा संगीत सुनकर उनकी इच्छा कलाकारों के सिर थपथपाने की होती है। उन्होंने आगे कहा, "लेकिन यह समय सिर थपथपाने का नहीं है। इस समय तो हाथों का काम सरों को तोड़ने का है, यद्यपि हमारा अन्तिम उद्देश्य हर प्रकार की हिंसा को समाप्त करना है।" जब क्रान्तिकारियों को एक अनिवार्य आवश्यकता के रूप में हिंसात्मक उपायों से काम लेना पड़ता है तो वे भी ठीक ऐसा ही अनुभव करते हैं।

इसके बाद लेखक ने आपस में टकरानेवाले विभिन्न धर्मों की समस्या को लिया है। वह सभी धर्मों में तालमेल बिठलाने की कोशिश करता है, जैसा कि प्रायः सभी राष्ट्रवादी करते हैं। प्रश्न को सुलझाने का यह तरीका लम्बा और गोलमोल है और जहाँ तक मेरा सवाल है, मैं इसे कार्ल मार्क्स के एक वाक्य में यह कहकर रद्द कर दूँगा कि "धर्म जनता के लिए अफ़ीम है।"

अन्त में उसकी कविता का सबसे महत्त्वपूर्ण वह हिस्सा आता है जहाँ उसने भावी समाज के बारे में लिखा है, जिस समाज की स्थापना के लिए हम सब लालायित हैं। लेकिन

मैं आरम्भ में ही एक बात स्पष्ट कर देना चाहता हूँ। 'ड्रीमलैंड' सचमुच का एक स्वप्न-लोक है। लेखक ने बड़े ही निष्कपट भाव से पुस्तक के शीर्षक द्वारा इसे स्वीकार कर लिया है। वह इस विषय पर कोई वैज्ञानिक थीसिस लिखने का दावा नहीं करता। 'ड्रीमलैंड' (स्वप्न-लोक) शीर्षक इस बात को बिलकुल स्पष्ट कर देता है। लेकिन स्वप्न-लोकों की निश्चित रूप से सामाजिक प्रगति में महत्त्वपूर्ण भूमिका है। सेन्ट साइमन, फूरिये और राबर्ट ओवेन और उनके सिद्धान्तों के अभाव में मार्क्सवादी वैज्ञानिक समाजवाद भी न होता। जब हमारे कार्यकर्ता अपने आन्दोलन के दर्शन को व्यवस्थित रूप देने और आन्दोलन के बारे में एक वैज्ञानिक दृष्टिकोण गढ़ने के महत्त्व को सनझेंगे, उस समय यह पुस्तक उनके लिए बड़ी उपयोगी सिद्ध होगी।

मैंने यह बात मार्क की है कि लेखक की अभिव्यक्ति-शैली परिमार्जित नहीं है। अपने स्वप्न-लोक का वर्णन करते समय लेखक मौजूदा समय के विचारों से अछूता नहीं रह पाया है।

जरूरतमन्दों को दान देना

भविष्य के समाज में अर्थात् कम्युनिस्ट समाज में जिसका हम निर्माण करना चाहते हैं, हम धर्मार्थ संस्थाएँ स्थापित करने नहीं जा रहे हैं, बल्कि उस समाज में न गरीब होंगे न जरूरतमन्द, न दान देनेवाते, न दान लेनेवाले। इस असंगति के बावजूद लेखक ने प्रश्न को बड़ी खूबसूरती के साथ पेश किया है।

पुस्तक में लेखक ने समाज की जिस साधारण रूप-रेखा पर बहस की है वह बहुत कुछ वैसी ही है जैसी वैज्ञानिक समाजवाद की। लेकिन उसमें ऐसी बातें भी हैं जिनका विरोध या प्रतिवाद आवश्यक है या यूँ कहा जाए कि उननें सुधार आवश्यक है। मिसाल के तौर पर 427वें पद के नीचे दी हुई टिप्पणी में वह लिखता है कि राजकर्मचारियों को अपनी रोजी कमाने के लिए प्रतिदिन चार घंटे खेतों पर या कारखानों में काम करना चाहिए। लेकिन यह अव्यावहारिक तथा हवाई बात है। यह बात शायद आज की व्यवस्था में राजकर्मचारियों को जो ऊँचा वेतन दिया जाता है, उसके खिलाफ प्रतिक्रिया की ही उपज है। दरअसल बोल्शेविकों को भी यह स्वीकार करना पड़ा था कि दिमागी काम उतना ही उत्पादक श्रम है, जितना की शारीरिक श्रम, और आनेवाले समाज में जब विभिन्न तत्त्वों के आपसी सम्बन्धों का समायोजन समानता के आधार पर होगा तो उत्पादक और वितरक दोनों समान रूप से महत्त्वपूर्ण माने जाएँगे। आप एक नाविक से यह उम्मीद नहीं कर सकते कि वह हर चौबीस घंटे बाद अपना जहाज रोककर रोजी कमाने के लिए चार घंटे काम करने चला जाएगा, या एक वैज्ञानिक अपनी प्रयोगशाला और अपना प्रयोग (काम) छोड़कर खेत पर अपने काम का कोटा पूरा करने चला जाएगा। यह दोनों ही बहुत उत्पादक काम कर रहे हैं। समाजवादी समाज में इतने ही अन्तर की आशा की जाती है कि दिमागी काम करनेवाला शारीरिक काम करनेवाले से ऊँचा नहीं माना जाएगा।

निःशुल्क शिक्षा के बारे में लाला रामसरन दास का विचार सचमुच ध्यान देने योग्य है और रूस में वहाँ की समाजवादी सरकार ने बहुत कुछ उसी प्रकार की पद्धति अपनाई है।

अपराध के बारे में उनकी बहस सचमुच बहुत आगे बढ़ी हुई विचारधारा है। अपराध (जुर्म) एक बहुत गम्भीर सामाजिक समस्या है जो बहुत सतर्क इलाज चाहती है। लेखक ने अपने जीवन का अच्छा भाग जेल में बिताया है, उसे इसका व्यावहारिक तजुर्बा है। एक स्थान पर उसने ठेठ जेल की शब्दावली का प्रयोग किया है जैसे हल्की मशक्कत, दरमियानी मशक्कत और सख्त मशक्कत, आदि। सभी अन्य समाजवादियों की भाँति उसका सुझाव है दंड का आधार प्रतिशोध के बजाय सुधार का सिद्धान्त होना चाहिए। न्याय-विधान को परिचालित करनेवाला सिद्धान्त दंड देना न होकर सुपथ पर लाना होना चाहिए और जेलों का रूप वास्तविक नर्क होने के बजाय सुधारालयों का हो। इस सम्बन्ध में पाठकों को चाहिए कि रूसी कारागार-व्यवस्था का अध्ययन करें।

सेनाओं पर बात करते समय उसने युद्धों के बारे में भी अपने विचार व्यक्त किए हैं। मेरा मत है कि उस समय (भविष्य में—अनु.) के विश्वकोष में युद्ध के बारे में बहुत कम सफे रहेंगे और युद्ध-सामग्री अजायबघरों की शोभा बढ़ाएगी, क्योंकि उस समाज में युद्धों को जन्म देनेवाले परस्पर विरोधी हित नहीं रह जाएँगे।

अधिक-से-अधिक हम यह कह सकते हैं कि युद्ध संक्रमण काल तक रहेंगे। यानी हम रूस का उदाहरण लें तो इस बात को अच्छी तरह समझ सकेंगे। वहाँ इस समय सर्वहारा वर्ग का अधिनायकतन्त्र है। वे लोग समाजवादी समाज की स्थापना करना चाहते हैं। तब तक के लिए पूँजीवादी समाज से अपनी रक्षा करने के लिए उन्हें एक सेना रखनी पड़ रही है। लेकिन उसके युद्ध-उद्देश्य भिन्न होंगे। क्रान्तिकारी सेनाएँ दूसरे देशों में जाएँगी—वहाँ की जनता पर शासन करने या उसे लूटने के लिए नहीं बल्कि शोषक शासकों को उनके सिंहासनों से नीचे गिराने के लिए, उनके खून चूसनेवाले शोषण का अन्त करने के लिए और वहाँ की मेहनतकश जनता को मुक्ति दिलाने के लिए। लेकिन वहाँ हमारे जवानों को लड़ने के लिए उकसाने हेतु पुरानी राष्ट्रीय या जातीय घृणा नहीं होगी।

आज के सभी मुक्त विचारकों का सबसे अधिक जनप्रिय और फौरी उद्देश्य है विश्व संघ; और लेखक ने उस विषय पर अच्छा लिखा है और तथाकथित 'लीग ऑफ नेशन्स' की आलोचना बड़ी सुन्दर है।

571वें (572) पद के नीचे दिए एक फुटनोट में लेखक ने संक्षेप में उपायों के प्रश्न को लिया है। वह कहता है, "इस प्रकार के राज्य शारीरिक हिंसात्मक क्रान्तियों द्वारा नहीं स्थापित किए जा सकते। वह समाज पर बाहर से थोपा नहीं जा सकता। उसे तो अन्दर से ही विकसित होना पड़ेगा...। इसकी प्राप्ति धीरे-धीरे क्रमविकास की प्रक्रिया द्वारा और जनता को ऊपर बतलाई लाइन पर प्रशिक्षित करके हो सकती है," आदि। इस बयान में अपने में कोई असंगति नहीं है। यह बिलकुल सही है। लेकिन पूरी तरह से उसकी व्याख्या न की जाने के कारण वह कुछ गलतफहमियाँ या उलझन पैदा कर सकता है। क्या इसका यह मतलब है कि लाला रामसरन दास को बल-प्रयोग की निरर्थकता का ज्ञान हो गया है? क्या वे अहिंसा के कट्टर समर्थक हो गए हैं? नहीं, इसका यह मतलब नहीं निकलता।

उपरोक्त बयान का क्या मतलब है, आइए, उस पर थोड़ी रोशनी डालते चलें। अन्य किसी व्यक्ति की अपेक्षा क्रान्तिकारी इस बात को ज्यादा अच्छी तरह समझते हैं कि

समाजवादी समाज की स्थपना हिंसात्मक उपायों से नहीं हो सकती बल्कि उसे अन्दर से ही प्रस्फुटित और विकसित होना चाहिए। लेखक का सुझाव है कि उपाय के रूप में केवल प्रशिक्षण से ही काम लेना चाहिए। लेकिन हर व्यक्ति इस बात को अच्छी तरह समझ सकता है कि यहाँ की मौजूदा सरकार, दरअसल सभी पूँजीपति सरकारें इस प्रकार के प्रयासों की न सिर्फ सहायता करेंगी बल्कि इसके विपरीत निर्दयतापूर्वक उसका दमन करेंगी। तब उसके क्रमविकास से क्या हाथ लगेगा? हम क्रान्तिकारी लोग सत्ता हथियाने और एक क्रान्तिकारी सरकार संगठित करने का प्रयास कर रहे हैं। उस सरकार को जनता को प्रशिक्षित करने के लिए अपने सभी साधनों को काम में लाना होगा, जैसा कि इस समय रूस में हो रहा है। पूँजीपतियों के हाथों से सत्ता छीनने के बाद रचनात्मक कार्य के लिए शान्तिपूर्ण उपाय काम में लाए जाएँगे और बाधाओं को कुचलने में शक्ति का प्रयोग किया जाएगा। यदि लेखक का यही अभिप्राय है तो हम उसके साथ हैं। और मुझे विश्वास है कि उसका यही मतलब है।

पुस्तक पर मैंने काफी विस्तार से लिखा है। दरअसल मैंने उसकी आलोचना लिख डाली है। लेकिन मैं पुस्तक में किसी प्रकार का परिवर्तन करने के लिए कहने नहीं जा रहा हूँ, क्योंकि उसका एक ऐतिहासिक मूल्य है। 1914-15 के क्रान्तिकारियों के यही विचार थे।

मैं अपने नौजवानों के लिए खास तौर पर इस पुस्तक की सिफारिश करता हूँ, लेकिन एक चेतावनी के साथ। कृपया आँख मूँदकर इस पर अमल करने के लिए या इसमें जो कुछ लिखा है उसे वैसा ही मान लेने के लिए इसे न पढ़ें। इसे पढ़ें, इसकी आलोचना करें, इस पर सोचें और इसकी सहायता से स्वयं अपनी समझदारी बनाएँ।

भगत सिंह

15-1-31 अनुवाद–शिव वर्मा

क्रान्तिकारी कार्यक्रम का मसौदा

[शहीद भगत सिंह और उसके साथियों की प्रत्येक कोशिश व पूरा समय जन-जागृति फैलाने में लगा। भारतीय जनता के भविष्य को ध्यान में रखकर उन्होंने भारत में क्रान्ति करने की पूरी योजना अपने साथियों के लिए बनाकर जेल से बाहर भेजी थी। क्रान्तिकारी कार्यक्रम की योजना के दो हिस्से हैं। एक, छापकर बाँटने के लिए जो एक पत्र की तरह लिखा गया है और दूसरा, एक लेख के रूप में क्रान्तिकारी साथियों के विचार, बहस व काम में दिग्दर्शन के लिए है। इसका पहला हिस्सा 'नवयुवक राजनीतिक कार्यकर्ताओं के नाम' शीर्षक से उस समय के विभिन्न समाचार-पत्रों में काट-छाँटकर छापा था। लाहौर के 'पीपुल' में 29 जुलाई, 1931 और इलाहाबाद के 'अभ्युदय' में 8 मई, 1931 के अंक में इसके कुछ अंश प्रकाशित हुए थे।

उस समय के राष्ट्रीय समाचार-पत्रों द्वारा इस दस्तावेज़ को प्रकाशित करने से इनकार करने पर शहीद सुखदेव की प्रतिक्रिया 'आवाज दबाना दुखदायी है'–अध्याय 10 में देखी जा सकती है, जहाँ वे तीन तारीख के पत्र का जिक्र करते हैं। यह तो निश्चित है कि जेल की कोठरियों में क्रान्तिकारियों के बीच विचार-विमर्श पर भरपूर

बहस होती रही थी। इस पत्र में शहीद सुखदेव के यह शब्द अत्यन्त महत्त्वपूर्ण हैं– "अभी-अभी पता चला है कि समाचार-पत्रों ने हमारा तीन तारीख का वक्तव्य नहीं छापा। कारण यह बताया गया है कि उसमें नेताओं की आलोचना की गई है।"

यह दस्तावेज़ अपने समग्र रूप में हाल ही में अंग्रेज सरकार की एक गुप्त पुस्तक में से मिला है। यह पुस्तक सी.आई.डी. अधिकारी सी.ई.एस. फेयरवैदर ने 1936 में 'बंगाल में संयुक्त मोर्चा-आन्दोलन की प्रगति पर नोट' शीर्षक से लिखी थी। उसके अनुसार यह मसौदा भगत सिंह ने लिखा था और 3 अक्तूबर, 1931 को श्रीमती विमला प्रभा देवी के घर से तलाशी में हासिल हुआ था। इस पुलिस अधिकारी ने 'निश्चित रूप से' यह कहा था कि अब सभी क्रान्तिकारी शक्तियाँ इस कार्यक्रम में उल्लिखित सुझावों के अनुसार काम कर रही हैं।

यह दस्तावेज़ यहाँ पहली बार अपने सम्पूर्ण रूप में प्रस्तुत किया जा रहा है।–सं.]

नवयुवक राजनीतिक कार्यकर्ताओं के नाम पत्र

प्रिय साथियो,

इस समय हमारा आन्दोलन अत्यन्त महत्त्वपूर्ण दौर से गुजर रहा है। एक साल के कड़े संघर्ष के बाद गोलमेज सम्मेलन ने हमारे सामने, संवैधानिक सुधारों सम्बन्धी कुछ निश्चित बातें प्रस्तुत की हैं और कांग्रेसी नेताओं से कहा गया है कि वर्तमान परिस्थितियों में अपना आन्दोलन वापिस लेकर इसमें मदद करें। इस बात का हमारे लिए कोई महत्त्व नहीं है कि वे आन्दोलन समाप्त करने का निर्णय करते हैं या नहीं करते। यह तो निश्चित है कि वर्तमान आन्दोलन का अन्त किसी-न-किसी तरह के समझौते के रूप में होगा। यह बात अलग है कि समझौता जल्द होता है या देर से। वास्तव में समझौता कोई घटिया या घृणित वस्तु नहीं है, जैसा कि प्रायः समझा जाता है। राजनीतिक संघर्षों का यह एक जरूरी दाव-पेंच है। कोई भी राष्ट्र जो अत्याचारी शासकों के खिलाफ उठ खड़ा होता है, शुरू में अवश्य असफल रहता है। संघर्ष के बीच में समझौते द्वारा कुछ आधे-अधूरे सुधार हासिल करता है और सिर्फ अन्तिम दौर में ही–जब सभी शक्तियाँ और साधन पूरी तरह संगठित हो जाते हैं– शासक वर्ग को नष्ट करने के लिए आखिरी जोरदार हमला किया जा सकता है। लेकिन यह भी सम्भव है कि तब भी असफलता हाथ लगे और किसी प्रकार का समझौता अनिवार्य हो जाए। रूस के उदाहरण से यह बात अच्छी तरह स्पष्ट की जा सकती है।

1905 में जब रूस में क्रान्तिकारी आन्दोलन शुरू हुआ तो राजनीतिक नेताओं को बड़ी आशाएँ थीं। लेनिन तब विदेश से, जहाँ वे शरण लिए हुए थे, लौट आए थे और संघर्ष का नेतृत्व कर रहे थे। लोग उन्हें यह बताने पहुँचे कि दर्जनों जागीरदार मार दिए गए हैं और बीसियों महल जला दिए गए हैं। लेनिन ने उत्तर में कहा कि लौटकर 1200 जागीरदार मारो और इतने ही महल व हवेलियाँ जला दो क्योंकि यदि असफल रहे तो भी इसका कुछ मतलब होगा। ड्यूमा (रूसी संसद) की स्थापना हुई। अब लेनिन ने ड्यूमा में हिस्सा लेने की वकालत की। यह 1907 की बात है, जबकि 1906 में वे पहली ड्यूमा में हिस्सा लेने के खिलाफ थे, बावजूद इसके कि उस ड्यूमा में काम करने का अवसर अधिक था और

इस ड्यूमा के अधिकार अत्यन्त सीमित कर दिए गए थे। यह फैसला बदली हुई परिस्थितियों के कारण था। अब प्रतिक्रियावादी शक्तियाँ बहुत बढ़ रही थीं और लेनिन ड्यूमा के मंच को समाजवादी विचारों पर बहस के लिए इस्तेमाल करना चाहते थे।

पुनः, 1917 की क्रान्ति के बाद, जब बोल्शेविक ब्रेष्ट-लिटोवस्क सन्धि पर हस्ताक्षर करने के लिए विवश हुए तो लेनिन के सिवाय बाकी सभी इसका विरोध कर रहे थे। लेकिन लेनिन ने कहा—"शान्ति, शान्ति और पुनः शान्ति! किसी भी कीमत पर शान्ति होनी चाहिए।" जब कुछ बोल्शेविक-विरोधियों ने इस सन्धि के लिए लेनिन की निन्दा की तो उन्होंने स्पष्ट कहा कि "बोल्शेविक जर्मन हमले का सामना करने की सामर्थ्य नहीं रखते, इसीलिए सम्पूर्ण तबाही की जगह सन्धि को प्राथमिकता दी गई है।"

जो बात मैं स्पष्ट करना चाहता हूँ वह यह है कि समझौता एक ऐसा जरूरी हथियार है, जिसे संघर्ष के विकास के साथ-ही-साथ इस्तेमाल करना जरूरी बन जाता है, लेकिन जिस चीज़ का हमेशा ध्यान रहना चाहिए वह है आन्दोलन का उद्देश्य। जिन उद्देश्यों की प्राप्ति के लिए हम संघर्ष कर रहे हैं, उनके बारे में, हमें पूरी तरह स्पष्ट होना चाहिए। इस बात से अपने आन्दोलन की उपलब्धियों, सफलताओं व असफलताओं को आँकने में हमें सहायता मिलती है और अगला कार्यक्रम बनाने व तय करने में भी। तिलक की नीति—उनके उद्देश्यों के बावजूद—यानी उनके दाँव-पेंच बहुत अच्छे थे। आप अपने शत्रु से सोलह आना पाने के लिए लड़ रहे थे। आपको एक आना मिलता है, उसे जेब में डालिए और बाकी के लिए संघर्ष जारी रखिए। नर्म दल के लोगो में जिस चीज़ की कमी हम देखते हैं वह उनके आदर्श की है। वे इकन्नी के लिए लड़ते हैं और इसलिए उन्हें मिल ही कुछ नहीं सकता। क्रान्तिकारियों को यह बात हमेशा अपने मन में रखनी चाहिए कि वे सम्पूर्ण क्रान्ति के लिए लड़ रहे हैं। ताकत की बागडोर पूरी तरह अपने हाथों में लेनी है। समझौतों से इसीलिए डर महसूस होता है, क्योंकि प्रतिक्रियावादी शक्तियाँ समझौते के बाद क्रान्तिकारी शक्तियों को समाप्त करवाने की कोशिशें करती हैं। लेकिन समझदार और बहादुर क्रान्तिकारी नेता आन्दोलन को ऐसे गढ़ों में गिरने से बचा सकते हैं। हमें ऐसे समय और ऐसे मोड़ पर वास्तविक मुद्दों और विशेषतः उद्देश्यों सम्बन्धी कुछ गड़बड़ नहीं होने देनी चाहिए। इंग्लैंड की लेबर पार्टी ने वास्तविक संघर्ष से धोखा किया है और वे (उसके नेता) सिर्फ कुटिल साम्राज्यवादी बनकर रह गए हैं।

मेरे विचार में इन रँगे हुए साम्राज्यवादी लेबर नेताओं से कट्टर प्रतिक्रियावादी हमारे लिए बेहतर हैं। दाँव-पेंचों और रणनीति सम्बन्धी लेनिन के जीवन और लेखन पर हमें विचार करना चाहिए। समझौते के मामले पर 'वामपंथी कम्युनिज़्म' में उनके स्पष्ट विचार मिलते हैं।

कांग्रेस का उद्देश्य क्या है?

मैंने कहा है कि वर्तमान आन्दोलन किसी-न-किसी समझौते या पूर्ण असफलता में समाप्त होगा।

मैंने यह इसलिए कहा है क्योंकि मेरी राय में इस समय वास्तविक क्रान्तिकारी ताकतें मैदान में नहीं हैं। यह संघर्ष मध्यवर्गीय दुकानदारों और चन्द पूँजीपतियों के बलबूते किया

जा रहा है। यह दोनों वर्ग, विशेषतः पूँजीपति, अपनी सम्पत्ति या मिल्कियत खतरे में डालने की जुर्रत नहीं कर सकते। वास्तविक क्रान्तिकारी सेनाएँ तो गाँवों और कारखानों में हैं–किसान और मजदूर। लेकिन हमारे 'बूर्ज्वा' नेताओं में उन्हें साथ लेने की हिम्मत नहीं है, न ही वे ऐसी हिम्मत कर सकते हैं। यह सोए हुए सिंह यदि एक बार गहरी नींद से जग गए तो वे हमारे नेताओं की लक्ष्य-पूर्ति के बाद भी रुकनेवाले नहीं हैं। 1920 में अहमदाबाद के मजदूरों के साथ अपने प्रथम अनुभव के बाद महात्मा गांधी ने कहा था, "हमें मजदूरों के साथ साँठ-गाँठ नहीं करनी चाहिए। कारखानों के सर्वहारा वर्ग का राजनीतिक हितों के लिए इस्तेमाल करना खतरनाक है।" (मई, 1931 के 'दि टाइम्स' से)। तब से उन्होंने इस वर्ग को साथ लेने का कष्ट नहीं उठाया। यही हाल किसानों के साथ है। 1922 का बारदोली-सत्याग्रह पूरी तरह यह स्पष्ट करता है कि नेताओं ने जब किसान वर्ग के उस विद्रोह को देखा, जिसे न सिर्फ विदेशी राष्ट्र के ग़लबः (प्रभुत्व) से ही मुक्ति हासिल करनी थी वरन् देशी जमींदारों की जंजीरें भी तोड़ देनी थीं, तो कितना खतरा महसूस किया था।

यही कारण है कि हमारे नेता किसानों के आगे झुकने की जगह अंग्रेजों के आगे घुटने टेकना पसन्द करते हैं। पंडित जवाहरलाल को छोड़ दें तो क्या आप किसी भी नेता का नाम ले सकते हैं, जिसने मजदूरों या किसानों को संगठित करने की कोशिश की हो। नहीं, वे खतरा मोल नहीं लेंगे। यही तो उनमें कमी है, इसीलिए मैं कहता हूँ कि वे सम्पूर्ण आज़ादी नहीं चाहते। आर्थिक और प्रशासकीय दबाव डालकर वे चन्द और सुधार, यानी भारतीय पूँजीपतियों के लिए चन्द और रियायतें हासिल करना चाहेंगे। इसीलिए मैं कहता हूँ कि इस आन्दोलन का बेड़ा तो डूबेगा ही–शायद किसी-न-किसी समझौते या ऐसी किसी चीज़ के बिना ही। नवयुवक कार्यकर्ता, जो पूरी तनदेही से 'इन्कलाब ज़िन्दाबाद' के नारे लगाते हैं, स्वयं पूरी तरह संगठित नहीं हैं और अपना आन्दोलन आगे ले जाने की ताकत नहीं रखते हैं। वास्तव में पंडित मोतीलाल नेहरू के सिवाय हमारे बड़े नेता कोई जिम्मेदारी नहीं लेना चाहते। यही कारण है कि वे हर बार गांधी के आगे बिना शर्त घुटने टेक देते हैं। अलग राय होने पर भी वे पूरे जोर से विरोध नहीं करते और गांधी के कारण प्रस्ताव पास कर दिए जाते हैं। ऐसी परिस्थितियों में, क्रान्ति के प्रति पूरी संजीदगी रखनेवाले नौजवान कार्यकर्ताओं को मैं चेतावनी देना चाहता हूँ कि कठिन समय आ रहा है, वे चौकस रहें, हिम्मत न हारें और उलझनों में न फँसें। 'महान गांधी' के दो संघर्षों के अनुभवों के बाद हम आज की परिस्थिति व भविष्य के कार्यक्रम के बारे में स्पष्ट राय बना सकते हैं।

अब मैं बिलकुल सादे ढंग से यह केस बताता हूँ। आप 'इन्कलाब-ज़िन्दाबाद' का नारा लगाते हो। मैं यह मानकर चलता हूँ कि आप इसका मतलब समझते हो। असेम्बली बम केस में दी गई हमारी परिभाषा के अनुसार इन्कलाब का अर्थ मौजूदा सामाजिक ढाँचे में पूर्ण परिवर्तन और समाजवाद की स्थापना है। इस लक्ष्य के लिए हमारा पहला कदम ताकत हासिल करना है। वास्तव में 'राज्य', यानी सरकारी मशीनरी, शासक वर्ग के हाथों में अपने हितों की रक्षा करने और उन्हें आगे बढ़ाने का यन्त्र ही है। हम इस यन्त्र को छीनकर अपने आदर्शों की पूर्ति के लिए इस्तेमाल करना चाहते हैं। हमारा आदर्श है–नए ढंग की सामाजिक संरचना, यानी मार्क्सवादी ढंग से। इसी लक्ष्य के लिए हम सरकारी मशीनरी का

इस्तेमाल करना चाहते हैं। जनता को लगातार शिक्षा देते रहना है ताकि अपने सामाजिक कार्यक्रम की पूर्ति के लिए अनुकूल व सुविधाजनक वातावरण बनाया जा सके। हम उन्हें संघर्षों के दौरान ही अच्छा प्रशिक्षण और शिक्षा दे सकते हैं।

इन बातों के बारे में स्पष्टता, यानी हमारे फौरी और अन्तिम लक्ष्य को स्पष्टता से समझने के बाद हम आज की परिस्थिति का विश्लेषण कर सकते हैं। किसी भी स्थिति का विश्लेषण करते समय हमें हमेशा बिलकुल बेझिझक, बेलाग व व्यावहारिक होना चाहिए।

हम जानते हैं कि जब भारत सरकार में भारतीयों की हिस्सेदारी को लेकर हल्ला हुआ था तो मिन्टो-मार्ले-सुधार लागू हुए थे, जिनके द्वारा केवल सलाह देने का अधिकार रखनेवाली वायसराय-परिषद् बनाई गई थी।

विश्वयुद्ध के दौरान जब भारतीय सहायता की अत्यन्त आवश्यकता थी तो स्वायत्त शासनवाली सरकार का वायदा किया गया और मौजूदा सुधार लागू किए गए। असेम्बली को कुछ सीमित कानून की ताकत दी गई, लेकिन सबकुछ वायसराय की खुशी पर निर्भर है। अब तीसरी स्टेज है।

अब सुधारों सम्बन्धी विचार हो रहा है और निकट भविष्य में ये लागू होंगे। अब नौजवान इनकी परीक्षा कैसे कर सकते हैं? यह एक सवाल है। मैं नहीं जानता कि कांग्रेसी नेता कैसे इनकी परख करेंगे? लेकिन हम क्रान्तिकारी इन्हें निम्नलिखित कसौटी पर परखेंगे–

1. किस सीमा तक शासन की जिम्मेदारी भारतीयों को सौंपी जाती है?
2. शासन चलाने के लिए किस तरह की सरकार बनाई जाती है और सामान्य जनता को इसमें हिस्सा लेने का कहाँ तक अवसर मिलता है?
3. भविष्य में क्या सम्भावनाएँ हो सकती हैं और इन उपलब्धियों को किस प्रकार बचाया जा सकता है?

इसके लिए शायद कुछ स्पष्टीकरण की जरूरत हो। पहली बात यह कि हमारी जनता के प्रतिनिधियों को कार्यकारिणी (Executive) पर कितना अधिकार और जिम्मेदारी हासिल होती है। अब तक कार्यकारिणी को लेजिस्लेटिव असेम्बली के सामने उत्तरदायी नहीं बनाया गया है। वायसराय के पास वोटों की ताकत है, जिससे चुने हुए प्रतिनिधियों की सारी कोशिशें बेअसर और ठप्प कर दी जाती हैं।

हम स्वराज्य पार्टी के शुक्रगुजार हैं जिनकी कोशिशों से वायसराय ने अपनी इस ताकत का बड़ी बेशर्मी से बार-बार इस्तेमाल किया और राष्ट्रीय प्रतिनिधियों के मर्यादा-भरे निर्णय पाँव तले कुचल दिए। यह बात पूरी तरह स्पष्ट है और इस पर और बहस की जरूरत नहीं है।

आइए, सबसे पहले कार्यकारिणी की स्थापना के ढंग पर विचार करें? क्या कार्यकारिणी को असेम्बली के चुने हुए सदस्य चुनते हैं या पहले की ही तरह ऊपर से थोपी जाएगी? क्या यह असेम्बली के आगे उत्तरदायी होगी या पहले की ही तरह असेम्बली का अपमान करेगी?

जहाँ तक दूसरी बात का सम्बन्ध है, उसे हम वयस्क मताधिकार की सम्भावना से देख सकते हैं। सम्पत्ति होने की धारा को पूरी तरह समाप्त कर व्यापक मताधिकार दिए जाने

चाहिए। हर वयस्क स्त्री-पुरुष को वोट का अधिकार मिलना चाहिए। अब तो सिर्फ यह देख सकते हैं कि मताधिकार किस सीमा तक दिए जाते हैं।

जहाँ तक व्यवस्था का प्रश्न है, अभी दो सभाओंवाली सरकार है। मेरे ख़याल में उच्च सभा बूर्ज्वा भ्रमजाल या बहकावे के अतिरिक्त कुछ नहीं। मेरी समझ से जहाँ तक उम्मीद की जा सके, एक सभा वाली सरकार अच्छी है।

यहाँ मैं प्रान्तीय स्वायत्तता के बारे में कुछ कहना चाहता हूँ। जो कुछ मैंने सुना है, उसके आधार पर मैं यह कह सकता हूँ कि ऊपर से थोपा हुआ गवर्नर, जिसके पास असेम्बली से ऊपर विशेष अधिकार होंगे, तानाशाह से कम सिद्ध नहीं होगा। हम इसे प्रान्तीय स्वायत्तता न कहकर प्रान्तीय अत्याचार कहें। राज्य की संस्थाओं का यह अजीब लोकतान्त्रीकरण है।

तीसरी बात तो बिलकुल स्पष्ट है। पिछले दो साल से अंग्रेज राजनीतिज्ञ उस वायदे को मिटाने में लगे हैं, जिसे मोंटेग्यू ने यह कहकर रद्द कर दिया था कि जब तक अंग्रेजी खजाने में दम है, प्रत्येक दस वर्ष पर और सुधार किए जाते रहेंगे।

हम देख सकते हैं कि उन्होंने भविष्य के लिए क्या फैसला किया है। मैं यह बात स्पष्ट कर दूँ कि हम इन बातों का विश्लेषण इसलिए नहीं कर रहे कि उपलब्धियों पर जश्न मनाए जाएँ, वरन् इसलिए कि जनता में जागृति लाई जा सके और उन्हें आनेवाले संघर्षों के लिए तैयार किया जा सके। हमारे लिए समझौता घुटने टेकना नहीं है बल्कि एक कदम बढ़ना और फिर कुछ आराम करना है।

लेकिन इसके साथ ही हमें यह भी समझ लेना चाहिए कि समझौता इससे अधिक कुछ और है भी नहीं। यह अन्तिम लक्ष्य और अन्तिम विश्राम की जगह नहीं है।

वर्तमान परिस्थिति पर कुछ हद तक विचार करने के बाद भविष्य के कार्यक्रम और कार्यनीति पर भी विचार कर लिया जाए।

जैसाकि मैंने पहले भी कहा है कि किसी क्रान्तिकारी पार्टी के लिए निश्चित कार्यक्रम होना बहुत जरूरी है। आपको यह पता होना चाहिए कि क्रान्ति का मतलब गतिविधि है। इसका मतलब संगठित व क्रमबद्ध काम द्वारा सोची-समझी तब्दीली लाना है और यह तोड़-फोड़—असंगठित, एकदम या स्वतः परिवर्तन—के विरुद्ध है। कार्यक्रम बनाने के लिए अनिवार्य रूप से इन बातों के अध्ययन की जरूरत है—

1. मंजिल (लक्ष्य) या उद्देश्य।
2. आधार, जहाँ से शुरू करना है, यानी वर्तमान परिस्थिति।
3. कार्यरूप, यानी साधन व दाँव-पेंच।

जब तक इन तत्त्वों के सम्बन्ध में कुछ स्पष्ट संकल्प नहीं है, तब तक कार्यक्रम सम्बन्धी कोई विचार सम्भव नहीं।

वर्तमान परिस्थिति पर हम कुछ हद तक विचार कर चुके हैं, लक्ष्य सम्बन्धी भी कुछ चर्चा हुई है। हम समाजवादी क्रान्ति चाहते हैं, जिसके लिए बुनियादी जरूरत राजनीतिक क्रान्ति की है। यही है जो हम चाहते हैं। राजनीतिक क्रान्ति का अर्थ राजसत्ता (यानी मोटे

तौर पर ताकत) का अंग्रेजी हाथों से भारतीय हाथों में आना है और वह भी उन भारतीयों के हाथों में, जिनका अन्तिम लक्ष्य हमारे लक्ष्य से मिलता हो। और स्पष्टता से कहें तो– राजसत्ता का सामान्य जनता की कोशिश से क्रान्तिकारी पार्टी के हाथों में आना। इसके बाद पूरी संजीदगी से पूरे समाज को समाजवादी दिशा में ले जाने के लिए जुट जाना होगा। यदि क्रान्ति से आपका यह अर्थ नहीं है तो महाशय, मेहरबानी करें और 'इन्कलाब-ज़िन्दाबाद' के नारे लगाने बन्द कर दें। कम-से-कम हमारे लिए 'क्रान्ति' शब्द में बहुत ऊँचे विचार निहित हैं और इसका प्रयोग बिना संजीदगी के नहीं करना चाहिए, नहीं तो इसका दुरुपयोग होगा। लेकिन यदि आप कहते हैं कि आप राष्ट्रीय क्रान्ति चाहते हैं जिसका लक्ष्य भारतीय गणतन्त्र की स्थापना है तो मेरा प्रश्न यह है कि उसके लिए आप, क्रान्ति में सहायक होने के लिए, किन शक्तियों पर निर्भर कर रहे हैं? क्रान्ति राष्ट्रीय हो या समाजवादी, जिन शक्तियों पर हम निर्भर हो सकते हैं वे है किसान और मजदूर। कांग्रेसी नेताओं में इन्हें संगठित करने की हिम्मत नहीं हैं, इस आन्दोलन में यह आपने स्पष्ट देख लिया है। किसी और से अधिक उन्हें इस बात का अहसास है कि इन शक्तियों के बिना वे विवश हैं। जब उन्होंने सम्पूर्ण आज़ादी का प्रस्ताव पास किया तो इसका अर्थ क्रान्ति ही था, पर इनका (कांग्रेस का) मतलब यह नहीं था। इसे नौजवान कार्यकर्ताओं के दबाव में पास किया गया था और इसका इस्तेमाल वे धमकी के रूप में करना चाहते थे, ताकि अपना मनचाहा डोमिनियन स्टेट्स हासिल कर सकें। आप कांग्रेस के पिछले तीनों अधिवेशनों के प्रस्ताव पढ़कर इस सम्बन्ध में ठीक राय बना सकते हैं। मेरा इशारा मद्रास, कलकत्ता व लाहौर-अधिवेशनों की ओर है। कलकत्ता में डोमिनियन स्टेट्स की माँग का प्रस्ताव पास किया गया। 12 महीने के भीतर इस माँग को स्वीकार करने के लिए कहा गया और यदि ऐसा न किया गया तो कांग्रेस मजबूर होकर पूर्ण आज़ादी को अपना उद्देश्य बना लेगी। पूरी संजीदगी से वे 31 दिसम्बर, 1929 की आधी रात तक इस तोहफे को प्राप्त करने का इन्तजार करते रहे और तब उन्होंने पूर्ण आज़ादी का प्रस्ताव मानने के लिए स्वयं को 'वचनबद्ध' पाया, जो कि वे चाहते नहीं थे। और तब भी महात्मा जी ने यह बात छिपाकर नहीं रखी कि बातचीत के दरवाजे खुले हैं। यह था इसका वास्तविक आशय। बिलकुल शुरू से ही वे जानते थे कि उनके आन्दोलन का अन्त किसी-न-किसी तरह के समझौते में होगा। इस बेदिली से हम नफरत करते हैं ना कि संघर्ष के किसी मसले पर समझौते से।

खैर! हम इस बात पर विचार कर रहे थे कि क्रान्ति किन-किन ताकतों पर निर्भर है? लेकिन यदि आप सोचते हैं कि किसानों और मजदूरों को सक्रिय हिस्सेदारी के लिए आप मना लेंगे तो मैं बताना चाहता हूँ कि वे किसी प्रकार की भावुक बातों से बेवकूफ नहीं बनाए जा सकते। वे साफ-साफ पूछेंगे कि उन्हें आपकी क्रान्ति से क्या लाभ होगा, वह क्रान्ति जिसके लिए आप उनसे बलिदान की माँग कर रहे हैं। भारत सरकार का प्रमुख लार्ड रीडिंग की जगह यदि सर पुरुषोत्तम दास ठाकुर दास हो तो उन्हें (जनता को) इससे क्या फर्क पड़ता है? एक किसान को इससे क्या फर्क पड़ेगा, यदि लार्ड इरविन की जगह सर तेज बहादुर सप्रू आ जाएँ। राष्ट्रीय भावनाओं की अपील बिलकुल बेकार है। उसे आप अपने काम के लिए 'इस्तेमाल' नहीं कर सकते। आपको गम्भीरता से काम लेना होगा और

उन्हें समझाना होगा कि क्रान्ति उनके हित में है और उनकी अपनी है। सर्वहारा श्रमिक वर्ग की क्रान्ति, सर्वहारा के लिए।

जब आप अपने लक्ष्य के बारे में स्पष्ट अवधारणा बना लेंगे तो ऐसे उद्देश्य की पूर्ति के लिए आप अपनी शक्ति सँजोने में जुट जाएँगे। अब दो अलग-अलग पड़ावों से गुजरना होगा—पहला तैयारी का पड़ाव, दूसरा उसे कार्यरूप देने का।

जब यह वर्तमान आन्दोलन खत्म होगा तो आप अनेक ईमानदार व गम्भीर क्रान्तिकारी कार्यकर्ताओं को निराश व उचाट पाएँगे। लेकिन आपको घबराने की जरूरत नहीं है। भावुकता एक ओर रखो। वास्तविकता का सामना करने के लिए तैयार होओ। क्रान्ति करना बहुत कठिन काम है। यह किसी एक आदमी की ताकत के वश की बात नहीं है और न ही यह किसी निश्चित तारीख को आ सकती है। यह तो विशेष सामाजिक-आर्थिक परिस्थितियों से पैदा होती है और एक संगठित पार्टी को ऐसे अवसर को सँभालना होता है और जनता को इसके लिए तैयार करना होता है। क्रान्ति के दुस्साध्य कार्य के लिए सभी शक्तियों को संगठित करना होता है। इस सबके लिए क्रान्तिकारी कार्यकर्ताओं को अनेक कुर्बानियाँ देनी होती हैं। यहाँ मैं यह स्पष्ट कह दूँ कि यदि आप व्यापारी हैं या सुस्थिर दुनियादार या पारिवारिक व्यक्ति हैं तो महाशय! इस आग से न खेलें। एक नेता के रूप में आप पार्टी के किसी काम के नहीं हैं। पहले ही हमारे पास ऐसे बहुत से नेता हैं जो शाम के समय भाषण देने के लिए कुछ वक्त जरूर निकाल लेते हैं। ये नेता हमारे किसी काम के नहीं हैं। हम तो लेनिन के अत्यन्त प्रिय शब्द 'पेशेवर क्रान्तिकारी' का प्रयोग करेंगे। पूरा समय देनेवाले कार्यकर्ता, क्रान्ति के सिवाय जीवन में जिनकी और कोई ख्वाहिश ही न हो। जितने अधिक ऐसे कार्यकर्ता पार्टी में संगठित होंगे, उतने ही सफलता के अवसर अधिक होंगे।

पार्टी को ठीक ढंग से आगे बढ़ने के लिए जिस बात की सबसे अधिक जरूरत है वह यह है कि ऐसे कार्यकर्ता स्पष्ट विचार, प्रत्यक्ष समझदारी, पहलकदमी की योग्यता और तुरन्त निर्णय कर सकने की शक्ति रखते हों। पार्टी में फौलादी अनुशासन होगा और यह जरूरी नहीं कि पार्टी भूमिगत रहकर ही काम करे, बल्कि इसके विपरीत खुले रूप में काम कर सकती है, यद्यपि स्वेच्छा से जेल जाने की नीति पूरी तरह छोड़ दी जानी चाहिए। इस तरह बहुत-से कार्यकर्ताओं को गुप्त रूप से काम करते हुए जीवन बिताने की भी जरूरत पड़ सकती है, लेकिन उन्हें उसी तरह पूरे उत्साह से काम करते रहना चाहिए और यही है वह ग्रुप जिससे अवसर सँभाल सकनेवाले नेता तैयार होंगे।

पार्टी को कार्यकर्ताओं की जरूरत होगी, जिन्हें नौजवानों के आन्दोलनों से भर्ती किया जा सकता है। इसीलिए नवयुवकों के आन्दोलन सबसे पहली मंजिल हैं, जहाँ से हमारा आन्दोलन शुरू होगा। युवक-आन्दोलन को अध्ययन केन्द्र (स्टडी सर्कल) खोलने चाहिए। लीफलेट, पैम्फलेट, पुस्तकें, मैगजीन छापने चाहिए। क्लासों में लेक्चर होने चाहिए। राजनीतिक कार्यकर्ताओं के लिए मस्ती करने और प्रशिक्षण देने की यह सबसे अच्छी जगह होगी।

उन नौजवानों को पार्टी में ले लेना चाहिए, जिनके विचार विकसित हो चुके हैं और वे अपना जीवन इस काम में लगाने के लिए तैयार हैं। पार्टी-कार्यकर्ता नवयुवक आन्दोलन के काम को दिशा देंगे। पार्टी अपना काम प्रचार से शुरू करेगी। यह अत्यन्त आवश्यक

है। गदर पार्टी (1914-15) के असफल होने का मुख्य कारण था–जनता की अज्ञानता, लगावहीनता और कई बार विरोध। इसके अतिरिक्त किसानों और मजदूरों का सक्रिय समर्थन हासिल करने के लिए भी प्रचार जरूरी है। पार्टी का नाम कम्युनिस्ट पार्टी हो। ठोस अनुशासनवाली राजनीतिक कार्यकर्ताओं की यह पार्टी बाकी सभी आन्दोलन चलाएगी। इसे मजदूरों व किसानों की तथा अन्य पार्टियों का संचालन भी करना होगा और लेबर यूनियन कांग्रेस तथा इस तरह की अन्य राजनीतिक संस्थाओं पर प्रभावी होने की कोशिश भी पार्टी करेगी। पार्टी एक बड़ा प्रकाशन-अभियान चलाएगी जिससे राष्ट्रीय चेतना ही नहीं, वर्ग-चेतना भी पैदा होगी। समाजवादी सिद्धान्त के सम्बन्ध में जनता को सचेत बनाने के लिए सभी समस्याओं की विषयवस्तु प्रत्येक व्यक्ति की समझ में आनी चाहिए और ऐसे प्रकाशनों को बड़े पैमाने पर वितरित किया जाना चाहिए। लेखन सादा और स्पष्ट हो।

मजदूर आन्दोलन में ऐसे व्यक्ति हैं जो मजदूरों और किसानों की आर्थिक और राजनीतिक स्वतन्त्रता के बारे में बड़े अजीब विचार रखते हैं। ये लोग उत्तेजना फैलानेवाले हैं और बौखलाए हुए हैं। ऐसे विचार या तो ऊल-जलूल हैं या कल्पनाहीन। हमारा मतलब जनता की आर्थिक स्वतन्त्रता से है और इसी के लिए हम राजनीतिक ताकत हासिल करना चाहते हैं। इसमें कोई सन्देह नहीं कि शुरू में छोटी-मोटी आर्थिक माँगों और इन वर्गों के विशेष अधिकारों के लिए हमें लड़ना होगा। यही संघर्ष उन्हें राजनीतिक ताकत हासिल करने के अन्तिम संघर्ष के लिए सचेत व तैयार करेगा।

इसके अतिरिक्त सैनिक विभाग भी संगठित करना होगा। यह बहुत महत्त्वपूर्ण है। कई बार इसकी बुरी तरह जरूरत होती है। उस समय शुरू करके आप ऐसा ग्रुप तैयार नहीं कर सकते जिसके पास काम करने की पूरी ताकत हो। शायद इस विषय को बारीकी से समझाना जरूरी है। इस विषय पर मेरे विचारों को गलत रंग दिए जाने की बहुत अधिक सम्भावना है। ऊपरी तौर पर मैंने एक आतंकवादी की तरह काम किया है, लेकिन मैं आतंकवादी नहीं हूँ। मैं एक क्रान्तिकारी हूँ, जिसके दीर्घकालीन कार्यक्रम सम्बन्धी ठोस व विशिष्ट विचार हैं जिन पर यहाँ विचार किया जा रहा है। 'शस्त्रों के साथी' मेरे कुछ साथी मुझे रामप्रसाद बिस्मिल की तरह इस बात के लिए दोषी ठहराएँगे कि फाँसी की कोठरी में रहकर मेरे भीतर कुछ प्रतिक्रिया पैदा हुई है। इसमें कुछ भी सच्चाई नहीं है। मेरे विचार वही हैं, मुझमें वही दृढ़ता है और वही जोश व स्पिरिट मुझमें यहाँ है, जो बाहर थी–नहीं, उससे कुछ अधिक है। इसलिए अपने पाठकों को मैं चेतावनी देना चाहता हूँ कि मेरे शब्दों को वे पूरे ध्यान से पढ़ें।

उन्हें पंक्तियों के बीच कुछ भी नहीं देखना चाहिए। मैं अपनी पूरी ताकत से यह कहना चाहता हूँ कि क्रान्तिकारी जीवन के शुरू के चन्द दिनों के सिवाय न तो मैं आतंकवादी हूँ और न ही था; और मुझे पूरा यकीन है कि इस तरह के तरीकों से हम कुछ भी हासिल नहीं कर सकते। हिन्दुस्तान समाजवादी रिपब्लिकन पार्टी के इतिहास से यह बिलकुल स्पष्ट हो जाता है। हमारे सभी काम इसी दिशा में थे, यानी बड़े राष्ट्रीय आन्दोलन के सैनिक विभाग की जगह अपनी पहचान करवाना। यदि किसी ने मुझे गलत समझ लिया

है तो वे सुधार कर लें। मेरा मतलब यह कदापि नहीं है कि बम व पिस्तौल बेकार हैं, वरन् इसके विपरीत, यह लाभदायक हैं। लेकिन मेरा मतलब यह जरूर है कि केवल बम फेंकना न सिर्फ बेकार बल्कि नुकसानदायक है। पार्टी के सैनिक विभाग को हमेशा तैयार रहना चाहिए, ताकि संकट के समय काम आ सके। इसे पार्टी के राजनीतिक काम में सहायक के रूप में होना चाहिए। यह अपने आप स्वतन्त्र काम न करे।

जैसे ऊपर इन पंक्तियों में बताया गया है, पार्टी अपने काम को आगे बढ़ाए। समय-समय पर मीटिंगें और सम्मेलन बुलाकर अपने कार्यकर्ताओं को सभी विषयों के बारे में सूचनाएँ और सजगता देते रहना चाहिए। यदि आप इस तरह से काम शुरू करते हैं तो आपको काफी गम्भीरता से काम लेना होगा। इस काम को पूरा होने में कम-से-कम बीस साल लगेंगे। क्रान्ति सम्बन्धी यौवन काल के दस साल में पूरे होने के सपनों को एक ओर रख दें, ठीक वैसे ही जैसे गांधी के (एक साल के स्वराज्य के) सपने को परे रख दिया था। न तो इसके लिए भावुक होने की जरूरत है और न ही यह सरल है। जरूरत है निरन्तर संघर्ष करने, कष्ट सहने और कुर्बानी भरा जीवन बिताने की। अपना व्यक्तिवाद पहले खत्म करो। व्यक्तिगत सुख के सपने उतारकर एक ओर रख दो और फिर काम शुरू करो। इंच-इंच कर आप आगे बढ़ेंगे। इसके लिए हिम्मत, दृढ़ता और बहुत मजबूत इरादे की जरूरत है। कितने ही भारी कष्ट व कठिनाइयाँ क्यों न हों, आपकी हिम्मत न काँपे। कोई भी पराजय या धोखा आपका दिल न तोड़ सके। कितने भी कष्ट क्यों न आएँ, आपका क्रान्तिकारी जोश ठंडा न पड़े। कष्ट सहने और कुर्बानी करने के सिद्धान्त से आप सफलता हासिल करेंगे और यह व्यक्तिगत सफलताएँ क्रान्ति की अमूल्य सम्पत्ति होगी।

इन्कलाब ज़िन्दाबाद! 2 फरवरी, 1931

हमारे लिए सुनहरा अवसर

भारत की स्वतन्त्रता अब शायद दूर का स्वप्न नहीं रहा। घटनाएँ बड़ी तेजी से घट रही हैं और इसलिए स्वतन्त्रता अब हमारी आशाओं से भी जल्द ही एक सच्चाई बन जाएगी। ब्रिटिश साम्राज्य बुरी तरह लताड़ा हुआ है। जर्मनी को मुँह की खानी पड़ रही है, फ्रांस थर-थर काँप रहा है और अमेरिका हिला हुआ है और इन सबकी कठिनाइयाँ हमारे लिए सुनहरा अवसर है। प्रत्येक चीज उस महान भविष्यवाणी की ओर संकेत कर रही है, जिसके अनुसार समाज का पूँजीवादी ढाँचा नष्ट होना अटल है। कूटनीतिज्ञ लोग स्वयं को बचाने के लिए प्रयत्नशील हो सकते हैं और पूँजीवादी षड्यन्त्र से 'क्रान्ति के बाघ' को अपने घर से दूर रखने की कोशिशें कर सकते हैं। अंग्रेजों का बजट सन्तुलित हो सकता है और मृत्यु के मुँह में पड़े पूँजीवाद को कुछ पलों की राहत मिल सकती है। 'डालर राजा' चाहे अपना ताज सँभाल ले तो भी व्यापक मन्दी यदि जारी रही और जिसका जारी रहना लाजिमी है, तो बेरोजगारी की फौज तेजी से बढ़ेगी और यह बढ़ भी रही है, क्योंकि पूँजीवादी उत्पादन-व्यवस्था ही ऐसी है। यह चक्कर पूँजीवादी व्यवस्था को पटरी से उतार देगा। बस, बात कुछ महीनों की ही है। इसीलिए क्रान्ति अब भविष्यवाणी या सम्भावना नहीं, वरन् 'व्यावहारिक राजनीति' है जिसे सोची-समझी योजना और कठोर अमल से सफल बनाया जा

सकता है। इसके विभिन्न पहलुओं और तात्पर्य, इसके तरीकों और उद्देश्यों सम्बन्धी कोई विचारधारात्मक उलझन नहीं होनी चाहिए।

गांधीवाद

कांग्रेस आन्दोलन की सम्भावनाओं, पराजयों और उपलब्धियों के बारे में हमें किसी प्रकार का भ्रम नहीं होना चाहिए। आज चल रहे इस आन्दोलन को गांधीवाद कहना ही उचित है। यह दावे के साथ आज़ादी के लिए स्टैंड नहीं लेता, बल्कि सत्ता में 'हिस्सेदारी' के पक्ष में है। 'पूर्ण स्वतन्त्रता' के अजीब अर्थ निकाले जा रहे हैं। इसका तरीका अनूठा है, लेकिन बेचारे लोगों के किसी काम का नहीं है। साबरमती के सन्त को गांधीवाद कोई स्थायी शिष्य नहीं दे पाएगा। यह एक बीच की पार्टी—यानी लिबरल-रैडीकल मेल-जोल—का काम कर रही है और करती भी रही है। मौके की असलियत से टकराने में इसे शर्म आती है। इसे चलानेवाले देश के ऐसे ही लोग हैं जिनके हित इससे बँधे हुए हैं और वे अपने हितों के लिए बूर्ज्वा हठ से चिपके हुए हैं। यदि क्रान्तिकारी रक्त से इसे गर्मजोशी न दी गई तो इसका ठंडा होना लाजिमी है। इसे इसी के दोस्तों से बचाने की जरूरत है।

आतंकवाद

आइए, हम इस कठिन सवाल के बारे में स्पष्ट हों। बन का रास्ता 1905 से चला आ रहा है और क्रान्तिकारी भारत पर यह एक दर्दनाक टिप्पणी है। अभी यह महसूस नहीं किया गया कि इसका उपयोग व दुरुपयोग क्या है। आतंकवाद हमारे समाज में क्रान्तिकारी चिन्तन की पकड़ के अभाव की अभिव्यक्ति है; या एक पछतावा। इसी तरह अपनी असफलता का स्वीकार भी है। शुरू-शुरू में इसका कुछ लाभ था। इसने राजनीति को आमूल बदल दिया। नवयुवक बुद्धिजीवियों की सोच को चमकाया, आत्म-त्याग की भावना को ज्वलन्त रूप दिया और दुनिया व अपने दुश्मनों के सामने अपने आन्दोलन की सच्चाई और शक्ति को जाहिर करने का अवसर मिला। लेकिन यह स्वयं में पर्याप्त नहीं है। सभी देशों में इसका (आतंकवाद का) इतिहास असफलता का इतिहास है—फ्रांस, रूस, जर्मनी में बाल्कन देशों, स्पेन में—हर जगह इसकी यही कहानी है। इसकी पराजय के बीज इसके भीतर ही होते हैं। साम्राज्यवादियों को अच्छी तरह पता है कि 30 करोड़ लोगों पर शासन के लिए प्रतिवर्ष 30 व्यक्तियों की बलि दी जा सकती है। शासन करने का स्वाद बमों या पिस्तौलों से किरकिरा तो किया जा सकता है, लेकिन शोषण के व्यावहारिक लाभ उसे बनाए रखने पर विवश करेंगे। भले ही हमारी उम्मीद के अनुसार हथियार आसानी से मिल जाएँ और यदि हम पूरे जोर से लड़ें, जैसा कि इतिहास में पहले कभी न घटा हो, तो भी आतंकवाद अधिक-से-अधिक साम्राज्यवादी ताकत को समझौते के लिए ही मजबूर कर सकता है। ऐसे समझौते, हमारे उद्देश्य—पूर्ण आज़ादी—से हमेशा ही कहीं दूर रहेंगे। इस प्रकार आतंकवाद, एक समझौता, सुधारों की एक किश्त निचोड़कर निकाल सकता है और इसे ही हासिल करने के लिए गांधीवाद जोर लगा रहा है। वह चाहता है कि दिल्ली का शासन गोरे हाथों से भूरे हाथों में आ जाए। यह लोगों के जीवन से दूर हैं और इनके गद्दी

पर बैठते ही ज़ालिम बन जाने की बहुत सम्भावनाएँ हैं। आयरिश उदाहरण यहाँ लागू नहीं होगा, यह चेतावनी मैं देना चाहता हूँ। आयरलैंड में इक्की-दुक्की आतंकवादी कार्रवाइयाँ नहीं थीं, बल्कि यह राष्ट्रीय स्तर पर जनसाधारण की बगावत थी, जिसमें बन्दूकधारी अपनी नजदीकी जानकारी और हमदर्दी से लोगों से जुड़ा हुआ था। उन्हें बड़ी आसानी से हथियार मिल जाते थे, क्योंकि अमेरिका आयरिश उन्हें अथाह आर्थिक मदद दे रहे थे। भौगोलिक स्थिति भी ऐसे युद्ध के लिए लाभदायक थी। लेकिन तो भी आयरलैंड को अपने आन्दोलन के अपूर्ण उद्देश्यों के साथ ही सन्तोष करना पड़ा। इसने आयरिश जनता की गुलामी तो कम की है, लेकिन आयरिश श्रमिक वर्ग को पूँजीपतियों के जंजाल से मुक्त नहीं करवाया। भारत को आयरलैंड से सीखना है। यह एक चेतावनी भी है कि किस प्रकार क्रान्तिकारी सामाजिक आधार से खाली राष्ट्रवादी आदर्शवाद, हालात के साजगार होने पर भी साम्राज्यवाद से समझौते की रेत में गुम हो सकता है। क्या भारत को अभी भी आयरलैंड की नकल करनी चाहिए—यदि वह की भी जा सके, तो भी?

एक प्रकार से गांधीवाद अपना भाग्यवाद का विचार रखते हुए भी, क्रान्तिकारी विचारों के कुछ नजदीक पहुँचने का यत्न करता है, क्योंकि यह सामूहिक कार्रवाई पर निर्भर करता है, यद्यपि यह कार्रवाई समूह के लिए नहीं होती। उन्होंने मजदूरों को आन्दोलन में भागीदार बनाकर उन्हें मजदूर-क्रान्ति के रास्ते पर डाल दिया है। यह बात अलग है कि उन्हें कितनी असभ्यता या स्वार्थ से अपने राजनीतिक कार्यक्रम के लिए इस्तेमाल किया गया है। क्रान्तिकारियों को 'अहिंसा के फरिश्ते' को उसका योग्य स्थान देना चाहिए।

आतंकवाद के शैतान को दाद देने की जरूरत नहीं है। आतंकवादियों ने काफी काम कर लिया है, काफी कुछ सिखा दिया है। यदि हम अपने उद्देश्यों और तरीकों सम्बन्धी भूलें न करें तो यह अभी भी कुछ लाभप्रद हो सकता है। विशेषतः निराशा के समय आतंकवादी तरीका हमारे प्रचार-अभियान में सहायक हो सकता है, लेकिन यह पटाखेबाजी के सिवाय है कुछ नहीं और इसे विशेष समय और कुछ गिने-चुने लोगों के लिए सुरक्षित रखना चाहिए। क्रान्तिकारी को निरर्थक आतंकवादी कार्रवाइयों और व्यक्तिगत आत्म-बलिदान के दूषित चक्र में न डाला जाए। सभी के लिए उत्साहवर्धक आदर्श, उद्देश्य के लिए मरना न होकर उद्देश्य के लिए जीना—और वह भी लाभदायक तरीके से योग्य रूप में जीना—होना चाहिए।

यह कहने की तो कोई जरूरत नहीं है कि हम आतंकवाद से पूरी तरह सम्बन्ध नहीं तोड़ रहे। हम श्रमिक क्रान्ति के दृष्टिकोण से इसका पूरे तौर पर मूल्यांकन चाहते हैं। जो नवयुवक परिपक्व व चुपचाप (तरीके से) संगठन के काम में फिट नहीं होते, उनकी दूसरी भूमिका हो सकती है। उन्हें नीरस कामों से मुक्त कर अपनी इच्छा पूरी करने के लिए छोड़ देना चाहिए। लेकिन संचालक संस्था को पार्टी और उस काम के प्रभाव को, लोगों पर उसके प्रभाव और दुश्मन की ताकत को पहले ही देखना चाहिए। ऐसे काम पार्टी और जनता का ध्यान जुझारू जनसंघर्ष से हटाकर तेज भड़कीले कामों की ओर लगा सकते हैं और इस प्रकार पार्टी की जड़ों पर प्रहार करने का बहाना बन सकते हैं। इस प्रकार किसी भी स्थिति में इस आदर्श को आगे नहीं बढ़ाना है।

लेकिन गुप्त सैनिक विभाग कोई श्रापग्रस्त चीज़ नहीं है। वास्तव में यह तो अग्रिम पंक्ति है। क्रान्तिकारी पार्टी की 'गोलीमार पंक्ति' 'आधार' से पूरी तरह जुड़ी होनी चाहिए। 'आधार' जुझारू व गतिशील जन-पार्टी को बनना है। संगठन के लिए धन और हथियार संग्रह करने में इसीलिए कोई झिझक नहीं होनी चाहिए।

क्रान्ति

क्रान्ति से हमारा क्या आशय है, यह स्पष्ट है। इस शताब्दी में इसका सिर्फ एक ही अर्थ हो सकता है—जनता के लिए जनता का राजनीतिक शक्ति हासिल करना। वास्तव में यही है 'क्रान्ति', बाकी सभी विद्रोह तो सिर्फ मालिकों के परिवर्तन द्वारा पूँजीवादी सड़ाँध को ही आगे बढ़ाते हैं। किसी भी हद तक लोगों से या उनके उद्देश्यों से जताई हमदर्दी जनता से वास्तविकता नहीं छिपा सकती, लोग छल को पहचानते हैं। भारत में हम भारतीय श्रमिक के शासन से कम कुछ नहीं चाहते भारतीय श्रमिकों को—भारत में साम्राज्यवादियों और उनके मददगार हटाकर जो कि उसी आर्थिक व्यवस्था के पैरोकार हैं, जिसकी जड़ें शोषण पर आधारित हैं—आगे आना है। हम गोरी बुराई की जगह काली बुराई को लाकर कष्ट नहीं उठाना चाहते। बुराइयाँ, एक स्वार्थी समूह की तरह, एक-दूसरे का स्थान लेने के लिए तैयार हैं।

साम्राज्यवादियों को गद्दी से उतारने के लिए भारत का एकमात्र हथियार श्रमिक क्रान्ति है। कोई और चीज़ इस उद्देश्य को पूरा नहीं कर सकती। सभी विचारोंवाले राष्ट्रवादी एक उद्देश्य पर सहमत हैं कि साम्राज्यवादियों से आज़ादी हासिल हो। पर उन्हें यह समझने की भी जरूरत है कि उनके आन्दोलन की चालक शक्ति विद्रोही जनता है और उसकी जुझारू कार्रवाइयों से ही सफलता हासिल होगी। चूँकि इसका सरल समाधान नहीं हो सकता, इसलिए स्वयं को छलकर वे उस ओर लपकते हैं, जिसे वे आरज़ी इलाज, लेकिन झटपट और प्रभावशाली मानते हैं—अर्थात् चन्द सैकड़े दृढ़ आदर्शवादी राष्ट्रवादियों के सशस्त्र विद्रोह के जरिए विदेशी शासन को पलटकर राज्य का समाजवादी रास्ते पर पुनर्गठन। उन्हें समय की वास्तविकता में झाँककर देखना चाहिए। हथियार बड़ी संख्या में प्राप्त नहीं हैं और जुझारू जनता से अलग होकर अशिक्षित गुट की बगावत की सफलता का इस युग में कोई चांस नहीं है। राष्ट्रवादियों की सफलता के लिए उनकी पूरी कौम को हरकत में आना चाहिए और बगावत के लिए खड़ा होना चाहिए। और कौम कांग्रेस के लाऊडस्पीकर नहीं हैं, वरन् वे मजदूर-किसान हैं, जो भारत की 95 प्रतिशत जनसंख्या है। राष्ट्र स्वयं को राष्ट्रवाद के विश्वास पर ही हरकत में लाएगा, यानी साम्राज्यवाद और पूँजीपति की गुलामी से मुक्ति के विश्वास दिलाने से।

हमें यह याद रखना चाहिए कि श्रमिक क्रान्ति के अतिरिक्त न किसी और क्रान्ति की इच्छा करनी चाहिए और न ही वह सफल हो सकती है।

कार्यक्रम

क्रान्ति का स्पष्ट और ईमानदार कार्यक्रम होना समय की जरूरत है और इस कार्यक्रम को लागू करने के लिए मजबूत कार्रवाई होनी चाहिए।

1917 में अक्तूबर क्रान्ति से पूर्व, जब लेनिन अभी मास्को में भूमिगत थे तो उन्होंने सफल क्रान्ति के लिए तीन जरूरी शर्तें बताई थीं–

1. राजनीतिक-आर्थिक परिस्थिति।
2. जनता के मन में विद्रोह-भावना।
3. एक क्रान्तिकारी पार्टी, जो पूरी तरह प्रशिक्षित हो और परीक्षा के समय जनता को नेतृत्व प्रदान कर सके।

भारत में पहली शर्त पूरी हो चुकी है, दूसरी व तीसरी शर्त अन्तिम रूप में अपनी पूर्ति की प्रतीक्षा कर रही है। इसके लिए हरकत में आना आज़ादी के सभी सेवकों का पहला काम है और इसी मुद्दे को सामने रखकर कार्यक्रम बनाया जाना चाहिए। इसकी रूपरेखा नीचे दी जा रही है और उसके प्रत्येक अनुभाग सम्बन्धी सुझाव अनुसूची 'क' व 'ख' में दर्ज हैं–

1. बुनियादी काम–कार्यकर्ताओं के सामने सबसे पहली जिम्मेदारी है जनता को जुझारू काम के लिए तैयार व लामबन्द करना। हमें अन्धविश्वासों, भावनाओं, धार्मिकता या तटस्थता के आदर्शों से खेलने की जरूरत नहीं है। हमें जनता से सिर्फ प्याज के साथ रोटी का वायदा ही नहीं करना। वे वायदे सम्पूर्ण व ठोस होंगे और इन पर हम ईमानदारी और स्पष्टता से बात करेंगे। हम कभी भी उनके मन में भ्रमों का जमघट नहीं बनने देंगे। क्रान्ति जनता के लिए होगी। कुछ स्पष्ट निर्देश यह होंगे–

1. सामन्तवाद की समाप्ति।
2. किसानों के कर्जे समाप्त करना।
3. क्रान्तिकारी राज्य की ओर से भूमि का राष्ट्रीयकरण ताकि सुधरी हुई व साझी खेती स्थापित की जा सके।
4. रहने के लिए आवास की गारंटी।
5. किसानों के लिए जानेवाले सभी खर्च बन्द करना। सिर्फ इकहरा भूमि-कर लिया जाएगा।
6. कारखानों का राष्ट्रीयकरण और देश में कारखाने लगाना।
7. आम शिक्षा।
8. काम करने के घंटे जरूरत के अनुसार कम करना।

जनता ऐसे कार्यक्रम के लिए जरूर हामी भरेगी। सबसे जरूरी काम इस समय यही है कि हम लोगों तक पहुँचें। थोपी हुई अज्ञानता ने एक ओर से और बुद्धिजीवियों की उदासीनता ने दूसरी ओर से–शिक्षित क्रान्तिकारियों और हथौड़े-दराँतवाले उनके अभागे अर्धशिक्षित साथियों के बीच एक बनावटी दीवार खड़ी कर दी है। क्रान्तिकारियों को इस दीवार को अवश्य ही गिराना है। इसके लिए निम्न काम जरूरी हैं–

1. कांग्रेस के मंच का लाभ उठाना।
2. ट्रेड यूनियनों पर कब्जा करना और नई यूनियनों व संगठनों को जुझारू रूप में स्थापित करना।
3. राज्यों की यूनियनें बनाकर उन्हें उपरोक्त बातों के आधार पर संगठित करना।

4. प्रत्येक सामाजिक व स्वयंसेवी संगठनों में–(यहाँ तक कि सहकारिता सोसायटियों), जिनसे जनता तक पहुँचने का अवसर मिलता है–गुप्त रूप से दाखिल होकर इनकी कार्रवाइयों को इस रूप में चलाना कि असल मुद्दे और उद्देश्यों को आगे बढ़ाया जा सके।
5. दस्तकारों की समितियाँ, मजदूरों और बौद्धिक काम करनेवालों की यूनियनें हर जगह स्थापित की जाएँ।

यह कुछ रास्ते हैं जिनसे पढ़े-लिखे, प्रशिक्षित क्रान्तिकारी लोगों तक पहुँच सकते हैं। और एक बार वहाँ पहुँच जाएँ तो प्रशिक्षण के ज़रिए पहले तो अपने अधिकारों की उत्साहपूर्वक पुष्टि कर सकते हैं और फिर हड़तालों और काम रोकने के तरीकों से जुझारू हल निकाल सकते हैं।

क्रान्तिकारी पार्टी

क्रान्तिकारियों के सक्रिय ग्रुप की मुख्य जिम्मेदारी, जनता तक पहुँचने और उन्हें सक्रिय बनाने की तैयारी में होती है। यही हैं वे चलते-फिरते दृढ़ इरादों के लोग जो राष्ट्र को जुझारू जीवनी शक्ति देंगे। ज्यों-ज्यों परिस्थितियाँ पकती हैं तो इन्हीं क्रान्तिकारी बुद्धिजीवियों–जो बूर्ज्वा व पेटी-बूर्ज्वा से आते हैं और कुछ समय तक इसी वर्ग से आते भी रहेंगे, लेकिन जिन्होंने स्वयं को इस वर्ग की परम्पराओं से अलग कर लिया होता है–से क्रान्तिकारी पार्टी बनेगी और फिर इसके गिर्द अधिक-से-अधिक सक्रिय मजदूर-किसान और छोटे दस्तकार राजनीतिक कार्यकर्ता जुड़ते रहेंगे। लेकिन मुख्य तौर पर यह क्रान्तिकारी बुद्धिजीवी स्त्रियों व पुरुषों की पार्टी होगी, जिनकी मुख्य जिम्मेदारी यह होगी कि वे योजना बनाएँ, फिर उसे लागू करें, प्रोपेगंडा या प्रचार करें, अलग-अलग यूनियनों में काम शुरू कर उसमें एकजुटता लाएँ, उनके एकजुट हमले की योजना बनाएँ, सेना व पुलिस को क्रान्ति-समर्थक बनाएँ और उनकी सहायता या अपनी अन्य शक्तियों से विद्रोह या आक्रमण की शक्ल में क्रान्तिकारी टकराव की स्थिति बनाएँ, लोगों को विद्रोह के लिए प्रयत्नशील करें और समय पड़ने पर निर्भीकता से नेतृत्व दे सकें।

वास्तव में वही आन्दोलन का दिमाग हैं। इसीलिए उन्हें दृढ़ चरित्र की जरूरत होगी, यानी पहलकदमी और क्रान्तिकारी नेतृत्व की क्षमता। उनकी समझ राजनीतिक, आर्थिक और ऐतिहासिक समस्याओं, सामाजिक रुझानों, प्रगतिशील विज्ञान, युद्ध के नए वैज्ञानिक तरीकों और उसकी कला आदि के अनुशासित भाव से किए गए गहरे अध्ययन पर आधारित होनी चाहिए। क्रान्ति परिश्रमी विचारकों और परिश्रमी कार्यकर्ताओं की पैदावार होती है। दुर्भाग्य से भारतीय क्रान्ति का बौद्धिक पक्ष हमेशा दुर्बल रहा है, इसलिए क्रान्ति की अत्यावश्यक चीज़ों और किए कामों के प्रभाव पर ध्यान नहीं दिया जाता रहा। इसलिए एक क्रान्तिकारी को अध्ययन-मनन अपनी पवित्र जिम्मेदारी बना लेना चाहिए।

यह तो स्पष्ट है कि पार्टी कुछ विशेष मामलों में खुले रूप में काम कर सकती है। जहाँ तक सम्भव हो, पार्टी को गुप्त नहीं होना चाहिए। इससे सन्देह नहीं रहेंगे और पार्टी को शक्ति व प्रतिष्ठा मिलेगी। पार्टी को बहुत बड़ी जिम्मेदारियाँ उठानी होंगी, इसलिए सुविधा

की दृष्टि से पार्टी को कुछ समितियों में बाँटा जा सकता है जो प्रत्येक क्षेत्र के लिए विशेष कामों की देखभाल करेंगी। काम का यह विभाजन समय की आवश्यकता के अनुसार लचीला होना चाहिए या सदस्य की सम्भावनाएँ आँककर उसे किसी स्थानीय समिति में काम दिया जा सकता है। स्थानीय समिति, प्रान्तीय बोर्ड के अधीन होगी व बोर्ड सुप्रीम कौंसिल के अधीन। प्रान्त के भीतर सम्पर्क का काम प्रान्तीय बोर्ड के अधीन होगा। बिखरे-बिखरे सभी कामों या बिखरानेवाले तत्त्वों को रोकना चाहिए, लेकिन अधिक केन्द्रीयकरण की सम्भावना नहीं है, इसलिए उसकी अभी कोशिश भी नहीं करनी चाहिए।

सभी स्थानीय समितियों को एक-दूसरे से सम्पर्क रखते हुए काम करने चाहिए और समिति में एक सदस्य भी होना चाहिए। समिति छोटी, संयुक्त व कुशल हो और इसे वाद-विवाद-क्लब में पतित नहीं होने देना चाहिए।

इसलिए प्रत्येक क्षेत्र में क्रान्तिकारी पार्टी इस तरह हो–

(क) सामान्य समिति : भर्ती करना, सेना में प्रचार, सामान्य नीति, संगठन, जन-संगठनों में सम्पर्क–(परिशिष्ट क)।

(ख) वित्त समिति : समिति में महिला सदस्यों की संख्या अधिक हो सकती है। इस समिति के सिर पर सबसे मुश्किल कामों से भी मुश्किल काम निर्भर है, इसलिए सभी को खुले दिल से इसकी सहायता करनी चाहिए। धन के स्रोत प्राथमिकता के अनुसार हों– स्वैच्छिक चन्दा, जबरी चन्दा (सरकारी धन), विदेशी पूँजीपति या बैंक, विदेश में रहनेवालों की देशी व्यक्तिगत सम्पत्ति पर कब्जा या गैरकानूनी तरीके, जैसे गबन। (अन्तिम दोनों हमारी नीति के विपरीत हैं और पार्टी को हानि पहुँचाते हैं, इसलिए इन्हें अधिक बढ़ावा नहीं देना चाहिए।)

(ग) ऐक्शन कमेटी (कार्रवाई समिति) : इसका रूप–साबोताज, हथियार-संग्रह और विद्रोह का प्रशिक्षण देने के लिए एक गुप्त समिति।

ग्रुप (क)–नवयुवक : शत्रु की खबरें एकत्र करना, स्थानीय सैनिक-सर्वेक्षण।

ग्रुप (ख)–विशेषज्ञ : शस्त्र संग्रह, सैनिक-प्रशिक्षण आदि।

(घ) स्त्री-समिति : यद्यपि जाहिरा तौर पर स्त्री-पुरुषों में कोई भेदभाव नहीं रखा जाता तथापि पार्टी की सुरक्षा व सुविधा के लिए ऐसी समिति की जरूरत है जो अपने सदस्यों की पूरी जिम्मेदारी ओढ़ सके। उन्हें वित्त समिति का पूरा भार सौंपा जा सकता है और काफी हद तक सामान्य समिति के काम भी दिए जा सकते हैं। कार्रवाई समिति के लिए इनमें अधिक सम्भावना नहीं है। इनकी प्रारम्भिक जिम्मेदारियाँ हैं–स्त्रियों को क्रान्तिकारी बनाना और इनमें से प्रत्यक्ष सेवा के लिए सक्रिय सदस्य भर्ती करना।

ऊपर बताए गए कार्यक्रम से यह निष्कर्ष निकालना सम्भव है कि क्रान्ति या आज़ादी के लिए कोई छोटा रास्ता नहीं है। यह 'किसी सुन्दरी की तरह सुबह-सुबह हमें दिखाई नहीं देगी' और यदि ऐसा हुआ तो वह बड़ा मनहूस दिन होगा। बिना किसी बुनियादी काम के, बगैर जुझारू जनता के और बिना किसी पार्टी के जो (क्रान्ति) हर तरह से तैयार हो, तो यह एक असफलता होगी। इसीलिए हमें स्वयं को झिंझोड़ना होगा। हमें हमेशा यह याद रखना चाहिए कि पूँजीवादी व्यवस्था चरमरा रही है और तबाही की ओर बढ़ रही है। दो

या तीन साल में शायद इसका विनाश हो जाए। यदि आज भी हमारी शक्ति बिखरी रही और क्रान्तिकारी शक्तियाँ एकजुट होकर न बढ़ सकीं तो ऐसा संकट आएगा कि हम उसे सँभालने के लिए तैयार नहीं होंगे। आइए, हम यह चेतावनी स्वीकार करें और दो या तीन वर्ष में क्रान्ति की ओर बढ़ने की योजना बनाएँ।

मैं नास्तिक क्यों हूँ?

[भगत सिंह जब लाहौर जेल में थे, तब गदर पार्टी से सम्पर्क रखने के अपराध में भाई साहिब भाई रणधीर सिंह भी कैद भुगत रहे थे। भाई रणधीर सिंह की–अपनी रिहाई से कुछ दिन पहले–भगत सिंह से भेंट हुई। गदरी बाबों–बाबा हरनाम सिंह कालासन्धिया व तेजा सिंह चूहड़काना ने यह भेंट करवाने में महत्त्वपूर्ण भूमिका निभाई। भाई रणधीर सिंह ने एक बार यह कहकर कि भगत सिंह ने केश कटा दिए हैं, उनसे मिलने से इनकार कर दिया था। इसके उत्तर में पत्र लिखकर भगत सिंह ने कहा था, "मैं सिख धर्म की अंग-अंग कटवाने की परम्परा का कायल हूँ। अभी तो मैंने एक ही अंग (केश) कटवाया है–यह भी पेट के लिए नहीं, देश के लिए–जल्दी ही गर्दन भी कटवाऊँगा। लेकिन एक सिख की तंगनज़री व तंगदिली का गिला जरूर रहेगा।"

इसके बाद भाई साहिब मुलाकात के लिए आए।

एक बार इसी विषय पर चर्चा करते हुए भगत सिंह ने बाबा सोहन सिंह भकना से कहा था, "हमारी पुरानी विरासत के दो पक्ष होते हैं, एक सांस्कृतिक और दूसरा मिथिहासिक। मैं सांस्कृतिक गुणों, जैसे–निष्काम देश-सेवा, बलिदान, विश्वासों पर अटल रहना–को पूरी सच्चाई से अपनाकर आगे बढ़ने की कोशिश में हूँ, लेकिन मिथिहासिक विचारों को, जोकि पुराने समय की समझ के अनुरूप हैं, वैसे-का-वैसा मानने के लिए बिलकुल तैयार नहीं हूँ, क्योंकि विज्ञान ने ज्ञान में खूब वृद्धि की है और वैज्ञानिक विचार अपनाकर ही भविष्य की समस्याएँ हल हो सकती हैं।" अब, भले ही साम्प्रदायिक तत्त्व यह कोशिश करते रहे हैं कि भगत सिंह के विचारों में गँदलापन लाया जाए, लेकिन ऐसा करना सम्भव नहीं है। भगत सिंह की सबसे महत्त्वपूर्ण रचनाओं में से एक, इस दस्तावेज़ ने भाई साहिब के सवालों के उत्तर देते हुए धर्म-सम्प्रदाय सम्बन्धी अस्पष्टता के लिए कोई आधार ही नहीं छोड़ा। इस दस्तावेज़ की रचना 5-6 अक्तूबर, 1930 को हुई थी।–सं.]

एक नई समस्या उठ खड़ी हुई है–क्या मैं किसी अहंकार के कारण सर्वशक्तिमान, सर्वव्यापी तथा सर्वज्ञानी ईश्वर के अस्तित्व पर विश्वास नहीं करता हूँ? मैंने कभी कल्पना भी न की थी कि मुझे इस समस्या का सामना करना पड़ेगा। लेकिन अपने दोस्तों से बातचीत के दौरान मुझे ऐसा महसूस हुआ कि मेरे कुछ दोस्त–यदि मित्रता का मेरा दावा गलत न हो–मेरे साथ अपने थोड़े-से सम्पर्क में इस निष्कर्ष पर पहुँचने के लिए उत्सुक हैं कि मैं ईश्वर के अस्तित्व को नकारकर कुछ जरूरत से ज्यादा आगे जा रहा हूँ और मेरे घमंड ने कुछ हद

तक मुझे इस अविश्वास के लिए उकसाया है। जी हाँ, यह एक गम्भीर समस्या है। मैं ऐसी कोई शेखी नहीं बघारता कि मैं मानवीय कमज़ोरियों से बहुत ऊपर हूँ। मैं एक मनुष्य हूँ, और इससे अधिक कुछ नहीं। कोई भी इससे अधिक होने का दावा नहीं कर सकता। एक कमजोरी मेरे अन्दर भी है। अहंकार मेरे स्वभाव का अंग है। अपने कामरेडों के बीच मुझे एक निरंकुश व्यक्ति कहा जाता था। यहाँ तक कि मेरे दोस्त श्री बी.के. दत्त भी मुझे कभी-कभी ऐसा कहते थे। कई मौकों पर स्वेच्छाचारी कहकर मेरी निन्दा भी की गई। कुछ दोस्तों को यह शिकायत है, और गम्भीर रूप से है, कि मैं अनचाहे ही अपने विचार उन पर थोपता हूँ और अपने प्रस्तावों को मनवा लेता हूँ। यह बात कुछ हद तक सही है, इससे मैं इनकार नहीं करता। इसे अहंकार भी कहा जा सकता है। जहाँ तक अन्य प्रचलित मतों के मुकाबले हमारे अपने मत का सवाल है, मुझे निश्चय ही अपने मत पर गर्व है। लेकिन यह व्यक्तिगत नहीं है। ऐसा हो सकता है कि यह केवल अपने विश्वास के प्रति न्यायोचित गर्व हो और इसको घमंड नहीं कहा जा सकता। घमंड या सही शब्दों में 'अहंकार' तो स्वयं के प्रति अनुचित गर्व की अधिकता है। तो फिर क्या यह अनुचित गर्व है जो मुझे नास्तिकता की ओर ले गया, अथवा इस विषय पर खूब सावधानी के साथ अध्ययन करने और उस पर खूब विचार करने के बाद मैंने ईश्वर पर अविश्वास किया? यह वह प्रश्न है जिसके बारे में मैं यहाँ बात करना चाहता हूँ। लेकिन पहले मैं यह साफ कर दूँ कि आत्माभिमान और अहंकार–दो अलग-अलग बातें हैं।

पहली बात तो मैं यह समझने में पूरी तरह से असमर्थ रहा हूँ कि अनुचित गर्व या वृथाभिमान किस प्रकार किसी व्यक्ति के ईश्वर में विश्वास करने के रास्ते में रोड़ा बन सकता है। मैं वास्तव में किसी महान व्यक्ति की महानता को मान्यता न दूँ यह तभी हो सकता है जब मुझे भी थोड़ा ऐसा यश प्राप्त हो गया हो जिसके या तो मैं योग्य नहीं हूँ या मेरे अन्दर वो गुण नहीं हैं जो कि इसके लिए आवश्यक अथवा अनिवार्य हैं। यहाँ तक तो समझ में आता है। लेकिन यह कैसे हो सकता है कि एक व्यक्ति, जो ईश्वर में विश्वास रखता हो, सहसा अपने व्यक्तिगत अहंकार के कारण उसमें विश्वास करना बन्द कर दे? दो ही रास्ते सम्भव हैं। या तो मनुष्य अपने को ईश्वर का प्रतिद्वन्द्वी समझने लगे या वह स्वयं को ही ईश्वर मानना शुरू कर दे। इन दोनों ही अवस्थाओं में वह सच्चा नास्तिक नहीं बन सकता। पहली अवस्था में तो वह अपने प्रतिद्वन्द्वी के अस्तित्व को नकारता ही नहीं है। दूसरी अवस्था में भी वह एक ऐसी चेतना के अस्तित्व को मानता है, जो पर्दे के पीछे से प्रकृति की सभी गतिविधियों का संचालन करती है। हमारे लिए इस बात का कोई महत्त्व नहीं कि वह अपने को परम-आत्मा समझता है या यह समझता है कि वह परम-चेतना उससे परे कुछ और है। मूल बात तो मौजूद है। उसका विश्वास मौजूद है। वह किसी भी तरह एक नास्तिक नहीं है। तो, मैं यह कहना चाहता था कि न तो मैं पहली श्रेणी में आता हूँ और न दूसरी में। मैं तो उस सर्वशक्तिमान परम-आत्मा के अस्तित्व से ही इनकार करता हूँ। मैं इससे क्यों इनकार करता हूँ, इसको बाद में देखेंगे। यहाँ तो मैं एक बात यह स्पष्ट कर देना चाहता हूँ कि यह अहंकार नहीं है जिसने मुझे नास्तिकता के सिद्धान्त को ग्रहण करने के लिए प्रेरित किया। न तो मैं एक प्रतिद्वन्द्वी हूँ न ही एक अवतार और न ही स्वयं

परम-आत्मा। एक बात निश्चित है, यह अहंकार नहीं है जो मुझे इस भाँति सोचने की ओर ले गया। इस अभियोग को अस्वीकार करने के लिए, आइए, तथ्यों पर गौर करें। मेरे इन दोस्तों के अनुसार, दिल्ली बम केस और लाहौर षड्यन्त्र केस के दौरान मुझे जो अनावश्यक यश मिला, शायद उस कारण मैं वृथाभिमानी हो गया हूँ। तो फिर आइए, देखें कि क्या यह पक्ष सही है। मेरा नास्तिकतवाद कोई अभी हाल की उत्पत्ति नहीं है। मैंने तो ईश्वर पर विश्वास करना तब छोड़ दिया था जब मैं एक अप्रसिद्ध नौजवान था, जिसके अस्तित्व के बारे में मेरे उपरोक्त दोस्तों को कुछ पता भी न था। कम-से-कम एक कॉलेज का विद्यार्थी तो ऐसे किसी अनुचित अहंकार को नहीं पाल-पोस सकता जो उसे नास्तिकता की ओर ले जाए। यद्यपि मैं कुछ अध्यापकों को चहेता था तथा कुछ अन्य को मैं अच्छा नहीं लगता था, पर मैं कभी बहुत मेहनती अथवा पढ़ाकू विद्यार्थी नहीं रहा। अहंकार-जैसी भावना में फँसने का तो कोई मौका ही न मिल सका। मैं तो एक बहुत लज्जालु स्वभाव का लड़का था, जिसकी भविष्य के बारे में कुछ निराशावादी प्रकृति थी। और उन दिनों मैं पूर्ण नास्तिक नहीं था। मेरे दादा जी, जिनके प्रभाव मे मैं बड़ा हुआ, एक रूढ़िवादी आर्य समाजी हैं। एक आर्य समाजी और कुछ भी हो, नास्तिक नहीं होता। अपनी प्राथमिक शिक्षा पूरी करने के बाद मैंने डी.ए.वी स्कूल, लाहौर में प्रवेश लिया और पूरे एक साल उसके छात्रावास में रहा। वहाँ सुबह और शाम की प्रार्थना के अतिरिक्त मैं घंटों गायत्री मन्त्र जपा करता था। उन दिनों मैं पूरा भक्त था। बाद में मैंने अपने पिता के साथ रहना शुरू किया। जहाँ तक धार्मिक रूढ़िवादिता का प्रश्न है, वह एक उदारवादी व्यक्ति हैं। उन्हीं की शिक्षा से मुझे स्वतन्त्रता के ध्येय के लिए अपने जीवन को समर्पित करने की प्रेरणा मिली। किन्तु वे नास्तिक नहीं हैं। उनका ईश्वर में दृढ़ विश्वास है। वे मुझे प्रतिदिन पूजा-प्रार्थना के लिए प्रोत्साहित करते रहते थे। इस प्रकार से मेरा पालन-पोषण हुआ। असहयोग आन्दोलन के दिनों में मैंने नेशनल कॉलेज (लाहौर) में प्रवेश लिया। यहाँ आकर ही मैंने सारी धार्मिक समस्याओं, यहाँ तक कि ईश्वर के बारे में उदारतापूर्वक सोचना, विचारना तथा उसकी आलोचना करना शुरू किया। पर अभी भी मैं पक्का आस्तिक था। उस समय तक मैंने अपने बिना काटे व सँवारे हुए लम्बे बालों को रखना शुरू कर दिया था, यद्यपि मुझे कभी भी सिक्ख या अन्य धर्मों की पौराणिकता और सिद्धान्तों में विश्वास न हो सका था। किन्तु मेरी ईश्वर के अस्तित्व में दृढ़ निष्ठा थी।

बाद में मैं क्रान्तिकारी पार्टी से जुड़ा। वहाँ पर जिस पहले नेता से मेरा सम्पर्क हुआ, वे तो पक्का विश्वास न होते हुए भी ईश्वर के अस्तित्व को नकारने का साहस ही नहीं कर सकते थे। ईश्वर के बारे में मेरे हठपूर्वक पूछते रहने पर वे कहते, “जब इच्छा हो तब पूजा कर लिया करो।” यह नास्तिकता है जिसमें इस विश्वास को अपनाने के साहस का अभाव है। दूसरे नेता जिनके मैं सम्पर्क में आया वे पक्के श्रद्धालु थे। उनका नाम बता दूँ—आदरणीय कामरेड शचीन्द्रनाथ सान्याल, जो कि आजकल काकोरी षड्यन्त्र केस के सिलसिले में आजीवन कारावास भोग रहे हैं। उनकी अकेली प्रसिद्ध पुस्तक ‘बन्दी जीवन’ में पहले पृष्ठ से ही ईश्वर की महिमा का जोर-शोर से गान है। उस सुन्दर पुस्तक के दूसरे भाग के अन्तिम पृष्ठ में उन्होंने ईश्वर के ऊपर प्रशंसा के जो रहस्यात्मक—वेदान्त के

कारण–पुष्प बरसाए हैं वे उनके विचारों का अजीबोगरीब हिस्सा हैं। 28 जनवरी, 1925 को पूरे भारत में जो 'दि रिवोल्यूशनरी' (क्रान्तिकारी) पर्चा बाँटा गया था, वह अभियोग पक्ष की कहानी के अनुसार उन्हीं के बौद्धिक श्रम का परिणाम है। अब इस प्रकार के गुप्त कार्यों में कोई प्रमुख नेता अनिवार्यतः अपने विचारों को ही रखता है, जो उसे स्वयं बहुत प्रिय होते हैं और अन्य कार्यकर्ताओं को उनसे सहमत होना होता है, उन मतभेदों के बावजूद जो उनको हो सकते हैं। उस पर्चे में पूरा एक पैराग्राफ उस सर्वशक्तिमान तथा उसकी लीला एवं कार्यों की प्रशंसा से भरा पड़ा था। यह सब रहस्यवाद है। मैं जो कहना चाहता था वह यह है कि ईश्वर के प्रति अविश्वास का भाव क्रान्तिकारी दल में भी प्रस्फुटित नहीं हुआ था। काकोरी के प्रसिद्ध सभी चार शहीदों ने अपने अन्तिम दिन भजन-प्रार्थना में गुजारे थे। रामप्रसाद बिस्मिल एक रूढ़िवादी आर्य समाजी थे। समाजवाद तथा साम्यवाद में अपने वृहत अध्ययन के बावजूद, राजेन्द्र लाहिड़ी उपनिषद् एवं गीता के श्लोकों के उच्चारण की अपनी अभिलाषा को दबा न सके। मैंने उन सबमें सिर्फ एक ही व्यक्ति को देखा जो कभी प्रार्थना नहीं करता था और कहता था, "दर्शन शास्त्र मनुष्य की दुर्बलता अथवा ज्ञान के सीमित होने के कारण उत्पन्न होता है।" वह भी आजीवन निर्वासन की सज़ा भोग रहा है। परन्तु उसने भी ईश्वर के अस्तित्व को नकारने की कभी हिम्मत नहीं की।

इस समय तक मैं केवल एक रोमांटिक आदर्शवादी क्रान्तिकारी था। अब तक हम दूसरों का अनुसरण करते थे, अब अपने कन्धों पर जिम्मेदारी उठाने का समय आया था। कुछ समय तक तो, अवश्यम्भावी प्रतिक्रिया के फलस्वरूप पार्टी का अस्तित्व ही असम्भव-सा दिखा। उत्साही कामरेडों–नहीं नेताओं–ने भी हमारा उपहास करना शुरू कर दिया। कुछ समय तक तो मुझे यह डर था कि एक दिन मैं भी कहीं अपने कार्यक्रम की व्यर्थता के बारे में आश्वस्त न हो जाऊँ। वह मेरे क्रान्तिकारी जीवन का एक निर्णायक बिन्दु था। 'अध्ययन' की पुकार मेरे मन के गलियारों में गूँज रही थी–विरोधियों द्वारा रखे गए तर्कों का सामना करने योग्य बनने के लिए अध्ययन करो। अपने मत के समर्थन में तर्क देने के लिए सक्षम होने के वास्ते पढ़ो। मैंने पढ़ना शुरू कर दिया। इसने मेरे पुराने विचार व विश्वास अद्भुत रूप से परिष्कृत हुए। हिंसात्मक तरीकों को अपनाने का रोमांस, जो कि हमारे पुराने साथियों में अत्यधिक व्याप्त था, की जगह गम्भीर विचारों ने ले ली। अब रहस्यवाद और अन्धविश्वास के लिए कोई स्थान नहीं रहा। यथार्थवाद हमारा आधार बना। हिंसा तभी न्यायोचित है जब किसी विकट आवश्यकता में उसका सहारा लिया जाए। अहिंसा सभी जन-आन्दोलनों का अनिवार्य सिद्धान्त होना चाहिए। यह तो रही तरीकों की बात। सबसे आवश्यक बात उस आदर्श की स्पष्ट धारणा है जिसके लिए हमें लड़ना है। चूँकि उस समय कोई विशेष क्रान्तिकारी कार्य नहीं हो रहा था अतः मुझे विश्व-क्रान्ति के अनेक आदर्शों के बारे में पढ़ने का खूब मौका मिला। मैंने अराजकतावादी नेता बाकुनिन को पढ़ा, कुछ साम्यवाद के पिता मार्क्स को, किन्तु ज्यादातर लेनिन, त्रात्स्की व अन्य लोगों को पढ़ा जो अपने देश में सफलतापूर्वक क्रान्ति लाए थे। वे सभी नास्तिक थे। बाकुनिन की पुस्तक 'ईश्वर और राज्य' इस विषय पर, यद्यपि आंशिक रूप में, एक अच्छा अध्ययन है। बाद में मुझे निरलम्ब स्वामी द्वारा लिखी एक पुस्तक 'सहज ज्ञान' मिली। इसमें केवल

एक रहस्यवादी नास्तिकता थी। इस विषय के प्रति मेरा गहरा रुझान हो गया। 1926 के अन्त तक मुझे इस बात का विश्वास हो गया कि एक सर्वशक्तिमान परम-आत्मा की बात–जिसने ब्रह्मांड का सृजन किया, दिग्दर्शन और संचालन किया–एक कोरी बकवास है। मैंने अपने इस अविश्वास को प्रदर्शित किया। मैंने इस विषय पर अपने दोस्तों से बहस की। मैं एक घोषित नास्तिक हो चुका था। किन्तु इसका अर्थ क्या था, यह मैं आगे बतलाऊँगा।

मई, 1927 में मैं लाहौर में गिरफ्तार हुआ। यह गिरफ्तारी अकस्मात् हुई थी। मुझे इसका जरा भी अहसास नहीं था कि पुलिस को मेरी तलाश है। अचानक एक बगीचे से गुजरते हुए मैंने पाया कि मैं पुलिसवालों से घिरा हुआ हूँ। मुझे स्वयं आश्चर्य हुआ कि मैं उस समय बहुत शान्त रहा। न तो मुझे कोई सनसनी महसूस हुई न ही जरा भी उत्तेजना का अनुभव हुआ। मुझे पुलिस हिरासत में ले लिया गया था। अगले दिन मुझे रेलवे पुलिस हवालात में ले जाया गया, जहाँ मुझे पूरा एक महीना काटना पड़ा। पुलिस अफसरों से कई दिनों की बातचीत के बाद मुझे ऐसा लगा कि उन्हें मेरे काकोरी दल के साथ सम्बन्धों के बारे में तथा क्रान्तिकारी आन्दोलन से सम्बन्धित मेरी गतिविधियों के बारे में कुछ जानकारी है। उन्होंने मुझे बताया कि मैं लखनऊ में था जब वहाँ मुकदमा चल रहा था, कि मैंने उन्हें छुड़ाने की किसी योजना पर बात की थी, कि उनकी सहमति पाने के बाद हमने कुछ बम प्राप्त किए थे, कि 1926 में दशहरा के अवसर पर उन बमों में से एक परीक्षण के लिए भीड़ पर फेंका गया। उसके बाद मेरे भले के लिए उन्होंने मुझे बताया कि यदि मैं क्रान्तिकारी दल की गतिविधियों पर प्रकाश डालनेवाला एक वक्तव्य दे दूँ तो मुझे गिरफ्तार नहीं किया जाएगा और इसके विपरीत मुझे अदालत में मुखबिर की तरह पेश किए बगैर रिहा कर दिया जाएगा और इनाम दिया जाएगा। मैं इस प्रस्ताव पर हँसा। यह सब बेकार की बात थी। हम लोगों की भाँति विचार रखनेवाले अपनी निर्दोष जनता पर बम नहीं फेंका करते। एक दिन सुबह सी.आई.डी. के वरिष्ठ अधीक्षक श्री न्यूमन मेरे पास आए। लम्बी-चौड़ी सहानुभूतिपूर्ण बातों के बाद उन्होंने मुझे, अपनी समझ में, यह अत्यन्त दुखद समाचार दिया कि यदि मैंने उनके द्वारा माँगा गया वक्तव्य नहीं दिया तो वे मुझ पर काकोरी-केस से सम्बन्धित विद्रोह छेड़ने के षड्यन्त्र तथा दशहरा बम उपद्रव में क्रूर हत्याओं के लिए मुकदमा चलाने पर बाध्य होंगे। और आगे उन्होंने मुझे यह भी बताया कि उनके पास मुझे सज़ा दिलाने व (फाँसी पर) लटकवाने के लिए उचित प्रमाण मौजूद हैं। उन दिनों मुझे यह विश्वास था–यद्यपि मैं बिलकुल निर्दोष था–कि पुलिस यदि चाहे तो ऐसा कर सकती है। उसी दिन से कुछ पुलिस अफसरों ने मुझे नियम से दोनों समय ईश्वर की स्तुति करने के लिए फुसलाना शुरू कर दिया। पर अब मैं एक नास्तिक था। मैं स्वयं के लिए यह बात तय करना चाहता था कि क्या शान्ति और आनन्द के दिनों में ही मैं नास्तिक होने का दम्भ भरता हूँ अथवा ऐसे कठिन समय में भी मैं उन सिद्धान्तों पर अडिग रह सकता हूँ। बहुत सोचने के बाद मैंने यह निश्चय किया कि किसी भी तरह ईश्वर पर विश्वास तथा प्रार्थना मैं नहीं कर सकता। न ही मैंने एक क्षण के लिए भी अरदास की। यही असली परीक्षण था और इसमें मैं सफल रहा। एक क्षण को भी अन्य बातों की कीमत पर अपनी गर्दन बचाने की मेरी इच्छा नहीं हुई। अब मैं एक पक्का नास्तिक था और तब से लगातार

हूँ। इस परीक्षण पर खरा उतरना आसान काम न था। 'विश्वास' कष्टों को हलका कर देता है, यहाँ तक कि उन्हें सुखकर बना सकता है। ईश्वर से मनुष्य को अत्यधिक सान्त्वना देनेवाला एक आधार मिल सकता है। 'उसके' बिना मनुष्य को स्वयं अपने ऊपर निर्भर होना पड़ता है। तूफान और झंझावात के बीच अपने पाँवों पर खड़ा रहना कोई बच्चों का खेल नहीं है। परीक्षा की इन घड़ियों में अहंकार, यदि है, तो भाप बनकर उड़ जाता है और मनुष्य आम विश्वास को ठुकराने का साहस नहीं कर पाता। पर यदि करता है, तो इससे यह निष्कर्ष निकलता है कि उसके पास सिर्फ अहंकार नहीं, वरन् कोई अन्य शक्ति है। आज बिलकुल वैसी ही स्थिति है। पहले ही अच्छी तरह पता है कि (मुकदमे का) क्या फैसला होगा। एक सप्ताह में ही फैसला सुना दिया जाएगा। मैं अपना जीवन एक ध्येय के लिए कुर्बान करने जा रहा हूँ, इस विचार के अतिरिक्त और क्या सान्त्वना हो सकती है? ईश्वर में विश्वास रखनेवाला हिन्दू पुनर्जन्म पर एक राजा होने की आशा कर सकता है, एक मुसलमान या ईसाई स्वर्ग में व्याप्त समृद्धि के आनन्द की तथा अपने कष्टों और बलिदान के लिए पुरस्कार की कल्पना कर सकता है। किन्तु मैं किस बात की आशा करूँ? मैं जानता हूँ कि जिस क्षण रस्सी का फन्दा मेरी गर्दन पर लगेगा और मेरे पैरों के नीचे से तख्ता हटेगा, वही पूर्ण विराम होगा—वही अन्तिम क्षण होगा। मैं, या संक्षेप में आध्यात्मिक शब्दावली की व्याख्या के अनुसार, मेरी आत्मा, सब वहीं समाप्त हो जाएगी। आगे कुछ भी नहीं रहेगा। एक छोटी-सी जूझती हुई जिन्दगी, जिसकी कोई ऐसी गौरवशाली परिणति नहीं है, अपने में स्वयं एक पुरस्कार होगी—यदि मुझमें उसे इस दृष्टि से देखने का साहस हो। यही सबकुछ है। बिना किसी स्वार्थ के, यहाँ या यहाँ के बाद पुरस्कार की इच्छा के बिना, मैंने अनासक्त भाव से अपने जीवन को स्वतन्त्रता के ध्येय पर समर्पित कर दिया है, क्योंकि मैं और कुछ कर ही नहीं सकता था। जिस दिन हमें इस मनोवृत्ति के बहुत-से पुरुष और महिलाएँ मिल जाएँगे, जो अपने जीवन को मनुष्य की सेवा तथा पीड़ित मानवता के उद्धार के अतिरिक्त और कहीं समर्पित कर ही नहीं सकते, उसी दिन मुक्ति के युग का शुभारम्भ होगा। वे शोषकों, उत्पीड़कों और अत्याचारियों को चुनौती देने के लिए उत्प्रेरित होंगे, इसलिए नहीं कि उन्हें राजा बनना है या कोई अन्य पुरस्कार प्राप्त करना है—यहाँ या अगले जन्म में या मृत्योपरान्त स्वर्ग में। उन्हें तो मानवता की गर्दन से दासवृत्ति का जुआ उतार फेंकने और मुक्ति एवं शान्ति स्थापित करने के लिए इस मार्ग को अपनाना होगा। क्या वे उस रास्ते पर चलेंगे जो उनके अपने लिए खतरनाक किन्तु उसकी महान आत्मा के लिए एकमात्र शानदार रास्ता है? क्या अपने महान ध्येय के प्रति उनके गर्व को अहंकार कहकर उसका गलत अर्थ लगाया जाएगा? कौन इस प्रकार के घृणित विशेषण लगाने का साहस करता है? मैं कहता हूँ कि ऐसा व्यक्ति या तो मूर्ख है या धूर्त। हमें चाहिए कि उसे क्षमा कर दें, क्योंकि वह उस हृदय में उद्वेलित उच्च विचारों, भावनाओं, आवेगों तथा उनकी गहराई को महसूस नहीं कर सकता। उसका हृदय एक मांस के टुकड़े की तरह मृत है। उसकी आँखें अन्य स्वार्थों के प्रेत की छाया पड़ने से कमजोर हो गई हैं। स्वयं पर भरोसा करने के गुण को सदैव अहंकार की संज्ञा दी जाती है। और यह दुखपूर्ण एवं कष्टप्रद है, पर चारा ही क्या है?

तुम जाओ, और किसी प्रचलित धर्म का विरोध करो; जाओ, और किसी हीरो की, महान व्यक्ति की–जिसके बारे में सामान्यतः यह विश्वास किया जाता है कि वह आलोचना से परे है, क्योंकि वह गलती कर ही नहीं सकता–आलोचना करो, तो तुम्हारे तर्क की शक्ति हजारों लोगों को तुम पर वृथाभिमानी होने का आक्षेप लगाने को मजबूर कर देगी। ऐसा मानसिक जड़ता के कारण होता है। आलोचना तथा स्वतन्त्र विचार, दोनों ही एक क्रान्तिकारी के अनिवार्य गुण हैं। क्योंकि महात्मा जी महान हैं, अतः किसी को उनकी आलोचना नहीं करनी चाहिए; चूँकि वह ऊपर उठ गए हैं, अतः हर बात जो वे कहते हैं–चाहे वह राजनीति के क्षेत्र की हो अथवा धर्म, अर्थशास्त्र अथवा नीतिशास्त्र के–सब सही है। आप चाहे आश्वस्त हों अथवा नहीं, आपको कहना चाहिए, "हाँ, यही सच है।" ऐसी मानसिकता विकास की ओर नहीं ले जा सकती। यह तो स्पष्ट रूप से प्रतिक्रियावादी है।

क्योंकि हमारे पूर्वजों ने किसी परम-आत्मा (सर्वशक्तिमान ईश्वर) के प्रति विश्वास बना लिया था अतः किसी भी ऐसे व्यक्ति को, जो उस विश्वास की सत्यता या उस परम-आत्मा के अस्तित्व ही को चुनौती दे, विधर्मी, विश्वासघाती कहा जाएगा। यदि उसके तर्क इतने अकाट्य हैं कि उनका खंडन वितर्क द्वारा नहीं हो सकता और उसकी आस्था इतनी प्रबल है कि उसे ईश्वर के प्रकोप से होनेवाली विपत्तियों का भय दिखाकर दबाया नहीं जा सकता–तो उसकी यह कहकर निन्दा की जाएगी कि वह वृथाभिमानी है, उसकी प्रकृति पर अहंकार हावी है। तो इस व्यर्थ विवाद पर समय नष्ट करने का क्या लाभ? फिर इन सारी बातों पर बहस करने की कोशिश क्यों? ये लम्बी बहस इसलिए क्योंकि जनता के सामने यह प्रश्न आज पहली बार आया है, और आज ही पहली बार इस पर वस्तुगत रूप में चर्चा हो रही है।

जहाँ तक पहले प्रश्न की बात है, मैं समझता हूँ कि मैंने यह साफ कर दिया है कि यह मेरा अहंकार नहीं था, जो मुझे नास्तिकता की ओर ले गया। मेरे तर्क का तरीका सन्तोषप्रद सिद्ध होता है या नहीं, इसका निर्णय मेरे पाठकों को करना है, मुझे नहीं। मैं जानता हूँ कि वर्तमान परिस्थितियों में ईश्वर पर विश्वास ने मेरा जीवन आसान और मेरा बोझ हलका कर दिया होता और उस पर मेरे अविश्वास ने सारे वातावरण को अत्यन्त शुष्क बना दिया है और परिस्थितियाँ एक कठोर रूप ले सकती हैं। थोड़ा-सा रहस्यवाद इसे कवित्वमय बना सकता है। किन्तु मेरे भाग्य को किसी उन्माद का सहारा नहीं चाहिए। मैं यथार्थवादी हूँ। मैं अपनी अन्तःप्रकृति पर विवेक की सहायता से विजय चाहता हूँ। इस ध्येय में मैं सदैव सफल नहीं हुआ हूँ। प्रयत्न तथा प्रयास करना मनुष्य का कर्तव्य है, सफलता तो संयोग तथा वातावरण पर निर्भर है।

और दूसरा सवाल–कि यदि यह अहंकार नहीं था, तो ईश्वर के अस्तित्व के बारे में प्राचीन तथा आज भी प्रचलित श्रद्धा पर अविश्वास का कोई कारण होना चाहिए। जी हाँ, मैं अब इस पर आता हूँ। कारण है। मेरे विश्वास से कोई भी मनुष्य जिसमें जरा-सी भी विवेक-शक्ति है वह अपने वातावरण को तार्किक रूप से समझना चाहेगा। जहाँ सीधा प्रमाण नहीं होता, वहाँ दर्शनशास्त्र महत्त्वपूर्ण स्थान बना लेता है। जैसा कि मैंने पहले कहा था, मेरे कुछ क्रान्तिकारी साथी कहा करते थे कि दर्शन शास्त्र मनुष्य की दुर्बलता का परिणाम है। जब हमारे पूर्वजों ने फुरसत के समय विश्व के रहस्य को–इसके भूत, वर्तमान

एवं भविष्य, इसके क्यों और कहाँ से को—समझने का प्रयास किया तो सीधे प्रमाणों के भारी अभाव में हर व्यक्ति ने इन प्रश्नों को अपने-अपने ढंग से हल किया। यही कारण है कि विभिन्न धार्मिक मतों के मूल तत्त्व में ही हमें इतना अन्तर मिलता है जो कभी-कभी तो वैमनस्य तथा झगड़े का रूप ले लेता है। न केवल पूर्व और पश्चिम के दर्शनों में मतभेद है, बल्कि प्रत्येक गोलार्द्ध के विभिन्न मतों में आपस में अन्तर है। एशियाई धर्मों में, इस्लाम तथा हिन्दू धर्मों में जरा भी एकरूपता नहीं है। भारत में ही बुद्ध तथा जैन धर्म उस ब्राह्मणवाद से बहुत अलग हैं, जिसमें स्वयं आर्य समाज व सनातन धर्म-जैसे विरोधी मत पाए जाते हैं। पुराने समय का एक अन्य स्वतन्त्र विचारक चार्वाक है। उसने ईश्वर को पुराने समय में ही चुनौती दी थी। यह सभी मत एक-दूसरे से मूलभूत प्रश्नों पर मतभेद रखते हैं और हर व्यक्ति अपने को सही समझता है। यही तो दुर्भाग्य की बात है। बजाय इसके कि हम पुराने विद्वानों एवं विचारकों के अनुभवों तथा विचारों को भविष्य में अज्ञानता के विरुद्ध लड़ाई का आधार बनाएँ और इस रहस्यमय प्रश्न को हल करने की कोशिश करें—हम आलसियों की तरह, जो कि हम सिद्ध हो चुके हैं, विश्वास की; उनके कथन में अविचल एवं संशयहीन विश्वास की—चीख-पुकार मचाते रहते हैं और इस प्रकार मानवता के विकास को जड़ बनाने के अपराधी हैं।

प्रत्येक मनुष्य को, जो विकास के लिए खड़ा है, रूढ़िगत विश्वासों के हर पहलू की आलोचना तथा उन पर अविश्वास करना होगा और उनको चुनौती देनी होगी। प्रत्येक प्रचलित मत की हर बात को हर कोने से तर्क की कसौटी पर कसना होगा। यदि काफी तर्क के बाद भी वह किसी सिद्धान्त अथवा दर्शन के प्रति प्रेरित होता है, तो उसके विश्वास का स्वागत है। उसका तर्क असत्य, भ्रमित या छलावा और कभी-कभी मिथ्या हो सकता है। लेकिन उसको सुधारा जा सकता है, क्योंकि विवेक उसके जीवन का दिशा-सूचक है। पर निरा विश्वास और अन्धविश्वास खतरनाक है। यह मस्तिष्क को मूढ़ तथा मनुष्य को प्रतिक्रियावादी बना देता है। जो मनुष्य अपने को यथार्थवादी होने का दावा करता है उसे समस्त प्राचीन विश्वासों को चुनौती देनी होगी। यदि वे तर्क का प्रहार न सह सके तो टुकड़े-टुकड़े होकर गिर पड़ेंगे। तब उस व्यक्ति का पहला काम होगा, तमाम पुराने विश्वासों को धराशायी करके नए दर्शन की स्थापना के लिए जगह साफ करना। यह तो नकारात्मक पक्ष हुआ। इसके बाद सही कार्य शुरू होगा, जिसमें पुनर्निर्माण के लिए पुराने विश्वासों की कुछ बातों का प्रयोग किया जा सकता है। जहाँ तक मेरा सम्बन्ध है, मैं प्रारम्भ में ही मानता हूँ कि इस दिशा में मैं अभी कोई विशेष अध्ययन नहीं कर पाया हूँ। एशियाई दर्शन को पढ़ने की मेरी बड़ी लालसा थी पर ऐसा करने का मुझे कोई संयोग या अवसर नहीं मिला। किन्तु जहाँ तक इस विवाद के नकारात्मक पक्ष की बात है, मैं प्राचीन विश्वासों के ठोसपन पर प्रश्न उठाने के सम्बन्ध में आश्वस्त हूँ। मुझे पूरा विश्वास है कि एक चेतन, परम-आत्मा का, जो कि प्रकृति की गति का दिग्दर्शन एवं संचालन करती है, कोई अस्तित्व नहीं है। हम प्रकृति में विश्वास करते हैं और समस्त प्रगति का ध्येय मनुष्य द्वारा, अपनी सेवा के लिए, प्रकृति पर विजय पाना है। इसको दिशा देने के लिए पीछे कोई चेतन शक्ति नहीं है। यही हमारा दर्शन है।

जहाँ तक नकारात्मक पहलू की बात है, हम आस्तिकों से कुछ प्रश्न करना चाहते हैं–

(i) यदि, जैसा कि आपका विश्वास है, एक सर्वशक्तिमान, सर्वव्यापक एवं सर्वज्ञानी ईश्वर है जिसने कि पृथ्वी या विश्व की रचना की, तो कृपा करके मुझे यह बताएँ कि उसने यह रचना क्यों की? कष्टों और आफतों से भरी यह दुनिया–असंख्य दुखों के शाश्वत और अत्यन्त गठबन्धनों से ग्रसित! एक भी प्राणी पूरी तरह सुखी नहीं!

कृपया, यह न कहें कि यही उसका नियम है। यदि वह किसी नियम से बँधा है तो वह सर्वशक्तिमान नहीं। फिर तो वह भी हमारी ही तरह गुलाम है। कृपा कर यह भी न कहें कि यह उसका शग़ल है। नीरो ने सिर्फ एक रोम जलाकर राख किया था। उसने चन्द लोगों की हत्या की थी। उसने तो बहुत थोड़ा दुख पैदा किया, अपने शौक और मनोरंजन के लिए। और उसका इतिहास में क्या स्थान है? उसे इतिहासकार किस नाम से बुलाते हैं? सभी विषैले विशेषण उस पर बरसाए जाते हैं। जालिम, निर्दयी, शैतान-जैसे शब्दों से नीरो की भर्त्सना में पृष्ठ-के-पृष्ठ रँगे पड़े हैं। एक चंगेज़ खाँ ने अपने आनन्द के लिए कुछ हजार जानें ले लीं और आज हम उसके नाम से घृणा करते हैं। तब फिर तुम उस सर्वशक्तिमान अनन्त नीरो को जो हर दिन, हर घंटे और हर मिनट असंख्य दुख देता रहा है और अभी भी दे रहा है, किस तरह न्यायोचित ठहराते हो? फिर तुम उसके उन दुष्कर्मों की हिमायत कैसे करोगे, जो हर पल चंगेज़ के दुष्कर्मों को भी मात दिए जा रहे हैं? मैं पूछता हूँ कि उसने यह दुनिया बनाई ही क्यों थी–ऐसी दुनिया जो सचमुच का नर्क है, अनन्त और गहन वेदना का घर है? सर्वशक्तिमान ने मनुष्य का सृजन क्यों किया, जबकि उसके पास मनुष्य का सृजन न करने की ताकत थी? इन सब बातों का तुम्हारे पास क्या जवाब है? तुम यह कहोगे कि यह सब अगले जन्म में, इन निर्दोष कष्ट सहनेवालों को पुरस्कार और गलती करनेवालों को दंड देने के लिए हो रहा है। ठीक है, ठीक है। तुम कब तक उस व्यक्ति को उचित ठहराते रहोगे जो हमारे शरीर को जख्मी करने का साहस इसलिए करता है कि बाद में इस पर बहुत कोमल तथा आरामदायक मलहम लगाएगा? ग्लैडियेटर संस्था के व्यवस्थापकों तथा सहायकों का यह काम कहाँ तक उचित था कि एक भूखे-खूँख्वार शेर के सामने मनुष्य को फेंक दो कि यदि वह उस जंगली जानवर से बचकर अपनी जान बचा लेता है तो उसकी खूब देखभाल की जाएगी? इसलिए मैं पूछता हूँ, "उस परम चेतन और सर्वोच्च सत्ता ने इस विश्व और उसमें मनुष्यों का सृजन क्यों किया? आनन्द लूटने के लिए? तब उसमें और नीरो में क्या फर्क है?"

मुसलमानो और ईसाइयो! हिन्दू-दर्शन के पास अभी और भी तर्क हो सकते हैं। मैं तुमसे पूछता हूँ कि तुम्हारे पास ऊपर पूछे गए प्रश्नों का क्या उत्तर है? तुम तो पूर्व जन्म में विश्वास नहीं करते। तुम तो हिन्दुओं की तरह यह तर्क पेश नहीं कर सकते कि प्रत्यक्षतः निर्दोष व्यक्तियों के कष्ट उनके पूर्व जन्मों के कुकर्मों का फल है। मैं तुमसे पूछता हूँ कि उस सर्वशक्तिशाली ने विश्व की उत्पत्ति के लिए छह दिन मेहनत क्यों की और यह क्यों कहा था कि यह सब ठीक है। उसे आज ही बुलाओ, उसे पिछला इतिहास दिखाओ। उसे मौजूदा परिस्थितियों का अध्ययन करने दो। फिर हम देखेंगे कि क्या वह आज भी यह कहने का साहस करता है–सब ठीक है!

कारावास की काल-कोठरियों से लेकर, झोंपड़ियों तथा बस्तियों में भूख से तड़पते लाखों-लाख इनसानों के समुदाय से लेकर, उन शोषित मजदूरों से लेकर जो पूँजीवादी पिशाच द्वारा खून चूसने की क्रिया को धैर्यपूर्वक या कहना चाहिए, निरुत्साह होकर देख रहे हैं तथा उस मानव-शक्ति की बर्बादी देख रहे हैं जिसे देखकर कोई भी व्यक्ति, जिसे तनिक भी सहज ज्ञान है, भय से सिहर उठेगा; और अधिक उत्पादन को जरूरतमन्द लोगों में बाँटने के बजाय समुद्र में फेंक देने को बेहतर समझने से लेकर राजाओं के उन महलों तक–जिनकी नींव मानव की हड्डियों पर पड़ी है...उसको यह सब देखने दो और फिर कहे–"सब कुछ ठीक है।" क्यों और किसलिए? यही मेरा प्रश्न है। तुम चुप हो? ठीक है, तो मैं अपनी बात आगे बढ़ाता हूँ।

और तुम हिन्दुओ, तुम कहते हो कि आज जो लोग कष्ट भोग रहे हैं, वे पूर्व जन्म के पापी हैं। ठीक है। तुम कहते हो आज के उत्पीड़क पिछले जन्मों में साधु पुरुष थे, अतः वे सत्ता का आनन्द लूट रहे हैं। मुझे यह मानना पड़ता है कि आपके पूर्वज बहुत चालाक व्यक्ति थे। उन्होंने ऐसे सिद्धान्त गढ़े जिनमें तर्क और अविश्वास के सभी प्रयासों को विफल करने की काफी ताकत है। लेकिन हमें यह विश्लेषण करना है कि ये बातं कहाँ तक टिकती हैं।

न्यायशास्त्र के सर्वाधिक प्रसिद्ध विद्वानों के अनुसार, दंड को अपराधी पर पड़नेवाले असर के आधार पर, केवल तीन या चार कारणों से उचित ठहराया जा सकता है। वे हैं–प्रतिकार, भय तथा सुधार। आज सभी प्रगतिशील विचारकों द्वारा प्रतिकार के सिद्धान्त की निन्दा की जाती है। भयभीत करने के सिद्धान्त का भी अन्त वही है। केवल सुधार करने का सिद्धान्त ही आवश्यक है तथा मानवता की प्रगति का अटूट अंग है। इसका उद्देश्य अपराधी को एक अत्यन्त योग्य तथा शान्तिप्रिय नागरिक के रूप में समाज को लौटाना है। किन्तु यदि हम यह बात मान भी लें कि कुछ मनुष्यों ने (पूर्वजन्म में) पाप किए हैं तो ईश्वर द्वारा उन्हें दिए गए दंड की प्रकृति क्या है? तुम कहते हो कि वह उन्हें गाय, बिल्ली, पेड़, जड़ी-बूटी या जानवर बनाकर पैदा करता है। तुम ऐसे 84 लाख दंडों को गिनाते हो। मैं पूछता हूँ कि मनुष्य पर सुधारक के रूप में इनका क्या असर है? तुम ऐसे कितने व्यक्तियों से मिले हो जो यह कहते हैं कि वे किसी पाप के कारण पूर्वजन्म में गदहा के रूप में पैदा हुए थे? एक भी नहीं? अपने पुराणों से उदाहरण मत दो। मेरे पास तुम्हारी पौराणिक कथाओं के लिए कोई स्थान नहीं है। और फिर, क्या तुम्हें पता है कि दुनिया में सबसे बड़ा पाप गरीब होना है? गरीबी एक अभिशाप है, यह एक दंड है। मैं पूछता हूँ कि अपराध-विज्ञान, न्यायशास्त्र या विधिशास्त्र के एक ऐसे विद्वान की आप कहाँ तक प्रशंसा करेंगे जो किसी ऐसी दंड-प्रक्रिया की व्यवस्था करे जो कि अनिवार्यतः मनुष्य को और अधिक अपराध करने को बाध्य करे? क्या तुम्हारे ईश्वर ने यह नहीं सोचा था? या उसको भी ये सारी बातें–मानवता द्वारा अकथनीय कष्टों के झेलने की कीमत पर–अनुभव से सीखनी थीं? तुम क्या सोचते हो–किसी गरीब तथा अनपढ़ परिवार, जैसे एक चमार या मेहतर के यहाँ पैदा होने पर इनसान का भाग्य क्या होगा? चूँकि वह गरीब है, इसलिए पढ़ाई नहीं कर सकता। वह अपने उन साथियों से तिरस्कृत एवं त्यक्त रहता है जो ऊँची जाति में पैदा होने के कारण अपने को उससे ऊँचा समझते हैं। उसका अज्ञान, उसकी

गरीबी तथा उससे किया गया व्यवहार उसके हृदय को समाज के प्रति निष्ठुर बना देते हैं। मान लो यदि वह कोई पाप करता है तो उसका फल कौन भोगेगा? ईश्वर, वह स्वयं या समाज के मनीषी? और उन लोगों के दंड के बारे में तुम क्या कहोगे जिन्हें दम्भी या घमंडी ब्राह्मणों ने जानबूझकर अज्ञानी बनाए रखा तथा जिन्हें तुम्हारी ज्ञान की पवित्र पुस्तकों–वेदों के कुछ वाक्य सुन लेने के कारण कान में पिघले सीसे की धारा को सहने की सज़ा भुगतनी पड़ती थी? यदि वे कोई अपराध करते हैं तो उसके लिए कौन जिम्मेदार होगा और उसका प्रहार कौन सहेगा? मेरे प्रिय दोस्तो! ये सारे सिद्धान्त विशेषाधिकार युक्त लोगों के आविष्कार हैं। ये अपनी हथियाई हुई शक्ति, पूँजी तथा उच्चता को इन सिद्धान्तों के आधार पर सही ठहराते हैं। जी हाँ, शायद वह अपटन सिंक्लेयर ही था, जिसने किसी जगह लिखा था कि मनुष्य को बस (आत्मा की) अमरता में विश्वास दिला दो और उसके बाद उसका सारा धन व सम्पत्ति लूट लो। वह बगैर बड़बड़ाए इस कार्य में तुम्हारी सहायता करेगा। धर्म के उपदेशकों तथा सत्ता के स्वामियों के गठबन्धन से ही जेल, फाँसीघर, कोड़े और ये सिद्धान्त उपजते हैं।

मैं पूछता हूँ कि तुम्हारा सर्वशक्तिशाली ईश्वर हर व्यक्ति को उस समय क्यों नहीं रोकता है जब वह कोई पाप या अपराध कर रहा होता है? ये तो वह बहुत आसानी से कर सकता है। उसने क्यों नहीं लड़ाकू राजाओं को या उनके अन्दर लड़ने के उन्माद को समाप्त किया और इस प्रकार विश्वयुद्ध द्वारा मानवता पर पड़नेवाली विपत्तियों से उसे क्यों नहीं बचाया? उसने अंग्रेजों के मस्तिष्क में भारत को मुक्त कर देने हेतु भावना क्यों नहीं पैदा की? वह क्यों नहीं पूँजीपतियों के हृदय में यह परोपकारी उत्साह भर देता कि वे उत्पादन के साधनों पर व्यक्तिगत सम्पत्ति का अपना अधिकार त्याग दें और इस प्रकार न केवल श्रमिक समुदाय, वरन् समस्त मानव-समाज को पूँजीवाद की बेड़ियों से मुक्त करें। आप समाजवाद की व्यावहारिकता पर तर्क करना चाहते हैं, मैं इसे आपके सर्वशक्तिमान पर छोड़ देता हूँ कि वह इसे लागू करें। जहाँ तक जन-सामान्य की भलाई की बात है, लोग समाजवाद के गुणों को मानते हैं, पर वह इसके व्यावहारिक न होने का बहाना लेकर इसका विरोध करते हैं। चलो, आपका परमात्मा आए और वह हर चीज़ को सही तरीके से कर दे। अब घुमा-फिराकर तर्क करने का प्रयास न करें, वह बेकार की बातें हैं। मैं आपको यह बता दूँ कि अंग्रेजों की हुकूमत यहाँ इसलिए नहीं है कि ईश्वर चाहता है, बल्कि इसलिए कि उनके पास ताकत है और हममें उनका विरोध करने की हिम्मत नहीं। वे हमें अपने प्रभुत्व में ईश्वर की सहायता से नहीं रखे हुए हैं बल्कि बन्दूकों, राइफलों, बम और गोलियों, पुलिस और सेना के सहारे रखे हुए हैं। यह हमारी ही उदासीनता है कि वे समाज के विरुद्ध सबसे निन्दनीय अपराध–एक राष्ट्र का दूसरे राष्ट्र द्वारा अत्याचारपूर्ण शोषण–सफलतापूर्वक कर रहे हैं। कहाँ है ईश्वर? वह क्या कर रहा है? क्या वह मनुष्य जाति के इन कष्टों का मजा ले रहा है? वह नीरो है, चंगेज़ है, तो उसका नाश हो!

क्या तुम मुझसे पूछते हो कि मैं इस विश्व की उत्पत्ति तथा मानव की उत्पत्ति की व्याख्या कैसे करता हूँ? ठीक है, मैं तुम्हें बतलाता हूँ। चार्ल्स डारविन ने इस विषय पर कुछ प्रकाश डालने की कोशिश की है। उसको पढ़ो। सोहन स्वामी की 'सहज ज्ञान' पढ़ो। तुम्हें

इस सवाल का कुछ सीमा तक उत्तर मिल जाएगा। यह (विश्व-सृष्टि) एक प्राकृतिक घटना है। विभिन्न पदार्थों के, निहारिका के आकार में, आकस्मिक मिश्रण से पृथ्वी बनी। कब? इतिहास देखो। इसी प्रकार की घटना से जन्तु पैदा हुए और एक लम्बे दौर के बाद मानव। डारविन की 'जीव की उत्पत्ति' पढ़ो। और तदुपरान्त सारा विकास मनुष्य द्वारा प्रकृति से लगातार संघर्ष और उस पर विजय पाने की चेष्टा से हुआ। यह इस घटना की सम्भवतः सबसे संक्षिप्त व्याख्या है।

तुम्हारा दूसरा तर्क यह हो सकता है कि क्यों एक बच्चा अन्धा या लँगड़ा पैदा होता है, यदि यह उसके पूर्वजन्म में किए कर्मों का फल नहीं है तो? जीवविज्ञानवेत्ताओं ने इस समस्या का वैज्ञानिक समाधान निकाला है। उनके अनुसार इसका सारा दायित्व माता-पिता के कन्धों पर है जो अपने उन कार्यों के प्रति लापरवाह अथवा अनभिज्ञ रहते हैं जो बच्चे के जन्म के पूर्व ही उसे विकलांग बना देते हैं।

स्वभावतः तुम एक और प्रश्न पूछ सकते हो—यद्यपि यह निरा बचकाना है। वह सवाल यह कि यदि ईश्वर कहीं नहीं है तो लोग उसमें विश्वास क्यों करने लगे? मेरा उत्तर संक्षिप्त तथा स्पष्ट होगा—जिस प्रकार लोग भूत-प्रेतों तथा दुष्ट-आत्माओं में विश्वास करने लगे, उसी प्रकार ईश्वर को मानने लगे। अन्तर केवल इतना है कि ईश्वर में विश्वास विश्वव्यापी है और उसका दर्शन अत्यन्त विकसित। कुछ उग्र परिवर्तनकारियों (रैडिकल्स) के विपरीत मैं इसकी उत्पत्ति का श्रेय उन शोषकों की प्रतिभा को नहीं देता जो परमात्मा के अस्तित्व का उपदेश देकर लोगों को अपने प्रभुत्व में रखना चाहते थे तथा उनसे अपनी विशिष्ट स्थिति का अधिकार एवं अनुमोदन चाहते थे। यद्यपि मूल बिन्दु पर मेरा उनसे विरोध नहीं है कि सभी धर्म, सम्प्रदाय, पंथ और ऐसी अन्य संस्थाएँ अन्त में निर्दयी और शोषक संस्थाओं, व्यक्तियों तथा वर्गों की समर्थक हो जाती हैं। राजा के विरुद्ध विद्रोह हर धर्म में सदैव ही पाप रहा है।

ईश्वर की उत्पत्ति के बारे में मेरा अपना विचार यह है कि मनुंष्य ने अपनी सीमाओं, दुर्बलताओं व कमियों को समझने के बाद, परीक्षा की घड़ियों का बहादुरी से सामना करने, स्वयं को उत्साहित करने, सभी खतरों को मर्दानगी के साथ झेलने तथा सम्पन्नता एवं ऐश्वर्य में उसके विस्फोट को बाँधने के लिए—ईश्वर के काल्पनिक अस्तित्व की रचना की। अपने व्यक्तिगत नियमों तथा अभिभावकीय उदारता से पूर्ण ईश्वर की बढ़ा-चढ़ाकर कल्पना एवं चित्रण किया गया। जब उसकी उग्रता तथा व्यक्तिगत नियमों की चर्चा होती है तो उसका उपयोग एक डरानेवाले के रूप में किया जाता है, ताकि मनुष्य समाज के लिए एक खतरा न बन जाए। जब उसके अभिभावकीय गुणों की व्याख्या होती है तो उसका उपयोग एक पिता, माता, भाई, बहन, दोस्त तथा सहायक की तरह किया जाता है। इस प्रकार जब मनुष्य अपने सभी दोस्तों के विश्वासघात तथा उनके द्वारा त्याग देने से अत्यन्त दुखी हो तो उसे इस विचार से सान्त्वना मिल सकती है कि एक सदा सच्चा दोस्त उसकी सहायता करने को है, उसे सहारा देगा, जो कि सर्वशक्तिमान है और कुछ भी कर सकता है। वास्तव में आदिमकाल में यह समाज के लिए उपयोगी था। विपदा में पड़े मनुष्य के लिए ईश्वर की कल्पना सहायक होती है।

समाज को इस ईश्वरीय विश्वास के विरुद्ध उसी तरह लड़ना होगा जैसे कि मूर्ति-पूजा तथा धर्म-सम्बन्धी क्षुद्र विचारों के विरुद्ध लड़ना पड़ा था। इसी प्रकार मनुष्य जब अपने पैरों पर खड़ा होने का प्रयास करने लगे तथा यथार्थवादी बन जाए तो उसे ईश्वरीय श्रद्धा को एक ओर फेंक देना चाहिए और उन सभी कष्टों, परेशानियों का पौरुष के साथ सामना करना चाहिए जिनमें परिस्थितियाँ उसे पटक सकती हैं। मेरी स्थिति आज यही है। यह मेरा अहंकार नहीं है। मेरे दोस्तो! यह मेरे सोचने का ही तरीका है जिसने मुझे नास्तिक बनाया है। मैं नहीं जानता कि ईश्वर में विश्वास और रोज-बरोज की प्रार्थना–जिसे मैं मनुष्य का सबसे अधिक स्वार्थी और गिरा हुआ काम मानता हूँ–मेरे लिए सहायक सिद्ध होगी या मेरी स्थिति को और चौपट कर देगी। मैंने उन नास्तिकों के बारे में पढ़ा है, जिन्होंने सभी विपदाओं का बहादुरी से सामना किया, अतः मैं भी एक मर्द की तरह फाँसी के फंदे की अन्तिम घड़ी तक सिर ऊँचा किए खड़ा रहना चाहता हूँ।

देखना है कि मैं इस पर कितना खरा उतर पात हूँ। मेरे एक दोस्त ने मुझे प्रार्थना करने को कहा। जब मैंने उसे अपनी नास्तिक होने की बात बतलाई तो उसने कहा, "देख लेना, अपने अन्तिम दिनों में तुम ईश्वर को मानने लगोगे।" मैंने कहा, "नहीं प्रिय महोदय, ऐसा नहीं होगा। ऐसा करना मेरे लिए अपमानजनक तथा पराजय की बात होगी। स्वार्थ के लिए मैं प्रार्थना नहीं करूँगा।" पाठको और दोस्तो, क्या यह अहंकार है? अगर है, तो मैं इसे स्वीकार करता हूँ।

अनुवाद : **शिव वर्मा**

शहीद भगत सिंह के अन्तिम समय के विचारों सम्बन्धी विवाद क्यों?

पिछले कुछ समय से, शहीद भगत सिंह के अन्तिम समय के विचारों को लेकर पुनः कुछ भ्रम पैदा किए गए हैं। इसके लिए कुछ कथित इतिहास-लेखक भी दोषी हैं, जिन्होंने बिना विश्लेषण किए भ्रमों को हवा दी।

सबसे बड़ा भ्रम ज्ञानी नाहर सिंह, सम्पादक 'जेल के पत्र', पृष्ठ 629 की टिप्पणी ने पैदा किया है। इसमें लिखा है कि "भगत सिंह को फाँसी लगने के बाद समाचार-पत्रों में यह सिलसिला शुरू हुआ कि उनका विश्वास 'सिखी' पर था। कसूर के ग्रन्थी भाई नत्था सिंह का वक्तव्य भी अख़बारों में छपा था कि अन्तिम संस्कार के समय भगत सिंह के छह-छह इंच लम्बे केश थे। सरकार ने भी घोषणा की थी कि इनका अन्तिम संस्कार सिख धर्म के अनुसार कराया गया था। बम्बई के 'बिल्ट्ज' अख़बार के 26 मार्च, 1949 के अंक में भगत सिंह का केशोंवाला चित्र प्रकाशित हुआ था।...यह चित्र भगत सिंह जी को फाँसी लगने से कुछ मिनट पहले दिल्ली के एक सज्जन शामलाल ने खींचा था। इससे पता चलता है कि भाई साहिब भाई रणधीर सिंह के वचनों के प्रभाव से भगत सिंह सिख-विश्वास में आकर केशधारी बने।"

यह नोट सभी भ्रमों का मूल है। ज्ञानी नाहर सिंह स्वयं गदर पार्टी में रहे, लेकिन फिर भ्रम कैसे हुआ? उपरोक्त नोट से यह निष्कर्ष निकलते हैं–1. कसूर के ग्रन्थी का बयान, 2. अंग्रेज सरकार की घोषणा, 3. चारपाई पर बैठे भगत सिंह का चित्र।

पहले दोनों निष्कर्षों का आधार उन्हें सच मानकर चलना है; और यही सच्चाई से दूर होना है। यहाँ यह याद रहे कि जब अंग्रेज सरकार जीवित भगत सिंह, राजगुरु व सुखदेव को न बाँट सकी और न ही उनके सम्बन्ध में भ्रम पैदा कर सकी तो आखिरी चाल चली गई। 23 मार्च, 1931 को शाम सात बजे उन्हें फाँसी देकर उनकी लाशों के टुकड़े-टुकड़े किए गए। फिर फिरोजपुर, सतलुज के किनारे उन्हें जलाने की कोशिश की गई और अधजली हालत में सतलुज नदी में बहाया गया। यह सब बहुत जल्दबाजी में किया गया। टुकड़े करने और अधजली हालत का प्रमाण 24 मार्च, 1931 को शहीद भगत सिंह की बहिन बीबी अमर कौर व अन्य देशवासियों द्वारा खून-सने पत्थर, रेत और तेज धार हथियार से कटी अधजली हड्डियाँ हैं, जिन्हें आजकल खटकड़कलाँ गाँव में प्रदर्शित किया गया है। 23 मार्च की रात में ही अंग्रेज सरकार ने एक विज्ञापन लगाया था, जिसमें भगत

सिंह का अन्तिम संस्कार सिख-परम्परा से, राजगुरु का सनातनी परम्परा से और सुखदेव का आर्य समाजी परम्परा से करने की बात कही गई थी। इसकी गवाही कसूर के ग्रन्थी व पंडितों से दिलाई गई थी। यह चाल अंग्रेजों ने भारत की साम्प्रदायिकता की कमजोरी से लाभ उठाने के लिए खेली। यदि ग्रन्थी महोदय संस्कार पर गए थे तो उन्हें केवल केश ही नज़र आए, टुकड़े व लहू नज़र नहीं आया। बीबी अमर कौर के अनुसार सुबह वहाँ पहुँचने पर उन्होंने सन्तरे के छिलके व गंडेरियाँ भी देखीं। यह भी पता चला कि लाशों के साथ सिर्फ अंग्रेज सैनिक ही आए थे। भगत सिंह व उनके साथियों से अंग्रेज इस कदर आतंकित थे तथा उन पर इस तरह क्रुद्ध थे कि काला वारंट लिखनेवाली कलम फिल्लौर किले में लाकर रखी गई, ताकि ट्रेनिंग पा रहे अंग्रेज अधिकारियों को सांडर्स का चित्र व कलम दिखाकर उनका हौसला बढ़ा सकें। खैर, अंग्रेजों की फूटपरस्त साम्प्रदायिकता की चाल के जाल में ज्ञानी नाहर सिंह फँस ही गए, क्योंकि उन्हें भाई रणधीर सिंह के चामत्कारिक व्यक्तित्व में अथाह विश्वास था।

हाँ, यह बात सही है कि भाई साहिब और शहीद भगत सिंह के बीच 1930 में एक भेंट हुई, जिसकी चर्चा पुस्तक में की गई है।

तीसरे भ्रम का आधार चारपाई पर बैठे भगत सिंह व सी.आई.डी. इन्स्पेक्टर का चित्र है। यह बहुत अफसोसनाक बात है कि ज्ञानीजी, जो स्वयं जेल में रहे हैं, भ्रम और अन्धविश्वास में यह भी भूल गए कि काल-कोठरी में न तो चारपाई मिलती है और न ही फटा कमीज़ पहनने को दिया जाता है। क्योंकि चित्र की प्रति श्री शामलाल से मिली, जिन्हें यह प्रति शहीद भगत सिंह के भाई कुलबीर सिंह से मिली, उससे यह समझ लेना कि इसे फाँसी से कुछ क्षण पहले खींचा गया, यह भ्रम वस्तुगत चिन्तन से रहित किसी भी व्यक्ति का हो सकता है। इस फोटो की असलियत श्री मिलखा सिंह निझर बता सकते हैं, जिनके पास चित्र की असल प्रति है और जिन्होंने इसे पुलिस-रिकॉर्ड से चोरी किया था और 1940 में सरदार कुलबीर सिंह को सौंप दिया था। यह चित्र मई, 1927 में शहीद की पहली गिरफ्तारी के समय सप्ताह-भर की पूछताछ के दौरान पुलिस ने चोरी से खींचा था। चित्र में भगत सिंह के साथ गोपाल सिंह नौशहरा पन्नुआँ डी.एस.पी.(सी.आई.डी.) बैठे हैं। ('आरसी', अप्रैल 1980)।

अतः पाठकगण, आप स्वयं सोचें कि यह तीनों आधार निराधार हैं। यह भ्रम पैदा कर भगत सिंह को पुनः फाँसी अवश्य चढ़ाया गया है, क्योंकि अंग्रेज चाहते थे कि यदि यह प्रमाणित कर दिया जाए कि दृढ़ विचारोंवाले क्रान्तिकारी भगत सिंह अन्तिम क्षणों में लड़खड़ा गए थे तो उनका आतंक का हथियार चल सकेगा। अब तक हमने यह देखा है कि झूठे प्रचार द्वारा धर्मों, सम्प्रदायों को आधार बनाकर शासक जो कुछ करते हैं, उससे कितना बड़ा अन्याय हो सकता है।

अब सवाल यह उठता है कि भाई साहिब भाई रणधीर सिंह और शहीद भगत सिंह में जो मुलाकात हुई उसका प्रभाव क्या पड़ा? इस भेंटवार्ता से सम्बन्धित दो लिखित वर्णन हैं और कुछ लेखक के मुँहजबानी वक्तव्य। लिखित है भाई साहिब का गद्य जो 1937-38 में, यानी भेंटवार्ता के 7-8 वर्ष बाद, ज्ञानी नाहर सिंह से जानकारी साझी करते हुए लिखा

गया। दूसरा लेख शहीद भगत सिंह का 'मैं नास्तिक क्यों हूँ', जो 27 सितम्बर, 1931 के साप्ताहिक 'दि पीपुल' में छपा भी। और लेख के इस अंश कि "हमें अच्छी तरह पता है, हमारे मुकदमे का क्या फैसला होगा। सप्ताह-भर में फैसला सुना दिया जाएगा," के अनुसार यह लेख अक्तूबर, 1930 से कुछ दिन पहले लिखा गया। 7 अक्तूबर, 1930 को फाँसी की सज़ा सुनाए जाने के बाद जब भगत सिंह व उनके साथियों को काल-कोठरियों में भेजा गया तो यह लेख व कुछ अन्य कागज, 404 पृष्ठ की एक नोटबुक व कुछ व्यक्तिगत इस्तेमाल की चीज़ें घरवालों को मिल गई थीं।

दोनों तर्कों को एक साथ पढ़ने पर शहीद भगत सिंह के विचारों की वैज्ञानिकता, व्यवस्था व दृढ़ता स्पष्ट हो जाती है।

शहीद भगत सिंह के लेख के आरम्भ में ही भाई साहिब के उठाए सवालों का वर्णन है--"अपने कुछ मित्रों (बाबा तेजा सिंह चूहड़काना व बाबा हरनाम सिंह कालासंघिया--गदरी) के साथ बातचीत से पता चला कि मेरे कुछ मित्रों (संकेत भाई रणधीर सिंह जी की ओर है)--यदि मित्रता का मेरा दावा गलत न हो--ने मेरे साथ थोड़े-से सम्पर्क के बाद यह निष्कर्ष निकाल लिया है कि मेरा ईश्वर के अस्तित्व से इनकार करना मेरी उद्दंडता है और यह भी कि मेरा अहंकार ही मेरे अविश्वास का कारण है।" और फिर पूरा लेख इस सवाल का वैज्ञानिक ढंग से दिया उत्तर है।

भाई साहिब स्वयं अपनी वार्ता में यह जिक्र करते हैं कि भगत सिंह ने कहा था, "मुझे क्षमा करेंगे यदि मैं स्पष्ट शब्दों में अपना दिल खोल दूँ कि मैं नास्तिक हूँ, ईश्वर में विश्वास नहीं करता।" ('जेल के पत्र', पृष्ठ 627)।

इस पर भाई साहिब के इन शब्दों कि 'तुम अरदास किया करो' का जिक्र भगत सिंह के लेख में निम्नानुसार है--

"समाज ने जिस प्रकार बुत-पूजा और धर्म के तंगनजर विचारों के विरुद्ध संघर्ष किया था उसी प्रकार समाज को ईश्वरीय विश्वास के विरुद्ध संघर्ष करना होगा। इसी प्रकार मनुष्य जब अपने पैरों पर खड़ा होने की कोशिश करने लगे और यथार्थवादी बनने लगे तो उसे ईश्वर पर श्रद्धा को परे फेंकना होगा और हर कठिनाई, हर आफत और हर तरह की परिस्थिति का दृढ़ता से सामना करना होगा। इस समय मेरी हालत बिलकुल यही है। मेरे मित्रो, यह मेरा अहंकार नहीं है। मैं अपने सोचने के तरीके से ही नास्तिक बना हूँ। मेरे विचार में, ईश्वर में विश्वास करने और हर रोज अर दास करने से (जिसे मैं मनुष्य का सर्वाधिक स्वार्थी व घटिया काम मानता हूँ) मेरा कुछ नहीं बननेवाला। बल्कि इससे मेरी स्थिति कुछ बदतर हो जाएगी। मैंने उन नास्तिकों के बारे में पढ़ा है जिन्होंने सभी कठिनाइयों का खूब डटकर सामना किया। इसीलिए मैं आखिर तक, फाँसी के तख्ते पर भी मर्दों की तरह सिर ऊँचा रख सुदृढ़ रहने की कोशिश कर रहा हूँ।

"देखें, मैं इस पर कितना खरा उतरता हूँ। मेरे किसी मित्र (संकेत फिर भाई रणधीर सिंह की ओर है) ने मुझे अरदास करने के लिए कहा था। जब मैंने उनसे बताया कि मैं नास्तिक हूँ तो कहने लगे, 'देखना, अपने अन्तिम दिनों में तुम ईश्वर को मानने लगोगे।' मैंने उत्तर में कहा, 'नहीं प्रिय महोदय! ऐसा हरगिज नहीं होगा। ऐसा करना मेरे लिए घटिया

व पराजय की बात होगी। स्वार्थ के लिए मैं अर दास नहीं करूँगा।' पाठकगण व मित्रो, क्या यह अहं है? यदि है, तो मुझे यह अहं अच्छा लगता है।" ('मैं नास्तिक क्यों हूँ' से)।

अब कुछ तथ्य कि यह मुलाकात हुई कैसे? बाबा सोहन सिंह भकना, बाबा हरनाम सिंह कालासंघिया, बीबी अमरकौर, कुलबीर सिंह व कुलतार सिंह (अन्तिम तीन भगत सिंह के बहिन-भाई) ने इन पक्तियों के लेखक को बताया कि बाबा तेजा सिंह चूहड़काना व बाबा हरनाम सिंह कालासंघिया सभी कैदियों को दूध बाँटने के जिम्मेदार थे। वे भगत सिंह के बी क्लास वार्ड की ओर भी जाते थे। भाई रणधीर सिंह के लाहौर जेल में पहुँचने की खबर उन्होंने दी। भगत सिंह के मन में 1914-15 के गदरी बाबां के लिए बहुत सम्मान था, अतः उन्होंने मुलाकात के लिए सन्देश दिया। भाई साहिब ने शहीद के केश कटे होने की वजह से मिलने से इनकार कर दिया। इसके उत्तर में भगत सिंह ने चिट पर लिख भेजा कि "मैं सिखी की बन्द-बन्द (अंग-अंग) कटवाने की परम्परा में विश्वास रखता हूँ। अभी तो मैंने एक अंग कटवाया है, वह भी पेट के लिए नहीं वरन् देश के लिए; शीघ्र ही इसके लिए गर्दन भी कटवाऊँगा। लेकिन सिखी की तंगनज़री और तंगदिली का गिला जरूर रहेगा।" यह पढ़कर भाई साहिब ने मुलाकात के लिए हाँ की थी।

आइए, अब देखें कि भगत सिंह अपना अन्तिम समय कैसे बिता रहे थे। पूरे परिवार से उनकी अन्तिम मुलाकात 3 मार्च, 1931 को हुई। भगत सिंह का चेहरा खिला हुआ था। उसी शाम दोनों भाइयों को पत्र लिखे और कहा–

"मेरे अज़ीज, मेरे परम प्रिय भाई, जिन्दगी बहुत सख्त है और दुनिया बड़ी बेमुरव्वत है। सभी लोग बड़े बेरहम हैं। सिर्फ मुहब्बत और हिम्मत से गुजारा हो सकेगा।" और–

"हवा में रहेगी मेरे ख़याल की बिजली,
ये मुश्ते-खाक है फानी रहे, रहे न रहे।"

फिर लाहौर जेल के चीफ वार्डर सरदार चतर सिंह ने बताया कि 23 मार्च, 1931 को शाम तीन बजे, जब उसे फाँसी का पता चला तो वह भगत सिंह के पास गया और कहा कि "मेरी केवल एक प्रार्थना है कि अब अन्तिम समय में वाहे गुरु का नाम ले लें और गुरुवाणी का पाठ कर लें।"

भगत सिंह ने जोर से हँसकर कहा, "आपके प्यार का शुक्रगुज़ार हूँ। लेकिन अब जब अन्तिम समय आ गया है, मैं ईश्वर को याद करूँ तो वह कहेगा कि मैं बुज़दिल हूँ। सारी उम्र तो उसे याद नहीं किया और अब मौत सामने नज़र आने लगी है तो ईश्वर को याद करने लगूँ। इसलिए अच्छा यही होगा कि मैंने जिस तरह पहले अपना जीवन जिया है, उसी तरह अपना अन्तिम समय भी गुज़ारूँ। मेरे ऊपर यह आरोप तो बहुत लगाएँगे कि भगत सिंह नास्तिक था और उसने ईश्वर में विश्वास नहीं किया, लेकिन यह आरोप तो कोई न लगाएगा कि भगत सिंह कायर व बेईमान भी था और अन्तिम समय मौत को सामने देख उसके पैर लड़खड़ाने लगे।" ('युग-पुरुष भगत सिंह'–प्रो. दीदार सिंह, पृष्ठ 346)।

दूसरे व्यक्ति, जो अन्तिम दिन भगत सिंह से मिले, वे उनके परामर्शदाता वकील प्राणनाथ मेहता थे। एक दिन पहले भगत सिंह ने लेनिन की जीवनी की माँग की थी, सो अन्तिम दिन मेहता जी लेनिन की जीवनी भगत सिंह को दे गए। आखिरी पलों तक वे बड़ी

निष्ठा और एकाग्र चित्त से लेनिन की जीवनी को पढ़ रहे थे। जब जेल के कर्मचारी उन्हें लेने आए तो उन्होंने कहा, "ठहरो, एक क्रान्तिकारी के दूसरे क्रान्तिकारी से मिलने में बाधा न पहुँचाओ।"

इतिहास हमसे माँग करता है कि हम अपनी सूझ-बूझ से बलिदानी शहीदों को समझें और संकीर्णता का शिकार होने से बचें। यह शहीद भगत सिंह की क्रान्तिकारी शक्ति है और हमारा सौभाग्य है कि वे बहुत कम समय में अपनी कलम से बहुत कुछ लिख गए हैं, जिससे उसके सम्बन्ध में भ्रम पैदा नहीं किए जा सकते। लेकिन नवयुवकों को सचेत होना चाहिए और शहीद भगत सिंह का यह कथन गाँठ बाँध लेना चाहिए–"पढ़ो, आलोचना करो, सोचो व इसकी (इतिहास की) सहायता से अपने विचार बनाने का प्रयत्न करो।"

जगमोहन सिंह
सचिव,
शहीद भगत सिंह शोध समिति,
838, कृष्णा नगर,
लुधियाना-14101

●●●

MW01672282

THE WORLD OF BONSAI

'Hardly anyone notices the tree left behind by old master Liu. Years ago, he brought it down from the eastern mountains to his protected garden. There he planted it in a tray. No autumn storms can harm the bizarre branches of that pine. No shreds of clouds hang in its ragged crown. Its gnarled members reach out with the strength of age-old trees. The quietness of that spot betrays the master.'

TANG PERIOD (AD 618–907)

THE WORLD OF
BONSAI

EDITED BY
PAUL LESNIEWICZ

PHOTOGRAPHY BY
EBERHARD GRAMES

WITH AN ESSAY BY
EMANUEL ECKARDT

BLANDFORD

Acknowledgments

I wish to acknowledge the help of all those who contributed to the making of *The World of Bonsai.* I would like to mention especially Saburo Kato, Omiya; Hidco Kato, Omiya; Fusazo Takeyama, Omiya; Tomiyo Yamada, Omiya; Kyuzo Murata, Omiya; Shigeo Kato, Omiya; Fumiko Kato, Omiya; Hidekazu Ueda, Osaka; Nobukiche Koide, Tokyo; Yasuo Uesugi, Tokyo; Jibo Fukuda, Tokyo; Koike, Yokohama; Akanuma, Angyo; Yoshimura Gunki, Fukuoka; Tetsuan Matsumoto, Seto; Yuko Tamai, Osaka; Arai Family, Yokohama; Hiroshi Ojima, Yokohama; Minoru Matsuda, Kamakura; Nippon Bonsai Association and Suiseki Bonsai Association, Tokyo; Akiko Schwaab, Karlsruhe; the director of the West Garden Home and his staff, Kwangchow; Li Shihao, Kwangchow; the staff of the Longhua Bonsai Garden, Shanghai; and the China National Native Produce & Animal By-Products, Import & Export Corp., Shanghai and Kwangchow.

I also would like to express my gratitude to my wife Ilona for her continual assistance.

Paul Lesniewicz

Blandford
An imprint of Cassell
Villiers House, 41/47 Strand, London WC2N 5JE

English language edition copyright © 1990 Blandford

Originally published in the German language as *Die Welt des Bonsai*
by the Bonsai-Centrum, Heidelberg, West Germany

World copyright © 1982 and English translation copyright © 1988
Paul Lesniewicz

All rights reserved. No part of this publication may be reproduced or transmitted in any form or by any means, electronic or mechanical, including photocopying, recording or any information storage or retrieval system, without prior permission in writing from the publishers.

First published in Great Britain 1990

Distributed in the United States by
Sterling Publishing Co. Inc.
387 Park Avenue South, New York, NY 10016-8810

Distributed in Australia by
Capricorn Link (Australia) Pty Ltd.
PO Box 665, Lane Cove, NSW 2066

British Library Cataloguing in Publication Data
The world of bonsai.
1. Bonsai
I. Lesniewicz, Paul II. Welt des Bonsai. *English*
635.9772

ISBN 0-7137-2164-2

Production of the original German edition by Hartmut Bruckner
Typeset by Litho Link Limited, Welshpool, Powys, Wales
Printed in Hong Kong by South China Printing Co (1988) Ltd

CONTENTS

Foreword

Bonsai increasingly impinges upon Western consciousness. It is cloaked in a mystique of exoticism – of Oriental culture. Japanese bonsai books have been written to help explain techniques, and as they have been taken up and become successful, a torrent of Western imitators has appeared.

Paul Lesniewicz of the Bonsai Centre in Heidelberg, West Germany, is not just another of these imitators. His ability to explain bonsai is allied to an amazingly clear vision of this art. Aided by the poetic lens of photographer Eberhard Grames, he presents the contemporary Oriental world of bonsai through its original practitioners and the landscapes that inspired it. So powerful are the images that we are absorbed into the bonsai world.

The insight of the text that accompanies the photographs is evidence of a Western tradition of man and nature in harmony, parallel to that in the East, and the essay 'At One with Nature' by Emanuel Eckardt draws on international intellectual and cultural sources to present the spirit of bonsai as a universal phenomenon.

The World of Bonsai is thus a book which is very timely, as bonsai becomes a truly international art and hobby. Bonsai in the English-speaking world is maturing from an exotic curiosity to a challenging discipline, and pioneers are developing their own national interpretations of the art. China has awoken from its artistic slumber, and Japan has developed an international bonsai focus.

This book performs a necessary role: it effectively provides a real and vivid insight into the foundations of bonsai and relates it to Western thought. It provides us with a firm basis for the future of this peaceful art.

DAVID W. FUKUMOTO
Kurtistown, Hawaii, USA

Preface

To best understand bonsai, one must look at them time and again, study the pattern of their branches and stems, examine them in close-up and from a distance, in order to know what they really are: small trees alive with the subdued life-force of their larger counterparts.

Bonsai are living, never-completed works of art. They are a part of nature and, as such, they are alive and never stop developing.

Every year a great exhibition is held in Tokyo at the Ueno Museum of Fine Arts. Only the best and the most beautiful bonsai of Japan qualify for inclusion, and even then only after a severe formal critique. These are noble trees; genuine objects of art.

Time and again, the people who attend these exhibitions have fascinated me at least as much as the bonsai themselves. I have watched them, as they stood in veneration before the trees, deeply lost in their thoughts and utterly oblivious to the world around them. During my travels through Japan and China, I have had the occasion to enjoy their hospitality. With what tender loving care do they tend their trees! I was impressed by the deliberate simplicity, luminosity and quiet which are to be felt everywhere in Japanese bonsai nurseries. Here they are, the oldest and most beautiful bonsai in the world, passed down from father to son for generations, offered to be admired by all and yet beyond reach.

Although the concept of the tree is the same in China, the art of bonsai is totally different there. Her bonsai masters live a simple country life, full of improvisation. They style their trees in a much more relaxed manner, without the same commitment to perfection. There, nothing is to be felt of the holy seriousness with which the Japanese shape their trees according to age-old rules. In the midst of a happy lack of concern, their *pun-sai* and *pun-ching* have a charm all of their own.

These are the worlds of bonsai that I wanted to show, along with their people and their landscapes.

In Asia, bonsai is a symbol of the unity of man and nature. As he accompanied me on my travels for this book, Eberhard Grames pursued this thought with his camera and gave it visual expression. His intense preoccupation with the Asian people and his deep knowledge of the Japanese and Chinese cultures enabled him to capture the atmosphere of the fascinating worlds of bonsai. His enthusiasm enabled me actually to transpose into reality the idea of this book which had been growing within me during my many years in bonsai.

Hartmut Bruckner took over the logistics of that project and contributed to the overall success of the book with his numerous suggestions as well as a very special kind of commitment.

In his essay contribution to this book, 'At One with Nature', Emanuel Eckardt reviews the age-old, ever-changing relationship of man and nature, and illustrates the religious overtones of the art of bonsai.

Paul Lesniewicz
Heidelberg, West Germany

TREES

There is a tree, much older than the forest. Its years? They are beyond numbers. Its roots have outlived the changes of hill and dale. Its leaves have forever been exposed to the tribulations of storms and frosts. Everyone laughs at its tattered outer shell. But once the bark is removed, there is left nothing but the true self.

Han Shan

Strange they were, these pines! Calm, always vigilant and stubborn, they radiated the aroma, the strength and the anticipation of the pre-sexual pre-historical world – a world in which each being was still bound by its own self. That world was harsh and rough, and in it one gathered in packs, like pines and wolves.

D.H. Lawrence

And then there was that tree! Nothing but green once it was time, with a wealth of leaves, birds or shadow, depending on the time of the day, in good weather, standing all by itself, amidst thunderstorms and people who shared love, briefly, underneath it, its head full of sunshine – worth a poem like this one. That tree! I threw a stone at it, but it did not come back. I climbed it slowly and got lost in a distant land.

Karl Krolow

The end of a summer! Who would want to live without the comfort of the trees? How good it is to know that they are mortal, too. The peaches have been harvested, and the plums are taking on colour while time rushes by under the arches of the bridge.

I bare my despair to a flock of passing birds, which deliberately measures its part of eternity. Its flight becomes visible in the foliage as a dark compulsion, the flapping of the wings colours the fruits.

One must be patient. Very soon the oracle of the birds will be deciphered. One can already taste the corn under one's tongue.

Günter Eich

The trees creak, dishevelled and numb; they know not what tears apart their hairless crowns. And above the woods, the crows, all ruffled up, are swept into the snowy distance, a complaining flock. The flowers have died in the golden times, and winter drives us across the darkened earth.

Georg Heym

And yet, before the page, the place, the minute becomes all white, there are yet myriad almost-colours, distinct among the hardy distinguishable: a host of embittered dots: zinc, lead or chalk white, plaster, milk, snow-white and mould-white, each distinct from each: so many-voiced, so precise, in bright, mottled bunches, the death song of footprints: how many bushels of infinitessimal white scream before the incandescent conqueror, eternity!
Hans Magnus Enzensberger

Splintered, broken branch, hanging there year after year. Drily it creaks its tune into the wind, with neither foliage nor bark, bare, silvery, tired of a long life, of a long agony. Harsh and stubborn rings its song, with a ring of defiance, a ring of inner worry, one more summer, through one more winter.

Hermann Hesse

To the trees in winter. My good trees, you who thrust your numb and leafless arms into the skies and entreat the return of spring. Ah! You must wait, poor sons of the earth, through many a stormy night, many a numbing day! But with the green of spring, the sun comes back to you; will spring and sun return to me, too? Wait patiently, my heart, and collect your sap in your root. Who knows? Destiny, perhaps, will make it rise unexpectedly.

Johann Gottfried Herder

Trees have always been the most impressive preachers. I revere them when they live in tribes and families, in forests and groves. But all the more do I worship them when they stand by themselves. They look alone, but not as do hermits who have stolen away on account of some weakness, but like great solitary people, like Beethoven and Nietzsche.

The world rustles in their crowns; their roots rest in infinity; they alone don't lose themselves in it, but they endeavour, with all their might, to achieve a single purpose, to fulfil the calling from within, to accomplish their destiny, to actualize themselves. There is nothing more holy, more inspiring than a beautiful, strong tree.

Hermann Hesse

If someone should ask you
in what the soul of our
island realm reveals itself,
tell him: 'In the breath of
the wild cherry blossom at
sunrise.'

Motoori Norinaga

The old oak! What a useless tree. If you were to make a boat out of it, it would sink. If you were to make a coffin out of it, it would soon rot. If you were to make tools out of it, they would soon break. If you were to make pilings out of it, they would soon become worm-eaten. Nothing can be done with this tree. That is really a tree from which nothing can be made. And that is precisely why it is great.

Dschuang Dsi

Great trees of the plains. Great trees of the plains with the mild light of the clouds in your crowns, the dark roots deeply intertwined, there you stand, with animals living in you. The storms whip your naked branches into darkness. We are very lonely, but that does not matter. We never see light and not even ghosts. And if we did, what would we do with light?

Bertolt Brecht

Once a tree has been sawn down and its naked, fatal wound is exposed to the sun, then one may read its entire story on the bright disc of its stump and tombstone; in the growth rings and the scars are written all its battles, all its grief, its diseases, all its luck and prosperity accurately reflected, lean years and opulent ones, attacks overcome, storms weathered.

Hermann Hesse

The pine was the guardian of that place; a bristly, almost demonic guardian, who seemed to have survived from a distant, rugged past. Like a tall column of pale, scaly, grooved copper, the tree stood there, with a hard, stern indifference, and that determined endurance which is the pine's.

D.H. Lawrence

At One With Nature

EMANUEL ECKARDT

There exists a type of natural beauty which reveals itself immediately at first sight: one's admiration is spontaneous, the acceptance is universal, unquestioning. No one argues about sunsets as long as they are not reproduced as postcards or hung on a wall as oleographs. Yet there also exists another type of natural beauty, evasive and of which a beholder may not even become aware. It is the type of beauty which calls forth a struggle, which harbours opposition and contradiction, and which reveals itself only to those who take the trouble to discover it.

Those who take pains to understand the art and practice of bonsai take a journey into territory which is truly foreign. They step beyond the confines of West European, occidental aesthetics. We Westerners love trees – the mighty oak, the dark fir. But what about these miniaturized growths, whose development has been inhibited by human hand, given shape according to hard-to-understand rules, twisted by means of copper wire to grow according to the dictates of the human will? What about these remarkable smallest of the giants, which neither serve any purpose as indoor plants, nor have any use in the flower-bed? It will take quite a while for Europeans, whose conception of paradise has been shaped by Christian teachings, to recognize the beauty of these trees; it will take quite a while for them to understand, first of all, that 'beauty' is not the only goal of the serious endeavour which a bonsai demands from its owner.

Between the well-established custom of the potted plant adding its touch of greenery to the window of a Western living-room, and the concept that infuses this old Sino-Japanese craft of bonsai, there lie worlds, reaches, abysses of time. The question is: why has the Western world never had this concept – or, rather, why it lost it? The answer is surely in the notion of our oneness with nature.

* * *

In many ways, the human relationship with the natural world can be likened to a personal relationship, such as that of an old friend from one's youth. There was a time when experiences were shared; then, sadly, one drifted apart, moving away and becoming estranged. The occasional visit, for old time's sake, is unsatisfactory, with a feeling of there being little to say. Even if friendship was once an inspiration for poetry and other celebration, it seems that only recollections of the good times keep the memory alive.

Of course, from time to time there is news. One even hears of sickness, harsh treatment, a running away from city life, or clashes with the authorities and the severe consequences.

So it is with nature. We read the sad news of exploitation of our forests, of the habitats and living environment, and we try to pass on to the next generation what is now fast becoming only a memory of favourite plants, trees and woodland. There is the increasing fear that our children may never even know the natural world that we experienced. So much has become rare that it seems as if future generations may be destined to marvel at the wonder of nature only in zoos, whilst their children play with plastic replicas of forgotten jungles.

What becomes rare has a market all of its own. Because of this fact alone, we continue to enjoy the wilderness, nature, sunrises and thunderstorms, but only as reproductions. Thus, we see nature as plagiarism. Expensive magazines and journals show off its beauties; it is displayed by metres of film and is fashionable in advertising: in that capacity it stimulates a desire to purchase products which are like nature itself – pure and pristine, green with moss and with the freshness of the wild, promising a breath of the freedom which can be conquered with a four-wheel drive.

Where the bond with nature is no longer possible, it survives as an idea, a 'lost utopia' as Ernest Bloch used to say. It survives in the trend to cook on a wood-burning stove. It also survives in the veneer of a lifestyle which, in the centuries of technical industrial development, has detached itself from nature as the controlling force, and which sacrifices whatever stands in its way to economic growth. And almost always, this is a tree.

* * *

Thus, the real, living world is a remote one, a despoiled creation in which the trees are turned into cash or are allowed to survive the productivity battle only in such administrative jargon as 'street accent greenery' or 'landscape edging'. The tree remains only where it still serves decorative purposes, or else as an antique, a monument or a relic, possibly as mitigating circumstance alongside one of those concrete crimes in which people have to live. There are other trees, standing around as if in embarrassment, like uninvited guests at a boring party: the plastic palm trees in the cafés, and the real ones in shopping centres; the stunted plane-trees starving away in concrete containers in the heart of cities, their only purpose, it seems, being to be immovable and thus to prevent illegal parking. But even in places where it is still at home, the tree may no longer live out its life. One need only think of those forests that are really board-yielding, machine-planted pine monocultures whose sole purpose is profit. There they stand, silent and rigid, doused in the acid rain of industrial exhaust gases and under layers of the salt dispersed by road-maintenance crews. These trees, it turns out, are not as resistant as people. They die faster. Their leafless death draws dismal sketches of a future under bare branches. It is as though the tree of knowledge has become more like a bare branch with the human race sitting on it and at the same time sawing it off.

We physically attack the trees of our great forests with dynamite and napalm. To many it is as if governments have declared a 'war against trees' and where, in victorious campaigns against the tropical rainforest, gigantic stretches of land are laid waste. Destruction of the rainforests in Brazil and other parts of the world have become subjects of international outcry. Elsewhere, in Ethiopia, Kenya, Tanzania, Ruanda, Burundi, the topsoil is increasingly blown away by the wind because the trees which stabilized it have disappeared. Deserts grow; the people are hungry and die because they have robbed themselves of the trees. And those trees survive the campaign of extermination as wardrobe sides in bungalows of the northern hemisphere. Most of them, of course, smoulder away in fires under the cooking-pots of the poor, who cannot afford petroleum by-products. We have created our own deserts in which we fight for our survival. Whether this struggle takes place in the Sahel zones of Africa or in the concrete deserts of New York, on the slopes of Central Asia or in the asphalt jungles of Tokyo, we long for trees in this desert.

* * *

The tree has always been a symbol of life. It is not only in the midst of the garden of Eden of the Old Testament that there stood a Tree of Life: at the centre of the Islamic Paradise there also stands a splendid tree that bears fruit aplenty. The believers climb up its branches to the top as they would a staircase. In ancient Egypt, the way up leads to the palm. Palm fronds were part of the cult of Osiris. In Jerusalem, they formed a triumphal roof over heroes and kings; and for the Roman emperors and the Greek olympic athletes, the victor's palm took the place of medals for bravery and gold medals. Finally, pious Christians still celebrate the triumph of belief, Palm Sunday, the day on which Christ entered Jerusalem, and on which palm fronds were strewn on His way. Even today, the palm is still in use, often more as a symbol of hope than of belief, representing exoticism, a longing for warmth after the winter, freedom from mundane earthly existence.

In ancient Greece, the gods lived in trees – as long as that country was still forested. In those days, one knew that when an oak was rustling, Zeus was near; that Apollo set the leaves of laurel trees aflutter; and that Athena caused olive trees to rustle. Artemis might appear in a cedar tree, while beautiful,

Adonis was born of a tree; and when an oak and a linden – the lime – tree grew close together, they might be Philemon and Baucis, those two old folk who alone nourished the gods when they lived on earth. Out of gratitude, their wish to die together was granted: the gods transformed them into oak and linden trees.

How much more dreadful is Yggdrasil, the great ash tree symbolizing the world itself and growing out of the grey fogs of German mythology? Its stem bears Midgard, the earth; its crown supports the vault of the heavens; and its roots are anchored in the abyss of the nether world. Daily, the gods come to sit in judgement in the shade of the world ash. In its apex there lives Odin's eagle; in the shadow of its roots the dark dragon Nidhogg; each day, they both fight the age-old struggle of light against darkness. And in this gloomy thought construct, whose collapse is part of the legend, there is a message, depressingly urgent, for the present time: 'When the tree dies, so does the world.'

Another tree representing the world itself is the gigantic Asawattha, the ever-living, which roots in the heavens and whose branches are directed downwards. It is said in the Bhagavadgita, the national epic of old India, that this fig tree will always remain a mystery. The buds carried by this tree are the goals of the senses. It also has roots which point downwards into our world – the roots of human behaviour.

Its true shape,
Its origin and its end,
Its actual being,
No one on earth can know.

In Old China, there exists a similar symbol, a tree like a cosmos with intertwined branches. It stands at the centre of the world, symbolizing at once the unity and the diversity of the universe, its rise and expansion. Its crown is full of blooms which, according to the legend, used to be suns. The mythical archer Yi shot down nine of the ten suns. From then on, the earth was uninhabitable.

* * *

The early inhabitants of the earth did not waste much time in considering the beauty of trees. They set about their tasks and subjugated the earth. In seeming omnipotence, our ancestors caused trees to wander. Walnut tree and peach tree marched into Europe from Persia; the apricot came from Armenia. In Asia Minor, cherries and chestnuts got under way, and from Syria, figs, olives, mulberry and pomegranate wandered westwards. A cherry tree, loaded with an abundance of fruit, was brought to Rome as part of Lucullus's triumphal procession. The Romans gaped in astonishment at the unknown Asiatic growth, which the dictator was bringing home after his victory over Asia Minor's Mithridates. The people of antiquity created forests of marble and made them their temples; their Doric and Corinthian columns bore roofs, just as oak stems carried that of the world. The columns of the Gothic cathedrals remind one even more of a forest that grows towards the sky and dwarfs to insignificance the faithful who pray under them in the face of God.

At the time when forests retreated more and more before the cultivation of fields, and when, in Europe, farming reduced nature more and more to a cultivated countryside, the trees remained the mainstay of society. They were consumed by the millions in salt-works or in the kilns of the charcoal-burners, they were felled as indispensable raw material for building ships, half-timbered houses or bridges and castles. In Eastern Asia as well as in Europe, people and trees formed a functional community. Then, there came a time when East and West went their separate ways.

* * *

On 26 April 1335, accompanied by his brother, the Italian poet Petrarch climbed a mountain, the Mont Ventoux in Provence, in order 'to get a feeling for the whole'. These words are so important for some scholars of Humanism that they assign to them the same importance as, perhaps, others give the storming of the Bastille. The fact that man contemplated nature in order to admire it and used this experience in order to paint a picture of the world in which the divine, the eternal order of the universe became recognizable is indeed the harbinger of a new era. Petrarch pushed open a window and looked infinitely far. With Humanism came the Renaissance, and with that came the nostalgia of the utopia of a Golden Age, which had already existed once before in the famous *Idylls* of the Roman poet Virgil. He had conjured up a magic dream landscape; laurel and pine groves, murmuring creeks, with nymphs soaring over them, shepherds playing the flute under shady trees. This paradise had a name – Arcadia; it floated on the horizon of longing, far removed from the actual world. This intellectual shepherd idyll has as little in common with the harsh and inhospitable mountain area in Northern Greece as with the wretched reality of the Tuscan smallholders.

The idealization of country life prescribed by the Renaissance, especially by those who did not have to make a living from the land, became the dream of the escape from the city: a dream which the well-to-do realized for themselves in the upper Italian Veneto areas as a kind of earthy paradise. It sounds like a contradiction that at the very moment when man discovered nature for its own sake, and when landscapes began to appear in his paintings, he took the first step towards estrangement. Nature no longer was the nursery in which mankind was growing up, but rather something to be admired, a sort of cathedral, something sublime, a goal for sunday and holiday outings.

* * *

The more self-assured that our race has become during the last few centuries, the more domineering has been our treating of nature. The absolute monarchs of the Baroque age tolerated it only as an exhibit of striking symmetry. It was drawn with compasses and, whenever possible, reaching from the terraces of their castles into infinity – a carpet of boxwood filigree, an ocean of flowers scrolling away into the endlessness. Rulers of the smaller countries especially did not like to behold a nature which was recognizable within their borders. Above their gardens the sun of 'reason' was shining. The French philosopher Descartes had made the discovery that all animals and plants were automatons, that their sensations were mechanical movement, physical processes. 'They know no more about their own reactions', he used to say, 'than a clock which strikes seven or eight.'

In this rediscovery, it was as if nature and landscape had lost their sacredness. No longer were they untouchable: the old-fashioned notion of creation had been blown away by Enlightenment. We took matters in our own hands with compasses and ruler, and even the art of painting – which denied itself to the higher mathematics of the landscape architects – made nature look domesticated, subdued, hilly, a horticultural compromise between reason and court etiquette. In this courtly live-show, staircases and columns, small fountains and shells, cascades, grottoes and garlands become indispensable. Furthermore, the shapers of fashion, always intent on creating new diversions, very soon discovered the Far East as a decorative motif for contemporary garden design. 'Chinoiserie' became fashionable; pagodas and tea houses, bell pavilions and bamboo bridges sprang up; and, in the midst of this form-conscious but also formal world of the Baroque, the peacock spread its wheel – useless, beautiful and theatrical, just like the powdered power elite of those days.

As happens to every fashion, the French-inspired, geometrically precise Baroque garden had to give way before a new Zeitgeist, a new spirit of the times. Yet the English park, 'invented' by Langley in 1728, was actually no more than the same: nature as a show in green. Of course, bushes growing wild, small game preserves, even cliffs and precipices, were featured; stags and deer were not allowed to hint at wildlife – in reserves – but the Baroque principle still prevailed; nature was the stage for the human comedy of a gallant court, which was only too eager to liven up the outdoors with promenades and pastoral plays. Then there was nature as it was fancied by their lordships of the English court – softly rolling. Mountains, 'sickly outgrowths and unnatural tumours of the earth's surface', as Samual Johnson wrote in his dictionary in 1755, were despised.

On the other hand, Rousseau, the French discoverer of wildly romantic nature, exclaims, 'What is my understanding of a beautiful landscape? Never a landscape of the plains, no matter how beautiful. I call for mountain torrents, cliffs, fir trees, dark forests, mountains, rough ascending and descending paths, and very frightful precipices at my side.' For the educated circles, the *'bon villageois'* – the good old country-dweller with his testy loyalty and wearing a straw hat – was a part of this nature scene. The courtiers used to take lambs adorned with silken ribbons for walks; and once in a while, they also would take a cowgirl back to their castle! About Marie Antoinette it was said that she wore a headdress *à la jardinière:* with an artichoke, a head of cabbage, a carrot and a bunch of radishes on her head. One of the court ladies was so enthused by it that she cried out, 'I shall not wear anything else but vegetables. That looks so simple, and is much more natural than flowers.'

* * *

Since the physical struggle with nature is no longer a question of our survival, nature has entered the mind, becoming an almost abstract, mental concept. It goes to one's head, begins there a flourishing life of its own and grows into an ideal, nurtured by a vague feeling of loss. It becomes a poem. With Shakespeare, nature was still everything in one: location, violence, spectacle. Whatever wild shoot it brings forth dies back. The warm breath of summer causes the unfolding of the love bud into a flower. Nature is background and actor: the gloomy, stormy heath in *King Lear;* the tender and finely spun web of fragrant flowers, the moonshine and nightingale song in *Romeo and Juliet;* the magic forest world in *A Midsummer Night's Dream;* the forest which seals the destiny of Macbeth. With Shakespeare, nature was still part of the action, both exterior and interior world.

In his most beautiful contemplation of nature, Goethe lets the interior life well up like a landscape of the feelings from out of the depths of the soul. 'That warm feeling which filled my heart with the love of living nature, which overwhelmed me with such bliss, and which used to transform the world around me into a paradise: that feeling has now become an unbearable affliction, a tormenting spirit pursuing me wherever I go,' he lets young Werther exclaim. Werther's grief is reflected in the landscape, the 'interior and exterior' aspects of nature. 'How was I able to take it all in my warm heart, to feel almost like a god in its overwhelming fullness?' he wonders.

So, in Ancient Rome, Petrarch wanted to get a feeling for the whole; then Shakespeare dramatized that whole with his web of dream and reality; Goethe set out to do the same, and carved the human existence as part of nature as a whole in the marble of consummate poetic art. Alexander von Humbolt attempted to save the concept of nature as a whole, to formulate a cosmic thought. His picture of the world encompasses 'the vastness of space as well as the microscopically small organisms of the animal and vegetable kingdoms', but nature as a whole was lost. Interior and exterior, man and nature, these were now two pairs of shoes. Modern times, with their notions of freedom, liberated themselves from all ties with nature and none has depicted the consequences of this more strikingly than Friedrich von Schiller: 'The inner bond of human nature was torn, and a fatal strife tore asunder its harmonizing forces.' Thus the very freedom which man wrested from nature estranged him from it, and he paid for it with the loss of his identity. 'The intuitive and the speculative intellects are now confined to their separate and antagonistic fields. Whereas on the one hand an exuberant imagination tears down the painstakingly evolved constructs of the intellect, on the other hand, the spirit of abstraction smothers the fire at which the heart could have warmed itself, and at which fantasy could have kindled itself.' What Schiller describes is actually a state of schizophrenia. But he also remarked that, though the idyll would offer the healthy man no food at all, it would actually bring health to the sick.

The idyllic Arcadia was a drug of well-being, and escape into a blissful world of sweet idleness, the ultimate dream of a bucolic comfort which found its realization far from city life while watching grazing sheep to the sound of whimsical flutes.

* * *

When one considers nature according to the great painters, the picture grows dark. The nature of the romantic painters is full of riddles, a mysterious ruin of a better, bygone world. Their animate nature is a reflection of the godly; it is a cosmic landscape which eludes human influence – nature as painted by Casper David Friedrich. Here, the morning wakens as the 'boundless illumination of the universe'; the evening falls as 'the boundless destruction of existence in the origin of the universe'; and finally the night begins as the 'boundless depth of the acknowledgment of the indelible existence in God' – nature as described by Otto Runge. The breaking up of romanticism – in a climate of extreme oppression – is followed by an escape into the contemplative. The ragged mountains covered with dark woods give way to a modest happiness, and the mighty German oak, dishevelled by the wind, shrinks to a potted geranium in a window scene by Spitzweg. The anxious question 'What does it mean?' and the uneasy dread when confronting the notion of eternity are transformed into a homely, reassuring awareness of reality, which puts all things in the good old living-room into their proper place.

It is not thought that the 'Back of Nature' call had grown silent. Even Karl Marx, who saw a hostile reaction to technology in the veneration of nature and of the natural (a reaction which, he thought, intended to maintain pre-capitalistic forms of production), finally conceded that nature might serve as a refuge. Wherever life became unbearable as a consequence of the industrial revolution, and in a society where division of labour prevailed, nature played its part in the productive whole as the goal of excursions. Among the aesthetes, the literati and the creative artists of the nineteenth century, the issue of how to treat nature remained controversial.

In their time, the French Impressionists introduce the idea of natural light in their effort to understand nature; but they do not alter it – only the ways of looking at it. Through their dotlike brush strokes, they yet deepen the process of estrangement; instead of a panorama, a landscape, they show excerpts of landscapes, paths, fields, water-lily ponds. This new middle-class paradise no longer has anything in common with the classical life-model. The landscape is reduced to a geographical curiosity; to variations of light, empty of meaning and of no account, but full of atmosphere.

Impressive, full of meaning and of great importance, the horror-laden landscapes of the symbolists threaten the beholder. Here, the Cyclops are at home and Medusas loll about – death fantasies and apocalyptic visions which waken in men nothing but short-lived shudders and bad dreams followed by good ones. Art Nouveau and the related life-reforming movements and leagues of the turn of the century attempt a *rapprochement* with the lost utopia, the estranged nature. They seek a reconciliation with the green by enlisting the help of natural healing processes, fountains of health, and the worship of light; they also create the allotments of the garden-cities. The ecology fans of the *Gründerjahren* (the years of reckless financial speculation following the Franco-Prussian War) wash the dirt of the grey cities out of their systems with natural juices, and they explode the corset bones of the authoritarian middle-class conventions in the way which, in the 1960s, the hippies and flowerchildren will attempt in America. They rid themselves of stand-up collars and stiff frock-coats, to which they propose the alternative of the sun-brown shirt of light. They 'step-out', if only of their clothes. The youth movements of that time are only too aware of the estrangement from nature, even if not of the origins of that estrangement. They lay the blame essentially on the cities, on Schopenhauer and on alcohol.

The beech becomes fashionable. Through the 'Back-to-the-heather' movement, man re-enters the universe and finds his way back to the nature and its peace. Rainer Maria Rilke describes an inner space, a universe which permeates all creatures. Once again, it seems that the occidental idea of nature coincides for a few seconds with the philosophy of the Far East.

* * *

This philosophy is very old, and it has transcended all the fashions which have made use of it. Chinese culture, for example, has expressed its veneration for nature for over 2000 years. And the concept of the harmony between man and nature has survived all wars and revolutions as the spiritual–philosophical basis of life in Eastern Asia. Even in early days, at the time of the Han dynasty (206 BC – AD 220), as the Great Wall was built, the Chinese cultivated the art of reproducing beautiful landscapes in miniature. They set rocks in ceramic pots, added soil and planted trees which they handled in such a way that their size remained in proportion to the model landscape. They added mosses to give the impression of meadows. This art was called *pun-ching.* And when they planted nothing but trees in the pots, thus foregoing the surrounding landscape, it was *pun-sai,* an art which later on spread also to Japan – as bonsai. Probably it was Buddhist monks who bough the dwarf trees from China to Japan.

Buddhism reached Japan in the year AD 552. It was certainly the most profound influence to which that island was ever to be subjected from the mainland. With Buddhism, garden design developed as a form of worship, helped along by scissors and clamps. Gardens reflect the Buddhism cosmos. In the centre of that universe stands Mount Sumeru. Thus, hills or stones are set in the gardens to keep awake the thought of Mount Sumeru. Ponds are laid out, as reminders of the Munetsunochi Sea, and small rocks in the ponds symbolize the nine islands and the eight seas, the oceans of the Buddhist myth of the creation. With the Nara period (after 646), the Taoist belief comes to the Island of the Blissful from China and affects the garden style which, previously, had been inspired only by India.

The Tao transcends being as well as non-being; it is unfathomable, without beginning or end, the principle which permeates all things, inner space.

The great Tao is everywhere,
Spinning its web left and right,
The ten thousand things owe him their existence.
It loves and nourishes the things,
Yet does not become their master.

Whether nature is Taoist or Buddhist, the creation is holy, precious, a gift from heaven and much more. Man and nature are one, and this awareness is renewed again and again in ways which Europeans or Americans, educated in the Christian tradition, can grasp only with difficulty. They cannot take the way to Bodidharmas which is not a way but rather a persistent squatting whose message to posterity is nine years of silence.

It is said that the founder of Zen Buddhism crossed the water-rich Yangtze River on a reed in order to bring the teaching of Buddha to China. And then he is said to have spent nine years in the temple convent of Shao-lin-tsu, squatting in meditation in front of a wall. Legend has it that, thus doing, his legs rolled off.

How is a European to solve the riddle of this religious founder, to answer the questions which, for 1500 years, Zen Buddhism still keeps asking and to which there are innumerably many, Eastern incomprehensible answers: answers which can be found only in endless patience, in the silence of absorption into self, in 'the fasting of the mind', as Chung-tzu once referred to meditation.

It is no mere coincidence that silent meditation, directed at the intuition, the 'zen of the silent light', bloomed in a time of extreme agitation, the Kamakura era, in which rival ruling families plunged the land into a civil war which seemed to have no end. The theme of fleetingness which in those days overshadowed everyday life, the 'nothingness' of every existence, is the acknowledgement of the teaching which leads to enlightenment. The sutra rolls of the universe are hidden in a single speck of dust; man and the world around him, that is the sea of the nature of Buddha; the trees, the rivers and the wide earth, the sun, the moon and the stars are its spirit. Roots and stem, branches and leaves, come into being simultaneously and pass away simultaneously; together they must be Buddha nature in its entirety.

In these thoughts of the religio-philosopher Dogen, the European seeks in vain anything like a definition of belief. That which is definite cannot be defined. The nature of Buddha is constant. If that is so, then the inconstancy of grass, tree and forest is the nature of Buddha, and the inconstancy of men and things, body and soul, is also the nature of Buddha.

In meditation, the Japanese person finds the harmony of interior and exterior, the equilibrium of content and form. In his deep, devoted feeling for nature, he allows silence to affect him; motionless, he opens himself to the inner motion, alone, with himself, only in himself. At the end of the search for the truth, no concrete theory awaits him, no religious doctrine out of which a dogma might be derived; nothing but the experience of one's own ego, of one speck of dust in the universe, in nothingness. The final truth can be discovered only in always-renewed exercises. God is not a mighty fortress but rather a great riddle, everything and nothing.

There are only a few descriptions of the great experience which rewards the troubles and the patience of meditation. A flowing it is, according to the enlightened ones; an inward flowing in the direction of the innermost being, but also an outward flowing, an ecstacy.

* * *

In spite of the deep empathy the Japanese have with nature, the ways in which nature was to be shaped in the spirit of Buddha remained subject to temporalities and ideological changes. Uncontested, however, was the position enjoyed since the fifth century by garden designs. It always had the status of a great art. The feeling for the sacredness of a nature in which the godhead resides made garden architecture a kind of church architecture, in which the creation collaborates. Niva, the garden, is a very special place, a zone of tranquillity given over to devotion and worship.

In earlier times, when the aristocracy still had an unmitigated say, gardens served the edification of princes and the deployment of pomp in the same way as during the Baroque era in Europe. Just as the European nobility would pause and look out over the princely garden from the highest step of the garden stairs, so the Japanese princes liked to do a few centuries earlier. Through an open sliding door of the palace, they would contemplate the image of a landscape they had designed themselves with care and expertise.

However, their exhibition of nature did not stretch away into infinity and the endlessness of the Baroque; it remained in a frame, confined by a wall. In some ways, this landscape architecture resembled that of the English parks – it was composed nature, the reconstruction of a landscape which the gardener had once come across, and whose appearance had stirred him: trees along a river, the shore of a lake, a pine tree in the mountains. The art was to keep alive this memory, literally through a 're-planting' of that experience.

These 'experience-gardens' grew more and more sophisticated. The princes were wont to have their guests glide on boats through a scenery of dammed-up ponds and to admire the princely landscape composition at selected spots of the grounds. Music was played; poets read poems. The imagination of the beholders transformed those outings into excursions to the Islands of the Blissful. For a long time, this garden was influenced by the mainland. The Indian beginnings were followed by the century-long influence of Chinese culture, including the custom of having tea in the garden while at the same time making witty remarks about the artful garden design. Finally Muso Soseki (1275–1351) put an end to that courtly game. A Buddhist priest, Muso was the most important figure in medieval art in Japan. He abstracted the perceptual and delightful nature of the sigh into a very cold world of dry silence. Not a single drop of water flowed in those gardens, yet everything flowed. Waterfalls, rapids and lakes of silver sand, waterchutes and torrents of fine gravel: these dry streams seemed to flow faster than real rivers. Muso created the antithesis to the cherry-blossom garden and in a time of great political upheaval, when two imperial houses struggled for dominance and plunged the country into war. At that time, an especially great number of Japanese turned to Zen Buddhism. The cheerful, beautified and optimistic scenes of the lake gardens were replaced by sparse nature monasteries, hermitages, in which the lonely and enraptured viewer of nature could give free rein to his feelings and transfer them into energy through the iron patience of perseverance. Stones embodied the overcoming of human suffering.

Up to then the princes and the generals, the shoguns, had directed in person the design of their gardens as if it were a battle necessitating specialized strategic knowledge and military discipline. Now they often relinquished the command over the garden works to monks. These monks were somewhat comparable to the great artists of the Renaissance. The *sekiritsu,* the 'stone-arranging priests', rose to the highest offices of the state and into the innermost circle of advisers of the generals.

* * *

In the Edo period, from the seventeenth century onward, the country withdrew from the world. The time of the murderous civil war was over; Japanese attempts to monopolize power in Eastern Asia had failed. There followed a time of stability, albeit at the price of a centralized authority which had never existed before, and which regulated the everyday life of its subjects down to their very dress. At the same time, the economy changed from a barter system to a monetary economy. Middle-class and trade carried the state; princes and samurai became reduced to poverty. The educated middle-classes became the patrons of the arts and thus took over garden designs which, previously, had been reserved only for the power elite. Although the laws forbade even the wealthiest of the middle-class to develop large gardens, the growing of bonsai enjoyed its heyday. In it were united the thoughts of the old Japanese Shintoism, in which the trees are worshipped as the seat of the gods, as well as those of Zen, which seeks The Way in meditation and in silent exercise.

A bonsai tree is a family member whose growth and development are entrusted by one generation to the next, a kind of living genealogy whose shape transmits to the descendants the spirit of the great grandfather much more graphically than a photo album could do. The shape of such a tree which is pruned with scissors and whose growth is guided by means of wire loops, the size of whose leaf and the depth of whose roots are the result of a never-ending, careful but deliberate treatment by man, this shape is the result of a whole education. The aesthetic thought is only one of many purposes.

There is one basic rule in bonsai. One or more lines of force are possible, as indicated by the stems, but only one of these lines can be dominant. Two equally strong trunks are not permissible. Symmetry is shunned; instead the bonsai-grower attempts to achieve the dynamic equilibrium which results from the composition of the stem in relation to the pot and the shape of the foliage roof.

The basic concepts of Zen are realised in bonsai trees. Yugen – the mystery behind the physical appearance, because whatever reveals itself immediately and spontaneously has no value. Wabi – humility – the modesty which is content with little, and which represents the unfinished in art. And finally, Sabi – beauty – which reveals itself by intimation, the realization that everything happens by itself.

The bonsai gardener handles a creation, a living being, and he does so in such a way that images of landscapes and scenes of nature arise in the imagination of the beholder. The sight of these trees awakens the imagination and brings back memories; they engage the thoughts and the senses of the beholder in a silent, meditative dialectic with his own conception of nature. How deeply this consciousness is rooted in every Japanese is shown by the 1946 New Year's message of Emperor Hirohito, after the war had been lost and the Americans occupied the land:

In the winter night
The old pine tree stands unshaken,
Even though the heavy burden of the snow weighs its branches down.

He could not have chosen a better tree for this melancholy poem. The pine is the tree of the poets. The Chinese poet Lin-Yutang writes, 'There is nothing obviously rugged in the essence of an olive tree; thus, when we look for ruggedness, we turn to the pine.' He values 'the pine for its nobility and the plum tree for its romantic appearance; bamboo, which one likes for the delicacy of its lines and its association with house and farm; and the willow, which not only charms with its grace but also reminds one of slender women'. The pleasure in the pine tree is the most remarkable and harbours the greatest number of poetic connotations. The pine tree, it is said, gives the impression of nobility more so than any other tree. To sit in an orchard among nothing but peach trees, or to sit among willows without having any pines close-by, is like 'sitting among nothing but small children and womenfolk without the company of a respectable teacher or an old man to look up to'.

* * *

The Far Easterners' deep sensitivity for nature has perhaps prevented the estrangement from nature but not its destruction – quite to the contrary. No country in the world has so relentlessly sacrificed nature's living foundations to industrial growth than Japan. There is no country in the world in which environmental damage has caused so much disease and death, yet in which the non-observation of ecological requirements has become the mainstay of economic success. Japan, this impracticable country, of which 20 per cent is actually fit for settlement, has organized its economic development like a military campaign, and the generals of the three arms of the service – heavy industry, centralized authority and bureaucracy – in their struggle for economic world dominance have shown regard neither for the Tao, the Great Nothingness, nor for the great Buddha nature in all creatures. Had they done so, they would not have been as successful as they are. Now, however, they begin to remember their victims and to eye the chaos on the battleground with misgivings.

As in Western Europe and in North America, local resistance is building up against the despoiling of nature; citizens' groups are forming, and the courts prosecute more strictly than anywhere else on earth those who have gone too far in their success-oriented destructiveness. If, today, Japan has stricter ecological laws than any other country, they are also more necessary than elsewhere.

In China the innate tree consciousness has been replaced by a legislated one. In 1956, Mao Tse-Tung had requested his fellow countrymen 'to cover the country with trees.' The planting of trees is taught in school, and loudspeakers shower everyone who works in the fields with reminders indoctrinating the farmers about the usefulness of the forest: 'The forest is not the rival of agriculture, but rather her aid,' is the message broadcast everywhere in the Middle Kingdom. Its wood yields energy and is useful as a commodity; its foliage produces oxygen and serves as fodder for the animals; its roots protect the land from soil erosion and from floods.

The tree campaign of the Chinese communists is the great, radical and unique project of a society which sees it as its duty to ensure the survival of its descendants. The advance of the Gobi Desert, which, like all deserts of the world has the fateful tendency to expand and to infringe on fertile land, is to be stemmed by means of a 'great, green wall', the greatest undertaking of mankind. Fourteen billion trees are to be planted, for the greatest part by people whose main occupation is not in the least related to forestry: day-labourers, unemployed workers, as well as workers and farmers who have been displaced from their ancestral workplaces by automation. By the year 2000, China is to be covered with forests to 30 per cent.

Yet, as happens so often in the case of such grandiose plans, there is a wide gap between claim and reality. The amount of forest in China – presently about 12 per cent – is receding, and many tropical forest areas in Southern China are being laid waste. 'On many mountain ranges, the forest is totally burned away. Only charred tree stumps remain. After dark,' writes the *People's Daily* of Beijing, 'one can see the glow of forests burning in the distance.' Travel impressions from the Middle Kingdom: there is no street that is not lined with trees, no canal which is not making its way under the protecting roof of green foliage. But wherever trees stand, their base is bare. All easily reachable branches have been removed and – in spite of strict laws – have been burned up as firewood.

Lack of fuel, an increasing population and agrarian policies which – despite all their friendliness toward forests – demand an increase of cereal production are going to make out of China the land of hunger, if this process continues. The Yellow River carries more sand than ever before and washes precious soil forever into the sea. And since along its upper bed forests are lacking, the mud inundations are higher than ever before. Yellow dust settles on the cities, and over 2500 pounds of sand fall each year on every acre of land.

* * *

I know no city which has caused in me as much restlessness as Tokyo, a city in which there is no distance, no rest. The chaos of its neon signs and traffic flows exudes a breathlessness which allows no idleness. There is no city that imparts so much the impression of an intermeshing mechanism carrying out an inscrutable program with digital precision. Its streets cannot be compared to the great life arteries of the South European metropolis: they do not have the individuality of fashionable Park Avenue in New York, in which even the cars seem to sniff: or perhaps that of the somewhat mangy Lexington Avenue, which in some human way develops a perfume of its own, redolent of roasted chestnuts and cheap pizza grease. The streets of Tokyo are rather unfamiliar like the cables of a computer – brightly coloured, but also confusing and anonymous.

But as soon as one leaves the runways of the business world and moves a little way off the large supply arteries, one reaches that immense web of narrow, angular side-streets, which have remained village streets, and in which one- and two-storey houses uphold the identity of Japanese architecture in an unassuming and modest fashion. There they stand, timidly between walls and gutters, those small survivors of nature's forest, small trees in pots or in plastic buckets. Most of the little plants, decently living away their frugal lives between parked cars, show signs of loving care. Their sight holds something comforting.

* * *

Motosuke Hamano holds his tea-cup with both hands. It is cold on this November day, but that is not reason enough to close the doors and kindle the stove. The tea warms from the inside out. Its warmth does not disturb the group planting of mountain maples in front of the white wall, leaves inflamed with a vigorous carmine red, a perfect landscape, with a feeling of depth. In the front stand the thicker trunks, farther back, the more slender ones. In front of another wall there stands a white pine, *moyogi* style, informal upright, one of the thousands of bonsai trees grown in Ōmiya, near Tokyo.

Motosuke Hamano is a Christian. He belongs to the Protestant faith; there is but one God, he says. In Japan all religions have lost ground – even Buddha is dead. But God so created the world that that which was died is resurrected. 'In bonsai, there is the spirit of God,' he says. 'Bonsai is the bond between the thought underlying Creation and the wisdom of man, a co-operation of God and man.'

Bonsai is teaching. We can learn from it just as we learn from the Bible.

Saburo Kato is considered to be the great man among bonsai-growers. He is not a Christian, but he is too much of an Asian to contradict the colleagues from a few houses down the road. 'The essence of bonsai is to respect the greatness of nature which is revealed in every tree,' says Kato. But the behaviour of the bonsai gardener is not one of silent admiration. He is, at the same time, tutor, father and mother. And just as father and mother try to eliminate the evil and promote the good while educating their child in a peaceful and prudent way, so it also happens with bonsai. The evil of the wild growth, the unchecked, is removed with shears and knife; the good is acknowledged and promoted. Each tree has its own character; to recognize and to develop this character is the real art, a working with nature and not against it. 'It is difficult to recognize what a tree wants,' says Saburo Kato. 'To recognize it is self-recognition, the experience of one's humanness.'

'The youth of the world are finding their way back to faith,' says Kato. Thus, they also discover bonsai, which in Japan had for many years been no more than the object of the traditional care of elderly, while the young had other things on their mind. Today, they find their way back to their roots. 'Bonsai is a peaceable art,' says Saburo Kato. 'Bonsai is a way to a peace in which the birds chirp and one hears the water flow.'

CHINA

Records of an unbroken tradition in the Longhua bonsai nursery in Shanghai. This framed poem tells about an old man who used to grow small trees in a pot, at the time of the Tang dynasty (AD 618–976), the heyday of Buddhism and of Chinese poetry. The art of bonsai has a history of over 2000 years in China. These two artfully shaped white pines growing on a rock encompass a human lifespan. They are 80 years old.

The tradition of bonsai has survived the Cultural Revolution in China. This ivory carving has been created since then. It shows a teacher with his pupils. On the side-table there stands a bonsai, the symbol of growing up.

Straw hats, shoes . . . the humble dressing-room of a nursery in Southern China indicates individuality rather than strict orderliness.

A bonsai nursery. When the cuttings have put forth their first roots, they are repotted from the sandy propagation bed to a humus-rich soil. All these tasks are performed in a squatting position.

The preliminary task of the landscape-makers. The young plants are potted up. Bonsai pots and pieces of rocks, indispensable ingredients of later compositions, are stored in the background.

The landscape of Guilin, with its steep mountains, is represented in the paintings of all eras and dynasties. It is also the classical model for Chinese landscape creations. To imitate these cliffs with limestone requires much more than mere manual dexterity.

A completed memory. These scenes (called *pun-ching*) made of stone and plants are interpretations of actual models and impressions. At some time, the master has seen this landscape; and its image was imprinted on his memory.

Mountain ranges – Far Eastern craftsmanship in a nursery near Shanghai. These rock formations of limestone, fashioned with hammer and chisel, are combined into nature-like mountain-range compositions.

In China, the museums are alive. Animals and plants in a former mansion in Soochow recall the era when well-off people devoted themselves to the intoxicating sensations of nature. For them, a plum tree in blossom was a symphony; a successful bonsai that could easily take its place in the art gallery.

The workshop of a Chinese landscape-maker. During the growth phase, the young shoots of this group of trees are repeatedly cut back to one to three pairs of leaves. This is the only way for this evergreen tea plant (*Carmona microphylla*) from the province of Fukien to reach the desired shape.

大干社会主义有理 大干社会主义有功
大干社会主义光荣

In China the bonsai are usually much larger than in Japan. When trees like this pine have attained their final size, the new shoots have to be pinched out. Otherwise, the trees would grow too tall.

Market day: art and potatoes for sale. Bonsai trees are sold on the Yangtze River as well.

Here is a tree called the 'roof of the world'. This Chinese banyan, a type of rubber tree, on the bank of the Lijiang River in the province of Guangxi is a thousand years old.

Ere the screeches of the monkeys had died out on both sides of the river, our boat glided by a thousand mountains.

Li Tai Po

I am looking down gorges a
thousand fathoms deep
while above me the clouds
are whirling up.

Han Shan

The scenery of Guilin: the final stage of a natural process of karst formation which began 300 million years ago when this was still ocean floor on which limestone settled. Through shifts in the earth's surface the water level subsided and the mountains became prey to erosion.

The sublime models of Chinese art are the steep slopes of the Huang Shan mountain range. It is a mystical, pathless world studded with hot springs. Gnarled pines, imbedded in crevices in the rock and dishevelled by the wind, have outlasted centuries.

The raggedness in the habit of the black pine fascinates the Chinese more than the shape of any other tree. The harsh conditions of the Huang Shan range bring forth the bizarre shapes which have become the model for so many bonsai creations.

The way up is the way of enlightenment. For many Chinese, to be here in the midst of the solitary often cloud-clad mountain-world is worth more than a prayer. Even during the great Cultural Revolution, they would go on 20-mile pilgrimages up the rocky staircase to the solitude of this world.

The Huang Shan range. The atmosphere of morning over a landscape reminds one of the moods of German Romanticism. Yet, the Chinese have neither idealized scenery nor seen it as a utopia, but rather as a precious wine which one enjoys in full draughts.

JAPAN

It is assumed that Buddhist monks brought bonsai from China to Japan. There, the art of shaping trees developed into a great tradition under the influence of Zen Buddhism. It went its own way, separate from the Chinese, and developed alongside the profound nature-consciousness of Japanese Shintoism, in which the trees were worshipped like gods.

Rocks off the San'in coast of Northern Japan, overgrown with pines, the typical survivor trees of the Far East. This view is the model for Japanese garden landscapes. It resembles the view of the Buddhist story of creation in which nine islands and eight seas are spoken of.

A typical bonsai shape is that of the *han-kengai* or semi-cascade. It corresponds to the almost horizontal growth of this pine on the Okutango peninsula.

Bonsai – the images of survival. A pine in a bonsai pot ought to cling to the soil just as these trees stand their ground on the barren rock of the Echizenkaga-Kaigan National Park. The effects of the harsh conditions of life are imitated with wire and scissors.

Japan – a winter fairytale. Frozen breakers off the island of Hokkaido. Scenery like this inspired the Zen monks in their sober and cool shaping of their landscaped gardens. Flowing and hardening, stillness and movement. Everything is one in the nature of Buddha.

'Weathering out the storm.' That is not simply a description of a landscape scenery or just a maxim for garden design: it describes a way of life for the monks and the samurai of the past, for soldiers or today's corporate managers.

The windswept style *fuki-nagashi* is one of the classical bonsai styles. Pines like these in the Jōshin-etsu Kogen National Park provide models.

The tilt of the slope made this pine grow at a slant; the *shakan* is the corresponding bonsai style.

Forests also provide models for Japanese bonsai. Narrow, drawn-out coastal forests like these along the northern coast of the island realm are especially favourite motifs. A forest planting in a pot is called *yose-ue*.

A bamboo grove. In China, bamboo is considered to be the king among trees. In Japan it is rarely grown as bonsai. The rapidly growing shoots, which reach their full height in only a year, are hard to control.

In the famous gardens of Kyoto, autumn draws forth a carefully composed symphony of colours among the trees. Of all the deciduous trees grown as bonsai, the maple is the great favourite because of its magnificence in the autumn.

The nursery of the nation is called Omiya. It is a small village close to Tokyo where the great bonsai masters have settled. Here at Takeyama's, ancient trees and cuttings stand side by side; rare works of art and new stock for sale. It is not uncommon for such nurseries to care for their clients' trees for years at a time.

The miniatures among bonsai are called *mame*. Because of the limited space in Japanese homes, these are particular favourites.

It takes a bonsai-grower three days to remove the new candles from a pine of this size. This patient work of the masters has its counterpart in Zen meditation, the fasting of the mind, which brings man and nature into harmony.

Life-size bonsai tools. Twigs and leaves in the crown of the tree are trimmed with the long-handled scissors. The broom serves to tidy up the moss carpet. The concave cutters remove branches directly at the stem without causing ugly scars. Finally, the wire-cutters are so designed that they do not wound the bark when wire is removed. To correct the growth defects of a bonsai, anodized aluminium wire or copper wire is used.

The trunk and branches of this dwarf spruce, about eight years old, are set in the desired position with the help of copper wire. After a few weeks, the wire must be removed before it cuts into the bark. Deciduous trees are seldom shaped with wire, because they can be given the desired shape by means of proper directional pruning.

The trunk of this 200-year-old pine was shaped by wind and weather. A bonsai master brought it back from the mountains, planted it in a pot and carefully completed the work of nature. This ancient method of developing bonsai, though once popular, is rarely used today. Skilful nurserymen are expert in the techniques of artificial ageing.

The Japanese believe that the humble perfection of details enhances the perfection of man. These bamboo implements for a tea ceremony reveal the luxury of an uninterrupted, timeless communion with nature. The tea ceremony takes place independent of the income level or the social status of the host and with the greatest simplicity and ritual formality.

Harmony of tree and pot, inside and outside, man and nature, light and dark, a cultural treasure which Western designers keep trying – vainly – to recreate.

The Ryogen-in Zen garden in Kyoto: a rock surrounded by a sea of gravel. For Western-taught eyes, oriented towards idealized idyllic landscape scenes and romantic nostalgic horizons, it is difficult to discover in these bare, intellectualized and abstract landscapes the reflection of the universe which is obvious to the monks of Zen.

Suiseki, a found stone, cleaned and placed in a ceramic pot, becomes the image of an island, inviting meditation . . . a silent immersion in the spirit of Zen.

Bamboo is the most used wood in Asia. In bonsai nurseries, litters for heavy trees are made out of it, as well as shelves, broomsticks and fences.

Old bonsai pots made of clay. They are more than accessories; more than, say, the frame of a picture. They are a part of the overall composition. Tree and pot together create a picture of equilibrium and perfection which is achieved after years of careful work with a tree.

Philemon and Baucis in Japan: the married couple Koike in their small garden in Yokohama.

A bonsai is a family member which is passed on from one generation to the next. The imprint of the ancestors goes on living in it. In the 1960s, the young people's interest in bonsai diminished sharply. Today it is reawakened. It may be that the nationalistic tendencies, directed against the American post-war influence, further the resurgence of old national traditions.

The lack of space in Japan encourages invention. Tetsuan Matsumoto has accommodated his bonsai on the roof. He personally collected every one of his trees about 20 years ago in a forest which was soon to become a housing development.

Bonsai trees are a coveted item for export, especially to Western Europe, Canada and the United States. In Yokohama harbour, these trees are crated up and shipped.

BONSAI PORTRAITS

Apricots and white pine bonsai have always been given as New Year's presents in Japan. The apricot signifies good luck, the white pine a long life. Here is a market scene from a woodcut by Kiyonaga Torii (1752–1815).

Bonsai pots are an important element in the art of bonsai. Matched with the tree in shape, size and colour, they emphasize the characteristics of the composition and enhance its artistic impact. To balance the dense and heavy crown of this twin-trunk bonsai, a compact clay pot was selected.

Pinus parvifolia var. *pentaphylla* (Japanese white pine)
24 inches (60 cm) tall; 180 years; twin-trunk (*Sokan*)

The unobtrusiveness of this pot makes one forget the small mount of soil. It looks as if the tree still stands in its ancestral site, out in the wild.

Pinus parvifolia var. *pentaphylla* (Japanese white pine)
24 inches (60cm) tall; 80 years; literati form (*Bunjin*)

Every bonsai has its own, unmistakable charm. It is beautiful, creates an atmosphere and calls forth from our memory visual images of familiar trees. In the case of this bonsai, several trunks are growing from a horizontal root and form a grove.

Pinus parvifolia var. *pentaphylla* (Japanese white pine)

20 inches (50cm) tall; 200 years; raft style (*Ikada*)

When we contemplate this maple for some time, we forget the art of the master and we see in it more than a perfectly shaped tree: we recall all the protecting trees of our childhood. This is one of the most beloved works of the famous bonsai-grower Takeyama from Ōmiya.
Acer buergerianum (Trident maple)
23 inches (58cm) tall; 80 years; tri-trunk (*Sankan*)

The Japanese zelkovas belong to the elm family. They are bright, graceful trees with upright trunks, long, spreading branches, and small, oval, toothed leaves. They are shaped in the broom style or in groups as bonsai forests.

Zelkova serrata (Japanese elm)
24 inches (60cm) tall; 50 years; broom style (*Hokidachi*)

This zelkova forest clearly demonstrates the rules for arranging a compact group of trees. In a bonsai forest, the individual trees are placed like family members for a group portrait at the turn of the century. The most important trees, dominating in height and trunk size, are placed in the foreground like father and mother. The other trees are then properly spaced. Often the group of trees is divided into sub-groups to give more naturalness and depth to the small forest. A greater sense of perspective can be achieved when all the taller trees are placed in the front, the shorter ones in the back.

Zelkova serrata (Japanese elm)

16 inches (40cm) tall; 8–12 years; forest style (*Yose-ue*)

There are two basic styles of shaping bonsai with rocks: bonsai whose roots grow on the rock and bonsai whose roots reach down to the soil by growing over the rock. This juniper grows on the rock in a depression filled with soil, as does all the undergrowth comprised of dwarf azaleas and dwarf ferns. They make this rick bonsai a 'piece of nature'.

Juniperus rigida (Needle juniper)
16 inches (40cm) tall; 300 years; rock planting (*Ishitsuki*)

Since the beginning of the history of bonsai, junipers have been shaped into miniature trees. Many of them that have already lived for centuries are still as healthy and vigorous today as this 'young' tree.
Juniperus chinensis (Chinese juniper)
20 inches (50cm) tall; 150 years; twin-trunk (*Sokan*)

A bamboo grove with an Oriental charm. No other tree has been represented in Chinese and Japanese paintings as often as bamboo. It was seen as the symbol of mankind.

Phyllostachys flexuosa (Bamboo)
21 inches (53cm) tall; 10 years; forestry style (*Yose-ue*)

A section of a mountain scene. The white deposit in the stone suggests a creek. On the bank towers an old, weather-beaten pine tree, its roots grown-over with lichen, cotoneaster and dwarf azalea. Bonsai lovers will be able to tell that the broken-off branches of the tree have been *jinned*. *Jinning* is a method of preserving dead branches. Their bark is peeled off, then the wood is bleached and preserved.

Pine parvifolia var. *pentaphylla* (Japanese white pine) 18 inches (45cm) tall; 180 years; rock planting (*Ishitsuki*)

Farewell to summer . . . a maple grove at the beginning of autumn. In one or two weeks time the leaves will turn a bright red. Like all other trees, bonsai are subject to the change of the seasons. Deciduous bonsai allow one to witness this change especially well.

Acer palmatum (Japanese maple)

22 inches (55cm) tall; 20–50 years; forest style (*Yose-ue*)

Trees at the upper limit of vegetation often look like this one: torn by storms, cleft by lightning, bleached by the sun. Bonsai with such bizarre trunks are often found and collected in the mountains or along the coast and then further cultivated in pots. This pine has a cleft trunk, called *sabamiki* by the Japanese.

Pinus parviflora var. *pentaphylla* (Japanese white pine) 32 inches (80cm) tall; 280 years; literati style (*Bunjin*)

This juniper has a distinctive slightly twisted trunk which has been almost totally stripped of its bark by wind, rain, snow and ice. In bonsai language, such trunks are called *sharimiki.*

Juniperus chinensis (Chinese juniper)

28 inches (70cm) tall; 350 years; informal upright (*Moyogi*)

A bonsai forest of Hinoki cypress. In Japan there are whole forests of this species of tree. Its growth pattern and its small, fine needles recommend it especially for the art of bonsai. The model for this planting is a deep forest. Although the trees stand very close together, no trunk hides another. This forest belongs to the bonsai nursery of the Takeyama family in Omiya.

Chamaecyparis obtusa (Hinoki cypress)
19 inches (48cm) tall; 25 years; forest style (*Yose-ue*)

This zelkova forest was planted on a handmade clay slab. The trees are arranged into three groups which are separated from each other by different amounts. It gives the effect of a closed forest on a moss-covered high plain. In the case of bonsai forests, the ages are of the oldest and youngest trees of the planting.

Zelkova serrata (Japanese elm)
16 inches (40cm) tall; 10–30 years; forest style (*Yose-ue*)

This bonsai appears like an enchanted tree from a fairytale with its shiny, light-grey trunks, its pale green leaves and its wide-ranging root system. Yet it is a single tree.

Fagus crenata (Beech)
32 inches (80cm) tall; 80 years, multi-trunk
(*Kabudachi*)

This detail shows the distinctiveness of this bonsai style. Several trunks of various girths and different heights grow out of one single root system and give the effect of a closed group of trees.

A mysterious, impenetrable-looking forest. Its undergrowth of dwarf ferns announces the approaching winter.

Picea jezoensis (Ezo spruce)
28 inches (70cm) tall; 35–70 years; forest style (*Yose-ue*)

This old euonymus bonsai is of a rare species. We treasure this plant because of its beautiful autumn colours and its abundance of fruit. This bonsai has an exceptional harmony between the patterned surface of the pot and the structure of the roots.
Euonymus alatus (Winged euonymus)
16 inches (40cm) tall; 70 years; twin-trunk (*Sokan*)

The crown of this evergreen pyracantha forms a mighty triangle that is loosened up by the orange-coloured berries. The classic shape of the pot has a balancing and quietening effect.
Pyracantha coccinea (Firethorn)
14 inches (35cm) tall; 35 years; informal upright style (*Moyogi*)

The origin and the history of many old bonsai are well-known. Of this spruce, however, we know only the age. We must guess the rest.

Picea jezoensis (Ezo spruce)

28 inches (70cm) tall; 300 years; literati style (*Bunjin*)

The trunk of this ancient bonsai gives the effect of petrification, and yet it harbours the indomitable forces of life.

This majestic tree is one of the oldest trees of Japan and has belonged for generations to the family of Hideo Kato from Omiya. The cleft trunk is ribboned by small strips of bark whose cambium layer nourishes the plant. The colour of the pot and that of the bleached wood are exceptionally well-matched.

Juniperus chinensis (Chinese juniper)

40 inches (100cm) tall; 800 years; twin-trunk (*Sokan*)

A masterwork of bonsai art with its spring foliage. The Japanese laceleaf maple has an elegant growth pattern. The graceful curves of the trunk continue upwards into the branches and are reminiscent of the harmonic figures of classical Japanese dance. This tree is in the bonsai collection of the editor.

Acer palmatum dissectum 'Atropurpureum' (Japanese red laceleaf maple)
34 inches (85cm) tall; 100 years; informal upright style (*Moyogi*)

This unusual perspective shows the fine structure of the tree crown. The shaping hand of man is hardly discernible any more. Its only purpose was to enhance the natural beauty of the tree.

Pinus parviflora var. *pentaphylla* (Japanese white pine)
26 inches (65cm) tall; 250 years; twin-trunk (*Sokan*)

The evergreen pines are an essential element of the scenery in Japan. They also symbolize a long life. Does this explain the pine's traditional importance in the art of bonsai?

Pinus parviflora var. *pentaphylla* (Japanese white pine)
26 inches (65cm) tall; 150 years; multi-trunk (*Kabudachi*)

This pine is said to be the most beautiful one of the informal upright style. It has been passed down father to son for a long time in the family of Saburo Kato.

Pinus parviflora var. *pentaphylla* (Japanese white pine)
32 inches (80cm); 450 years; informal upright style (*Moyogi*)

Together with its classically simple square pot, this white pine makes a perfect whole. Such beautiful Japanese pots are world-renowned. They are made in the potteries of Tokoname, close to Nagoya.

Pinus parviflora var. *pentaphylla* (Japanese white pine)

20 inches (50cm) tall; 350 years; semi-cascade (*Han-kengai*)

This semi-spherically shaped natural rock could have been lifted straight from a mountain cliff together with its planting. The curve of the stone pot is taken up and then extended by the deeply down-sweeping tree. This bonsai composition shows the unlimited styling in the art of bonsai.

Pinus thunbergii (Japanese black pine)
16 inches (40cm) tall; 280 years; cascade style (*Kengai*)

Native in the mountains, the extremely frugal and robust juniper is particularly well suited for rock plantings. These two small trees give the impression of growing on a rugged cliff towering above the sea. The extremely shallow pot could symbolize the water. This rock planting belongs to the collection of Hidekazu Ueda of Ōsaka.

Juniperus chinensis (Chinese juniper)
24 inches (60cm) tall; 25 years; rock planting (*Ishitsuki*)

This pine stands before us like a piece of eternity, inaccessible and awe-inspiring. Its radiating roots sink deeply into the sand. The vertical, strong trunk and the symmetrical arrangement of the branches give the image of perfect harmony.

Pinus parviflora var. *pentaphylla* (Japanese white pine)
26 inches (65cm) tall; 250 years; formal upright (*Chokkan*)

Young trees grow faster than old ones; deciduous trees much more rapidly than needle trees. Thus, this beech already gives the impression of a tall, fully mature tree after only 50 years. In trunk girth and height it can be compared to the spruce on the opposite page, which is much older.

Fagus crenata (Beech)
20 inches (50cm) tall; 50 years; formal upright
(*Chokkan*)

Bonsai are never finished. From time to time even old trees are wired to correct the growth of branches and shoots.

Picea jezoensis (Ezo spruce)

26 inches (65cm) tall; 300 years; formal upright (*Chokkan*)

It is difficult to distinguish between illusion and reality in this close-up photograph. The photographer was skilfully able to capture the interplay of light and shadow in this bonsai forest.

The superb harmony between colours and form gives the maple its grace. It has repeatedly enticed Japan's artists to depict it in water-colours and woodcuts. This illustration is a detail of the laceleaf maple on page 135.

Just one more handful of soil, and a quiet forest floor becomes a small knoll. In this zelkova forest there are several windswept trees which could not stand as individual bonsai, but which give this grouping its special charm.

Zelkova serrata (Japanese elm)
15 inches (38cm) tall; 8–30 years; forest style (*Yose-ue*)

In spring they have reddish-brown shoots; in summer fresh green leaves; in autumn scarlet-red foliage – maples undergo lively seasonal changes.

Acer palmatum (Japanese maple)

20 inches (50cm) tall; 80 years; informal upright (*Moyogi*)

The wide-spreading, tightly twigged branches of the zelkovas are almost always trained in the broom style. Each tree has its own individuality. The strong tapering branches, the powerful trunk and the transition to the vigorous roots are especially good.

Zelkova serrata (Japanese elm)
24 inches (60cm) tall; 80 years; broom style (*Hokidachi*)

A flat, blue-glazed pot and a slight elevation of the soil surface greatly enhance this masterfully styled bonsai. Many free-standing trees in fields and pastures look just like it.

Zelkova serrata (Japanese elm)
24 inches (60cm) tall; 50 years; broom style (*Hokidachi*)

The ginkgo is among the oldest trees on the earth and has maintained its original shape almost without change. Even as bonsai, it will not allow itself to be trained in any other style. The unruly structure of the foliage and the thick trunk, with its deeply indented bark, give the bonsai a strong character.

Ginkgo biloba
(Maidenhair tree)
28 inches (70cm) tall; 80 years

The maple is one of the most important trees of Japanese garden and bonsai culture. The fissured trunk which rests on a wide root base can be seen almost in its entirety in spite of the thick foliage. Each bonsai betrays the hand of its master. This bonsai was trained by Saburo Kato.
Acer palmatum (Japanese maple)
20 inches (50cm) tall; 70 years; twin-trunk (*Sokan*)

Maples can be shaped into almost any bonsai style. Here, a group of trees grows from a horizontal root.
Acer palmatum 'Atropurpureum' (Japanese red maple)
24 inches (60cm) tall; 40 years; connected root (*Netsuranari*)

An ancient maple, the prototype of a tree that has always fascinated mankind.
Acer palmatum (Japanese maple)
32 inches (80cm) tall; 120 years; twin-trunk (*Sokan*)

A zelkova in its summer garb. The thick foliage must be continually thinned out to allow inner branches to receive enough light to develop healthily.
Zelkova serrata (Japanese elm)
24 inches (60cm) tall; 50 years; broom style (*Hokidachi*)

For a zelkova, the fine structure of the branching becomes visible only after the leaves have fallen in the autumn. Vertical trees are placed slightly to the left or the right of the pot, depending on a tree's branch structure – never in the exact centre.
Zelkova serrata (Japanese elm)
20 inches (50cm) tall; 60 years; broom style (*Hokidachi*)

This oddly shaped juniper shows the traces of its past. The downward-growing branches make it look older. The shapes of slow-growing conifer bonsai hardly change over many years.

Juniperus rigida (Needle juniper)
30 inches (75cm) tall; 300 years; informal upright (*Moyogi*)

Before its master found it in the mountains, the tree had many hard struggles against the forces of nature. This close-up view shows the results.

For many years, especially beautiful expressive stones have also been collected in Japan. These *suiseki* are objects of art. They are placed on wooden trays or in shallow trays with sand or water to heighten their symbolic impact.
This stone, Tanba Usuki Ishi, was found near Tokyo and its name can be translated as 'Striped like a tiger'. It was displayed with a 15 inch (12cm) apple tree of about ten years of age.

This resembles a rocky cliff with a waterfall. It is called Yoroi Ishi and was collected in the prefecture of Wakeyama. It is known to every *suiseki* collector in Japan.

Bonsai are green steps leading to the heavens. Tenth century, China.

In Southern China sageretias are often styled as bonsai. These are shrubs, which reach a height of 6–9 feet (2–3m) in the wild. They bloom in the summer, develop edible fruit, and their leaves were used as a form of tea.

Sageretia theezans
32 inches (80cm) tall; 65 years; cascade (*Kengai*)

In contrast to the sageretias, the elm-related hackberry trees are seldom trained as bonsai. The decorative ceramic stands can often be seen in Southern China. They carry not only bonsai but also potted plants and fish bowls and are still made today according to the old designs.

Celtis chinensis
(Hackberry)
32 inches (80cm) tall; 62 years; cascade (*Kengai*)

This pine is one of the most famous bonsai in China. It stands at the entrance of the Longhua Garden in Shanghai. The following three trees are also typical of bonsai styling around Shanghai.

Pinus parviflora var. *pentaphylla* (Japanese white pine)
88 inches (220cm) tall; 300 years; slanted style (*Shakan*)

Pinus parviflora var. *pentaphylla* (Japanese white pine)
48 inches (120cm) tall; 250 years, slanted style (*Shakan*)

Pinus parviflora var. *pentaphylla* (Japanese white pine)
48 inches (120cm) tall; 45–60 years; forest style (*Yose-ue*)

Pinus parviflora var. *pentaphylla* (Japanese white pine)
44 inches (110cm) tall; 60 years; twin-trunk (*Sokan*)

A miniature landscape from Longhua which depicts the harsh charm of the mountain scenery in the Anhui province.
Pinus parviflora var. *pentaphylla* (Japanese white pine)
60 inches (150cm) tall; 60 years

A coastal landscape can be created with a Chinese juniper growing on an odd rock, a simple marble slab filled with water, and a few smaller rocks.
Juniperus chinensis (Chinese juniper)
24 inches (60cm) tall; 12–24 years
Length of the slab: 48 inches (120cm)

An atmospheric and natural-looking coastal white-pine forest with stalagmite rocks is planted on a simple marble slab.
Pinus parviflora var. *pentaphylla* (Japanese white pine)
36 inches (90cm) tall; 60 years; forest syle (*Yose-ue*)

A rocky landscape from the Longhua Garden in Shanghai features white-pine bonsai and dwarf bamboo. 44 inches (110cm) tall; 96 inches (240cm) wide; 200 years

According to an ancient Chinese legend, master gardener Jiang-feng possessed the magical powers to conjure minute landscapes complete with rocks, mountains and rivers on a slab.

Miniature landscapes, *pun-ching*, have existed in China ever since the Han dynasty (206 BC to AD 220). Here is a Guilin miniature garden from the workshops of the Longhua Garden in Shanghai, utilizing carved limestone and juniper.

18 inches (45cm) tall; 40 inches (100cm) wide; rock planting (*Ishitsuki*)

This landscape, composed of slate, juniper, Fukien-tea and false cypress, suggests a scene in the Anhui province.

26 inches (65cm) tall; 40 inches (100cm) wide; rock planting (*Ishitsuki*)

A Chinese still-life from the bonsai collection of the West Garden Home in Kwangchow. Tree, pot and stand are harmoniously matched. The plain pot enhances the artistic impact of the tree and allows the antique, carved wooden stand to reach its full effect.

Sageretia theezans
24 inches (60cm) tall; 64 years

A Chinese elm with well-developed roots in an ornate antique eighteenth-century container.
Ulmus parvifolia
(Chinese elm)
48 inches (120cm) tall;
80 years; informal upright (*Moyogi*)

A mountain landscape made from oddly shaped roots, overgrown with ferns and grasses. It belongs to the bonsai collection of the West Garden Home in Kwangchow.

16 inches (40cm) tall; 20 inches (50cm) wide

Ulmus parvifolia, Chinese elm, in a valuable container decorated with lion heads.
44 inches (100cm) tall; 100 years; informal upright (*Moyogi*)

This Chinese juniper was collected in the wild about 200 years ago and has been further cultivated as a bonsai in Shanghai.
Juniperus chinensis (Chinese juniper)
52 inches (130cm) tall; 400 years

After defoliation, the filigree twigging of the crown is easily observable in this twin-trunk sageretia from Southern China. It is achieved through the constant cutting-back of the new shoots.

Sageretia theezans

32 inches (80cm) tall; 85 years; twin-trunk (*Sokan*)

The most famous and oldest bonsai in Japan are in the possession of the imperial family. The most important private collection belongs to Hidekazu Ueda in Ōsaka.

Saburo Kato, one of the very great bonsai masters. His nursery, the Mansei-en, has been in his family for generations and is the hub of Ōmiya–Tōkyō, the bonsai centre of Japan.

THE WORLD OF BONSAI

Bonsai Culture

WHAT IS BONSAI?

The word bonsai comes from the Japanese and means 'tree in a pot' (*bon* = pot; *sai* = tree). Bonsai are natural trees in all respects except size. In China they are called *pun-sai*. The word *pun-sai* uses the same written character as the Japanese word *bonsai* and means 'tree without landscape planted in a container'. *Pun-ching* describes a tree with a landscape in a pot or on a slab.

In bonsai, there are large, intermediate and small trees. In Japan they are divided into four-hand bonsai (it takes two people to carry them), two-hand bonsai and one-hand bonsai.

Miniature bonsai are smaller yet. Some can even be placed on a fingertip. Very large bonsai are grown mainly in China.

SAIKEI – MINIATURE LANDSCAPES

Saikei are small landscapes planted in flat trays. They represent an actual piece of nature, such as a river, a waterfall in the mountains, a pine grove on the sea coast, a strip of land or a deciduous forest with a pathway, or a creek through it. They have a long history if you trace them to the miniature landscapes depicted on the scrolls of the thirteenth and fourteenth centuries. Perhaps they are also related to the Chinese landscapes, the *pun-ching*.

MINIATURE BONSAI

Miniature bonsai are so small that they fit into the palm of the hand. They must not become larger than 6 inches (15 cm) and, with few exceptions, the same rules apply for their culture and styling as for regular bonsai. They are *mame* or *shohin* bonsai.

INDOOR BONSAI

The temperature in our dwellings correspond to the natural climates of tropical and subtropical plants. Many of these have been decorating our homes. Some of them can be trained as bonsai, especially plants with small leaves and slightly woody branches, such as azaleas, camellias, gardenias and rubber trees. Many bonsai species from Southern China, such as serrisa, carmona and sageretia, may also be kept indoors.

BONSAI CULTIVATION

Bonsai are developed from appropriate 'raw material'. Most of the trees and shrubs in our latitudes can be trained to become bonsai. However, in doing this, one should choose species which have naturally small foliage and compact growth.

BONSAI FROM SEEDS

Very nice bonsai can be developed from seed, provided one has the patience to wait 5–7 years for a typical bonsai shape to form. Bonsai developed from seedlings can be influenced as desired and can be experienced and enjoyed from the very beginning.

BONSAI FROM CUTTINGS

Cultivating bonsai from cuttings takes less patience than from seeds. Cuttings are sections of plants without their own roots. They are taken from vigorous and healthy mother plants and inserted into soil to root.

BONSAI THROUGH AIR-LAYERING

Shapely branches of trees and shrubs can be made to produce roots through air-layering. Shaping can begin while the section is still on the mother plant. The branches should not have a diameter of more than 1–2 inches (3–5 cm), since thicker branches are less likely to produce roots.

BONSAI THROUGH GROUND-LAYERING

Propagation through ground-layering can be performed with most shrubs or trees which have low-hanging branches. These include magnolias, pines, forsythias, weigelias, wild pears and many others.

BONSAI THROUGH GRAFTING

Grafting is the gardener's art that consists of uniting parts of plants to form a viable unit. A 1–2-year-old branch, called the 'scion', is grafted to an appropriate other plant. The scion is usually of the same species. The understock develops the roots and the lower trunk. The scion develops into the crown and the upper trunk. The fused plant parts make up a new plant, but at the same time retain their own characteristics.

BONSAI TOOLS

It is possible in the beginning to make do with tools already owned – anvil cutters or garden shears. But special bonsai tools are useful in the long run. With the thin bonsai scissors, all branches and roots can be reached. The wire cutters are made not to wound the bark. The concave cutters leave a wound which heals over quickly and without ugly scars.

BONSAI COLLECTING

In the early days of bonsai, many Japanese would go to the mountains in the spring to collect their bonsai. They often brought very nice specimens home. Many of these carefully tendered trees can still be admired today at the early bonsai exhibitions. Today, the Japanese can collect only with the permission of the appropriate forest administration. Sometimes they must pledge to plant young nursery trees at the collection sites. It is necessary to have the permission of the proper authorities or property owner before a dig, especially when older trees are involved. In other countries there is a wealth of conservation and appropriate legislation limiting or even debarring any collecting from the wild. One must always be aware of the fragility of one's local and national natural habitats as well as obeying the necessary laws.

STYLING BONSAI

Bonsai styling shapes young plants into bonsai. The old traditions of the Japanese and the Chinese call for imitation. Nothing, however, prevents the European grower from deviating to develop new forms of bonsai. The styles and types of bonsai should correspond to your concept of bonsai. One basic rule of the Oriental master should be followed, however. A bonsai must look natural. You must not ignore the growth pattern of the tree in the wild. A bonsai should reproduce what is typical of that type of tree. Many bonsai enthusiasts take photographs or draw sketches of trees and tree groups to serve as a model for the shaping of their bonsai. Other ideas are obtained through bonsai exhibitions, bonsai books and bonsai courses. Before attempting to style a plant, you should have an idea of its future shape.

PRUNING

Pruning allows one to obtain the basic shape of a tree, which can ultimately be improved by other methods, such as wiring.

Generally, one or two bare branches and branches growing immediately above each other are removed directly at the trunk. Similarly, remove lateral branches which grow vertically up or down or branches which cross the trunk. The cut should be flush or slightly concave so the wounds heal over well.

WIRING

Deciduous trees are often styled solely through pruning branches and shoots. Needle trees require other methods, such as wiring, tying or weighing down branches to give those trees their shape. These are temporary corrections which are removed when the desired bonsai shape had been attained.

PRUNING THE SHOOTS

The growth forces are directed solely towards the tips. If the new shoot of a bonsai could develop freely, the crown of the tree would very soon lose its shape. The apex would become too compact and the inner twigs would die back. It is necessary to prune back continually the new shoots of a tree to reduce the length of its growth and to divide the growth forces among all its branches and twigs.

How often this is done depends on the particular species. Some shoot only once in the spring. Others do so during the whole growth period and must be pruned back well into autumn. The shape of the tree in your mind determines how much and where to shorten new growth. Shoots should be allowed to grow at places where a new branch is needed. Repeated pruning causes a fine twigging of the crown and smaller leaves. This is especially attractive in such species as maples, beeches, elms, zelkovas and indoor bonsai. Conifers also obtain their final shape and shorter needles through pruning. Flowering bonsai should be cut back only after blooming.

DEFOLIATION

Every bonsai enthusiast pays attention to the harmonious proportions between leaves, branches and trunk. In small-leaved species, these proportions are correct; but in some maples and beeches, the large leaves are often disturbing. Defoliation is a method to reduce their size. In the early summer, when the leaves have matured and the trees are still in a growing phase, remove the leaves with scissors or leaf-pruners. The trees then undergo a pseudo-autumn and soon afterwards develop new shoots with smaller leaves.

Defoliation is also advisable when the crown has become too compact, because the great number of leaves block the light and prevent air circulation, especially to the lower branches. The larger leaves are continually plucked out or cut off during the course of the summer to thin out the crown.

MARKS OF A GOOD BONSAI

In a good bonsai, the roots, the trunk, the branches and the leaves are all in proportion. The tree, the soil surface and the plant container are carefully matched. The visible roots of a bonsai should be of various sizes and radiate in all directions.

The transition into the stem should be very obvious. A good bonsai gives the impression that it is anchored securely and is well rotted in the soil. The shape and the character of the trunk are especially important. The trunk should be tapered and be visible from the roots to well into the crown. The trunk can be straight or curved. The older it looks, the more the tree is valued. Curves and bends should have a natural effect. Bizarre and grotesque forms look artificial.

A bonsai has a front, or viewing side, and a back. The front is the position that shows the most trunk and the branches. The lower branches of a bonsai never grow towards the front. In the upper parts of the tree, small branches and twigs are allowed to grow towards the front for aesthetic reasons. The broom style is a notable exception.

BONSAI CARE

Good bonsai are valuable and rare. Like works of art, specimens are irreplaceable. Proper care includes timely repotting, a correct soil mix, careful watering, fertilizing, a correct location, winter care and disease prevention. Each is important for a bonsai.

CONTAINERS

Upright-growing bonsai are planted in shallow rectangular or oval pots. Slanted styles, such as cascades, need square or round deep pots as compensation and counterweight. Trees with thick, heavy crowns need weighty containers. Their colours should be chosen to harmonize. Flowering-plant species and species with light-green leaves harmonize well with bright, glazed pots. Dark foliage matches dark red, grey or brown containers.

SOIL MIX

Bonsai soils contain loam, peat and coarse sand. The foam imparts a buffer effect to this mix. The peat supplies the humus that is important for the plant, while the coarsely grained sand provides air circulation and water drainage. Bonsai like moisture, not poorly drained soils. Bonsai soil for deciduous trees has three components in a ratio of 1:1:1. Bonsai soil for conifers contains a higher percentage of sand. While ready-mixed soils have proven themselves experimentally, many bonsai amateurs swear by their own mixes.

ROOT PRUNING

Roots are pruned at each repotting. For younger trees, the roots are cut back by about a third. For every old bonsai, the rootball is reduced all around by about 1 inch (2–3 cm). The older the plant, the less the roots need to be cut back. Older trees develop shorter shoots and correspondingly shorter roots. Be sure the inner rootball is maintained while root pruning. In the case of larger roots, the cut should always face downwards.

REPOTTING

Generally, the faster-growing deciduous trees are repotted every two years, the slower-growing conifers every 2–5 years. By the time the roots have become too thick and have to be cut back, the soil is leached out and must be renewed. A young bonsai still developing needs a larger pot when repotted. An older tree can be planted back into the same pot after root pruning. How often soil and pot need to be changed depends not only on species and age but also on the condition of the plant.

MOSS AND OTHER GROUND COVER

In the case of trees with visible roots, moss looks especially attractive and gives the impression of a velvety forest ground-cover. Moss protects the soil from erosion during watering. A moss cushion can be loosened up by interspersing it with low-growing ferns, succulents and other small plants.

WATERING

Bonsai need to be watered adequately. Each plant has its own requirements, which must be discovered. An excess of water is just as harmful as the lack of it. Because of its granular consistency, a good soil mix ensures that an excess of water is not retained too long. Due to the scant space for the roots, there is a danger of drying out, especially in summer. Make sure that the soil of your bonsai always remains slightly moist in all seasons. Should the soil ever become very dry, the plant must be placed in water to the edge of the pot for about ten minutes, to allow the soil to become saturated.

FERTILIZING

During the course of its growth, a plant extracts various elements from the soil. It is able to grow healthily only when these nutrients, and those being leached out by the constant watering, are added back to the soil. This is especially important in the case of bonsai, since their roots can gather the necessary substances from only a limited amount of soil.

It is very important to know that a tree does not perish from a lack of fertilizer, but rather when it is fertilized too much. Over-fertilizing can damage the roots and cause the tree to die. Over-fertilization often causes the plants to develop shoots which are too long, leaves which are too large and branches which are too vigorous.

If your bonsai looks miserable, make sure that it does not suffer from root damage. Lift the tree out of the pot and make sure that it has fresh, white root tips – a sign that the root system is healthy and would be able to absorb nutrients which it obviously lacks. However, if the root tips are brown and mushy and can be pulled off easily, they are dead and cannot absorb any fertilizer.

The amount and the timing of fertilization should be adapted to the needs of the individual plants. In general, young trees need more nutrients than old ones; fast-growing trees more than slow-growing ones. Deciduous trees, as well as conifers, are fertilized from spring to autumn. In winter their growth is dormant and they do not need any additional nutrients.

DISEASES AND PARASITES

The best protection against disease is attentive care and regular checking of the plants. If a plant is unhealthy, begin investigating by carefully pulling the plant out of the pot. Vigorous white root tips tell you that the root system is fine. If eventually diseases, parasites and fungi are to be fought, they are the same ones which attack house and garden plants. The customary commercial products of the trade can be applied in the dosages indicated in the directions. Never apply stronger than recommended.

WINTER CARE

Robust bonsai species can stand our winter temperatures and can spend the winter outside. More delicate species must be protected against the cold.

LOCATION

Bonsai like to have the same living conditions as their relatives in the wild. They need a place outdoors, for instance in a garden or an open terrace or a balcony. They are exposed to sun, wind, rain and temperature changes which they need to remain healthy and to develop well. Most bonsai species can stand full sun. Some delicate species prefer a partially shaded place. A bonsai can be taken indoors for a few hours and up to two days for decorative purposes. But afterwards it needs to recover outside.

The trees should not stand on the ground but be placed somewhat higher. They are then easier to maintain and to view and are better protected from pests. A bonsai shelf of table height that can be shaded in the summer and covered with a plastic cover in the winter is an ideal arrangement.

THE BONSAI YEAR

* Note that these instructions were written for readers in the northern hemisphere. Those growing bonsai in the southern hemisphere must adapt the data to their regions.

THE BASIC RULE OF BONSAI: 'Select plants that will grow well in the environment you can provide; then provide the growth needs of the plant.' The rule is logical and simple. Your local bonsai club is the best place to find out which plants grow well in your area and the type of care needed.

The following information is intended for traditional culture of cooler-climate outdoor bonsai. For those not able to provide the necessary care or suitable growing locations, investigate growing tropical indoor bonsai, which are easier to care for and can live indoors throughout the year.

JANUARY–FEBRUARY

Bonsai like bright winter quarters, but they must be shaded against intense sun. The vigour of the sun is sufficient to bring the trees out of their dormancy. The winter sun may be able to warm up the fine twigs but is not strong enough to thaw the root ball. Thus, the sap begins to flow only in the branches. Water that cannot be replenished by the roots is evaporated, and damage due to deyhydration occurs in the branches. Make sure that these winter quarters are safe from avalanches if they are located under a rootline or under large trees.

Watering Check often to make sure the trees have enough moisture. Bonsai which spend their dormancy outdoors are not sprayed all over but are watered only moderately.

Fertilizing Do not fertilize during dormancy.

Pest Control All bonsai can be given a dormant-spray against parasites and fungus. If the last days of February are already spring-like, you may perform the tasks of March.

MARCH–APRIL

In frost-free weather, the trees in the winter quarters can be uncovered, but they must be covered up again when frost threatens. These are the months for sowing and grafting before sprouting. This is also the time to make conifer cuttings.

Watering Many bonsai start sending out shoots and need more water. Growth is regulated with water. Do not water too much, otherwise the trees leaf out much faster and develop shoots with very long internodes and large leaves.

Fertilizing After the first spurt of growth, begin fertilizing. Do so cautiously, however, so that the shoots do not become too strong.

Repotting Almost all bonsai species can be repotted before they sprout out and up to the appearance of the first leaves. Do not forget to prune the roots. Conifers, which sprout much later, can be repotted up to the end of May.

Pest Control A spring spraying against harmful insects and fungus can be administered.

Pruning All unsightly branches can be removed now, before sprouting begins. Wiring is also possible, depending on the region. March and April are also the months for sowing and grafting before sprouting. Now is also the time to make conifer cuttings.

MAY–JUNE

The trees are placed in their summer location and protected as necessary from night frosts, which occur until mid-May. Most bonsai like a sunny location. Only very delicate deciduous trees, like some maple species, must be shaded against a strong sun. Rotate the trees from time to time, so they develop evenly.

Watering In warm weather the plants need more water, but they must not be watered more than is necessary. Pines develop their candles now, and much shorter candles appear when watered scantily. In the case of high temperatures, the tree should be watered only early in the morning and late in the afternoon.

Fertilizing The fast-growing deciduous trees need more fertilizer than the slower-growing conifers. Change fertilizers, using organic and then liquid fertilizers.

Repotting Late-sprouting trees, such as the conifers and some deciduous trees, can still be repotted.

Pruning In May and June the new shoots of almost all bonsai species are cut back. They are totally removed in the case of black pines. Defoliation is possible for the deciduous trees until mid-June. Many may be wired well into August. Cuttings of leaf-shedding trees can be taken until the end of June.

JULY–AUGUST

When necessary, the bonsai need to be shaded and to be rotated from time to time.

Watering Water the whole plant only early in the morning and late in the afternoon, as in May and June. Otherwise, water only in the pot. In hot summers, it is recommended to moss the entire soil surface to reduce the water evaporation and to protect the roots from the heat. Well-watered, protected by humid moss against drying out and placed in the shade, your trees can last two to three days without being watered even in the summer.

Fertilizing During hot days, fertilizing must be discontinued. Now there should be less fertilizing, because the growth cycle is almost ended.

Pruning It is necessary to continue reducing the length of the shoots in many plants. In July–August, conifers may be grafted.

Japanese Bonsai Styles

SEPTEMBER–OCTOBER

Plants which are sensitive to low temperatures should perhaps be protected from night-lows starting in mid-October.

Watering More or less, depending on the weather.

Fertilizing Fertilizer may be applied until the end of September. To help the wood to mature and to increase their overall resistance, the trees may be given supplementary potash or potassium sulphate.

Repotting Resistant bonsai species, like the pines, can also be repotted in October. In September and October, seeds are collected and cuttings are taken from conifers. In October, the old needles and superfluous branches should be removed from pines. In the case of flowering plants such as apricots, the shoots should be cut back to 4–5 flower buds. Now is the time to wire conifers.

Pest Control It may be necessary to spray deciduous trees against mildew. This fungi develops usually when the whole tree is watered too late in the day and cannot dry before the coolness of the evening.

NOVEMBER–DECEMBER

The trees should be placed in their winter quarters.

Watering The bonsai ought to be watered thoroughly before they are placed in their winter quarters, and then must be watched so that their soil remains almost moist. As in late summer, conifers can also be grafted in the winter months.

CHOKKAN (Formal upright)
From a vertical, strong trunk, the branches grow out in pyramid fashion and regularly in all directions, except to the front.

MOYOGI (Informal upright)
The trunk curves in full spirals which become tighter towards the apex.

SHAKAN (Slanted)
Similar to windswept, except that branches grow in all directions. Roots are visibly stronger in the direction of the slant.

HAN-KENGAI (Semi-cascade)
A style which does not hang down a rock, as in the cascade style, but which juts horizontally out of a cliff.

KENGAI (Cascade)
Trunk and branches usually hang over the rim of a tall pot.

HOKIDACHI (Broom)
On a vertical trunk, the branches fan out as in a besom broom.

FUKINAGASHI (Windswept)
Branches and twigs grow from a slanted trunk in only one direction, as if shaped by the wind.

BUNJIN (Literati)
Trunk or trunks grow upright, slightly slanted and without branches, except at the apex.

ISHITSUKI (Rock planting)
Tree growing over or on a rock, and whose roots clasp the rock and may grow down into the soil.

SOKAN (Twin-trunk)
Two trunks of different sizes grow out of one root.

SANKAN (Triple-trunk)
Three trunks of different sizes grow out of one root.

KABUDACHI (Multi-trunk)
Bonsai that have several trunks growing out of the same root base that appear to be individual trunks.

IKADA (Raft or fallen tree)
In nature, this form develops when several trees sprout and grow from a blown-over tree.

NETSURANARI (Connected root)
Several trunks grow out of a horizontal root and give the effect of a group planting.

YOSE-UE (Forest)
Several trees of various ages are planted in the same spot. Thus, the impression of a forest or grove is created.

Glossary

BONSAI TERMS JAPANESE–ENGLISH

Ara-kawacho A tree with a coarse bark
Ara-kit A freshly dug tree suitable for bonsai training
Bankan curved-trunk bonsai
Bonkei Natural scenes planted in a pot with rocks, plants, figurines, miniature houses, etc.
Bunjin Bonsai in the literati style
Chokkan Bonsai with a straight (or formal) upright trunk
Dai-bonsai Large bonsai needing more than one person to carry
Daiki Grafting root stock
Eda-jin Artificially bleached driftwood branches
Eda-nuki The pruning of unnecessary branches
Eda-uchi Harmony of the branching
Eda-zashi Pruning of the branches
Fukinagashi Windswept bonsai
Gobo-ne Tap-root
Goro-tsuchi Coarse-grained soil
Ha-gari Leaf pinching
Hamizu The spraying of the leaves with water
Hankan Bonsai with a strangely twisted trunk
Han-kengai Semi-cascade bonsai
Hariganekake Wiring
Ha-zashi Leaf pruning
Hokidachi Broom-style bonsai
Honbachi Bonsai pot
Ikada Raft-style bonsai
Ishitsuki Rock planting
Ju-sei Tree growth
Ju-shin Apex
Kabudachi Multi-trunk bonsai
Kabuwake Cutting off roots
Kanju Deciduous trees
Kannuki-eda An ugly branch that must be cut
Kansui Watering
Karikomi Cutting back of the leaves and branches
Kengai Cascade bonsai
Kesho-tsuchi Decorative soil; white sand
Keto-tsuchi Peat
Ko-eda Very fine twigging
Kokejun Tapering trunk
Komochi (or sokan) Twin-trunk
Kuro-tsuchi Black clay
Kuruma-eda An ugly branch that must be cut
Mame (or shohin) Bonsai less than 6 inches (15 cm) tall
Meiboku Old, ancient bonsai
Me-tsumi Pinching leaves
Mi-mono Fruiting bonsai
Mishi-mono Bonsai from seeds
Misho Raising bonsai from seeds
Mizu-gire Too dry
Mizu-goke Water-moss
Moyogi Bonsai with a curved trunk; informal upright bonsai
Neagari Bonsai with an exposed root system
Nebari Roots
Nejikan Bonsai with a trunk twisted about itself
Netsuranari Bonsai style with several trees growing from one root system
Ne-zashi Root pruning
Oki-goe Fertilizer in the form of pellets or powder
Oyaki Mother tree (in air-layering)
Roboku Old, ancient bonsai
Sabamiki Bonsai with a cleft trunk
Saikei Tray landscapes with rocks but no figurines
Sankan Bonsai with a triple trunk
Sashi-ho Cutting
Sashi-ki Propagation through cuttings
Seishi Shaping bonsai
Sentei Tree pruning
Shakan Slant-style bonsai
Sharimiki Bonsai with peeled bark
Shohin (mame) Bonsai less than 6 inches (15 cm) tall
Shokaku Conifers
Shoki (yamadori-shitate) Collected bonsai
Sokan Twin-trunk bonsai
Suiban A shallow tray without holes for displaying *suiseki* or rock plantings
Suiseki Stones or rocks that suggest landscapes; often mounted or arranged on a *suiban* with sand and water
Tachia-gari Onset of the trunk
Tanegi Bonsai material
Tekishin Removing a young shoot
Tocho-shi A branch that has become too long
Toriki Obtaining bonsai by air-layering
Toriki-mone Air-layered bonsai
Tsugi-ho A scion used in grafting
Tsugi-ki Obtaining a bonsai through grafting
Tsugi-mono Grafted bonsai
Tsuri-o-toru Attaching a plant to a pot
Yamadori Collecting bonsai in the wild
Yamadori-shitate Yamadori bonsai
Yobi-tsugi Supporting a branch
Yose-ue Group plantings, forests
Zukuri A Japanese garden landscaping plant. Although it may be shaped, it is not a bonsai because it is not in a container or pot.

PLANT NAMES ENGLISH–JAPANESE

Apple *Himeringo*
Bamboo *Take*
Barberry *Shobyaku*
Black pine *Kuro-matsu*
Boxwood *Tsuge*
Camellia *Tsubaki*
Chinese elm *Nire-keyaki*
Chinese juniper *Shimpaku*
Chinese quince *Karin*
Common quince *Chojubai*
Cork-bark pine *Nishiki-matsu*
Crab apple *Kaido*
Crêpe myrtle *Hyakujikko*
Dogwood *Mizuki*
Eleagnus *Gumi*
Elm *Akinire*
English holly *Umemodoki*
Ezo spruce *Ezo-matsu*
Gardenia *Kuchinashi*
Ginkgo *Icho*
Hinoki cypress *Hinoki*

Hornbeam *Soro*
Japanese apricot *Ume*
Japanese azalea *Satsuki*
Japanese cryptomeria *Sugi*
Japanese flowering cherry *Fuji-sakura*
Japanese maple *Momiji*
Japanese quince *Boke*
Japanese red maple *Deshojo*
Japanese wild cherry *Yama-sakura*
Japanese wistaria *Fuji*
Pomegranate *Zakuro*
Pyracantha *Tachibana-modoki*
Red laceleaf maple *Segen*
Red pine *Aka-matsu*
Rock cotoneaster *Beni-shitan*
Shrubby cinquefoil *Kinrobai*
Spindle tree *Mayumi*
Spirea *Shimotsuke*
Star magnolia *Kobushi*
Stewartia *Natsutsubaki*
Temple juniper *Tosho*
Trident maple *Kaede*
Weeping willow *Yanagi*
White beech *Buna*
White pine *Goyo-Matsu*
Winter jasmine *Obai*
Witch hazel *Mansaku*
Yew *Ichii*
Zelkova; Japanese elm *Keyaki*

Further Reading

The Art of Bonsai, Peter Adams (Ward Lock, 1981)

The Art of Indoor Bonsai, John Ainsworth (Ward Lock, 1988)

Bonsai: the Complete Guide to Art and Technique, Paul Lesniewicz (Blandford Press, 1984)

Bonsai: a Wisley Handbook, Alan Roger (Cassell/RHS, 1988)

Chinese Bonsai, Ilona Lesniewicz and Li Zhmin (Blandford, 1989)

Create your Own Bonsai from Everyday Garden Plants, Peter Chan (Ward Lock, 1989)

The Creative Art of Bonsai, Isabelle and Remy Samson (Ward Lock, 1986)

Indoor Bonsai, Paul Lesniewicz (Blandford Press, 1985)

Successful Bonsai Growing, Peter Adams (Ward Lock, 1978)

Trees of the Countryside, Alan Fairhurst and Eric Soothill (Blandford, 1989)

Trees: Questions and Answers, Bill Swain (Cassell, 1989)

Bonsai Societies

Vlaamse bonsaivereniging
V.Z.W
Groenstraat 28
B-9170 Waasmunster
BELGIUM

Bonsai Klub Praha
Jasanová 202
19100 Praha 9-Hrdlořezy
CZECHOSLOVAKIA

Dansk Bonsai Selskab
Søbredden 23
2820 Gentofte
DENMARK

Verein deutscher Bonsai-
Freundee. V.
Postfach 1402
D-3000 Hannover 1
WEST GERMANY

Bonsai-Club
Verein europäischer
Miniaturbaum-
Freunde e.V.
Postfach 10 62 09
D-6900 Heidelberg 1
WEST GERMANY

The British Bonsai
Association
23 Nimrod Road
Streatham
London SW16
UK

Midland Bonsai Society
982 Pershore Road
Selly Park
Birmingham B29 7PX
UK

The Bonsai Society of the
North Midlands
Flat 80 Wilton St.
Crossheath
Newcastle
UK

The Bonsai Kai of the Japan
Society of London
39 West Square
London SE11 4SP
UK

Bristol Bonsai Society
84a Stoke Lane
Westbury-on-Trym
Bristol BS9 35P
UK

Association Française des
Amateurs de Bonsai
25, rue de Chateaubriand
F-92290 Chatenay-Malabry
FRANCE

Bonsai Club de Provence
3, rue de l'Huveaune
F-13400 Aubagne
FRANCE

Associazione Italiana
Bonsai
Via Emilia Levante 144
I-40139 Bologna
ITALY

Bonsai Club D'Italia
Corso Casale 44
I-10131 Torino
ITALY

Milano Bonsai-Club
Via Sempione 39
I-20015 S. Lorenzo di
Parabiago
ITALY

Nederlandse Bonsai-
Vereniging
Piet Moeskopostraat 7
NL-2807 Gouda
NETHERLANDS

Österreichischer Bonsai-
Club
Zaunmüllerstraße 1
A-4020 Linz
AUSTRIA

Asociacion Valenciana
Amigos de las Plantas
Lladró y Mali, 22-10
Valencia-7
SPAIN

Spanish Bonsai Association
Plaza de la Republica
Argentina
Sevilla
SPAIN

Club Bonsasi Cultura
Gerona 81, entlo. 2.ª
Barcelona-9
SPAIN

Schweizer Bonsai
Liebhaberclub
Kapuzinerweg 8
CH-6006 Luzern
SWITZERLAND

Schweizer Bonsai Club
Postfach
CH-5107 Schinznach-
Dorf AG
SWITZERLAND

Bonsai Club de Suisse
Romande
CH-1052 Le Mont/
Lausanne
SWITZERLAND

Bonsai Club International
445 Blake St.
Menlo Park, CA 94025
USA

Bonsai Society of Greater
New York, Inc.
P.O. Box 427
Syosset, New York
USA

American Bonsai Society
21st Hays Medical Building
Nashville, TN 37203
USA

California Bonsai Society
P.O. Box 78211
Los Angeles, Cal. 90016
USA

Hawaii Bonsai Association
888 Militani st. Sinte 887
Kendall Bldg
Honolulu, Hi. 96813
USA

Brooklyn Botanic Garden
1000 Washington Avenue
Brooklyn, New York
11225
USA

Association Argentina de
Bonsai
Quirno 644A
Buenos Aires
ARGENTINA

Asociacion Riocuartense
de Cultivadores de Bonsai
Roma 1350,
5800 Rio Cuarto
ARGENTINA

Bonsai Society of Australia
29 Beattie Avenue
Ryde 2112
AUSTRALIA

Australian National Bonsai
Association
Rite Cromarty
22 Burraga Avenue
Terrey Hills
AUSTRALIA

The Indo-Japanese
Association
Bonsai Study Group
Oricon House, 7th Floor
12 Rampart Row
Bombay 400-023
INDIA

Nippon Bonsai Association
3-42 Ueno-koen, Daito-ku
Tokyo
JAPAN

The Toronto Bonsai Society
495 Deloraine Ave
Toronto
Ontario M5M2C1
CANADA

Choong Gheung Bonsai
Association
Shin Shin wah Won
142-4 Eun Hang Dong
Joong-ku Dae Jeon
Choong Nam
KOREA

The Auckland Bonsai
Society
41 Taumata Rd
Mt. Albert
Auckland 3
NEW ZEALAND

The Bonsai Growers
Association
750/3 Trok Chan
Bangkok 12
THAILAND

Taichung City-Trees
& Stone-Art Association
No. 286 Cheng-Rd
TAIWAN R.O.C.